# 国际经济关系学

聂文星　李永　张鑫　胡靖　周华　吴奇志　主编

同济大学 出版社
TONGJI UNIVERSITY PRESS
·上海·

## 内 容 简 介

本书旨在及时反映当代国际经济关系的发展现状、新进展及发展趋势,启发读者的国际化思维,拓展其视野,帮助读者培养分析、研究和解决实际经济问题的能力。本书内容主要由国际经济关系理论和国际经济关系实践两大板块构成。国际经济关系理论部分主要包括国际经济关系的产生、发展历史、现状特点与未来趋势,国际经济关系的行为主体与客体,国际经济关系发展的环境、主要影响因素及评价方法等方面的内容。国际经济关系实践部分主要包括国际经济关系协调与合作(含区域经济一体化),全球经济治理的历史现状与未来,构建新型国际经济关系的中国方案——人类命运共同体,构建新型国际经济关系的中国探索——"一带一路"倡议,中国分别与主要发达经济体、新兴经济体、东盟以及其他发展中国家发展国际经济关系的具体实践等方面的内容。

**图书在版编目(CIP)数据**

国际经济关系学 / 聂文星等主编 . -- 上海:同济大学出版社, 2024.11. -- ISBN 978-7-5765-1288-5

I. F114

中国国家版本馆 CIP 数据核字第 20248FM357 号

## 国际经济关系学

聂文星　李永　张鑫　胡靖　周华　吴奇志　**主编**

**责任编辑**　尚来彬　**责任校对**　徐春莲　**封面设计**　张　微

| | | |
|---|---|---|
| 出版发行 | 同济大学出版社　www.tongjipress.com.cn | |
| | (地址:上海市四平路1239号　邮编:200092　电话:021-65985622) | |
| 经　销 | 全国各地新华书店 | |
| 印　刷 | 常熟市华顺印刷有限公司 | |
| 开　本 | 787mm × 1092mm　1/16 | |
| 印　张 | 22 | |
| 字　数 | 508 000 | |
| 版　次 | 2024 年 11 月第 1 版 | |
| 印　次 | 2024 年 11 月第 1 次印刷 | |
| 书　号 | ISBN 978-7-5765-1288-5 | |
| 定　价 | 118.00 元 | |

本书若有印装质量问题,请向本社发行部调换　　版权所有　侵权必究

# 前　言

2017年12月，习近平总书记指出："放眼世界，我们面对的是百年未有之大变局。"这场大变局体现在政治、军事和经济等互相联系的方方面面，无论是就其涵盖范围的广度而言还是就其影响的深度而言，都是空前的。从整个世界的层面看，这场百年大变局是世界格局、国际秩序、全球体系等方面的演化与变革；从单个国家的层面看，这场百年大变局意味着各国在国家实力、国际地位、国际影响力等方面的绝对或相对变化。与之相联系，国际经济关系领域也发生许多新的变化。我们可以从几个不同维度来认识或理解这场百年大变局及其对国际经济关系的影响。

其一，新的全球经济版图开始形成。近年来，随着新兴经济体的群体性崛起，国际经济实力对比发生了明显变化，发达经济体的经济实力相对下降，以新兴经济体为代表的发展中国家的经济实力相对提升，促进了世界权力结构呈现多元化的趋势。据世界银行（World Bank，WB）统计，到2020年，发展中国家与发达国家的经济总量基本上已经各占半壁江山。尤为重要的是，未来拉动世界经济增长的增量部分主要来自发展中国家群体。据预测，以GDP计算，到2030年，在经济总量最大的10个国家中将会有4个是发展中国家，前3名国家中（中国、美国、印度）有2个（中国、印度）是发展中国家；到2050年，经济总量最大的前10个国家中将会有5个是发展中国家。①

其二，新型全球化与新的全球治理规则正在路上。全球经济版图的变化和国际经济实力结构的变革推动经济全球化由传统的"中心—外围"式结构向新型全球化转变。在新型全球化体系中，各个国家、各国内部的各地区可以真正平等地参与全球化进程，追求发展的包容性与可持续性，并共享全球化的收益。与之相关联，从制度和规则层面看，当今世界正处于国际经济规则的"重塑期"。各国从治理理念、治理体制、治理目标、治理方案和治理机制等多个方面多个层次对新型全球经济治理进行探索和互动，新兴经济体在全球经济治理中发挥着越来越重要的作用。

其三，中国特色社会主义进入新时代，中国的经济实力、科技实力、综合国力都已位居世界前列。中国实现了从站起来、富起来到强起来的历史性跨越，进入了新发展阶段。这是一个新的发展起点，是朝着更高的发展目标继续迈进的物质技术基础和新的出发点，也是社会主义不断向前发展这一历史逻辑的必然要求；为了实现新发展阶段的新战略目标，必须完

---

① 华尔街见闻.一图看懂：2030年全球Top10经济体是哪些？[EB/OL].（2019-01-04）[2022-02-03]. https://baijiahao.baidu.com/s?id=1622619729042895146&wfr=spider&for=pc.

整、准确、全面贯彻新发展理念,这是在新发展阶段必须遵循的理论逻辑;构建以国内大循环为主体、国内国际双循环相互促进的新发展格局则是由新发展阶段的现实基础条件与现实逻辑所决定的必然选择。

其四,百年大变局意味着大挑战,意味着更大的不确定性,意味着各国必须在一个更具不确定性的世界中谋求进一步的发展。在百年大变局中,各种各样的风险和不确定性因素非常之多。例如,解决全球经济再平衡问题依然困难重重,悬而未决;大部分发展中国家尤其是最不发达国家的经济发展依然任重而道远;去全球化、贸易保护主义思潮和行为依然十分猖獗,甚至有愈演愈烈之势;等等。

中国正在积极探索如何在百年大变局中进一步发展国际经济关系。一方面,中国贡献了许多关于新的时代背景下国际经济关系发展的新思想与理论,例如,提出构建以"合作共赢"为核心的新型国际经济关系的新理念,提倡以"共商、共建、共享"为特征的国际经济关系新规则,并提供了发展新型国际经济关系的中国方案——共建"人类命运共同体";另一方面,中国还在发展新型国际经济关系的具体实践上大力创新,例如,提出"一带一路"倡议并推动共建国家合作共建共同发展,牵头建立金砖国家新开发银行、丝路基金、亚洲基础设施投资银行等,为有关国家和地区的经济发展提供资金支持。

本书的首要目标是及时反映中国在百年大变局中关于发展国际经济关系的新理念、新观点、新思想和新理论等。其次,努力反映中国在新的时代背景下发展与其他国家的国际经济关系的新举措、新实践、新进展、新成就和新形势等。再次,反映"百年大变局"背景下国际经济关系领域的其他新事件、新现象、新发展和新问题等。

本书是在给经济学类本科生讲授"国际经济关系"这门课的基础上编写而成的,是团队合作的结果,由同济大学经济与管理学院和上海外国语大学国际金融贸易学院在职教师执笔编写,编写者均多年从事"国际经济关系""国际投资学""国际经济学""世界经济概论""国际贸易理论与政策"等课程的教研工作。本书大纲由聂文星、李永和张鑫共同拟定,并经团队会议讨论后明确编写组成员的分工:第一章和第二章由聂文星执笔,第三章、第四章、第五章和第九章由张鑫执笔,第六章由周华执笔,第七章由吴奇志执笔,第八章和第十一章由李永执笔,第十章由周华和吴奇志执笔,第十二章和第十三章由胡靖执笔。全书最终由聂文星总纂并定稿。

在本书编写过程中,编写者参考并借鉴了国内外学者大量的相关研究成果和有关数据与资料,在列举参考文献时难免有所疏漏。在此,向所有文献资料的作者,特别是没有列入书后参考文献的作者表示深深的谢意。由于编者能力和水平所限,书中难免存在错误、遗漏或其他不足之处,祈望各位专家和广大读者批评指正。

特别感谢同济大学出版社的责任编辑尚来彬老师和相关人员,他们为本书的出版付出了大量辛勤劳动。

2023 年 12 月

聂文星

# 目　录

前言

**第一章　国际经济关系学导论** …………………………………………………… 001

　　第一节　学习研究国际经济关系学的重要性 ………………………………… 001
　　第二节　国际经济关系学的研究对象与内容 ………………………………… 005
　　第三节　国际经济关系学与邻近学科的关系 ………………………………… 009
　　第四节　国际经济关系学的基本理论 ………………………………………… 012
　　本章小结 ………………………………………………………………………… 024
　　复习思考题 ……………………………………………………………………… 025

**第二章　国际经济关系的"源"与"流"** ……………………………………… 027

　　第一节　国际经济关系的产生与发展 ………………………………………… 027
　　第二节　国际经济关系的构成与表现形式 …………………………………… 035
　　第三节　国际经济关系的特点与主要问题 …………………………………… 040
　　第四节　新时代新型国际经济关系的构建 …………………………………… 048
　　本章小结 ………………………………………………………………………… 052
　　复习思考题 ……………………………………………………………………… 052

**第三章　发展国际经济关系的主体** …………………………………………… 054

　　第一节　跨国公司 ……………………………………………………………… 054
　　第二节　跨国银行和非银行跨国金融机构 …………………………………… 061
　　第三节　政府和国际经济组织 ………………………………………………… 070
　　本章小结 ………………………………………………………………………… 082
　　复习思考题 ……………………………………………………………………… 082

**第四章　发展国际经济关系的客体** …………………………………………… 085

　　第一节　国际商品和国际服务 ………………………………………………… 085
　　第二节　国际实物资产和国际无形资产 ……………………………………… 088
　　第三节　国际金融资产 ………………………………………………………… 095

| | |
|---|---|
| 本章小结 | 097 |
| 复习思考题 | 097 |

## 第五章　新时代发展国际经济关系的环境 · 100

| | | |
|---|---|---|
| 第一节 | 国际经济关系环境概述 | 100 |
| 第二节 | 国际经济关系环境因素 | 102 |
| 第三节 | 国际经济关系环境的评价 | 109 |
| 第四节 | 新时代中国的国际经济关系环境 | 115 |
| | 本章小结 | 128 |
| | 复习思考题 | 129 |

## 第六章　国际经济关系协调与区域经济一体化 · 130

| | | |
|---|---|---|
| 第一节 | 国际经济关系协调概述 | 130 |
| 第二节 | 二战后国际经济关系协调的发展 | 135 |
| 第三节 | 区域经济一体化概述 | 143 |
| 第四节 | 二战后区域经济一体化的具体实践 | 148 |
| | 本章小结 | 159 |
| | 复习思考题 | 159 |

## 第七章　全球经济治理：历史、现状与未来 · 161

| | | |
|---|---|---|
| 第一节 | 二战后全球经济治理的演化发展 | 161 |
| 第二节 | G20与全球经济治理改革进展 | 165 |
| 第三节 | 面向未来的全球经济治理议题 | 171 |
| 第四节 | 新时代全球经济治理的发展 | 181 |
| | 本章小结 | 186 |
| | 复习思考题 | 187 |

## 第八章　新型国际经济关系的中国方案：人类命运共同体 · 189

| | | |
|---|---|---|
| 第一节 | 人类命运共同体的内涵 | 189 |
| 第二节 | 构建新型国际经济关系的理论逻辑 | 192 |
| 第三节 | 中国构建人类命运共同体的实践 | 194 |
| | 本章小结 | 202 |
| | 复习思考题 | 203 |

## 第九章　"一带一路"建设下的新型国际经济关系 · 204

| | | |
|---|---|---|
| 第一节 | "一带一路"倡议的背景和理论基础 | 204 |
| 第二节 | "一带一路"倡议的主要内容与意义 | 210 |

第三节　"一带一路"推进新型国际经济关系 …………………………… 216
　　本章小结 ……………………………………………………………………… 224
　　复习思考题 …………………………………………………………………… 224

# 第十章　中国与主要发达经济体的经济关系 …………………………………… 226
　　第一节　中国与美国的经济贸易关系 ………………………………………… 226
　　第二节　中国与欧盟的经济关系 ……………………………………………… 238
　　第三节　中国与日本的经济关系 ……………………………………………… 250
　　本章小结 ……………………………………………………………………… 261
　　复习思考题 …………………………………………………………………… 261

# 第十一章　中国与新兴经济体的经济关系 ……………………………………… 263
　　第一节　新兴经济体与开放型经济新体系 …………………………………… 263
　　第二节　中国与新兴经济体的经贸关系 ……………………………………… 267
　　第三节　新兴经济体的调整及对华关系展望 ………………………………… 270
　　本章小结 ……………………………………………………………………… 276
　　复习思考题 …………………………………………………………………… 277

# 第十二章　中国与东盟的经济关系 ……………………………………………… 279
　　第一节　中国与东盟国家经济关系发展历程 ………………………………… 279
　　第二节　中国与东盟的贸易关系 ……………………………………………… 283
　　第三节　中国与东盟的投资关系 ……………………………………………… 291
　　第四节　中国与东盟的其他经济关系 ………………………………………… 297
　　本章小结 ……………………………………………………………………… 302
　　复习思考题 …………………………………………………………………… 302

# 第十三章　中国与其他发展中国家的经济关系 ………………………………… 304
　　第一节　中国与非洲国家的经济关系 ………………………………………… 304
　　第二节　中国与拉美国家的经济关系 ………………………………………… 312
　　第三节　中国与南太平洋岛国的经济关系 …………………………………… 319
　　本章小结 ……………………………………………………………………… 325
　　复习思考题 …………………………………………………………………… 325

**参考文献** ……………………………………………………………………………… 328

# 第一章 国际经济关系学导论

与其他任何学科一样,国际经济关系学有着自己独立的科学理论体系,包括明确的研究对象、特定的研究内容和研究范围、基础理论以及有效的研究方法等。本章旨在对研究与学习国际经济关系学的意义、国际经济关系学的研究对象与研究内容、国际经济关系学与邻近的其他学科的关系、国际经济关系学的基本理论等作一个简要的介绍。

## 第一节 学习研究国际经济关系学的重要性

随着经济全球化①的不断深入,经济生活国际化已经是各国经济的常态,在全球化的浪潮中,国际经济关系已经成为各国经济成长的关键因素和国际关系中非常关键乃至核心的内容,深入探究全球经济互动的动态及其演进趋势,对于理解经济现象具有深远的理论价值,并在现实社会中展现出重要的实用意义。而随着世界经济发展进入新时代,国际经济格局开始呈现出一些新的特点,国际经济关系本身也正在发生或已经发生深刻的变化,对国际经济关系的新发展、新内容、新趋势进行深入探究更是被这个新时代赋予了必要性和迫切性。概而言之,研究和学习国际经济关系学有着理论和实践上的多重意义,具体可以从四个方面加以把握。

### 一、经济理论及时反映经济现实的需要

科学研究的出发点在于了解世界、认识世界及获得相关知识,对于国际经济关系的研究也不例外。人们之所以研究国际经济关系,其初衷在于取得对发生在国际经济关系领域的有关现象、行为及其影响、结果等的认识和理解,进而发掘和把握国际经济关系领域内在的、本质的及必然的联系,以获取系统化知识。

人类社会的发展史首先是一部生产力的发展史。社会生产力的发展不仅推动了社会内部分工的细化,而且也必然地促成了国际分工的产生和发展,从而为国际经济关系的形成奠定了基础。第二次世界大战后,第三次科技革命的爆发使得国际分工的深化和发展达到了

---

① 关于"经济全球化",国际上并没有一个统一的定义。根据国际货币基金组织(International Monetary Fund, IMF)的观点,它是指跨国商品与服务交易及国际资本流动规模和形式的增加,以及技术的广泛迅速传播使世界各国经济的相互依赖性增强。(参见国际货币基金组织《世界经济展望》,中国金融出版社1997年出版,第45页。)IMF还在另一个文件中进一步指出,从经济角度看,全球化是指"由人类创新和技术进步引发的历史进程,表现在通过货物、服务以及资本跨境流动带来的世界经济不断一体化"。(参见 IMF. Globalization: a brief overview[J]. The International Monetary Fund Issues Brief, 2008(2): 108.)

一个前所未有的新高度,各国之间的劳动分工由产业间分工发展到产业内分工,并迅速发展为产品内分工(包括零部件生产分工和工序分工)。20世纪90年代以来,经济全球化浪潮与区域经济一体化浪潮以及第四次科技革命浪潮相互交织,共同构成了推动经济快速发展的多重动力,进一步推动各国之间的劳动分工由制造环节内部的分工发展为研发、制造、营销等环节之间的价值链分工,由此形成了生产全球化和网络化。在此过程中,各国跨国公司扮演了不知疲倦又必不可少的穿针引线者的角色,通过国际生产、国际贸易、国际资本流动、国际技术转让和劳动力国际转移等各种跨国经济活动将世界各国的经济"编织"成一个包罗万象的全球性经济网络。在这样一个全球性经济网络中,各国经济你中有我、我中有你,形成极端错综复杂的经济联系和利益联结关系图景。从这个角度看,研究国际经济关系的一个基本意义就在于揭示国际经济交往活动中各国或地区之间的经济联系及其演化发展与背后形成的机理。

就现有的情况来看,时下汹涌澎湃的经济全球化浪潮是一柄"双刃剑":一方面,给许多国家或地区的经济发展创造了大量的新机遇,促进了这些国家或地区的经济繁荣和社会发展;另一方面,它也给有关国家或地区带来了挑战,有时还加剧了有关国家或地区之间的竞争,有时甚至给这些国家或地区带来了经济冲击和动荡。也就是说,各国或地区之间的经济联系,归根结底是彼此之间的利益关系。而由经济全球化所促成的各国或地区经济之间的相互依赖(或者说相互依存)与相互融合,并不意味着它们之间就没有利益上的矛盾和冲突。在国际经济交往活动中,由于不同国家或地区在经济发展水平、经济实力、资本实力、科技发展水平、市场机制成熟或完善程度、市场规模、地理区位等方面都存在着差异,它们在国际经济关系中所处的地位不同,在国际经济交往活动中所获得的利益也多少不一,有些国家或地区甚至有可能在国际经济交往活动中利益受损。从这个角度来看,研究国际经济关系的另一个重要意义在于揭示国际经济交往活动中各国之间的利益往来与利益分配关系及其变化和成因。

同时,国际经济关系自身所具有的各方面特点(如国际经济关系表现形态的多样性、国际经济关系主体的多元性、国际经济关系影响因素的复杂性、国际经济关系本身的动态性和多变性、国际经济关系的联动性和相关性等)不仅意味着对国际经济关系领域的现象与规律的理解和把握不可能是一蹴而就和一成不变的,而且还凸显了对国际经济关系的变化发展、未来趋势及其影响进行系统、深入研究的必要性和重要性。恩格斯曾经指出:"历史从哪里开始,思想进程也应当从哪里开始,而思想进程的进一步发展不过是历史过程在抽象的、理论上前后一贯的形式上的反映。"[①] 随着国际经济关系领域新事物、新现象、新问题等不断产生和发展,不断引入新的内容以反映新的国际经济关系现实,国际经济关系理论也必然要不断创新和发展,不断吐故纳新。

## 二、国家经济发展的现实需求

在各国经济相互交织而形成的全球性经济网络中,任何一个国家都不能置身事外,任何

---

① 马克思,恩格斯. 马克思恩格斯选集:第2卷[M]. 中共中央马克思恩格斯列宁斯大林编译局,译. 北京:人民出版社,2009:603.

一个国家都不能脱离其他国家而孤立地发展,每个国家的经济发展都以别国的经济发展为条件或前提,一荣俱荣,一损俱损(特别是当危机来临时,任何国家都难以独善其身)。可以说,目前世界上没有哪一个国家能够独立于这个全球性经济网络而发展得好。但同时,国际经济交往活动中利益分配的不公平、不对等又给有关国家或地区带来了压力或冲击。因此,发展与其他国家的国际经济关系,在国际经济交往活动中趋利避害,在获取经济好处的同时减少甚至避免自身利益受到损害,已经成为一个国家经济活动的重要目标、关键内容和基本任务之一。

具体到中国,自从党的十一届三中全会开启改革开放的伟大征程以来,我国顺应经济全球化浪潮,逐步确立了出口导向型的经济发展战略,积极发展与各国的经济关系,能动地利用国际国内多种资源、多个市场、多种形式和多条渠道发展经济,逐渐融入国际经济大循环。我国在经济发展动力方面积极开源,充分利用外源性动力,一方面大力发展对外贸易,向国外大量出口制成品,逐渐成长为全球第一大出口国;另一方面大力引进外资和先进的技术、设备及管理经验,产业竞争力日益提升,国民经济实力不断增强,国内生产总值与人均国民收入持续增长。特别是"入世"以来,我国实施了全方位对外开放战略,至今已与超过200个国家和地区建立和发展了经济贸易关系,有效地促进了社会生产力的快速提升,缩小了与发达国家的差距。截至2021年年底,我国总体经济规模继续稳居全球第二,人均GDP已超过1.2万美元,城镇化率超过60%,服务业占GDP的比重超过50%,经济实力、科技实力、综合国力不断跃上新的台阶,经济结构持续优化,社会主义现代化建设迈上了新的征程。经过改革开放以来四十多年的发展,中国特色社会主义已经进入新时代,我国社会生产力水平总体上显著提高,社会生产能力在很多方面进入世界前列,稳定解决了十几亿人的温饱问题,全面建成小康社会取得决定性成就,我国社会主要矛盾已经转化为人民日益增长的美好生活需要和不平衡不充分的发展之间的矛盾。毋庸置疑,这一切都是与我们国家始终坚持和大力发展国际经济关系离不开的。

但是,正如以习近平同志为核心的党中央所清醒而明确指出的,我国社会主要矛盾的变化并没有改变我国社会主义所处历史阶段,我国仍处于并将长期处于社会主义初级阶段的基本国情没有变,我国是世界最大发展中国家的国际地位没有变,发展不平衡不充分问题仍然突出,发展仍然是我们党执政兴国的第一要务,强调要牢牢把握和立足社会主义初级阶段这个基本国情和最大实际,坚持以经济建设为中心,坚持改革开放、自力更生、艰苦创业,把我国建设成为富强、民主、文明、和谐、美丽的社会主义现代化强国。因此,我们仍然要继续大力发展国际经济关系,构建以国内大循环为主体、国内国际双循环相互促进的新发展格局,不断提高对外开放的水平和规格,并在今后的国际经济格局和国际经济关系格局中发挥更大的作用。作为世界上最大的发展中国家,我国应当与其他发展中国家一道开辟国际经济关系新领域、探索发展国际经济关系的新方式和新途径、发展新型国际经济关系、构建国际经济关系新格局、建立符合广大发展中国家利益的国际经济新秩序,改变发展中国家以往在国际经济关系和国际经济秩序中的被动和无权地位,改变现行国际经济关系中那些不平等的部分和内容。为此,在新时代我们仍须对国际经济关系进行广泛、深入、系统的研究。

### 三、国际经济关系学科建设的要求

早在20世纪初,在国际经济关系快速发展的过程中,西方国家的学者就以国际贸易和国际金融为研究对象进行了大量的研究,出版了许多著作,创建了一门新的学科,这就是人们早已耳熟能详的"国际经济学"。无疑,它也是一门研究国际经济关系的学科,甚至还有人干脆将其称之为国际经济关系学。第二次世界大战结束以来,随着资本国际化和生产国际化的迅速扩展,国际经济学理论也相应有了新的发展,研究的涉及面也较之以前大为拓宽。例如,美国学者彼得·林德特(Peter Lindert)和查尔斯·金德尔伯格(Charles P.Kindleberger)在1982年合作出版了《国际经济学》(第七版),除对传统国际经济学的内容进行了一些补充和修改外,还对劳动力的国际移动、国际直接投资、国际债务、国际经济一体化等战后出现的国际经济新现象分门别类进行了探讨,从不同角度研究了各个具体领域中的国际经济关系。

随着第二次世界大战结束后一批社会主义国家的出现和世界社会主义经济体系的发展,苏联和南斯拉夫等社会主义国家的学术界先后在理论上对国际经济关系进行了大量的探讨,并出版了一些有价值的专著。具体说来,南斯拉夫理论界根据马克思主义国际劳动分工的理论,于20世纪60年代初逐步建立了国际经济关系学理论,并先后在贝尔格莱德大学和萨格勒布大学等开设国际经济关系学课程。苏联对国际经济关系的研究一贯十分重视,早在20世纪50年代中后期就在莫斯科建立了著名的世界经济和国际关系研究所,其出版发行的《世界经济和国际关系》杂志在国际上影响很大。同时,苏联也在各大学经济系开设世界经济和国际关系课程。但是,很长时间内苏联是把世界经济和国际关系合在一起作为一门课讲授的,并未将国际经济关系从世界经济和国际关系中分离出来。进入20世纪80年代后,苏联学者以列宁的《帝国主义论》为理论基础,以当时的世界政治经济环境为分析背景,开始将国际经济关系作为一门独立的学科进行系统性研究,先后出版了一些专著,使国际经济关系学逐渐成为一门独立的学科,并形成了一个较为完整的学科体系。

在我国,早在20世纪50年代就有不少学者从事国际经济关系领域的研究工作,并出版了相关著作,这类研究大多从属于世界经济学科。自20世纪80年代末期以来,国内陆续有一些学者把反映国际经济关系运动规律的理论称之为国际经济关系学,主张把国际经济关系学作为一门相对独立的学科来研究,并对这一学科的性质及其与邻近学科的关系进行了分析[1],有的学者还编写了适用于高等院校本科教育的相关教材。例如,吉林大学的周启元和姜圣复在1990年出版了《当代国际经济关系学》,是国内学者把当代国际经济关系学作为一门新兴学科进行研究的初步尝试。中国人民大学的郭丁在1992年出版了《国际经济关系学》,也对国际经济关系学进行了开拓性研究。然而,在一段比较长的时间里,这些学者的观点和分析没有得到较大的呼应,反映国际经济关系运动规律的理论仍然被当作是世界经济学科的一个研究方向,建构一门相对独立的国际经济关系学在国内学术界没有得到足够的重视[2]。出现这种情况也不奇怪,要在学科林立、各门学科不断拓展、相互交叉且日益庞

---

[1] 柳剑平.论国际经济关系学的性质及其与邻近学科的关系[J].世界经济与政治,2003(7):21.
[2] 同[1]。

杂的情况下建立一门新的学科体系是非常不容易的。在此后十多年中我国未曾出现专门系统研究或梳理国际经济关系的著作或教材,直到2009年外交学院周林编著《国际经济关系学概论》。该书对国际经济关系学的研究内容进行了仔细梳理,是新时期国内学者对国际经济关系进行系统探究的一次有益尝试。进入21世纪特别是近年来,由于经济全球化在广度和深度两个维度上不断扩展,国际经济关系的地位和作用越来越重要,对进一步加强关于国际经济关系及其运动规律的研究提出了客观要求,建构一门相对独立的国际经济关系学在国内学术界被逐渐提上了议事日程。目前,随着我国国际经济关系实践的不断拓展和深化,国内国际经济关系理论研究也不断深入及系统化,学科分工不断细化,学科交叉研究与新兴研究方向等不断涌现,国际经济关系学作为一门独立的学科方兴未艾,处于不断发展和完善中。

### 四、国家人才培养和个人发展的需要

我国在国际经济交往活动中的参与度日益提高,在国际经济事务中的影响力持续扩大,地位不断提高。显然,这需要大量拥有深厚的国际经济关系知识储备的人才作为支撑。为此,我们应当从国家战略人才储备的高度出发,一方面不懈拓展和深化国际经济关系理论的研究;另一方面在高等院校设立国际经济关系相关课程,花大力气加强国际经济关系领域的人才培养。

从个人成长和未来发展的角度看,系统学习和掌握国际经济关系领域的相关知识对于国际化视野的养成和国际化思维的塑造都是不可或缺的,而且有助于学习者把握经济全球化的时代脉搏、国际经济关系大局、国际经济发展趋势和国家经济发展大方向,使之敢立潮头,急流勇进,建功立业,为中国特色社会主义事业添砖加瓦,实现自身的价值。

## 第二节 国际经济关系学的研究对象与内容

在经济全球化的时代背景下,国际经济关系作为国际交往活动的关键环节和主要内容,其内容和表现日益丰富和复杂多样,其地位和作用也日高一日。由此引发了国内外学术界对国际经济关系及其运动规律进行广泛、深入而系统的研究,国际经济关系学作为一门相对独立的学科得以逐渐成形。

### 一、国际经济关系的概念与内涵

关于国际经济关系的具体含义,不同的研究者基于不同的研究视角或者理论出发点,对此提出了各自不同的见解。梅尼希科夫等苏联学者扩展了马克思主义政治经济学中关于生产关系的理论,将其应用到全球层面。他们主张,国际经济关系构成了一种超越国家边界的特殊的社会生产联系,这不仅涵盖了物质财富的全球生产、分配、交换和消费过程,而且反映了一种全球性的生产关系体系[1]。《南斯拉夫经济百科全书》中的"国际经济关系"条目则指

---

[1] 梅尼希科夫. 当代国际经济关系[M],张础,译. 北京:社会科学文献出版社,1987:1.

出,它是国家间经济关系的复合体,包括各种商品的交换关系、劳动力的国际转移、劳务和资本的国际流动等。与国内经济关系相比,商品和各种生产要素在国际流通中具有一系列(不同)特点。① 国内学者中,吉林大学周启元最早撰文指出:"国际经济关系是世界范围内的各种经济关系的总和。"② 由于这一定义涵盖的范围过于宽泛,其后周启元和姜圣复将国际经济关系的含义加以提炼,认为"国际经济关系的概念是指世界范围内超越于国家界限的各个领域、各种形式、各个层次的经济联系的总和"。③ 中国人民大学郭丁认为:"国际经济关系就是指世界范围内各国经济之间的联系媒介,它表现为各种形式,如国际贸易、国际金融、世界市场、国际资本和资金流动、劳动力的国际移动、国际经济组织、国际经济联合,等等。"④ 湖北大学的柳剑平综合周启元、郭丁等人的观点和分析,从国际经济关系的主体和领域两个维度相结合的角度提出了国际经济关系的定义:"国家之间、国际经济组织之间、国家与国际经济组织之间、不同国家的私人(包括公司法人和自然人)之间,以及不同国家的私人与他国或国际经济组织之间在国际贸易、国际金融、国际资本和资金流动、劳动力的国际移动、世界市场、国际经济组织、国际经济联合等领域里的经济联系和交往。"⑤ 外交学院周林则将国际经济关系定义为"在国际范围内,各行为主体(主要是国家)之间进行的各种经济联系和交往"⑥。

上述学者关于国际经济关系含义的表述尽管各有侧重,但它们都有一个共同之处,即都认为国际经济关系是跨越国界的经济联系和交往活动。综合这些学者的观点,我们认为可以将国际经济关系界定为世界范围内超越国界的各个领域、各个层次、各种形式的经济联系的总和。具体而言,国际经济关系是指以物(包括商品、服务、资源、技术、信息等)、财(包括贷款、投资、援助等)、人(包括人才流动、劳动力转移、移民等)为载体,以世界市场为媒介,并通过其跨国移动或者控制权的跨国转移等而形成的各种经济关系。从主权国家的视角来看,国际经济关系本质上是各个有关国家之间的经济利益关系,各国的政治利益和安全利益归根到底都是其经济利益的体现。

总体来看,国际经济关系有着五个方面的主要特点。第一,国际经济关系表现形态的多样性。国际经济关系通过国际贸易、国际投资、国际金融(借贷)、国际生产、国际经济援助、国际劳务和技术交流、国际经济技术合作等多种形式表现出来。第二,国际经济关系影响因素的复杂性。也就是说,国际经济关系会受到政治、经济、文化、宗教等一系列综合复杂因素或条件的影响。第三,国际经济关系主体的多元性。国际经济关系主体是指参与国际经济活动的行为主体,包括主权国家、全球性或区域性国际经济组织、企业(主要是跨国公司与跨国金融机构)、社会组织或团体、个人(自然人)等。按照国际经济关系主体特性的不同,可以将其划分为宏观主体和微观主体,也可以划分为主权主体和非主权主体,等等。按照其参与主体的特性和数量划分,国际经济关系涉及双边关系和多边关系等。第四,国际经济关

---

① 《南斯拉夫经济百科全书》(第1卷,1984:1237),转引自周启元.国际经济关系的发展与当代国际经济关系学[J].世界经济,1988(5):22.
② 周启元.国际经济关系的发展与当代国际经济关系学[J].世界经济,1988(5):17-23.
③ 周启元,姜圣复.当代国际经济关系学[M].北京:中国财政经济出版社,1990:33.
④ 郭丁.国际经济关系学[M].北京:中国人民大学出版社,1992:2.
⑤ 柳剑平.论国际经济关系学的性质及其与邻近学科的关系[J].世界经济与政治,2003(7):22.
⑥ 周林.国际经济关系学概论[M].北京:机械工业出版社,2009:5.

系本身的动态性和多变性。这就是说,国际经济关系不仅会受到前述许多复杂因素或条件的影响而发生变化,而且也会随着行为主体(尤其是国家主体)之间利益关系的改变而经常发生变化。第五,国际经济关系的联动性和相关性。经济全球化、信息化、网络化、交通便利化等的迅猛发展使得世界各国的经济联系越来越紧密,各国经济"你中有我,我中有你",相互依赖、相互融合、相互影响、相互制约,牵一发而动全身。

按照参与国际经济活动的行为主体间交往活动、经济联系和合作关系的密切程度不同,我们可以从三个层面来把握国际经济关系的内涵。国际经济关系的第一个层面是各国或地区之间的经济往来所形成的经济关系,主要是微观主体(尤其是企业)之间的经济交往和经济联系,这是国际经济关系的基础性、功能性合作层面。国家之间的经济关系最初往往通过彼此的商品交换(国际贸易)表现出来,国际商品交换的扩大、普及和深化催生了资金的跨国流动并促进了资本的跨境移动,逐渐形成国际贸易、国际货币流转、国际资本流动、国际劳动力转移等多种形态并存的全方位的国际经济关系格局。当然,开展这些经济往来的主体除企业外,还有各国政府、个人和其他经济与非经济组织等。国际经济关系的第二个层面是各国之间的经济合作所形成的经济关系,往往是以政府部门或机构为主或牵头进行合作,这是国际经济关系的机制性合作层面。国家之间的经济合作包括资源交换、企业合作和经济部门合作以及专门领域合作等。例如,湄公河(在中国境内称"澜沧江")是流经中国、老挝、缅甸、泰国、柬埔寨和越南六国的国际河流,近年来澜湄流域六国之间的有关经济合作不断增强。2016年3月澜沧江—湄公河合作首次领导人会议启动合作进程,澜湄合作确立了"3+5合作框架",即以政治安全、经济和可持续发展、社会人文为三大支柱,优先在互联互通、产能、跨境经济、水资源、农业和减贫五个领域开展合作。[①]2017年12月15日,六国在云南大理举行澜沧江—湄公河合作第三次外长会,一致同意加强合作,打造澜湄流域经济发展带,构建澜湄国家命运共同体。在这次会议中,与会六国公布了"澜湄合作专项基金首批支持项目清单",宣布建立"澜湄合作热线信息平台",并一致同意做好"六个提升",即提升机制化水平、合作广度、合作规划、能力建设、合作意识、合作开放度。[②]国际经济关系的第三个层面是有关各国之间的经济一体化所形成的经济关系,这是国际经济关系的超国家、制度性合作层面。随着经济全球化持续演进,全球各国和地区经济的融合趋势也日益显著。为了实现经济利益最大化,越来越多的国家开始共同协调和制定行动准则,建立了为数众多的自由贸易区、关税同盟、经济联盟等区域性国际经济组织以及一些全球性国际经济组织,由此形成一体化的国际经济关系。

## 二、国际经济关系学的研究对象

顾名思义,国际经济关系学专注于探究国际经济关系的本质及其发展变化的内在规律。对于这一点,国内学术界意见基本一致,尽管其表述可能各有不同。例如,周启元认为,

---

① 刘金卫. 澜湄合作机制: 五年结硕果,续写新辉煌[EB/OL].(2021-04-20)[2022-03-22]. http://views.ce.cn/view/ent/202104/20/t20210420_36489447.shtml.
② 观察者. 中柬老泰缅越六国外长一致同意构建"澜湄国家命运共同体"[EB/OL].(2017-12-16)[2021-10-22]. https://www.guancha.cn/internation/2017_12_16_439413.shtml.

"国际经济关系学是研究国际范围的经济关系及其运动规律的科学"。[①] 周林认为,"国际经济关系学就是研究和探讨国际经济关系的产生、发展及其引发的各种问题,并揭示其运动规律的科学"。[②] 由于不同学者对于国际经济关系的含义有不同的理解,他们对于国际经济关系学的研究对象也有不同的界定,其所界定的研究对象的涵盖范围也有所不同。为了厘清国际经济关系学的研究对象,柳剑平依据国际经济关系参与主体的不同把国际经济关系的含义区分为广义和狭义两种:"广义的国际经济关系包括国家之间、国际组织之间、国家与国际组织之间、不同国籍的私人之间、不同国籍的私人与国家或国际经济组织之间在贸易、金融、投资等领域的经济关系,以及国家对本国私人、国际经济组织对世界各国在不同领域进行管理和协调的经济关系;狭义的国际经济关系则只包括国家之间、国际组织之间、国家与国际组织之间在贸易、金融、投资等领域里的经济关系,以及国际经济组织在不同领域对世界各国进行协调的经济关系。"[③] 他认为国际经济关系学的研究对象应该是上述的狭义国际经济关系。他的观点如果用通行的经济学语言来表述,就是将私人经济部门(包括跨国公司、跨国金融机构、自然人等)排除在国际经济关系学的研究对象之外。

我们认为,国际经济关系学的研究对象,既不是仅仅限于前述的狭义国际经济关系(因为跨国公司和跨国金融机构等行为主体不仅是国际经济活动的主要参与者,对国际经济关系有着重要作用和影响,而且它们往往会对其他国际经济关系主体的决策和行为施加重大影响,将它们排除在国际经济关系学的研究对象之外显然不合适),也不应该是广义国际经济关系所包括的全部内容(这也是几乎所有国际经济关系研究者的共识),而是应该将国际经济关系行为主体中社会组织或团体以及自然人的国际经济活动排除在外,即主要研究包括国家主体、区域经济主体、国际经济组织、跨国公司和跨国金融机构在内的有关国际经济行为主体之间的经济关系。这样既可以侧重于从比较宏观的经济层面和比较综合的视野或角度进行研究,从而将国际经济关系学的研究对象限定在一个比较适当的范围,也有利于对国际经济关系的本质特征及其运动规律的发掘。

### 三、国际经济关系学的研究内容

为了精确界定国际经济关系学的研究领域,我们应当以该学科的研究对象为基础,进而明确其研究内容的范畴。这就要求我们从宏观经济角度考察整个国际经济关系由哪些经济行为主体和客体构成、它们是如何构成国际经济关系的、这样的国际经济关系又是如何运行的,等等。这就意味着不仅要对国际经济关系的概念和本质进行分析,而且还需要对各个经济行为主体之间联系的表现形式及其在整个国际经济关系中所处的地位和作用进行分析。基于以上原因,国际经济关系学的研究内容就是运用经济学原理以及国际贸易、国际金融和国际投资等领域的基础理论,深入分析国际经济关系发展状况与趋势、国际经济关系的主体和客体、国际经济关系的各种形式、国际经济合作与协调,国际经济关系发展的宏观环境、经

---

[①] 周启元. 国际经济关系的发展与当代国际经济关系学[J]. 世界经济,1988(5):17-23.
[②] 周林. 国际经济关系学概论[M]. 北京:机械工业出版社,2009:5.
[③] 柳剑平. 论国际经济关系学的性质及其与邻近学科的关系[J]. 世界经济与政治,2003(7):21-26.

济全球化进程中涌现出的新问题,以及各国在推动国际经济关系发展中面临的实践挑战等。

具体来说,国际经济关系学的研究内容主要由以下五部分组成。一是国际经济关系学的基础理论,包括国际经济关系的内涵、国际经济关系学的研究对象、国际经济关系的产生与发展、发展国际经济关系的基本理论等。二是国际经济关系的主体和客体以及发展国际经济关系的具体方式。发展国际经济关系的主体包括跨国公司、跨国金融机构、官方和半官方投资主体、国际经济组织等;国际经济关系的客体则包括实物资产、无形资产、金融资产等;国际经济关系的具体形式包括国际贸易、国际投资、国际经济援助、国际劳务和技术交流、国际经济技术合作与协调等。三是发展国际经济关系的战略与决策管理,包括发展国际经济关系的影响因素和环境分析、风险评估与控制等。四是伴随着经济全球化出现的国际经济关系新问题,如全球经济治理、新型国际经济关系的构建及其实际举措等。五是研究我国发展国际经济关系的具体实践,重在分析我国国际经济关系的发展状况、存在的问题及其有关对策等。本书就是按照以上研究内容来编撰和安排的,力求体现国际经济关系学科的系统性、整体性与内在逻辑性。

## 第三节  国际经济关系学与邻近学科的关系

国际经济关系学研究的是跨国的经济联系与交往活动,即跨国的经济关系,因此,它必然与其他研究跨国关系运动规律的学科存在一定的联系。在当前中国的学科体系中,诸多学科领域均涉及跨国关系的研究,其中包括世界经济学、国际经济学、国际政治学、国际经济法学、国际政治经济学、国际贸易学、国际金融学以及国际投资学等。与上述学科相比,国际经济关系学展现出其独特的边缘性、综合性与独立性。国际经济关系学的"边缘性"表现在它只研究与跨国经济关系相关的这部分内容。这种"边缘性"既表明了它的"综合性",即它与反映相关跨国关系运动规律的有关学科有着多方面的交叉,也表明了它的"独立性",即它是一门具有特定研究对象的学科。[①]

具有边缘性、综合性和独立性的国际经济关系学,与世界经济学、国际经济学、国际政治学、国际经济法学、国际政治经济学、国际贸易学、国际金融学和国际投资学等邻近学科之间既有联系又有区别。

### 一、与世界经济学的关系

世界经济学专注于研究世界经济这一复杂而统一的经济体系。世界经济是指世界范围内包括各国国民经济或地区经济及其相互关系在内的统一的经济体系,这种统一的经济体系是世界各国国民经济或地区经济在国际分工、世界市场、国际交换、国际资本流动等诸多经济联系的基础上形成和发展起来的。世界经济学与国际经济关系学都涉及国际经济关系,二者在内容上有所交叉,二者之间的区别在于:世界经济学研究的对象是世界各国国民

---

① 柳剑平.论国际经济关系学的性质及其与邻近学科的关系[J].世界经济与政治,2003(7):21—26.

经济或地区经济的现状、国际的相互经济关系及其发展规律;而国际经济关系学则主要是研究国际范围内的各种经济关系,当然也涉及各国或地区经济现状,但其作用和目的是揭示国际经济关系运动形式、特点和发展趋势,换句话说,世界经济学只是在研究各国国民经济或地区经济本身时涉及彼此之间的经济关系,而国际经济关系学则只注重研究各国国民经济或地区经济之间的经济关系,一般不专门研究各国国民经济或地区经济本身。

## 二、与国际经济学的关系

从研究对象来看,国际经济学只涉及国际经济关系中的国际贸易关系和国际金融关系,它对国际经济关系的分析不具有广泛性。

国际经济学与国际经济关系学虽然都研究国际经济关系中的国际贸易关系和国际金融关系,但国际经济学一般是按照现有的框架,从高度抽象化的角度(即假定现实世界只存在着两个国家的前提下),来研究国家之间的贸易关系和金融关系;而国际经济关系学则主要研究不同国家和不同区域集团在国际贸易关系、国际金融关系、国际投资关系等基础之上形成的综合经济关系,这表明国际经济关系学不仅要研究国际贸易关系和国际金融关系,而且还要研究国际投资关系、国际劳动力转移等,以及在这些不同领域的国际经济关系基础之上形成的整个国际经济关系。[1]

## 三、与国际政治学的关系

国际政治学是研究跨国关系的传统学科之一。跨国关系包括政治关系、经济关系、军事关系、外交关系、法律关系等。国际政治学与国际经济关系学所涉及的行为主体有绝大部分是相同的,它们都研究国家、国际组织、跨国公司等跨国行为主体之间的关系,它们的区别是:由于国际政治关系的自身规律,国际政治学所涉及的行为主体比国际经济关系学要广,除国家、跨国公司和国际组织之外,还包括跨国政党等。而国际经济关系学所涉及的行为主体只包括国家、跨国公司和国际组织(主要是国际经济组织)。同时,国际政治学主要是研究国家、国际组织、跨国公司、跨国政党等行为主体之间的政治关系;而国际经济关系学则主要是研究国家和国际经济组织行为主体之间的经济关系。[2]

## 四、与国际经济法学的关系

国际经济法调整的是国家、国际经济组织、国家所属的私人等行为主体之间的经济关系。具体来说,包括国家与国家之间、国际经济组织之间、国家与国际经济组织之间、国家与他国私人之间、国际经济组织与私人之间、不同国籍的私人之间的经济关系。虽然国际经济法学与国际经济关系学都必定涉及国家和国际经济组织这些行为主体,但国际经济法学除涉及国家和国际经济组织之外,还应该涉及国家所属的私人这一行为主体,国际经济关系学所涉及的行为主体显然比国际经济法学要少。同时,国际经济法学应该是从广义国

---

[1] 柳剑平.论国际经济关系学的性质及其与邻近学科的关系[J].世界经济与政治,2003(7):21-26.
[2] 同[1]。

际经济关系的纵向管制与协调的角度涉及它所要调整的行为主体,即考察如何更有效地管制与协调这些行为主体之间的经济关系,对国际经济关系本身的运动规律并不作研究。而国际经济关系学则是从狭义国际经济关系的横向流转的角度关涉它所要考察的行为主体,即把纵向管制与协调作为既定安排或影响因素的前提下,研究国际经济关系本身的运动规律。①

### 五、与国际政治经济学的关系

国际政治经济学是20世纪70年代后期在世界范围内发展起来的一门新兴学科。它同国际经济关系学的联系很密切,但也存在很大的区别。早期的研究者把国际政治经济学定义为研究影响全球生产、交换和分配体系,以及这些体系所反映出来的价值观念组合的社会、政治和经济布局(结构)的学科。他们认为,国际政治经济学是传统政治经济学在国际范围内的延伸。按照这个解释,国际政治经济学要比国际经济关系学研究的领域更加广泛。

美国国际政治经济学代表人物罗伯特·吉尔平认为,国际政治经济学是一门研究国际政治与国际经济如何相互影响、相互作用的学科。中国人民大学的宋新宁和陈岳赞同这一观点,认为国际政治经济学的主要研究对象和研究范围是国际社会中各类行为主体的对外政治和经济行为,以及国际政治与国际经济之间的相互关系和相互作用。按照他们的观点,国际政治经济学主要是探讨与外交或国际关系有密切关系的重要国际经济问题,如国际贸易、国际经济援助、汇率、国际金融、国际经济合作等。标志着西方国际政治经济学诞生的著作是美国学者琼·埃德曼·斯佩罗(Joan Edelman Spero)1977年所著的《国际经济关系的政治学》(The Politics of International Economic Relations),说明国际政治经济学从一开始研究的就是国际经济关系,只是它用的是政治学和国际关系的方法和视角,而不是经济学的。国际经济关系学虽然在研究国际经济关系的过程中,也要分析国际政治对国际经济关系的影响以及二者的互动关系,但是这只是国际经济关系学内容的一个方面。所以国际政治经济学比国际经济关系学的研究范围要窄,国际经济关系学主要研究国际经济关系的运行及其他相关问题,研究对象和内容比国际政治经济学要具体得多。

### 六、与国际贸易学等三门学科的关系

国际贸易学、国际金融学、国际投资学等实际上是研究不同国际经济关系形态的学科。目前,这些学科分别是对国际贸易关系、国际金融关系、国际投资关系的研究,既涉及不同国籍的私人之间、国家与他国私人之间、国际经济组织与其范围外的私人之间的贸易关系、金融关系、投资关系,也涉及国家之间、国际经济组织之间、国家与国际经济组织之间的贸易关系、金融关系、投资关系,同时还涉及主权国家、双边国家、国际经济组织对广义贸易关系、金融关系、投资关系的管理和协调。国际贸易、国际金融、国际投资三门学科与国际经济关系学在研究内容上必定有部分重合,它们的区别是:国际贸易、国际金融、国际投资应该是研

---

① 柳剑平.论国际经济关系学的性质及其与邻近学科的关系[J].世界经济与政治,2003(7):21-26.

究广义的国际贸易关系、国际金融关系、国际投资关系;而国际经济关系学则是在广义的国际贸易关系、国际金融关系、国际投资关系的基础上,择取狭义的国际贸易关系、国际金融关系、国际投资关系等,综合研究整个国际经济关系及其运动规律。①

国际经济关系学与国际贸易学和国际金融学等专业性很强的学科比较,也是既有共性又有区别。其共性都是研究国际经济活动和经济关系,其区别是国际贸易学和国际金融学等专业性强的学科,研究的是国际经济生活中某一特殊领域内的具体经济现象的规律性,而国际经济关系学则是研究全球范围各种经济关系和每个国家在自己社会经济发展中参与国际经济联系的必要性,及其在这种联系中所占有的利益地位,换言之,是研究国际经济关系中具有普遍意义的经济活动和发展趋势,与各专业性学科相比,它要广泛得多、复杂得多。

## 第四节 国际经济关系学的基本理论

国际经济关系学的基本理论旨在揭示各种不同类型的国际经济关系产生和发展的原因与机理。根据其所属的不同领域或不同的研究视角,国际经济关系学的基本理论主要有国际贸易关系理论、国际直接投资关系理论、国际间接投资关系理论等。

### 一、关于国际贸易关系的理论

国际贸易关系理论主要研究各国或地区之间贸易关系产生的基础和原因、国际贸易关系的模式、国际贸易对于各国或地区的经济影响(包括对生产者、消费者和社会的福利影响等)、国际贸易关系动态变化、各国或地区贸易政策的相互影响以及一些国际贸易关系领域的前沿和热点问题等。国际贸易关系理论主要有关于国际分工和国际市场的理论、古典贸易理论(含早期的贸易思想)、新古典贸易理论(主要是要素禀赋理论)、现代国际贸易理论(主要是新贸易理论)和保护贸易理论等。

#### (一)关于国际分工和国际市场的理论

1. 关于国际分工的理论

国际分工是社会分工超越国界所形成的不同国家或地区之间的劳动分工。从历史上看,国际分工的演进经历了四个阶段,即萌芽阶段(16—18世纪中叶)、形成阶段(18世纪60年代到19世纪60年代)、发展阶段(从19世纪中叶到二战时期)和深化阶段(二战后)。

国际分工理论的发展经历了一段曲折的历程。威廉·配第(William Petty)在17世纪末已认识到分工(专业化)对生产力进步的作用。到18世纪,亚当·斯密(Adam Smith)指出分工是劳动效率提高的主要原因,并认为分工的发展将导致社会的普遍富裕,还特别指出分工的范围受到交换能力(市场范围)的限制。1847年,马克思(Karl Marx)阐释了国际分工的起源:"由于机器和蒸汽的应用,分工的规模已使脱离了本国基地的大工业完全依赖

---

① 柳剑平.论国际经济关系学的性质及其与邻近学科的关系[J].世界经济与政治,2003(7):21-26.

于世界市场、国际交换和国际分工。"① 然而自19世纪末起,分工问题逐渐淡出了经济学研究的视野。直到20世纪50年代,发展经济学的兴起使得分工问题又重新回到经济学的研究视野。20世纪80年代以来,国际分工开始呈现出新的特点,国际分工理论也相应发展和深化。新的国际分工是一种基于跨国公司全球网络的分工,跨国公司全球生产网络的每一部分都由分工链(既有国际分工也有国内分工,既有制造外包也有服务外包)组成,它将世界各地的个人、企业、国家、地区以及世界各种资源整合到国际分工体系中来,形成一个基于分工网络的利益共同体。不同的学者看到了网络的不同部分,从而研究了不同的国际分工。新国际分工是跨国公司生产体系向第三世界国家的扩展,由市场价格引导演变为跨国公司引导,国际分工的性质从"剥削"转向"经济互补",从为国家服务演变成为跨国公司服务。

2. 关于国际市场的理论

分工引起交换,国际分工导致了国际交换,产生了国际市场。国际市场是商品交换在空间范围上扩展并超越国家界限的产物,是不同的文明或文化在时间上和空间上交织而成的多维概念。国际市场既是一个历史范畴,有其萌芽、形成和发展的过程,同时又是一个地理范畴,它总是某个具体地理区域范围内的市场。

马克思指出,世界市场的产生和发展是一个自然历史过程,是多种因素综合作用的结果,是生产力发展的必然结果,是资本主义生产方式的产物,是需求不断增长的结果,更是市场经济发展的必然要求。按照历史的演进和国际市场交换关系所涉及的空间范围大小,国际市场可以细分为外国市场、国际区域市场和世界市场三个不同的层面。此外,国际市场还可以根据需要按照多种不同的标准如国家类型、经济集团、所在区域、商品构成情况、交易对象、市场结构等进行等级划分。

### (二)早期的贸易思想和古典贸易理论

1. 重商主义的贸易思想

重商主义并非系统的经济学理论,而是一些涉及国际贸易关系(以及国际收支关系)的经济思想、观点或者政策措施,盛行于15世纪初到18世纪中叶。重商主义认为,金银(即货币)是财富的唯一形式,金银的多寡意味着财富的多少。根据这种片面的财富观念,贸易是一种"零和"博弈,一方之所得必为另一方之所失。国内贸易中,由于某人所得的货币(金银)就是他人所付出的货币(金银),因此本国的财富(即金银)总量不变。一国要增加财富总量,必须进行国际贸易,并在贸易中保持顺差,从而促使货币(金银)的流入。因此,重商主义者主张实行贸易保护政策,奖励出口,限制进口。

18世纪中叶,重商主义的金银货币财富观和贸易保护主义政策受到了古典经济学家的批判。英国经济学家大卫·休谟(David Hume)指出,在金本位制下,由于"价格—铸币流动机制"的存在,货币(金银)会随着各国贸易收支的变化而在国际呈反方向流动,而不会永远停留在某个国家。亚当·斯密指出,一国的真正财富是该国居民所能消费的商品种

---

① 马克思,恩格斯.马克思恩格斯选集:第1卷[M].中共中央马克思恩格斯列宁斯大林著作编译局,译.北京:人民出版社,1995:166.

类与数量,而不是其所拥有金银的数量。因此,金银的增减并不代表财富的增减。各国开展国际贸易,其目的不在于获取金银,而在于获得物质财富。出口是为了获得收入以用于进口,进口则是为了增加本国居民所能消费商品的种类与数量。

2. 绝对优势理论

亚当·斯密在批判重商主义贸易观点的同时,提出了绝对优势理论(Absolute Advantage Theory),又称绝对成本理论。其核心思想是,在两国生产两种商品的情形中,两国分别在其中一种商品的生产中具有较高效率,则意味着两国各自在不同商品的生产上拥有绝对优势,若两国分别专门生产并出口自身具有绝对优势的产品(而不生产没有绝对优势的产品),并进行交换,双方均能从中获益,即都能消费比自己两种商品都生产时所能获得的社会产品更多的社会产品。经济发展水平相近的各国基于各自的绝对优势所建立的国际分工,是国际贸易利益的根本来源,为彼此发展贸易往来关系提供了基础和动力。

3. 比较优势理论

绝对优势理论解释了经济发展水平相近的国家之间的国际分工与贸易关系,但无法解释经济发展水平相差悬殊的国家之间的国际分工与贸易关系。大卫·李嘉图(David Ricardo)将其进行拓展,提出了比较优势理论(Comparative Advantage Theory),又称比较成本理论。其基本思想是,在两国生产两种商品的情况下,若其中一国在两种商品的生产上均占据绝对优势,而另一国均处于绝对劣势,则前者可以专门生产和出口其优势较大(即具有比较优势)的那种商品,后者专门生产和出口其劣势较小(即具有比较优势)的那种商品,通过国际交换,双方都能从中获益,都能消费比自己两种商品都生产时所能获得的社会产品更多的社会产品。简而言之,两利相权取其重,两弊相衡取其轻。

比较优势理论阐明了在各个方面都绝对劣于发达国家的发展中国家也可以参与国际分工,参加国际贸易,并且能够从中获益,从而为经济后发国家发展同发达国家之间的国际经贸关系提供了理论基础,具有高度的现实指导意义。比较优势理论在历史上曾经起过积极作用,例如为英国在全球范围推行自由贸易政策提供理论武器,由此大大促进了当时国际经济关系的发展。

### (三)要素禀赋理论

大卫·李嘉图的比较优势理论认为比较优势来自各国劳动生产率的不同,即生产技术的差别,但它只是比较优势的来源之一。20 世纪 30 年代,瑞典经济学家赫克歇尔(Eli Heckscher)及其学生俄林(Bertil Ohlin)在继承古典理论的基础上创立了要素禀赋理论,将比较优势的来源扩展到各个国家或地区的生产要素禀赋。其基本观点是,一个国家应当分工生产并出口密集使用其相对丰裕要素所生产的商品,进口密集使用其相对稀缺要素所生产的商品。例如,在只有劳动和资本两种生产要素投入的情形下,劳动丰裕的国家应当生产并出口劳动密集型产品,进口资本密集型产品,资本丰裕的国家则刚好相反。通过分工和国际贸易,各国的福利都将得到增进。[1]

---

[1] 赫国胜,杨哲英,张日新. 新编国际经济学[M]. 北京:清华大学出版社,2003.

要素禀赋理论的结论与古典贸易理论相同,认为自由贸易对于各参加国都有利,它用各国生产要素禀赋的差异来解释有关国家之间贸易关系产生的原因,从而有助于促进各国之间特别是发达国家与发展中国家之间的产业间贸易关系的发展。

### (四)新贸易理论

20世纪70年代末80年代初,以美国经济学家保罗·克鲁格曼(Paul Krugman)为代表的一批经济学家提出所谓的"新贸易理论"(New Trade Theory)。新贸易理论认为除资源差异外,规模经济亦是国际贸易关系起因和贸易利益来源的另一个独立的决定因素。1978年,克鲁格曼将差异产品和(内部)规模经济考虑在内的垄断竞争模型("新张伯伦模型")推广到开放经济条件下,首次证明了规模经济是国际贸易的另一起因,以及差异产品决定了贸易模式为产业内贸易。① 正如克鲁格曼所指出的,"即使在缺少偏好、技术和资源禀赋方面差异的情况下规模经济也可以引导各国开展专业化分工和贸易"。②

新贸易理论是战略性贸易政策(也称"新重商主义")的理论基础。所谓"战略性贸易政策"(Strategic Trade Policy)是指在规模经济和不完全竞争市场结构下,政府对贸易活动进行干预,目的是改变市场结构或环境,以提高本国企业的国际竞争力,使本国企业获得更多的垄断利润或租金。战略性贸易政策是国际垄断资本主义政策。20世纪80年代中后期,随着经济全球化的发展,国家垄断资本为了获得超额垄断利润,将国家权力的触角延伸到国际市场,以跨国公司为载体,大规模进行海外扩张。为了促进国家垄断资本的国际化扩张,许多发达国家政府通过各种干预措施帮助本国企业,将超额垄断利润转移到本国,确保本国的垄断资本在全球竞争中的地位。由此可见,新贸易理论对于20世纪80年代以来的国际经济关系尤其是国际竞争有着非常大的影响。

### (五)保护贸易理论

1. 关税保护论

关税保护是指一个国家为了保护国内工农业生产,对外国商品进口征收关税,一般对本国需要保护生产的商品规定较高的进口税。18世纪末叶,美国第一任财政部部长亚历山大·汉密尔顿(Alexander Hamilton)根据美国摆脱英国殖民经济统治、发展本国经济的需要,强调要用关税来保护本国幼稚工业的发展。在汉密尔顿的主持下,美国联邦政府于1789年首先颁布了保护关税税则。

2. 幼稚产业保护论

德国历史学派先驱弗里德里希·李斯特(Friedrich List)提出的幼稚产业保护论认为,经济落后的国家应选择具有潜在比较优势和发展前途的幼稚产业,给予适当的、暂时的关税保护,以实现规模经济收益和外部经济效应,逐渐增强其国际竞争力。而当该产业成长起来,在国际市场上具备竞争力之后,贸易保护就应随之取消。李斯特批评古典学派基于静态

---

① 赫国胜,杨哲英,张日新. 新编国际经济学[M]. 北京:清华大学出版社,2003.
② 克鲁格曼. 新贸易理论呼唤着新贸易政策吗?(上)[J]. 现代外国哲学社会科学文摘,1993(12):5-8.

比较分析的国际分工观点抹杀了各国处于不同经济发展阶段的差异性。他认为，一国应实行与其所处的经济发展阶段和本国工业化发展进程相适应的对外贸易政策：在农业时期，应实行自由贸易政策，自由输出农产品和输入工业品，以培育本国的工业基础；在农工业时期，应实行贸易保护政策，保护本国有发展潜力的工业，防止外国的竞争，以建立和发展本国的民族工业；在农工商业时期，本国工业已经有了相当的基础，转而实行自由贸易政策，用有国际竞争力的产品打入别国市场，最大限度地获取贸易利益。该理论的最终目标是实现自由贸易，其政策主张强调后发国家在发展与先进国家的经济关系时以我为主，从而有着较高的现实指导意义。可以说，历史上美国和德国的经济迅速成长均得益于这一理论的指导。

3. "中心—外围"理论

阿根廷经济学家劳尔·普雷维什（Raul Prebisch）于1949年提出了"中心—外围"理论，将资本主义世界划分成两个部分，即中心国和外围国。前者主要是由西方发达国家构成，即"大的工业中心"；后者包括广大的发展中国家，是"为大的工业中心生产粮食和原材料"的"外围"。在这种"中心—外围"的关系中，由于技术进步及其传播机制在中心和外围之间的不同表现和不同影响，这两个部分之间的关系是不对称、不平等的，外围国家始终处在受中心国家剥削的不利地位上。外围国家要想摆脱中心国家的剥削，应当切断与中心国家的经济联系，独立自主地发展民族经济，并加强彼此的经济合作（如南南合作），实行集体自力更生。

"中心—外围"理论从理论和实践上揭示了发达国家与发展中国家之间的不平等交换关系，为第三世界国家反对旧的国际经济关系，争取建立国际经济新秩序提供了思想武器；同时，其倡导发展中国家应实施贸易保护政策、走工业化道路和实行区域经济合作的主张及政策建议对广大发展中国家如何发展本国经济与国际经济关系有着积极的指导意义。

4. 新贸易保护主义

新贸易保护主义又称"超贸易保护主义"，以绿色壁垒、技术壁垒、反倾销和知识产权保护等非关税壁垒措施为主要表现形式，兴起于20世纪80年代初的发达国家。其目的是想规避多边贸易制度的约束，通过贸易保护，保护本国就业，维持在国际分工和国际交换中的支配地位。新贸易保护主义以维护民族利益、保护资源与环境之名行贸易保护之实，具有名义上的合理性、形式上的隐蔽性、手段上的欺骗性和战略上的进攻性等特点。20世纪90年代以来，西方发达国家对新贸易保护主义政策作了调整，主要体现在更多地寻求多边贸易体系下的合法性保护、对进口保护的重新重视、从非关税措施的明显性保护转向隐蔽性保护、从单纯贸易政策转向经济政策与竞争政策等，贸易自由化将与贸易保护相互交织成为国际贸易关系的常态，国际竞争变得越来越激烈。

## 二、关于国际直接投资关系的理论

关于国际投资关系的理论研究可以说是历史悠久，但专门研究国际直接投资关系的理论肇始于20世纪60年代。二战后，国际直接投资关系在广度和深度上的空前发展引发了各国学者的广泛关注和热烈探究，产生了大量从不同侧面研究国际直接投资关系的理论。

### (一)马克思和列宁关于资本输出的理论

1. 马克思关于资本输出的理论

马克思研究了资本主义生产方式的产生和发展过程,指出资本主义存在长期消费不足的趋势,导致生产过剩,利润率下降,国内矛盾激化,因此会进行资本输出和对外投资以阻止利润率下降,利用国外市场缓和国内矛盾。马克思指出,资本主义国家中存在大量相对过剩的资本,是资本输出的物质基础和必要前提;而追求高额利润率是资本输出的根本原因:经济落后国家的资本有机构成较低和剩余价值率较高,因而利润率较高。[①]

2. 列宁关于资本输出的理论

在资本主义从自由竞争转向垄断的崭新历史条件下,列宁(Vladimir Ilyich Lenin)继承和发展了马克思主义的资本输出理论。列宁指出,随着垄断资本主义全面取代自由竞争资本主义而在经济生活中占据统治地位,资本主义进入帝国主义阶段,帝国主义的五大基本特征之一就是资本输出。"对自由竞争占完全统治地位的旧资本主义来说,典型的是商品输出。对垄断占统治地位的最新资本主义来说,典型的则是资本输出。"[②]列宁论述了帝国主义阶段资本输出的客观必然性。他指出,随着帝国主义国家私人垄断资本和国家垄断资本的发展,生产集中和资本积累大大加速,出现了大量的过剩资本,从而形成了帝国主义国家资本输出的客观基础;在少数帝国主义国家中,经济已经过度成熟,有利可图的投资场所已经不多了,而资本输出作为它们争夺和瓜分世界市场的一种手段,显得尤为重要;更为重要的是,帝国主义国家资本输出的根本目的在于攫取高额垄断利润。

### (二)关于国际直接投资关系的微观理论

1. 垄断优势理论

垄断优势理论(Monopolistic Advantage Theory)是最早从微观角度研究对外直接投资关系和跨国公司成因的理论之一。美国学者史蒂芬·海默(Stephen H.Hymer)1960年首次指出,企业跨越国界进行直接投资的主要原因在于利用其自身的特定优势(即垄断优势)在国际经营中获取更高的利润。该理论认为,企业要进行跨国直接投资并从中获利,就必须具备一种或多种东道国企业所缺乏的独占性优势(垄断优势),足以抵消跨国竞争和国外经营所引起的额外成本,才能在竞争中取胜。

2. 寡占反应理论

弗雷德里克·尼克博克(Frederick Knickerbocker)于1973年从垄断企业战略竞争角度提出了寡占反应理论(Oligopoly Reaction Theory,也称寡头垄断行为理论),从而发展了垄断优势理论。他主张用寡占市场结构中的企业行为来解释对外直接投资的动机。在这种市场结构中只有少数大厂商,它们互相警惕地关注着对方的行为,如果有一家厂商率先对一国直接投资,则其对手为了保持竞争关系的平衡而采取行动,追随带头的厂商到该国投资,以免

---

① 高薇.国际直接投资理论的演变及其对中国的启示[D].长春:吉林大学.2011.
② 列宁.列宁选集:第2卷[M].中共中央马克思恩格斯列宁斯大林著作编译局,译.北京:人民出版社,1995:626.

自己的竞争地位受到威胁。这种理论也称为"交互威胁论"或"追随潮流论",它反映并在一定程度上解释了二战后国际直接投资竞争关系日益加剧的现实。①

3. 内部化理论

内部化理论(Internalization Theory)也称市场内部化理论。英国学者彼得·巴克利(Peter Buckley)和马克·卡森(Mark Casson)将罗纳德·科斯(Ronald Coase)的交易成本学说融入国际直接投资理论中,提出了颇具现实解释力的内部化理论,阐述了跨国公司实行内部化的基本条件、成本与收益等问题,解释了跨国公司纵向一体化和产品多样化行为。②该理论主要从微观角度,利用产业组织理论解释跨国公司形成的内在原因。在封闭经济条件下,一个企业可以通过用科层组织替代市场的内部化行为来降低其外部交易成本;同样,在开放经济条件下,一个跨国公司亦可以通过对外直接投资这种国际性的内部化行为来降低其国际市场的交易成本。

随着跨国公司进入发展中国家越来越普遍,研究者们发现,跨国公司与发展中国家当地企业进行合资或合作经营,不仅可以降低其市场交易成本,而且还可以实现租金(如东道国合资或合作企业所提供的市场信息、销售网络、人力资本,与东道国其他企业的联系,与东道国政府的关系,有关东道国的法律、社会、文化等方面的知识等)的内部化。③

4. 产品生命周期理论

美国学者雷蒙德·弗农(Raymond Vernon)于1966年用产品生命周期的变更来解释战后美国企业对外直接投资的动机及其时机与区位的选择,并提出了对外直接投资的产品生命周期理论(The Production Life Cycle Theory)。所谓产品生命周期,是指一种产品从向市场推出到逐渐扩大销路及广泛流行,再由盛而衰直至最后被新一代产品取代而退出市场的整个过程。弗农将新技术产品的生命周期分为产品创新、成熟与标准化三个阶段,产品的比较优势和竞争条件在这三个阶段中的变动,决定了企业对外直接投资的动机、流向和时间选择。随着一种新产品从创新阶段进入成熟阶段以至标准化阶段,其生产企业越来越难以保持其对生产技术的垄断,它在国际市场中的竞争方式也越来越表现为价格竞争,因此通过对外直接投资的方式将生产渐次转移到其他国家(在成熟阶段转移到其他发达国家,到标准化阶段则转移至发展中国家)以降低成本。总之,随着企业垄断优势的不断削弱和生产的区位优势在竞争中作用的不断增强,企业生产和投资的区位选择在整个产品生命周期内将从产品创新国到其他发达国家再到发展中国家。④

5. 厂商成长理论

厂商成长理论是最早从厂商行为角度解释对外直接投资关系的理论。伊迪丝·彭罗斯(Edith Penrose)于1956年指出,在所有权与经营权相分离的现实背景下,由经理控制的企业有着追求企业规模增长最大化(从而经理阶层利益最大化)的内在动因,而对外直接投资则是厂商追求增长最大化的自然结果。增长最大化厂商的对外扩张一般要经历出口、许可

---

① 池元吉. 世界经济概论[M]. 2版. 北京:高等教育出版社,2006:195–196.
② 高薇. 国际直接投资理论的演变及其对中国的启示[D]. 长春:吉林大学,2011:65–66.
③ 池元吉. 世界经济概论[M]. 2版. 北京:高等教育出版社,2006:196.
④ 池元吉. 世界经济概论[M]. 2版. 北京:高等教育出版社,2006:197.

生产、跨国企业三个阶段。这既是厂商追求增长最大化的内在要求,又是增长最大化厂商对外投资的战略体现。①

### (三)关于国际直接投资关系的宏观理论

1. 资本化率理论

这是美国学者罗伯特·阿利伯(Robert Aliber)于1970年用不同国家的资本化率差异来解释国际直接投资关系的理论。阿利伯关注的是由不同国家货币差别(而不是由厂商融资能力差别)所造成的资本化率差异,因而是一种宏观层面上的解释。他认为国外子公司获得的收益应根据母国(而不是以东道国)的资本化率重新转化为投资资本。不同国家之间资本化率的差异导致了国际直接投资从强币国向弱币国流动,因为强币国资本化率高,同等收益情况下形成更高的资产价值,在东道国资产收购中处于优势地位。

2. 边际产业扩张论

日本学者小岛清(Kiyoshi Kojima)于1978年以日本的国际直接投资为研究对象,在比较研究美国、日本国际直接投资的基础上提出了边际产业扩张论,也称"比较优势投资理论"或"小岛清模式"。其核心内容是,一国应通过国际直接投资将本国已经或即将处于劣势地位的边际产业(已经或即将失去比较优势的产业)转移至上述产业尚处于优势地位或潜在的优势地位的其他国家,建立基于比较优势的新国际分工体系。该理论将国际直接投资关系理论与国际贸易关系理论在比较优势原则的基础上融合起来,从投资国的宏观角度而不是企业的微观角度来分析对外直接投资的动机,从而开辟了一种新的思路。该理论在一定程度上解释了在亚洲出现的以"日本→四小龙→东盟②→中国→越南"为顺序的国际直接投资与产业结构转移变化格局,即所谓的"雁行模式"。③

### (四)关于国际直接投资关系的综合理论

英国学者约翰·邓宁(John Dunning)于1977年首先提出国际生产折衷理论(The Eclectic Theory of International Production),也称国际生产综合理论。这一理论吸收和综合了垄断优势论、内部化理论和对于区位优势因素的考察等的主要观点以适应国际化生产格局的变化,在很大程度上解释了企业关于国际直接投资、技术转让和出口贸易三种国际化经营活动方式的选择问题。其基本结论是,企业如果同时拥有所有权优势、内部化优势和区位优势,将进行对外直接投资,构建跨国公司。因此它也被称为"三优势模式"。

### (五)关于国际直接投资关系的其他理论

1. 小规模技术理论

传统国际直接投资理论将垄断技术优势及规模经济作为企业对外直接投资的必要条

---

① 杨大楷,刘庆生,刘伟. 中级国际投资学[M]. 上海:上海财经大学出版社,2002.
② 即东南亚国家联盟(Association of Southeast Asian Nations, ASEAN),截至2023年,东盟共有文莱、柬埔寨、印度尼西亚、老挝、马来西亚、菲律宾、新加坡、泰国、缅甸、越南10个成员国。
③ 高薇. 国际直接投资理论的演变及其对中国的启示[D]. 长春:吉林大学,2011:75—91.

件，但发展中国家在不具备垄断技术优势及规模经济的情况下仍能对外直接投资。针对这一现象，美国学者路易斯·威尔斯（Louis T.Wells）在1977年提出小规模技术理论（Small-Scale Technology Theory）加以解释，这是研究发展中国家对外直接投资的开创性成果。威尔斯认为，产品生命周期理论可以在结合发展中国家自身的特点基础上，在一定程度上解释发展中国家的对外直接投资行为。他还指出，发展中国家制造业对外直接投资的一个主要目的在于绕过贸易壁垒以保护出口市场。此外，发展中国家对外直接投资的动机还包括谋求低成本、分散资产和规避母国市场的局限等。[①]

2. 技术地方化理论

英国学者沙加亚·劳尔（Sanjaya Lall）在1983年从技术变动的角度首次提出发展中国家国际直接投资的技术地方化理论（Localized Technological Change Theory），以解释发展中国家通过对技术的引进、创新来进行国际直接投资的行为。技术地方化是指发展中国家的跨国公司通过对国外技术进行消化、改进和创新，使产品更适合自身的经济条件和需求。劳尔认为，尽管发展中国家跨国公司生产规模小、机器设备不够先进、采用劳动密集型技术，但不乏技术创新活动，它们对发达国家技术的引进和利用不是简单被动地模仿或复制，而是对技术进行改进和创新使其适应本国市场的需求，正是这种主动创新活动为企业带来竞争优势。[②]技术地方化理论对发展中国家的对外直接投资关系具有现实指导意义。

3. 规模经济理论

彭罗斯认为规模经济优势能促进技术优势的发挥。随着科技进步和经济发展，跨国公司在科技领域的竞争日益激烈，公司研究与开发（Research and Development, R&D）的成本和风险都在增加，专利权的取得和保护也非常昂贵，因此经营规模在公司研发活动中的作用越来越明显，一定的经营规模对公司技术优势的有效发挥具有不可忽视的作用。约翰·麦克曼纽斯（John McManus）指出，规模经济优势有利于跨国公司更充分地利用管理技能资源，并可以使之成为自身的垄断优势。沃尔夫（B.N.Wolf）等分析了垄断优势中的规模经济优势，指出跨国公司借助垂直一体化可以保证原料来源的稳定和安全经营，构建大规模的商品销售网络也在经济上有着重要含义。一个具备相当经营规模且已在国际市场建立购买销售体系的跨国公司拥有当地企业所没有的规模经济优势，因而比后者具有更强的竞争能力。[③]

4. 市场控制理论

该理论认为，许多商品经营都需要中间服务，如果一个厂商的商品或服务不能给中间商以高额利润，或者该厂商生产经营的风险较大，因而难以从中间商那里得到良好的服务；如果由于中间商与厂商合作不好，会使得厂商在公众心目中形象受损。在这两种情况下，只要具有经济、技术、法律上的可行性，对企业长远发展有利，企业就会将中间服务内部化，直接控制中间服务。如厂商来自发展中国家，中间服务在发达国家，则发展中国家这一厂商

---

① 高薇. 国际直接投资理论的演变及其对中国的启示[D]. 长春：吉林大学，2011：75-91.
② 同①.
③ 高薇. 国际直接投资理论的演变及其对中国的启示[D]. 长春：吉林大学，2011：58.

就会向发达国家直接投资,自行提供这一中间服务。这个理论在解释贸易桥头堡式的发展中国家企业向发达国家的直接投资时,具有很强的解释力。如果把"中间服务"改为"中间产品",它也能在一定程度上解释纵向一体化型的发展中国家企业向发达国家直接投资的现象。[①]

5. 国家利益优先取得论

从国家利益的角度看,对外直接投资不仅使投资者保持着资本的所有权,从而取得由收益率差异引起的资本收入,更重要的还在于使投资者保持着对资本运行和使用的控制权,从而获得远比货币收益更广泛的综合效益。这在投资者是国有企业即国家和企业利益有着更紧密联系的情况下,更是如此。大多数发展中国家,特别是社会主义国家的企业,其对外直接投资有其本身的特殊性。这些国家的企业按垄断优势论的标准来衡量是难以符合跨国经营条件的。但在经济全球化浪潮的冲击下,企业为了赶上世界经济发展的潮流,不得不对外直接投资,寻求发展自身的优势。对外直接投资给国家带来的利益是综合性的,大致包括以下几个方面:获取自然资源、国外先进技术成果和管理知识,产业结构调整与优化升级,增加外汇收入和改善国际收支,促进市场竞争,等等。国家利益优先取得论对这些发展中国家发展对外直接投资关系具有很大的指导意义。[②]

6. 关于中小企业对外直接投资的理论

这方面的理论主要有:(1)防御性海外投资理论,是指当国内生产条件发生变化、使部分厂商丧失国际竞争力时,转而寻求海外发展机会,利用国外廉价资源继续经营原行业。(2)依附理论,该理论认为中小企业海外直接投资很大程度上是受到大型跨国公司的带动,即依附于大型跨国公司,其成功与否取决于大型跨国公司垄断优势和内部化优势外部效应的大小。(3)信息技术理论,该理论认为促进中小企业海外直接投资的关键因素是信息技术的进步。中小企业本身所具有的灵活性和现代信息技术的结合,使中小企业的跨国经营显示出无与伦比的活力和优势。(4)国家支持理论,该理论认为,越来越多的国家意识到中小企业对于一国经济保持活力和持续增长的重要意义,因而颁布了相关中小企业促进法案,促进中小企业"走出去"寻求外需往往是其中重要内容。由于中小企业资源获得能力和抵抗风险的能力较弱,其海外直接投资的成功往往离不开政府的态度和相应的优惠政策等支持手段。[③]

### 三、关于国际间接投资关系的理论

国际间接投资是以国际债券、股票等国际证券为投资标的而进行的一种国际投资行为。关于间接投资关系的理论主要有证券组合理论、资本资产定价理论、资产套价理论、期权定价理论以及投资行为金融理论等。

---

① 齐观义.国际直接投资理论的新发展——几种支持发展中国家对外直接投资的理论[J].国际经贸探索,1998(6):17—20.
② 同①.
③ 杨大楷.国际投资学[M].3版.上海:上海财经大学出版社,2003.

### (一)证券组合理论(资产组合理论)

该理论由美国学者哈里·马科维茨(Harry Markwitz)等人于20世纪50年代创立。该理论的主要思路是,找到一套分散投资的方法,使投资者在给定风险水平的基础上,使预期收益率极大,或者为获得既定的预期收益率,使承担的风险极小。利用数学模型和电子计算机计算出资产组合的效率前沿可以帮助投资者解决如何构造资产组合、实现风险分散等问题。投资者不必完全凭经验和运气,而是通过对各种资产的期望收益、标准差和与其他资产的相关系数的估算而作出较为准确的投资组合决策。证券组合理论对机构投资者进行证券投资有重要的指导意义和实用价值。

### (二)资本资产定价理论

资产组合理论只是说明有效组合的预期收益率和标准差(总风险)之间的关系,不能说明单个资产的预期收益率与风险之间的关系,并未解决单个资产的定价问题。而且,投资组合所分散的只是非系统风险,不能处理系统风险。美国学者威廉·夏普(William Sharpe)等于1964年所提出的资本资产定价模型(Capital Assets Pricing Model,CAPM)进一步解决了上述问题。CAPM所要解决的是系统风险与收益的关系问题。夏普认为,收益与风险相联系指的是收益与系统风险相联系,而与总风险无关(因非系统风险可通过投资组合分散),一项资产或资产组合只有承担系统风险才能得到相应的风险报酬。CAPM反映在均衡状态下所有资产的系统风险与期望收益率的函数关系。期望收益率高的资产,系统风险相应也高,投资者要想提高收益,只能通过增加系统风险来实现,反之相反。CAPM所揭示的投资收益与风险的函数关系,是通过投资者对持有证券数量的调整并引起价格变化实现的。资本资产定价模型深刻揭示了资本证券市场的运动规律,具有重要的理论意义和很强的可操作性。它不仅解释了证券均衡价格的形成机制,而且提出了证券的收益与系统风险相关联、投资者主要靠承担系统风险而获得风险报酬的重要观点。特别是 $\beta$ 系数(系统风险系数)具有很高的可靠性和实用价值,在国外的证券投资中被广泛运用。

### (三)资产套价理论

资产套价理论(Arbitrage Pricing Theory,APT)由史蒂夫·罗斯(Steve Rose)于20世纪70年代提出,其核心是,如果因素系数和预期收益率 $E(r)$ 之间的关系近似线性,那么就可以通过无穷的套利机会来增加财富。在不增加风险的情况下,投资者将利用组建套利组合的机会来增加其现有投资组合的预期收益率。投资者套利活动是通过买入收益率偏高的证券同时卖出收益率偏低的证券来实现的,其结果是使收益率偏高的证券价格上升,其收益率将相应回落;同时使收益率偏低的证券价格下降,其收益率相应回升。这一过程将一直持续到各种证券的收益率跟各种证券对各因素的敏感度保持适当的关系为止。[①]

---

① 全国金融联考命题研究中心,金程教育金融联考教研组.金融学基础辅导[M].上海:复旦大学出版社,2006.

## （四）期权定价理论

费雪·布莱克（Fischer Black）、迈伦·斯克尔斯（Myron Scholes）和罗伯特·默顿（Robert Merton）于20世纪70年代初创立和发展了布莱克—斯科尔斯期权定价模型（Black Scholes Option Pricing Model，B-S模型），为包括股票、债券、货币、商品在内的新兴衍生品金融市场的各种以市价价格变动定价的衍生金融工具的合理定价奠定了基础。B-S模型给出了欧式股票看涨期权的定价公式。他们发现，在一定的假设条件下，通过构造特定的投资组合，即持有一种股票，卖出一定配比的看涨期权，可以规避股票的投资风险，此时投资组合的收益完全独立于股票价格的变化，在资本市场完全均衡条件下，根据资本资产定价模型，这种投资组合的收益率应等于无风险利率。[①]

但是，B-S模型只给出了不支付红利的欧式看涨期权的定价公式，其应用面相对狭窄。随着其他学者的深入研究，期权定价理论得到了进一步的完善，1973年莫顿给出了欧式看跌期权，含有分红的各种期权的一般公式；1975年布莱克给出了计算支付红利的欧式看涨期权价值的思想；1977年罗尔（Richard Roll）、1979年盖斯克（Robert Geske）和1981年维利（Robert Whaley）建立了对支付红利的美式看涨期权的精确定价模型，同时随着期权市场的不断培育，对于期权的研究已经远远超出了股票期权的范围。考克斯（J.Cox）、罗斯（S.Ross）和鲁宾斯坦（M.Rubinstein）等人于1979年发展了二项式期权定价模型。该模型基于一种简单的资产价格运动过程（或一种简单的对离散时间的期权），认为在任意时间，资产的价格都可能向两种可能的方向变动。二项式期权定价模型包括一期、二期和多期的情况，通过调整和推广，还可以利用模型推导出考虑红利支付的情况、提前执行的例子并计算出看跌期权的价格。[②]

## （五）投资行为金融理论

管理学家赫伯特·西蒙（Herbert Simon）基于经济行为人自身信息的非完全性和计算能力的有限性，最先提出了"有限理性"假定：个体决策者只有有限理性，只能追求较满意的目标，即遵循满意准则。由于投资者或多或少地存在非理性行为，充满复杂性。[③] 行为金融模型从人的非完全理性决策这一前提出发来进行研究，是比较符合实际情况的。近年来行为金融理论研究，建立了众多市场行为模型或理论，影响较大的有如下几种。

由Barberis、Shleffer和Vishny于1998提出的BSV模型可以很好地解释短期收益惯性、长期收益发生反转的情形。假定公司的盈利状况遵循随机游走规律，但投资者并没有意识到这一规律，从而对公司盈利的反应在两个区域或状态之间转换，会依据不同的模型对公司盈利进行观察和预测。[④] 在市场中，由于过分注重近期数据的变化，投资者会忽略先期出现的利空和利好，从而对原来的方案作出调整改变，对近期信息出现过度反应，会使证券价格

---

① 陈浩武，唐元虎. 浅析期权定价理论[J]. 技术经济与管理研究，2003（4）：23-24.
② 崔雯. 期权定价理论在公司并购中的应用[D]. 大连：东北财经大学，2007：22-23.
③ 宋景峰. 基于行为金融的证券投资策略分析[D]. 上海：复旦大学，2008：15.
④ 宋景峰. 基于行为金融的证券投资策略分析[D]. 上海：复旦大学，2008：11-12.

出现扭曲。如果投资者出现保守偏差,也会使证券价格不能及时准确对收益和未来趋势作出反应。[1]

Daniel、Hirshleifer 和 Subrahmanyam 等 1998 年提出的 DHS 模型是从信息的角度建立的描述投资者行为的模型,旨在揭示反应不足和反应过度。它着重考虑投资者在阐释私有信息而不是公开信息时存在的偏差,该偏差主要有过度自信(Over-Confidence)和自归因(Self-Contribution)偏差。[2] 金融市场上由有信息的投资者和无信息的投资者组成,证券的价格由有信息的投资者决定,因为他们根据自己从各种途径得到的信息,对某些证券产生偏爱,由于他们的偏爱而产生的投资行为导致股价波动,而无信息的投资者是没有偏爱的,不存在判断偏差。有信息的投资者由于过度相信自己的判断,往往会低估证券风险。而无信息的投资者由于对公共信息反应不足,往往会产生短期股价趋势的持续,一旦他们对公开信息作出反应时,也会出现长期反转。[3]

哈里森·洪(Harrison Hong)和杰弗里·斯泰因(Jeremy C.Stein)于 1999 年提出了考虑不同交易者作用机制的模型,简称 HS 模型,又称统一理论模型。这一理论舍弃了 BSV 模型和 DHS 模型对心理因素的依赖,它把研究重点放在不同交易者的作用机制上,而不是交易者的各种认知缺陷上。HS 模型认为,如果市场中仅存在着"消息观察者",价格会对信息作出调整,亦会出现反应不足——收益在短期水平上呈现正自相关。然而,一旦引入"动量交易者"情形就会有所变化。由于动量交易者遵循以前价格进行交易,他们会充分利用收益的正自相关进行套利。换一种说法就是,他们会在股票价格上涨后跟进,而在股票价格下跌后抛出。动量交易者这种简单的套利政策无疑会加速价格朝着基础价值的调整,最终的结果是,反应过度伴随着新的信息产生。[4]

# 本 章 小 结

本章从经济理论及时反映经济现实、我国经济发展的现实需要、国际经济关系相关学科建设、国家人才培养和个人发展等方面阐述了研究和学习国际经济关系学的必要性,并对国际经济关系概念与内涵以及国际经济关系学的研究对象和研究内容进行了探讨,然后分析了国际经济关系学与世界经济学、国际经济学、国际政治学、国际经济法学、国际政治经济学、国际贸易学、国际投资学、国际金融学等邻近学科的区别与联系,最后对发展国际经济关系的基本理论如国际贸易关系理论、国际直接投资关系理论、国际间接投资关系理论等进行了简要介绍。

---

[1] 杜奇华.国际投资[M].北京:高等教育出版社,2006.
[2] 宋景峰.基于行为金融的证券投资策略分析[D].上海:复旦大学,2008:11-12.
[3] 同[1]。
[4] 同[2]。

## 复习思考题

1. 请结合个人的实际谈一谈,为什么要研究和学习国际经济关系?
2. 为什么说国际经济关系学具有边缘性、综合性和独立性?
3. 国际经济关系学的研究对象和研究内容包括哪些?
4. 新时代中国是否仍然需要大力发展国际经济关系?为什么?
5. 垄断优势理论的核心思想是什么?它对我国发展海外投资有什么启示?
6. 边际产业扩张论的主要内容是什么?它对我国企业"走出去"有什么启示?
7. 什么是内部化理论?它主要内容是什么?它对企业国际化经营有什么指导意义?

## 案例分析与思考

### 习近平论走和平发展道路[①]

今天的中国,是世界和平的坚决倡导者和有力捍卫者,中国人民将坚定不移维护人类和平与发展的崇高事业,愿同各国人民真诚团结起来,为建设一个持久和平、共同繁荣的世界而携手努力!

——2014年12月13日,习近平在南京大屠杀死难者国家公祭仪式上的讲话

中国将始终做世界和平的建设者,坚定走和平发展道路,无论国际形势如何变化,无论自身如何发展,中国永不称霸、永不扩张、永不谋求势力范围。

——2015年9月28日,习近平在第七十届联合国大会一般性辩论时的讲话

中国坚定不移走和平发展道路。国强必霸的逻辑不适用,穷兵黩武的道路走不通。中国是联合国安理会常任理事国中派遣维和人员最多的国家,不久前在马里和南苏丹牺牲的联合国维和人员中就有中国人民的优秀儿子。我们将继续履行好国际义务,始终做世界和平的建设者和维护者。

——2016年9月3日,习近平在二十国集团工商峰会开幕式上的主旨演讲

中国将高举和平、发展、合作、共赢的旗帜,恪守维护世界和平、促进共同发展的外交政策宗旨,坚定不移在和平共处五项原则基础上发展同各国的友好合作,推动建设相互尊重、公平正义、合作共赢的新型国际关系。

——2017年10月18日,习近平在中国共产党第十九次全国代表大会上的报告

中国人民将继续与世界同行、为人类作出更大贡献,坚定不移走和平发展道路,积极发展全球伙伴关系,坚定支持多边主义,积极参与推动全球治理体系变革,构建新型国际关系,推动构建人类命运共同体。

---

[①] 余晓玲. 习近平关于和平发展的这些箴言 [EB/OL]. (2018-09-20) [2022-03-05]. https://baijiahao.baidu.com/s?id=1612103901826998773&wfr=spider&for=pc.

——2018年4月10日,习近平在博鳌亚洲论坛2018年年会开幕式上的主旨演讲

我们要在联合国、二十国集团等框架内拓展"金砖+"合作,扩大新兴市场国家和发展中国家共同利益和发展空间,推动构建广泛伙伴关系,为世界和平与发展作出更大贡献。

——2018年7月26日,习近平在"金砖国家"领导人约翰内斯堡会晤大范围会议上的讲话

**思考问题**:我们为什么要坚持走和平发展的道路?我们应当如何走和平发展道路?走和平发展道路对于构建新型国际经济关系有着什么样的重要意义?

# 第二章 国际经济关系的"源"与"流"

简而言之,国际经济关系是指跨越国家和地区界限的全部经济联系,它是世界各国或地区之间经济关系的总和。国际经济关系既是一个经济范畴,又是一个历史范畴,它不是伴随人类社会始终的,它的产生和发展都是与一定的社会历史条件相关联的。在人类经济社会的长期发展和动态变迁过程中,国际经济关系的主体及其行为等都持续不断地演化发展,国际经济关系的内涵越来越丰富和深化,其表现形式也越来越多样化,其性质和特征等也经常发生变化。

## 第一节 国际经济关系的产生与发展

与其他许多事物一样,国际经济关系的发展也经历了一个从无到有、由简单而复杂、自低级至高级的辩证过程,并带有显著的阶段性特征。在人类历史上社会经济的不同发展阶段,国际经济关系的内涵、性质、行为主体和表现形式等表现出不同的特点。回溯历史,我们可以将国际经济关系的发展粗略地划分为三个较大的阶段,即国际经济关系萌生阶段(15世纪末之前)、资本主义国际经济关系形成和主导阶段(15世纪至第一次世界大战期间)、两种国际经济关系并存阶段(俄国"十月革命"至今)。

### 一、国际经济关系萌生阶段

所谓国际经济关系,从字面上理解,就是指国家与国家之间的经济往来或联系。因此,其产生需要具备两个基本的前提条件:其一,在不同经济主体之间存在着某种形式的经济交往或经济联系;其二,有国家的存在,也就是说,这些经济主体实际上同时又是相互独立的政治实体(即国家)。在人类社会的早期发展阶段,随着第一次社会大分工(畜牧业和农业的分离)和第二次社会大分工(手工业从农业中分离出来)的发生,部落内贸易和部落间贸易逐渐产生,最后终于出现了专为交换而进行的生产活动,产生了商品生产和商品交换,某些地方甚至还有了"海外贸易"。到原始社会末期、奴隶社会初期,特别是在第三次社会大分工(不从事生产而专门从事商品买卖的商人阶层的出现)发生之后,随着私有制的产生,社会分裂为奴隶主和奴隶两大对立的阶级,原先的部落变成了奴隶制国家,原有的部落之间的贸易或"海外贸易"也自然而然地演变成为国家之间的贸易——国际贸易。毫无疑问,国际贸易是一种最古老也最基本的国际经济关系表现形式。

关于国家间商品交换活动的历史记载最早可以追溯至数千年前。当时的商品交换还是以物物交换为主,交换的规模很小,商品的品种和数量也较少,且往往同时带有局部、个别、偶然、简单和原始的性质。这种贸易关系由奴隶社会早期一直持续至封建社会末期，随着社会生产力的不断向前发展而不断扩大和深化。总的说来，在奴隶社会，由于生产力水平极其低下，生产技术极端简陋，进入流通领域的产品种类和数量都相当有限，加之当时交通工具和道路等运输设施极其落后，国际贸易的范围与规模均受到非常大的制约。尽管如此，奴隶社会的国家间贸易早已不再限于邻近国家或地区，而是连贯东西，成为真正具有"国际性"的国际乃至洲际贸易。例如，古埃及早在其新王国时期就已经通过陆路与海路同叙利亚、塞浦路斯、两河流域、希腊、努比亚、蓬特等国家或地区建立了相当密切的贸易关系。

到了封建社会，由于生产工具的改进和生产力水平的大幅度提高以及许多国家或地区城市化水平的提升，城市手工业得到迅速发展，商品经济和国际贸易获得了较大的发展空间。举世闻名的"丝绸之路"历来就是贯通欧亚大陆的主要贸易"大动脉"，中国和意大利分别位于这条"大动脉"的两端。"十字军"东征持续了近两百年，进一步扩大和增加了东西方之间的相互接触和了解，推动了欧亚大陆贸易的加速发展，同时也让地中海沿岸国家占据了贯通东西方贸易的中枢地位。当时形成了三条联结东西方贸易的通道：一条从中亚由陆路沿里海、黑海到小亚细亚，一条从印度过阿拉伯海到波斯湾再经过两河流域到地中海东岸的叙利亚，一条从印度过印度洋到红海再由陆路到埃及的亚历山大里亚。[1]14至15世纪，欧洲国家间的内部贸易已经非常发达，形成了好几个大的贸易区，如以意大利诸城市为中心的地中海贸易区，以布鲁日等城市为中心的北海和波罗的海贸易区，由基辅、诺夫哥罗德、车尔尼戈夫、彼列雅斯拉夫尔等城市组成的东欧罗斯贸易区，德意志北部和北欧斯堪的纳维亚构成的汉撒贸易区、不列颠贸易区等。这些贸易区不仅内部贸易发达，而且彼此间贸易往来非常密切，同时欧洲南北部之间的陆路贸易与海运贸易业也相继开始发展和走向兴旺。在日益繁盛的国际贸易的带动下，欧洲地区的金融服务业也渐渐产生并迅速成长，从其初露头角时起就具有突出的国际性特征。最先出现的是海事保险服务，然后是信贷服务（以汇票业务为主），最终诞生了具有相当规模的银行业。与此同时，在亚洲也出现了好几个贸易区，如中国、朝鲜和日本等国组成的东亚贸易区，占城（今越南南部）和扶南（今柬埔寨）等形成的东南亚贸易区，以印度为主体的南亚贸易区等。

但直到15世纪，封建社会的社会生产力水平依然相当低下，交通工具和运输设施等也仍然非常简陋，商品经济在自给自足占统治地位的自然经济中依旧居从属和次要地位，参与国际性商品交换的地区依旧很少，国际的贸易活动则仍然主要发生在局部地区内部（如亚洲内部各国之间和欧洲内部各国之间），并且因各种各样因素的影响而时断时续，非常不稳定，国际的贸易规模一般都比较小，所交易的商品品种也始终不多，主要是一些价值量大且适于长途贩运的品类。国际贸易关系依旧是国际经济关系的首要且几乎是唯一的表现形式。

## 二、资本主义国际经济关系形成和主导阶段

15世纪末至18世纪中期，得益于地理大发现所带来的金银财富和潜在市场，一些西欧

---

[1] 周林. 国际经济关系学概论[M]. 北京：机械工业出版社，2009.

国家带有资本主义生产性质的工场手工业迅速发展,这些国家通过一系列暴力手段完成了资本主义原始积累,为建立资本主义生产方式奠定了经济基础。资本主义生产方式因而在欧洲国家率先获得了统治和支配地位,并向全球各地迅猛扩张,很快形成了世界范围的资本主义国际经济体系和单一的资本主义国际经济关系体系。这一阶段包括资本主义生产方式确立时期(15世纪末到18世纪中期)、自由竞争资本主义时期(18世纪中期到19世纪中后期)和私人垄断资本主义时期(19世纪中后期至第一次世界大战期间)等三个时期。

**(一)资本主义生产方式确立时期**

早在15世纪末16世纪初,西班牙、葡萄牙等西欧国家就不遗余力地推行重商主义政策,以增加收入和阻止金银流往国外,同时与商人资本合作,大力发展航海业和对外贸易。尤其是地理大发现之后,西班牙、葡萄牙、荷兰、英国和法国等国家凭借武力在广大的亚非拉地区抢占殖民地,并依靠超经济的暴力强制手段在殖民地开发矿山与经营种植园,同时推行奴隶制度,使用奴隶为国内外市场生产,从而建立起以国际分工为基础的早期资本主义专业化生产。由于这时尚未建立资本主义机器大工业,交通工具和运输设施依旧落后,国际贸易的参与者尚只有少数欧洲国家,其主要贸易对象也只是美洲新大陆和非洲国家,大多数国家或地区之间还没有建立起经常性的、较为稳定的贸易关系,因而还不是真正意义上的"国际性"贸易。

真正称得上"国际性"的国际贸易是与资本主义生产方式的产生和发展相伴而生的。资本主义生产方式之所以产生,源自以下两个基本经济条件:其一,有着大量一无所有的自由劳动力;其二,有着资本主义生产所必需的大量货币资本。资本主义生产方式是在封建社会的母体中逐渐脱胎和成长起来的,但这种资本主义生产方式幼芽在封建制度中萌生的演进过程极其缓慢,完全不能适应地理大发现所造成的新的世界市场的贸易需求。因此,新兴的资产阶级(包括资产阶级化的封建贵族)便使用暴力手段来推动上述两个基本经济条件的加速形成。由于这一历史过程为资本主义生产方式的确立准备了条件,因而被称为资本的原始积累。其实质就是资产阶级运用暴力手段强迫劳动者与其所拥有的生产资料相分离,一方面造成大批一无所有的自由劳动力,另一方面把大量的货币资本(以及生产资料)集中到少数人(资本家)手中。这方面的典型例子是以"羊吃人"而臭名昭著的英国"圈地运动"。15世纪末,英国毛纺织业因国外对羊毛制品需求增加而迅速崛起,羊毛价格也因需求大涨而大幅上升,养羊变得一本万利。资产阶级为了扩大牧场,强行拆毁或焚烧农民的房屋并把他们赶走,将其土地圈占养羊。失去房屋、土地和其他生产资料的大批农民不得不离开家园,四处流浪,许多人因此失去了生命。

从16世纪起,资本主义生产方式迎来了一个加速成长和扩张的时期。资本主义手工工场通过组织在分工基础上进行的劳动协作,实现了生产过程的连续性、划一性、规则性和秩序性,创造了前所未有的巨大生产力,资产阶级的力量蒸蒸日上。然而,此时在社会经济中占统治地位的生产关系依旧是封建主义生产关系,封建主义生产关系及其上层建筑竭力遏阻资本主义生产方式的发展,成为阻碍生产力向前发展的桎梏,例如,封建割据、关卡林立和自然经济阻碍了自由贸易的发展和国内统一市场的形成,农民对封建主的人身依附阻塞了自由劳动力的来源,封建行会制度妨碍了资本主义的自由竞争。因此,破除封建主义生产关系就成为生产力发展的客观要求。作为新生产力代表的资产阶级便借助广大农民和其他阶层的力量,进行资产阶级革命,推翻封建制度,建立资产阶级政权,从而为资本主义发展扫清了障碍。正如列宁所说:"对于从封建制度中生长起来的资产阶级革命来说,还在旧制度内部,新的经济组织就逐渐形成起来,它逐渐改变着封建社会的一切方面。资产阶级革命面前只有一个任务,就是扫除、摒弃并破坏旧社会的一切桎梏。"[1]

综上所述,从 15 世纪末到 18 世纪中期,不少欧洲国家用武力和掠夺手段进行殖民扩张,将美洲地区和许多非洲国家强占为殖民地,并打破这些殖民地原有的闭关锁国状态,将它们强行纳入以资本主义生产方式为基础的国际贸易体系之中,进行强盗式的掠夺性贸易。由此可知,资本主义生产方式生来就离不了国际市场和国际贸易,而与它相伴而生的,则是极端不平等的国际经济关系。

### (二)自由竞争资本主义时期

从 18 世纪 60 年代开始的约一个世纪中,在英国、法国、德国、比利时、瑞士、荷兰、斯堪的纳维亚国家、奥匈帝国、美国等欧美国家先后爆发并完成了工业革命,工场手工业生产被机器大工业生产所取代,资本主义生产方式确立了在这些国家的统治地位。工业革命也为国际贸易的蓬勃兴起奠定了不可或缺的物质技术基础:其一,机器大工业解放了社会生产力,国际分工不断扩展与趋于深化,社会产品数量极大增长,为国际贸易的扩张创造了坚实的物质条件;其二,工业革命促成了铁路与轮船的普遍应用和电报的发明与广泛运用,推动了交通工具和运输设施以及通信设备的飞跃发展,为国际贸易的发展提供了便利条件和可能。正如恩格斯所指出的,"只是到了工业革命创造了铁路和远洋轮船以后,才把以前只是'潜在的'世界市场变成了现实的市场"[2]。此时各国的对外贸易才具有世界性质,才基本上形成了真正的国际贸易和资本主义国际经济关系体系。与此同时,以英国为代表的主要资本主义国家利用其机器大工业所缔造的商品价廉物美优势推行所谓的自由贸易政策(很多时候甚至使用"炮舰外交"政策),将越来越多的亚非拉国家变成自己的销售市场和原料产地,并将资本主义生产方式强加给这些亚非拉国家,不断强化与它们的经济联系,加重对它们的经济剥削。在上述背景下,国际贸易迅猛增长。

### (三)私人垄断资本主义时期

19 世纪六七十年代是资本主义自由竞争充分发展的时期。也正是在这一时期,随着科学技术的进步和第二次工业革命的兴起与扩展,资本主义生产关系渐渐发生变化,垄断组织开始萌芽,资本主义逐渐由自由竞争阶段向垄断阶段过渡。1873 年的世界性、周期性经济危机爆发后,以卡特尔为主要形式的垄断组织曾在一段时间内得到过广泛发展,但尚不稳固。然而,到 19 世纪末 20 世纪初,垄断组织已经遍布各主要经济部门,成了全部经济生活

---

[1] 列宁.列宁全集:第 27 卷[M].中共中央马克思恩格斯列宁斯大林编译局,译.北京:人民出版社,1961:77-78.
[2] 马克思,恩格斯.马克思恩格斯选集:第 4 卷[M].中共中央马克思恩格斯列宁斯大林编译局,译.北京:人民出版社,1995:420.

的基础,并在各主要资本主义国家中占据了统治地位,垄断资本主义最终形成,资本主义也由此进入了帝国主义阶段。在各帝国主义国家内部存在着大量的"过剩"资本,资本输出成为它们对外扩张的重要手段和普遍行为,而广大亚非拉国家则成为它们的原料产地、商品市场和投资场所。帝国主义列强在经济上瓜分世界的同时,还从领土上瓜分世界,划分势力范围,最终在20世纪初将世界领土瓜分完毕,形成了世界资本主义体系。至此,单一的、无所不包的资本主义国际经济关系体系最终形成。尽管资本主义进入垄断时期后国际贸易的增速有所下降,但仍然有着较大的发展。例如,从1870年到1913年,西欧地区的出口值由324.28亿美元猛增到1 278.39亿美元(以1990年美元为计算单位),同期西方衍生国的出口值也从37.83亿美元骤增到274.25亿美元。[①]

总而言之,这一单一的、无所不包的资本主义国际经济关系体系是在资本主义世界经济体系的基础上形成和发展起来的,是社会生产力与国际分工发展的必然结果,也是人类社会的一大进步。但是,同时它也是少数帝国主义国家凭借各种经济和超经济的手段压迫和剥削广大亚非拉国家的一种弱肉强食和极端不平等的国际经济关系体系,其形成和发展过程充满了暴力、血腥和残酷。

### 三、两种国际经济关系并存阶段

1917年11月(俄历十月)俄国十月社会主义革命胜利,建立了苏维埃政权,后来发展为"苏维埃社会主义共和国联盟",即"苏联"。这是世界上首个社会主义国家,是一个由工农兵代表掌握国家政权、以公有制为基础的新型国家,与当时的所有资本主义国家、殖民地和半殖民地国家等国家类型都截然不同。苏联的诞生,削弱了资本主义世界经济体系,也打破了单一的、无所不包的资本主义国际经济关系体系。自此,世界进入两种不同性质的国际经济关系并存的时代。在二战结束后,又先后经历了"两个平行的世界市场"并存时期(20世纪40年代至20世纪80年代末)和复归于统一的世界市场时期(20世纪90年代初至今)等两个时期。

#### (一)"两个平行的世界市场"并存时期

1945年世界反法西斯战争胜利以后,在东欧和东亚地区先后涌现了民主德国、波兰、南斯拉夫、罗马尼亚、保加利亚、匈牙利、捷克斯洛伐克、阿尔巴尼亚、中国、朝鲜等一批社会主义国家,并最终形成了社会主义世界经济体系、社会主义国际经济关系体系和"两个平行的世界市场"。在20世纪五六十年代,世界范围民族独立运动风起云涌,殖民体系迅速崩溃,产生了数量众多的在政治上独立的发展中民族主义国家。上述两方面的因素相结合,使得资本主义国际经济关系体系在性质上也发生了非常明显的变化。

1. 社会主义国际经济关系体系

由于二战后一批社会主义国家的出现,一个在地理上连成一片的、自欧洲中部一直延伸到东亚地区的社会主义国家集群应时而生,并最终发展成了一个以苏联为核心的社会主

---

① 麦迪森.世界经济千年史[M].伍晓鹰,译.北京:北京大学出版社,2003:359.

义阵营(也称"东方集团")。战后初期,为了消除战争祸根,以美国为首的西方战胜国曾在其所控制的"三国占领区"实施了"摩根索计划",以使德国这个两次世界大战的策源地非工业化。然而没过不久,为了所谓的"遏制共产主义",美国转而实施"欧洲复兴计划"(也称"马歇尔计划"),向包括联邦德国在内的西欧国家提供经济援助,并建立"北大西洋公约组织"(North Atlantic Treaty Organization, NATO;中文简称"北约")、"巴黎统筹委员会"(Coordinating Committee for Export to Communist Countries, COCOM)等对社会主义国家实行军事对抗、经济封锁和禁运,妄图切断社会主义国家与世界经济的联系,对它们实行经济扼杀。对于亚非拉地区的原殖民地、附属国,西方国家则采取"新殖民主义政策",放弃直接的殖民统治,转而对它们实施经济上的控制,以缓和上述地区的民族解放斗争。

面对西方国家的政治与军事敌对和经济封锁与禁运,以苏联为首的社会主义国家之间加强了经济上的联合与合作,将彼此的合作范围从原先的仅限于贸易领域迅速扩大到生产、金融、科技以及其他许多领域,并采取了形式多样的经济合作方式。1949年4月,苏联、保加利亚、匈牙利、波兰、罗马尼亚、捷克斯洛伐克等社会主义国家发起建立了"经济互助委员会"(The Council for Mutual Economic Assistance, CMEA,中文简称"经互会")。"经互会"既是社会主义国家之间的经济联合与经济合作组织,也是社会主义国家间经济联系的现实基础和主要表现形式,同时还是与其他国家发展国际经济关系的主要载体。后来,阿尔巴尼亚、民主德国、蒙古国、古巴、越南等社会主义国家先后加入"经互会",中国、朝鲜、老挝、安哥拉、埃塞俄比亚、阿富汗、也门、莫桑比克、尼加拉瓜等国家以观察员身份参加"经互会"的活动,南斯拉夫也参与"经互会"的一些活动。"经互会"还与芬兰、伊拉克、墨西哥和尼加拉瓜等国签订了合作协定。①

正如斯大林所指出的,"两个对立阵营的存在所造成的经济结果,就是统一的无所不包的世界市场瓦解了,因而现在就有了两个平行的也是互相对立的世界市场"。② 这"两个平行的世界市场"在国际经济关系的参与主体、经济联系与合作的内容与层次、各参与主体间发展国际彼此经济关系的原则以及相互交往的手段或方式等方面都存在着显著的区别。就"经互会"而言,社会主义国家是其经济联合与合作的主要参与者,当然也有一些发展中民族主义国家参与其中。"经互会"成员国都是社会主义国家,都实行以公有制为基础的社会主义计划经济制度,相互间的经济联系有着十分丰富的内容,彼此的经济合作也有着相当广阔的范围和领域以及很高的层次,主要形式有协调各成员国之间的经济计划、按专业化与协作原则进行的成员国之间的生产合作、贸易合作、金融合作和科技合作等,其终极目标是在成员国间实现生产、科技、贸易和货币金融等领域的一体化。"经互会"成员国主要通过国际贸易和经济技术合作等方式来发展与其他一些社会主义国家或发展中国家之间的经济联系。社会主义国家发展彼此之间经济关系的基本原则是"无条件尊重每个国家的主权"和"同志式的相互支持和相互援助",③ 换句话说,社会主义国家按照平等互利和无私援助的原

---

① 王淑娟. 欧盟与经互会的兴亡对区域性经济组织发展的启示[J]. 东南亚纵横, 2006(8): 63-67.
② 斯大林. 斯大林文选: 上卷[M]. 中共中央马克思恩格斯列宁斯大林编译局, 译. 北京: 人民出版社, 1962: 594.
③ 梅尼希科夫. 当代国际经济关系[M]. 张础, 译. 北京: 社会科学出版社, 1987: 200.

则来发展彼此的国际经济关系。不仅如此,社会主义国家在发展与其他国家的国际经济关系时也同样奉行相互尊重、平等互利的基本原则和方式。

"经互会"成员国之间的这种平等互利和无私援助的新型国际经济关系很好地促进了它们的经济发展,主要体现在如下两个方面。其一,成员国经济快速增长。总体而言,"经互会"成员国整体呈现出高于西方发达资本主义国家和发展中国家的经济发展速度。从1950年至1983年,"经互会"国家国民收入和工业总产值的年增长速度分别为6.7%和8.3%,而西方发达国家二者的年增长速度分别只有3.8%和4.2%。即使在"经互会"国家经济开始转入缓慢发展的1970年至1983年间,"经互会"国家国民收入仍然增长181%,而同期发达资本主义国家为142%,发展中国家为167%,三者的工业产值分别增长200%、137%和174%,三者的对外贸易分别增长484%、425%和728%。也就是说,这一时期"经互会"作为一个整体在国民收入、工业产值和对外贸易等方面的增长速度仍高于西方发达国家,也高于发展中世界国家(不含外贸方面)。其二,"经互会"成员国经济实力显著提升。"经互会"国家国民收入总量从1950年时仅占全球的15%上升至20世纪80年代中期的占全球25%,同时期其工业产值从占全球18%上升至约占33%。此外,"经互会"国家一些重要工农业产品的产量在全球范围内占据着相当大的比重,如发电量占比为21.6%、石油为24.3%、天然气为37.2%、煤为32%、钢铁为32.2%、机器制造为34%、谷物为27%、马铃薯为50%、甜菜为47%等。[1]

值得一提的是,社会主义世界市场的形成和发展以及社会主义国际经济关系体系的扩展并不意味着社会主义国家忽视发展与非社会主义国家之间的国际经济关系。事实上,社会主义国家始终通过贸易、经济技术合作、经济援助等方式不断发展与许多发展中国家之间的经济交往和联系,而且其规模随时间的推移而稳步增长。尤其引人注目的是,到20世纪六七十年代,由于东西方关系慢慢趋于缓和,社会主义国家特别是东欧国家与西方发达资本主义国家的经济贸易关系也逐渐"解冻"并快速"回暖"。

2. 资本主义国际经济关系体系

从第二次世界大战结束前后至20世纪60年代末,美国利用国际上没有能够制衡它的强有力经济对手的难得机遇,试图凭借其强大的经济实力在世界上建立经济霸权,确立了战后资本主义世界市场和资本主义国际经济关系体系的基本格局。在此期间,在美国主导下,西方发达资本主义国家构建了以美元为中心的国际货币制度(即"布雷顿森林体系")和以关税及贸易总协定(General Agreement on Tariffs and Trade, GATT)为基础的多边国际贸易体系,出台"马歇尔计划"和"道奇计划"以支持与帮助西欧和日本的重建与经济恢复,大大推动了国际贸易、国际金融、国际投资和国际生产的发展。然而,西方发达国家依靠自身在世界市场上的优势地位,控制了国际贸易、国际投资、国际货币与金融等领域,并借助对外贸易和对外投资(特别是建立跨国公司)等方式或手段推行新殖民主义政策,维持其对广大发展中国家的剥削与掠夺。同时,西方发达资本主义国家还从经济上技术上对社会主义国家展开围堵与封锁。

---

[1] 杨家荣.经互会四十年:成就、问题与前景[J].苏联东欧问题.1988(6):1-8.

以美国为首的资本主义阵营沿袭了资本主义世界市场与以之为基础的资本主义国际经济关系体系。在资本主义世界市场上,各类国家基本上都实行建立在资本主义私有制基础上的市场经济制度,价值规律、剩余价值规律、利润最大化规律、经济周期规律、经济发展不平衡规律等各种资本主义经济规律充分发挥作用,竞争异常残酷和激烈。与之相关联,资本主义国际经济关系体系也是以市场为基础进行运转的,其行为主体是依靠自身的经济实力或者资本实力来说话的,因而不可避免地存在着多种不对等、不对称和不平等。同时,资本主义国际经济关系体系的构成相当复杂,从经济发展水平的角度来看,既有发达资本主义国家之间基于"水平式"国际分工的国际经济关系,也有发达资本主义国家与发展中国家之间基于"垂直式"国际分工的国际经济关系,还有发展中国家之间的另一种基于"水平式"国际分工的国际经济关系。在战后严酷的国际竞争中,许多发展中国家在国际分工中处于不利地位,形成了出口初级产品而进口制成品的畸形外贸结构,加之其出口产品需求的收入弹性较低,其贸易条件不断趋于恶化,在国际经济交往中利益受损。随着战后民族解放运动的蓬勃兴起和发展中国家集体力量的逐步壮大,它们逐渐提出要改变旧的国际分工体系,打破不合理、不平等的国际经济旧秩序,建立国际经济新秩序,并为之付出了坚持不懈的努力,进行了不屈不挠的斗争,最终迫使资本主义世界市场和资本主义国际经济关系体系发生了一定程度的调整与变化。

到20世纪七八十年代,从全球范围看,国际经济关系开始呈现出多极化的发展趋势,主要体现在三个方面。其一,在发达资本主义国家中形成了三大经济中心。美国经济地位相对下降、日本经济快速崛起、西欧的发展与经济联合形成了三足鼎立的局面。其二,苏联经济地位的迅速上升。1950年时苏联的国民收入和工业总产值分别只相当于美国的31%和30%,1980年增长至分别相当于美国的67%和约80%;1960年时苏联仅有10多种工业产品的产量超过美国,到20世纪70年代初已有20多种主要工业产品的产量超过美国而成为世界第一。其三,新兴工业化经济体(Newly Industrializing Economies,NIEs)的经济力量快速增长。新兴工业化经济体是指一些在经济发展尤其是工业化方面取得决定性进展的发展中国家和地区,主要有"亚洲四小龙"(韩国、新加坡、中国香港地区、中国台湾地区)、"亚洲四小虎"(泰国、马来西亚、印尼、菲律宾)、智利、墨西哥等。早在20世纪七八十年代,这些国家和地区的人均GDP就已经超过1 500美元,制造业产值占GDP的比重超过25%,制造业吸收总就业劳动力的比重超过25%,其发展程度在逐渐向发达国家靠近。

### (二)复归于统一的世界市场时期

进入20世纪60年代以后,东西方关系有所缓和,东西方的经济联系也有了一定的发展。特别是进入20世纪80年代以后,东西方缓和的步伐明显加快,缓和的程度也显著提升。这方面的突出事件包括:1987年12月美苏两国首脑签署《美苏两国关于消除中程和中短程导弹条约》;20世纪80年代末90年代初东欧国家先后发生剧变;1991年6月28日"经互会"宣布解散;同年12月苏联宣告解体,冷战格局正式完结。在此过程中,在原来的苏联东欧地区出现了一大批转轨经济体,它们进行了以政治民主化和经济私有化、自由化与市场化为特征的大范围的激进的经济社会变革(即"休克疗法"),放弃社会主义制度,走上资本主义的发展道路。几乎与此同时,中国、越南等其他一些社会主义国家也大都根据本国的国情,以市场经济和对外开放为导向探索社会主义经济改革的新道路和新模式,并且都相应取得了程度不同的进展或突破。无独有偶,为数众多的发展中国家也在差不多同时期不约而同地由原先的内向型经济发展战略和模式转向了外向型的经济发展战略和模式,主动融入国际市场,大力拓展对外经济贸易联系。至此,实行市场经济制度、推行对外开放政策、同国际市场接轨、按国际规则运作等已经成为几乎所有国家的共同要求和通行做法,"两个平行的世界市场"终于为一个统一的世界市场所取代。[①] 以此为基础,经济全球化浪潮高歌猛进,区域经济一体化热潮层出不穷,国际经济关系的发展也进入了一个多种主体共存于这个统一的世界市场的新的历史阶段。

## 第二节 国际经济关系的构成与表现形式

当今的国际经济关系体系是由许许多多共存于统一的世界市场的、大大小小的各类经济行为主体所构成的,形成了一个相互交织、错综复杂的国际经济关系网络。进入新世纪以来,随着科学技术的快速进步,国际政治的频繁变化,国际经济尤其是经济全球化等的迅猛发展,这些经济行为主体及其行为也呈现出日益复杂化和多元化的趋势,与之相应,国际经济关系的表现形式也不断趋向多样化。

### 一、国际经济关系体系的构成与网络

当今世界已经进入社会主义国际经济关系和资本主义国际经济关系并存、各类经济行为主体共存于一个统一的世界市场的世界经济关系体系的时代。一言以蔽之,当代国际经济关系体系是一个由两大类型、三大板块、多种亚体系和诸多主体等组成的复杂而庞大的全球性网络。

所谓两大类型,是指构成国际经济关系的国家主体的性质有两类,即社会主义国家和资本主义国家,与之相应,可以按照构成国际经济关系的国家主体的性质不同而将国际经济关系体系的组分划分为两种不同性质的类型——社会主义国际经济关系和资本主义国际经济关系。这是国际经济关系性质的基本划分,也是全球范围内国际经济关系划分的最大范畴,反映了两种不同社会制度和社会形态的国际经济关系。

所谓三大板块,是指发达资本主义国际经济关系体系、社会主义国际经济关系体系和发展中国家国际经济关系体系这三个部分。这是按照构成国际经济关系的国家主体的经济发展水平和发展程度,在两种不同性质的国际经济关系基础上进一步细分和研究国际经济关系的一种方法。这三大板块是当代国际经济关系体系的客观组成部分。

所谓多种亚体系,是指国际经济关系体系包含多种由联合国所属的各种世界性经济组织、区域性经济组织、次区域性经济组织以及跨国公司(含跨国金融机构)等所分别构

---

① 池元吉,李晓.世界经济概论[M].3版.北京:高等教育出版社,2013.

建的各类层次不同的国际经济关系体系。联合国所属的经济组织主要有贸易和发展会议(UN Trade and Development, UNCTAD)、区域委员会、国际劳工组织(International Labour Organization, ILO)、粮食及农业组织(Food and Agriculture Organization of the United Nations, FAO,中文简称"粮农组织")、国际货币基金组织(International Monetary Fund, IMF)、世界银行(WB)、万国邮政联盟(Universal Postal Union, UPU,中文简称"万国邮联")、国际海事组织(International Maritime Organization, IMO)和关税及贸易总协定(GATT)等,每个组织都自成体系且有着各自系统的经济活动和联系。区域性经济组织广泛分布于世界各地,主要有欧洲经济共同体(European Economic Community, EEC,中文简称"欧共体")、欧洲自由贸易联盟(European Free Trade Association, EFTA)、北美自由贸易区(North American Free Trade Area, NAFTA)、东盟(ASEAN)、阿拉伯共同市场(Arab Common Market, ACM)、东非共同体(East African Community, EAC)、中非国家经济共同体(Communauté Economique des Etats d'Afrique Centrale, CEEAC)、西非经济共同体(Economic Community of West African States, ECOWAS)、拉丁美洲经济体系(Sistema Económico Latinoamericano y del Caribe, SELA)、安第斯条约组织(La Comunidad Andina,中文简称"安共体")、中美洲共同市场(el Mercado Común Centroamericano, MCCA),以及非洲、加勒比和太平洋地区国家集团(Group of African, Caribbean and Pacific Region Countries, Group of the ACP,中文简称"非加太集团")等,曾经还有社会主义国家的"经互会"(CMEA)。此外还有一些次地区性的关税同盟、货币同盟等构建的次亚体系。由跨国公司(包括跨国金融机构)所构建的国际经济关系体系则更为复杂庞大,目前全世界共有近十万家跨国公司及其近百万家子公司和分公司,它们的触角伸向世界各地,伸向各个部门和企业,形成了一个覆盖全球的国际经济关系网络。

所谓诸多主体,是指参与国际经济活动的最基本的行为主体种类和数量众多,包括各个国家、国家集团、民族、地区(边境和特区)、企业集团、企业和个人等。每个参与国际经济活动的经济行为主体都是构成国际经济关系体系中的一个客观经济载体,当代国际经济关系体系就是由这些客观经济载体之间的相互联系、相互依赖、相互合作、相互融合和相互竞争而形成的一个多层次、立体性的、相互交织、错综复杂的经济关系网络和图景。

## 二、国际经济关系的表现形式

从其物质层面来看,国际经济关系是国际经济行为主体通过不同的客体(人、财、物)及其在国与国之间的不同传递或转移形式与途径而"编织"成的全球性国际经济网络。这些不同的客体及其不同的国际传递或转移形式与途径就构成了国际经济关系的表现形式,它们反映了各种经济要素的国际移动和国际经济关系的发展程度。当代国际经济关系的客体及其传递或转移形势日趋复杂化,遍及经济生活的各个环节、各个领域、各个层次和各个方面,可以说得上是名目繁多、包罗万象,而且还将随着科技革命的蓬勃兴起和社会生产力的永续发展而无止境地演化发展下去。

根据国际经济关系经济行为主体进行国际经济活动的目的进行划分,当代国际经济关系的表现形式主要有国际贸易联系、国际金融联系、国际投资联系、国际生产联系、国际技术转移、国际经济援助和国际劳动力流动等。

## （一）国际贸易联系

国际贸易联系包括国际商品贸易联系和服务贸易联系。国际商品贸易是最为古老的国际经济联系形式，也是国际经济关系最基本、最普遍、最显著和最常见的表现形式。追根溯源，可以说任何其他形式的国际经济关系最初都发端于国际商品交换。尽管国际商品贸易有着悠久的历史，但在相当长的时间内它都只是各国或地区内部经济活动的辅助或补充，始终只在各国或地区的生产和生活中占据次要的地位。直到人类发展进入封建社会末期，国际商品贸易才真正发挥了前所未有的重要作用：一方面，帮助资本主义生产方式确立了在许多国家或地区的经济生活中的统治地位；另一方面，它自身也成了资本主义生产方式的基础、必然要求和必然结果，是商品资本国际化的结果，从而获得了史无前例的极大发展。正如马克思所说，资本主义生产方式的历史使命"一方面要造成以全人类互相依赖为基础的世界交往，以及进行这种交往的工具，另一方面要发展人的生产力，把物质生产变成在科学的帮助下对自然力的统治"。[①] 二战后，随着科技革命浪潮的持续推进，跨国公司的大发展以及发达资本主义国家主导的贸易自由化的不断扩展和深化，国际商品贸易更是获得了空前的发展。毋庸置疑，国际商品贸易在当代国际经济关系中仍然是其主要内容和首要表现形式。

国际服务贸易是指不同国家或地区之间所进行的服务交易活动。而所谓服务，是指以提供活劳动的形式来满足他人需要并收取经济报酬的行为。从历史上看，国际服务贸易的起源离不开国际商品贸易，它曾与国际商品贸易交融在一起，是从属于国际商品贸易的一种经济活动。随着国际分工的不断深化和国际贸易的不断扩展，越来越多的服务活动成为单独的生产环节和贸易对象，国际服务贸易的规模和种类不断扩大和增加，并逐渐地从商品贸易中分离出来，发展成为一种独立的、成系列的国际经济联系形式。从20世纪90年代至今，国际服务贸易以高于20%的年均增长率的速度增长，远远超过同期国际商品贸易的增长速度，它在世界贸易中所占的份额持续扩大。

## （二）国际金融联系

国际金融联系是指国际货币流通和资金融通等经济活动，主要通过不同国家或地区银行或者非银行金融机构间的各种业务来实现。国际金融联系是在国际贸易发展到一定程度后才发生的，是货币资本国际化的结果。早期的国际贸易只是易货贸易，当时还没有产生作为支付和结算手段的货币，后来由于商品生产的兴盛和货币的出现，逐渐在国际商品交换过程中产生了国际货币收支与结算。特别是14、15世纪以来，随着国际货币的出现和国际信贷关系的发展，各种票据和汇票在国际广泛流行，各国银行数量不断增加以及银行业务日益专业化和国际化，使得国际金融发展成为国际经济联系的一种独立形式，并产生了范围和规模日益扩大且日趋一体化的国际金融市场。发展至今，现代国际金融市场有着如下的一些

---

① 马克思,恩格斯.马克思恩格斯选集：第9卷[M].中共中央马克思恩格斯列宁斯大林编译局,译.北京：人民出版社,1995：252.

特点:金融自由化、金融证券化、金融国际化、金融全球化、国际金融(市场)一体化、金融风险全球化、金融危机全球化,等等。

### (三)国际投资联系

国际投资是指投资者为获取预期的经济收益而将资本或其他资产在国与国之间进行投入或营运。国际投资必然会伴随着资本在国与国之间的移动,即国际资本移动,又称国际资本流动,它主要包括货币资本和实物资本两种国际资本转移的方式。如果按照资本的运动特征和投资者在资本运动中的地位来划分,国际投资又分为直接投资和证券投资。前者是指在国外创办新企业的投资、控制国外企业股权的投资以及利润的再投资等,是资本国际转移的最主要形式。直接投资资本可以是货币资本形态,也可以是以实物资本形态(如向国外直接提供设备、原材料以及技术、专利、销售关系和管理方法等)。后者是指国际股票交易和国际债券的发行和赎回,又称为间接投资,仅涉及货币资本的国际转移。

二战后,国际直接投资急剧增长,在国际资本流动中的地位和作用不断上升。据不完全统计,到 1960 年年底,世界对外直接投资(Foreign Direct Investment, FDI)总额增长到 677 亿美元;到 1970 年,世界 FDI 存量达到 1 584 亿美元;到 1980 年,增加到 5 510 亿美元;1990 年,达到 1.76 万亿美元;至 1999 年年底,外国直接投资总存量已达到 4.77 万亿美元;2004 年全球外国直接投资总存量达到 8.90 万亿美元。另据联合国贸易与发展会议(UNCTAD)的统计,2008 年至 2019 年,全球对外直接投资流量每年都超过了 1 万亿美元,最高的年份(2015 年)超过了 2 万亿美元,其后略有回落,2018 年和 2019 年受新冠疫情影响继续有所下降,分别约为 1.41 万亿美元和 1.39 万亿美元。

### (四)国际生产联系

国际生产联系是指各国或地区在生产领域中的直接国际经济联系,是各个国家或地区的生产环节或生产领域超越国界而形成的国际经济联系。随着社会生产力的增长、科技进步和交通、信息事业的发展,各个国家和民族之间的生产联系日益密切,生产领域也越来越国际化了。这是生产资本的国际化。

生产领域的国际经济联系的发展过程大体可以划分为四个阶段:第一阶段,通过间接的经济联系,主要是通过对外贸易(即通过流通领域),建立和扩大各个国家再生产过程之间的关系;第二阶段,通过跨国公司进行直接的生产合作和国际化生产(即通过生产领域的直接联系),发展各国再生产过程的直接经济联系;第三阶段,通过建立自由贸易区、关税同盟、共同市场甚至经济联盟等区域经济一体化形式,促使一体化组织内部成员之间的生产联系日趋加强和不断融合;第四阶段,通过建立跨区域经济一体化组织(包括区域一体化组织之间的合并),促进有关区域经济一体化组织的生产领域日益混合生长和融合发展。

### (五)国际技术转移

国际技术转移,亦称作国际技术转让,涉及技术在不同国家或地区间的跨国界流动。这一过程可划分为商业性和非商业性两大类。商业性国际技术转让,通常称为国际技术贸易,涉及政府或私人企业之间基于市场机制的买卖交易；相对地，非商业性国际技术转让通常体现为政府间的技术援助行为。国际技术贸易主要包括以下几方面内容：涉及各种工业产权的许可证贸易，专有技术和专门知识的转让，技术咨询、管理培训和工程技术培训，工程设计以及设备的安装、操作和使用，成套设备出口或有关机器、设备、原材料等的转让。二战后，国际技术转移发展非常迅速。1955年，世界许可证贸易额约为6亿美元，到1985年时已猛增到约500亿美元，30年中增长了80多倍，其增速大大高于国际商品贸易，至今仍保持快速增长态势。

### （六）国际经济援助

国际经济援助是指经济行为主体（一般是国家或地区政府）为了某种目的而让渡本身的一部分经济利益的一种对外经济交往活动，常见的有对受灾国家或地区进行支援和救济等。国际经济援助也属于国际经济关系的范围，是一种特殊类型的国际经济联系。从不同角度进行划分，国际经济援助可以有多种形式。从援助的客体或内容来看，国际经济援助可以分为财政援助和技术援助。前者是由援助国或多边援助机构向受援国提供的资金或物资援助，旨在满足受援国家或地区经济发展的需要或解决其财政困难。它是国际经济援助的主要方式，其他各种援助的资金绝大部分来自财政援助。后者是指援助国在智力、技能、咨询、资料、工艺和培训等方面向受援国提供援助。技术援助的方式主要有向受援国派遣专家和技术人员、提供技术服务、培训技术人员、接收留学生研究生和提供奖学金等。技术援助都具有无偿性，其资金大部分源于官方发展援助（Official Development Aid, ODA）。联合国发展系统所提供的援助大部分都属于技术援助。①

### （七）国际劳动力流动

二战后，由于科学技术的不断进步、世界经济的快速发展以及经济全球化的逐渐兴起，劳动力的国际流动不断发展。劳动力不但作为一种重要生产要素被各国利用，而且它的国际流动也渐渐成为把各国经济联结在一起的重要纽带之一。劳动力的国际流动主要采取三种形式：其一，普通移民流动。移民大都是从发展中国家移向发达国家，其数量和范围不断增加和扩大。究其原因，尽管在发达国家经常性存在着大量失业人口，但体力劳动尤其是粗活、重活和脏活等依然没有多少人愿意干，其缺口日益依赖移民来填补；而且，发达国家人口出生率低下和人口老龄化加剧，对外籍劳工的需求持续上升。对它们来说，国外劳工的大量流入，既弥补了体力劳动者紧缺的情况，也削减了劳动力成本。对发展中国家来说，尽管流出的劳工收入相对较低，但缓解了劳动力过剩的压力，还创造了外汇收入。其二，人才跨国培养和流动。所谓人才是各个专业的高级专家和社会精英，是科学技术的创造者与推进者，是先进生产力与先进文化的代表。二战后，各类专业人才的跨国培养和流动不断扩大，数量不断增多，其突出特点是世界各地的科技人才大规模流向发达国家。在当代人才跨国流动中，留学生是重要的组成部分，接收留学生是培养各类人才的主要渠道。近年来，随着

---

① 周林.国际经济关系学概论[M].北京：机械工业出版社，2009.

一些发展中国家的经济起飞、经济环境和生活条件的改善,在国外的科技人才和毕业留学生返回祖国创业和就业的人数与日俱增,昔日人才只往发达国家流动的单向流动正在转变为双向流动。其三,人才"隐性跨国流动"。它是指人才没有离开本土,但为外国企业所雇用,接受外国科技和管理方式。它既有利于跨国公司的发展,也有利于本土人才的培养和成长,越来越成为人力资源流动全球化的主要渠道和方式。[①]

## 第三节 国际经济关系的特点与主要问题

第二次世界大战结束以来,当代世界发生了翻天覆地的变化,这种变化在范围、规模、速度、程度和影响上都超过了此前任何一个时期。一方面,民族独立运动风起云涌,殖民体系很快崩塌,发展中国家迅速登上世界政治舞台并日益走向其中心;另一方面,科技革命浪潮蓬勃兴起和日益深化,经济全球化不断向广度和深度发展。上述两方面的沧桑巨变相互结合并互相激荡,使得战后国际经济关系发展平添了许多新的内容,呈现出一些新的特点,同时也出现了一些新的问题。

### 一、当代国际经济关系的一般特点

#### (一)和平与发展是国际经济关系的主题

二战后国际经济关系的发展大体可以划分为两个阶段,即"两个平行的世界市场"并存时期(二战结束至20世纪80年代末,亦即冷战时期)和复归于统一的世界市场时期(20世纪90年代初至今,亦即后冷战时期)。在前一个阶段中,和平与发展迅速成为世界的主潮流。和平潮流集中表现为世界各国人民争取独立和平等、反对霸权、维护世界和平、反对世界战争。具体而言,表现为冷战格局下全球范围内反对美苏争霸或美苏合霸,表现为资本主义世界由美国独霸到美国、日本、欧共体(欧盟)的三足鼎立与相互协同,表现为社会主义国家和国际共产主义运动由苏联为首和以苏划线到各国独立发展探索符合本国国情的社会主义道路,表现为第三世界发展中国家的兴起和争取建立公正的国际政治经济新秩序。和平是发展的基础。与此同时,由于第三次科技革命的推动,经济全球化迅猛发展,许多国家(主要是发达国家)的经济取得了长足的发展,一部分发展中国家和地区也积极融入国际经济、通过发展与发达国家的国际经济关系而迅速成长为新兴工业化经济体。然而,总的来看,南北差距仍在扩大,世界各国远未实现共同繁荣,经济发展越来越成为各个国家或地区的共同要求和世界范围的共同潮流。

20世纪90年代初,随着东欧国家剧变和苏联解体,美苏对峙的冷战格局走向终结,世界政治经济格局日益向多极化发展,和平与发展主潮流的势头有增无减。这一潮流突出体现在,当时世界各国,不论其社会制度是什么,也不论其是富是贫,都谋求通过调整改革和科

---

[①] 池元吉,李晓.世界经济概论[M].3版.北京:高等教育出版社,2013.

技进步来促进自身的经济现代化与政治民主化。其举措有着一些共同的特点：其一，多元化、民族化和开放性。例如，发达国家已从单纯的危机治理型改革升级到结构调整型改革，一些国家在发展对外经济关系上已从单纯意识形态型上升到超越意识形态型；一些社会主义国家则从封闭型经济向开放型经济转型并与市场经济接轨，同时各国在不约而同地探索与自身实际相切合的改革模式。其二，各国普遍重视政府与市场在改革和发展中的互补性关系和相辅相成作用。其三，各国的改革由单一的经济改革逐步发展为经济改革与政治改革、社会改革的协调推进。战后各国改革与发展的正反两方面经验都表明，在经济现代化和政治民主化的进程中，坚持政局与社会稳定优先原则以及逐步稳步推行原则有着至关重要的意义。第四，各国在发展和改革中普遍重视协调公正和效率之间的关系以及关注富裕和贫困共生现象。

### （二）竞争与合作是国际经济关系的动力

第二次世界大战以来特别是冷战结束后，国际政治局势在整体上变得相对缓和，为各国经济发展创造了比较良好的国际政治环境；而科技革命的迅猛推进和现代科学技术的蓬勃发展，成为推动各国和地区经济增长的强大动力。各国为促进和加速自身高新技术的发展，竞相加入高新技术发展的国际竞争大潮。在当今世界，科学革命与技术革命的紧密融合、相互促进已成为推动社会进步的关键力量。在这一背景下，国家间的经济竞争本质上已转变为对科学技术优势的争夺。由于科学技术发展的日益细分化和专门化，世界各国之间的国际分工也变得越来越细致和精微，彼此之间的经济联系、生产融合和相互依赖日益强化。各个国家和地区在竞争中求发展，在发展中竞争；在竞争中求合作，在合作中竞争。在国际竞争不断加剧和升级的背景下，大力发展国际经济关系既是各个国家和地区积极参与国际竞争与合作的重要手段，也是它们参与国际竞争与合作的基础条件。各个国家和地区无疑将越发重视国际贸易、国际投资等对外经济联系的发展，国际贸易和国际资本流动等将与日俱增，从而推动国际经济关系继续向深度和广度扩展。

### （三）相互依赖是国际经济关系的特征

随着经济国际化、经济全球化进程的不断加快，"相互依赖已是我们这个时代最突出的特征之一"。[①] 国际经济的相互依赖是在资本国际化的不断发展中形成并不断深化的，这一进程从资本主义萌芽时期就开始初露头角了。马克思指出，资本有着与生俱来的追逐利润的本性，它天然具有超越国家边界限制的特性，[②] 即资本的国际化特性或"国际性"。资本在跨越国家边界运动并不断增殖的过程中，它所采取的最早的形态是商品，即以商品的形式输出到国外进行售卖以获取更高的利润，这就是商品资本的国际化。此时，各国之间的经济联系主要是商品联系，即贸易联系。19世纪中后期起，随着资本主义在一些欧美国家的进一步发展，其国内市场迅速成熟与饱和，资本数量也几近饱和，资本利润率趋于下降。于是一

---

① 苏长河.全球公共问题与国际合作：一种制度的分析[M].上海：上海人民出版社，2000：4.
② 马克思.资本论：第1卷[M].中共中央马克思恩格斯列宁斯大林编译局，译.北京：人民出版社，1975.

些国家如英国、法国等开始向国外大量输出货币资本,将其出借给需要资本的其他国家以获取比在本国更高的投资利润和利润率,这就是借贷资本输出,即货币资本的国际化。此时,除了传统的贸易联系,投资和金融联系在各国之间也日益加强。在美国等发达国家的引领下,国际直接投资迅猛增长,标志着资本国际化向更深层次演进。生产资本的国际化逐渐超越了早期的商品资本和货币资本的国际化,成为当代经济中一个显著且普遍的现象。在此背景下,各国之间除原有的贸易、投资和金融等方面的联系外,还有着日趋密切的生产联系。更为重要的是,在各国日益紧密的生产联系的促进下,各国之间原有的贸易、投资和金融等方面的联系也不断向广度和深度发展,各国经济的相互依赖程度不断提高。[1]理查德·库珀(Richard Cooper)最早对这一现象进行了系统的分析,并研究了在经济相互依赖条件下各国国际经济政策的选择问题,即各国在不丧失追求其国内政策目标自由的同时,如何从不断提高的国际经济相互依赖和相互融合中获得好处。[2]

在国际竞争日益激烈的情况下,各个国家和地区在更加重视加强双边经济关系的同时,也更加重视区域经济合作,各种各样的区域以及跨区域经济合作将持续强化。原有区域性贸易协定或经济组织的自由化蓝图将逐步落到实处,一体化程度得以提升;同时,一些新的区域性组织甚至跨区域性的集团合作在酝酿和筹划之中。这将使区域经济一体化成为未来国际经济关系发展的一种重要方式,并将继续有力地促使区域内各经济体之间、各区域经济一体化集团之间的相互依赖关系不断加深。

**(四)不平衡是国际经济关系的基本特性**

不平衡发展规律是适用于一切社会形态的绝对经济规律。各类经济行为主体之间的发展不平衡是世界经济和国际经济关系中的普遍现象,只是在不同社会形态里或者同一社会形态中的不同国家或地区乃至同一国家或地区的不同时期都有着不同的表现和状况。这种情形是由自然条件和社会经济条件等因素共同作用而造成的。

第一,各国和地区在自然条件、历史发展及经济发展等方面存在着差异。自然条件如资源、气候、土壤、面积等是一切经济活动的基础。从历史上看,自然条件较好和资源比较丰裕的国家一般都发展得比较早,也比较好。即使在科学技术飞速进步、生产力水平快速提升的当代,一国自然条件的好坏和自然资源的多寡,对其经济发展依然有着重要的意义。对大多数国家和地区来说,自然条件是经济发展不可或缺的前提和无法忽略的要素,也是导致各国经济发展不平衡的一个因素。

第二,各国和地区有着不同的社会经济条件以及政治制度。社会经济条件所涵盖的范围较广泛,主要是指各国或地区的科技发展状况、生产力水平、经济结构、内部市场大小、所采取的经济政策和经济发展战略以及社会、政治制度等。上述因素在各国和地区之间相差甚大,对其各自经济发展的影响和作用也可能大相径庭,其中的生产力因素和科学技术因素

---

[1] 吴奇志. 金融危机治理研究——基于各治理者行为的经济分析[M]. 上海:上海财经大学出版社,2014:8.
[2] C, R N. The Economics of interdependence: economic policy in the Atlantic Community[M]. New York: McGraw-Hill, 1968.

对经济发展的作用最为显著。生产力和科学技术的发展迟早会超越国家界限,许多国家和地区为了摆脱落后地位,想方设法引进先进的生产力和技术,实现先进生产要素的国际转移和新的优化组合,并在此基础上进行创新创造,实现跳跃式发展。因而这又将造成各国和地区在经济发展上新的不平衡状态。此外,社会经济条件尤其是经济政策和经济发展战略等往往又与社会、政治制度密切关联、相互作用与影响,因此,各国和地区不同的社会、政治制度也可能是导致其经济发展不平衡的原因之一。

第三,各国和地区经济发展不平衡还应归因于竞争规律的作用。在激烈的国际国内市场竞争中,优胜劣汰,一些企业和部门成长和扩张,另一些企业和部门衰落和收缩,必然出现各个企业之间和各部门之间的发展不平衡,进而引起各个国家和地区之间的发展不平衡。在当代,上述不平衡还突出地体现在不同社会性质或类型的国家之间以及同一社会性质或类型国家的各经济中心之间发展的不平衡上。

显而易见,各经济行为主体之间的发展不平衡是多种因素共同作用的结果。无论是认为发展不平衡规律只是资本主义经济特有的规律的观点,还是认为社会主义经济发展是平衡的发展,因而不存在经济发展不平衡规律的作用的观点,都是有局限性的、幼稚的。战后社会主义国家经济发展的经验已经证明,在各社会主义国家或各社会主义国家的不同发展时期,其经济发展总是呈现出不平衡状态,这才是经济发展的客观实际。

### (五)政治经济互动是国际经济关系常态

政治经济互动的突出表现是国际政治关系经济化和国际经济关系政治化。所谓国际政治关系经济化,是指国际政治关系不断受到经济因素的影响,从而带有强烈经济色彩的倾向。各国为了尽可能使自己的综合利益达到最大,在国际政治活动中频繁甚至习惯性地使用经济手段,借此对相互间的政治关系进行干预和调整。一般说来,国际政治关系经常在互相关联的如下两个方面受到经济因素的影响:其一是国际政治活动和国际政治关系往往被各国或地区赋予经济目的;其二是各国或地区通过积极参与国际经济活动的方式力图运用经济外交手段为自身谋取政治上的利益。在经济全球化的汹涌大潮中,各个国家或地区要想克服生产要素流通的障碍,实现资源的最优配置,一个行之有效的手段就是"政治关系经济化",即它们弱化由意识形态决定彼此政治关系(乃至经济关系)的传统立场与观念,转而借助彼此追求经济利益的共同愿景来跨越国际政治所造成的藩篱。

就世界范围而言,冷战期间,以美国为首的发达资本主义国家始终没有放松同社会主义国家的对抗,其内容涉及经济、政治、军事、文化等各个方面,各种斗争的界限是相对明确的,政治斗争尤其是军事斗争占据首要地位。尽管如此,西方发达资本主义国家仍然大量运用经济手段来追求其政治目的,例如推行贸易自由化,向发展中国家开放市场,并以此为条件要求有关发展中国家选边站队,与社会主义国家搞对立。后冷战时期,在国家与国家之间、集团与集团之间的军事对抗和冲突相对降温的同时,国际上(包括发达资本主义国家之间)的经济、技术交往和竞争加剧,没有硝烟但同样残酷(也许更为残酷)的经济战早已悄然开打。国际竞争的制高点已经由过去的军事实力转向科技实力以及由科技实力所统治的经济实力,也就意味着国际竞争的范围由以往主要集中在政治、军事等领域向全方位扩展,特别是发达资本主义国家在对社会主义国家以及广大发展中国家发动的"新冷战",更是从政治、军事、经济、社会、文化等各个方面综合施压,全面进攻。在此形势下,各国激烈地争夺在高新技术、国际贸易、国际金融以及信息等领域的主动权和控制权。对发达国家而言,掌握了上述领域的主动权和控制权,也就获得了国际竞争的支配权。对广大发展中国家而言,在这些领域占有一席之地,也就拥有了追赶发达国家、缩小发展差距的主动权。[1]

简而言之,后冷战时期的国际政治斗争(特别是两种社会制度之间的较量)已在极其广泛的范围内展开,一国能否取得主动权,取决于其包括政治、经济、文化、社会、军事等各方面实力在内的综合国力。同时,国家安全概念也由以往的军事安全扩展到经济安全、粮食安全、信息安全等许多方面。而军事实力的主要功能已由直接攫取利益的扩张手段变为维护利益、实行经济技术扩张和政治文化渗透等的后盾。一些西方大国为了争夺世界霸权或地区霸权,不仅政治、文化、军事等手段兼施,而且更多地使用经济手段,经济手段已成为其达到政治目的的必要工具。例如,西方国家在亚洲金融危机期间对危机国家的援助大都附加有政治条件;美国批准给中国以永久正常贸易待遇(Permanent Normal Trade Relations),除出于经济利益考虑外,也暗含了促使中国西化和分化的政治图谋。另外,众多国家积极加入或组建区域经济集团,以加速推进区域经济一体化的进程。这一趋势既是对经济发展需求的响应,也反映了对政治稳定和军事安全的追求。整体而言,国家间在国际政治舞台上的竞争,正日益体现为基于科技和经济实力的综合国力的较量,并由此加剧了国际政治关系经济化的态势。

同时,国际经济关系政治化的表现也日益显著。所谓国际经济关系政治化,是指国家间正常的经济关系在特殊国际政治环境下具有政治功能。[2]也就是说,国际经济关系在国际政治的影响下,已经成为实现国际政治目标的手段,具有了协调与控制国家间利益关系的国际政治功能。[3]

国际经济关系政治化主要体现在以下几个方面。首先,国际经济关系中的国家干预主义趋于弱化。在各国经济相互依赖日益加深的背景下,一国在制定对外经贸政策或实施具体的对外经贸行为时,既要考虑其实际效果的大小,更重要的是要考虑其他国家可能对该项经贸政策或经贸行为作出的反应。可以说,没有任何一个国家可以完全不顾忌其他国家的需要或诉求,而纯粹依据自身内部政治和对外战略的需求来制定和执行对外经贸政策。其次,国际贸易关系政治化一直是国际经济关系政治化的主要内容。对外经贸政策的制定、涉外经贸活动的管理、贸易干预主义、经济外交、国际经济协调等皆是国际经济关系政治化的具体表现,不仅过去、今后仍将主要指向国际贸易领域。再次,国际经济协调在全球性协调和区域性协调两个层次上得到充分体现。当前全球性问题包括经济衰退、国际债务危机、贸易与国际收支失衡,对全球性经济协调机制,如世界贸易组织(World Trade Organazation,WTO,中文简称"世贸组织")、国际货币基金组织(IMF)、世界银行(WB)以及G20峰会等,提出了扩展其作用范围和加强其功能的客观需求。与此同时,区域性经济协调机制能够解

---

[1] 刘慧琴,梁珊珊.论全球背景下国际政治与国际经济的关系[J].唐山师范学院学报,2002,24(6):30-32.
[2] 李若晶.中美"经济关系政治化"分析[J].现代国际关系,2011(3):50-55.
[3] 柳剑平.当代国际经济关系政治化问题研究[M].北京:人民出版社,2002:36.

决全球性协调中因参与者众多而产生的指导思想、经济目标、结构和体制差异等问题。此外,区域性协调还能激励全球性机制探索新的解决方案,以应对因区域经济利益和诉求差异而引发的争端。全球性经济协调机制不仅为区域性协调提供了有利的外部条件,而且通过构建新的全球经济协调格局,持续推动区域性经济协调机制的发展和完善。最后,国家经济安全战略是国际经济关系政治化的一个新领域。所谓国家经济安全,是指一个国家的经济整体上处于不受各种因素(尤其是外部因素)冲击或即便受到冲击也能保持经济利益不受重大损害的状态、维护这种状态的能力以及由上述状态和能力所获得的政治与军事安全。国家经济安全包含如下三个层次:第一个层次是国家经济体系本身的安全和维护这种安全的能力,这是国家经济安全的核心层次;第二个层次是经济因素对军事、政治安全的影响,主要是指经济体量和经济能力对国家权力和军事力量的支撑;第三个层次是由经济全球化所带来的经济安全问题,主要是指非军事政治因素对国家经济安全的威胁。

## 二、当代国际经济关系发展的主要问题

### (一)可持续发展问题

自从第一次产业革命直至二战后一段较长的时期内,人们普遍认为发展是走向工业化社会或技术社会的过程,主要强调经济增长。与之相关联,传统经济发展战略以追求国民收入或国内生产总值的增长作为其主要目标,并以工业化作为其主要手段。1972年,"罗马俱乐部"发起组成的一个多国专家小组发表题为《增长的极限》的著名报告,该报告指出人类社会的增长是由工业化、人口增长、粮食短缺和普遍营养不良、不可再生资源枯竭以及生态环境日益恶化5种呈指数型增长且相互联系和相互影响的趋势所构成的,如果不加改变,必然在很短的时间内遭遇极限(用现在通行的话说,是不可持续的)。自此以来,关注经济发展与环境相互关系的国家与日俱增。人们日益认识到环境和经济发展的目标并不冲突,如果不保护环境和促进资源的合理利用,就不会有经济的可持续发展或稳定增长。换言之,除非经济发展战略从制定到实施都保证环境的长期可持续性,否则就不可能有可持续发展的经济。[1]

1980年3月联合国大会第一次正式提出了可持续发展概念。1987年联合国世界环境与发展委员会在《我们共同的未来》研究报告中首次清晰地表述了可持续发展观,指出可持续发展是"既满足当代的需求,又不对后代满足需求能力构成危害的发展",肯定发展的必要性、发展与环境的辩证关系,提出了代际公平(后代人拥有与当代人相同的生存权和发展权)和代内公平(发展中国家应与发达国家享有同等的发展权和发展机会)等概念。总之,可持续发展是为未来发展创造条件的发展,强调以未来的发展规范现在的行动,既使得发展在今天是现实的和合理的,又让明天的发展获得可能的空间和条件。

为了推进和实现可持续发展以及应对全球气候变化,世界各国在联合国主导下先后通过或签署了被称为"世界范围内可持续发展行动计划"的《21世纪议程》(1992年6

---

[1] 石建勋,李海英.国际经济关系与经济组织[M].北京:清华大学出版社,2009.

月)、《联合国气候变化框架公约》(1992年6月)、《联合国气候变化框架公约的京都议定书》(1997年12月)、《2030年可持续发展议程》(2015年9月)、《巴黎气候变化协定》(简称《巴黎协定》,2016年11月)等。一些国家还制定了本国的《21世纪议程》,例如,中国于1994年3月率先颁布了《中国21世纪议程》,这是全球范围的第一个国家级《21世纪议程》。

可持续发展和全球气候变化要求世界各国加速转变经济发展方式,保护环境,节约资源,节能减排,绿色低碳,尽快实现碳达峰,早日达到碳中和。然而,由于科技实力和经济发展水平的差异,发达国家和发展中国家在保护环境和应对气候变化方面的能力和责任是不同的,在追求可持续发展和应对全球气候变化的道路上,发达国家与发展中国家应加强合作,减少对立,妥善处理可能发生的矛盾和分歧,构建公正、平等、互利、共赢的新型国际经济关系框架。

### (二)南北经济差距问题

所谓南北经济差距,主要是指发展中国家与发达国家之间的差距。由于发展中国家大部分在南半球,发达国家大部分在北半球,所以把上述差距称为南北差距。南北经济差距既体现在经济领域(通过一些具体经济指标反映出来),也体现在科技实力等方面。

从宏观经济层面来看,南北经济差距在20世纪70年代时有所缩小,但其后差距又有所扩大,进入21世纪后南北差距快速缩小。就经济总量而言,发展中国家在世界国内生产总值中的比重从1970年的19.6%上升到1980年的25.4%,1985年下降到19.7%,1990年又上升为20.2%,2002年再次下降为19.4%。进入21世纪后尤其是2008年全球性金融危机爆发以后,发达国家的经济增速普遍下滑甚至徘徊不前,而发展中国家尤其是新兴市场经济体增长提速,在世界经济总量中的份额快速上升。据世界银行统计,到2020年,美国、欧盟、日本、加拿大、韩国、澳大利亚、新西兰等发达国家和地区的GDP总量在全球占比已下降至不足53.7%,发展中国家与发达国家在经济总量方面已经相当接近。[1]就出口规模而言,发展中国家出口在世界总出口的比重从1962年的29.7%上升到1980年的34%,1985年下降到25.5%。进入21世纪后,发展中国家特别是新兴市场经济体货物贸易出口增长迅速。据联合国贸易与发展会议(United Nations Conference on Trade and Development, UNCTAD)统计,2019年,南北在货物贸易出口方面几近平分秋色,发展中国家(包括转型经济体)的货物贸易出口总额为9.1万亿美元,发达国家为9.9万亿美元;但在服务贸易出口方面则大相径庭,发展中国家(包括转型经济体)的服务贸易出口总额占全球服务贸易出口总额的比重仅为32.1%,而发达国家占比为67.9%。[2]这从一个侧面反映了发展中国家与发达国家在经济发展水平和经济发展层次上的差距。与此同时,发展中国家尤其是一些新兴市场经济体的贸易顺差规模越来越大,发达国家的整体贸易逆差日益扩大,呈现出与以往截然不同的态势。

---

[1] 参见 World Development Report 2021(《世界银行2021年世界发展报告》)。
[2] 参见 UNCTAD Handbook of Statistics 2020(《联合国贸发会议2020全球经济贸易统计手册》)。

从人均收入角度来看,南北差距的变化也展示出与宏观经济指标相类似的变化态势,即近年来差距有所缩小,但其幅度较小。据世界银行统计,1967年发展中国家人均GDP为170美元,北方工业国家为2 530美元,二者之比为1∶14.9。到1977年,上述二者分别增加到407美元和7 105美元,二者之比为1∶15.5,二者差距微升。到1987年,二者分别增加到720美元和14 548美元,二者之比为1∶20.2,南北贫富差距明显拉大。到2002年,二者分别增加到1 170美元和26 950美元,二者之比为1∶23.02,差距又有所扩大。[①] 进入21世纪后,由于新兴市场经济体发展很快,南北差距有缩小的趋势。据国际货币基金组织(International Monetary Fund,IMF)估算,2019年,全球所有发展中国家的人均GDP约为5 380美元,而发达国家人均GDP约为4.825万美元,二者之比为1∶8.97。[②]

概括起来,近年来南北经济差距的变化有着如下一些特征:从整体上来看南北差距有所缩小,新兴工业化经济体和新兴市场经济体同北方国家之间的差距在不断缩小,北方国家之间经济差距趋于缩小,南方国家之间经济差距有着拉大的趋势。上述变化格局和态势一方面在某种程度上加剧了发达国家同新兴工业化经济体和新兴市场经济体之间的矛盾和紧张关系,给国际经济关系带来了变数;另一方面也推动了发展中国家之间的经济合作,部分新兴市场经济体通过各种方式(如"一带一路"倡议等)与其他发展中国家特别是经济发展相对滞后的发展中国家进行合作(共商、共建、共享),有利于促进相关各方的经济增长。

### (三)不平等不合理的国际经济秩序问题

现行的国际经济秩序是在资本主义生产方式确立和发展的过程中逐渐形成的,是同资本主义世界经济体系的形成过程结合在一起的,是少数发达国家控制和剥削广大殖民地与附属国的不平等、不合理国际经济关系的集中体现,并随着少数发达国家的资本主义进入垄断阶段(即帝国主义阶段)而得到空前强化。二战后,广大亚非拉地区反对殖民统治、争取民族独立的解放运动风起云涌,许多发展中国家取得了政治独立,西方发达国家转而推行"新殖民主义"(即以"经济兼并"为基础的殖民主义),通过经济手段对大多数发展中国家进行控制和剥削。也就是说,战后国际经济秩序的本质特征是发达资本主义国家对广大发展中国家进行控制和剥削,发达国家与发展中国家之间的经济关系是控制与反控制、剥削与反剥削的关系。

具体而言,现行国际经济秩序的不平等、不合理主要表现在国际生产、国际贸易和国际金融三大领域。从国际生产来看,发达国家凭借科技优势,主导了国际分工,控制着世界主要工业品特别是高新技术产品与高附加值产品和服务(或环节)的开发、生产和供应,是世界生产的中心;而广大发展中国家处于从属地位,以生产初级产品和劳动密集型产品为主,生产技术水平低,产业结构不合理。与之相关联,在国际贸易领域,发达国家出口工业制成

---

① 何道隆. 试论南北经济差距、原因及前景[J]. 世界经济文汇, 1992(6): 2-8.
② 南生今世说. 巧合吗?中国GDP约为发展中国家的41%,美国也约为发达国家的41%[EB/OL].(2020-04-03)[2022-05-02]. https://baijiahao.baidu.com/s?id=1662909324371556471&wfr=spider&for=pc.

品、资本密集型产品、技术密集型产品和大量服务（尤其是生产性服务），把持着国际经贸规则的制定权和许多重要产品的定价权，攫取了惊人的超额利润；而广大发展中国家主要出口初级产品和劳动密集型产品，在国际经贸规则制定和产品价格决定方面处于无权地位，被迫与发达国家进行不等价交换。从国际金融领域来看，以美国为首的发达国家主导制定了战后国际货币金融制度，操纵着国际金融组织和机构，控制了国际货币的发行与流通，资金充足；而发展中国家在国际金融组织和国际货币金融领域所占份额极小，资金匮乏，处于既无发言权更无决定权的无足轻重的地位。

明显可以看出，上述国际经济秩序极其有利于发达国家，而极其不利于发展中国家的经济发展，在此种不平等、不合理的国际经济旧秩序下的南北经济关系必然是不平等、不合理的国际经济关系。自20世纪70年代起，许多发展中地区一直在强烈呼吁对这种陈旧且不公的经济体系进行改革，并推动建立一个更加公平的国际经济新秩序，这种呼声至今仍然高涨。随着冷战时期的结束，特别是进入21世纪，新兴市场的崛起使得发展中经济体的整体实力得到了显著提升，与发达国家之间的经济差距也因此有所缩小，一些发展中大国在国际经济领域和全球经济治理领域的参与度、话语权和影响力明显上升。然而，值得指出的是，时至今日，发达国家在国际经济事务中占据主导和支配地位、发展中国家处于外围和从属地位的基本状况尚未发生根本变化，发达国家也不会主动放弃其既得利益，国际经济旧秩序的变革、国际经济新秩序的建立仍然是任重而道远、不可能一蹴而就的，新型国际经济关系的构建依然在路上。

## 第四节 新时代新型国际经济关系的构建

作为一个历史范畴，国际经济关系是在生产力水平发展到一定阶段以及国家出现后才产生的，它随着生产力的不断发展和社会形态的不断更迭而持续演化和发展，并将在历经长期的历史演变后随着生产力的高度发达和国家的消亡而归于消逝。如今，世界经济发展已经进入新时代，在国际经济关系的未来演变中，尽管矛盾与曲折仍然难以避免，但各国可以秉着"共商、共建、共享"的原则，构建新型国际经济关系，使之沿着更加公正、更加平等与更加和谐的道路前行。在此过程中，经济社会发展已迈入新时代的社会主义中国，作为世界上最大的发展中国家和紧随美国之后的第二大经济体，中国在综合国力和全球影响力方面已跻身世界领先行列。中国与全球众多国家和地区建立了广泛且深入的经济和贸易联系。长期以来，中国不仅与发展中国家保持了紧密的合作关系，同时也与多数发达国家建立了稳健的外交和经济关系。鉴于此，中国在塑造新型的国际经济关系中，无疑将扮演关键的领导角色，并引领全球经济合作向前发展。

### 一、构建公正平等的新型南北经济关系

冷战结束以后，南北矛盾取代东西矛盾成为主要矛盾，发达国家在全球经济格局中依旧扮演着领导者的角色，而发展中国家则依旧处于边缘和依赖的位置，这种基本格局并未经

历根本性的转变。在全球化浪潮的推动下,南北之间的经济差异与东西方的利益冲突、物质利益与意识形态的矛盾开始相互纠缠,有时甚至激化至尖锐对立。毫无疑问,只有改革现存不平等、不合理的国际经济旧秩序,建立新的国际经济秩序,才能使南北关系得到改善,这是解决南北矛盾的根本途径。国际经济新秩序的确立将是当代国际经济关系领域的革命性变化,将会把世界经济推进到一个全新的发展阶段,南北双方的经济都会因此而获得比较顺利的发展。很显然,公正、平等的国际经济新秩序的建立和公平、合理的南北经济关系的形成不可能是顺风顺水的,仍将是一个跌宕起伏、一波三折、充满矛盾与冲突的过程,就像发展中国家追求国际经济新秩序的斗争在过去几十年里已经走过的曲折发展历程那样。

　　战后世界经济格局的变化,使南北双方在经济上的相互依赖不断增强,从而有着对话协商、建立新型国际经济关系的客观基础。这种相互依赖具体体现在四个领域。其一,南北双方在资源方面的相互依赖。不少发达国家依赖发展中国家供应能源、原料等,而发展中国家则需要发达国家的资金、技术和设备。其二,南北双方在市场方面的相互依赖。发达国家的巨大生产能力需要广大发展中国家的市场来接纳,而许多发展中国家的大量产品(主要是初级产品和劳动密集型产品)需要依靠发达国家的市场来实现其价值。其三,南北双方在资金供求方面的相互依赖。发达国家的大量过剩资本需要广大发展中国家作为投资场所,而许多发展中国家需要引进资金以突破自身的资金瓶颈。其四,南北双方在产业结构转移方面的相互依赖。发达国家的产业结构升级需要将其边际产业转移出去,而发展中国家由于经济起步较晚,发达国家转移出来的边际产业往往是它们所需要的比较优势产业,从而有利于它们的产业升级。

　　尤其重要的是,二战后数十年间特别是进入21世纪后发展中国家整体经济实力有了长足进步,它们在世界经济中的地位和发言权日趋上升,它们在争取建立国际经济新秩序的斗争中所显示出的团结精神和集体谈判能力,为它们与发达国家建立新型国际经济关系提供了又一个基础性条件。在这样的国际经济情势下,南北双方都明了,南北对话是解决南北矛盾的重要一环,只有通过对话(而非对抗)才能创造解决南北矛盾的条件,才有可能找到解决南北问题的办法,才可能在互相依赖的经济关系中保证南北双方经济利益的实现。因此,南北双方加强对话与协商,扩大和改善南北经济关系,既是与南北双方发展经济的要求与利益相吻合的,也是与世界经济发展的大趋势相一致的。

　　然而,在当代的南北经济关系中,存在着多种复杂的矛盾关系,既有发达资本主义国家与发展中国家之间的矛盾关系,也有发达资本主义国家的垄断资本家阶级与发展中国家的民族资本家阶级之间的矛盾关系,还有发达资本主义国家的垄断资本家阶级与发展中国家的劳动阶级之间的矛盾关系等,诸如此类的矛盾关系运动一刻不曾中断。发达资本主义国家的垄断资本家阶级与发展中国家的劳动阶级围绕着对剩余价值的无偿占有和反对占有的斗争未曾止歇过,发展中国家的民族资本家阶级与发达资本主义国家的垄断资本家阶级围绕着如何分配、再分配发展中国家劳动阶级所创造的财富和剩余价值的斗争也未曾止歇过。发达国家通过商品和服务贸易、资本输出、技术转让以及产业转移等手段来控制和剥削发展中国家,造成巨额社会财富由发展中国家转移至发达国家,此类矛盾关系使南北双方三个阶级之间的冲突变得无法避免,从而难免对南北经济关系的顺利发展形成障碍。

在现实中,发展中国家在南北经济关系问题上普遍采取了在反对发达国家控制与剥削的同时欢迎合作的态度。发达国家对于南北经济关系问题的普遍态度则是尽量维护国际经济旧秩序,维护其既得利益,但各方在具体问题、领域以及做法上有所不同。欧盟、日本、澳大利亚、新西兰等发达国家或地区出于各种利益的权衡,主张在尽可能维持现行国际经济秩序中利益分配原则不变的前提下进行对话,适当考虑发展中国家的一些经济需求。美国则大不相同,它是全球霸权国家,又在现行国际经济秩序中获利最丰,因此在南北经济关系问题上始终持强硬态度,很少对发展中国家让步,还一贯把经济手段作为维护其霸权地位的工具,尤其是对被它视为潜在威胁或竞争对手的发展中大国采取遏制政策,美国的这种态度和做法估计在短期不会有太大的变化。

总的说来,由于经济生活国际化和国际经济相互依赖的不断扩展,南北矛盾不会导致彼此经济关系的决裂,双方的历次矛盾或冲突最终大都会达成一定层次、一定程度的妥协,从而将南北经济关系依次向前推进一步,同时也将南北矛盾推到了新的基础和起点之上,使其在更广与更深的范围与层次上展开,进而引发新的解决矛盾的需求。南北经济关系就是在此类周而复始的矛盾运动过程中不断向前发展。在此过程中,发展中国家应该团结起来,一方面在平等互利的基础上扩大和加深南南经济合作,提升自身的整体科技水平,大力发展社会生产力,增强经济实力、凝聚力和谈判筹码;另一方面在南北对话中彼此协调一致,拧成一股绳,以同一个声音说话,增强集体谈判能力,推动国际生产关系的变革,使之朝着有利于发展中国家利益的方向发展,建立公正、平等的新型国际经济关系。

## 二、扩大和深化南南经济合作关系

南南经济合作是指发展中国家之间在贸易、投资、货币、金融等领域的经济往来与经济合作关系。发展中国家之间的经济关系比较复杂,既有利益一致的合作关系,也有相互竞争的关系,有时候甚至可能存在利益冲突的关系。例如,许多发展中国家之间在开辟出口市场、引进外资与获取外援等方面存在着竞争关系,但大都是对来自发达国家和地区的第三方的出口市场、资金与技术等进行竞争,而不是相互争夺对方的国内市场、投资场所和资金的关系。换句话说,发展中国家之间的竞争关系一般都比较间接,而且相对而言比较缓和。在对待南北经济关系的问题上,由于发展中国家面临诸多相同的问题如与北方国家经济差距较大、在全球经济治理领域缺少话语权、受发达国家经济剥削与控制等,它们在抵制发达国家的贸易保护、不等价交换、技术转让限制等不合理行为方面的立场是一致的。上述情况有利于缓和南南关系中的矛盾,有利于它们采取步调一致的集体行动,同时也彰显了它们之间加强经济合作的必要性和迫切性。因此可以说,强化南南经济合作必将成为南南关系的主流与核心。南南经济合作是发展中国家以互相尊重主权与平等互利原则为基础而建立的新型国际经济关系,扩大与深化南南经济合作无疑将有利于促进发展中国家经济的发展和改变对发达国家过度依赖的局面。

尤其值得指出的是,扩大和深化南南经济合作还将在新的国际经济秩序的创建中发挥特别关键的作用。现存的国际经济秩序是以资本主义旧的国际分工为基础的国际生产体系、以不平等交换为基础的国际贸易体系和以国际金融资本垄断为基础的国际金融体系"三合一"的不合理的国际经济关系体系,它是发展中国家经济发展道路上的一只"拦路虎"。这一旧的国际经济秩序不根除,发展中国家受发达国家剥削与控制的地位就不可能根本改变。所以,20世纪70年代初发展中国家提出了建立国际经济新秩序(即"建立在所有国家的公正、主权平等、互相依靠、共同利益和合作基础上"的各国间经济关系体系)的要求。一方面,南南经济合作是国际经济新秩序的重要组成部分,它所蕴含的新型国际经济关系为创建国际经济新秩序树立了典范;另一方面,加强南南经济合作也是解决南北矛盾的有效途径。国际经济旧秩序主要体现于南北关系中,它的变革需要发达国家的参与和合作,然而发达国家却普遍态度消极,有的甚至极力阻挠。为此,发展中国家推动南北进行对话,旨在缓和南北对立,探寻建立国际经济新秩序的途径。然而,由于发展中国家大都经济实力不强、在国际经济事务中缺少话语权,其对手又是互相勾结、相互交织的发达国家国际垄断资本势力,靠它们各自没有协调的分散行动是无法改变发达国家的任意妄为的。发展中国家只有团结起来、统一步调、加强合作,才能真正成为影响国际经济的一支重要力量,才有可能实现南北关系的变革。正如1983年第五届77国集团部长级会议通过的《布宜诺斯艾利斯纲领》所指出的:"要建立国际经济新秩序,发展中国家要在更大程度上依靠自己、依靠它们的相互合作,提高自力更生的能力。"南南经济合作的加强和顺利开展,将有助于南方国家发展经济,增强集体力量,提高它们在南北对话中的地位,促进南北问题的及早解决。

### 三、构建合作共赢的新型国际经济关系

当今世界正在发生着复杂而深刻的变化,但和平与发展仍然是时代主题,和平、发展、合作、共赢成为不可阻挡的时代潮流。旧的殖民体系早已分崩离析,冷战时期的集团对抗也已化作明日黄花,由单个国家或国家集团独自主宰世界事务的时代已经一去不复返了。一大批新兴市场经济体和发展中国家走上经济发展的快车道,数以十亿计的人口正在加速向现代化迈进,在全球各地逐渐出现和形成了多个经济发展中心,国际力量对比继续朝着有利于世界和平与发展的方向发展。各国经济相互联系、相互依赖的程度空前加深,人类越来越成为你中有我、我中有你的命运共同体。同时,世界仍然很不太平,人类依然面临诸多难题和挑战。国际金融危机所造成的深层次影响尚未完全消除,形形色色的保护主义显著上升。地区热点此起彼伏,霸权主义、强权政治和新干涉主义行为有所升温。军备竞争、恐怖主义、网络安全等传统安全威胁和非传统安全威胁相互交织,维护世界和平、促进共同发展依然任重道远。[①] 习近平总书记指出:"要跟上时代前进步伐,就不能身体已进入21世纪,而脑袋还停留在过去,停留在殖民扩张的旧时代里,停留在冷战思维、零和博弈老框框内。"[②] 随着世界多极化、经济全球化的深入发展和文化多样化、社会信息化的持续推进,世界各国比以往任何时候都更有条件朝和平与发展的目标迈进,更应努力构建合作共赢的新型国际经济关系,以合作代替对抗,以共赢代替独占,不搞零和博弈与赢者通吃。

---

① 《中国梦知识竞赛500题》编写组.中国梦知识竞赛500题[M].北京:中国社会科学出版社,2013.
② 中共中央宣传部.习近平总书记系列重要讲话读本[M].北京:学习出版社,人民出版社,2014.

在未来的一体化世界中，多边合作的重要性将会不断上升。为了维护全人类的共同利益，保护全球环境和应对全球气候变化，保证全人类的继续生存与发展，世界各国必须共同行动。各国经济的相互依赖程度不断加深也会给国际社会新的集体行动赋予新的动能。各国需要寻找更具有包容性的办法，化解各种矛盾，应对挑战。多年来的国际关系实践早已证明，在具备（合作）条件的情况下，合作是一种更适当的选择。而以和平与合作的方式处理问题和解决冲突则是人类社会和谐发展的一种基本体现。正如迈克尔·爱德华兹（Michael Edwards）在《未来的曙光——21世纪的合作》一书中所指出的，"合作是成功发展，最终也是世界和平和繁荣的基础"。

## 本 章 小 结

　　国际经济关系既是一个经济范畴，更是一个历史范畴，它的产生和发展都与一定的历史条件相关联，经历了由无到有、由简单而复杂、自低级至高级的辩证发展过程，并表现出比较分明的阶段特征。自古至今，国际经济关系的发展大致经历了如下三个历史阶段：国际经济关系萌生阶段、资本主义国际经济关系形成和主导阶段、两种不同性质的国际经济关系并存阶段。从其构成上看，当代国际经济关系体系包含两大类型、三大板块、多种亚体系和诸多主体。根据国际经济关系经济行为主体进行国际经济活动的目的进行划分，国际经济关系的表现形式主要有国际贸易联系、国际金融联系、国际投资联系、国际生产联系、国际技术转移、国际经济援助、国际劳动力流动等。当代国际经济关系有着如下一般特点：和平与发展始终是当代国际经济关系的主题，竞争与合作是当代国际经济关系发展的两大驱动轮，相互依赖性是当代国际经济关系的根本属性，不平衡性依然是当代国际经济关系的基本特性，政治关系经济化、经济关系政治化是当代国际经济关系的突出现象等。当代国际经济关系发展面临的主要问题包括可持续发展问题、南北经济差距问题、不合理的国际经济秩序问题等。在新时代，世界各国应该构建公正、平等的新型南北经济关系，扩大和深化南南经济合作，构建以合作共赢为核心的新型国际经济关系。

## 复习思考题

　　1. 当代科技革命对国际经济关系的发展有哪些影响？
　　2. 试述当代国际经济关系体系中南北关系的基本特征。南方国家争取建立新的国际经济秩序的意义何在？
　　3. 国际社会应该如何改善南北关系，促进世界经济协调发展？
　　4. 政治关系经济化、经济关系政治化有哪些演变特点或趋势？请举例说明之。
　　5. 请从国际经济关系的角度谈谈建立中国（上海）自由贸易试验区的意义。

## 案例分析与思考

### 国际经济新秩序[①]

1964年10月召开的第二次不结盟国家和政府首脑会议首次提出了建立国际经济新秩序的口号,随后,77国集团的部长级会议也强调建立国际经济新秩序的重要性,并提出了具体主张。1974年4月,在不结盟国家和77国集团的积极推动下,联合国大会第六届特别会议通过了《关于建立新的国际经济秩序的宣言》和《建立新的国际经济秩序的行动纲领》,提出了建立新的国际经济秩序的20项原则;同年12月第二十九届联合国大会通过《各国经济权利和义务宪章》。上述文件的主要内容有:一切国家都有平等地参与解决世界经济问题的权利;每个国家都有权实行对本国发展最合适的经济和社会制度;任何国家都有权对其自然资源和国内一切经济活动行使永久主权;改革对发展中国家不利的国际金融和贸易制度;各国有权对跨国公司进行控制、监督和管理;加强发展中国家在经济、贸易、财政和技术方面的合作等。

**思考问题**:请结合以上案例谈一谈,发展中国家在构建国际经济新秩序的斗争中取得了哪些新进展?中国政府主张建立国际新秩序的内容是什么?请结合中国政府的上述主张谈谈,中国应该在建立国际经济新秩序的过程中发挥什么样的作用?

---

① 张春.中国在非洲的负责任行为研究[J].西亚非洲,2014(10):46-61.

# 第三章 发展国际经济关系的主体

一般来说,所有参与国际经济关系且直接享有权利并承担义务的实体均被称为国际经济关系的主体。从广义来看,国际经济关系的主体不仅包括国家、国际经济组织、跨国公司、银行和非银行金融机构,还包括自然人。这些主体直接参与了各种国际经济活动,实现了资源的跨国配置,从而把各国和各地区经济直接联系起来。

## 第一节 跨国公司

### 一、跨国公司在国际经济关系中的作用

#### (一)跨国公司的定义

跨国公司(Multinational Corporation, MNC)在西方学术界最初被定义为一类跨越国界从事相关生产和经营活动的企业。这些企业通过在多个国家设立生产点或进行直接投资,形成了全球化经营的独特商业模式,也被称为多国公司、多国企业、国际公司或国际企业。跨国公司的因其复杂的运作模式和广泛的全球影响力而有不同的定义。美国《商业周刊》(*Business Week*)(1963)中的跨国公司是指在一个以上国家设定生产点或进行直接投资,并且具有全球预测能力和多样决策能力的公司。这一定义突出了跨国公司的国际生产布局和决策的多样性。哈佛大学多国企业研究中心认为,跨国公司是由共同所有权和管理策略连接起来的一群不同国籍的公司(1968),这一定义侧重跨国公司内部的统一管理和策略协调。1973年,联合国经济及社会理事会(Economic and Social Council, ECOSOC)进一步明确了跨国公司的核心特征,即这些企业拥有和控制境外生产或服务的机构。随后,在1986年,联合国《跨国公司行为守则草案》提供了更为详细的定义,指出跨国公司是在两个或两个以上国家经营业务,具有重要决策体系和全球战略目标的企业,其中,各实体分享资源和责任。这个定义强调了跨国公司的全球战略和资源共享。

学术界对跨国公司概念中的一些基本要素达成了共识:跨国公司由两个或两个以上国家的经济实体组成,这些实体可以是公有、私有或混合所有制的企业;这些经济实体由一个决策系统和一个或多个决策中心制定共同战略,各实体受股权或其他联系影响;设在国外的子公司虽然是独立的法人实体,但必须在当地开展具有一定规模和知名度的经营活动。综合以上观点,可以看出,跨国公司不仅在地理上跨越国界,其运作和管理也具有高度的全球化特征。它们通过在多个国家设立子公司或生产基地,形成了全球化的生产和市场网络;

通过集中的决策系统和协调的管理策略,实现了资源的优化配置和全球市场的有效覆盖。跨国公司的这些特性,使其在推动全球经济一体化、技术转移和国际贸易中扮演了重要角色。同时,也对各国的经济政策、市场监管和国际关系产生了深远的影响。跨国公司作为全球经济的关键组成部分,其运作模式和发展趋势始终是学术界和企业界研究的重要课题。

### (二)跨国公司的产生

跨国公司的起源可以追溯到16、17世纪,但具备现代组织形式的跨国公司则出现在20世纪初。早期的例子包括1880年英国建立的第一家制造业跨国公司,以及美国的胜家缝纫机公司(1867年)、日本的三井公司(1876年)和阿根廷作为发展中国家中最早创立的跨国公司。这些公司通过跨国运营和投资,成为全球化商业模式的先河。

第二次世界大战后,跨国公司迎来了快速发展的时期,其数量显著增加,重要性日益凸显。目前,全球约有9万多家跨国公司,它们的产值占世界总产值的40%,贸易额占世界贸易总额的60%,对外投资更是占到全球直接投资的90%。最大的跨国公司主要分布在汽车制造、制药和化工行业,这些行业的跨国公司在全球市场中占据了主导地位,通过技术创新和市场扩展,极大地推动了全球经济的发展。

随着跨国公司对全球经济影响力的增强,国际社会也开始对其活动进行关注和监管。1974年,联合国成立了跨国公司委员会,旨在评估跨国公司的活动,制定行为守则,并研究其对全球经济和社会的影响。这一举措不仅帮助各国更好地理解跨国公司的运作模式,也规范并指导了跨国公司的进一步发展。通过这些努力,跨国公司在促进全球经济一体化的同时,也逐渐成为全球治理体系中的重要一环。

### (三)跨国公司的特征、类型及投资方式

跨国公司在全球经济中扮演着重要角色,其特征、类型及投资方式的多样性使其能够适应并引领国际市场。跨国公司的特征主要体现在生产经营活动的跨国性、全球化战略和公司内部的一体化。首先,跨国公司具有明显的跨国性特征,生产经营活动遍及多个国家。这些公司通常规模庞大,技术实力雄厚,能够灵活应对不同国家的政治形势和经济政策,从而在全球市场中保持竞争力。跨国公司能够根据各国的具体情况调整经营策略,最大限度地利用全球资源,实现利益最大化。其次,跨国公司采取全球化战略,通过商品贸易、直接投资和技术转让等手段,优化资源配置。它们不仅在全球范围内进行产品销售和投资,还通过技术转让和知识共享,提升了全球产业链的整体效率。这种战略不仅有助于公司实现全球利益最大化,也促进了各国经济的发展和技术进步。再次,公司内部的一体化是跨国公司的另一大特征。跨国公司通过股权控制、非股权安排和国际分包等方式,在全球范围内分布各个生产和经营环节。这种一体化的管理模式使得跨国公司能够有效协调全球资源,实现高效运作。

在跨国公司的类型方面,可以根据决策行为、经营项目和经营标准进行分类。按决策行为,跨国公司可以分为民族中心型公司、多元中心型公司和全球中心型公司。民族中心型公司以母国为决策中心,多元中心型公司则在各主要市场设立独立的决策中心,而全球中心型

公司则通过全球统一的决策体系进行管理。按经营项目,跨国公司可以分为经济资源型公司、加工制造型公司和服务提供型公司。经济资源型公司主要从事自然资源的开采和利用,加工制造型公司则专注于产品的生产和制造,服务提供型公司则以提供服务为主,如金融、咨询和物流等。按经营标准,跨国公司可以分为水平型公司、垂直型公司和混合型公司。水平型公司在多个国家从事相同类型的业务,垂直型公司则在全球范围内建立从原材料到成品销售的垂直产业链,而混合型公司则兼具水平和垂直型公司的特点,在全球范围内进行多元化经营。

跨国公司在进入东道国时,按照其是否拥有股权,可将跨国公司对外投资方式分为股权进入方式和非股权进入方式。前者是指跨国公司通过向国外输出资本、创办企业,获得国外企业经营管理权的方式。跨国公司的股权进入方式具体又可以分为独资经营方式和合资经营方式两种类型。后者是指通过签订技术、管理、销售合约,并以商品出口、国际工程承包、许可证安排、特许专营、战略联盟等为主要方式,获得东道国企业经营管理权,从而取得利益。跨国公司可以根据不同国家的情况选择不同的投资方式,包括出口、许可经营、连锁、合约生产、服务外包、管理合同、合资企业和外商独资等。这些投资方式可以根据国情相互结合,减少进入市场后的风险,向潜在的新市场提供最优质的服务。

## 二、新时代跨国公司的发展趋势

从当代世界跨国公司的发展趋势看,出现了许多新的特点。

### (一)跨国公司与跨国银行协同发展

跨国公司和跨国银行之间存在着相互依存、紧密联系的关系。这种依存关系主要体现在跨国公司的全球业务扩展和跨国银行的金融服务支持上。跨国公司在全球市场中进行投资、并购和运营,需要大量的资金支持和复杂的金融服务,这些需求往往由跨国银行提供。跨国银行通过提供多种金融产品和服务,如国际结算、外汇交易、融资贷款和风险管理,帮助跨国公司降低运营风险、优化资金配置、提高市场竞争力。反过来,跨国公司的全球业务扩展和增长为跨国银行带来了稳定的客户群体和持续的业务需求,促进了其国际业务的发展和市场份额的扩大。总之,跨国公司和跨国银行之间的紧密联系和相互依存,不仅推动了各自的发展,还增强了全球经济的活力和稳定性。

### (二)跨国公司战略联盟发展迅速

跨国公司战略联盟是指两个或多个跨国公司为共同和各自的战略目标而建立的相对持久的战略关系。这种联盟通常包括股份相互占有、技术相互转让以及市场相互分享,其目的是通过资源整合和协同合作增强竞争力,实现共赢。现代意义上的跨国公司战略联盟起源于20世纪70年代,并在80年代后数量迅速增加。战略联盟协议的数量从1973—1976年的153项增加到1989—1995年的超过3 000项。这一爆发式增长反映了跨国公司对合作和资源共享的高度重视,以应对日益复杂和竞争激烈的全球市场。

战略联盟主要集中在汽车和信息技术等资本与技术密集的产业。例如,汽车产业中福特(美国)与马自达(日本)、奔驰(德国)与三菱(日本)的联盟,还有大宇、通用、铃木和五十铃的四方联盟,以及信息技术产业中东芝、IBM 和西门子联合开发高级芯片的合作等,都是典型的案例。这些联盟通过技术共享和市场协同,大幅提升了各自的创新能力和市场竞争力。这种战略合作形式在跨国公司中极为普遍。1992 年,全球 150 家大型跨国公司中有 90% 结成了战略联盟。近年来,这种形式不仅存在于大型跨国公司中,也逐渐蔓延到中小型跨国公司。通过战略联盟,中小型企业能够借助合作伙伴的资源和市场网络,提升自身竞争力和国际化水平。

### (三)跨国公司投资模式发生重大变化

跨国公司的跨国投资模式展示了其国际化经营的战略,对跨国公司国际化经营的提升起到了重要推动作用。根据跨国投资的直接目标和主要特征,可以将跨国投资模式分为市场导向型、资源导向型、效率导向型和战略导向型四类。市场导向型投资以占领市场为基本目标,旨在扩展企业的市场份额和顾客基础;资源导向型投资则以控制资源为基本目标,通过获取关键的自然资源来保障生产供应;效率导向型投资则着眼于提升效率,通过优化生产和供应链配置降低成本,以提高竞争力;战略导向型投资则以推动企业长期可持续发展为目标,确保企业在激烈的国际竞争中立于不败之地。

跨国投资模式经历了显著的演变过程。20 世纪 70 年代以前,投资主要集中在市场导向型和资源导向型上;20 世纪 80 年代以来,随着全球化和技术进步,越来越多的投资开始采取效率导向型和战略导向型;20 世纪 90 年代以来,跨国投资逐渐向战略导向型集中,体现了企业对长期利益和可持续发展的重视。战略导向型投资注重长期的可持续发展,保障企业的长期利益,同时从区域性和全球性视角出发,结合进攻和防御策略,重视技术创新和制度布局,以提升企业的核心竞争力。这种投资模式不仅是对市场导向型、资源导向型和效率导向型投资的综合与提升,也体现了跨国公司在国际化经营战略方面的改进,跨国公司通过优化全球布局和资源配置,实现可持续发展及获得更高水平的竞争优势。

### (四)跨国公司扩张方式出现重要转变

这一点主要体现在跨国公司扩张的主要方式上,即由新建国外子公司转为并购已有企业的方向发展、由独资企业转为合资企业的方向发展。第二次世界大战以后的很长一段时间,跨国公司向国外扩张一般都采用在东道国新建子公司的形式,后来发现,与并购旧企业这种形式比起来,新建子公司方式面临许多挑战,包括高昂的成本、复杂的管理难题以及与当地企业的潜在矛盾等。此外,东道国政府往往会偏袒本国企业,导致外来投资者在市场竞争中往往处于不利地位,造成事实上的不平等竞争。为了避免出现这种情况,跨国公司逐渐选择了并购方式。即把那些经营不善的企业买下来或进行合资经营,然后根据自己的目标再加以改造。并购允许跨国公司快速获得市场份额并利用本地企业已有的业务网络和客户基础,而合资企业则有助于通过本地企业的参与获取更大程度的国家保护和市场接受度,有效地维护了本地利益。

### （五）服务业跨国公司的地位日趋重要

服务业跨国公司的地位日趋重要这一趋势在20世纪70年代至90年代初对外直接投资的调整中表现得尤为明显。根据联合国贸易和发展会议（UN Conference on Trade and Development，UNCTAD，中文简称"贸发会议"）跨国公司项目局的《1993年世界投资报告——跨国公司与国际一体化生产》，对服务业的直接投资显著增长，反映了全球经济结构的转变。1975年，跨国公司的投资在初级产业占25.3%，在第二产业占45%，而在第三产业仅占27.7%。然而，到1990年，这一格局发生了显著变化，在初级产业的投资降至11.2%，在第二产业的投资降至38.7%，而在第三产业的投资则跃升至50.1%。这种变化表明，跨国公司越来越重视服务业的发展，服务业跨国公司的崛起不仅改变了全球投资的分布，也提升了服务业在国际经济中的重要地位，促进了全球经济的现代化和多样化发展。

### （六）跨国公司投资流向发生改变

跨国公司投资流向在过去几十年中发生了显著变化。1938年，全球对外直接投资中有34.3%流向发达国家，而65.7%流向非发达国家。然而，到20世纪80年代后期，情况发生逆转，83%的投资流向发达国家，只有7%流向非发达国家。这一变化主要是因为发达国家拥有优越的投资环境，包括市场容量大、政局稳定和法律制度健全。进入20世纪90年代后，经济因素导致投资流向再次转变。发达国家经济衰退，而亚太地区发展中国家经济持续高速增长。1993年，世界对外直接投资总流量为1 950亿美元，其中40%流入发展中国家。2018年，发展中经济体的外资流入显著增长，占全球外国直接投资的54%，创历史最高纪录。亚洲地区吸引了全球39%的外国直接投资，显示出其强大的吸引力和经济活力。跨国公司投资流向的这种变化反映了全球经济重心的转移和新兴市场的崛起，进一步推动了全球经济的多元化和均衡发展。

### （七）中小型跨国公司大量兴起

中小型跨国公司主要依靠科技优势、独特产品、灵活经营和卓越的管理、营销技能成为跨国公司新生力量。新技术的创新与应用催生了许多新兴行业，这些行业的产品成本快速降低，生命周期较短，但附加值高，非常适合中小企业发挥其灵活性和创新能力。市场变化也推动了中小型跨国公司的崛起，企业为了提升竞争力，努力寻求生产过程和组织结构的最佳组合。大企业也从过去的合并中小企业转向扶植和支持这些企业，通过协同合作，共同提升市场竞争力。此趋势显示了中小型跨国公司在全球经济中日益重要的作用和影响力。

## 三、跨国公司对国际经济关系的影响

跨国公司对国际经济关系的影响极为深远，体现出其强大的经济实力和特有的独立性。这些公司往往具有巨大的经济实力，甚至超过了许多主权国家，能够在全球经济中发挥重要作用。由于跨国公司在多个国家开展活动，它们能够在一定程度上绕开单一国家的法律约束，享有较大的独立性。这种独立性使得跨国公司在法律和政策制定上具有灵活性和主动性,对所在国(包括母国和东道国)的政治、经济、文化和社会产生显著影响。部分跨国公司甚至直接参与国家政府的战略制定,通过政府职能、政策制定和资金助选等方式影响国家决策。此外,跨国公司作为国际经济关系的重要行为主体,其独立的国际经济行为对国际关系,尤其是国际经济关系,有着深远影响。它们的投资、生产和市场策略不仅影响国际贸易和资本流动,还能改变国际经济格局,改变全球经济发展的新趋势。总体而言,跨国公司在国际经济关系中的作用日益重要,成为全球经济体系中不可或缺的一部分。

（一）对国家政策的影响

跨国公司在全球经济中给东道国的直接投资带来了多方面的积极影响。一方面,通过投资,跨国公司为东道国引入了资金、先进的技术和管理经验,显著提升了当地的产业能力和竞争力;另一方面,跨国公司的运营为东道国创造了大量就业机会,有助于提高当地居民的生活水平。从跨国公司的角度来看,这种直接投资也常常带来丰厚的经济回报,有助于实现双赢。然而,跨国公司的活动也存在潜在的负面影响。长期依赖跨国公司的投资可能会导致东道国对外资的过度依赖,限制了本国产业的自主发展。此外,如果跨国公司的投资主要集中在利润较高的特定行业,可能会扭曲东道国的经济结构,影响其均衡发展。全球经济政策趋势显示,在发展中国家中,政府普遍将吸引海外直接投资视为推动经济发展的重要策略。为此,各国政府已经实施了一系列政策,如提供税收优惠、简化审批流程等,以吸引更多的跨国公司投资。跨国公司与母国的关系也使对外投资具有较强的目的性。在进行海外投资时,跨国公司不仅可以传播母国的文化,还可以成为母国政府实施外交政策的工具。

（二）对国家权利和国际体制的影响

随着经济全球化的进一步发展,跨国公司和国际组织在国际社会中的地位得到广泛认可,并显著影响着国家权利和国际体制。跨国公司的全球运作使国家面临新的主权问题,跨国公司不仅使国家内部的最高统治权受到影响,还往往使国家的外部自主权受到钳制。国家的自主经济政策往往会受到跨国公司经济活动的干扰,导致东道国与跨国公司之间的矛盾和冲突频发。

跨国公司的活动可能导致东道国失去经济自主权。它们通过投资、并购和市场进入策略,逐渐控制了东道国的关键产业和市场,从而影响其经济政策和发展方向。此外,跨国公司不仅输出资本,还输出其母国文化,这种文化输出有时会引起东道国的抵触情绪,影响其社会文化的独立性和多样性。东道国的文化被外来文化冲击,可能导致本土文化的边缘化和社会价值观的冲突。在政治层面,跨国公司通过政治游说、资金支持等手段,影响东道国的政策制定,以维护其自身利益。这种影响往往使东道国的政策更加倾向于保护跨国公司的利益,而忽视本国经济和社会长远发展的需求。跨国公司在东道国的政治影响力,使其在面对法律和监管时具有更大的灵活性和主动性,进一步削弱了国家对其行为的约束力。

然而,国际社会目前缺乏统一的法律制度来约束跨国公司的不良行为,这导致了全球范围内国家对跨国公司监管的缺失。1997年东南亚金融危机部分是由跨国公司的不负责任行为引发的,这显示了国际监管体系的薄弱。跨国公司的金融操作和资本流动,常常给东道国的金融市场带来巨大压力,导致经济动荡和社会不稳定。缺乏有效监管的跨国公司,可能通过避税、洗钱等非法手段获取巨额利润,给全球经济秩序带来负面影响。面对这些挑战,如何有效利用跨国公司的投资促进经济发展,同时减少其可能的负面影响,是国际社会面临的主要任务。制定合理的政策和加强对跨国公司行为的监管,是当前国际社会亟待解决的问题。各国政府需要建立更加健全和统一的法律法规,确保跨国公司在遵守当地法律的基础上开展经营活动。同时,国际社会也需要加强合作,共同制定和执行跨国公司的监管政策,以防止其滥用权力和规避责任。

### (三)对国际关系和国际竞争的影响

跨国公司作为经济全球化的具体体现和推动力,显著加深了国家间的依赖关系。这种依赖性表现在各国政策对国际的影响上,单个国家的政策不仅影响本国经济,还可能对其他国家甚至全球产生连锁反应,尤其是在跨国公司的全球化战略和商业行为方面。母国和东道国之间的政策互动对跨国公司的运作产生直接影响,例如东道国的国有化举措可能促使母国采取措施保护其企业利益。此外,跨国公司在区域经济危机中的作用不容忽视,如1997年的东南亚金融危机,对全球经济和政治产生了重大影响,放大了危机的效应。解决由跨国公司活动引发的国际经济危机,需要国际社会的共同努力和协作,推动全球经济的稳定与发展。跨国公司的存在和相关活动,既加强了国家间的相互依存,也加剧了竞争,促使各国在政策制定与国际合作中更加谨慎。

### (四)对全球化发展进程的影响

跨国公司在全球化的发展进程中扮演着关键角色,通过其全球竞争的操作方式显著推动了经济和政治全球化。这些公司总部通常设在母国,通过对外直接投资,在全球范围内设立子公司或分支机构,以实现利润最大化和市场扩展。这种跨国经营不仅促进了全球经济一体化,还加速了生产国际化,促使科技和资本在全球范围内流动。近年来,跨国公司与各国政府的联系日益紧密,尤其是在经贸合作方面。各国政府高层的外交行动常常将跨国公司的企业家纳入考虑范围,领导人出访经常以签订贸易协议和吸引外国直接投资为重要成果。这种现象不仅体现了跨国公司在全球经济政治场景中的重要性,也显示了经济与政治之间的密切关系和相互依存。跨国公司的全球活动加强了国家间的经济政治联系,使得国际关系变得更加复杂。这些公司通过跨国运营影响东道国的国内政策和经济结构,同时也能在一定程度上影响国际政策的制定。随着国家间经济与政治在变幻莫测的国际经济关系领域中的交叉融合,跨国公司除了要实现企业利润最大化这一基本目标之外,还越来越多地参与国际事务,国家之间的联系日益紧密,国际关系也日趋复杂。

总而言之,跨国公司是全球化进程中不可或缺的参与者,其对国家经济政策和国际体系的影响深远。通过跨国公司的全球运作和战略部署,全球经济一体化的步伐进一步加快,极大促进了国际合作与国际经济的发展。

## 第二节 跨国银行和非银行跨国金融机构

### 一、跨国银行的产生及其组织形式

国际金融关系的发展涉及多种行为主体,涵盖了政府、银行金融机构、非银行金融机构等。其中,跨国商业银行,也被称为跨国银行,在这些机构中占有主导地位。

#### (一)跨国银行及其组织形式

一般来说,跨国银行指的是那些在全球多个国家和地区开展存贷款、投资以及其他相关金融业务的国际性银行,它们通常包括一个位于母国的总行和多个位于东道国的分支机构,并在全球设立了广泛的分支和附属机构,以开展国际金融活动。跨国银行的诞生和扩张是国际经济和贸易关系日益密切联系的必然产物,是金融全球化的重要组成部分。根据联合国跨国公司中心的规定,银行只有在至少 5 个国家设有控股的分支和附属机构时,才能被称为跨国银行。第二次世界大战后,跨国银行迅速扩张,尤其是美国的跨国银行发展速度最快。例如,美国的花旗银行到 1982 年年底在 94 个国家和地区建立了 1 490 个分支、附属机构和代表处,其海外存款占总存款的 5% 以上。现阶段,欧洲的跨国银行也在迅猛发展,通常以银行集团的形式出现。传统上,许多学者和国际组织通常在跨国公司的研究框架下分析跨国银行,将其定义与跨国公司的定义进行比较。

跨国银行经营业务以存款业务为中心,但比国内银行复杂,主要业务有:消费者信贷业务、商业银行业务、货币市场方面的业务、为国际贸易提供资金、财务管理业务。跨国银行的兴起与成长对全球经济发展和国际经济联系产生了深远影响,推动了国际贸易和国际投资的发展,对于调节发达国家与发展中国家的国际收支起到中介作用,但同时它们的活动又激化了资本主义世界的各种矛盾。

跨国银行具备多种不同的组织结构,每种结构都对应某些专门业务功能。跨国银行采取何种形式的组织结构是由其自身特点和外部环境条件决定的。具体的组织形式有分支行制、控股公司制和国际财团银行制,海外分支机构的具体形式有代表处、经理处、分行、附属行、财团银行和爱治法公司(美国跨国银行的一种海外分支机构)等。

#### (二)跨国银行产生的原因

跨国银行可以简单地理解为银行的国际化。银行的国际化源于国际银行业的比较优势和存贷利差的不同,这些差异是银行在不同国家开展业务的强烈动机。银行通过在多个国家开展运营活动,可以利用各国的比较优势,提供多样化的服务,从而提高整体业务的效率。此外,不同国家在银行业规制和税收等方面的政策各异,有些国家的国内规制增加,促使本国银行向国际市场扩张。东道国的优惠政策、经济一体化、良好的利润机会以及较低的信息成本也成为推动银行国际化的关键因素。这些有利条件吸引跨国银行既作为金融服务提供者扩散到多个国家,也使它们适应和利用国际市场的动态变化来优化其全球业务配置。跨国银行利用不同国家的优势条件,不仅增强了其在国际市场的竞争力,也促进了全球金融市场的整合与发展。

当前金融活动中典型的跨国银行,如英国巴克莱银行、美国花旗银行以及法国农业信贷银行等,都具有派生性、机构设置超国界性、经营非本土性和战略全球性等共同特点。

跨国银行的形成,使银行业务走向国际化。这种现象促使银行超越国界,通过在多个国家设立分支机构或子公司来提供金融服务,旨在通过全球操作优化其资源配置,提高其运营效率。银行国际化的动因多种多样,首先,不同国家的银行业存在比较优势和效率差异,这通常由金融贸易壁垒和市场访问限制造成。银行特有的比较优势,如在特定服务领域的专业技能和知识,使得服务多样化和效率提升成为可能。其次,不同国家的政府规制和税赋标准的差异也极大影响银行的国际化扩张。母国政府的严格规制可能驱使银行寻求在管制较为宽松的东道国扩展业务。最后,东道国的区位因素也是跨国银行形成的关键驱动力之一。包括监管的宽松、经济一体化、可观的收益机会以及较少的信息成本。

## 二、跨国银行对国际经济关系的作用

跨国银行在国际经济关系中发挥着重要的中介作用。跨国银行不仅作为国际直接投资者的跨国融资中介,帮助调配全球资金,还扮演跨国支付中介的角色,以提升支付效率;此外,跨国银行通过提供信息和顾问服务,为投资者提供市场分析、政策解读等支持,帮助其拓展海外业务。

### (一)跨国银行推动了金融和资本国际化

跨国银行在推动金融和资本国际化方面发挥了关键作用,主要体现在国际直接投资和金融支持及媒介服务。首先,跨国银行通过国际直接投资促进资本国际化。这些银行通过设立海外分支机构,直接投资外国市场,成为连接不同经济体的重要纽带。通过这些分支机构,跨国银行不仅能够在全球范围内开展业务,还能通过股权参与,推动银行资本与工业资本的融合,进一步促进金融资本的国际化。其次,跨国银行在调节国际投资中的资金供求不平衡方面发挥了重要作用。在全球化进程中,资金的跨国流动经常出现不平衡现象,一些地区资金过剩,而另一些地区则资金短缺。跨国银行通过其全球网络,可以有效调配资金,缓解这种不平衡。再次,跨国银行还提供高效的跨国支付中介服务,显著降低了资金在途时间。在传统的跨国交易中,资金在途时间较长,增加了交易成本和风险。跨国银行通过其先进的支付系统和全球网络,可以快速完成跨国支付,提高了资金的流动效率。最后,跨国银行还可以提供全方位的信息咨询服务,帮助投资者拓展海外业务。通过其遍布全球的机构网络和专业人才,跨国银行能够为客户提供详细的市场分析、政策解读和风险评估等咨询服务,帮助投资者更好地了解和进入外国市场。

总的来说,跨国银行通过其在国际直接投资中的积极参与、资金供求的有效调节、高效的跨国支付中介服务和全方位的信息咨询服务,极大地推动了金融和资本的国际化。它们不仅是全球资本流动的桥梁,也是国际经济一体化的重要推动力量。

## （二）跨国银行促进了跨国公司的发展

在国际经济活动中，跨国银行与跨国公司存在着依然维持着互相依托、互相支持、共享利益、混合成长的关系。通常，跨国公司的国际投资活动的展开依赖于跨国银行的国际金融活动的能力，而跨国银行业务的增长则需要跨国公司国际生产和投资的进一步发展。

### 1. 跨国银行与跨国公司混合成长

跨国银行的发展与跨国公司的国际活动紧密相关。在跨国公司形成和扩展的初期，银行主要依靠国外代理行关系来提供国际服务，随后为了支持这些公司的增长，银行开始在国外开设分行和附属机构。第二次世界大战后，随着跨国公司的快速发展，对跨国银行的需求迅猛增长。例如，美国的美洲银行、花旗银行等，在海外广泛建立分支机构，成为支持美国工矿业公司海外活动的重要力量。

跨国公司与跨国银行之间的关系复杂且密切，主要体现在以下几个方面。首先是股权控制与经营参与，银行和公司相互拥有对方的股权，并参与对方的经营活动。这种交叉持股和经营参与不仅增强了彼此之间的财务和战略合作，还使双方在面对市场变化时能够更加协调和灵活。其次，跨国银行与跨国公司的结合不仅在工业企业领域，还包括农业和服务业等多种行业。跨国银行为这些企业提供广泛的金融服务，包括融资、风险管理和跨境支付等，帮助它们在国际市场上扩大业务范围和提升竞争力。这种行业广泛结合，体现了跨国银行在支持跨国公司向全球扩展中的关键作用。另外，跨国银行和公司之间常常交换管理人员，银行界的人士可能在跨国公司中担任高管，反之亦然。这种人员交换不仅促进了知识和经验的共享，还增强了双方的战略协同效应。通过这种方式，跨国银行和跨国公司能够更好地了解和满足彼此的需求，共同应对全球市场的挑战。这种互相依赖和协同促进的关系体现了跨国银行和跨国公司在全球经济中的重要作用。他们不仅推动了自身的发展，也影响了全球的经济结构。跨国银行通过提供必要的金融服务，支持跨国公司拓展国际业务；而跨国公司的全球化运营也给跨国银行带来了更多的业务机会和利润。两者的协同成长，促进了全球资本流动和资源配置效率的提高，推动了全球经济的繁荣与稳定。

### 2. 跨国银行能够满足跨国公司的需求

跨国银行在全球经济中扮演着核心角色，尤其是在满足跨国公司日益增长的复杂金融需求方面。这些银行通过其广泛的国际网络、多样化的服务以及对国际市场深刻的理解，为跨国公司提供了必不可少的支持，使其能够在全球范围内有效地运营。

首先，是满足跨国公司对全球性金融网络的需求。跨国公司需要一个连成一体的国际金融网络来支持其全球业务，这包括便利的贸易结算、债务清偿和多货币存款服务。这些需求往往超出了单一国家或地区银行的服务范围。跨国银行凭借其遍布世界各地的分支网络，能够提供这种全球性的金融服务。此外，这些银行还能提供全面的信息情报和高质量的国际金融咨询服务，帮助跨国公司在复杂的全球市场中作出更为明智的决策。

其次，是满足跨国公司对广泛和多样性金融服务的需求。跨国公司从事的是复杂的国际投资和贸易活动，它们需要广泛和多样化的服务来规避风险并寻求利润最大化。仅以外汇业务为例，《欧洲货币》杂志的一项调查表明，其考察的84家跨国公司每年外汇业务总额高达 1 500 亿美元,其中近一半的业务是由美国花旗银行、大通曼哈顿银行等 20 家大的跨国银行办理的。此外,跨国银行还提供从信贷、支付处理到风险管理和投资咨询等全方位的金融服务,这些服务对于跨国公司的国际业务至关重要。

最后,是满足跨国公司对银行的国际组织方式和分布的需求。跨国公司的全球化扩张还深刻影响了跨国银行的组织和地理分布。跨国公司对银行的资信和地位有具体要求,他们倾向于选择那些能够提供大额信贷和广泛服务的分行进行合作。这种需求推动了跨国银行在国际扩张过程中偏重建立分行而不仅是代表办事处。办事处虽然可以提供基本服务,但其服务能力有限,不足以满足跨国公司在投资环境、法律条件和金融贷款等方面的需求。

综上所述,跨国银行的全球性金融网络、广泛和多样性的服务以及对国际市场的深入了解,使其能够有效地满足跨国公司的需求。跨国公司的业务特性和全球运作模式决定了跨国银行分支机构的类型及其分布区域。

3. 跨国银行支持跨国公司的发展

在跨国公司的国际生产、贸易和投资中,跨国银行充分发挥了对跨国公司金融支柱的关键作用,意义重大。跨国银行在支持跨国公司的国际生产、贸易和投资中扮演了关键的金融支柱角色,这一作用具有多方面的体现。

第一,跨国银行通过其全球资金调度能力,为跨国公司的全球扩张提供资金支持。美国、欧洲和日本的大型跨国公司尤其依赖这些银行提供的信贷来推动全球市场的业务拓展。例如,花旗银行和汇丰银行等通过提供大规模的国际贷款,帮助跨国公司在新的市场中建立和扩展业务。这些银行不仅在全球范围内提供直接融资,还通过综合金融解决方案支持跨国公司的资本结构优化和风险管理,使其能够在全球市场上稳健增长。

第二,跨国银行通过合作投资帮助跨国公司分散资金压力和投资风险。银行不仅提供直接融资,还通过与跨国公司的合作投资降低单一投资带来的风险。比如,美国的大通曼哈顿银行通过其国际投资子公司,与跨国公司在海外市场进行合股投资,从而分散投资风险,为投资安全和效益提供保障。这样的合作模式使得跨国公司可以在更为稳健的财务基础上进行国际扩展。这种风险分散策略不仅降低了企业的投资风险,还提高了跨国公司在不同市场环境中的适应能力和竞争力。

第三,跨国银行提供一系列信用中介服务,支持跨国公司的日常运营和国际交易。这些服务包括账户结算、货币收支、国际汇兑及流动资金管理等。跨国银行依托先进技术,通过其全球网络实现瞬时的国际金融交易和资金流动,为跨国公司提供高效、可靠的金融支持。这些服务不仅提高了跨国公司的运营效率,也减少了国际交易中的货币和信用风险。例如,跨国公司在进行国际贸易时,可以通过跨国银行的信用证服务确保交易的安全性和资金的及时到位,从而降低贸易风险。

第四,跨国银行的业务范围持续扩展,其业务将涵盖跨国公司运营的各个部分。跨国银行的业务范围扩展包括现金管理、外汇市场预测、资产租赁(如邮轮、飞机等)、合作筹备和寻找兼并对象等。这些服务进一步增强了跨国公司的运营能力,使其能够更灵活地应对全球市场的变化。比如,通过外汇市场预测和风险管理服务,跨国公司可以有效规避汇率波动带来的不确定性,从而更稳定地进行国际贸易和投资。跨国银行提供的这些增值服务,帮助跨国公司在全球市场中保持竞争优势,优化其财务管理和战略决策。

### 三、非银行跨国金融机构

#### (一)跨国投资银行

1. 跨国投资银行及其业务

跨国投资银行指那些在全球设有分支机构、从事跨国业务的大型投资银行,是投资银行业在全球范围的扩展,一般简称为"跨国投行"。跨国投资银行不仅是国际证券市场的主要参与者,其影响力和活动范围也超出了证券行业本身,与跨国商业银行共同成为现代国际金融资本的关键组成成分。

跨国投资银行的产生与发展历史并不长。1960年之前是投资银行开展跨国业务的萌芽阶段。到20世纪六七十年代,跨国投资银行进入了起步发展阶段。自20世纪80年代以来,跨国投资银行进入了迅猛发展阶段,开创了遍布全球的业务网络,成为全球资本市场的重要参与者。跨国投资银行的业务体系非常广泛,涵盖了传统和扩展业务两大类。传统业务包括国际证券承销、分销、代理买卖和自营买卖,这些业务构成了跨国投资银行的核心业务,为其在国际市场上奠定了坚实的基础。与此同时,跨国投资银行还不断扩展其业务范围,并进一步拓展至全球兼并收购、资产管理、财务咨询和风险控制等领域。随着国际业务规模的不断扩张,跨国投资银行的交易量已经超过了许多本地金融机构。为了有效管理全球业务,跨国投资银行建立了专门的管理机制。例如,摩根士丹利(Morgan Stanley)创建了"财务、管理和运行部"来协调国际业务,而高盛(Goldman Sachs)则设立了"全球协调与管理委员会",确保其在全球市场上的业务顺利运营。从20世纪90年代以来,在资本市场深化发展和竞争日益激烈的背景下,跨国投资银行不断加大创新力度,提高了其国际竞争力。通过不断推出新的金融产品和服务,跨国投资银行在全球市场上占据了重要地位。例如,它们在国际证券承销、交易、兼并与收购、基金管理、私募发行、风险资本投资、金融衍生品业务和咨询服务等方面,都展现出了强大的实力和创新能力。

2. 跨国投行对国际经济关系的影响

跨国投资银行在国际经济关系中扮演着关键角色,通过国际直接投资和国际间接投资两大途径,显著推动全球金融市场的发展。在直接投资方面,这些银行不仅在全球设立分支机构,还积极支持并策划跨国公司的并购与扩张,提供专业的投资咨询服务,促进资本的跨境流动和商业模式的国际化。在间接投资领域,它们通过参与国际证券市场的运营,包括承销和分销国际证券、交易金融衍生品、自营证券买卖及基金管理,在国际证券市场中起到了打造一级市场并活跃二级市场的作用,不仅使国际资本市场的流动性增强,还促进了金融创新和市场效率的提升。这种多方位的参与加强了全球经济的互联互通,增强了市场的综合竞争力。

(1)支持跨国兼并与收购

跨国投资银行通过帮助跨国公司策划和执行兼并与收购活动,极大地促进了全球企业的整合与扩展。它们不仅帮助公司寻找合适的收购目标,还进行详细的财务分析和评估,并筹集必要的资金,例如通过发行债券等方式,确保兼并与收购活动的顺利进行。这种支持使得跨国公司能够迅速扩大其全球业务版图,提高市场竞争力。

（2）提供跨国投资的信息、咨询等服务

跨国投资银行利用全球网络和丰富的信息资源,能够为客户提供全方位的咨询与信息服务。这些服务涵盖投资组合设计、现金管理和风险管理等,基于深度市场分析和专业建议,协助企业和投资者优化战略决策,强化资金运作效率。例如,投资银行能根据客户的风险偏好和市场状况,设计出个性化最佳投资组合,在保证获利的前提下又有效避免风险。

（3）促进国际证券的发行与承销

在国际证券发行与承销方面,跨国投资银行发挥着关键作用。它们负责为企业、政府和国际组织如世界银行承销国际证券,帮助这些机构顺利筹集资金,支持其发展项目和运营活动。通过承销活动,跨国投资银行不仅为资本市场注入活力,也促进了国际间接投资市场的构建和发展,为全球投资者提供了更多的投资渠道和机会,并提升了全球资本市场的深度和广度。

（4）促进金融衍生产品的创新和交易

跨国投资银行还在金融衍生工具的创造与交易中扮演关键角色。这些银行不断创新金融衍生产品,为市场参与者提供规避和管理金融风险的有效工具,如期权、期货和互换等。通过这些金融产品,投资者可以更好地对冲市场波动带来的风险,稳定收益。此外,金融衍生产品的创新也促进了国际投资对象的多样化和市场的进一步发展,投资银行在衍生品市场上的创新为投资者提供了更为复杂和定制化的风险管理工具,提升了市场的效率和透明度。

（5）加强国际证券的自营买卖及基金管理

跨国投资银行通过自营买卖国际证券以获取价差收入,并管理各类基金进行国际证券市场的交易,进一步促进了全球证券交易市场的发展。自营业务使投资银行能够利用市场波动获取利润,而基金管理业务则帮助投资者更好地参与国际证券市场,分散投资风险,提升投资回报。例如,贝莱德和先锋集团等跨国投资银行通过其基金管理业务,为全球投资者提供了多样化的投资选择,推动了全球资产管理行业的发展。

## （二）国际共同基金

1. 国际共同基金的含义与类型

国际共同基金是指基金公司将基金认购人的资金不完全投资到国内市场,而将部分或全部资金投资到海外资本市场的共同基金。西方国家的资本市场发达,但投机活动频繁,使得人们无法确定购买股票的种类及最佳买卖时机。一些具有证券经营经验的人组织了"共同基金",以追求收益、资本增值和投机为目的,筹集资金并投资于多种证券,同时向投资者提供多种购买方案并收取佣金。投资者可以根据需要支付费用以转换投资类型。共同基金出售股票的价格不受市场直接影响,而是由其持有的证券价格决定。

共同基金最早起源于英国,盛行于美国。1924年,在波士顿设立的"马萨诸塞州投资信托基金"被认为是第一只现代共同基金,开创了共同基金行业的先河。在20世纪20年代末期,共同基金的形式主要是封闭式基金,当时的基金资产达到了28亿美元。然而,1929年的股市崩溃给共同基金行业带来了重大打击。在经历了经济大萧条和第二次世界大战后,美国的基金业在战后迅速恢复并得到了蓬勃发展,成为全球共同基金发展的典范。

共同基金可以根据多种标准进行分类,主要包括以下几种:从组织形式上,可以分为公司型基金和契约型基金;从基金的运作方式来看,又可以分为开放型基金和封闭型基金。根据这两种基本分类的组合,可以进一步细分为封闭—契约型基金、封闭—公司型基金、开放—契约型基金和开放—公司型基金。此外,根据投资期限的不同,共同基金可以分为长期基金和短期基金;根据投资市场的不同,可以分为资本市场基金、货币市场基金和衍生市场基金;根据投资对象的不同,可以分为股票基金、债券基金等。再者,根据投资风险和收益目标的不同,共同基金还可以细分为积极成长型基金、成长型基金等。根据投资地域的不同,可以分为国内基金和国际基金;根据收费情况的不同,可以分为收费基金和不收费基金;根据投资计划的可变更性,可以分为固定型基金、半固定型基金和融通型基金;根据投资货币种类的不同,可以分为美元基金、日元基金等;根据投资工具的种类,可以分为证券投资基金和直接投资基金。通过这些分类标准,投资者可以根据自身的需求和风险偏好选择合适的共同基金进行投资。

目前,全球三大共同基金市场分别是北美、欧洲和以亚太为核心的新兴地区市场。根据美国投资公司协会的统计数据,到2011年,全球共有7.1万只共同基金,总规模达到了25.92万亿美元。其中,基金资产的分布情况显示,55%的资产在美洲,32%在欧洲,剩余的13%则分布在亚太和非洲。这个数据展示了北美和欧洲作为国际共同基金主要市场的地位。中国的共同基金市场在近年来也得到了迅速的发展。中国共同基金的快速增长不仅为国内的经济建设提供了重要的资金支持,同时也促进了中国证券市场的繁荣发展。中国共同基金市场的发展体现了中国经济的活力和潜力,成为全球共同基金市场中的一股重要力量。

2. 共同基金的发展及其对国际经济关系的影响

共同基金作为西方发达国家的重要投资工具,其发展不仅在国际经济关系中占据了显著地位,而且持续对全球金融市场产生深远影响。这类基金通过集合多个投资者的资金,投资于多样化的资产组合,有效分散了投资风险,同时为个人和机构投资者提供了获取资本增值和收益的途径,从而成为全球资本流动和金融创新的核心动力之一。

(1)规模不断扩大

共同基金的规模持续扩大,对全球资本市场产生了深远影响。二战后,美国共同基金行业迅速发展,基金种类从1940年的68种增加至1986年的1 843种,股东数量从1940年的30万户增加至1986年的4 163万户,资产总额从1940年的4亿美元激增至1986年的7 163亿美元。这种规模的扩大,不仅反映了资本市场的活跃程度,也表明了投资者对共同基金这一工具的信任。随着时间的推移,全球共同基金市场也表现出类似的扩张趋势,资产总规模从2000年的11.9万亿美元增长至2004年的16.2万亿美元,基金总量从2000年的5.2万只增至2004年的5.6万只。

**（2）结构日益变化**

共同基金的结构也发生了显著变化,投资者结构和基金类型的多样化进一步深化了其对国际经济关系的影响。早期的共同基金主要由中小投资者构成,但随着市场的发展,机构投资者的比重逐渐上升,成为共同基金市场的重要力量。这种变化不仅增强了共同基金的资金实力,也提升了其在国际金融市场中的影响力。此外,特定类型的基金如国家基金和地区基金发展迅速,它们专注于提供特定国家或地区的投资机会,为投资者提供了更多样化的选择。例如,欧洲国家基金和亚洲地区基金,不仅促进了本地市场的发展,也加强了国际资本的流动和配置。

**（3）亚洲共同基金市场蓬勃发展**

自20世纪60年代印度首次引进共同基金之后,亚洲其他地区迅速跟进,尤其在70年代"四小龙"和东盟国家经济快速增长期间,共同基金市场迎来爆发式增长。韩国市场尤为显著,共同基金的大量设立吸引了广泛投资,投资者占总人口10%,领先于其他发展中国家。同时,1988至1990年间,中国台湾的四家主要基金筹集高达20亿美元,成为其海外投资的主渠道。此外,中国香港约有850家注册基金,其市场规模和多样化金融服务进一步巩固了其作为国际金融中心的地位。亚洲共同基金市场的繁荣,不仅促进了区域内资本的有效配置,也在国际金融一体化进程中表现出较强的区域联系和互动。

地区性发展也同样不容忽视,新加坡、马来西亚、泰国和印尼等国的共同基金市场亦显示出迅速增长的态势,这不仅有助于各国经济的发展,还有助于整个地区证券市场的繁荣。随着地区经济一体化的推进,亚洲各国基金市场之间的联系日益紧密,共同基金活动日益频繁,特别是在中国香港、中国台湾等主要市场中,共同基金所占的市场份额不断增加。

共同基金的国际投资策略也对全球经济关系产生了深远影响。许多共同基金通过全球配置资产,寻找最佳投资机会,这不仅推动了跨国资本流动,也促进了不同国家和地区之间的经济联系。例如,美国的共同基金大量投资于新兴市场国家,不仅为这些国家提供了急需的资本,也促进了这些国家的经济增长和市场开放。同样,欧洲和亚洲的共同基金也积极参与全球投资,通过投资于不同地区的股票和债券,分散风险,获取更高的回报。这种全球投资策略,增强了国际资本市场的联动性,促进了全球经济的一体化。

### （三）对冲基金

**1. 对冲基金的概念与分类**

对冲基金的概念与分类是现代金融市场中的重要主题。对冲(Hedge)或套期保值主要包括套利和抵消两种策略。套利(Arbitrage)指通过构建新的资产头寸来抵消已有头寸的价格风险,从而在价格波动中获利;抵消(Offset)则是在期货市场进行与现货市场相反的交易,以抵消价格波动的风险。这两种策略的核心在于通过对冲操作,规避价格波动的风险并获取稳定收益。

对冲基金即"经过风险对冲的基金",利用认股证和期指这两种高风险金融工具来进行对冲,目的是规避风险并赚取收益,也被称为套头基金、套利基金或避险基金。对冲基金因投资门槛高,每股投资额必须达到特定标准,故又被称为"富人投资俱乐部"。对冲基金起源于20世纪50年代初的美国,其最开始的目的是通过期货、期权等金融衍生产品来规避证券投资风险并获取收益。通过使用高风险的工具如认股证和期指,对冲基金能够在复杂的市场环境中寻求盈利的机会。随着时间的推移,对冲基金逐渐演变为一种高风险、高收益的投资模式,充分利用金融衍生产品的杠杆效用,以获取更大的回报。对冲基金操作隐秘,具有高度的灵活性和高杠杆特征,能够迅速调整投资策略以应对市场变化。

对冲基金的组织结构和特点也与传统的公募基金有显著不同。对冲基金通常是私募性质,采用合伙人制。投资者提供资金但不直接参与投资决策,由基金管理者负责具体的投资操作。这样的结构设计使对冲基金能够避免公募基金所面临的信息披露要求,操作高度隐秘且灵活,能够快速抓住市场机会并规避风险。

对冲基金可以根据不同的标准进行分类。按照欧盟的分类方法,对冲基金主要分为权益对冲基金、专事卖空基金、全球宏观基金、新兴市场基金、定向型基金、事件推动型基金和市场中立型基金。其中,权益对冲基金专注于股票市场的对冲操作;专事卖空基金则以卖空为主要策略;全球宏观基金利用宏观经济形势的逆转或制度缺陷进行投资操作;新兴市场基金专注于新兴市场的投资机会;定向型基金则根据特定的投资方向进行操作;事件推动型基金关注特定事件对市场的影响;市场中立型基金则通过同时买入和卖出密切相关的证券来实现市场中立。

此外,对冲基金还可以分为宏观对冲基金和相对价值基金。宏观对冲基金,例如索罗斯的量子基金,通过对宏观经济形势的预测和判断进行投资操作,通常操作凶猛且具有高风险高收益的特点。相对价值基金则专注于与证券密切相关的相对价格进行买卖对冲,倾向于高杠杆操作,通过精确的市场分析和策略实现稳健的收益。

2. 对冲基金对国际经济关系的影响

对冲基金作为金融市场中快速崛起的力量,一方面推进了金融市场的进一步深化,促进金融产品实现价格发现与金融体系的完善与发展;但另一方面,对冲基金如同一把双刃剑,也对国际金融体系的稳定和发展造成重大负面影响,并且还会放大金融市场的波动性。研究表明,对冲基金虽然业绩很好,却是金融市场中的"坏孩子"。对冲基金利用杠杆操作扩大了价格差别,增加了金融市场的脆弱性,而且很多对冲基金以短期收益为目标,其操作扩大了市场波动性,尤其是在金融市场处于动荡的阶段,对冲基金往往扮演兴风作浪、落井下石的角色。尤其是全球宏观基金和新兴市场基金,它们常常利用市场的缺陷进行攻击,导致市场面临崩溃的风险,对国家宏观经济以及全球金融市场造成重大损害。

对冲基金广泛使用杠杆操作,增加了其风险程度。数据显示,大部分对冲基金使用的杠杆比例超过50%,平均杠杆率达到71.5%,而宏观型对冲基金的杠杆率更是高达87.9%。这种高杠杆率虽然能够带来高收益,但也使得对冲基金在市场波动时更加脆弱,容易引发连锁反应,导致国际金融市场的动荡。例如,1994年的墨西哥金融危机和1997年的东南亚金融危机都与对冲基金的高杠杆操作密切相关。

对冲基金作为一个独特的金融实体,以其具有高度投机性的投资特点而闻名。这类基金主要利用市场短期波动的非均衡性来设计投资策略,追求短期内的盈利。在操作上,对冲基金采用"快进快出"的交易方式,这种策略不仅使它们能在达到预设的盈利目标后迅速撤退,而且在出现亏损时也能立即止损,从而控制风险。由于这种频繁的交易行为,对冲基金的资产组合换手率极高,这不仅给经纪商带来了丰厚的佣金,也使得对冲基金成为经纪商的偏爱对象。

进一步地,对冲基金在投资工具的使用上显示出较强的创新性,它们频繁使用期货、期权、掉期、资产证券化以及信托产品等金融创新工具。通过这些工具,对冲基金进行资产的多样化组合和设计,以适应市场的复杂性和多变性。此外,对冲基金还不断创造和利用新的投资手段以及多空组合策略,这使得它们能在市场波动中实现价差获利,进一步强化了其市场地位。这种综合的策略和工具使用,展示了对冲基金在金融市场中的独特性和先进性。

宏观对冲基金对国际经济关系产生了显著的冲击。它们常常操作宏观经济变量并使之偏离稳定值,引发资产价格的剧烈波动。在低筹资成本时期,这些基金利用高杠杆大量建仓,一旦市场出现变化,就会引发连锁反应,导致资产价格大幅波动。此外,宏观对冲基金对流动性非常敏感,在高流动性市场进行大量交易,但在新兴市场由于流动性和交易规模的限制,其操作可能导致市场剧烈波动和崩溃。

对冲基金给国际金融市场的有效运行和金融体系的稳定发展带来了较大的负面冲击,甚至可能给一个国家带来几乎毁灭性的打击。20世纪90年代以来,对冲基金在多次金融危机中都扮演了重要的角色。

## 第三节　政府和国际经济组织

### 一、政府在发展国际经济关系中的作用

显然,各国政府是发展国际经济关系的重要主体,并在国际经济关系中扮演了非常重要的角色。一方面,各国政府制定的法律政策对国际经济关系的发展会产生间接影响;另一方面,各国政府还直接参与国际投资、国际借贷和经济援助等活动。

#### (一) 官方国际投资

国际投资根据其主体可以分为官方投资和私人海外投资。官方国际投资是指由国家或政府机构主导的跨国投资行为。与私人海外投资相比,官方国际投资具有以下特点:一是具有显著的国家色彩和政治色彩。私人进行海外投资的目的在于扩大市场,追求更多的利润,政府的国际投资行为不仅关心经济利益,还要更多地考虑国家的整体利益。二是具有低盈利性。一国政府在进行国际投资行为时,追求的是国家利益的最大化,而国家利益不同于一般的经济利益,无法完全用货币来衡量。许多官方的基础性、公益性国际投资具有国际经济援助性质。例如,政府贷款的利率总是低于国际金融市场的利率,往往带有赠与的部分。三是投资期限较长。通常官方国际投资为中长期,其中涵盖了政府贷款和出口信贷这类中长期贷款,而官方国际储备资产为了保证流动性,进行长期投资的较少。四是兼具直接投资与间接投资的双重属性。资本贷出国政府的政府贷款与出口信贷不仅能带动本国的资本、

生产性货物的出口,同时也会对受信国的生产经营活动造成一定的影响。政府的国际投资行为既包括购买外国债券等间接投资,也包含直接投资。只是这些直接投资由于期限长,与跨国界购买债券的行为无实质性区别,因此还具有国际间接投资的性质。

官方国际投资主要有三种表现形式。首先是基础性、公益性国际投资。通常具有国际经济援助性质,包括捐款赠款、财政和技术援助、项目和非项目援助、政府贷款等。其中政府贷款是最重要的方式。其次是出口信贷。这部分投资是为了鼓励大型的货物出口而给予出口商、进口商或进口商银行的中长期优惠贷款。最后是国际储备资产的运营。这是为了实现国际储备资产的增值而进行的投资活动。

### (二)政府贷款

政府贷款,也被称为外国政府贷款或双边政府贷款,是一国政府向另一国政府提供的一种开发援助性质的优惠性贷款。政府贷款是各类贷款中优惠程度最高的一种,其特点是贷款期限长、利率低,通常主要资金来源是各国的财政拨款,其资金收付则列入国家财政预算。

通常来说,政府贷款具有如下特点:第一,作为一种国家主权外债,政府贷款强调偿还。政府贷款是发生于两国政府之间的一种外债,反映了贷出国政府和受贷国政府之间的债权债务关系,因此被视为主权外债。第二,政府贷款的总量与能力受到资本输出国整体经济、财政及国际收支等多类状况的约束。当一个国家的经济、财政和国际收支状况良好时,该国用于政府贷款的能力可能比较强、规模可能比较大,反之相反。第三,政府贷款不仅具有援助性质,还带有政治外交目的,因此容易受贷款国外交和财政政策的影响。由于政府贷款是两个国家政府之间发生的债权债务关系,所以政府贷款的产生依赖于两国良好的政治经济关系,其政治性极强。第四,政府贷款条件比较优惠。作为优惠性贷款,政府贷款的赠与部分占35%~80%,利率通常为0.2%~3%,个别贷款无息,偿还期限为10~40年,包含2~15年的宽限期。

政府贷款在国际经济关系中的积极影响主要表现在以下几个方面:第一,有利于提供贷款国家的资本输出。例如,政府贷款与出口信贷相结合形成混合信贷一起发放,能够促进提供贷款国家的民间资本的输出。第二,有利于提供贷款国家的商品输出。这是因为所贷款项包含必须购买提供贷款国家的资本物品、技术和劳务的部分,这在一定程度上扩大了提供贷款国家的商品输出。第三,政府贷款是一种借入成本低的优惠性贷款。通过合理运用发达国家的政府贷款,发展中国家有助于资源开发、生产发展、科技提升以及出口能力增加,从而进一步推动经济增长发展。第四,通过相互提供政府贷款和经济合作,发展中国家可以促进自身的经济独立、健康增长以及长期发展,进一步维持世界经济的稳定。

### (三)官方出口信贷

官方出口信贷是一种关键的国家政策工具,旨在通过财政支持增强国内企业的国际竞争力并促进产品出口。这种政策通常由政府或官方机构执行,主要采取利息补贴和信贷担保等形式来降低企业的融资成本与风险。此外,官方出口信贷通常包括中长期贷款和利率优惠,且常与信贷保险结合,有效降低企业在全球市场中面临的信用风险。官方出口信贷的类型繁多,涵盖了买方信贷、卖方信贷和混合信贷等,以满足各种企业和交易的不同需求,从而支持它们在国际贸易中的活动。

从历史和经济理论的角度来看,官方出口信贷的思想基础可以追溯到亚当·斯密和大卫·李嘉图的经济理论。亚当·斯密在其著作《国富论》中提出了绝对优势理论,主张国家应专注于生产它们可以最高效生产的商品,并通过国际贸易来交换那些它们生产成本较高的商品。这一理念支持了官方出口信贷的基本原则,即通过财政支持帮助国内企业在其最擅长的领域内扩大全球市场份额。而大卫·李嘉图进一步发展了比较优势理论,他认为即使一个国家在所有生产领域都不如其他国家高效,仍应专注于相对最具成本效益的产品的生产,并与其他国家交换商品。这表明官方出口信贷应当支持那些即便不是全球最佳但在国内相对具有成本优势的产业。例如,英国的出口信贷担保局(Export Credit Guarantee Department, ECGD)在第一次世界大战后成立,特别是为了促进对战败国如德国的出口,这不仅帮助英国企业扩大了市场,也稳定了战后时期的国内经济。通过这种方式,企业能够利用优惠的贷款条件扩大其国际业务,进而促进本国的经济增长和国际影响力的提升。此外,政府通过此类信贷政策也能更有效地利用其外交资源,通过经济手段实现战略目标,比如增强与某些关键国家的贸易联系,或是在国际贸易中争取更有利的条款。

此外,官方出口信贷的角色和形式也随着时间和经济环境的变化而演变。在全球经济一体化程度加深的今天,它已发展成为一种长期的经济战略工具。政府开始更加重视这种工具在稳定国内市场、扩大国际市场份额和实现经济外交目标中的作用。这一政策工具的效果显而易见,它不仅提升了出口商的信贷可及性,还通过降低融资成本和风险,使得企业能够更加自信地进行国际交易。

因此,为了确保官方出口信贷能够有效且公平地促进国际贸易,许多国家都在不断地改革和完善相关的法规和政策。这包括加强对官方出口信贷机构的监管,确保信贷活动的透明度和公正性,以及通过多边贸易协议来规范和指导这一政策工具的使用。通过这些措施,各国希望能够平衡国内外需求,优化资源分配,从而在全球经济中占据更有利的竞争地位。这些政策的持续改进不仅有助于提升国家的经济实力,也能够促进国际贸易更加公正与平衡地发展。此外,由于国际贸易环境的不断变化,官方出口信贷策略也需要不断调整,以适应不同市场和企业需求,维护国家利益和企业的全球竞争力。

总之,官方出口信贷作为一种重要的经济政策工具,在促进国内企业国际化和塑造全球经济格局方面发挥了关键作用。通过持续的评估和优化,这些政策工具不仅可以推动国家经济的发展,还可以确保国际贸易的公平性和效率性。这种政策的持续实施有助于国家经济的稳定增长,并在国际舞台上维护和提升国家的经济地位和影响力。通过这些措施,国家不仅能够保护和扩展其经济利益,还能通过增强国际合作和提升外交效能,促进全球经济的平衡发展。

### (四)官方国际经济援助

1. 国际经济援助的概念、内容和性质

国际经济援助是资金援助(又称财政援助)和技术援助的总称,简称"国际经援",又称国际开发援助。从严格意义上讲,它区别于军事援助和政治援助,尤其区别军事援助,尽管军事援助离不开经济。国际经济援助由提供经济援助和接受经济援助两个方面构成的。作为第二次世界大战后国际经济关系中出现的新兴领域,国际经济援助是一种特殊的国际经济关系。战后国际经援获得了异乎寻常的发展,给国际经济乃至整个国际关系的发展变化都带来重大影响,而且当前国际经援又出现一些引人注目的新动向。

国际经济援助的概念在现实国际社会生活中使用得比较混乱。西方发达国家,主要是经济合作与发展组织(Organization for Economic Coioperation and Development, OECD,中文简称"经合组织")下属的发展援助委员会成员国把国际经援的内容扩大化,把官方发展援助、私人机构自愿捐赠和优惠贷款统统称为"国际开发援助",在发展援助委员会每年一度的报告中都是这样统计的。特别是他们把私人直接投资、银行贷款和证券借款也都列入对外开发援助。我国对国际经济援助也缺乏严格的界限划分。有的学者把国际经援一律等同于资本输出;有的仅将官方赠款称为国际经援,而忽视私人的捐赠;还有的仅将西方发达国家向发展中国家的贷款称为国际经援,而不包括发达国家之间的经济援助;等等。

为了正确理解和认识国际经援的概念,首先要分析其援助的内容。国际经援的内容十分广泛而复杂。从大的方面划分,它包括物资援助、资金援助和技术援助三个部分,而每一个部分又可再划分为若干个亚类别。物资援助包括普通的大宗物资、专项物资、成套设备以及其他商品。资金援助又分为赠款和贷款,而贷款又可分中长期贷款和短期贷款或临时贷款、专项贷款和综合贷款。技术援助包含的内容更广,有提供先进设备、发明创造的;有传授生产和管理技术和知识,培训技术人员的;还有帮助开发资源、建立厂矿、修建道路、港口和机场等基础设施的。国际经援种类很多,从援助的物资形态分,有货币形态、实物形态和属于工业产权的专有技术、专利、技术服务和商誉等无形资本形态;从援助条件分,有无偿赠与援助和贷款援助,以及其他给予某种优惠的援助,如在优惠协定下的贸易、优惠关税、对进口商品支付高于国际市场价格等援助;从援助的经济行为主体分,有国际机构援助、官方政府援助、私人组织与个人的捐赠等。

无论哪种援助,最终在统计时都需折合成货币形态。因此,从国际金融理论上讲,国际经援是属于国际资本流动的范畴。但在实际执行过程中,又往往兼容各种商品、物资、技术、劳务等经济活动,因而又构成国际经济合作的重要内容之一。

从本质上看,国际经援是国际经济关系中的一个特殊部分或特殊的领域,是一个历史范畴。所谓"特殊",是指它在国际金融市场上和国际商品市场上不表现为等价的交换行为,而表现为一种支援或援助,是一种不直接表现为商品化的经济活动。尽管援助国的出发点和动机不同,援助的方式各异,但都是给予受援国某些优惠。这些优惠包括无偿的赠款和其他形式的无偿捐赠,如实物捐赠;长期无息或低息贷款,即低于一般商业性利率的贷款;政府贷款与由政府担保和补贴的出口信贷组成的混合贷款;除低于一般商业性利率的优惠贷款外的其他各种优惠贷款,如贷款偿还方式的优惠(以实物偿还优于用自由外汇偿还)、物资采购方式的优惠(自由采购优于带有限制性的采购)、援款使用上的优惠(限制与否及限制程度上的差异)等。因此,国际经援系指国家之间通过非等价方式给予受援国某些优惠的特殊的国际经济关系,而不是一种单纯的交换行为。那种不承认优惠,总要固定在"援助"二字上打括号的做法,既不符合现实,也不利于接受外国或国际机构的援助,更不利于对外开展经济援助。承认优惠，才能利用优惠。当然"优惠"也是个相对的概念，援助优惠程度的大小取决于许多因素。不同国家援助的条件不同，优惠也就不同。

国际经援的动机和目的同其他形式的国际经济交往也存在很大的差异性。国际经援不像通常的国际商品交换那样仅仅为了追求商业利润，从而表现为一种"等价"的国际经济交换关系，相反，其动机和目的是多方面的，其中最重要的动机和目的是非商业性的，表现为一种非等价的国际经济交换关系。同时，国际商品交换的目的是一贯地、单一地为了追求利润；而国际经援的目的则是经常变化的，是多样化的，有经济的、政治的、军事战略目的，还有人道主义的目的，并且这些目的又往往交织在一起。那种完全不承认他国的援助有人道主义目的的观点，也是不符合现实的。

关于国际经援的性质问题，我们一方面要坚持经济援助的性质是由援助国的社会经济制度所决定的、不同社会性质的国家对外经济援助的性质不同的观点；另一方面，我们也不赞同把"援助"简单地分为资本主义和社会主义性质的做法。对资本主义国家对外经济援助的性质也要作具体划分，要看其援助的动机和效果，并将二者结合起来。国际经援的性质既取决于援助国的社会经济制度和援助动机，也取决于受援国的国家主权独立的程度和其实行的对外政策。这是因为国际经援是由提供援助国和接受援助国两方面组成的。

2. 二战后国际经济援助的特点和趋势

整个战后期间，国家经援从偶然的、少量的、个别的国际经济现象，发展成为一种具有经常化的、相当大数量的和普遍性的国际经济关系，成为经济生活国际化的重要表现，并在这一过程中表现出一些特点和趋势，主要包括以下几点。

（1）国际经援在绝对数量的变化上尽管是波浪式的，但其总额表现出巨大的增长。据发展援助委员会的统计，仅1970—1988年间，官方发展援助达4 238.13亿美元，而且增长速度不断加快，20世纪70年代下半期与上半期相比，就增长了1倍多；20世纪80年代上半期与20世纪70年代下半期相比，又增长了158.6%。如果将1988年和1960年相比，则增长了10.75倍。

又据日本统计资料，1973—1987年，石油输出国组织（Organization of the Petroleum Exporting Countries，OPEC，中文简称"欧佩克"）共向发展中国家提供官方援助为823.31亿美元；1970—1976年苏联东欧国家向发展中国家总共提供双边经济援助的协定额为155.02亿美元，不包括对古巴和越南的援助协定额。

上述三项合计为5 216.46亿美元，其中仅通过世界银行向发展中国家提供的发展援助就达2 000亿美元左右，占发展中国家各种外来资金总额的28%，占不发达国家各种外来资金总额的35%~40%。这样大的资金通过援助形式在国际上流动，在历史上是未曾有过的现象。

（2）对外经济援助的多元化、经常化。对外经济援助已成为当今各国开展对外经济联系的重要手段。在二战后初期，对外经济援助被美国一家所"垄断"，这是由当时美国成为世界独一无二的超级大国的地位所决定的。当时的受援国多为发达资本主义国家。到20世纪50年代中期，随着西方资本主义国家经济的迅速发展，各国先后成为对外提供官方发展援助的国家；同时，苏联和一些社会主义国家也加入对外提供经济援助的行列。从此，援助国打破了美国一家"垄断"的局面，开始向多元化发展。这时受援国更多为发展中国家。到了20世纪70年代初，随着石油输出国组织的兴起，形成了大量的石油美元，出现了发展中国家的石油输出国向非产油的发展中国家提供经济援助的新态势,使援助国进一步多元化。

此外,许多国际性多边援助机构的建立及其业务活动的扩展,也使国际经援更加多元化。国际经援不仅在援助行为主体方面出现了多元化,而且在经济生活国际化方面成为经常性的因素。其主要表现有以下几个方面:第一,各国政府都在其财政预算中明确列出了对外经济援助项目,规定了数额在国内生产总值中所占的比重,特别是联合国提出发达国家要使官方发展援助额达到本国国内生产总值0.7%的目标,并使之经常化、法律化。第二,国际经援的数额及由此引起的债务偿还数量已相当庞大,涉及的国家也越来越多。

（3）对外经济援助机构的专门化。随着国际经援的发展及其在国际经济关系中地位的加强,各国政府普遍地成立了负责这项工作的专门组织机构,管理、研究和开发国际经援资金的使用及效益问题。例如,美国于1961年成立了国际开发署专门负责国际开发援助工作。该署是其国务院的下属机构,署长由总统直接任命。英国也为此设立了海外开发部,负责审批和分配援助项目、派遣专家、监督援款的使用和实地考察援建项目的效益等,该机构还管辖一些研究组织和开发单位,负责具体援建项目的咨询和建设。日本和法国的经援工作分别由几个部门管理。日本是海外经济合作基金组织、进出口银行和国际协力事业团,法国由合作发展部、对外关系部和财政经济部负责管理。意大利由外交部所属的赠款和贷款两个委员会分别管理向发展中国家提供赠款和贷款的事宜。加拿大1968年成立了国际开发署,1970年和1976年又分别成立了国际开发研究中心和"南北研究所",专门负责提供官方援助和研究南北经济合作问题。此外,荷兰、瑞典等其他发达国家也都有类似的专门机构。

石油输出国也设有专门的援外机构,其中双边援助机构有科威特阿拉伯经济发展基金(Kuwait Fund for Arab Economic Development, KFAED, 1961年)、阿布扎比阿拉伯经济发展基金(Abu Dhabi Fund for Arab Economic Development, ADFAED, 1971年)、沙特开发基金(Saudi Fund for Development, SFD, 1974年)等五个组织;多边援助机构有阿拉伯经济和社会发展基金(Arab Fund for Economic and Social Development, AFESD, 1971年)、阿拉伯非洲经济发展银行(Arab Bank for Economic Development in Africa, ABEDA, 1973年)、伊斯兰开发银行(Islamic Development Bank, IDB/IsDB, 1974年)等。这些"基金"不仅是开发贷款机构,也是帮助向发展中国家提供援助的研究、咨询组织。

此外,世界银行、国际开发协会(International Development Association, IDA)等国际金融机构,都是专门负责向发展中国家提供援助的机构。

（4）经济援助的动机日益政治化。经济援助从来就离不开政治动机,这与商品国际交换的目的不同。到了20世纪80年代中期以后,尤其是90年代初,由于国际形势的变化,西方国家对外经援的政治动机更加明显,特别是对东欧苏联的"援助"具有明显支持不同政见者和鼓励向其推崇的市场经济过渡等目的。

### 3. 经济援助在国际经济关系中的作用

经济援助与其他国际经济交往形式的一个明显特点是运行机制不同。其他各种国际经济交往形式中的运行机制都是以商业条件为基础,并通过国际市场上彼此之间激烈的竞争机制来实现的;而国际经济援助的运行机制则通过援助国和受援国双方政府之间的磋商和协调,以及签订经济技术援助协议,并将其作为双方政府或国际机构合作的法律依据来实现的,这是一种磋商、协调的机制,其中,国际竞争机制不起主要的直接作用,只是在国际经援之后受援国经济得以发展、收到经济效益、增强了国际竞争能力时,才表现出一种潜在的国际竞争机制。因此,国际经援在世界市场上一般表现为卖方市场,是否援助、援助多少及其援助条件的优惠程度在很大程度上取决于援助国和援助机构,后者处于主动的地位。当然,多数援助国的贷款,特别是外国政府的混合贷款,对受援国在选购物资、使用援款上均有某些限制,这时受援国是否接受这些要求和限制,也具有决定性的作用。

当前,国际经援已成为国际经济关系中一个规模庞大和形式繁多的领域。每年国际援助资金高达350亿美元,国际经援渠道不断增多,经援的效果不断提高,已经成为国际经济关系发展的重要因素之一。

评价国际经济援助对受援国经济发展的作用必须充分考虑援助国的政治动机。一般说来,由于经济援助项目的确定是援助国与受援国双方协商的结果,援助国的政治动机也是受援国所能接受的;但在一些情况下,受援国往往迫于国内政治经济的特殊需要,而不得不同意援助国所提出的某些政治条件。在此情况下,尽管经济援助也能解决受援国的一些燃眉之急,但往往要以牺牲自己的某些利益为前提。虽然如此,经济援助只要运用得当,对受援国的经济发展还是可以起到一定的推动作用的。这种作用主要有以下几点。第一,在一定程度上可以缓解受援国政府财政上的困难并满足国际支付的紧急需求,从而使受援国经济度过较困难时期并得以发展。第二,在一定程度上有利于受援国自力更生发展民族经济,促进该国经济结构的转型,进一步推进国际经济关系的优化与完善。经济援助的内容大量地表现为向受援国提供成套的先进设备,以及全部或部分设备所需的零配件与原材料,甚至派技术专家负责组织和指导施工、安装及试生产,帮助受援国迅速掌握管理生产和操作本领,尽早实现经济效益,提高自力更生的能力。同时,这些先进技术、设备和管理经验,对加速受援国新兴工业部门的发展,改造整个国民经济的生产结构也起到了积极的作用,进而促使国际经济交往的深入发展和扩大。第三,还在某种程度上推动和促进了国际贸易的发展,特别是援助国商品的出口。一方面,从援助国角度来说,在进行对外经济援助时往往要求受援国购买大量物资,带动本国商品出口;另一方面,对于接受援助,受援国除了需要考虑本国急需的相关生产和基础设施建设外,还经常要求发展能够替代进口的产品,在满足国内需要的同时扩大出口,增加外汇收入,并在开展对外经济交往中培养和锻炼一批涉外经济工作人员,为更好地促进国际贸易、开展多种形式的经济技术合作打下有力的基础。

## 三、国际经济组织在国际经济关系中的作用

### (一)国际经济组织及其产生与发展

国际经济组织作为国际合作和经济协调的重要平台,在现代国际关系中具有深远影响。广义上,国际经济组织包括政府间和非政府间组织,狭义上仅指政府间组织。这些组织

由三个或更多国家通过条约或协定建立,旨在促进成员国间的经济关系的达成与合作,以维持全球经济的稳定和发展。国际经济组织的产生原因复杂多样,主要包括社会生产力的发展、国际经济关系的加深、政治矛盾的影响以及交通和通信的发展等。

第一,社会生产力的发展是国际经济组织产生的重要原因之一。随着社会生产力的不断提高,国际分工和市场扩大的需求日益增长,经济生活的国际化和一体化进程加速。生产力的发展不仅使得各国经济更加紧密联系,也促使国际经济问题的复杂性和多样性增加。在此背景下,各国需要通过建立国际经济组织来协调和解决跨国经济活动中出现的问题。例如,国际货币基金组织(IMF)和世界银行的建立,旨在通过国际合作和金融支持,帮助各国实现经济稳定和发展。

第二,二战后国际分工的深化和国际经济往来的频繁,是推动国际经济组织产生的另一个重要原因。第二次世界大战后,各国经济相互依存度增加,国际贸易和投资活动愈加频繁。为了应对日益复杂的国际经济关系,各国需要一个平台来协调政策,加强合作,避免因政策不一致而引发的经济冲突。国际经济组织在此背景下应运而生,通过制定和实施国际经济政策,促进成员国间的合作与协调。例如,关税及贸易总协定(GATT)的成立,为全球贸易提供了规则和框架,促进了国际贸易的自由化和全球经济的繁荣。

第三,国际经济组织的产生和发展也受到政治因素的强烈影响。国际经济组织不仅是经济合作的产物,也是国际政治博弈的结果。各国通过国际经济组织,既可以获得自身经济利益,又可以在国际政治舞台上增加影响力和话语权。冷战时期,国际经济组织的建立和发展,往往反映了东西方两大阵营的政治对立和经济竞争。例如,经合组织(OECD)的成立,旨在通过经济合作,巩固西方国家的经济实力和政治联盟,从而在冷战中占据有利地位。

第四,交通运输和通信事业的发展,为国际经济组织的建立提供了物质条件。现代交通运输和通信技术的进步,使得国家间的联系更加紧密,信息传递更加迅速,为国际经济合作奠定了基础。交通和通信的发展,不仅降低了国际贸易和投资的成本,也促进了各国经济的相互依存。在此背景下,国际经济组织能够更有效地协调各国的经济活动,推动全球经济的一体化进程。例如,国际电信联盟(International Telecommunication Union,ITU,中文简称"国际电联")的成立,就是为了促进全球电信领域的合作和发展,确保信息通信技术在全球范围内的普及和应用。

这些因素共同促进了战后国际经济组织的迅速发展。国际经济组织在促进全球经济合作、解决国际经济纠纷、制定和实施国际经济政策等方面,发挥了重要作用。通过国际经济组织,各国能够共同应对全球经济挑战,促进经济稳定和可持续发展。例如,国际货币基金组织通过提供紧急资金援助,帮助陷入经济危机的国家恢复经济稳定;世界贸易组织(WTO)通过制定贸易规则和解决贸易争端,维护了全球贸易的健康发展。

然而,国际经济组织的发展也面临诸多挑战。全球化进程中的不平衡发展、各国利益的冲突、国际经济政策的协调等,都是国际经济组织需要面对和解决的难题。尽管如此,国际经济组织仍然是推动全球经济合作和发展的重要机制。在应对全球性经济问题、促进国际经济关系和谐方面,国际经济组织将继续发挥不可替代的作用。在全球化背景下,国际经济组织通过多边合作和政策协调,致力于解决全球性问题,如气候变化、贫困和不平等。联合国开发计划署(The United Nations Development Programme, UNDP)通过推行可持续发展的政策,帮助各国实现经济、社会和环境的综合发展。类似地,世界卫生组织(World Health Organization, WHO,中文简称"世卫组织")在全球公共卫生领域,通过协调国际行动,帮助各国应对卫生危机,促进全球健康水平的提高。

此外,国际经济组织在促进区域经济一体化方面也发挥了重要作用。区域性经济组织,如欧盟、东盟(ASEAN)和《北美自由贸易协定》(North American Free Trade Agreement, NAFTA),通过区域合作,推动成员国间的经济一体化和共同发展。这些区域性经济组织,不仅促进了区域内的经济增长,也增强了区域在全球经济中的竞争力和影响力。

总的来说,国际经济组织的产生和发展,是社会生产力发展、国际经济关系加深、政治因素影响和交通通信进步等多种因素共同作用的结果。作为推动全球经济合作和发展的重要平台,国际经济组织在促进全球经济稳定、解决国际经济纠纷、制定和实施国际经济政策等方面,发挥了重要作用。尽管面临诸多挑战,国际经济组织将继续在全球经济治理中发挥关键作用,促进全球经济的可持续发展和繁荣。通过不断优化机制和加强合作,国际经济组织将为应对未来全球经济挑战提供更加有效的解决方案。

### (二)国际经济组织的种类

国际经济组织可以基于多个维度来进行分类,其中最核心的维度包括成员特点、参与国家的范围、目的与宗旨以及结合与一体化的程度。第一,从成员特点来看,国际经济组织大致可分为政府间组织和非政府间组织两类。政府间组织,如联合国经济及社会理事会(ECOSOC),由各国政府直接组成,其决策体现了国家间的政策协调。相对地,非政府间组织则由代表国家的单位或私人组织构成,例如国际海运联合会(International Shipping Federation, ISF),这类组织往往更加灵活,专注于具体的行业或问题。第二,在参与国家的范围方面,国际经济组织又可细分为全球性和区域性组织。全球性国际经济组织如联合国贸易和发展会议(UNCTAD),其影响和成员遍布全球,旨在处理全球经济问题并推动全球合作。而区域性国际经济组织,如欧盟和亚洲开发银行,则限定在特定的地理区域内,致力于推动区域内的经济发展和政策一体化。第三,从目的和宗旨的角度出发,国际经济组织也可分为一般性和专业性两种。一般性组织,如经济合作与发展组织(OECD),关注的是广泛的经济合作与发展问题;而专业性组织,如国际原子能机构(International Atomic Energy Agency, IAEA)或联合国世界旅游组织(UN World Tourism Organization, UNWTO),则聚焦于特定的经济领域或行业,提供更为专业的指导和支持。第四,根据组织成员国之间的经济结合与一体化程度,国际经济组织可进一步细分为特惠贸易区、自由贸易区、关税同盟、共同市场、经济(与货币)联盟至完全经济一体化。这一分类不仅反映了成员国间经济政策的融合程度,也显示了经济组织在全球或区域经济中的作用与影响力。

### (三)国际经济组织的本质

国际经济组织作为推动国际经济关系和经济合作的重要形式,旨在协调国家间的经济政策，促进经济发展并加强国际经济关系。它们不仅在国际舞台上发挥着关键作用，而且其发展历程也反映了全球经济和政治格局的演变。国际经济组织的发展可分为三个主要阶段。

第一阶段，19世纪初至第二次世界大战爆发，这阶段是自由竞争资本主义向垄断资本主义过渡的时期。在这一阶段，国际经济组织数量少且发展缓慢，主要作为发达资本主义国家掠夺殖民地的工具。这一时期，国际经济组织的形式主要是贸易公司和殖民企业，如英国东印度公司（British East India Company，BEIC）和荷兰东印度公司（Vereenigde Oostindische Compagnie，VOC）等，它们在很大程度上服务于母国的商业和政治利益，具有强烈的殖民色彩。这些组织不仅推动了商品和资本的全球流动，也加剧了对殖民地的经济掠夺。以英国东印度公司为例，成立于1600年，最初的目的是与东南亚和印度进行贸易。然而，随着时间的推移，公司的角色迅速演变为实际行使政治和军事权力的代理人。在18世纪，公司通过战争和条约逐步扩大了在印度的统治，成为英国在亚洲的主要殖民工具。它不仅控制了印度的贸易和税收，还负责维护秩序和征战，其影响力一度覆盖了整个印度次大陆。同样，荷兰东印度公司成立于1602年，是世界上第一个股份有限公司和跨国公司的典范。它在印尼群岛的行为模式类似于英国在印度的做法，不仅控制着香料贸易，还实际上拥有军事和行政权力，对当地王国实施政治干预。VOC在17世纪和18世纪是全球最大的商业企业之一，对全球贸易网络具有深远的影响。

第二阶段，二战结束至20世纪70年代中期，这标志着殖民体系的瓦解和新兴国家的崛起。二战后的国际经济组织发展确实经历了显著的转变和重塑，其背后是对战争破坏后全球经济重建和政治稳定的迫切需求。同时，随着许多国家获得独立，发展中国家开始积极参与国际事务，并联合起来反对旧的国际经济秩序。这一时期，多个区域性经济合作组织应运而生，旨在通过合作提升发展中国家的经济地位。联合国成立于1945年，标志着国际社会力求通过集体合作来维护和平与安全，防止未来的全球冲突。紧随其后，为促进经济稳定和重建，特别是在战争严重破坏的欧洲，1944年在美国新罕布什尔州的布雷顿森林会议上成立了国际货币基金组织（IMF）和国际复兴开发银行（世界银行）。IMF的主要目的是监管国际货币体系，确保货币汇率的稳定，提供必要的金融资源以帮助成员国纠正支付不平衡。世界银行的初衷则是为重建战后的基础设施和促进经济发展提供资金。1955年的万隆会议是亚非国家首次大规模且自主的国际政治集会，来自29个国家的代表讨论了反殖民、经济发展和文化交流等问题，这标志着非西方国家开始积极寻求在国际舞台上发挥更大的作用。万隆会议强调了国家主权和种族平等的重要性，推动了后续的南南合作，即发展中国家间的相互支持和协作。1961年发起的不结盟运动则是在冷战背景下，一些国家试图不偏向任何大国阵营（美国或苏联）的尝试。这一运动由印度的尼赫鲁、埃及的纳赛尔、印度尼西亚的苏加诺、加纳的恩克鲁玛和南斯拉夫的铁托五位领导人发起。不结盟运动反映了参与国对外交自主的坚持，他们致力于维护自身的安全和发展利益，同时推动全球力量的均衡，避免成为超级大国较量的牺牲品。此外，这一时期也见证了一些区域经济组织的兴起，如1957年成立的欧洲经济共同体（EEC），后发展为欧洲联盟（EU）。EEC的成立标志着西欧国家在经济一体化方面的深入合作，其成功不仅促进了成员国之间的贸易和经济增长，也为后来的政治和货币一体化打下基础。

第三阶段,20世纪70年代中期至今,这阶段见证了南北关系,即发达国家和发展中国家之间的经济相互依存关系的形成。南北对话不仅推动了全球经济合作,反映了全球经济一体化的趋势,也促进了国际经济秩序的变革。1973年,第四次不结盟国家首脑会议在阿尔及利亚的阿尔及尔举行,这是一个历史性的会议,因为它首次提出了建立"国际经济新秩序"的构想。这一概念的核心是促进国家间形成更大的平等关系,特别是通过改善全球资源分配和提高发展中国家在国际经济决策中的影响力来实现。会议强调了发展中国家在全球贸易、投资和技术转移方面面临的不平等现状,并呼吁建立一个更加公平和平衡的经济环境。1974年,在第六届特别联合国大会上,通过了关于新国际经济秩序的宣言和行动计划,它为全球经济正义提供了一套原则和目标,包括增加发展中国家对其自然资源的控制、提高商品价格的稳定性,以及改善发展中国家的贸易条件。这一时期,许多发展中国家通过成立卡特尔(Cartel,又称垄断利益集团、垄断联盟、企业联合、同业联盟)如石油输出国组织(OPEC),成功地利用其资源优势来提升谈判能力,尤其是在1973年石油危机期间,OPEC通过限制石油供应,显著提升了石油价格,从而向西方工业国家传递了一个强烈的政治经济信息。这一阶段发展中国家的建立更公平的国际经济秩序的呼声得到了部分发达国家的响应,南北对话成为推动全球经济合作的重要机制。

### (四)国际经济组织对国际经济关系的影响

国际经济组织通过协调和制定国际经济政策,解决全球性社会经济问题,扩大成员国间的贸易,加速经济发展,从而对国际经济关系产生了深远的影响。

首先,国际经济组织在促进全球经济发展和调节国际经济关系方面发挥了关键作用。通过建立全球性的经济合作框架,这些组织推动了国际贸易和投资的自由化,促进了全球资源的优化配置。例如,国际货币基金组织(IMF)通过提供财政援助和政策建议,帮助各国应对金融危机,稳定全球金融市场。IMF在国际贸易政策、汇率确定和货币金融政策方面的影响尤为显著,尤其在金融危机预警和援助方面发挥了关键作用。例如,在1997年的亚洲金融危机期间,IMF向泰国、韩国和印尼等国提供了数百亿美元的援助,帮助这些国家稳定汇率,恢复经济信心,从而避免了更大范围的经济崩溃。

其次,国际经济组织使各国间的经济社会往来更加密切,帮助解决全球性社会经济问题。联合国及其专门机构[如联合国贸易与发展会议、联合国环境规划署(United Nations Environment Programme,UNEP)]针对全球社会经济问题,通过多边行动和国际法规,促进各国经济往来。二战后,国际经济组织,尤其是联合国的诞生及其所属专门机构的建立,是现代国际关系史上的一件大事,也是二战后世界的一大进步。联合国所属的专门机构都是针对当时世界范围内某一社会经济方面的迫切问题而成立的,其任务明确、针对性强。1964年创立的联合国贸易与发展会议,对加强各国之间贸易、支持贸易领域的多边行动、积极介入许多商品协定的拟定和实施、促进许多商品市场的稳定和发展起了积极的作用。1972年成立的联合国环境规划署(UNEP),活动范围很广,涉及水土保持、海洋保护、动植物保护、自然资源和能源问题、城市建设、文化教育、环境保护、信息方面的合作等,对人类活动的这一重要领域内实行全球性的协调和行动起了重要作用。①1992年的里约热内卢地球峰会（联合国环境与发展会议）就是一个重要的历史事件，在会议上，各国达成了《气候变化框架公约》，为全球环境保护和可持续发展奠定了基础。这些多边行动不仅加强了国际合作，也推动了全球社会经济的可持续发展。

此外，区域性经济组织在扩大成员国间贸易、加速经济发展方面也具有显著作用。例如，欧洲经济共同体（EEC）通过优惠贸易政策、取消关税、统一关税率等措施，促进了成员国间的贸易和经济往来。通过地区开发基金等政策，这些组织还在一定程度上平衡了成员国间的经济发展差距，推动了区域内的共同繁荣。欧洲经济共同体建立后的头十年间，内部贸易以16%的年平均增长率发展，贸易额增长了6倍，而同期对共同体外的贸易仅增长2倍。从1970年到1985年，共同体贸易总额又几乎增长了4倍。为了促进经济落后地区的发展，1975年共同体开始建立"地区开发基金"，用于对落后地区的开发，基金额不断增加，1975年为2.57亿欧洲货币单位，1986年达到32亿欧洲货币单位，增长了12倍。②EEC的成功不仅提升了成员国的经济实力，也为其他地区的经济一体化提供了宝贵经验。欧盟单一市场的建立和欧元的采用，进一步深化了欧洲经济一体化，提高了区域内的经济效率和竞争力，为全球其他区域性经济组织树立了典范。

在当代国际经济关系中，联合国及其下属机构在研究和解决国际经济问题方面具有重要作用。尽管存在某些大国控制的不公正现象，联合国通过其多边合作机制，推动了国际经济关系的公平发展。例如，联合国贸易与发展会议（UNCTAD）在促进发展中国家参与国际贸易、提升其经济地位方面作出了巨大贡献。通过提供技术援助和政策建议，UNCTAD帮助发展中国家更好地融入全球经济体系，提升其经济竞争力。国际货币基金组织（IMF）在国际经济关系中的具体作用尤为显著。IMF通过监测全球经济形势，提供经济政策建议和紧急财政援助，帮助各国应对经济危机和金融动荡。其在国际贸易政策、汇率确定和货币金融政策方面的影响力，确保了全球金融体系的稳定和可持续发展。例如，IMF在2008年全球金融危机期间，通过提供紧急援助和政策指导，帮助多个国家恢复经济稳定，防止了危机的进一步蔓延。希腊、爱尔兰和葡萄牙等国在危机期间获得了IMF的紧急贷款和技术支持，从而避免了主权债务危机的进一步恶化。

在全球化背景下，国际经济组织的发展趋势和应对策略也在不断演变。随着世界经济格局向多中心方向发展，地区经济一体化趋势明显加强。例如，亚太经济合作组织（Asia-Pacific Economic Cooperation，APEC）和东盟（ASEAN）等区域性经济组织，通过深化区域合作，提升了成员国的经济活力和竞争力。这些组织在促进区域经济一体化方面，发挥了重要的桥梁作用，推动了全球经济的均衡发展。APEC会议上的《茂物目标》和《北京共识》分别为亚太地区的经济合作和可持续发展提供了清晰的路线图。

对于中国等新兴经济体而言，积极参与国际经济组织和区域性经济组织，加强经济联系，是促进自身经济和技术进步的重要途径。通过参与这些组织，中国不仅可以学习先进的

---

① 周启元.论国际经济组织的形成、性质和作用[J].吉林大学社会科学学报,1991(1):43-49.
② 同①。

经济管理经验,还可以提升在国际经济事务中的话语权。例如,中国积极参与世界贸易组织(WTO)的活动,不仅推动了自身的经济改革和对外开放,也为全球贸易规则的制定贡献了智慧和力量。中国"一带一路"倡议,通过基础设施建设和投资合作,进一步加强了与其他国家的经济联系,提升了中国在国际经济舞台上的影响力。

总的来说,国际经济组织通过其广泛的影响力和多边合作机制,推动了全球经济的合作与发展,促进了国际经济关系的稳定与经济的繁荣。在未来,随着全球经济环境的不断变化,国际经济组织将继续发挥重要作用,通过创新和改革,应对全球性经济挑战,推动全球经济的可持续发展并实现共同繁荣。

## 本 章 小 结

发展国际经济关系的主体包括跨国公司、跨国银行、非银行跨国金融机构、各国或地区政府、国际经济组织等。国际分工的发展和资本的国际流动导致跨国公司的产生与发展,并深刻影响了世界各国社会经济的各个领域。银行业务的国际化导致了跨国银行的产生,并日益渗入各国经济,使得各国的经济发展变得更加密切。包括跨国投资银行、公共基金、对冲基金在内的非银行跨国金融机构也得到了快速发展,并在国际经济关系中发挥着日趋重要的作用。各国或地区政府通过官方国际投资、政府贷款、出口信贷等方式开展国际经济关系。国际经济组织则在国际投资和国际经济关系方面发挥了重要的作用。

## 复习思考题

1. 生产全球化与跨国公司的产生与发展有什么内在关系?
2. 请比较买方信贷与卖方信贷的区别。
3. 我国利用国际金融组织贷款的机遇与挑战有哪些?
4. 新兴经济体主导创立国际金融机构对国际金融体系改革有什么重要作用?

### 案例分析与思考 1

#### 亚投行为何如此"热"?[①]

2014年10月24日,包括中国、印度、新加坡等在内21个首批意向创始成员国的财长和授权代表在北京签约,共同决定成立亚洲基础设施投资银行(简称亚投行,Asian Infrastructure Investment Bank,AIIB)。2015年12月25日该行正式成立。亚洲基础设施投

---

① 李扬. 亚洲基础设施投资银行与丝路基金设立,区域金融合作深化(2014年国际金融十大新闻)[J]. 国际金融研究,2015(1):7.

资银行是一个亚洲政府间区域多边开发机构。它重点支持基础设施建设,其成立宗旨是为了促进亚洲区域的建设互联互通和经济一体化的进程,并且加强中国及其他亚洲国家和地区的合作,是首个由中国倡议设立的多边金融机构,总部设在北京,法定资本1 000亿美元。截至2020年7月,亚投行成员国发展到103个。

亚投行的成立,目的不仅是为区域金融体系增添新成员,还将大大推动区域内基础设施建设,加快互联互通,为经济发展注入持久动力,同时也有助于扩大全球总需求,促进世界经济稳定复苏,将为区域金融合作提供新的范本。亚投行既是国际投融资机构,也是中国倡导建立的一个新型跨境投融资机制。新的亚洲基础设施投资银行将同域外现有多边开发银行合作,相互补充,共同促进亚洲经济持续稳定发展。

对中国来说,亚投行的成立有利于为中国经济的发展营造一个和谐稳定的外部环境,更好地推进"一带一路"建设和人民币国际化战略,而且或将有助于中国解决产能与外汇储备两大"过剩"问题,促使中国在国际经济金融舞台上获得更大的话语权。

亚投行的创立在一定程度上脱离并冲击了现有的以美国为中心的国际金融体系,尤其是英国、德国、法国、意大利、韩国、澳大利亚等美国传统盟友的加入,必将对国际金融体系的改革产生重大而又深远的影响。

**思考问题**:亚投行的成立对中国有何重要意义?其对国际金融体系的改革会产生什么样的影响?

## 案例分析与思考2

**惠普的全球经营思路**[①]

惠普公司(Hewlett-Packard Company, HP)是世界最大的计算机公司之一。该公司制造的产品被个人使用或用于工业、商业、工程、科学和教育等领域。公司1998年度营业纯收入为424亿美元。HP有雇员8万多人,总部设在加利福尼亚州的帕罗奥多(Palo Alto)。公司在美国许多城市以及欧洲、亚太地区、拉丁美洲和加拿大都设有分部,通过设在100多个国家约600个销售和支持办事处、经销商、转卖商和零售商出售其产品和服务。

自1939年创立至今,HP已从538美元的资产发展为一艘拥有564亿美元资产、874亿美元年营业额的"航空母舰",成为世界上最大的计算和成像解决方案与服务提供商之一。

2002年5月,HP宣布以240亿美元完成收购康柏电脑(Compaq),被世界各权威机构列为2001年全球十大并购案之首,也成为IT历史上规模最大的一次合并。2002年5月合并后的新惠普拥有15万名员工,市值550亿美元,年营销收入达817亿美元,在《财富》全球500强中排名第九位。新惠普在IT服务领域位列第三,除此之外,在服务器产品、PC系列、笔记本与手持设备等诸多领域,新惠普也已成为全球数一数二的厂商。

在对待海外子公司的态度上,惠普有自己独特的思路。例如,它在把服务器等生产外包到亚洲的同时,根据利益最大化原则在这些国家和地区间对外包进行分配,而不是一味地

---

① 卢进勇,杜奇华,闫实强. 国际投资与跨国公司案例库[M]. 北京:对外经济贸易大学出版社,2005.

把工厂设在劳动力廉价的子公司。惠普在2003年开始启动一种面向小型企业的新型电脑服务器生产时,一开始想到的是低成本劳动力市场:中国和印度。但公司还在诸如新加坡和澳大利亚这样的高成本地区设了一些生产厂。因为这些地区更加接近公司的目标客户,而这种高端主机生产和设计以前往往是在母国完成的。许多其他电脑公司也同样试图通过加强境外投资来实现劳动力、资本、税赋和其他因素的最优组合,但惠普是相当典型的一个例子。

**思考问题**:惠普的全球经营思路的特点是什么?请用有关理论来进行说明。

# 第四章　发展国际经济关系的客体

发展国际经济关系的客体是指国际经济关系的主体从事国际经济活动所涉及的对象、目标或载体等，主要包括国际商品和服务、国际实物资产、国际金融资产、国际无形资产等。各国或地区之间通过这些客体的交换，促进了国际经济关系的产生与发展。

## 第一节　国际商品和国际服务

### 一、国际商品和服务贸易概况

国际贸易指的是各个国家之间商品和劳务的互换行为。在狭义上，国际贸易仅指国家间的商品进出口，而广义上的国际贸易还包括各国之间的服务交换，如运输、保险、旅游、通信、技术和劳务输出等。

#### （一）国际商品贸易

1. 国际商品贸易概述

国际商品贸易是指国与国之间有形货物的进出口，也称国际货物贸易。它是一国对外贸易中的传统形式，也是一国对外贸易中居主导地位的形式。

国际货物贸易的历史可以追溯到15世纪末欧洲重商主义经济思想形成时期，当时的重商主义理念主导了近两个世纪的欧洲外贸行为，国家通过出口如羊毛、粮食、皮革、香料、锡、铁皮等拥有资源或成本优势的产品来换取回黄金和白银。具有世界意义的国际货物贸易是随着资本主义工业革命的出现而兴起的。18世纪中叶至19世纪中叶的工业革命进一步推动了世界商品生产和国际货物贸易的迅速增长，奠定了现代国际贸易体系的基础。直到今天，国际货物贸易仍然在国际经济关系领域中保持基础性的地位。

2. 国际商品贸易的方式

国际商品贸易的方式是指在国际商品贸易中使用的各种方法，并随着国际贸易的不断发展而变得日益多样化。国际商品贸易的方式可以分为如下两大类：①有固定组织形式的贸易方式，即在特定地点依照规定的规章和交易条件进行交易，主要形式包括商品交易所、国际拍卖、招标与投标、国际博览会等；②无固定组织形式的贸易方式，即没有固定的交易场所、交易条件比较宽松、形式也比较灵活的贸易方式，其主要形式有包销、代理与寄售、补偿贸易、加工贸易、租赁贸易等。

## （二）国际服务贸易

### 1. 国际服务贸易概述

国际服务贸易是指跨越国界进行服务贸易的商业活动，涵盖服务的出口和进口。服务出口是指某国家或地区的服务提供者向另一国家或地区的消费者提供服务，从而获得外汇收入；服务进口则是指某国家或地区的消费者购买另一国家或地区服务提供者的服务。国际服务贸易的范围既包括狭义的传统服务，如运输、保险和金融等，也包括广义的现代新兴服务，如承包劳务和卫星传送等。

根据《服务贸易总协定》（General Agreement on Trade in Services, GATS），世界贸易组织（WTO）将服务分为12个主要部门：商业服务、通信服务、建筑与相关工程服务、分销服务、教育服务、环境服务、金融服务、健康服务、旅游服务、娱乐文化及体育服务、运输服务和其他服务。这12个部门进一步细分为160多个分部门，涵盖了广泛的服务领域，反映了国际服务贸易的多样性和复杂性。

### 2. 国际服务贸易的分类

根据不同的标准，国际服务贸易可有多种分类。巴格瓦蒂（Jagdish Bhagwati）将服务贸易划分为消费者和生产者都不移动、消费者移动到生产者所在国进行、生产者移动到消费者所在国进行、消费者和生产者都移动到第三国进行的服务贸易4类。

根据世界贸易组织（WTO）的分类，国际服务贸易可以根据服务提供者、消费者及其所在地点分为4类：①越境交付（Cross-border Supply），即从一成员方境内向任何其他成员方境内提供服务；②境外消费（Consumption Abroad），即在一成员方境内向任何其他成员方的消费者提供服务；③商业存在（Commercial Presence），即一成员方的服务提供者在任何其他成员方境内通过设立商业机构提供服务；④自然人流动（Movement of Personnel），即一成员方的服务提供者通过派遣自然人在其他成员方境内提供服务。

## 二、国际贸易所体现的国际经济关系

### （一）贸易规模体现国际经济关系强度

在开放经济框架下，国际贸易是各国经济之间的主要连接手段。国际商品贸易和服务贸易使生产要素能在全世界范围内被更加有效地利用，使得人们能够享受各国基于比较优势的专业分工所带来的好处，国际贸易的规模反映了国际经济关系的强度。随着国际贸易规模的增长，世界经济的一体化程度进一步提高，国际经济相互依存度增强。根据IMF《国际金融统计年鉴》（2007），1950年国际贸易进出口总额为1 140亿美元，2000年已超过12万亿美元，到2007年更是达到27万亿美元。联合国贸易和发展会议（UNCTAD）报告数据显示，2019年全球商品贸易总额大约为19万亿美元。

贸易和贸易政策一直以来对创新有着重要的推动作用，尤其是多边贸易体系通过优化全球市场环境和促进全球价值链发展，积极影响着创新和技术的全球发展。数字经济的不断发展使得数字企业向全球市场延展，其成功依赖于市场开放、信息获取、信息通信技术产品及服务、合作开展研究项目和新技术传播等要素。

### （二）贸易结构反映国际经济关系基础内容

国际贸易结构是指在一定时期内，货物贸易额和服务贸易额在国际贸易总额中所占的比重。它包括国际商品贸易结构和国际服务贸易结构两个方面，反映了国际经济关系的基础内容。

国际商品贸易结构主要反映各类商品或某种商品在世界出口贸易中的比重。随着科技进步，特别是高技术产业及高技术含量产品的兴起，国际商品贸易结构逐渐呈现高级化趋势。1965年，世界技术贸易额仅占国际贸易总额的不到1%，而到了20世纪90年代，这一比例已增至25%。这种显著的变化不仅表明了技术贸易的重要性，还显示出贸易内容从传统商品向知识型、信息型等软件技术的倾斜。

与此类似，国际服务贸易结构也随着世界经济的发展和科技进步发生了显著变化。二战后，信息产业和高新技术产业的崛起极大地改变了服务贸易结构。在20世纪90年代初期，国际运输服务占服务贸易总额的38.5%，国际旅游占28.2%，其他服务占30.8%。到2003年，这些比例发生了显著变化：运输服务降至27%，旅游上升至31.9%，其他服务则上升至41.1%。这种转变反映了新型服务贸易的崛起以及传统服务贸易比重的下降。

在新型服务贸易中，通信、保险、广告等领域的比重不断提高，而知识密集型服务如知识产权和技术转让的发展尤为迅速。这些新型服务贸易的兴起不仅反映了全球服务贸易结构的变化，也展示了发达国家在这些高技术含量市场中的垄断地位。发达国家占据了全球服务贸易市场三分之二以上的份额，其中美国在电信、数据处理和银行等领域的优势尤其明显，其服务出口占全球的近1/5，其余份额则主要被其他经济合作与发展组织（OECD）成员国占据。

相比之下，发展中国家在国际服务贸易中处于不利地位，其服务出口主要局限在传统领域，如旅游、工程承包和一般劳务输出等。这种局限性不仅限制了这些国家在国际服务贸易中的竞争力，也反映了全球经济体系中存在显著的不平衡现象。

总的来说，国际贸易结构的变化不仅反映了全球经济的发展趋势，也揭示了各国在国际经济关系中的地位和作用。随着高科技产业和知识密集型服务业的不断发展，国际贸易结构正在向更高层次演进。这种演变不仅促进了全球经济的繁荣，也扩大了发达国家和发展中国家之间的经济差距。因此，如何在这一变化过程中实现全球经济的均衡发展，仍然是国际社会面临的重要挑战。

### （三）贸易地区分布反映国际经济关系不平衡性

国际贸易的地区分布指各国（地区）在国际贸易中所占的比重，通常通过出口或进口额占世界总额的比重来表示，这反映了各国的经济地位。二战后，尽管发展中国家的经济有所发展，全球贸易份额增加，但仍从属于发达国家。2007年，发达国家的GDP占全球的71%，商品出口占58.6%，服务出口占71.9%，而它们的人口仅占全球的15%，却主导了全球贸易和经济活动。这种不平衡性显示了发达国家在全球经济中的主导地位。

随着经济全球化和贸易自由化的推进,发展中国家在全球贸易中的地位逐渐上升。《2013年世界贸易报告》指出,中国、印度、韩国、泰国等新兴经济体在全球贸易中的比重显著提升,整体上,新兴经济体已经占据了全球贸易近一半的份额。这一变化标志着发展中国家在国际经济关系中扮演越来越重要的角色,逐步改变了过去发达国家独占鳌头的局面。其中,中国的表现尤为突出。2012年,中国的商品贸易出口总额达到2万多亿美元,成为世界上最大的出口国。

## 第二节 国际实物资产和国际无形资产

### 一、国际实物资产

#### (一)国际实物资产及其取得方式

国际实物资产是指具有实物形态的国际资产,其价值、所有权、使用权、经营权、收益权等可以在国际上被整体或部分地转移或让渡。国际实物资产是国际直接投资活动中最具基础性的投资客体。

从法律意义上来说,国际实物资产的价值形态表现为动产和不动产。其中动产是指有形动产,包括船舶、航空器、机器设备、商品存货、货币资金及人力资源等;而不动产主要是指土地、建筑物和营建中的楼宇等。[①]

国际实物资产的取得方式是指跨国公司通过特定的国际投资行为来获取实物资产的方式。主要有两种基本形式:跨国并购和绿地投资。跨国并购是指跨国公司通过合法程序和渠道,依据东道国法律,取得现有企业的全部或部分资产所有权,其中包括实物和无形资产。跨国并购的一个主要动机是获取特定的无形资产,如技术、品牌和市场资源等,其优点在于能够较快地取得现有企业的资产,从而迅速进入市场并占据竞争优势。绿地投资则是指跨国公司在东道国设立新企业,所有资产或部分资产的所有权归外国投资者所有。这种方式的优点在于投资者能够更好地把握风险,并掌握项目策划的主动性,确保投资项目符合自身战略需求。然而,绿地投资也存在缺点,主要体现在筹建工作繁多、建设周期长、速度慢、灵活性差,整体投资风险较大。随着经济全球化的发展,绿地投资的比例逐渐下降,而跨国并购逐渐成为跨国公司参与经济一体化、保持竞争地位的主要方式。跨国并购不仅能快速获取现有企业的资产,还能通过整合资源,提升企业的市场竞争力。因此,在当今的国际投资环境中,跨国并购已成为跨国公司获取国际实物资产的首选方式,通过这种方式,跨国公司能够更有效地实现全球资源配置和市场扩展的战略目标。

#### (二)国际实物资产的运营方式

国际实物资产的运营是指跨国公司通过国际投资,将实物资产投入运营以获取收益的

---

① 杨大楷.国际投资学[M].3版.上海:上海财经大学出版社,2003.

操作方式。这种方式不仅能取得资产,也能体现国际投资的本质,因为取得资产只是运营的前提,二者是一个统一的整体。通过有效的运营方式,企业能够更好地实现投资回报和市场扩展。

国际实物资产运营的基本形式可以分为两种:股权参与下的运营方式和非股权参与下的运营方式。

1. 股权参与下实物资产的运营方式

股权参与下的运营方式基于所有权和经营决策权,通过对企业的有效控制来实现实物资产的运营。这种方式又可以进一步细分为全部股权参与(国际独资经营)和部分股权参与(国际合资经营)。

(1) 全部股权参与下的运营方式——国际独资经营

在全部股权参与的运营方式中,外国投资者在东道国境内设立独资企业。外国投资者提供全部资本,拥有绝对的经营决策权,并承担全部的盈亏。这种方式有利于保护技术诀窍和商业秘密,同时能够吸引大量外资,无须东道国出资,收益主要来自税收、土地使用费等。此外,通过引进先进的技术和管理方法,还能帮助东道国产出更具竞争力的产品,从而实现双赢。

(2) 部分股权参与下的运营方式——国际合资经营

而部分股权参与的运营方式则是由来自不同国家的投资者在东道国设立合资企业,进行共同投资、共同经营、共同负盈亏、共同担风险。在这种模式下,合资各方来自不同国家,且至少一个投资方的主要业务不在东道国。各方共同出资组建独立的公司实体,取得法人地位,按股份额分配收益、共担损失。通过签订公司协议和章程,建立决策与管理机构,共同运营企业。这种方式不仅能够汇聚不同国家的资本和技术力量,还能促进国际的合作与交流。

2. 非股权参与下实物资产的运营方式

非股权参与下的运营方式则是不以股权为基础,通过契约关系实现实物资产的运营。这种方式的特点在于运营脱离了股权关系,收益和风险基于契约关系,资产运营独立于公司的整体运作。非股权参与下的运营方式运营期限较短,通常随合同的履行完毕或到期而终止,但其形式多样,运营灵活,投资者选择余地大,风险较小。

非股权参与的主要形式包括国际合作经营、国际合作开发、国际工程承包和补偿贸易。在国际合作经营中,不同国家的企业通过合作契约进行资源和技术的互补,共同开发市场和项目;国际合作开发则主要集中在资源开发领域,通过合同约定开发资源和收益分配方式;国际工程承包是指企业通过签订工程承包合同,在东道国进行工程项目的建设和管理;补偿贸易则是通过贸易合同规定,外国投资者以实物或服务的形式提供投资,并从东道国获得产品或服务作为回报。

国际实物资产运营的这两种基本形式,各有其优势和适用场景。股权参与下的运营方式通过所有权的获取和控制,获取企业的长远利益并促进市场进一步拓展;而非股权参与下的运营方式则通过契约关系,实现短期目标和灵活运营。无论哪种方式,都需要跨国公司在充分了解东道国法律、政策和市场环境的基础上,选择最适合的运营模式,以实现最大的投资回报和运营效率。国际实物资产的运营方式是跨国公司在全球化背景下,通过多样化的投资和运营模式,实现资源优化配置和市场拓展的重要手段。

### (三)国际实物资产取得与运营的意义

作为国际直接投资的主要对象,国际实物资产的获取和运营涵盖了国际直接投资的各个方面。在国际直接投资方式的持续更新迭代的时代背景下,现阶段实物资产的广度和深度也日益延伸,共同推动了国际经济关系的创新与成长。

作为经济全球化的重要催化剂,国际直接投资(FDI)在过去几十年里迅猛发展,其流入、流出总量和存量均显著增长,增速超过同期世界工业生产和国际贸易的增长速度。这一趋势表明,FDI不仅是资本流动的重要形式,也是推动全球经济一体化的重要力量。尽管受到诸如"9·11"事件和发达国家经济放缓等因素的影响,自2001年以来,全球FDI总流量有所回落。然而,从历史趋势来看,短期的调整往往预示着未来更大规模的扩张。这种波动性并未改变FDI作为全球经济增长和资本形成重要驱动力的地位。数据显示,2002年全球FDI流入量分别占世界GDP和固定资本形成总值的2.02%和10.14%,这表明FDI在推动世界经济增长和生产资本国际化方面发挥了关键作用。FDI极大地促进了生产资本的国际化,加快了跨国公司全球一体化生产体系的建立并促进了全球要素分工的深化。通过FDI,跨国公司能够有效配置全球资源,实现生产效率的最大化,并推动技术和管理经验的国际转移。FDI已成为影响世界经济增长和资本形成的重要因素,其重要性不容忽视。

然而,FDI的区域分布并不均衡,发达国家在吸引FDI方面占据明显优势。尽管自2000年以来流入发达国家的FDI下降幅度高于发展中国家和中东欧国家,但2002年流入发达国家的FDI仍占全球总量的70.7%。相比之下,发展中国家同期的占比为24.9%,较1993年下降了11.4个百分点。[①] 这种分布不均衡反映了全球经济发展中的不平衡,也对发展中国家提出了更大的挑战。随着全球投资自由化趋势的增强,越来越多国家对外资采取优惠和宽松的政策,以吸引更多的FDI。尤其是在全球FDI下降的背景下,各国在吸引外资方面的竞争愈加激烈。为了在这一竞争中脱颖而出,各国纷纷调整政策,提高吸引力,推动本国经济的快速发展。

## 二、国际无形资产

### (一)国际无形资产及其获得方式

无形资产是指企业以正常生产经营活动为目的、能给企业带来未来经济利益但不具备实物形态的资产。具体而言,无形资产泛指一切没有物质形态的资产,例如人的知识、技术、才能、专利以及企业的声誉形象、品牌、知名度、商业秘密、技术诀窍,以及企业传统的行为、组织结构、人际关系、财务制度等。无形资产是人类脑力劳动创造出来的精神财富,因此又被称为智力成果。作为企业的一项重要资源,无形资产不仅能够为企业的经营活动创造经

---

① 杨丹辉. 全球化时代国际经济关系的特征与发展趋势[J]. 社会科学, 2005(2): 22-29.

济利益，还能作为一种重要的投资工具，使企业在对外投资活动中获取收益。国际无形资产是指价值、所有权、使用权、经营权、收益权等在国际被整体或部分地加以转移或让渡的无形资产。国际无形资产是跨国公司在跨国经营活动中垄断优势的重要体现，也是跨国公司进行投资所要特别考虑的重要因素。近年来，随着科学技术的迅速发展，国际无形资产在国际直接投资活动中的重要性越来越高。[①]

国际无形资产的获得方式是指跨国公司等国际投资主体投入一定的人力、物力以取得特定无形资产的方式。这里的无形资产主要是指跨国公司的专利、专有技术以及与此相联系的发明能力和技能。[②]

1. 购买

国际无形资产的购买方式主要分为直接外购和融资购买两种方式。直接外购的成本包括购买价款、相关税费及其他直接使资产达到预定用途的支出。融资购买是指购买价款超过正常信用条件而采用分期付款方式，其成本计算为购买价款的现值，包含购买无形资产和向销售方借款两项业务。在这种方式下，需要考虑货币的时间价值以准确评估成本。

2. 研究与开发

技术、创新能力和技能是决定企业竞争力的核心因素。近年来，知识经济迅速普及，科技进步日渐加速，产品生命周期逐渐缩短，国际竞争日益加剧，企业能否具有成本导向的技术创新以降低成本的能力很大程度上决定了企业在市场上竞争力的强弱。为保持垄断优势和市场竞争力，跨国公司主要通过研发获得无形资产，研究与开发（research and development, R&D）被视为其核心竞争力的来源之一。

### （二）国际无形资产的运营方式

国际无形资产的运营方式指的是跨国公司等国际投资主体通过专利、专有技术等无形资产的有偿转让或转移，实现价值增值和获取收益的一种直接投资方式。随着全球化的发展和技术的进步，这种运营方式在国际投资中变得愈发重要。国际无形资产运营主要有股权参与和非股权参与两种基本形式，这两种形式各具特色，适用于不同的商业环境和战略需求。

1. 股权参与下的运营方式

在此运营方式中，全部股权参与和部分股权参与是两种主要形式。

（1）全部股权参与下的无形资产运营方式

全部股权参与主要体现在跨国公司母公司与其国外独资经营分支机构之间的技术转移。这种技术转移具有双向流动的特点，既可以是母公司向其分支机构转移技术，也可以是反向的技术反馈。这种方式有助于保守技术秘密，因为技术转移在同一企业内部进行，减少了泄密的风险。然而，这种方式也会对东道国和母国当地企业的技术能力产生影响，可能导致技术垄断或者本土企业竞争力的削弱。

---

① 杨大楷.国际投资学［M］.3版.上海：上海财经大学出版社，2003.
② 同①.

### （2）部分股权参与下的无形资产运营方式

部分股权参与是跨国公司以专利、专有技术等无形资产与东道国投资者合资经营的一种方式。在这种模式下，跨国公司可以通过技术输出，增强东道国的技术力量，带动相关产业的技术进步。东道国投资者也可以用土地使用权等无形资产作为出资方式，共同推动项目的发展。然而，东道国政府通常对引进的技术有严格要求，以确保技术的先进性和适用性，从而达到提升本国技术水平和促进经济发展的目的。

### 2. 非股权参与下的运营方式

非股权参与下的运营方式则是通过特定合同安排实现国际技术转让。这种方式适用于技术成熟度高、产业特征明显的企业，通常不涉及高级技术，除非双方具有互补性资产。非股权参与的主要形式包括许可证安排和特许专营。

#### （1）许可证安排

在许可证安排中，跨国公司通过许可证合同将专利、专有技术等使用权转让给国外企业。这样的安排限定了市场使用范围，以确保跨国公司的竞争优势。许可证合同的有效期通常在3~10年或更长，具体视合同条款而定，价款可以用货币或实物进行补偿。通过这种方式，跨国公司可以实现技术的有效扩散，同时保持对核心技术的控制。

#### （2）特许专营

特许专营是一种授权被许可方使用企业名称、商标和技术，并在组织、营销和经营管理方面提供协助的运营方式。特许专营确保了质量控制和特有知识的有效应用，被许可方在享受技术支持的同时，也要遵守特许方的运营标准和管理规范。这种模式有助于跨国公司迅速扩展品牌和市场影响力，同时为东道国企业提供了先进的管理经验和技术支持。

总的来说，国际无形资产的运营方式随着世界经济的发展、国际投资方式的创新和主体的多元化，将会以更加灵活的方式渗入国际投资当中。股权参与和非股权参与两种基本形式各有优势，分别适应不同的市场需求和战略目标。通过有效的运营管理，跨国公司不仅能在全球范围内获取丰厚的投资回报，还能促进技术的国际传播和本土化应用，推动全球经济的互联互通和共同发展。

## （三）无形资产国际化及其意义

### 1. 无形资产国际化的基本内涵

无形资产国际化的基本内涵是指通过科学合理地计划、组织、宣传、控制和管理企业的无形资产，使其在全球范围内提供最大的经济效益。无形资产包括商标、专利、版权、商业秘密和品牌等，这些资产在国际市场中具有巨大的潜力和价值。从理解层次来看，无形资产国际化可以分为宏观层次和微观层次。宏观层次涉及国家或地区的无形资产国际化，关注的是整个国家或地区在全球市场中的无形资产管理和利用。而微观层次则是企业无形资产的国际化，关注的是企业如何在国际市场中开发、管理和利用其无形资产。这二者相互联系、相互制约、相互影响，共同构成了无形资产国际化的有机整体。

无形资产国际化是一个从单一国家或地区走向世界的过程，是人类社会从农业社会向工业社会、信息社会转变，以及从国家经济向区域经济和国际经济一体化发展的必然现象。

在工业革命前,经济主要以农业为主,无形资产的跨国界流动几乎不存在,这是因为缺乏国际化的条件。虽然手工业和农业虽已有初步的社会分工,但由于生产技术不够发达,产品的生产和销售并未大规模跨越国界,国际经济交往尚处于起步阶段。在这一时期,无形资产主要在本土生产经营中发挥一定作用,但其收益不高,国际化条件尚不成熟。随着工业革命的到来,生产技术得到了显著提升,生产、销售和经营活动逐渐规模化和国际化。商标、专利和特殊权等无形资产在生产和经营中变得愈发重要,成为企业竞争力的重要组成部分,无形资产呈现出国际化的趋势。跨国企业通过无形资产的转让和使用,实现了技术和品牌的全球扩展。工业革命后的这一变化,使无形资产在国际贸易和跨国投资中占据了越来越重要的地位,推动了全球经济的不断发展。

推动无形资产国际化的主要因素包括技术进步和国际贸易的发展。科技进步不仅是无形资产的重要组成部分,也推动了无形资产的国际化发展。新技术、新发明的不断涌现,使得无形资产在全球范围内的交易和应用变得更加普遍和重要。同时,国际贸易和跨国经营为无形资产国际化创造了必要条件,跨国公司通过在全球布局和运营,将其无形资产在不同国家和地区进行有效配置和利用。

无形资产国际化的趋势日益明显,其在企业资产中的占比不断提高,作用也愈加显著。无形资产不仅对企业收益和利润贡献巨大,而且在企业经营中起到了关键作用。随着全球化进程的推进,无形资产的交易频率也日益增加,交易额度不断增大,无形资产在国际经营范围上不断扩大,在数量上也持续增加。这些变化反映了无形资产国际化趋势的增强,以及其在全球经济中所占据的地位越来越重要。

企业在国际市场中进行无形资产的开发和管理,需要面对多种挑战和机遇。首先,企业需要制定科学合理的无形资产管理策略,包括对无形资产的评估、保护、使用和转让等方面。其次,企业需要了解和遵守各国的法律法规,尤其是知识产权保护方面的法律,以确保其无形资产在国际市场中的合法性和安全性。此外,企业还需要通过创新和研发,不断提升无形资产的价值和竞争力,使其在国际市场中保持优势地位。

**2. 无形资产国际化的意义**

目前,在全球化经济模式的推动下,无形资产国际化已经成为现代经济发展的重要支柱,并受到各国的高度重视。企业在实施国际化战略时,往往通过优化资源配置和提升竞争力来增强其经营业绩。无形资产国际化不仅能促进企业在全球范围内的资源优化,还能使企业在激烈的市场竞争中立于不败之地。其总体意义在于,无形资产的国际化不仅是企业扩大和发展的一项重要策略,更是推动全球经济协同发展的核心动力。

(1)无形资产国际化是实现国际技术合作的必然要求

在全球市场中,无形资产如专利、商标和著作权等需要在各国注册,以获取法律保护。企业在进入国际市场时,必须确保其无形资产受到全球法律的保护,才能顺利开展业务。这不仅能防止知识产权侵权事件的发生,还能维护企业的技术成果和创新价值,从而维持企业的长远发展。全球化背景下的国际技术合作离不开无形资产的保障,无论是技术输出还是技术引进,都需要在全球范围内建立起有效的知识产权保护体系。

（2）无形资产的国际化是企业跨国经营的必要条件

无形资产能为企业带来可观的收益,科学管理这些资产需要全球视角。无论是专利技术还是品牌商标,都在国际市场竞争中起着至关重要的作用。企业通过无形资产的国际化,可以在全球范围内提升品牌知名度和市场影响力,从而增强企业的综合竞争力。例如,知名品牌苹果、谷歌等,通过其在全球范围内的无形资产管理,建立了强大的品牌效应和市场份额,使其在全球市场中占据领先地位。

（3）无形资产国际化是区域经济和世界经济的一体化的必然要求

随着全球经济一体化的深入发展,企业需要从全球视角出发,采用最佳的生产和经营方式,以获取最大利润。无形资产的国际化使得企业能够灵活应对不同的市场环境,最大化利用全球资源,提升运营效率。区域经济一体化如欧盟内部的无形资产流通和保护,也为企业的国际化提供了便利,促进了企业跨国界技术和知识的交流。

（4）无形资产国际化是信息社会和知识经济的关键要求

信息社会和知识经济的发展也推动了无形资产的国际化。现代信息技术的创新模糊了地理和文化的边界,有利于无形资产在空间和速度上得到了前所未有的发展。无形资产在信息社会中扮演着关键角色,成为企业和国家竞争力的重要组成部分。通过无形资产的国际化,企业可以更快地进行技术转移和创新扩散,从而在全球市场中占据有利位置。信息技术的发展使得知识和信息的传播速度大大加快,无形资产的价值也因此得到迅速提升。

（5）无形资产国际化是资本市场国际化的必然产物

资本市场的国际化为无形资产国际化提供了大量的机会。随着资本市场的发展,跨国公司的无形资产投资和贸易在其对外投资和贸易中有着较大的比重。资本市场的国际化使企业能够通过无形资产进行国际融资和投资,从而促进企业的全球化扩展和业务多元化。跨国公司通过在全球资本市场上的无形资产运作,能够获得更多的融资渠道和投资机会,增强企业的国际竞争力。

无形资产国际化的意义是多方面的。从宏观层面来看,无形资产国际化的意义在于有效利用全球经济资源,提高地区和国家的整体声誉。通过推动对外开放和国际交流,无形资产国际化不仅能提升国家的经济实力,还能改善人民的生活质量。无形资产国际化成为衡量国家和地区经济实力的重要标准,对推动全球经济的协同发展具有重要意义。一个国家无形资产的国际化程度,往往与其经济发展的成熟度和国际影响力密切相关。而从微观层面来看,无形资产国际化可以积极影响企业的国际声誉,有利于为企业拓展全球业务提供支撑。通过冲破地域限制,企业能够增强市场竞争力,提升品牌影响力。此外,无形资产国际化还能促进技术创新,推动企业在全球范围内开发和保护无形资产,从而保持技术领先地位。通过合理管理和流动无形资产,企业能够降低运营成本,获取更高的利润,实现可持续发展。企业通过在全球市场上的无形资产运作,能够更有效地管理其知识产权,避免侵权风险,提高技术创新的积极性和保护能力。无形资产国际化还为企业带来了更多的战略选择和市场机会。同时,无形资产的国际化也有助于企业在全球范围内建立起战略联盟和合作伙伴关系,推动技术合作和市场开拓。

综上所述,无形资产国际化不仅是现代企业发展的重要战略选择,更是推动全球经济一体化和信息社会发展的关键因素。通过无形资产的国际化,企业不仅能够提升自身竞争力和经营业绩,还能为全球经济的协同发展作出贡献。无形资产国际化在宏观和微观层面都具有重要意义,为全球经济的繁荣和可持续发展提供了强有力的支持。无形资产的国际化进程,不仅是企业和国家提升经济实力和竞争力的重要途径,更是全球经济在知识经济时代下实现创新和发展的必由之路。在未来经济全球化的格局中,无形资产的国际化将继续发挥重要作用,推动世界经济向开放、合作、创新的方向发展。

## 第三节 国际金融资产

### 一、国际金融资产概述

国际金融资产的范围既包括了在海外发布国际证券,也涵盖了那些虽在国内发布但已被外国投资者所购买的证券。具体来说,国际金融资产包括国际债券和国际股票。通过国际资本市场发行并流通国际债券和国际股票,大大促进了金融资产的国际化,进而促进了国际经济金融化和国际经济关系的发展。

随着经济全球化的演进和信息技术的突破,证券投资日益呈现出国际化的趋势,国际证券投资的发展显著影响了国际资本市场的结构演变(证券化融资占比已显著超越信贷融资),这一变化对全球经济格局也产生了深刻影响。从当前的发展态势来看,国际经济环境下以金融资产为代表的虚拟经济增速也已大幅超越实体经济。

### 二、国际经济金融化趋势及其影响

国际经济金融化趋势及其影响体现在金融作为重要经济资源日益受到各国重视。国际经济金融化是指国际经济活动日益以金融活动为中心,通过金融关系和金融政策推动经济发展、优化配置和充分利用金融资源。国际经济金融化的三层含义具体如下:首先,国际金融活动的重要性日趋凸显,金融活动已成为国际经济活动的主要组成部分,金融资产在社会财富中的比重不断增加,表明金融对全球经济发展的推动作用越来越大。其次,经济全球化与金融市场一体化趋势明显。在经济全球化和自由化的背景下,金融活动跨越国界,形成了统一的全球金融市场体系。国际经济联系日益表现为金融联系,各国经济通过金融市场紧密相连,实现了资源的全球配置。最后,金融风险防范成为各国的共识。在金融危机不断出现的时代背景下,防范金融风险的重要性日益凸显。国际金融风险的防范和金融关系的协调已成为国际经济协调的重要部分,各国在这一过程中共同努力,确保全球金融体系的稳定和安全。

### 三、国际经济金融化对国际经济关系的影响

国际经济金融化对全球金融市场的发展、财富形态的变化以及各国金融体系和相关政策的独立性产生了重大影响。

### (一)虚拟经济在国际经济活动中日益突出

虚拟经济是相对于商品的实体经济而言的,指通过金融市场和金融工具进行的各类交易活动,包括股票、债券、外汇和衍生品交易等,主要涉及财富以金融资产形式存在和流动。近年来,虚拟经济在国际经济活动中日益突出。一方面虚拟经济的规模和重要性显著增加,主要表现为金融市场交易活动的繁荣,如股票、债券、外汇及衍生品交易。国际清算银行(Bank for International Settlements, BIS)的统计报告显示,1989 年全球外汇市场的日均交易量为 5 392 亿美元,到了 2019 年则增加至 6.6 万亿美元。外汇衍生品市场增长迅速,特别是外汇掉期交易,2019 年达到了 3.2 万亿美元,几乎占当年日均交易量的一半,远远超过外汇现货交易,反映了金融市场的繁荣及虚拟化趋势的加强。另一方面,金融资产在社会财富中的占比不断提高。财富更多以金融资产形式存在,显示出金融市场对全球经济的影响力增强。金融工具的创新如期权、期货和互换,使投资者能够进行更复杂的风险管理,但也增加了市场的复杂性和系统性风险。2008 年的全球金融危机就是复杂金融衍生品带来系统性风险的例证。虚拟经济的地位增强还体现在其对全球经济政策的影响上,各国货币和财政政策必须考虑国际金融市场的反应,以避免资本大量流动带来的不利影响。虚拟经济的发展促进了全球资本流动和配置效率,提高了经济增长,但也增加了系统性风险,一国金融动荡可能迅速影响其他国家。总之,虚拟经济的规模和影响力持续扩大,显著影响全球经济关系和政策,反映出全球经济体系对金融工具和市场的依赖加深,虚拟经济在国际经济中的地位愈加稳固。

### (二)国际金融关系的地位日趋重要

国际金融关系的日益重要体现在其对经济发展的多方面作用上。首先,全球金融的往来和融资活动不仅促进了国际资本的流动,也为发展中国家引入了宝贵的外资资源,推动了其经济增长。跨国金融活动的增加,使得资本流动不再局限于发达国家之间,而是广泛渗透到发展中国家,为这些国家的基础设施建设和产业升级提供了重要的资金支持。与此同时,随着跨国银行债权和国际融资总额的显著增长,各国之间的债权债务关系也变得日益复杂。债权国与债务国之间的经济联系更加紧密,彼此间的经济依存度提高,这种经济关系的紧密化,使得一个国家的经济波动可能迅速传导至其他国家,形成全球经济联动效应。

### (三)金融安全成为各国经济安全的关注重心

频繁发生的金融危机,如 2008 年的全球金融危机,提醒各国需要高度关注金融市场的稳定性和安全性。确保金融体系的健康运行,防范系统性风险,已成为各国政府和国际组织的重要任务。各国纷纷加强金融监管,建立更为严密的监控机制,以应对可能的金融风险。特别是对于那些金融市场开放度较高的国家,如何在吸引国际资本的同时保持金融系统的稳定,成为一个重要的课题。此外,国际合作在防范金融危机中的作用也日益突出,各国通过国际组织和多边协议,共同应对全球金融风险,加强信息共享和政策协调。

### （四）区域金融货币一体化趋势日趋明显

区域金融货币一体化趋势也在不断发展。以欧盟统一货币欧元为例，这不仅促进了成员国之间的经济融合，也增强了区域内的金融稳定性。欧元的成功运作使得欧盟成员国在面对外部金融冲击时，能够更好地保持经济稳定。其他地区，如南美和东亚，也在积极探讨货币一体化和地区金融合作，以期通过区域性金融机制增强自身的抗风险能力和经济协调性。区域货币一体化不仅可以降低交易成本，提高经济效率，还可以通过共同的金融政策，增强区域经济的整体竞争力。然而，区域一体化进程也面临诸多挑战，各国经济发展水平的差异，政策协调的难度，以及政治因素的干扰，都是实现货币一体化必须克服的障碍。

### （五）金融全球化给发展中国家带来风险

金融全球化对发展中国家而言既是机遇，也是挑战。金融全球化有助于发展中国家吸引外部资金，提升金融体系的效率，推动经济发展。外资的引入不仅可以缓解这些国家资金的短缺，还可以带来先进的管理经验和技术，促进本国金融市场的成熟和发展。然而，这也带来了一定的风险，形成政策选择的局限性。发展中国家的经济运行在高度金融化的背景下变得更加脆弱，面临更大的外部冲击风险。当国际金融市场出现波动时，发展中国家往往首当其冲，承受巨大压力。蒙代尔—弗莱明模型（Mundell-Fleming Model）揭示了在金融全球化的环境中，发展中国家的政策选择受到限制，货币政策和财政政策的独立性被削弱，进一步加剧了这些国家对外部环境的依赖性。尤其是在资本账户开放的情况下，发展中国家在面对国际资本流动时，其货币政策往往受到严重制约，无法有效应对国内经济的变化。

## 本 章 小 结

国际经济关系的客体包括国际商品和服务、国际实物资产、国际金融资产、国际无形资产等。其中，国际商品和服务贸易具有基础性地位。国际实物资产的取得方式一般有跨国并购和绿地投资，而实物资产的运营方式主要有股权参与和非股权参与下的运营方式。国际无形资产的获得方式主要有购买和研究与开发，而国际无形资产的营运方式主要有股权参与和非股权参与。国际金融资产主要有国际债券和国际股票等。国际经济金融化的趋势越来越显著，并对国际经济关系的发展产生了很大的影响。

## 复习思考题

1. 比较跨国并购方式与绿地投资方式的优点与缺点。
2. 外国债券与欧洲债券有什么区别？投资国外股票和债券要注意什么？

3. 请分析无形资产国际化的意义。
4. 请分析国际经济金融化的趋势及其影响。

## 案例分析与思考 1

### 华为公司跨国并购遇阻[①]

2010年5月，中国华为技术有限公司（以下简称华为公司）在美国以200万美元收购即将破产的美国三叶系统公司的特定资产，其中包括若干件涉及云计算（Cloud Computing）领域的核心专利技术。然而，就是这样一个小型收购，却遭遇了"安全魔咒"。2011年2月，美国外国投资委员会（The Committee on Foreign Investment in the United States, CFIUS）以华为公司收购的专利将对美国"国家安全"构成威胁为由，要求华为公司剥离收购三叶公司所获得的全部科技资产。华为公司迫于美国政府方面的压力，只好"忍痛割爱"，宣布弃购。华为公司近十几年来致力于欧美市场的拓展，但是一直受到美欧以各种理由施加的限制和阻挠。事实上，华为公司在美国不断受到打压并不只是近两年的事情。从2001年开始，包括思科、摩托罗拉在内的许多美国公司就不断称华为公司侵犯了他们的商业机密。2008年，贝恩资本与华为公司联合收购3COM公司也因为未通过CFIUS的审查而最终放弃。同样因为莫须有的"安全问题"，华为公司在竞购摩托罗拉无线网络部门、竞购美国宽带互联网软件提供商2Wire时均以失败告终，尽管华为公司在这两次竞购中的出价都高于竞购对手。

**思考问题**：华为公司跨国并购失败的真正原因是什么？美国为什么要再三阻挠华为公司的跨国并购行动？中国企业可以通过哪些方法和途径提高跨国并购成功率？除跨国并购外，中国企业还可以通过哪些方式获取国际无形资产？

## 案例分析与思考 2

### 联想借助奥运推进国际化[②]

联想集团通过把 Legend 换成 Lenovo、跻身国际奥委会全球合作伙伴、并购 IBM 的 PC 业务三部曲实现了国际化。这是怎样一种逻辑？又是怎样运行的？这些问题值得我们总结与思考。

2001年7月13日，北京申奥成功。北京申奥的成功让刚刚举起国际化大旗却又有些手足无措的联想集团突然意识到，奥林匹克盛会一定蕴藏着大量的机会。这一年，联想以出资1 200万元支持北京申奥。2004年3月26日，联想集团又成为国际奥委会全球合作伙伴（Programme des Partenaires Olympiques, TOP）首家中国企业。借助奥运先搭建一个全球的推广平台，再想办法进行国际化的扩张，这对联想集团而言绝对是一条可行之路。

联想集团还意识到，如果没有一个国际性的品牌，即使成为奥运会的国际奥委会全球合

---

① 熊志勇. 我国企业跨国并购绩效影响因素分析[J]. 商场现代化, 2014(11): 191.
② 祝波善. 联想奥运驱动国际化路径[J]. 现代企业教育, 2006(21): 40-43.

作伙伴,也只是费力不讨好。因为在进行全球的奥运推广时,需要一个统一的、属于自己的品牌。为此,联想于2003年4月28日在北京正式对外宣布在全球范围内启用集团新标志"Lenovo",并已在全球范围内注册,以代替原有的英文标志"Legend",开始着力打造一个属于自己的国际化品牌。

2004年12月,联想集团宣布,以12.5亿美元的代价对IBM全球PC业务实施收购。并购IBM的PC业务之后,毫无经验的联想轻松地获得了经验丰富的IBM的实质性指导,一些在IBM做过奥运项目的人,加盟联想后都非常积极踊跃地出主意、想点子。同时,联想集团成为奥运合作伙伴后,一方面,对其并购后的人员稳定、吸引外来人才等起到了促进作用;另一方面,获得TOP权益时的联想95%以上的业务都在中国,而TOP的权益是在全球的,联想完成对IBM的并购之后,就可以利用TOP这个平台轻而易举地展开全球范围内的营销。2006年都灵冬奥会当季,联想笔记本电脑销量再创新高,较2005年同期增长14%,联想很快由一家纯粹的本土公司转变为拥有2/3海外业务的国际化企业。

**思考问题:** 联想集团无形资产国际化三部曲的内在逻辑是什么?它是怎样实现或运行的?

# 第五章 新时代发展国际经济关系的环境

发展国际经济关系的环境是指国际上以及东道国对国际经济关系产生影响的各种因素,是国际经济关系行为主体所面临的国内国际环境的总称。对各国而言,构建与深化国际经济关系的基础在于营造一个既相对稳定又具备可预测性的国际与国内环境。

## 第一节 国际经济关系环境概述

### 一、国际经济关系环境的含义

如前所述,国际经济关系环境是指国际上以及东道国对国际经济关系产生影响的各种因素,包括政治、经济、法律、自然条件和社会文化等。环境因素对于发展国际经济关系具有决定性作用,它们直接影响着企业能否在全球化竞争中增强竞争力,以及经济能否实现长期的可持续增长。

人们通常所说的国际经济关系环境,实际上是指投资环境,又称投资气候、商业环境等。无疑,投资环境是最重要的国际经济关系环境。在本章中,如果没有特别说明,国际经济关系环境一般都是指投资环境。

### 二、国际经济关系环境的特点

国际经济关系环境展现出多维度的特性,包括综合性、先在性(客观性)、差异性、动态性、评价的主观性等一些特点。

#### (一)综合性

国际经济关系环境是由多种因素构成的一个不可分割的有机整体,这些因素以其不同的方式对投资产生影响。这意味着,投资主体在评估投资环境时,必须对各种因素加以综合考虑和权衡,否则自己的投资很可能将会在未来遭受损失。

#### (二)先在性(客观性)

国际经济关系环境,具体指的是那些构成国际投资环境的多种因素,是先于投资行为而客观存在的。也就是说,所有的投资决策和投资行为都是在已有的投资环境的基础上进行的,它们必须适应投资环境的性质和特点,这一点是不以投资者的意志为转移的。

### （三）差异性

在跨越不同的国家或地区,以及针对不同投资行业的情境中,投资环境的差异呈现出显著且绝对的特性。换言之,对不同国家、不同行业的投资主体而言,同样的投资环境可能有着截然不同的意义。

### （四）动态性

一方面,尽管构成投资环境的各种因素其稳定性可能有高有低,但它们都是处于变化当中的,因而投资环境本身也是不断变化的;另一方面,评价投资环境的观念或使用的方法也都是随着投资理论研究和投资实践的发展而不断变化的。

### （五）评价的主观性

这是指投资者具有能够根据自身具体需求,评估并挑选投资环境的自主权。投资者一般都会根据自己的各方面条件(如投资者所在国、所在行业、自身的经济与技术实力、组织结构等),以及发展战略和投资目标对东道国或地区的投资环境进行评估。

## 三、国际经济关系环境的分类

### （一）按其影响范围划分

如果按照国际经济关系环境的影响范围划分,可以将其分为国内环境和国际环境。国内环境包括一国的自然条件、经济发展状况、政治、法律、文化和技术等因素;国际环境包括经济区域、国际政治地位和与其他国家的关系等。

### （二）按其影响因素的性质划分

这是我国划分投资环境时所运用的一般方法,是按其影响因素的性质来加以划分,可以将其分为硬环境和软环境。硬环境主要指的是与投资活动直接相关的物质基础与设施条件,软环境侧重于非物质形态的条件,二者对投资活动的顺利进行和长期发展具有深远的影响。软环境包括社会服务、市场条件、劳动力素质和行政管理等。软环境包括社会服务包括通信业务、商业服务、医疗卫生条件、文娱设施、信息咨询业发展水平等。劳动力素质包括人力资源、劳动力成本、职工受教育水平、人员培训条件等。

### （三）按其影响因素的稳定性划分

根据影响国际经济关系环境因素的稳定性特征,我们可以将其大致划分为三类:自然因素、人为自然因素以及纯粹的人为因素。其中,相对稳定的一般是自然因素,包括自然资源、人力资源、地理条件、自然气候等;中期可变的因素,多属于人为自然因素的范畴,这些因素既非完全自然形成,也非完全由人类主观意志决定。其中,经济的实际增长率、经济结构的调整、市场体系的完备程度以及劳动生产率的提升等,都是这类因素的典型代表。它们受到政策导向、技术进步、市场需求变化等多种因素的影响,呈现出一定的可变性和可预测性,对国际经济关系环境的演变具有重要影响;短期可变的一般是人为因素,包括对外开放进程、投资刺激、政府政策的连续性、贸易政策等。通常认为,自然因素对国际投资的影响最为关键。

#### (四)按投资者对投资环境的预期划分

世界银行在其报告中,基于投资者对投资环境的预期与考量,将投资环境细化为三个紧密相连的组成部分:第一大类核心要素聚焦于宏观经济环境,具体包括国家的宏观经济表现、外贸外资政策的开放程度,以及政局的稳定性;第二大类则关注国家监管框架的效率,涵盖了劳动关系的管理、税收制度的效率与透明度等多个层面;第三大类则聚焦于基础设施与金融服务的建设情况,以及技能和技术禀赋的储备。[①] 这包括基础设施的完善程度、金融服务的可获得性与质量,以及劳动力市场在技能和技术方面的匹配度。

## 第二节 国际经济关系环境因素

国际经济关系环境因素一般包括科学技术因素、自然环境因素、经济环境因素、法律环境因素、政治环境因素以及社会环境因素等。

### 一、科学技术因素

恩格斯曾经指出:"科学是一种在历史上起推动作用的、革命的力量。"[②] 从历史上看,科学技术不仅对人类社会生产和生活产生了巨大影响,而且还深刻影响了国际经济关系的发展演变。尤其是现在,科学技术的飞速发展不但推动着经济全球化向广度和深度发展,而且极其深入地影响着国际经济关系的各个层面和各个方面。

近代以来,人类社会科技领域经历了三次重大飞跃,这些科技革命不仅推动了生产力的发展,还深刻地影响了国际经济关系的格局。自20世纪50年代开始并在20世纪六七十年代迅速发展的第三次科技革命是以原子能技术、微电子技术特别是计算机技术、生物工程技术和空间技术的广泛应用为主要标志。这次科技革命对国际政治经济关系产生的影响与前两次相比不仅更加直接和明显,而且更加深刻和广泛。

#### (一)科技革命推动国际政治经济关系演变

自20世纪70年代中期起,随着现代科技革命的加速发展,科技实力在国际竞争中的地位日益凸显,并逐渐超越军事力量,成为衡量国家综合实力与国际竞争力的重要标尺。在这一时代背景下,苏联与西方发达国家,特别是美国之间,在科技与经济领域的实力差距逐渐

---

① 温严基.广州利用外资的业绩与潜力分析[J].南方农村,2005(12):50-52.
② 恩格斯.在马克思墓前的讲话[C]//马克思恩格斯选集:第3卷.中共中央马克思恩格斯列宁斯大林编译局,译.北京:人民出版社,1995.

扩大。这种差距的累积对国际政治格局产生了深远影响，最终导致了苏联的解体，从而结束了长期以来的两极格局，开启了国际政治经济秩序的新篇章。与此同时，现代科技革命兴起不仅使日本、西欧等西方发达国家缩短了与美国的差距，而且也使中国、印度、巴西等新兴工业化国家的综合国力在近二十年来迅速上升，这些国家积极参与国际事务，并在国际舞台上发挥着越来越重要的作用，从而推动国际政治经济关系格局朝多极化方向发展。

### （二）科技革命给传统主权观念带来冲击

传统意义上的国家主权具有不可分割、不可转让、不可共享的特性。然而，随着现代科技革命的迅猛发展，传统意义上的国家主权观念正日渐受到挑战和侵蚀，尤其是各国的经济主权被大大削弱。此外，随着国际分工的深化、国际市场体系的扩展，以及科技在全球范围内的快速转移与流动，传统地理边界的界线意义被显著淡化。这一趋势不仅增加了各国在维护自身主权时所面临的挑战与难度，甚至在某些情况下构成了威胁，同时也催生了一系列新的国际问题，要求各国在全球化背景下寻求新的合作与治理方式。

### （三）科技革命对南北关系产生重大影响

第三次科技革命有两个突出的新特点：一是耗资大，二是需要很高的综合科研销售系统。两个显著特征导致科研活动的高度集中化，主要集中于发达国家之间，进而形成了一个现象：全球超过80%的科技活动被发达国家所主导，而发展中国家在这一领域的参与度相对较低，占比不足20%。而在年人均科研经费、科研经费占国内生产总值的比重和科技人员的数量等方面，发展中国家都远远落后于发达国家。随着科技革命的持续深化，南北双方在科技领域的差距逐渐加大。发达国家依托技术领先优势，能够低成本获取原材料与初级产品，并加工成高附加值产品出口至发展中国家，形成技术驱动的经济优势。相对地，发展中国家则多依赖于出口廉价原材料与初级产品以换取外汇，随后需以高价从发达国家进口制成品，这种贸易模式进一步加剧了原有的南北经济差距。这种不平等贸易格局不仅深化了南北矛盾，还潜藏着矛盾激化的风险，对全球经济的均衡与可持续发展构成了威胁。

### （四）科技革命铸造当代国际关系主旋律

在当今时代，伴随着现代科技革命的蓬勃兴起与日新月异的进步，一系列尖端新型武器应运而生，极大地拓宽了战争的维度。战争的舞台不再局限于地面，而是向上延伸至浩瀚无垠的太空，达到了"遥不可及"的高度；同时，亦能深入幽邃莫测的海底，探索未知的深度。在这样的技术变革背景下，传统意义上的山岭屏障、道路障碍等自然与人为防线，在高科技武器的精准打击与穿透能力面前，其昔日的战略意义与防御效能已大幅削弱，甚至近乎失效。这一现象不仅深刻改变了战争的面貌，也对国防战略、战术布局以及军事技术的发展提出了新的挑战，同时带来新的机遇。核武器的出现及其所具有的巨大杀伤力和破坏力更是使现代战争没有真正的胜利者，全世界处于一种一按电钮就可以在一瞬间全部毁灭的危险之中。以下的想法已不再可靠，即交战国必有一方胜利、一方失败，而战胜国从胜利中所得到的利益一定比付出的代价多。因此，人类的战争观念正经历着显著的变革。在当前的时代背景下,利用科技优势并通过和平途径追求和实现国家目标已成为一种可行的路径。同时,推动世界和平的力量不断增强,这些和平因素正逐步成为制约全球冲突与战争的重要力量。这一趋势表明,国际社会对于通过对话、合作与外交手段解决争端、维护共同安全的共识日益强烈。

## 二、自然环境因素

自然环境是指自然形成的或历史上长期形成的与投资有关的自然、人口及地理等条件。自然环境具有不可控性、相对稳定性、行业差异性等特点。它由地理位置、气候、自然资源、自然风光与人口等子因素组成。

### (一)地理位置

地理位置指的是一个国家或地区与外部世界在方向和距离上的相对空间位置,它是评估投资环境时不可或缺的关键因素之一,对经济活动具有重要影响。在理论上,根据不同的研究目的,一般将地理位置划分为自然地理位置、数理地理位置、经济地理位置、政治地理位置四种。这些地理位置概念是相互关联的。经济地理位置和政治地理位置是以自然地理位置为基础发展而来的。作为投资环境的要素,其中最重要的是经济地理位置,它是在自然地理位置基础上结合人文因素而形成的对某一国家或地区具有经济意义的其他事物的空间关系,其详细内涵涵盖了与投资目标国之间的物理距离、与关键国际交通要道的接近程度、与资源富集地区的距离,以及与市场中心或消费群体的相对位置等多个维度。[①]

### (二)自然资源

自然资源指天然存在的、对人类生存和发展起着重要作用的各种资源,包括生物资源、矿产资源、水资源、能源、各种原材料等。依据自然资源的再生性能,可将其划分为可再生资源和不可再生资源。前者如太阳能、风力、水力、动植物资源等,后者如矿产资源、土地资源等。一般来说,东道国资源条件对引进外资的作用,主要体现在如下两个方面。[②]

1. 资源条件对吸引外资起决定性作用

所谓资源条件,指的是一国拥有的自然资源的数量、质量、品种、分布状况、开采价值和开发成本。就矿产资源来说,只有达到一定的可采储量、具有较高的矿产品位,以及理想的开发条件,投资者才能以较少的投资、较大的生产规模、较低的生产成本获得较高的投资利润。因此,资源导向型投资者在选择投资区位时,东道国资源条件的丰富程度与质量高低,成为他们决策过程中最为基础且重要的考量因素之一。一国所拥有的丰富自然资源尤其是与经济发展密切相关而又十分稀缺的战略资源(如石油和冶金矿物等),可以成为该国的巨大优势,并可弥补投资环境其他方面的不足(如技术落后、基础设施欠发达等)而吸引大量的国际直接投资。

---

① 杨大楷.国际投资学[M].3版.上海:上海财经大学出版社,2003.
② 同①。

## 2. 一些因素对资源条件吸引力有制约作用

东道国的经济发展水平、基础设施状况、社会文化状况等，都会给一定资源条件下的外资引进带来影响。发达国家中以资源丰富著称的加拿大和澳大利亚等国历来是国际投资较为集中的国家。除此之外，东道国对资源开发所制定的政策框架与法律体系，同样对外资进入并投资于该国的资源开发产业产生了深远影响与制约作用。

### （三）气候和人口

气候包括温度、降水、降雪等情况。气候的差异和变化可能会对企业的生产、运输以及产品质量、消费市场的潜力等造成影响。

人口因素中的出生率、死亡率、疾病、人口增长率和人口密度等可能会影响投资。人口因素对国际投资的影响非常大，它决定产品的需求规模、定位和种类分布，并直接影响投资企业对当地劳动力的获取。[1]

## 三、经济环境因素

经济环境指一国的经济发展状况、经济发展前景以及影响进一步投资的各种基础设施状况等。经济环境是影响国际投资最重要的环境因素。投资作为一种经济活动，必然同东道国的经济环境直接发生关系。经济环境的主要组成部分包括一般经济状况、基础设施、经济政策等。[2]

### （一）一般经济状况

在规划对外直接投资时，对东道国的经济发展水平、发展速度以及经济稳定程度进行全面考量是至关重要的。经济发展水平作为一项静态评估指标，深刻揭示了该国社会经济当前所处的阶段与层次，为投资者提供了关于市场规模、消费能力、产业结构及基础设施等关键信息的基础视角。不同发展水平的国家之间的投资需求有着巨大的差异。经济发展速度则动态反映了一个国家的发展状况。经济发展速度迅猛的国家居民收入增长迅速，使市场容量持续扩张，为企业创造了更为广阔的盈利空间与机遇；相反，在经济发展较为滞缓的国家，市场需求可能在长时间内保持相对稳定，增长缓慢或不明显，这无疑增加了企业拓展市场的难度。经济稳定程度主要是看一国物价、利率、汇率等指标是否稳定，经济发展速度是否大起大落。经济稳定程度低的国家投资风险大，投资收益以及成本的回收都将充满极大的不确定性。

### （二）基础设施

基础设施涵盖了交通网络、运输体系及电力供应等关键领域，是支撑国家经济体系稳健运行与持续发展的基石，也是保障各类生产活动与生活需求得以顺畅进行的基本物质保障。

---

[1] 沈志群.中国企业对外直接投资研究[D].上海：上海社会科学院，2006：37.
[2] 同[1].

因此,在外国直接投资的区位选择中,基础设施的完善程度无疑成了一个重要的考量维度。拥有发达且完备基础设施的国家能够为外资企业创造更为优越的外部运营环境,助力企业有效降低成本,并进而实现更加可观的利润增长;反之,基础设施落后的国家,内部人流、物流、信息流的载体容量小,整体功能差,向外辐射的能力低。若选择在这些基础设施欠发达的地区进行投资,不仅将面临内外沟通联系不畅、效率低下的问题,还会在获取生产要素方面的选择空间受限,这些不利因素无形中增加了企业的经营风险,增加了运营成本,不利于企业的长期发展。[①]

### (三)经济政策

经济政策是各国政府实现社会经济发展目标的重要工具,经济政策的总体目标主要有促进经济增长、稳定物价、提高国民生活水平、增加就业机会和实现国际收支平衡等。经济政策包括工业化政策(产业政策)、地区政策、金融政策、外汇政策、对外贸易政策、外资政策等。一般而言,投资者对东道国或地区的经济政策环境非常敏感,对外资友好的经济政策更有利于吸引来自境外投资者的好评和青睐。

## 四、法律环境因素

法律环境主要是指法律秩序的稳定,法律制度的完善性、稳定性、连续性,司法机关的独立性,国家机关公职人员严格执法、自觉守法的情况,以及社会大众的法律意识、法治观念等。

### (一)法律环境的内容

法律环境主要包括以下两部分内容:一是东道国国内法律制度和法律体系,主要是指东道国的国内法律环境,一般涉及法律的完备性、公正性、稳定性以及东道国政府及其官员、企业、民众等是否严格依法办事等;二是东道国涉外法律关系,即东道国与他国间的法律关系,主要是指两国政府之间是否签订了双边经济协定或条约,是否有双边投资保障协定或双边投资条约,以及这些条约的执行情况如何。

### (二)法律环境的特点

一般说来,法律环境具有如下三方面的特点。

*1. 法律环境的客观性和长期性*

这是指任何企业总是在特定的法律环境条件下运作和发展的,进行对外直接投资的企业对于东道国或地区的法律环境是既无法选择也无法规避的,这是不以企业的意志为转移的。而且,上述特定的法律环境是长期存在的,并且在较长的时期内是相对稳定的。

*2. 法律环境的差异性*

法律环境的差异性不仅表现在不同的企业和行业所受影响的不同,而且表现在同样的企业和行业在不同国家所面临的法律环境也不尽相同。例如,单就市场经济标准而言,世界各

---

① 杨大楷.国际投资学[M].3版.上海:上海财经大学出版社,2003.

国亦不尽相同。美国商务部对市场经济有六个具体的标准：一是货币的可兑换程度；二是劳资双方进行工资谈判的自由程度；三是设立合资企业或外资企业的自由程度；四是政府对生产方式的所有和控制程度；五是政府对资源分配、企业的产出和价格的控制程度，要求该产业的产品数量和价格决策没有政府介入，所有重要的产品投入都是以市场价格支付的；六是商务部认为合适的其他判断因素。而欧盟和加拿大主要是看企业和行业的市场经济标准。[①]

法律环境的差异性有时表现为"双重标准"，即对本国企业和产品采用一套法律标准，对来自其他国家的企业和产品采用另一套法律标准，或者对来自不同国家的企业和产品采取不同的法律标准。

3. 法律环境的动态性和不可控性

法律环境总是处在一个不断变化的过程中，它是一个动态的概念。不同时期、不同国家对待外资企业的"条款"也在变。比如，新西兰于 2004 年 4 月 14 日正式承认中国的市场经济地位；新加坡于 2004 年 5 月 14 日决定承认中国的市场经济地位。同时，影响法律环境的因素是多方面的，也是复杂的，对企业而言表现为不可控性。例如，国际上通行的汽车尾气排放标准已经多次升级，并且这个标准还会继续升级。此类的汽车生产标准已经成为阻碍我国汽车批量出口的主要瓶颈之一。我国要想成为真正的汽车出口大国或强国，就必须按照国际通行的汽车生产标准生产汽车，这就是必须遵守的"游戏规则"。显然，中国汽车业对该标准的影响力是非常有限的，更谈不上对其进行修改。

## 五、政治环境因素

东道国的政治环境直接影响国际投资的安全性，是对外投资要考虑的首要问题。它主要包括以下几方面内容。[②]

### （一）政治制度

在特定社会背景下，政治制度是统治阶级借以构建并运作政权体系，以实现其政治统治目标的一系列根本原则和方式的集合。从更为广泛与包容的视角审视，政治制度不仅涉及统治阶层的架构，还涵盖了社会政治领域内所有政治实体必须遵循的准则与规范。这些规范旨在维护社会共同体的安全稳定与整体利益，确保公共秩序井然有序，并合理界定与分配社会资源与权益，从而全面规制和调整各种复杂的政治关系。政治制度在一个国家的政治环境中居于主导地位，对政治环境的其他因素有着关键的影响，有时甚至起着决定性作用。分析一国的政治制度时，应注重考察该国各政治利益集团的比例、制度的弹性、政权的交替方式、政府的意识形态等方面的影响。

### （二）政府的行政效率与廉洁程度

对于投资者而言，东道国或地区政府的行政效率与廉洁程度的高低与否往往事关其对

---

① 刘洁,王莉娟.中国企业国际营销环境的思考——从"反倾销"看WTO市场经济条件下中国企业的法律环境[J].贵阳金筑大学学报,2004(3):10-12.
② 沈志群.中国企业对外直接投资研究[D].上海:上海社会科学院,2006:40.

外进行直接投资的交易成本的高低,从而影响其企业运作的效率以及投资的收益和回报。

### (三)政局稳定性及政策连续性

政治稳定性主要是指一国政权被推翻的可能性。它主要受政治制度、经济发展水平、社会文化传统等的影响。东道国或地区的政治稳定性对于投资者的重要性是不言而喻的。政策的连续性是指政府所制定的基本政策或具体政策不因时间的变换和执政人的更迭而变更或中止。一般来说,政权的稳定性越高,政策的连续性越强。显而易见,东道国或地区政策的连续性对于投资者而言有重要意义。此外,东道国或地区突发的政治事件往往会影响投资者的投资收益,严重时甚至会导致投资者血本无归。因此,投资者还必须对突发事件的可能性作出合理的估计,以便将造成损失的概率降到最低。

### (四)政府及公众的对外态度(开放态度)

显然,如果东道国或地区政府及公众对外国商品、外资、外企等持欢迎的态度,则投资者在东道国或地区所设企业的运作将会更加顺利,其投资回报也将更加稳定和可靠。

### (五)对外政治关系

东道国或地区的对外政治关系对国际直接投资也有着极其重要的作用。据研究,双边政治关系的建立往往能够有效地维护对外直接投资,双边友好的外交活动能够有效地促进对外直接投资的发展,对一些比较敏感和重要的投资能起到保驾护航的作用,并有助于克服东道国制度不完善给投资带来的不利影响。

## 六、社会文化环境因素

社会文化环境是跨国企业运营中不可忽视的一环,它融合了目标国家或地区居民的语言特色、文字体系、教育普及程度、宗教信仰体系、独特的消费偏好、职场文化,以及深层的价值观念等多元要素,共同构成了影响投资决策的软性环境基石。

简而言之,社会文化环境主要包括如下四个组成部分:一是语言。语言是人们相互交流的手段。投资者应充分了解东道国的语言以及各种蕴涵在肢体、空间上的无声语言,以免误会,造成麻烦。二是宗教。宗教是某些文化的精神基础,是历史的产物,它的影响可以覆盖、渗透、辐射到社会的各个领域。投资者在进行投资布局时,应充分尊重并理解当地的宗教信仰体系,这不仅有助于建立良好的社区关系,还可能借助宗教力量的正面影响,为投资活动的顺利推进创造有利的社会环境。三是教育水平。东道国的教育水平影响着该国劳动者的素质和文明程度,它制约着人们的价值观念、行为方式、对新事物的敏感程度和接受程度等,这一切都将影响国际投资企业的活动。四是社会心理和习惯。社会上的风俗习惯是一国文化的重要组成部分,它将对国际投资的成败产生重大影响。[①]

随着民族历史向世界历史的发展以及经济全球化、信息网络化的不断推进,文化软实力

---

① 沈志群.中国企业对外直接投资研究[D].上海:上海社会科学院,2006:41.

在一国综合竞争力中的地位不断凸显,与此相对应的文化发展以及与之紧密相连的意识形态安全也日渐成为世界各国在经济社会发展进程中不得不面对的重要问题。全球化以及信息化对于发展中国家来讲是一把"双刃剑",在促使它们经济发展以及社会进步的同时,随之而来的还有发达资本主义国家裹挟于其中的文化霸权和意识形态侵蚀。①

## 第三节 国际经济关系环境的评价

对发展国际经济关系的主体来说,国际经济环境的好坏对其经济活动的成功与否有重要意义。因此,在发展国际经济关系之前,必须对国际经济环境进行全面、系统、科学的评估。

### 一、国际经济关系环境评价的原则

一般而言,跨国公司在对国际经济环境进行评估时会依据以下一些原则,即从投资者实际需求出发、实事求是、突出重点以及兼顾双方比较优势等。

#### (一)从投资者的实际需求出发

之所以要对国际经济关系环境进行评估,是因为投资者有着对外进行直接投资的欲望、动力和能力。因此,在对投资环境评估时,必须从投资者本身的实际需求(包括投资的预期回报、投资能力、投资的潜在对象和领域、可能的投资方式等)出发,进行全面而系统的评估。

#### (二)实事求是

这是指在进行投资环境评估时,必须一切以事实为依据,既不能夸大投资环境的优势和劣势,也不能人为掩盖投资环境的优点与缺点。唯有如此,方能确保获得客观、可靠的评价体系,从而有效削弱投资决策过程中的主观臆断与盲目性,为决策提供更加坚实、理性的依据。

#### (三)突出重点

这是指在进行投资环境评估时,应当区分主要因素和次要因素,清晰区分主要矛盾与次要矛盾,将主要精力聚焦于关键因素的深入剖析与主要矛盾的精准把握上,重点评估这些核心要素及其相互间作用对整体局势的深远影响。

#### (四)兼顾投资者和目标国的比较优势

这是指在进行投资环境评估时,既要考虑投资者本身所在国的比较优势,也要考虑投资目标国(东道国)的比较优势,并尽可能地将二者的比较优势结合起来进行评估。

---

① 高宏利,路向峰.试论文化与意识形态的当代关系[J].党政干部学刊,2013(4):11.

## 二、国际经济关系环境的评价方式

### (一)专家实地考察

专家实地考察是评价者为了解某国、某地的投资环境,由专家组成的评估小组前往实地进行考察和评价的方式。采取这种方式进行投资环境的评价需要把握三个问题:一是专家的选定;二是评价内容的取舍;三是被调查人员的确定。专家实地考察论证的优点是能直接获取一手资料,其不足之处在于获取的有可能是经过加工的、片面的信息,甚至是人为设置的圈套和假象,从而影响评价结果的客观性与准确性。[①]

### (二)问卷调查评价

问卷调查评价作为一种系统化方法,旨在通过精心设计的意见征询表,系统收集并分析影响投资环境的多重因素及其相对重要性的数据。此过程遵循严格的规范与标准,确保调查内容的全面性与针对性,既涵盖投资环境各要素的重要性评估,也不忘审视其当前状况。

在设计调查表时,力求做到重点突出、表述简洁明了,用词精准无歧义,力求每一问题都能直击要害。问题数量经过精心考量,力求平衡与效率,同时以客观选择题为主导,辅以少量主观问答题,以便更全面地捕捉受访者的见解与感受。在选择调查对象时,秉持广泛性与代表性的原则,涵盖政府官员及工作人员、具有行业影响力的投资者、相关领域的专家学者以及终端顾客等多维度群体,以确保调查结果的全面性与权威性。

统计分析环节是关键。深入分析调查结果,识别评价者整体的倾向性意见及意见的一致性程度,只有当这些指标达到一定阈值时,评价结果才被视为具有足够的参考价值。抽样核对作为质量控制的必要步骤,旨在验证统计分析结果的准确性,通过比对原始数据与汇总结果,识别并纠正可能存在的误差,进一步提升调查结论的可靠性与可信度。

### (三)信息咨询机构评价

信息咨询机构评价是指信息咨询机构接受客户的委托之后,按照客户的要求,对被评价地区和行业投资环境进行评判的方式。信息咨询机构的评估具有相对独立性、快速高效性、客观公正性三个基本特点。信息咨询机构评估一般分为三个阶段。一是准备阶段,主要是接受客户委托、了解客户要求、签订合同以及组织评估小组、拟定工作计划等工作。二是评估阶段,运用科学方法,按照客户要求进行评估。三是总结阶段,完成评估报告并向客户反馈。

## 三、国际经济关系环境的评价方法

### (一)冷热比较法

冷热比较法,这一投资环境评估的独到策略,源自美国学者伊西·阿利特法克(Isiah

---

① 任淮秀,汪昌云. 国际投资学[M]. 2版. 北京:中国人民大学出版社,2005.

Litvak）与彼得·班廷（Peter M. Banting）的深刻洞察。他们基于20世纪60年代后半期对美国、加拿大等国工商界精英的广泛调查，通过精心挑选的七大核心因素，对各国投资环境的优劣进行了全面而深入的综合剖析。该方法不仅揭示了投资环境的多维度特性，还为国际投资者提供了一个科学、系统的评估框架，以助其精准把握投资机遇，规避潜在风险。

投资环境冷热比较分析法作为一种创新性的评估工具，巧妙运用"冷"与"热"这一对直观概念，来量化并描绘投资环境的优劣态势。通过对各项关键因素与翔实资料的深入剖析，该方法构建了一个清晰明了的评价体系，直观展现出不同投资环境之间的"温差"。其核心精髓在于，将投资环境的优劣精炼地归结为七大核心要素：政治稳定性、市场机会、经济发展和成就、文化一元化、法令阻碍、实质阻碍、地理及文化差异。

### （二）罗氏等级评分法

罗氏等级评分法，由罗伯特·斯托伯（Robert Stobangh）教授于1969年在其开创性著作《如何分析外国投资环境》中提出，是一种深度剖析并量化评估国际投资环境的科学方法。该方法聚焦于引资国对外资的限制性措施与激励性政策如何影响投资者的决策过程，从而精准界定投资环境的优劣。具体而言，罗氏等级评分法将复杂的投资环境细化为八大关键领域：资本流动自由度、外国所有权比例限制、外资与本土企业待遇差异、货币稳定性、政治安定性、关税保护政策倾向、本土资本市场的供给能力以及通货膨胀控制水平。为了确保评估的细致入微，每个主要领域又被进一步拆解为4~7个具体子因素，形成了一个全面覆盖、层次分明的评价体系。[①]在这一体系中，每个因素及其子因素均根据其对投资环境的正面或负面影响程度，被赋予了从最佳到最差的明确分类标准。随后，通过对这些标准的逐一比对与打分，实现了对投资环境的系统量化评估。总分设定为100分，分数越高，代表投资环境越加优越，越能吸引并促进外国资本的积极流入与长期驻扎。

等级评分法所分析的八项内容中，权重最高的是引资国币值的稳定性，占总分值的34%，说明投资者对引资国币值稳定程度的高度重视，也说明了严重的通货膨胀对投资者投资风险的重大影响；权重次之的是资本外调的自由、允许外国所有权的比例、国民待遇和政治的稳定性，分别占总分值的12%，说明投资者对资本能否自由出境、能否享受国民待遇而不受歧视、投资能否得到必要的安全保证、能否控制企业的所有权和经营权等较为关注；权重较小的是当地资本供应能力和给予关税保护的态度，分别占总分值的10%和8%。[②]

### （三）闵氏评估法

香港中文大学闵建蜀教授所创立的投资环境评估方法，标志着投资环境分析领域的一次重要革新。该方法超越了传统上仅侧重投资优惠政策的比较范畴，转而深入剖析政治、经济及法律体制如何直接作用于外商投资的政治与商业风险，强调了体制运行效率对于投资利润实现的至关重要性。将影响投资环境的复杂因素细分为十一大类，涵盖政治环境、经济

---

① 魏成龙,魏荣桓,可红艳,等.转型新时期的金融投融资管理[M].北京：企业管理出版社,2015.
② 王守伦,丁子信,王广起,等.投资软环境建设与评价研究[M].北京：中国社会科学出版社,2009.

环境、财务稳健性、市场环境、基础设施完善度、技术支撑能力、辅助工业配套、法律制度的健全性、行政机构效率、文化兼容性以及竞争态势维度，每一类别下又细分出若干具体子因素，构建了一个既全面又细致的分析框架。①

在评估过程中，该方法采用专家评审机制，首先由领域内专家对每一子因素进行深入的综合评价，随后基于这些子因素的评估结果，对所属大类因素给出"优、良、中、可、差"的定性判断，最终通过科学的计算方式汇总得出投资环境的总分值。这一总分值设定在1~5的区间内，直观反映了投资环境的优劣程度：分数愈接近5，表明投资环境越为优越，越能吸引和保障投资者的利益；反之，分数趋近于1，则意味着投资环境存在较多不利因素，需谨慎考量。

闵氏多因素评估法以其全面细致的分析视角、专家参与的专业性以及操作的简便性而广受认可。然而，值得注意的是，该方法的有效实施依赖于对各因素权重分配的精准把握，这要求评估者在前期必须进行深入的研究与细致的考量，以确保评估结果的客观性与准确性。

### （四）其他国际投资环境评价方法

#### 1. F-M矩阵评估法

F-M矩阵评估模型，由美国印第安纳大学杰出教授R·N. Farmer与阿尔尼亚大学知名学者B·M. Richman共同创立，该模型创新性地采用矩阵列表架构，将企业经营过程中的多维度要素（简称B因素）与国内及国际两大环境体系下的关键影响因素（分别对应C因素与I因素）进行深度关联与量化分析。通过精细的加权累积计算，模型能够精准地评估出企业在特定内外部环境下的综合运营效率，进而深刻揭示投资环境对企业经营绩效的深远影响。具体而言，B因素广泛涵盖了企业运营的各个核心环节，如战略规划与创新能力、内部控制机制、组织架构设计、人力资源管理、领导力与激励机制、市场营销策略、生产采购流程、研发创新活动、财务管理策略以及公共关系维护等，全面展现了企业的综合运营能力。而C因素则聚焦于国内环境，深入剖析了教育水平、社会文化特征、政治法律框架以及经济环境等关键要素，这些要素构成了企业本土运营的重要外部条件。同时，I因素则跨越国界，审视了国际环境中的社会文化背景、政治法律体系以及全球经济动态等。

#### 2. 道氏评估法（环境动态分析法）

该方法是美国道氏化学公司在进行海外投资时提出的一种投资环境动态分析法。该方法是基于投资环境的动态性特征提出的，即投资环境不仅仅因国别、地区而异，即使在同一国家或地区也会因不同时期而发生变化，需要根据引资国和引资地区投资环境进行评价。②

道氏化学公司将国际直接投资所面临的风险分为两类：一是"正常企业风险"，即"竞争风险"；二是"环境风险"，即某些可以导致企业发生变化的政治、经济及社会因素，这些因

---

① 凌云. 新疆区域投资创新环境研究[D]. 乌鲁木齐：新疆大学, 2006：7-8.
② 王守伦, 丁子信, 王广起, 等. 投资软环境建设与评价研究[M]. 北京：中国社会科学出版社, 2009.

素往往会改变企业经营方式。道氏评估法把影响投资环境的因素分为企业正常经营条件和引起这些条件变化的原因两类,每类各有40项因素,通过因素分析和评价找到关键因素并对投资环境进行预测。

3. 三菱投资环境评估方法

三菱投资环境评估法,业界简称三菱评估法,源自1974年日本三菱综合研究所对欧洲市场进行的开创性投资分析实践。此法以一套科学严谨的框架,率先应用于国际投资环境的综合评估之中,通过对目标国家在经济实力、地理位置、劳动力条件以及政策奖励制度这四个核心领域的深入剖析与比较,精准衡量并判定其投资环境的优劣程度。并且,三菱评估法充分考虑了各因素在投资决策中的不同权重与影响力,这一创新性的做法确保了评估结果的客观性与准确性。通过精密的加权计算,该方法能够精确量化各国投资环境的综合优势,进而为投资者提供一份清晰明确的优先投资顺序指南。这种评估方法在应用中应该注意:各因素的权重应随投资类型的不同而作相应调整;随时间的推移,必须考虑各因素在未来的变化情况。[①]

4. 投资障碍分析法

投资障碍分析法作为一种深入剖析投资环境不利因素的评估手段,其核心在于通过量化与比较潜在阻碍投资活动的多重因素及其影响程度,来精准评判不同地区的投资环境优劣。该方法引导投资者依据投资环境的复杂构成,系统性地罗列出直接投资过程中可能遭遇的主要障碍,这些障碍广泛覆盖政治稳定性、经济制约条件以及资金融通难度等多个维度。在运用此分析法时,投资者需细致考察各潜在东道国的具体情况,通过横向对比不同国家间障碍因素的数量与严重性,从而识别出投资环境相对友好、障碍较少的国家,这些国家往往被视为理想的投资目的地,能够为投资者提供更加顺畅与高效的运营环境。相反,障碍较多、环境复杂的地区,则被视为投资环境恶劣的地区,需投资者谨慎考量或规避。

投资环境障碍分析法立足于障碍因素分析,有利于减少投资风险,增强投资活动安全性。但过于着重不利因素而忽视其有利条件,不符合风险决策规律,评价时应注意结合有利因素,尤其是一些特别突出的优势因素往往可以弥补障碍因素之不足,从而改变整个评价结果,这是在运用此法时应该注意的问题。[②]

5. 抽样评估法

该方法的核心策略在于,通过对东道国内部外商投资企业群体的精心抽样调研,旨在捕捉并汇总这些投资主体对东道国投资环境的普遍认知与感受。具体实施时,会采用科学的方法,如随机抽样或依据特定标准选定代表性外商投资企业,确保样本的广泛性与多样性。随后,邀请这些企业的高级管理层以口头访谈或书面问卷的形式,就东道国的投资环境要素进行深入评价。评估时主要统计或计算投资者对资金接受区投资环境持肯定、否定或其他态度的比例,再据此作出评价。

抽样评估法以其简便高效著称,其灵活性允许调查者根据具体的投资需求量身定制调

---

① 沈志群. 中国企业对外直接投资研究[D]. 上海:上海社会科学院,2006:45-46.
② 任淮秀,汪昌云. 国际投资学[M]. 2版. 北京:中国人民大学出版社,2005.

查对象与内容,从而确保评估的针对性和实用性。该方法的另一大优势在于数据处理的高效性,使得调查结果的汇总与深入分析变得相对容易,为调查者迅速获取第一手、高质量的信息资料提供了便利。这些即时反馈的信息对于潜在投资者而言,无疑具有直接的参考价值,能够辅助其做出更加明智的投资决策。其局限性在于问卷设计的科学性是关乎评估结果准确性的关键环节。若问卷设计不够严谨或未能全面覆盖关键要素,则可能导致收集到的信息存在偏差,影响最终评价结果的客观性与准确性。此外,被调查人员的选择往往受到主观因素的影响,若样本选取不具代表性或存在偏见,也可能使得评估结果与实际情况产生一定差距。因此,在应用抽样评估法时,需特别注意这些潜在问题,并采取措施加以规避,以确保评估结果的可靠性与有效性。

6. 利润因素评估法

利润因素评估法,作为一种深入剖析投资环境优劣的评估工具,其核心在于细致分析那些直接关联投资方案利润表现的关键因素。其操作流程经过精心设计,旨在通过系统性分析来精准预测投资前景。第一,该方法强调识别并锁定那些对未来利润具有决定性影响的关键因素,进而基于这些因素初步估算投资方案的最终收益潜力。这一过程要求投资者具备敏锐的洞察力与深入的市场分析能力。第二,进入深入分析阶段,对每个已识别的关键因素进行详尽剖析,量化其各自对投资收益的正向或负向影响程度。此步骤旨在揭示各因素之间的相互作用及其对整体利润结构的贡献度。第三,依据分析结果,筛选出那些对投资方案利润影响最为显著的关键因素。这一过程有助于投资者集中资源,优先解决关键问题,从而提升投资效率与成功率。第四,综合考量所有因素及其影响,对多个投资方案进行全面比较与评估,以确定最具可行性的投资路径。这一综合判断不仅基于利润最大化的原则,还需兼顾风险控制、市场适应性等多方面因素,确保投资决策的科学性与合理性。

7. 成本分析法

成本分析法是西方常用的一种评估方法。这一方法把投资环境的因素均折合为数字作为成本的构成,然后比较成本的大小,得出是否适合于投资的决定。英国经济学家拉格曼(Alan M.Rugman)对此进行了深入的研究,提出了"拉格曼"公式。

设 $C$ 为投资国国内正常成本、$C^*$ 为东道国生产正常成本、$M^*$ 为出口销售成本(包括运输、保险和关税等)、$D^*$ 为技术专利成本(包括泄露、仿制等)、$A^*$ 为国外经营的附加成本。则 $C^*+M^*$ 为直接出口成本、$C^*+A^*$ 为建立子公司直接投资的成本、$C^*+D^*$ 为转让技术专利在国外生产的成本。

比较这三种成本的大小,有以下六种关系:① $C^*+M^*<C^*+A^*$,出口比对外直接投资有利,选择出口;② $C^*+M^*<C^*+D^*$,出口比转让技术专利有利,选择出口;③ $C^*+A^*<C^*+M^*$,直接投资比出口有利,选择建立子公司;④ $C^*+A^*<C^*+D^*$,直接投资比转让技术专利有利,选择建立子公司;⑤ $C^*+D^*<C^*+A^*$,转让技术专利比对外直接投资有利,选择转让技术专利;⑥ $C^*+D^*<C^*+M^*$,转让技术专利比出口更有利,选择转让技术专利。

8. 灰色对比分析法

灰色对比分析法作为中国经济技术开发区投资环境评估的一种创新综合评价手段,由郑宁等中国学者提出。该方法逻辑清晰,实施流程分为三大关键环节:首先是构建全面细致的指标体系,该体系深刻把握了投资环境的双重特性,即硬环境与软环境;其次是科学测定各指标权重,确保评价体系的公正与精准;最后是进行综合评判,采用百分制量化标准,为经济技术开发区投资环境提供一个直观且全面的评价分数。

在指标体系的构建上,硬环境因素聚焦于四个核心维度:地理位置的优越性、基础设施的完备性、工业基础的雄厚程度以及资源保障的可靠性,这四个方面共同构成了投资环境的坚实基础。而软环境方面,则涵盖了政治稳定性、文化兼容性、法律健全度、政策吸引力、社会服务完善性、市场活跃度、劳动力素质以及行政管理效率八大关键要素,然后对各项指标赋予权值,最后按百分制给定综合评价的分值。

## 第四节 新时代中国的国际经济关系环境

### 一、新时代国际环境面临的机遇及挑战

和平与发展依然稳居时代舞台的中央,引领着全球前行的步伐。当前正处于新一轮科技革命与产业变革的浪潮之巅,这股力量正以前所未有的深度和广度,推动经济全球化向着一个更加包容、平衡、普惠、融合的新境界迈进。经济全球化不断深化,社会信息化浪潮席卷全球,文化多样性璀璨绽放,共同编织着人类命运共同体的斑斓图景。在这一进程中,各国之间的联系愈发紧密,相互依存的程度达到了前所未有的高度,"地球村"的概念不再仅仅是一个比喻,而是成为现实生活的真实写照。面对全球性挑战与机遇,各国人民日益认识到,唯有携手合作、同舟共济,方能共克时艰、共享繁荣。这种命运与共的深刻认识,正逐步凝聚成构建人类命运共同体的强大共识与行动力量。[①] 新兴经济体和发展中国家"群体性崛起"将进一步缩小南北差距,推动全球治理体系和秩序变革;主要大国力量对比的变化将继续推动世界朝着多极化的方向发展。

#### (一)面临的主要机遇

1. 新科技革命将重塑全球产业格局

新科技革命将在全球范围内推动产业变革,从而重塑全球产业格局。

第一,以数字技术革命为先锋,辅以生物技术革命与新能源技术革命,第四次工业革命正以前所未有的姿态重塑着全球的经济格局,一度跃升为驱动经济增长的核心引擎。在这场变革的浪潮中,5G通信技术的飞跃与人工智能的突破性进展尤为耀眼,不仅引领着生产方式的根本性变革,更赋予了消费领域全新的活力与面貌。这些颠覆性技术的融合应用,正以前所未有的速度激发着科技创新的无限潜能,催生出一系列新兴业态与商业模式的蓬勃发展,为全球经济的持续增长注入了强劲动力。大数据、云计算、人工智能、物联网、3D打印、虚拟现实/增强现实/混合现实(VR/AR/MR)、区块链等数字信息技术将改变传统服务

---

① 王晓红. 中国经济高质量发展面临的国际国内环境分析[J]. 全球化,2019(10):45-59,134.

和制造方式,大幅提高生产率。生物技术、新材料、新能源、新空间探索以及海洋开发等前沿科技的广泛渗透与深度融合,正携手引领一场规模空前的群体性技术革命与产业创新风暴。在这场激烈的科技竞赛中,谁能够率先攀登科技高峰,谁便能屹立于产业变革的潮头,掌握新一轮国际竞争的主导权与话语权。鉴于此,全球各国纷纷审时度势,制定并实施了一系列高瞻远瞩的发展战略,旨在通过精准布局与强力推进,确保在新技术变革的浪潮中占领先机。特别是在数字技术、生物技术、量子信息科学等前沿科技领域,各国竞相加大投入,加速研发,力求在这些关键领域实现重大突破,从而在新时代的科技角逐中脱颖而出,赢得更加广阔的发展空间与机遇。[1]

第二,数字经济作为一股不可阻挡的潮流,已然成为引领新兴产业蓬勃发展与传统产业转型升级的中坚力量,其深远影响正逐步渗透到全球产业与投资发展的每一个角落,重塑着既有的格局与秩序。在这一转型过程中,产业发展呈现出前所未有的融合态势,生产方式加速向智能化跃迁,组织形态日益平台化,技术创新逐渐开放,促进全球范围内的合作与共享。

具体而言,制造业正经历着深刻的变革,向数字化、智能化、网络化、绿色化的服务型制造方向迈进,这一过程不仅提升了生产效率与产品质量,更促进了产业链的延伸与价值的重构。同时,创新模式也发生了根本性变化,从封闭走向开放,从单打独斗转向共创共享,形成了更加灵活高效、包容多元的创新生态系统。此外,绿色低碳可持续发展理念深入人心,成为引领全球产业未来发展的主流趋势,推动着经济与社会向更加和谐、可持续的方向迈进。

第三,数字技术将推动国际贸易方式创新、成本优势转化、效率提高、结构调整和规则变革。跨境电商等新兴贸易方式不断涌现,将为中小微企业提供更多市场机会,并催生新的贸易规则和监管模式。国际贸易正在从以劳动力为主导的传统比较优势向以创新为主导的技术比较优势转换。据麦肯锡测算,当前只有 18% 的商品贸易基于"劳动力成本套利",自动化、人工智能将使越来越多的产业由劳动密集型转为资本密集型。全球价值链中研发、品牌、知识产权等无形资产份额上升。这一趋势对提高劳动者素质、创新投入和知识产权保护都提出了迫切要求。

第四,全球产业链、供应链、价值链深入发展将重塑国际经贸规则。随着跨国公司主导的国际分工由产业内分工向产品内分工发展,同一产品由"一国生产变成多国生产",研发、设计、制造、流通、销售、结算等各环节在不同国家和地区完成,由此形成了全球产业链、供应链和价值链体系。以"三链"为核心推动全球生产、服务、贸易、投资、金融一体化发展成为新一轮经济全球化的主要特征,对"三链"的掌控能力成为产业竞争力的重要标志。同时,"三链"的不断发展导致全球产业内贸易、产品内贸易、区域内贸易增多,全球贸易由以最终品贸易为主向中间品贸易为主转变,价值链区域化布局的特征日趋明显。目前,全球货物贸易中约 70% 以上是中间品。这一趋势导致经济全球化出现新的特征:一是各类区域自由贸易协定( Free Trade Agreement, FTA )不断增多;二是不断形成以 FTA 为主导的高标准国际经贸规则;三是高标准的国际经贸规则朝着更加自由化和便利化的方向创新变革。

---

[1]　王晓红.中国经济高质量发展面临的国际国内环境分析[J].全球化,2019(10):45–59,134.

## 2. 发展中国家崛起将重塑全球发展格局

步入21世纪以来，新兴经济体异军突起，经济成就斐然，而发展中国家则展现出群体性崛起的磅礴力量，这一历史性的变迁正以前所未有的力度重铸着全球发展的版图与格局。①

首先，新兴经济体与发展中国家已成为驱动全球经济增长的关键引擎，其贡献率显著，当前已高达80%，经济总量在全球占比逼近半数，预示着全球经济重心的转移。展望未来，至2035年，经济总量的比例更有望攀升至60%，同时，在全球贸易与投资版图中的分量也将急剧增加，特别是新兴经济体11国（Eleven Emerging Economies，E11）的经济总量将占据全球超过四成的份额，彰显了其日益增长的全球经济影响力。尤为瞩目的是，中国与印度作为其中的佼佼者，自2018年以来便以6.6%与7.3%的亮眼增速引领全球经济增长，两者合力贡献了约三分之一的世界经济增长量，展现了强劲的发展动力与潜力。此外，预计到2035年，全球城市化率将达到新的里程碑——61.7%，这一进程的主要驱动力正源自发展中国家城市化步伐的显著加快。

其次，新兴经济体与发展中国家正逐步成长为世界消费市场的中流砥柱。据预测，至2025年，新兴市场将吸纳全球近三分之二的制成品消费，涵盖汽车、建筑、机械等众多领域，彰显其庞大的市场需求与消费潜力。进一步展望，至2030年，发展中国家在全球消费总量中的占比将超过半数，而中国更将占据全球消费总量的15%，成为拉动全球消费增长的重要一极。同时，这一趋势也促使全球贸易流向发生深刻变化，日本、德国、美国等发达经济体纷纷将目光投向发展中国家，其中42%的汽车出口与45%的知识密集型服务出口均流向这些地区，表明发展中国家在全球商品、服务、金融及人员流动中的核心地位日益凸显。

值得注意的是，除中国之外，印度、东南亚及拉美地区亦成为电商消费市场的新星，正以惊人的速度崛起。2020年，这三大电商市场均已达到千亿美元级别的规模，不仅改变了传统消费模式，更引领了全球消费趋势的新风尚，充分展示了发展中国家在数字经济时代的无限活力与广阔前景。

再次，新兴经济体与发展中国家在国际投资领域扮演着重要的角色。面对2018年全球外商直接投资（FDI）总额下滑13%至1.3万亿美元的挑战，流向发达经济体的FDI表现出显著的降幅，达27%，连续三年呈现下降趋势，其中美国FDI流入量也缩减了9%，仅为2 520亿美元。相比之下，发展中经济体却展现出了较强的韧性与吸引力，FDI流入量逆势增长2%，达到7 060亿美元，特别是亚洲发展中经济体，外资流入量更是实现了4%的增长，跃居全球外资流入榜首，凸显了其在全球投资版图中的重要地位。从对外直接投资的视角来看，新兴经济体与发展中国家的活跃度同样不容忽视。2018年，多达109个发展中国家积极参与全球对外直接投资的行列，其中26个国家的对外直接投资存量占其国内生产总值（GDP）的比重突破了10%的门槛。

最后，新兴经济体和发展中国家参与全球治理的话语权逐步提高。近年来，由发展中国家推动的国际经济合作议程大幅增加。如中国提出的"一带一路"倡议和推动建设的亚洲基础设施投资银行、东盟发起的"东盟+"合作机制[《区域全面伙伴关系协定》（Regional

---

① 王晓红. 中国经济高质量发展面临的国际国内环境分析[J]. 全球化，2019（10）：45-59，134.

Comprehensive Economic Partnership，RCEP）]、"金砖国家"合作发起的"新发展银行"、非洲大陆自贸区（African Continental Free Trade Area，AfCFTA）协议等。新兴经济体对国际经贸规则的参与度不断增强。2016年9月金砖五国签署《金砖国家经贸合作行动纲领》，就贸易投资便利化、服务贸易、电子商务、知识产权、经济技术合作以及支持多边贸易体制和反对保护主义等达成了有针对性的行动方案。新兴经济体在全球治理舞台上扮演着越来越重要的角色，势必改变发达国家主导的全球治理体系，推动建立新的规则以寻求全球经济治理结构的新平衡。

3. 世界经济重心迁移将重塑全球竞争格局

随着以中国为旗舰的亚洲发展中国家群体的蓬勃兴起，全球经济版图的增长极正经历着历史性的东移，从大西洋沿岸向亚太地区转变，"21世纪是太平洋世纪"的预言正逐步成为不可逆转的现实。2018年，东盟和中日韩的经济总量为23万亿美元，占世界的27%。亚太经合组织（Asia-Pacific Economic Cooperation，APEC）21个成员GDP之和占世界的比重从1980年的46.3%上升到2018年的60.5%。根据WTO测算，到2030年全球2/3以上的中产阶层集中在亚洲。消费能力的增长将使亚太地区成为西方品牌战略布局的重点。西太平洋地区在迈向世界经济重心的同时也成为大国战略博弈的重点。①

4. 多极格局将重塑全球经济治理体系

有学者认为到2035年，美国仍保持世界综合国力领先地位，中国将后来居上，欧盟、日本继续保持强国地位，"金砖国家"将成为多极化的重要力量。这一世界格局既不同于二战结束后形成的"美苏两极"，也不同于苏联解体后的"美国一股独大"，将导致全球经济治理体系朝着更加平衡、民主的方向发展，新兴经济体和发展中国家的参与度及话语权不断提高。由于美国保护主义和单边主义的做法对其全球领导力和公信力产生损害，国际社会期待中国在推动全球经济治理变革中发挥影响力，这为中国在全球经济治理中有所作为、提升制度性话语权创造了有利条件。②

## （二）面临的主要挑战

全球经济面临的新挑战与日俱增。世界经济、贸易、投资将继续缓慢前行，金融风险不断上升，能源、资源、环境与发展的矛盾日益突出，人类面临的共同挑战增多，大国博弈竞争加剧，保护主义仍是贸易投资增长的主要威胁。

1. 世界经济、贸易、投资长期低速增长

2008年金融危机以来，全球经济陷入长周期低速增长，全球GDP、贸易和跨国投资的平均增速分别为2.39%、3.41%和-0.48%，未来较长时期内，经济将延续放缓态势。③

第一，全球经济正处于一个低速增长的稳态之中，受到了多重不利因素的制约。全球范围内贸易摩擦的日益加剧，主要发达经济体货币政策的紧缩调整，以及地缘政治紧张局势的

---

① 王晓红.中国经济高质量发展面临的国际国内环境分析[J].全球化，2019（10）：45-59，134.
② 同①。
③ 同①。

持续升温,共同编织了一张复杂且充满挑战的经济环境网。在此背景下,全球超过七成的地区经济均呈现出放缓趋势,预示着全球经济复苏之路的坎坷与不确定性。面对这一现状,多数机构预测2020—2030年全球经济增速在2%~3%之间。中国国务院发展研究中心课题组预测,2020—2035年全球经济平均增速为2.6%。其中,发达经济体年均增速在1.7%左右,发展中国家年均增速在4.9%左右。

第二,全球贸易增速显著放缓。据世界贸易组织(WTO)的权威统计数据显示,受全球经济增速放缓、国际金融市场剧烈波动以及发达国家货币政策收紧等多重不利因素的相互影响,2018年全球货物贸易量的增长率仅勉强维持在3.0%的低位,这一数字远低于历史平均水平,并且全球贸易增长的前景依然笼罩在巨大的不确定性之中。尤为值得注意的是,贸易壁垒的不断增加正成为破坏全球经济一体化进程的重要因素,不仅扰乱了原本高效运转的全球供应链体系,还严重阻碍了新技术、新理念的快速传播与应用,进而对全球生产率提升和整体福利水平造成了深远的负面影响。这种局面不仅影响各国经济的可持续发展,也对全球经济的稳定与繁荣构成了潜在的威胁。

第三,当前全球经济格局下,投资增长动力明显减弱,而与此同时,国际引资竞争却呈现出愈演愈烈之势。发达国家为应对经济结构变化,推出"产业回归"与"再工业化"战略,此举显著减缓了由跨国公司引领的大规模国际产业转移步伐。流动性环境的变化亦不容忽视,美联储的加息政策与欧洲央行逐步缩减量化宽松规模的举措,正引导各国央行从市场撤回的资金规模超越其注入量,进一步收紧了全球资本流动的环境。在此背景下,各国为吸引外资以提振经济,推出了一系列优惠政策与措施,导致国际引资舞台上的竞争愈发白热化。一方面,发展中经济体如印度、越南、泰国、印度尼西亚等,正加速推进工业化进程,积极承接来自全球的产业转移,以期通过外资引入实现经济结构的优化与升级;另一方面,发达国家也未雨绸缪,通过优化营商环境、提供税收减免等举措,积极吸引产业回流,以重振本土制造业与服务业。因此,无论是新兴市场的快速发展,还是发达经济体的战略调整,均在全球范围内掀起了一场面向全球投资者的优惠措施竞赛。

2. 人类共同面临的重大挑战与日俱增

第一,老龄化社会加快和人口增速放缓并行,导致人口红利下降。根据联合国预测,全球人口将由2015年的73.5亿人增长至2035年的88.9亿人,其中65岁以上的老龄人口比重将由2015年的8.3%上升到2035年的13%。发达国家已进入深度老龄化社会,部分发展中国家总体也呈现这一趋势。2035年美国老年人口将首次超过未成年人口。全球生育率下降,未来20年人口增长主要来自发展中国家。[①]

第二,人类面临的安全性风险日益突出。能源资源安全、粮食安全、网络安全及环境治理、气候变化、重大传染性疾病等新问题更加突出。尤其是随着超过世界人口80%的新兴经济体和发展中国家的工业化、城镇化进程加快,全球资源与环境约束的矛盾将更加突出。此外,恐怖主义、民族分裂主义、宗教极端势力等暴力恶性案件增多,反恐仍然是维护世界安全的重中之重。此外,黑客攻击等网络安全隐患日渐突出。

---

① 王晓红.中国经济高质量发展面临的国际国内环境分析[J].全球化,2019(10):45-59,134.

第三,经济全球化可能加剧全球贫富分化。要素资源向优势国家和地区集中,落后国家更加边缘化;财富分配出现两极化,利润分配向投资者特别是大投资者高度倾斜;产业转移造成发达国家"产业空心化",可能导致国内就业压力和社会矛盾扩大等。

### 3. 保护主义逆流加剧贸易投资摩擦

部分发达国家逆全球化思潮和保护主义倾向不减反增,尤以美国的单边主义与霸凌主义行为最为突出。美国采取单边行动,通过加征关税、设立非关税壁垒、实施投资限制等多重手段,不仅加剧了全球贸易投资领域的摩擦与冲突,还动摇了全球价值链体系的稳定性与完整性。这一系列举措,无疑是对WTO多边贸易体制的一次严峻挑战,削弱了国际合作与共识的基础。

值得注意的是,美欧等发达经济体在贸易、投资、科技创新及产业发展等多个维度上,正加速构建新的规则体系与标准框架。这些新规则中,许多都是针对中国等特定国家的限制性措施。

一方面,以国家安全审查为由限制准入的领域越来越多。如美国对外资进入国防、航空、海运、电信、金融、能源、资源开发、原子能开发及制造业等领域均设有禁止或限制措施。欧洲议会于2018年5月通过对部分关键领域和行业投资进行安全审查的新议案,将审查范围由安全和公共秩序领域扩展至媒体、能源、供水、交通网络等行业,并将汽车、铁路、航空航天和信息通信技术列为"关键和战略技术"。该议案还把欧盟企业是否在外资来源国享有对等市场准入作为安全审查的先决条件。

另一方面,一些国家以"公平贸易"之名,行贸易保护之实,频繁制造贸易摩擦。中国成为贸易救济措施的主要针对对象,遭受了诸多反倾销与反补贴调查。据统计,2017年,中国共遭遇了来自21个国家(地区)发起的75起贸易救济调查,涉案金额高达110亿美元,同年,美国对中国启动了24起337调查,涉案金额超过25亿美元。[①]

### 4. 新兴大国与守成大国博弈趋于激化

西方国家有关"中国威胁论""中国责任论"的言论与日俱增。世界经济论坛《全球风险报告》指出,93%的受访者认为大国间的政治或经济对抗将更加激烈。尤其是中美战略关系发生重大转折,美国对于位居"老二"的中国已经"忧心忡忡",对华战略由"竞争伙伴"向"竞争对手"转变已经成为新的"华盛顿共识",对中国全面遏制的势头已经显现。2018年以来,美国政府通过201、232、301调查不断挑起中美贸易摩擦,开始在贸易、投资、金融、科技、安全等多领域、全方位围堵。美国前国务卿霍马茨认为,美中关系发生变化的原因有两个:"一是中国已从一个依靠劳动密集产业竞争的国家发展成为在高端技术领域与美国展开竞争的国家,并且通过这些技术极大增加了中国在安全和军事上的实力。二是美国希望中国在政治上与美国及西方国家融合的想法落空,即'华盛顿共识'宣告失败。"欧盟也越来越意识到中国已成为竞争者,并将中国定为全球重要的行动者和领先的技术力量。[②]

---

① 王晓红.中国经济高质量发展面临的国际国内环境分析[J].全球化,2019(10):45-59,134.
② 同①。

5. 美国霸权主义使全球经济治理遇阻

二战后,联合国、WTO、IMF、世界银行等多边国际组织构成的全球治理格局适应全球化需要,促进了世界和平与发展。但自特朗普政府上台后,美国已经成为逆全球化的主要推手。在"美国优先"战略驱动下,采取了一系列"退群"行动和诸多单边主义措施。2017年以来,美国先后退出了跨太平洋伙伴关系协定、巴黎协定、伊核问题全面协议、联合国人权理事会、万国邮联、中导条约等组织。公然违背WTO多边体制,不断与世界各国挑起贸易摩擦,并认为WTO"完全是一场灾难"。美国不断颠覆和挑战现有秩序,在各种条约和国际组织中减少承担义务,给全球经济治理带来了更多不确定性,事实上削弱了多边平台的协调效果。①

## 二、新时代中国对外经济关系的发展

中国综合国力显著提升,经济持续保持中高速增长的态势,不仅巩固了其作为贸易与投资大国的国际地位,更在自主创新能力上实现了跨越式进步。城镇化进程的加速推进,不仅促进了城乡融合与区域协调发展,还极大地拓宽了消费市场,使其成为驱动经济增长的强大动力。然而,我们也应清醒地认识到,中国仍处于社会主义初级阶段这一基本国情,以及作为世界最大发展中国家的现实定位,这两个关键要素在短期内不会发生改变。中国综合实力与美日欧发达国家仍存在较大差距,经济发展不平衡不充分的矛盾将长期存在,经济增长与人口、资源、环境的矛盾日益凸显,技术创新与结构调整的任务依然艰巨,市场经济体制改革亟待深化,等等。面对这些发展中的主要矛盾和问题,中国需要不断深化改革开放,推动经济发展的质量变革、效率变革和动力变革。② 因此,在新时代,中国应当继续大力发展国际经济关系,同时也不可否认,中国发展对外经济关系的优势与挑战并存。

### (一)主要优势

中国经济总体展现出稳健而中高速的增长态势,持续巩固了其作为全球经济重要引擎的地位。在此过程中,自主创新能力的显著提升成为推动经济增长的关键力量,不仅促进了产业结构的优化升级,更为经济注入了源源不断的创新活力与增长新动能。随着城镇化水平的持续提高,城乡一体化进程加速推进,为经济社会的全面发展开辟了更加广阔的空间。消费市场蓬勃兴起,正逐步成为拉动经济增长的主要驱动力。这一趋势不仅体现了中国内需市场的巨大潜力,也为经济的高质量、可持续发展奠定了坚实的基础。

1. 综合国力跃升为高质量发展打牢基础

从经济总量来看,2020年中国经济规模首次突破100万亿元,占全球17%以上,相当于美国经济总量的约70%。③ 据估计,2021年至2035年期间,中国GDP年均增速保持在4.8%左右,将用十五年的时间实现翻番(按不变价计算),在2035年增长至209万亿元。按购买力平价(PPP)2017国际元计算,中国经济总量将在2035年增长至47.57万亿国际

---

① 王晓红. 中国经济高质量发展面临的国际国内环境分析[J]. 全球化,2019(10):45-59,134.
② 同①.
③ 任泽平. 2020年中国GDP实际增速2.3%,是全球主要经济体中唯一实现经济正增长的国家[EB/OL].(2021-04-28)[2022-03-25]. https://www.fang.com/news/2021-04-28/39566755.htm.

元,占世界总量的比重提高至约27%,对世界GDP增长贡献率持续保持在1/3以上。[①] 中国国际经济交流中心的权威课题组经过深入研究与预测,展望了一个令人瞩目的未来愿景:在2030—2035年的这一关键时期,中国GDP有望历史性地超越美国,跃升至30万亿美元以上的新高度,从而确立其作为全球最大经济体之一的领导地位。这一壮举不仅标志着中国经济实力的空前增强,更预示着其在世界经济版图中的核心作用与影响力将显著提升。

从产业优势来看,中国已经进入服务经济时代。2020年第三产业对经济增长的贡献率达到48.4%,连续6年是经济增长最大动能。中国几乎成为所有商品生产全球价值链的重要组成部分,制造业占全球总产量超过20%,有220多种产品产量居世界第一位。从全球价值链分工来看,中国已经越过贴牌生产(Original Equipment Manufacturer, OEM)阶段,越来越多的中间品生产、研发设计在国内进行,许多行业已经形成全产业链发展格局,到2035年将成为名副其实的制造强国。从新经济成长来看,中国在高新技术制造业、战略性新兴产业等领域展现出了惊人的增长活力,其增加值实现了飞跃式增长。尤为显著的是,新能源汽车产量的迅猛提升,同时,网上零售额的快速增长,在全球数字经济版图中,中国已稳居世界第二。此外,互联网经济占GDP的比重远超发达国家与发展中国家的平均水平,这一数据不仅反映了中国互联网产业的繁荣景象,也预示着数字经济将成为推动中国经济高质量发展的新动力。中国在数字技术与传统产业融合方面拥有得天独厚的优势。这一优势不仅体现在政策引导、技术创新、市场应用等多个层面,更在于中国庞大的经济体量、完善的产业体系以及丰富的应用场景。这些有利条件为中国在数字经济时代全球价值链的"重构"提供了"弯道超车"的难得机遇,使中国能够在新一轮科技革命和产业变革中占据更加主动和有利的位置。

在国际竞争力上,中国企业历经多年的国际化探索与实践,已成功孕育并发展出一批具有全球影响力的世界级企业。这些企业不仅是各自行业的佼佼者,更将在塑造以中国为核心引领力量的全球价值链体系中,扮演至关重要的龙头角色,引领产业升级与全球合作的新潮流。据2018年《财富》杂志发布的全球500强企业排行榜显示,中国以120家上榜企业的数量,紧随美国(126家)之后,稳居世界第二位。此外,由世界品牌实验室(World Brand Lab)发布的2017年度《世界品牌500强》排行榜中,中国品牌紧随美国、日本之后,位列第三。

在创新与人力资源方面,中国已屹立于知识产权创造大国的行列,实现了从跟随模仿到自主创新的历史性跨越,并正稳步迈向2035年前列创新型国家的宏伟目标。当前,中国在发明专利授权量上稳居世界榜首,国际专利申请数量仅次于领先国家,展现了强大的创新产出能力。同时,中国在研发(R&D)经费支出方面也占据全球第二的位置。在关键技术领域,通信设备、航天、高铁、特高压输变电、超级计算机、核能等前沿领域,中国已拥有全球顶尖的技术实力,成为推动行业进步的重要力量。特别是在5G通信技术、互联网产业等新兴领域,中国更是实现了从跟跑到并跑乃至领跑的华丽转身,引领着全球科技发展的潮流。此外,中国拥有规模庞大且结构多元的知识型人才队伍,他们不仅是科技创新的生力军,也是

---

[①] 胡鞍钢,刘生龙.中国到2035年实现经济总量或人均收入翻一番,是完全有可能的[EB/OL].(2020-11-04)[2022-03-28]. https://user.guancha.cn/main/content?id=405916.

推动产业结构向高端化转型的坚实支撑。这一丰富的人力资源宝库,为中国持续提高创新能力、加速产业升级提供了源源不断的智力保障,为中国经济的高质量发展奠定了坚实的基础。中国科技研究人员总数居世界第一位,毕业的大学生、研究生和高等教育在学人数均居世界第一位。还有大量海外留学生回国人才和在国外学习和研究的人才。

从基础设施和城镇化水平来看,中国基础设施居世界先进水平,2018年拥有铁路13.1万千米、公路485.6万千米,其中高速铁路2.9万千米,占全球高铁的三分之二;高速公路里程14.26万千米,居世界第一位;港口吞吐量133亿吨、光纤光缆31 734.5万芯千米。2018年人口城镇化率达到59.58%,[①]继续增长空间较大。

同时,中国正在成为全球最大的消费市场。中国中等收入群体超过4亿人,居世界第一位;[②]目前约占全球奢侈品市场的三分之一,占全球纺织品和服装消费的40%,销售汽车比欧洲多40%、比美国多65%。[③]据麦肯锡研究,中国劳动年龄人口成为全球主要消费群体之一,到2030年,全球城市消费的每1美元中,他们将占12美分。[④]日益强大的消费市场,有利于中国吸收优质外资,也有利于在塑造国际贸易规则方面不断提升话语权。

2. 贸易投资大国地位日益稳固

第一,贸易综合竞争力不断提升。2018年中国货物贸易总额4.62万亿美元,占全球比重的11.75%。其中,出口2.48万亿美元,居世界第一位;进口2.14万亿美元,居世界第二位;贸易顺差3 517.6亿美元。[⑤]截至2019年7月,中国外汇储备规模31 037亿美元,继续保持全球领先。[⑥]出口结构不断优化,2018年中国机电产品出口占出口总额的58.8%,[⑦]高新技术产品出口占出口总额的30.1%。[⑧]出口市场多元化格局逐步形成。2018年,我国对前三大贸易伙伴欧盟、美国和东盟进出口分别增长7.9%、5.7%和11.2%,三者合计占我国进出口总值的41.2%。同期,我国对"一带一路"共建国家合计进出口8.37万亿元,增长13.3%,高出全国整体增速3.6个百分点,我国与"一带一路"共建国家的贸易合作潜力正在持续释放,成为拉动我国外贸发展的新动力。[⑨]2018年中国服务贸易额5.24万亿元,连续

---

① 内蒙古自治区发展研究中心,"内蒙古'十四五'发展环境与思路对策研究"课题组,郭松流,等."十四五"高质量发展面临的环境及影响[J].北方经济,2019(12):3.
② 周慧.4亿中低收入群体成消费中坚,90后超前消费一代崛起[EB/OL].(2019-08-12)[2022-01-28].https://www.sohu.com/a/333061796_115433.
③ 王晓红.提升利用外资的综合优势和效益[EB/OL].(2019-07-17)[2022-01-25].http://views.ce.cn/view/ent/201907/17/t20190717_32638067.shtml.
④ 麦肯锡:新一波技术浪潮重塑全球价值链[EB/OL].(2019-02-21)[2022-01-18].https://www.163.com/dy/article/E8I4MLD605444M8C.html.
⑤ 南生今世说.2018年全球贸易占比:中国占比11.75%,美国占10.87%[EB/OL].(2019-04-03)[2022-02-22].https://www.sohu.com/a/305692771_100110525.
⑥ 国家外汇局.截至2019年7月末,中国外汇储备规模31 037亿美元[EB/OL].(2019-08-07)[2022-01-21].https://news.cctv.com/2019/08/07/ARTIU8877kboCyX48MM3k8rF190807.shtml.
⑦ 高士旺.2018年,我国机电产品进出口额创历史新高[EB/OL].(2019-03-19)[2022-02-25].https://www.sohu.com/a/302278962_649040.
⑧ 钟山.高新技术产品出口已经占全国外贸出口的30%[EB/OL].(2019-03-09)[2022-01-26].http://www.baijiahao.baidu.com/s?id=1627498033551652638&wfr=spider&for=pc.
⑨ 海关发布.国新办发布会 | 2018年进出口规模创历史新高[EB/OL].(2019-01-14)[2022-02-01].https://baijiahao.baidu.com/s?id=1622622771727722199&wfr=spider&for=pc.

五年列全球第二位。其中,服务出口1.77万亿元,服务进口3.47万亿元,服务贸易逆差额1.7万亿元。① 以跨境电商、外贸综合服务、市场采购贸易为代表的新兴贸易方式快速发展。2018年跨境电商零售进出口总额达1 347亿元,同比增长50%。②2017年中国数字化产品等出口约2 360亿美元,成为第二大出口板块。据预测,到2030年中国数字化产品出口将增长207%,达7 260亿美元,其中数字化产品出口价值增长将超过3倍,电商出口及数字应用程序出口是主要增长动力。③

第二,吸收外资方面实现了规模与质量的双重飞跃,展现出强大的吸引力与竞争力。通过持续优化投资环境、革新外商投资管理体系以及出台一系列促进政策,中国连续多年稳居全球吸收外资的前列。2018年,中国实际利用外资规模达到1 349.7亿美元,稳居世界第二位,此外,该年中国已累计设立外商投资企业近96万家,实际使用外资总额超过2.1万亿美元。外资经济不仅优化了经济结构,还显著促进了贸易扩张、财政收入增长以及就业市场的繁荣。具体而言,2018年全国外商投资企业的进出口总值高达19 681亿美元,占据全国总量的42.57%,成为对外贸易的重要支柱。同时,外资企业在中国工业产值中的贡献达到四分之一,为财政税收贡献了五分之一,并提供了城镇就业七分之一的岗位。

第三,中国企业"走出去"的步伐稳健而多元,已进行了全方位、多层次的国际化布局。中国作为全球外国直接投资(FDI)的重要输出国,2012—2018年间,连续七年保持对外直接投资额位居世界前三的强劲势头,其中2018年更是达到了1 430.4亿美元的新高,同比增长4.2%,稳居世界第二的宝座。

截至2018年年底,中国企业在全球范围内设立了超过4万家境外企业,遍布188个国家和地区,对外直接投资存量突破1.98万亿美元,占据全球总量的5.9%,位列全球第三。值得注意的是,这些投资中,超过80%流向了发展中经济体,不仅促进了当地经济发展,也深化了中国与这些国家的经贸合作。此外,中国对外投资的结构正经历着深刻的转型,从以往侧重资源获取型投资,逐步向技术引领型投资转变,并致力于在全球价值链中构建更加主动和关键的角色。2018年的数据显示,中国对外投资主要流向了租赁和商务服务、制造业、批发零售业以及采矿业等四大领域,其中租赁和商务服务领域以35.5%的占比领先,制造业紧随其后,占比13.4%。2002—2018年,中国对外承包工程累计签订合同额年均增速超过20%;2018年,对外承包工程营业额1 690.4亿美元,创造当地84万个就业岗位,带动设备材料出口170亿美元。④ 截至2019年9月,中国建设境外经贸合作区113个,通过确认考核的合作区入区企业共计933家,累计投资209.6亿美元,上缴东道国税费22.8亿美元,

---

① 中华人民共和国商务部.2018年我国服务进出口总额5.24万亿元规模再创历史新高[EB/OL].(2019-02-26)[2022-01-18]. https://baijiahao.baidu.com/s?id=1626534782063030662&wfr=spider&for=pc.
② 海关总署.2018年跨境电商进出口总额增长50%[EB/OL].(2019-01-04)[2022-02-12]. https://baijiahao.baidu.com/s?id=1622608953153004199&wfr=spider&for=pc.
③ 李魁文.2030年中国数字贸易将达37万亿元[EB/OL].(2019-03-26)[2022-02-17]. https://jingji.cctv.com/2019/03/26/ARTIy7eZx28PlCc0v3UNn1HT190326.shtml.
④ 中华人民共和国商务部,国家统计局,国家外汇管理局.2018年度中国对外直接投资统计公报[EB/OL].(2019-10-28)[2022-04-20]. http://fec.mofcom.gov.cn/article/tjsj/tjgb/201910/20191002907954.shtml.

创造就业岗位 14.7 万个。①

第四,"一带一路"正在成为互利共赢的多边合作平台。"一带一路"建设不仅为世界各国发展提供了新机遇,也为中国开放发展开辟了新天地,已经成为推动开放型经济世界、构建人类命运共同体的重要平台。经过 5 年的建设基本形成了"六廊六路多国多港"的互联互通架构,截至 2018 年,中国累计与 122 个国家、29 个国际组织签署了 170 份政府间共建"一带一路"合作文件。2013—2018 年,中国与"一带一路"共建国家累计进出口总额达 64 691.9 亿美元、对外直接投资额超过 900 亿美元。其中,2018 年中国与"一带一路"共建国家货物进出口总额达 1.26 万亿美元,占比 27.4%;中国企业对"一带一路"共建的 56 个国家实现非金融类直接投资 156.4 亿美元,占比 13%;中国公司在沿线 63 个国家对外承包工程营业额 893.3 亿美元,占比 52%。中国已与 13 个共建国家签署或升级了 5 个自贸协定,与 21 个共建国家签署了本币互换协议,超过 60 个境外央行或货币当局将人民币纳入官方外汇储备。②"一带一路"产能合作促进了共建国家工业化、信息化和城镇化进程,实现了合作共赢。中国与"一带一路"共建国家在科技、教育、文化、卫生等方面的交流不断深化,人文和社会根基日益稳固。

第五,贸易投资自由化和便利化的制度环境基本形成。党的十八大以来,中国通过深化"放管服"改革,全面实行准入前国民待遇加负面清单管理制度,设立自由贸易试验区和探索自由贸易港,加快构建开放型经济新体制,不断完善法治化、市场化、便利化的营商环境。2019 年版全国外资准入负面清单的限制措施由 2011 年的 180 项减至 40 项,自贸试验区外资准入负面清单由 2013 年的 190 项减至 37 项。在世界银行发布的报告中,2018 年中国营商环境由 78 位上升到第 46 位。2019 年 3 月通过的《中华人民共和国外商投资法》成为中国外商投资法治化建设的重要里程碑。全球自贸区战略成为中国扩大市场空间、探索国际经贸新规则的重要平台。截至 2019 年,中国已签署了 17 个自由贸易协定,涉及 25 个国家和地区。③

3. 金融领域国际竞争力逐步增强

中国在稳步推进人民币国际化、推动金融机构"走出去"、加强国际金融合作、促进国际金融体系改革等方面都取得了较快进展。第一,人民币国际化水平稳步提升。人民币跨境支付结算稳步增长,2018 年人民币跨境收付金额 15.85 万亿元,同比增长 46%④,人民币跨境支付系统(Cross-border Interbank Payment System,CIPS)覆盖全球的网络基本建成。人民币作为储备货币的信誉逐步提高,2016 年 10 月人民币被正式纳入 IMF 特别提款权(Special Drawing Right,SDR)货币篮子,权重为 10.92%,居第三位。IMF"官方外汇储备货币构成"

---

① 中华人民共和国商务部,国家统计局,国家外汇管理局. 2019 年度中国对外直接投资统计公报[M]. 北京:中国商务出版社,2020.
② 刘梦. 2018"一带一路"大事记:共建"一带一路"发生了这些重大变化[EB/OL].(2019-01-09)[2022-02-23]. https://www.yidaiyilu.gov.cn/p/76800.html.
③ 21 世纪经济报道. RCEP 即将签署!商务部称中国已签 17 个自贸协定正推动十大自贸区谈判[EB/OL].(2019-12-04)[2022-01-18]. https://finance.eastmoney.com/a/201912041312972682.html.
④ 金融时报. 中银协:2018 年人民币跨境收付同比增长 46%[EB/OL].(2019-07-20)[2022-02-24]. https://baijiahao.baidu.com/s?id=1639531062330571585&wfr=spider&for=pc.

（COFER）数据显示，截至2018年第三季度，人民币储备总额1 925.4亿美元，同比增长78%。据人民银行统计，截至2018年末，我国已与38个境外包括日本等发达国家中央银行或货币当局签署了双边本币互换协议，总额达3.55万亿元。①

第二，金融机构"走出去"步伐加快。目前，金融机构的业务领域已经拓展至人民币清算、出口信保融资、国际结算、贸易融资等方面。2018年中国金融类对外直接投资93.3亿美元，②中国银行共拥有548家海外分支机构，横跨全球56个国家和地区。③截至2018年，中国工商银行在47个国家和地区建立了426家机构，与145个国家和地区的1 502家境外银行建立了代理行关系，其中在"一带一路"沿线21个国家和地区拥有131家分支机构。④

第三，金融服务领域大幅放宽外资准入。截至2017年年底，有14个国家和地区的银行在华设立了38家外商独资银行、1家合资银行，有30个国家和地区的73家外国银行在华设立了。⑤截至2018年6月底，来自16个国家和地区的境外保险公司在华设立了57家外资保险法人机构，下设各级分支机构1 800多家。⑥中国正在大幅取消金融领域外资准入限制，为境外金融机构拓展国内市场创造有利条件。

第四，中国已成为国际金融合作的有力倡导者。中国主导发起了金砖国家新开发银行（New Development Bank，NDB）和亚洲基础设施投资银行（Asian Infrastructure Investment Bank，AIIB，简称"亚投行"）。截至2020年年底，亚投行成员总数103个，自2016年1月投入运营，五年来累计批准贷款项目108个，累计批准融资额220.2亿美元。⑦中国对外投资项目展现出显著的聚集性，主要集中在关键基础设施领域。例如，在孟加拉国，中国投资助力电力配送系统的升级与扩容；在印度尼西亚，国家贫民窟的升级改造项目惠及众多民众；在巴基斯坦与塔吉克斯坦，中国则投资建设高速公路与公路等基础设施。与此同时，中国在国际金融体系中的影响力持续攀升，成为不可忽视的力量。2016年1月，中国在国际货币基金组织（IMF）中的份额达到了6.4%，这一比例仅次于美国和日本，位居全球第三位。这一成就不仅反映了国际社会对中国经济实力的认可，也为中国在全球经济治理中发挥更大作用打下了坚实的基础。中国正以更加开放和自信的姿态，积极参与全球经济治理体系改

---

① 连平，胡亚楠.专家解读：迈向人民币国际化新征程［EB/OL］.（2019-10-15）［2022-02-26］. https://finance.sina.com.cn/money/forex/forexinfo/2019-10-15/doc-iicezuev2307704.shtml.
② 新华社.2018年我国对外投资1298.3亿美元保持平稳健康发展［EB/OL］.（2019-01-16）［2022-02-10］. https://www.gov.cn/xinwen/2019-01/16/content_5358398.htm.
③ 罗思平，丁明星，孙哲.运用央行双边货币互换，助力中资银行海外发展［EB/OL］.（2020-03-23）［2022-01-14］. https://mp.weixin.qq.com/s?__biz=MzIwNTM0NTMxMg==&mid=2247495829&idx=2&sn=6651d0a4c31248bfed855c3d7dd68a77&chksm=9730f7daa0477ecc01bc4c6b17b2a08c4464b201006f99d0e8968e7926cefe1092b-0c807119c&scene=37.
④ 中国工商银行股份有限公司2018年度报告［EB/OL］.（2019-03-29）［2022-02-11］. https://v.icbc.com.cn/userfiles/Resources/ICBCLTD/download/2019/2018ndbgA20190329.pdf.
⑤ 钟源.多家外资银行在华设立机构 营业性机构超千家［EB/OL］.（2018-07-13）［2022-03-20］. http://money.people.com.cn/n1/2018/0713/c42877-30144631.html.
⑥ 杨芮.回望2018保险业：开放正在提速外资险企有新机遇［EB/OL］.（2018-12-29）［2022-02-18］. https://finance.sina.com.cn/roll/2018-12-29/doc-ihqhqcis1401732.shtml.
⑦ 王善涛.亚投行：五年来累计批准融资额超220亿美元［EB/OL］.（2021-01-13）［2022-03-11］. https://baijiahao.baidu.com/s?id=1688768807593398917&wfr=spider&for=pc.

革,推动公正合理的国际经济新秩序的形成。

### (二)面临的主要挑战

1. 综合国力仍与美国存在较大差距

2018年美国人均GDP约6.3万美元,是中国的6.5倍。①2017年美国军费开支为6 208亿美元,是中国的4.12倍;美国的劳动生产率为101 101美元,是中国的12倍;美国营商环境全球排名第8位,比中国高38位;美国创新能力列第一位,中国列17位;美国人均教育经费是中国的8倍,高等教育入学率是中国的2倍,全球百强大学是中国的8倍,留学人数是中国的5.2倍。②

2. 技术创新能力不足仍是"短板"

中国技术创新能力不足主要体现在原始创新能力不强、基础研究薄弱、关键核心技术受制于人。2016年中国基础研究投入占比为5.25%,低于法国的23.8%、美国的16.9%和日本的12.6%。③我国芯片依赖进口的情况非常严重,如2018年中国进口芯片达3 120.58亿美元,同比增长19.8%;④在核心零部件领域,如发动机、液压元件、传动系统以及控制系统等关键环节,也高度依赖进口,这凸显了在这些技术密集型产品上自主创新能力提升的迫切需求。与此同时,美国和欧盟在高科技领域展现出了强大的竞争力,特别是在IT技术、物联网、人工智能、基因工程、无人交通工具以及生物技术等前沿领域汇聚了众多世界级的领先企业。

3. 产能过剩和结构性矛盾仍较突出

"三去一降一补"政策深刻映射出中国长期以来累积的结构性挑战,旨在精准施策以化解深层次矛盾。中国在全球多个产业领域,包括家电、手机、电脑、水泥、钢铁、工程机械、造船、汽车、摩托车、服装、制鞋、玩具、建筑陶瓷等,均占据产能榜首位置,彰显了制造业大国的雄厚实力。然而,也暴露出不容忽视的结构失衡问题:优质产能供给短缺与落后产能亟待淘汰并存,高端产品供不应求与低端产品产能过剩交织,有效供给不足与无效供给泛滥的矛盾日益凸显。尤为值得关注的是,尽管近年来中国新经济蓬勃发展,展现出强劲的增长势头,但其总体规模尚显有限,目前仅占国内生产总值(GDP)的约16%,表明新经济作为经济增长新引擎的作用尚未得到充分发挥。因此,在推进供给侧结构性改革的同时,加速培育壮大新经济,促进传统产业转型升级,构建高质量、高效益、可持续发展的现代产业体系,已成为中国经济发展的重要课题。

---

① 阿慧.美国人均GDP是中国的6.5倍,物价水平怎么样?内行人:角度不同![EB/OL].(2020-08-04)[2022-02-14]. https://baijiahao.baidu.com/s?id=1674095473051205829&wfr=spider&for=pc.
② 科技中国,由雷,王宏广,等.40个指标全面透析中美差距[EB/OL].(2018-08-22)[2022-02-22]. https://www.jfdaily.com/news/detail?id=101272.
③ 北京大学国家发展研究院.郑世林:中国跻身创新型国家前列的挑战与建议[EB/OL].(2021-01-09)[2022-02-20]. https://nsd.pku.edu.cn/sylm/gd/lrzl/508086.htm.
④ 只说数码科技.中国芯还需努力:2018年芯片进口额再创新高,超3 100亿美元![EB/OL].(2019-01-17)[2022-02-03]. https://baijiahao.baidu.com/s?id=1622881823321779087&wfr=spider&for=pc.

### 4. 经济增长与环境承载力的矛盾突出

中国连续17年居全球能源消费增长首位，2017年一次能源消费量占全球总量的23.2%，其中煤炭占60%。① 中国已成为原油、天然气最大进口国，2018年进口原油4.62亿吨、天然气9 039万吨，进口依存度分别为70.9%和45.3%。② 截至2020年年末，中国天然气消费对外依存度已达40%以上，其中液化天然气（LNG）占中国天然气进口量的60%以上。③ 2030年二氧化碳排放达到峰值，生态环境恶化的趋势仍将持续。在一段较长的时间内，经济增长与资源、能源、环境承载力的矛盾仍将相当突出。

### 5. 老龄化社会加速导致人口红利下降

"未富先老"已经成为中国可持续发展的巨大挑战。2018年中国16～59周岁的劳动年龄人口89 729万人，占比64.3%；60周岁及以上人口24 949万人，占比17.9%，其中65周岁及以上人口16 658万人，占比11.9%。到2035年中国将有4亿老年人。④ 这一趋势将导致中国人工成本上升，对国际产业转移产生不利影响。

总之，新时代中国面临的国际国内环境正在发生深刻变化。世界处于百年未有之大变局，世界经济正在经历新一轮大发展大变革大调整，不断赋予经济全球化以新内涵，将重塑全球产业格局、发展格局、竞争格局、治理体系和经贸规则。我国综合国力大幅提升，新常态下的新一轮结构调整及动能转换不断赋予经济发展以新的活力。这些都将给中国经济高质量发展带来机遇。但我们也必须清醒地看到国际形势骤变带来的严峻挑战以及未来我国经济可持续发展面临的制约因素。为此，准确研判局势，对于深刻领会战略机遇期的新内涵、把握新机遇、迎接新挑战具有重要战略意义。⑤

# 本 章 小 结

发展国际经济关系的环境是指国际上以及东道国对国际经济关系产生影响的各种因素，是国际经济关系主体所面临的东道国环境的总称。它是由政治、经济、法律、自然条件和社会文化等多种因素共同决定的。国际经济关系环境有着综合性、先在性（客观性）、差异性、动态性、评价的主观性等特点。发展国际经济关系的环境因素包括科学技术因素、自然环境因素、经济环境因素、法律环境因素、政治环境因素、社会文化环境因素等。国际经济关系环境评价应遵循从投资者实际需求出发、实事求是、突出重点和兼顾双方比较优势等原

---

① 王密. 2017年中国天然气、煤炭等一次能源消费量占全球比例23%之后增速将放缓[EB/OL].（2018-11-13）[2022-01-18]. https://news.bjx.com.cn/html/20181113/941163-1.shtml.
② 王珊.徐洪才：加速人民币国际化保障中国能源安全[EB/OL].（2019-11-28）[2022-01-06]. https://m.thepaper.cn/baijiahao_5093642.
③ 前瞻产业研究院. 2021年中国天然气前景及预测[EB/OL].（2021-07-29）[2022-02-12]. https://www.sohu.com/a/480271748_438369.
④ 刘红霞，陈炜伟. 我国大陆2018年末总人口接近14亿[EB/OL].（2019-01-21）[2022-02-15]. https://www.gov.cn/xinwen/2019-01/21/content_5359797.htm.
⑤ 王晓红. 中国经济高质量发展面临的国际国内环境分析[J]. 全球化，2019（10）：45-46.

则。对国际经济关系环境评价可以采取专家实地考察、问卷调查评价和信息咨询机构评价等方式,具体方法有冷热比较法、罗氏等级评分法、闵氏评估法、F-M矩阵评估法、道氏评估法、三菱投资评估法、投资障碍分析法、抽样评估法、利润因素评估法、成本分析法、灰色对比分析法等。我国在发展国际经济关系的环境各方面都是机遇与挑战并存。

# 复习思考题

1. 一些西方媒体宣扬"中国投资环境恶化论",认为中国对外资的"歧视"在增加,监管环境在"恶化",外资在中国的投资和经营面临很大困难。请对此加以分析。
2. 试用等级评分法对新加坡发展国际经济关系的环境进行评估。
3. 请对中国和印度发展国际经济关系的环境进行比较分析。
4. 为什么说我国在发展国际经济关系的环境各方面是机遇与挑战并存?

## 案例分析与思考

### "中国威胁论"为什么甚嚣尘上?[①]

近年来,越南、菲律宾、日本等国不断在中国领海挑起事端,致使中国与某些周边国家关系趋于紧张。在南海和钓鱼岛等问题上,中国在坚持主权的立场上,始终寻求通过和平谈判的外交途径解决争端,但被国际舆论歪曲为中国对周边国家的态度"强硬""咄咄逼人"。很多外国媒体断言中国的韬光养晦政策已经悄然改变,言语中充满了担忧、警惕和谴责的情绪。中国与周边国家关系出现紧张,幕后推手是美国全球战略的转移。2009年以来,美国加紧实施"重返亚太"战略,从政治、经济、安全等各方面加深与亚太各国的联系,根本目的是遏制中国的崛起,维护美国的国家利益和全球霸权。因此,对中国快速崛起感到有压力的部分周边国家乐见美国"重返亚太"。美国加紧扩大与亚太部分国家的同盟关系,试图对中国形成围堵之势,这对中国为经济建设而营造和平稳定的国际环境极为不利。

**思考问题**:外媒大肆宣扬"中国威胁论"的原因是什么?我国应该如何应对国际媒体的"中国威胁论"?

---

① 王洪波. 从国际舆论看中国发展面临的困境[J]. 潍坊工程职业学院学报, 2013, 26(5): 57-59.

# 第六章　国际经济关系协调与区域经济一体化

随着经济全球化的推进,全球经济的互联互通机制也在不断扩展和深化。第二次世界大战结束以来,国际经济关系协调的发展具有一定的阶段性,大体可以划分为四个时期。国际经济合作的形式呈现出多样化的特点:既有临时性的协商,也有定期的对话;既有自发性的合作,也有有计划的协调;既有局限于特定区域的协调,也有覆盖全球范围的合作;既有非正式的协调机制,也有正式的合作框架;既有局限于双边的协商,也有涉及多边甚至单边的协调机制。特别值得关注的是,区域经济一体化的兴起、发展和普及,极大地推动了国际经济合作的深度和广度。在国际经济合作中,区域经济集团的协调机制越来越不可或缺,它们促进了成员国之间的经济整合,提升了整体经济竞争力。

## 第一节　国际经济关系协调概述

### 一、国际经济关系协调的含义和本质

国际经济关系协调是指各国通过参与跨国经济组织、举办国际论坛和构建地区经济联盟等手段,针对国际贸易、货币汇率、金融和财政政策等关键领域进行讨论和协作。这一过程包括对现有政策的调整或共同执行干预策略,旨在降低政策的跨国影响和全球经济波动对单一国家经济的潜在损害,以实现全球经济的稳定和各国经济的持续增长。

在更深层次上,全球经济合作反映了不同国家在经济利益上的协调。其根本目的是在经济全球化的大潮中,解决国家间共同利益与各自国家利益之间的潜在冲突,保障全球经济结构的稳定运行,并确保各国经济的和谐发展,进而推动全球经济的整体进步。全球经济合作的实质是各国政府通过合作机制,识别并强化经济利益的共同基础,利用经济的相互联系和影响,追求各国经济福祉的最大化,并在国内外经济均衡的基础上,实现全球经济的和谐发展。[①]

### 二、国际经济关系协调的基础

国际经济关系协调的根基建立在国家间经济的紧密联系和全球经济的互动效应之上。在经济全球化的不断推进下,各国经济的相互依赖性不断加强,由此导致国家经济政策的"外溢效应"愈发显著。这意味着,各国所制定的经济政策,无论是通过贸易、金融、投资、技

---

① 参见 https://wiki.mbalib.com/wiki 网站"国际经济协调"词条。

术交流还是人员迁移等途径,都不可避免地对别国的经济产生一定影响,进而影响其政策的制定。因此,若各国在制定并执行经济政策时缺乏必要的协调,各自独立行动,那么这些政策的实施效果可能会大打折扣,甚至出现相互抵消的现象,导致无法达到预期的最佳政策效果。反之,如果各国能够在经济政策的制定阶段就进行充分的沟通和协调,就有可能形成共赢的局面,进而提升各国的经济福祉。

近 30 年来,全球价值链(Global Value Chains,GVC)的迅猛发展使得国际经济关系协调的必要性与重要性日益凸显。全球价值链是指企业在一个国家专门从事一套特定的生产活动,为其他国家制造零部件或提供有关服务。在全球价值链中,产品在最终完成组装之前,其生产过程往往需要跨越一个(通常为多个)国家。这种价值链将生产过程扩展到多个国家,其在世界生产和贸易中所占的份额在过去 30 年中大为提高。依据由世界贸易组织(WTO)与经济合作与发展组织(OECD)联合发布的《2019 年全球价值链发展报告》,全球贸易中超过三分之二的贸易额,都是通过全球价值链网络来完成的。过去 20 多年来,在运输和通信成本降低和贸易壁垒减少的推动下,全球许多国家与全球价值链相关贸易的显著增长已转化为其经济的显著增长。全球价值链的兴起和日益复杂化,重塑了全球经济的特征和组织架构。由于全球价值链日趋复杂化及其相关贸易活动的快速扩张,贸易冲击更容易通过投入产出活动在各经济体内迅速而广泛地传播。全球价值链的日益复杂化给不论是发达国家还是发展中国家的政策制定都带来了巨大的挑战,也越发凸显了国际经济关系协调的重要性。

### 三、国际经济关系协调的作用

国际经济关系协调的存在将帮助各国在融入经济全球化,参与全球价值链中获益。在全球价值链日益普及的今天,国际贸易体系的重要性愈发凸显。全球价值链打破了地理界限,使得一个国家的决策或不作为可能对其他国家的生产者和消费者产生深远影响。因此,协调国际经济关系对于缓解政策的跨国影响、促进取得更优的发展成果至关重要,特别是当商品和服务在国际多次流通时,贸易保护主义带来了成本的成倍增加。因此,通过协调一致的措施降低贸易壁垒,对于全球价值链的积极影响,甚至可能超过其对传统贸易模式的益处。[①]

《2020 年世界发展报告:在全球价值链时代以贸易促发展》,由世界银行集团发布,强调了基于规则的国际贸易体系为发展中国家带来了显著的好处。然而,国际贸易体系正承受着巨大的压力,其改革举步维艰,最显著的例子是多哈回合谈判的无果而终。近年来,美国引发的贸易争端不断升级,导致保护主义情绪和经济政策的不稳定性加剧,全球价值链也因此受到干扰。如果此类贸易冲突趋于恶化,引起投资者信心下滑,可能给全球经济增长和减贫事业带来巨大的负面影响,这可能导致超过 3 000 万人陷入贫困状态(每天人均收入低于 5.50 美元),并可能引发全球收入减少高达 1.4 万亿美元。鉴于此,各国需要强化经济政策的协调工作,拓展传统贸易伙伴关系,清除商品与服务贸易的障碍以及由此引发的贸易失衡,同时将合作领域从单一的贸易政策扩展到包括税收、法规和基础建设等更广泛的层面。

---

① 参见世界银行《2020 年世界发展报告:在全球价值链时代以贸易促发展》。

## 四、国际经济关系协调的主要形式

国际经济关系协调的常见形式主要有互访（含重要声明）、国际会议、国际机制三大类。

### （一）互访

互访是国际经济关系协调（多为双边协调）的主要形式之一。互访一般可以根据性质和接待标准分为正式和非正式两种类型。正式访问通常是为了增进两国之间的官方联系，由政府高级官员，特别是国家元首或政府首脑亲自进行的访问。这种访问具有明确的访问目的和公开的接待仪式，属于高级别甚至最高级别的国事访问，是外交活动中的一种重要形式。有时在访问结束后双方会就访问内容和协商结果分别发表声明或者发表联合声明及公报。非正式访问的礼仪活动一般从简，其视情况不同有私人访问、顺道访问、工作访问、秘密访问等多种情形。

### （二）国际会议

国际会议是主权国家间政府代表通过会晤，面对面地探讨彼此间的经济联系以及全球经济的相关问题。在这些论坛上，与会者致力于明确各自的权益与义务，并寻求在关键议题上达成共识。有时国际性会议可能取得成果，例如国际经济条约的签署、国际经济机构的建立、区域经济联盟的形成。然而，会议的结果并非总是成功的，有时可能仅表达出对特定政策方向的共同看法或立场，或者在某些情况下，会议可能未能取得实质性成果。国际会议的举办具有一定的灵活性，参与国家的数量、代表的级别、会议的召开时间以及持续期限均不固定，展现出多样化的形式。这种灵活性使得国际会议能够适应不同的国际环境和需求，为各国提供了一个灵活多变的对话和协商机制。

### （三）国际机制

国际机制（International Regimes）是指在特定的国际关系领域中，由一系列原则、标准、规章和决策流程构成的体系。这些原则和规则通常是隐含或明确表述的，它们为国际关系参与者提供了相互之间行为的预期框架。[1] 国际惯例、国际仲裁、国际法以及国际经济组织（含区域经济一体化组织）等是国际经济关系领域比较常见的国际机制。

国际惯例通常指的是在国际社会中逐渐发展起来的、被广泛认可和遵循的非正式规则。这些规则是国际习惯和国际通例的集合，它们构成了一种不成文的法律规范，被全球范围内的参与者普遍接受和实践。国际惯例在效力上具有灵活性，它们既具有任意性，允许各方在一定程度上选择是否遵守，同时也带有准强制性，因为它们在国际交往中被普遍期待和假定为应遵守的准则。[2] 这些国际惯例为国际贸易提供了一套共同遵守的规则和指导原则，有助于减少交易中的不确定性和争议，促进了全球贸易的顺畅进行。

---

[1] STEPHEN D K. Structural causes and regime consequences: regimes as intervening variables. international regimes [M]. London: Cornell University Press, 1983: 1–21.

[2] 参见 https://wiki.mbalib.com/wiki 网站"国际惯例"词条。

## 第六章　国际经济关系协调与区域经济一体化

在国际经济领域中，一些国际惯例因其普遍适用性和权威性而广为人知。其中《国际贸易术语解释通则》（*International Rules for the Interpretation of Trade Terms*, INCOTERMS）历经多次补充和修订，日趋完善，被公认为在国际商事交易中最普遍适用的国际惯例。《国际贸易术语解释通则》由国际商会在1936年制定，是一套解释国际贸易术语的规则，用以明确买卖双方在交货、风险转移、费用承担等方面的责任。《国际贸易术语解释通则》因其在国际商业交易中的广泛应用而被认可，并且随着时间的推移，经过多次的更新和修订，以适应国际贸易实践的变化。

国际仲裁通常被简称为"仲裁"或"公断"，它是一种用于解决国家之间争端的机制。当出现争端时，根据仲裁协议（有时是某些条约中的仲裁条款），争议案件会由当事国提请至双方共同选定的仲裁员组成的仲裁委员会进行裁决。仲裁庭会遵循一定的程序来审理案件，并作出最终裁决，当事双方都应遵守这一裁决。

除了一些常设的仲裁机构外，还存在着为特定案件而设立的临时仲裁庭。随着全球经济一体化的加速发展，国际商事仲裁作为一种解决跨国纠纷和协调国际经济关系的高效手段，正逐渐受到更多的关注和重视。它为国际经济参与者提供了一种灵活、专业且相对快速的争端解决途径。国际经济关系的法律架构主要由国际经济条约和国际惯例法构成。国际经济条约是两个或多个国家及地区为界定经济权利与义务而签订的正式文件；而国际惯例法则是在国际交往中逐渐形成的、被广泛认可的非书面规则。这两者共同构成了国家间经济合作的法律基础和规范。这些法律规范具有强制力，并随着时间的推移而持续有效。各国有责任按照这些规范执行相关法律义务。尽管没有统一的机构来协调这些规范的实施，但当面临新问题或挑战时，缔约方可以通过临时协商来寻求解决方案。这种灵活性确保了国际经济法律框架能够适应不断变化的国际环境。国际习惯法是国际法的一个重要来源，它由两个基本要素构成：一是国家的一致行为模式，即各国在相似情况下反复采取的类似行动；二是法律确信，即各国普遍认为这些行为模式具有法律约束力的信念。这两个要素共同确立了国际习惯法的权威性和效力。

国际经济机构是由三个或更多国家及地区依据国际经济条约或协定而建立的经济协调与管理组织。这些机构通常具有明确的使命和规章制度。成员国不仅是组织的构成主体，也是其权力来源，必须遵循条约或协定的规定，接受国际经济机构的指导和管理。在国际经济领域，一些著名的组织包括联合国下属的经济机构、[①] 世界贸易组织（WTO）、国际货币基金组织（IMF）和世界银行等。根据不同的标准，国际经济机构可以被分类为全球性或区域性、综合性或专门性、政府间或非政府间，以及国家间或超国家组织等类型。这种分类反映了国际经济机构在规模、职能、成员构成和运作方式上的多样性。

区域经济一体化组织（也称区域经济集团）协调所涵盖的国家数量一般不太多，但成员国通常会通过条约将部分国家主权转移给该集团，从而扩大了其协调的广度和深度。该集团的协调成效通常与成员国之间经济一体化的水平密切相关。经济一体化水平越高，集团的协调

---

① 如联合国开发计划署（UNDP）、联合国经济与社会理事会（United Nations Economic and Social Council, UNESCO）、联合国贸易与发展会议（UNCTAD））等。

对成员国的经济发展产生的影响也就越深远。集团的协调效果与成员国经济一体化的深度呈正相关,即成员国之间经济一体化程度越高,集团协调对成员国经济的积极作用也就越显著。

## 五、国际经济关系协调的类型与层次

国际经济关系协调可根据不同的划分标准,分为多种类型。如按其参与主体属性和范围划分,有单边协调、双边协调、区域协调与多边协调等;按其是否制度化,有非机制性协调与机制性协调;按其空间范围,有区域性协调和全球性协调;等等。

### (一)单边、双边、多边、区域与诸边协调

单边协调即所谓单边主义,是指国际上实力较强的某个大国,不考虑大多数国家和民众的愿望,不顾及他国利益,仅仅考虑自己的利益与诉求,单凭其自身的力量我行我素的行为与倾向。双边协调,又称为双边主义,涉及两个具有共同利益的行为体,依据自利和灵活性的原则,通过双边磋商或协议来明确双方的权利与义务。这种协调方式旨在实现各自的利益、解决紧迫问题,并作为处理国际关系中特定问题的主要方法。多边协调,亦称多边主义,通常指的是由多个国家构成的全球性组织或集团,这些组织或集团通过共同的制度安排和规则来协调成员国之间的经济政策。这种协调方式旨在通过集体行动和合作,实现共同的经济目标,解决跨国问题,并促进全球经济的稳定与发展。[①]

诸边协调是指以签订诸边协定(Plural-literal Agreement)的形式进行的协调。诸边协定是三个或以上国家所签订的经济贸易协定,其特点是:其成员国不局限于某一地区;它以特定的具体议题为谈判和缔约基础;其缔约方对特定议题有着共同利益,易于快速达成一致;它只对缔约国有效力,对非缔约国不具有约束力。

区域协调,亦称区域主义,指的是在地理上相邻或具有某些共同特征的区域内,两个或多个行为体基于区域共同性和排他性原则,依托区域经济组织,以促进区域整体利益为目标,协调区域内成员间的关系,并通过区域经济组织对外进行国际协调。

在经济全球化大背景下,世界各国经济联系复杂而紧密,单边主义协调方式的局限性很大,仅仅依靠单边行为,很难改善一国的对外经贸关系,更难以满足国与国之间分工协作、市场与资源互相融合的需求。双边主义、区域主义和诸边协调可以视为多边主义协调的替代选项,它们在多边经贸体系面临挑战或进展缓慢时提供了必要的灵活性和实用性。然而,在全球化经济快速发展的背景下,多边主义协调方式因其能够涵盖更广泛的国家和议题,被认为是国际经济关系协调中更为理想和有效的途径。通过多边框架,各国能够共同制定规则、解决争端,并促进全球经济的平衡与繁荣。

### (二)非机制性协调与机制性协调

非机制性协调,也被称作情境性协调或相机性协调,指的是在缺少统一协调机制或规则的情况下,相关国家依据具体的经济状况,通过相互协商来确定各自针对某一特定情形应

---

① ROBERT O K, JOSEPH S N JR. Two cheers of multilateralism[J]. Foreign Policy, 1985(60): 148–167.

采取的政策措施。这种方式将国内经济政策中的灵活决策原则扩展到了国际经济协调的层面,使得各国能够根据不断变化的国际经济环境,灵活地调整和优化自己的政策组合。这种协调方法强调了对特定经济情境的适应性和反应的及时性。其优点是灵活,各国可以根据即时的需要寻求合作,可以针对不同条件就相关问题进行协调,且在使有关政策服务于本国经济目标方面能够拥有相当大的自由度。其缺点体现在两个方面:一是政策协调的每一次实施都伴随着国家间的密集谈判,这一过程不仅成本高昂,而且在缺乏约束力的情况下,容易导致违约或搭便车等行为,从而影响协调的长期可行性;二是由于协调措施往往是基于临时协议而非固定规则,其不确定性较大,难以为市场参与者提供清晰的预期信号。

机制性协调,又称为规则性协调或制度化协调,是一种依托于明确规则的协调机制。它为各国提供了一套指导原则,用以采取相应的政策行动,以实现协调一致的目标。这种协调机制的显著优势在于,所达成的共识对所有参与方都具有一定的约束性和强制执行力,这有助于确保各方的政策行为与共同的规则和制度框架相一致,从而促进了合作的持续性和稳定性。然而,机制性协调也有其局限性。它可能会限制各方在政策运用上的自由度,有时甚至需要参与方在一定程度上放弃部分主权。这种协调方式要求各方在规则框架内行动,可能会在灵活性和适应性方面存在不足,特别是在面对快速变化的国际经济环境时。尽管如此,机制性协调通过提供清晰的规则和预期,有助于减少不确定性,促进国际经济关系的稳定和可预测性。

## 第二节 二战后国际经济关系协调的发展

在第二次世界大战爆发前的全球经济格局中,西方的发达国家普遍各自划定了经济领域和影响力范围,其间的对抗往往超过了合作,导致国际的协调努力及其成效极为有限。然而,战争结束后,基于对战前经济竞争和混乱状态的深刻反思,这些国家开始意识到构建统一的国际经济体系和推动国际经济关系协调的必要性,从而开启了国际经济协调的新篇章。

### 一、二战后国际经济关系协调的发展历程

二战以来,随着经济全球化的不断发展,国际经济关系协调也迅速发展,其涵盖了财政、货币、贸易和汇率等宏观经济政策领域,协调目标多元化至经济增长、通胀控制、贸易与国际收支平衡、财政赤字、货币和汇率稳定等方面,同时协调手段和工具日趋多样化。

二战以来的国际经济协调的演进可分为四个阶段:二战后初期至 20 世纪 70 年代初的起始阶段、70 年代中期至 80 年代末 90 年代初的全球化加速阶段、90 年代初至 2008 年金融危机前的一体化深入阶段,以及 2008 年金融危机至今的全球经济再平衡阶段,各阶段均体现了国际社会对经济政策协调不断增长的需求和应对策略的演进。

#### (一)二战后初期至 20 世纪 70 年代初

在二战后初期至 20 世纪 70 年代初期,布雷顿森林体系(Bretton Woods System)成为

全球经济关系的基础。包括国际货币基金组织(IMF)、国际复兴开发银行(International Bank for Reconstruction and Development, IBRD,世界银行集团的前身)、经济合作与发展组织(OECD)、关税及贸易总协定(GATT,世界贸易组织的前身)和国际开发协会(IDA)在内的多个国际经济组织,为全球经济重建和国际经济合作提供了重要的制度框架和组织支持。这些机构主要负责协调资本主义体系内的利益关系,在当时对全球经济的发展以及经济危机的治理产生了显著的正面影响。在这一时期,世界经济和贸易的发展以及就业水平都达到了历史性的高点。到了20世纪60年代,美国的经济实力相对下降,与此同时,日本和西欧的经济迅速发展,这导致了以美元为中心的国际货币体系出现了不稳定因素。这种转变推动了国际经济关系协调机制的演进。1973年,维持数十年的固定汇率制度解体,这标志着国际经济关系协调的初期阶段的结束。

在20世纪70年代中期至80年代末90年代初的阶段,国际经济关系协调的主要特点体现在三个方面:首先,国际货币基金组织(IMF)和关税及贸易总协定(GATT)等国际经济组织成为协调机制的核心,通过规则制定、资金援助和贸易自由化推动,在全球经济治理中扮演了关键角色;其次,多边贸易体系通过GATT的多轮谈判得到扩展,有效促进了全球贸易的增长;最后,各国对宏观经济政策的国际协调给予了更多关注,以共同应对诸如石油危机、通胀和经济衰退等全球性经济挑战,国际经济组织在其中发挥了稳定金融市场和促进经济发展的重要作用。以上述三大国际经济组织为例,它们都有非常明确的宗旨,确立了一系列关于国际经济关系协调的规则,并在各自所在的协调领域进行具有较强针对性的调解活动,在一段比较长的时间内取得了较好的协调效果,从而推动了二战后世界经济的复苏和发展。第二,在该时期,美国的主导作用在国际经济协调中表现得尤为明显。布雷顿森林体系和关贸总协定(GATT)构成了国际经济秩序的核心,美国利用其在多个领域的优势地位,对这些国际组织产生了深远的影响,实际上引领了全球经济关系的协调。但是,随着美国经济的相对衰退以及布雷顿森林体系在70年代初的崩溃,这些组织的协调功能开始减弱。第三,区域经济一体化组织,如欧洲经济共同体(EEC),开始在国际经济协调中扮演更加关键的角色,逐渐增强了其在国际舞台上的影响力。

### (二) 20世纪70年代中期至80年代末

在二战后初期,以美国为核心的国际经济协调体系,基于布雷顿森林体系的制度化协调,由于未能及时响应全球经济发展的新趋势,于1973年走到了尽头。这一变化导致了随后两年国际经济关系协调的显著缺失,以及国际经济领域的一定程度的混乱。1975年,美国、英国、法国、联邦德国、日本、意大利和加拿大这七个西方国家的领导人举行了峰会,这一事件象征着以世界经济多极化为特征的新型国际经济协调机制的确立。该机制以"七国集团"(Group of Seven, G7)的频繁和定期的高层会议为基础,同时结合全球经济组织的协调作用,经过多年的发展,逐步形成了一个成熟的国际经济协调体系。这表明了国际经济协调开始向更加多元化和灵活的方向发展,并形成适应全球经济力量的新格局。在这一阶段,区域经济集团协调得到了进一步发展,1989年建立的美加自由贸易区和于同年启动的亚太经济合作部长级会议、1990年建立的澳新自由贸易区等,再加上欧洲共同体(European Community,

EC,中文简称"欧共体"),对这一阶段的国际经济协调起到了各自相应的补充作用。

这一时期的国际经济协调体系具有以下一些特点。首先,G7协调机制的实施主要在西方主要发达国家之间进行,其决策和影响力主要由发达国家尤其是西方大国所主导,这导致了发展中国家对其作用和公正性的质疑和批评。其次,与协调主体多元化相关联,国际经济关系协调的模式也开始向多样化发展,除了原有的以IMF、WBG和GATT为代表的机构性协调外,西方发达国家的政府间协调逐渐扮演了主要角色,同时区域经济集团协调也发挥了非常积极的作用。再次,国际经济关系协调逐渐走向深化,协调的领域不断地向参与国的产业政策、财政政策、货币政策乃至内部经济体制等方面扩张,协调程度不断加深。在G7峰会期间,成员国经常相互倡导,以实现国内政策的协调;在20世纪80年代的国际债务危机中,IMF鼓励债务国家执行紧缩政策;由于与日本存在长期的贸易不平衡,美国和欧洲共同体对日本施加了压力,这促使日本对其经济体系进行了一定程度的改革。这些例子表明,国际经济协调机制在不同层面上影响着各国的经济政策和体制。最后,国际经济关系协调的方式较为灵活,国际经济协调的策略、具体目标和政策措施等常常会根据国际经济运行的需要适时加以调整。

### (三)20世纪90年代初至2008年

在这一时期,苏联和东欧国家的剧变以及冷战的结束,为经济全球化和区域经济一体化的快速发展创造了条件。转型经济体,包括中国在内的社会主义国家,以及众多发展中国家,开始接受市场经济体制,成为国际货币基金组织(IMF)等国际经济机构的成员,逐步融入全球市场。这使得国际经济关系的协调在范围和程度上都得到了进一步的扩展和深化。此阶段的国际经济关系协调主要呈现以下三个特点。

其一,三大国际经济组织继续发挥其各自的机构性协调作用,同时也进行了一些改革,并初见成效。在这一阶段,国际经济关系协调领域最显著的成就是将关贸总协定(GATT)转变为世界贸易组织(WTO),从而确立了一个更加健全的多边贸易谈判体系。更重要的是,随着众多发展中国家加入WTO,它们获得了在制定未来多边贸易规则中发声的机会,这使得它们能够争取更公平的地位、合理的利益,并分享经济全球化带来的益处。这一转变不仅加强了全球贸易体系的规则性,也为发展中国家在国际经济舞台上发挥更大作用提供了平台。IMF和世界银行也进行了一些改革,如IMF的调节对象日益从单纯针对国际收支转向成员国的经济结构调整,而世界银行在这一时期的贷款对象也日益转向发展中国家。当然,三大组织的改革过程是长期而复杂的,也是值得期待的,一方面,三大组织中仍然存在着需要改革的不合理制度成分;另一方面,这种制度变革无疑为发展中国家争取更合理、更公平的全球经济一体化形式提供了机遇。通过参与国际经济机构和多边贸易体系的改革,发展中国家能够更有效地表达自己的利益和关切,推动建立更加均衡的国际经济秩序。这不仅有助于它们在全球化进程中获得更有利的地位,也促进了全球经济治理的包容性和公正性。

其二,七国集团协调的效力趋于衰弱,不得不寻求变革。先是七国集团邀请俄罗斯参与G7各年度峰会期间的部分活动(G7+1),并最终于1997年变为"八国集团"(Group of Eight, G8)。1999年,根据G7财金首脑会议的提议,创立了一个包括20个全球主要经济体的财金首脑会议机制。① 该机制致力于就国际金融货币政策、国际金融体系改革以及全球经济发展等关键议题进行对话和协调。此外，从 2003 年开始，G8 领导人会议的参与范围扩展至包括一些发展中国家的首脑，他们被邀请共同讨论重要的全球经济问题。自 2005 年起，"G8+5"② 峰会成为常态，此举不仅凸显了发展中国家在经济领域的实力增长，也表明了它们在国际经济协调中的参与意愿和能力得到了加强。这些转变反映出全球经济治理结构正在朝着更加多元化和包容性的方向逐步发展。

其三，区域经济集团协调明显加速。在东亚，东盟 10 国于 1992 年启动东盟自由贸易区（ASEAN Free Trade Area, AFTA）建设，并谋求创建东欧经济共同体；东盟还于 2002 年与中国一道启动中国—东盟自由贸易区（China and ASEAN Free Trade Area, CAFTA）建设，同时还积极将自由贸易区建设的商讨范围扩展到日本、韩国、印度乃至欧美国家。在欧洲，尽管欧盟已经有全球最高的内部经济协调水平，但仍致力于向更紧密、更健全的经济联盟过渡。一方面，欧盟积极吸纳东欧国家，实施"东扩"计划；另一方面，欧盟还同时进行积极的跨区域双边合作，在 21 世纪头几年中先后与墨西哥、南非、摩洛哥、以色列、克罗地亚、约旦、黎巴嫩、智利、埃及等国签署了自由贸易协定。在美洲，内部经贸协调与合作得到进一步发展：美国、加拿大和墨西哥于 1994 年启动北美自由贸易区建设，并欲向南延伸；在 2004 年，南美地区的两个重要经济集团——安第斯共同体（La Comunidad Andina, CAN）和南方共同市场（Mercado Común del Sur, MERCOSUR）——签署了自由贸易协定，这一事件成为一个统一的南美市场得以创建的重要基础。2005 年，美国与中美洲的六个国家——哥斯达黎加、尼加拉瓜、萨尔瓦多、危地马拉、洪都拉斯和多米尼加共和国——签署了自由贸易协定。此举意在加强这些国家的经济联系，推动区域经济一体化的进一步发展。同时，美国也在努力推动建立一个包含 34 个美洲国家在内的美洲自由贸易区（Free Trade Area of Americas, FTAA），以期实现更广泛的经济合作和市场整合。这些贸易协定和经济合作倡议体现了区域经济一体化在全球范围内的扩展趋势。

### （四）自 2008 年全球金融危机爆发至今

次贷危机发源于美国的次贷危机，通过贸易、金融、投资等多种渠道蔓延到其他发达国家，并进而扩散至世界各地，发展成为全球性金融危机。作为金融危机"震中"和重灾区的西方发达国家在危机初期没有予以足够重视，反应迟缓，而在危机深化和蔓延时又"各人自扫门前雪"，彼此之间缺乏政策协调，无法阻止危机在全球的传播和肆虐，最终酿成惨痛的苦果。在金融危机席卷全球后，发达国家发现仅仅依靠其自身的力量无法应对，迫于形势，在 2008 年提议将 G20 财长和央行行长会议升级为领导人峰会，旨在加强成员方在宏观经济政策方面的协调与合作，促进世界经济复苏与增长。自此以来，国际经济关系协调领域出现了一些新的特点。

---

① 这 20 个经济体包括阿根廷、澳大利亚、巴西、加拿大、中国、法国、德国、印度、印尼、意大利、日本、韩国、墨西哥、俄罗斯、沙特阿拉伯、南非、土耳其、英国、美国和欧盟，称为"二十国集团"（Group of 20, G20）。
② 这里的"5"是指中国、印度、巴西、墨西哥和南非 5 个发展中国家。

其一，G20协调成为国际经济关系协调的常态机制和主要平台,同时新兴市场经济体在国际经济关系协调中的地位和作用明显提升。自2008年11月在美国华盛顿举行首次G20领导人峰会以来,每年均在不同成员国举行领导人峰会,就当时各国所关心的国际经济问题和一些长期性国际经济议题进行讨论和磋商,协调彼此的经济政策与措施,达成一致意见后予以公布,并由G20财长和央行行长会议和相关国际经济组织负责实施。G20中的11个发展中国家和转型经济体在协调机制中扮演了愈益重要的角色,发挥了日益关键的作用。它们提出了一些有益于发展中国家特别是最不发达国家经济发展的政策协调议题以帮助改善其外部经济环境和政策环境,并推动经济资源向发展中国家尤其是最不发达国家转移,从而促进其经济恢复和成长。例如,在2012年6月举行的G20洛斯卡沃斯峰会上,中国、印尼、印度等发展中国家共同推动G20成员增加对发展中国家基础设施建设的资金投入。这一努力旨在为全球经济复苏注入新的活力,通过改善基础设施来创造新的增长点,促进发展中国家的经济发展,进而为世界经济的稳定与增长作出贡献。①2016年9月,中国利用担任G20杭州峰会主席国的机会,首次将发展议题置于G20峰会全球宏观政策协调框架中的显著位置,并首次在峰会上提出支持非洲国家和最不发达国家进行工业化的倡议。②

其二,由于少数西方大国特别是美国单边主义行为严重,国际经济组织改革和运作受阻,其协调功能难以发挥。例如,尽管IMF执行董事会早在2010年11月就已经通过了增加发展中国家份额及其投票权份额和治理改革方案,但由于美国国会一再拖延批准,该方案直到2016年1月底才得以正式生效。另一个更为引人瞩目的例子是WTO争端解决机制的"停摆"。美国特朗普执政后,极力推行单边主义做法,除了各种"退群",还故意阻挠WTO争端解决机制法官的任命,造成6个法官职位中有5个空缺的局面,而根据规定,争端解决机制的每件案子至少需要3名法官参与才能进行审理。拜登于2021年1月就任美国总统后,尽管宣称回归"多边主义",但未采取实质性的行动。

其三,区域经济集团协调在困难环境中仍然坚定前行。全球金融危机爆发后,区域经济一体化的进程受到了一定影响,新生效的区域贸易协定(Regional Trade Agreement,RTA)数量大体呈现出逐渐下降的趋势,尤其是2010年至2016年,增速减缓相当明显,此后几年中则一直在低位徘徊,这种情况一直持续至新冠疫情暴发后的2020年,但在2021年却有显著回升,似有逆流而上之势。在这一阶段,仍然有一定数量的RTA处于谈判之中或者开启了谈判。在众多贸易协定中,最具戏剧性的转变是"跨太平洋伙伴关系协定"(Trans-Pacific Partnership Agreement,TPP)。2016年,包括新加坡、新西兰、智利、文莱、美国、秘鲁、澳大利亚、越南、马来西亚、加拿大、墨西哥和日本在内的12个国家签署了该协定。但在2017年,美国总统特朗普宣布退出TPP。尽管如此,剩余的11个国家在日本的领导下,将TPP转变为"全面与进步跨太平洋伙伴关系协定"(Comprehensive and Progressive Agreement for Trans-Pacific Partnership,CPTPP),并于2018年完成签署,同年12月30日生效。另一个备

---

① 金中夏.中国与G20:全球经济治理的高端博弈[M].北京:中国经济出版社,2014:24-25.
② 李鸿涛,蔡淳,田原.中国方案得到世界认可[EB/OL].(2016-12-26)[2022-03-03]. http://finance.people.com.cn/GB/n1/2016/1226/c1004-28978169.html.

受瞩目的案例是《跨大西洋贸易与投资伙伴关系协定》(Transatlantic Trade and Investment Partnership, TTIP)，该协定于2013年6月开始谈判，但遭到了美国和欧盟民众的广泛反对。特朗普总统上任后，谈判被叫停。与此同时，最显著的进展是《区域全面经济伙伴关系协定》(Regional Comprehensive Economic Partnership, RCEP)，这是一个包括东盟10国以及中国、韩国、日本、澳大利亚和新西兰的区域贸易协定。RCEP的签署标志着全球最大的自由贸易区之一的建立，为参与国家之间的经济合作和市场整合提供了新的框架。在历经8年谈判之后，RCEP于2020年11月15日签署，并已于2022年1月1日正式实施。

## 二、当前国际经济关系协调的基本格局

经济全球化的推进显著增强了全球各国经济的互联互通和相互依赖性。在此背景下，国际经济政策的磋商与协调已经成为国际经济关系中不可或缺的一环。在制定本国经济政策时，各国正越来越多地选择主动进行预先的沟通和协调，以适应和影响外部经济环境。协调的领域、范围和政策内容日益扩大和增加，协调的形式也日趋多样化，参与国际经济协调的国家也不断增多。当前的国际经济关系协调呈现出如下的基本格局与态势。

### （一）多主体、多层次协调共存乃至交叉

就目前国际经济关系协调的主体来看，既有单个的国家主体，也有国家集团，还有国际经济组织。就当下国际经济关系协调的层次而言，多种协调层次并存，既有两个国家之间的双边层面的协调（这可能是最常见、最普遍、发生频次最高的协调形式），也有一个国家和一个国家集团之间的双边协调（如中欧对话），还有几个国家之间或者国家集团之间的诸边层面的协调（如G7协调、G8协调、G8+5协调等）；既有区域经济集团内部的协调，也有跨区域协调（如亚欧会议、APEC会议）；既有以全球性国际经济组织为载体的多边层面的协调（如G20协调），甚至还有个别大国进行的单边层面的协调；等等。各层次的协调同时存在、互为补充，有时还相互交叉重叠，形成一个国际经济关系协调的立体型网络体系。但不可否认，不同层次协调之间有时也可能会出现一些冲突。

### （二）新兴经济体成为协调的生力军

很长时间以来，西方发达国家一直在国际经济关系协调中起着主导作用，不过，随着近年来发展中国家特别是新兴市场国家的经济快速发展、经济实力的迅速上升和对外经济联系、经济往来的日益广泛化、密切化与常态化，它们在国际经济关系协调中的参与度、地位和作用也有了显著的提升。它们不仅积极参与和推动完善已有的国际经济关系协调机制（如G20协调），还大力开辟国际经济关系协调的新领域，探索国际经济关系协调的新渠道、新形式乃至新机制。

### （三）协调的机制和形式灵活多样

近年来，国际上出现了众多的多双边经济磋商协调机制。首先，国际经济协调机制丰富多样。既有双边的经济协调机制（如两国对话），也有诸边的经济协调机制（如几个国家共

同协调),还有一对多协调(如中欧对话),更有多边经济协调机制(如G20、亚欧会议、APEC组织会议及其他官方国际论坛等);既有定期的国际经济协调(如一年一度的APEC会议、中欧高级别战略对话等),也有不定期但常态性的国际经济协调(如中美全面经济对话),还有临时动议的国际经济磋商与协调;既有机制性的国际经济协调(如国际经济组织协调、区域经济集团内部协调等),也有非机制性的国际经济协调(如瑞士达沃斯世界经济论坛、亚欧会议等),还有机制性协调与非机制性协调相结合的国际经济协调(如在G20首脑会议指导下通过IMF等国际经济组织进行的协调);等等。其次,国际经济协调形式也灵活多变。既有采取线下实体会议的协调形式,也有采取线上视频会议的协调形式,还有采取电话沟通的协调形式;既有采取签订条约协定的协调形式,也有采取发表联合公报或声明的协调形式,还有采取有关主体分别对媒体表态的协调形式。

### (四)区域经济一体化下的协调更为深入

在全球性国际经济组织的协调能力下降或者它们在协调中还留有协调空白的情况下,区域性经济协调组织(包括双边自由贸易安排)的数量不断增加,同时其对成员国经济政策的影响力和协调作用也日益增强并走向深入。以欧盟为例,它从关税同盟(欧洲经济共同体)开始起步,进一步发展到共同市场(欧洲统一大市场),再升级为经济联盟,是目前世界上协调程度最高的区域经济一体化组织;其中,欧元区成员国采用统一货币欧元,实行共同的货币政策,组成了经济与货币联盟,成为迄今区域经济合作的最高级形式。2008年全球金融危机之后,欧元区部分国家,例如希腊,为了摆脱经济衰退,采取了扩张性财政政策以促进经济恢复,这导致财政赤字急剧上升,超过了《稳定与增长公约》设定的财政赤字不得超过国内生产总值(GDP)3%和公共债务不得超过GDP 60%的界限。这些国家的主权债务水平远远超出了其偿还能力,引起了投资者对政府债券信心的大幅下降,最终触发了欧洲主权债务危机(简称欧债危机)。这场危机不仅对欧元区经济体造成了深远影响,也暴露了欧元区经济治理中的一些结构性问题。为了克服欧债危机,欧元区采取了多管齐下的方式,一是给予发生主权债务危机的国家以资金救助,二是帮助这些国家改善经济结构和扩大出口,推动经济增长和收入增长,三是强化欧元区的财政政策纪律,要求有关国家严格执行《稳定与增长公约》的规定,提升财政政策的协调度。从上述例子可以看出,随着经济的发展和经济形势的变化,区域经济集团内部各成员国之间经济政策协调的范围和程度往往存在不断扩大和加深的趋势。

## 三、未来国际经济关系协调的重点领域

2008年全球金融危机爆发以来,国际经济关系协调可谓一波三折。危机爆发初期,各国加强了彼此之间的政策协调与合作,以推动世界经济的复苏。然而,随着经济恢复稍有起色,一些西方国家却逆全球化思潮泛滥,尤其是美国,特朗普2017年上台后高举单边主义、贸易保护主义和经济制裁的大棒,单方面挑起与其他国家或地区(中国、欧盟、日本等)的贸易战。结果,国际经济协调落入低谷,世界经济恢复蒙上阴影。2020年,新冠疫情的蔓延给全球价值链带来了巨大冲击,国际经济联系与往来受阻甚至有的趋于中断,许多国家和地区

的经济由于被迫"去全球化"而陷于停滞或衰退。在这种情况下,各国只有加强经济协调与合作,才有可能共克时艰,渡过难关,走向未来。有鉴于此,在今后一段较长的时间内,各国应当加强宏观经济领域的调控合作,深化传统贸易合作,扩大税收、竞争和数据流动领域的合作,加大贸易基础设施领域的投资与合作等。

### (一)加强宏观经济调控合作

进入21世纪以来,全球经济失衡现象愈演愈烈,一些国家存在着诸如账户长期顺差或逆差的外部不平衡且难以逆转,一些国家则存在着储蓄和消费等方面的内部失衡,这是与有关国家特别是一些大国的宏观经济政策缺乏协调或配合相关联的。2008年全球金融危机的爆发,更突出体现了全球经济失衡的严重性和主要经济体之间宏观经济政策协调的稀缺性与滞后性。全球经济失衡给一些国家推行逆全球化和贸易保护主义提供了动机和借口,它们通过建立贸易壁垒、限制货币流动、保护本国劳动力市场、与全球化脱钩等措施和手段阻碍经济全球化的深入发展,导致全球经济疲弱、投资动力匮乏、商品出口增速下滑,进一步加剧了全球经济的不平衡发展,使世界经济的可持续发展面临严重挑战。而且,全球经济失衡尤其是贸易不平衡所导致的海量资本跨国流动,成为引发资产膨胀与投机性泡沫的重要推手,对全球经济的可持续发展造成巨大冲击与威胁。特别是在新冠疫情肆虐全球、世界经济复苏艰难的情况下,推动有关各国在财政、货币、外汇、贸易和经济结构等领域进行改革,加强各国尤其是大国之间宏观经济政策的协调与配合,增强主要经济体宏观经济政策的积极溢出效应并尽量降低其消极溢出效应,对于减缓全球经济失衡、稳定全球金融环境、助力全球经济走出衰退和重回正轨具有十分关键的现实意义。

### (二)深化传统贸易合作

尽管国际经济协调推动了全球贸易的开放,但商品和服务的贸易自由化程度仍然存在明显差异。总体而言,农业和服务业等领域的贸易自由化进程较为缓慢,一些工业产品在进入其他国家市场时,仍然面临限制或遭遇非关税壁垒。这些限制和壁垒影响了贸易的进一步自由化,也对全球经济的均衡发展构成了威胁。许多国家削减了一些影响最不发达国家贸易的关税壁垒,从而有利于后者的出口,然而对后者所征收的进口关税并没有相应降低;在国际贸易中享有特殊和差别待遇的情况下,部分发展中国家的改革进程可能会相对迟缓,这最终可能妨碍它们更有效地参与全球价值链和更全面地融入世界经济。主要发达国家为了保护其高附加值产品而出台了关税升级措施,对发展中国家的农业和服装与皮革加工业等劳动密集型行业产生了抑制作用;特惠贸易协定中的限制性原产地规则缩小了国际商品采购的可选择范围;盛行于各国的各种补贴和个别国有企业垄断等对竞争产生了扭曲作用,且现有贸易投资规则并不能保证竞争中立。特别是在服务业方面,除了少数国家单方面采取的行动以外,旨在推进服务贸易自由化的国际谈判基本上没有取得什么进展;然而,某些与全球价值链紧密相关且急需统一自由化的服务业,如航空和海运业,由于受到既得利益集团的反对,往往被排除在国际贸易谈判之外。

综上可知,放眼未来,国际经济关系协调的一个基本任务是深化传统贸易规则,促进商品和服务贸易自由化广泛深入发展。为此有关大国应当避免采取单边保护措施,继续致力于基于规则的谈判,同时各国应当共同制订一个体现经济与商业发展要旨的谈判议程,从而推动传统贸易谈判产生更具实际意义的结果。

### (三)扩大税收、竞争和数据领域的合作

在经济全球化的背景下,企业跨国经营、生产分散化以及知识产权等无形资产的增长,加之避税策略的多样化,使得资本税收的实施变得愈发复杂。因此,加强国际税收合作显得尤为重要,以确保税收公平,支持富裕国家利用税收援助结构性失业的工人,同时帮助贫穷国家利用税收建设基础设施。为此,各国应共同努力推广基于消费地的税收模式,减少企业利润转移和国家间税收竞争的动机。在实施过程中,需要关注这一做法对小型发展中国家税收收入的潜在影响。此外,各国还可以采取其他措施,防止税基侵蚀和利润转移。

近年来,数据跨国流动和数字企业的国际扩张迅速增长,它们在全球价值链中扮演了关键角色。然而,消费者对隐私侵犯和平台服务中的反竞争行为的担忧日益增加。为了应对这些挑战,各国政府正在制定数据本地化法规,限制数据的跨境流动,并为国内数据处理制定严格规定。目前,各国的竞争法律主要关注国内市场,而双边或区域贸易协定中的竞争合作也相对有限。国际协调在这一领域至关重要,一些国家已经签署了关于数据跨国流动的协议,采取的措施包括:出口企业作出监管承诺,保护海外消费者权益,以换取市场准入;同时,鼓励发展中国家参与国际协调,国际社会可以协助它们在出口数据服务时作出监管承诺,并在开放市场时获得贸易伙伴关于执行竞争政策的承诺。

### (四)加大贸易基础设施领域投资与合作

众所周知,贸易基础设施的改善与升级有利于加快物流速度,缩短通关时间,降低交易成本,提高贸易效率。而接壤国家同时采取行动加快贸易速度,收益会更大。例如,危地马拉和洪都拉斯在形成关税同盟并接受统一的电子文件后,两国边境的通关延误时间从10小时大幅缩短至15分钟。相反,如果在贸易基础设施投资上缺乏合作,可能会对全球价值链,尤其是对最不发达国家的投资、扩展和升级产生负面影响。全球范围内,许多国家在贸易相关基础设施上的投资不足,迫切需要增加投资并加强国际合作。2017年2月生效的WTO《贸易便利化协定》激励各国在提升贸易便利化方面进行协调,并为低收入国家提供必要的投资支持。这种方法同样可能促进交通、能源、通信等其他基础设施投资领域的合作效益。

## 第三节 区域经济一体化概述

一体化(Integration)的含义是把各个部分结合为一个整体。经济一体化(Economic Integration)是指多个国家和/或地区原本独立的经济活动相互融合为紧密相连的一个整体的行为。经济一体化可以根据其涵盖的国家和地理范围被区分为两种类型:区域性经济一体化和全球性经济一体化。现有的经济一体化理论和实践经验,通常所讨论的经济一体化

主要指的是区域经济一体化。这种一体化形式侧重于地理上相邻或具有某些共同经济特征的国家之间的经济合作与整合。

## 一、区域经济一体化的含义与类型

区域经济一体化是一个过程，一般涉及两个及以上国家或地区，这些国家或地区通过签署经济条约逐步实施统一的经济政策的过程被称为区域经济一体化。这一过程旨在消除商品、生产要素和金融市场的壁垒与限制，基于国际分工，以提升经济效率和实现更显著的经济效益，最终将各参与国家或地区的经济整合为一个区域性经济集团。根据参与成员国的经济发展水平，区域经济一体化可分为三种模式：发达国家之间的"北北型"、发展中国家之间的"南南型"以及发达国家与发展中国家之间的"南北型"。此外，根据成员国之间的经济联系、合作与协调的深度和广度，区域经济一体化的类型按照一体化程度由浅入深的顺序，可以划分为特惠贸易安排、自由贸易区、关税同盟、共同市场、经济联盟和完全经济一体化等不同层次。在实际的分类中，通常依据成员国之间经济联系的紧密程度和合作协调的级别，来区分区域经济一体化的不同阶段和形式。这种分类方法有助于更细致地理解区域经济一体化的多样性和复杂性。

### （一）特惠贸易安排

特惠贸易协定（Preferential Trade Agreement，PTA），亦称为优惠贸易协定，是区域经济一体化进程中起始阶段的合作模式。在此类协定框架下，成员国通过贸易协议，相互为全部或部分商品提供关税减免。与此同时，对于非成员国的进口商品，各成员国依然按照各自的关税政策执行进口管制。特惠贸易协定的代表性案例包括二战前设立的"英联邦特惠制度"以及二战后成立的"东南亚国家联盟"。此类协定的目的在于增强成员国间的贸易联系，但在经济政策协调和市场一体化的深度与广度上，其影响力相对有限，与其他更高级的一体化模式相比，其整合效果较为初级。在区域经济一体化的初级阶段，特惠贸易协定是一种较为松散的合作方式。尽管此类协定有助于促进成员国之间的贸易，但其在经济政策协调和市场整合方面的效能相对较弱。

### （二）自由贸易区

签署自由贸易协定的国家构成的经济区域被称为自由贸易区（Free Trade Area，FTA），在这一区域内，成员国之间的关税壁垒很低或不存在，商品得以各成员国间自由流动。例如，"北美自由贸易区"（NAFTA，现更名为《美国－墨西哥－加拿大协定》（*The United States–Mexico–Canada Agreement*，USMCA，中文简称《美墨加协定》）和"中国－东盟自由贸易区"（CAFTA）都是典型的自由贸易区。

在自由贸易区中，如果没有为产品制定明确的原产地规则（Rules of Origin），可能会出现贸易偏斜（Trade Deflection）现象。这种情况下，非成员国可能会先将商品出口到关税水平最低的成员国，然后再将这些商品转运出口到关税水平较高的其他成员国，从而获取利益。原产地规则的建立旨在确保只有符合特定标准的成员国生产的商品才能享受自由贸易区的优惠待遇,以防止此类贸易偏斜行为的发生。

### (三)关税同盟

关税同盟(Customs Union)代表了经济一体化的更深层次。在这个层次上,成员国之间取消了所有关税,实现了内部商品的自由流通。同时,关税同盟还对非成员国实施统一的共同外部关税(Common External Tariff),这有效地抑制了非成员国通过转运来规避关税的贸易偏斜。共同外部关税的设立意味着所有进入同盟的外部商品都将面临相同的关税壁垒,确保了同盟内部市场的统一性和成员国之间的经济合作更加紧密。早期的"欧洲经济共同体"(EEC)和"东非共同体"(EAC)都属于关税同盟。

### (四)共同市场

共同市场(Common Market)是经济一体化的第四个层次,它意味着在关税同盟的基础上,成员国要素流动的所有壁垒也都被消除。例如,在1992年年底,"欧洲共同体"(EC)达成了统一大市场的目标,其核心内容被称为"四大自由",即实现商品、人员、服务和资本在其成员国内的自由流动。这一里程碑式的成就标志着欧洲经济一体化进程中的一个重要阶段,为后来的欧洲联盟的成立奠定了基础。通过消除贸易壁垒和促进经济要素的自由流动,统一大市场极大地增强了欧洲内部的经济联系,推动了地区经济的繁荣发展。

### (五)经济联盟

经济联盟(Economic Union),又称经济同盟,是一种程度较高的经济一体化。经济联盟的成员国在商品和生产要素自由流通的基础上,还实施统一的对外关税、采纳了一系列共同的经济和社会政策,涉及财政、货币政策、产业规划以及区域发展等方面。这种一体化形式要求成员国在经济政策上进行深入的协调与合作。

"欧洲联盟"(European Union)是经济联盟的一个典型例子,经济联盟的特点不仅限于共同市场的自由贸易和资本流动,还包括成员国在经济政策上的协调一致。为实现这一目标,经济联盟通常会建立一些具有超国家性质的机构,这些机构将确保政策的统一实施。这种高度的一体化要求成员国牺牲一部分经济主权,以达成更广泛的经济整合。当经济联盟采纳统一货币时,它便进一步演变为经济与货币联盟,例如欧盟中的一些国家所组成的欧元区。

### (六)完全经济一体化

完全经济一体化(Complete Economic Integration)是程度最高的经济一体化。成员国在满足包括商品、生产要素的自由流动和共同的对外关税政策等经济联盟的所有要求的基础上,还进一步深化了经济和社会政策的统一。成员国在经济上融合为一个单一实体,其超国家机构拥有全面的经济政策制定和管理权力。

在完全经济一体化的框架下,成员国放弃了各自在经济领域的全部政策制定权,转而由超国家机构来统一规划和管理。这种一体化形式意味着成员国之间在经济政策上的高度协调和统一,形成了一个真正意义上的经济共同体。这种一体化水平的实现,需要成员国之间有极高的政治互信和经济融合度,以及对共同经济目标的坚定承诺。

## 二、区域经济一体化的福利分析

在此,我们以关税同盟为例,分析区域一体化对社会福利的影响。作为区域经济一体化的一种典型形式,关税同盟最显著的特点是在成员国之间实现自由贸易,同时对非成员国实行共同的外部关税,从而形成一种保护性的贸易壁垒。这种一体化形式在促进成员国内部贸易的同时,可能会减少成员国与外部国家的贸易往来。

### (一)关税同盟的静态效应

关税同盟的静态效应也称短期效应、直接效应,是指由于废除关税同盟内部关税和非关税壁垒所产生的直接经济效果。美国学者维纳(Jacob Viner)于1950年率先研究了关税同盟的静态福利效应。

维纳的理论指出,贸易创造和贸易转移是关税同盟影响总效益的两个重要机制。一方面,关税同盟的建立消除了成员国之间的贸易壁垒,使得成员国能够从伙伴国进口成本较低的产品,替代本国高成本的产品,从而"创造"了新的贸易流量。这种贸易的增加有助于提高成员国的资源配置效率,促进专业化生产,增加消费者福利。另一方面,关税同盟的建立意味着成员国对非成员国实行统一的外部关税,这种对外的贸易壁垒可能导致成员国减少从非成员国的进口,转而从同盟内的伙伴国进口,即使后者的产品成本可能更高。这种贸易流向的改变被称为"贸易转移效应",它可能导致资源配置效率的降低,因为成员国可能放弃了从同盟外的其他国家进口成本更低的产品,而选择了同盟内成本较高的产品,从而造成福利损失。

贸易创造效应对福利有正向影响,而贸易转移效应说明关税同盟可能会降低成员国乃至全球的福利水平。在考虑加入关税同盟的决策时,必须权衡贸易创造带来的利益与贸易转移造成的损失。如果贸易创造的正面效应占优势,则成员国的福利可能增加;若贸易转移效应更为显著,则可能导致福利降低。评估加入关税同盟的合理性,需要深入分析这两种效应对经济的长期影响。贸易创造与贸易转移效应的相对规模,受多种经济因素影响,如伙伴国价格与全球市场价格的接近程度、初始关税水平、供需曲线的弹性,以及参与国的数量。当这些因素指向正面时,一体化更可能带来经济利益。因此,完全的自由贸易被称为最优,而关税同盟被称为"次优",因为经济一体化仅仅意味着部分或区域自由贸易而非全球范围自由贸易。

### (二)关税同盟的动态效应

关税同盟可能激发一系列对成员国经济增长具有深远影响的动态效应。这类动态效应也称长期效应、间接效应,是指区域内制度和结构变化所带来的结构性经济效果,体现为规模经济效应、竞争效应、投资效应以及扩大和深化效应等。

1. 规模经济效应

规模经济效应也被称作大市场效应,这是指在关税同盟内部,成员国之间消除贸易壁垒后，为企业提供了一个更广阔的市场空间。扩大的市场为企业发挥规模经济提供了条件。市场规模的扩大使得它们能够实施更为细致的产业分工，实现大规模生产，降低单位成本，从而获得规模经济的优势。这种规模经济不仅提高了企业的市场竞争力，也强化了它们在全球市场上与非成员国企业的竞争能力。对于那些国内市场较为有限的国家而言，这种市场规模扩大带来的效应尤为重要，因为它能够显著提升这些国家企业的市场潜力和经济效益。

2. 竞争效应

关税同盟带来的最主要动态效应是增强了成员国内部企业之间的竞争。在关税同盟形成之前，由于关税等贸易壁垒的存在，一些企业在国内市场形成了垄断，少数企业控制了市场并从中获得高额利润，这使得它们在成本降低和技术创新方面的动力不足。关税同盟的建立消除了成员国间的贸易壁垒，实现了市场的开放，使得国内企业开始面临来自同盟内其他国家企业的竞争。这种竞争激发了企业进行技术革新、管理改进、生产效率提升和成本控制，以保持在同盟内部市场的竞争力。通过这种方式，关税同盟促进了成员国企业间的积极竞争，有助于提高整体经济效率和推动产业结构的升级。

3. 投资效应

关税同盟的建立对投资扩张具有正面影响，这种影响主要体现在两个方面：一方面，市场规模的扩大和竞争的加剧促使企业为了扩大生产而投资；另一方面，由于同盟对外部保持统一的关税壁垒，这促使非成员国在同盟区域内投资设立生产基地，即"关税工厂"，以便在当地生产并销售产品，从而绕过外部的贸易壁垒。

4. 扩大和深化效应

关税同盟的建立将加深同盟内部市场对成员国的重要性。由于同盟的排他性，区内企业在同盟的保护下能够稳定发展，无须过分担忧外部的激烈竞争，这可能导致它们在技术创新和成本控制方面缺乏积极性。如果同盟内部市场遭受外部冲击，这些企业可能因缺乏竞争力而变得脆弱。为应对这一问题，扩大成员国范围，引入新的竞争动力，以维持同盟内部的竞争环境，是一种有效的策略。同时，当扩展成员国范围遇到挑战或可能对现有成员国利益构成威胁时，关税同盟也可以考虑加强成员国之间的经济整合，进一步消除内部竞争障碍。

关税同盟的成立可能伴随着一些负面效应。其排他性质可能形成贸易壁垒，这有可能导致新的垄断企业的出现，进而抑制技术创新。除非有新成员国的持续加入以提供新的竞争动力，否则关税同盟可能会遇到技术创新不足的问题。同时，如果同盟内部的资源和利益分配不均，成员国之间的经济发展水平差距可能进一步扩大，会导致某些成员国相对落后。

### 三、区域经济一体化兴起的现实原因

区域经济一体化本质上是对经济国际化和全球化趋势的一种适应。它通过降低区域内生产要素自由流动的壁垒，促进经济资源的高效分配，加强区域内的国际分工，激发企业的创新活力，推动技术革新，提高生产效率，最终增进成员国的经济福祉。除上述基本动因外，在二战后的国际经济生活中，区域经济一体化的兴起还与其他现实原因有关。

第一,区域经济一体化有利于其成员国在经济上联合起来,拧成一股绳,增强区域集团的经济实力。此外,当成员国形成一个整体时,其对外进行讨价还价的能力也显著增强。进一步而言,区域经济一体化可能为成员国的政治联合奠定经济基础。

第二,应对国际经济竞争的需要。外部经济力量的竞争迫使一些国家通过加强与周边国家的经济联合,以巩固自身的世界经济地位。

第三,与多边贸易体系相比,区域经济一体化涉及的国家数量较少,成员国之间更容易达成共识。这种有限的参与范围有助于简化谈判过程,使得各方能够更迅速地就区域自由贸易的实现达成协议,并确保这些协议能够高效地得到执行。同时,已有的区域与经济一体化(主要是自由贸易区)大多富有成效,给其成员国带来了诸多好处,"榜样的力量是无穷的",有利于激发更多国家参与区域经济一体化。

第四,对于地理位置相近或处于同一地区的国家而言,区域经济一体化有助于更好地利用地理优势来加强经贸合作。通常,邻国之间建立区域经济一体化组织会得益于一些天然的合作优势,如便捷的人员交流和物流运输、相似的语言和文化背景,以及相近的生活习俗等。这些因素都为成员国之间提供了更多促进经济合作的有利条件,使得它们能够更容易地扩大和深化彼此之间的经济联系,实现互惠互利的合作成果。与参与全球贸易体系相比,区域经济一体化在促进邻近国家和地区之间的经济合作方面往往能够带来更加直接和明显的经济效益。

第五,一些国家希望通过建立区域经济一体化组织的方式使国内改革产生倒逼机制,削弱或抑制国内既得利益集团对改革的阻挠和抵抗,从而推动国内经济结构的优化与升级。

第六,20世纪90年代频繁发生的地区性经济危机,特别是1997年的东南亚金融危机,给世界带来了深刻的教训,使得各国更加重视区域经济合作的制度化建设。这些危机表明,在地理上接近的国家之间,经济问题的传播速度更快,相互之间的影响也更为显著。因此,加强区域内的经济合作不仅有助于预防未来危机的发生,而且对于维护全球经济的稳定与发展也起到了积极作用。

普遍认为,区域经济一体化能够推动成员国之间贸易和经济活动的增长,加速区域内国际分工的深化与合作,提高贸易自由化水平,吸引并扩大外来投资,增强成员国在全球经济贸易中的地位和议价能力。这些因素共同作用,最终有助于实现经济增长的目标。基于这些认识,区域经济一体化已成为各国追求经济增长的重要制度性选择,为参与国家提供了一个有效的合作与发展平台。

## 第四节 二战后区域经济一体化的具体实践

历史上的首次区域经济一体化实践是由普鲁士牵头的38个德意志邦国于1834年建立的德意志关税同盟(Deutscher Zollverein)。二战后的区域经济一体化实践也同样发端于西欧,最早的尝试就是1951年由西欧6国成立的欧洲煤钢共同体(European Coal and Steel Community, ECSC)。自此以后,欧洲经济一体化一路向前,尽管也经历了一些挫折,但其成员不断增加,经济一体化层次不断提升,甚至开始向政治一体化迈进。从世界范围来看,拉美和非洲的发展中国家在20世纪六七十年代也建立了许多区域经济一体化组织,而从20世纪80年代开始,全球范围区域经济一体化风起云涌,高潮迭起,尤以世界经济三大区域为盛。近年来,跨区域的经济一体化的合作正逐渐兴起并呈现出迅猛发展的态势。

## 一、西欧国家主导下的欧洲经济一体化

《欧洲煤钢共同体条约》(也称《巴黎条约》)是法国、联邦德国、意大利、比利时、荷兰和卢森堡六国于1951年4月18日在巴黎签署的一项重要协定,并于1952年7月25日生效。该条约的实施在推动欧洲煤钢产业的发展和经济复苏方面发挥了重要作用,促使六国考虑将条约的理念扩展至更广泛的领域。

1957年3月25日,这六个国家的代表在罗马签署了《欧洲原子能共同体条约》和《欧洲经济共同体条约》,合称《罗马条约》。这些条约的主要内容包括:促进商品、人员、服务和资本的自由流动;建立统一的关税同盟,取消内部商品关税,实施统一的对外关税;制定共同的农业政策;统一成员国的贸易政策;以及促进经济和社会政策的协调。这些条约于1958年1月1日生效,标志着欧洲原子能共同体和欧洲经济共同体的成立,为欧洲一体化奠定了基础。尽管条约规定关税同盟应在1958—1969年的12年内逐步建立,但实际进程在1968年提前完成。在此期间,欧洲经济共同体(EEC)的内部贸易量增长了四倍,是对外贸易增长速度的两倍。同时,成员国的国内生产总值(GDP)年均增长率达5%,超过了同期的英国和美国。

1967年,欧洲经济共同体、欧洲煤钢共同体、欧洲原子能共同体合并为欧洲共同体(EC),这标志着欧洲一体化进程中的重要里程碑。进入20世纪70年代,石油危机导致的滞胀和保护主义抬头,使非关税壁垒成为商品流通的新障碍。欧共体成员国领导人决定建立"欧洲统一大市场",以应对这些挑战,并在1992年实现了商品和生产要素的自由流动,标志着从关税同盟向共同市场的转变。

接着,欧洲共同体着手推动经济与货币联盟的建设工作,以完成《罗马条约》的目标。1991年12月,在荷兰马斯特里赫特,欧洲共同体成员国领导人签署了《马斯特里赫特条约》,该条约包括《经济和货币联盟条约》与《政治联盟条约》,为欧洲联盟(EU)的成立提供了法律架构。1993年11月,《马斯特里赫特条约》被批准,欧洲共同体正式更名为"欧洲联盟"。

1999年1月1日,欧元(Euro)作为官方货币正式启用,当时有11个国家成为欧元区的一部分。2002年1月1日,欧元纸币和硬币开始流通,成为欧元区的统一货币。

欧洲经济一体化还包括了多次扩张。20世纪70年代,英国、爱尔兰和丹麦加入;80年代,希腊、葡萄牙和西班牙加入;90年代,芬兰、奥地利和瑞典加入;2004年5月1日,10个东欧国家加入欧盟。随后,罗马尼亚和保加利亚于2007年加入,克罗地亚于2013年成为第28个成员国。

然而,欧盟的快速扩张也带来了挑战,包括"扩大疲劳症"和决策能力、工作效率的下降。近年来,尽管欧盟成员国数量有所增加,但其国际影响力并没有因此而得到提升。相

反,由于内部矛盾的增多和凝聚力的下降,欧盟的国际影响力实际上有所减弱。这方面的突出事例就是英国于2020年正式脱离欧盟,即英国"脱欧"(Brexit)。

## 二、美国主导下的美洲区域经济一体化

美国和加拿大之间的经济合作是美洲地区的区域经济一体化的开端,两国于1988年1月签订了于1989年1月1日生效的《美加自由贸易协定》。该协议一经实施,美国便迅速着手推进包括美国、加拿大和墨西哥在内的《北美自由贸易协定》(NAFTA)的谈判工作。最终在1994年,北美自由贸易区宣告成立。这一协定的签署标志着北美地区3国之间贸易壁垒的大幅降低,促进了区域内的贸易自由化和经济一体化。20多年后,特朗普政府又推动通过《美墨加协定》(USMCA)以取代NAFTA。此外,美国还极力推动建立美洲自由贸易区(FTAA)。

### (一)从NAFTA到UASCA

在数年的磋商之后,美国、加拿大和墨西哥在1992年8月12日就《北美自由贸易协定》达成了协议。同年12月17日,3国领导人在各自的国家正式签署了这一协定。1994年1月1日,《北美自由贸易协定》开始正式实施,标志着北美自由贸易区的正式成立。这一事件是北美地区经济一体化的重要里程碑,为3国之间的贸易和经济合作提供了更加开放和便利的框架。

《北美自由贸易协定》(NAFTA)是一项全面的经济协议,涵盖了贸易、生产、服务、投资、环保、劳工标准等多个领域。①该协定旨在逐步取消北美地区所有商品的关税和大多数非关税壁垒,实现贸易自由化。②协定确立了原产地规则,规定了哪些商品可以被视为北美原产地产品,并为难以分类的商品提供了增值比例评判标准。③NAFTA取消了投资障碍,确保了美国和加拿大投资者在对方国家的国民待遇,并保障了投资者合法利润和收入的转移权利。④在农业贸易方面,协定包含了美加之间的双边承诺,将关税配额转化为普通关税,消除了美国与墨西哥之间的农业贸易壁垒,并为墨西哥与加拿大之间的农业贸易设立了单独协议。⑤服务贸易自由化是协定的另一核心内容,要求3国在多个服务领域给予服务提供者国民待遇,并确保NAFTA内的金融机构享有同等待遇,同时墨西哥承诺逐步取消金融领域的限制。⑥协定还包括了关于环境保护、专利和知识产权保护以及争端解决机制的规定,以支持成员国之间的合作和解决可能出现的贸易争端。

北美自由贸易区(NAFTA)作为一个典型的南北型区域经济集团,通过垂直分工模式凸显了美国、加拿大和墨西哥3国的经济互补性,以此推动各方的经济发展。在此模式下,美国和加拿大利用其在技术和知识密集型产业方面的优势,通过商品和资本输出来加强在墨西哥的市场地位;而墨西哥则借助其劳动力成本低廉的比较优势,专注于劳动密集型产品的生产和出口,同时积极吸引来自美国和加拿大的投资与技术转移,以促进国内产业结构的调整和产品升级。这种分工与合作的模式旨在实现成员国之间的互利共赢,优化资源配置,加强经济一体化。成立北美自由贸易区(NAFTA)显著减少了关税,并且移除了众多非关税壁垒,从而极大地推动了美国、加拿大和墨西哥之间的产业分工、贸易增长和生产要素

的自由流动,加深了彼此市场的相互依赖性,加强了3国之间基于比较优势的经贸关系,提高了北美3国在世界经济中的地位。

首先,北美自由贸易区内部贸易增长迅速,增幅巨大。据统计,成员国三方贸易总量在2016年达到1.25万亿美元。[①]具体来说,美加双边贸易额在2016年达到了5 492.4亿美元,这一数字是1993年的2.6倍。同样,美墨双边贸易额增至5 278.2亿美元,达到了1993年的6.4倍。[②]1995年,对墨西哥的货物出口在美国总出口中的占比仅为8%,这一占比2018年上升到16%;1995年,来自墨西哥的货物进口仅占美国进口总额的8%,2018年上升到13%。[③]

其次,北美自由贸易区的建立极大地促进了成员国之间的直接投资。从1993年至2016年,美国对墨西哥的直接投资从150亿美元暴涨至1 000多亿美元。[④]美国对加拿大的直接投资存量也由1993年的699亿美元增加至2015年底的3 877亿美元。[⑤]

再次,北美自由贸易区的建立还显著地促进了北美3国之间产业链的融合。数据显示,美国从加拿大进口的商品中,来自美国自身的增加值达25%,而美国从墨西哥进口的商品中来自美国自身的增加值则有40%。[⑥]这充分显示了,在北美自由贸易区内,生产过程中中间商品出现了频繁进出口,美加墨3国的生产已经紧紧地绑定在一起。

一般认为,墨西哥作为发展中国家,是NAFTA的最大受益方。墨西哥通过积极吸引外国直接投资、引进尖端技术和先进的管理知识,有效地提升了其劳动生产效率,并推动了国家的经济增长。该国的出口产品结构亦经历了显著的转变,从过去主要依赖原材料和初级产品的出口,过渡到了以加工制成品为主导的出口结构。在NAFTA生效之前,墨西哥对美国和加拿大两国的贸易处于逆差状态,但自1994年以后,墨西哥区内贸易总量增长迅速,且对区内的净出口增长更快,至2017年已经接近1 340亿美元,约占墨当年GDP的12%。不可否认的是,由于进口冲击和外资涌入,墨西哥本国的民族工农业遭受了一定程度的冲击,墨西哥逐渐变得过度依赖美国市场。此外,一些社会问题也更加严重,例如墨西哥国内的贫富分化更加严重,大量国民偷渡到美国。尽管如此,NAFTA对墨西哥经济的积极影响是主要的,消极影响是次要的。[⑦]

《北美自由贸易协定》从诞生之日起就伴随着各种非议和争论,而随着北美自由贸易区20多年的运作,其在给北美3国带来经济收益的同时也不可避免地伴随着负面影响,产生了一些问题。例如,协定生效后促进了3国市场的融合,但美国贸易赤字伴随着区域内贸易不断扩大。[⑧]美国由此认定该协定更大的受惠方是墨、加两国,寻求谈判更改协定条款

---

① 张小波,李成.论《美国–墨西哥–加拿大协定》背景、新变化及对中国的影响[J].社会科学,2019(5):27–39.
② 熊洁.USMCA的前世今生[J].中国投资,2018(21):80–81.
③ 曹永福.北美自由贸易协定的前世今生[J].经济,2020(Z1):152–154.
④ 同①.
⑤ 朱颖,佳睿.北美自由贸易区运行20年的经济效应:国外文献综述[J].上海师范大学学报,2016(1):43–50.
⑥ 同②.
⑦ RAFAEL E, DE HOYOS, LEONARDO I. Economic performance under NAFTA: a firm-level analysis of the trade-productivity linkages[J].World Development, 2013,44: 180–193.
⑧ 同②.

以改善本国贸易状况。此外，NAFTA 的现有规定已不足以应对当前的经济贸易需求。在 NAFTA 签署 20 多年后，国际经济贸易领域经历了诸多变革，这些变革中的一部分在协定的现有条款中并未得到相应的体现或解决。

特朗普就任美国总统后，力主对 NAFTA 进行重新谈判，并宣称如果不谈判就退出 NAFTA。最终，在 2017 年 8 月，北美 3 国正式启动了 NAFTA 的重新谈判进程。经过长达 13 个月的复杂磋商，各方在 2018 年 9 月 30 日成功达成了新的协议——《美墨加协定》（USMCA）。

《美墨加协定》已于 2020 年 7 月 1 日生效并取代 NAFTA，有效期为 16 年，且可以展期。USMCA 维持了 NAFTA 的基本框架，吸收和改进了《跨太平洋伙伴关系协定》（TPP）关于国有企业、电子商务、知识产权、竞争和监管等内容，并加入了一些针对中国的专门条款。[1] 因此，《美墨加协定》（USMCA）不仅仅是一项贸易协议，它还代表了一种贸易、经济和政治战略的综合体。USMCA 反映了美国在推动高标准贸易规则方面的雄心和努力，同时也体现了特朗普政府所倡导的"美国优先"政策、保护主义和单边主义倾向。此外，该协定在一定程度上也显露出其遏制中国影响力增长的意图。[2]

### （二）美洲自由贸易区

1994 年 12 月，北美自由贸易区成立后不久，在迈阿密西半球首脑会议上美国提出了创建美洲自由贸易区（FTAA）的构想。该构想的目标是在西半球建立一个全球最大面积的自由贸易区，涵盖除古巴外的 34 个美洲国家，拥有超过 8 亿人口的大型南北型自由贸易区。美国计划在 2005 年 1 月 1 日之前完成关于美洲自由贸易区的谈判工作。这一设想当时受到了与会各国的广泛欢迎和支持。此后，各国启动了相关谈判，也取得了一些进展，如美国与中美洲一些国家签署了双边自由贸易协定，还与许多其他拉美国家开始了双边自由贸易谈判。

在 2003 年 11 月举行的美洲自由贸易区（FTAA）第 8 次部长级会议上，各方就 FTAA 的框架协议达成了共识。但不得不承认 FTAA 的谈判工作进展相对迟缓，特别是在农业补贴、关税削减和市场准入等关键议题上，尚未形成具有决定性的共识。虽然多次会议都提出了在 2005 年完成 FTAA 建设的目标，但谈判工作一直未能从框架讨论阶段迈向深入的实质性对话，至今没有实现最终的协议。FTAA 的推进面临着多重挑战，这主要是由于美洲各国在多个问题上存在分歧，这些分歧可能长期存在，并可能在关键议题的讨论中引起激烈的争论。因此，FTAA 的实现过程预计不会平坦，将是一条充满合作与挑战并存的道路。

### 三、快速发展的亚洲区域经济一体化

亚洲区域经济一体化虽然起步较晚，但发展势头强劲，尤其是近年来，亚洲地区经济一体化多点推进，成效显著。主要表现在东盟自由贸易区（AFTA）、中国—东盟自由贸易区（CAFTA）以及区域全面经济伙伴关系协定（RCEP）等重要区域经济一体化实践的快速发

---

[1] 张小波，李成. 论《美国–墨西哥–加拿大协定》背景、新变化及对中国的影响[J]. 社会科学，2019（5）：27–39.
[2] 白洁，苏庆义.《美墨加协定》：特征、影响及中国应对[J]. 国际经济评论，2020（6）：123–138.

展。此外,亚洲地区还签订了大量双边自由贸易协定。

(一)东盟自由贸易区

东南亚国家联盟,简称东盟(ASEAN),是一个区域性的政治与经济合作组织,其起源可以追溯至1967年8月8日。最初,东盟由印度尼西亚、马来西亚、菲律宾、新加坡、泰国以及文莱组成,这些国家在东盟的早期发展中扮演了核心角色。在一段较长的时间里,东盟奉行所谓政治优先主义,优先考虑的是政治而非经济,在加强成员国之间经济合作方面鲜有进展。到20世纪90年代初,世界政治经济格局发生重大变化,特别是区域经济集团化趋势日益明显,东盟国家认识到加强彼此经济合作的重要性。1991年10月,第23届东盟经济部长会议于吉隆坡召开,东盟六国创始成员达成一项重要共识,即通过构建以制造业产品为核心的自由贸易区域来加强区域经济的协作。随后,在1992年1月新加坡举行的峰会上,这六国领导人签署了《1992年新加坡宣言》《东盟经济合作框架协定》及《共同有效普惠关税协定》,这些协议的签署标志着东盟自由贸易区(AFTA)建设的新纪元。这些协议的制定为东盟国家在区域内实现贸易自由化和经济一体化提供了坚实的基础,标志着区域经济合作进入了一个新的发展阶段。

到2003年1月,原东盟6国间的关税壁垒大大降低,平均关税率由1993年的12.8%降至1.5%,[①] 这标志着东盟自由贸易区初步获得成功。到2010年1月,原东盟6国CEPT减税清单中的所有商品已经取消关税,新东盟4国(柬埔寨、老挝、缅甸、越南、CLMV)的商品关税也已降低到0%~5%,东盟自由贸易区全部建成。[②] 在此基础上,东盟正在朝着建立东盟经济共同体(共同市场)的目标迈进。

(二)中国—东盟自由贸易区

中国与东盟在2002年11月签署了《中国与东盟全面经济合作框架协议》(简称《框架协议》),中国—东盟自由贸易区(CAFTA)的建设正式启动。《框架协议》涵盖的关键内容有:①货物贸易自由化,目标是到2010年实现中国与东盟原六国的自由贸易区,以及到2015年将新成员国纳入自贸区;②在《服务贸易总协定》(GATS)框架下深化服务业合作,减少服务贸易壁垒,推动多部门服务贸易自由化;③制定区域内投资安排和便利化措施;④开展多层面全面合作,包括货物贸易、服务贸易、知识产权、环境保护、能源等领域,特别关注农业、通信技术、人力资源、湄公河流域开发等重点领域;⑤为东盟新成员国提供灵活措施,包括特殊和差别待遇,以适应不同成员国的发展需求;⑥建立相应的组织机构以及标准规则,CAFTA的目标由首脑会议、部长会议、高官会议以及联委会与专家组四个不同层次的协商机制推进。《框架协议》于2003年7月1日生效,并于2003年、2006年、2012年和2015年分别进行了修订。

在2004年11月,中国和东盟签署了《中国—东盟自由贸易区货物贸易协议》,该协议

---

① 白洁,苏庆义.《美墨加协定》:特征、影响及中国应对[J].国际经济评论,2020(6):123-138.
② 黄玲,方敏.东盟经济共同体的建设对CAFTA升级的影响和挑战[J].经济论坛,2020(7):126-134.

自2005年7月起正式生效。根据协议,除了2004年已经进行降税的早期收获产品和少数敏感产品外,双方对大约7 000个税目的产品开始执行降税措施。接着在2007年1月,双方签订了《中国—东盟自由贸易区服务贸易协议》,并于同年7月成功实施。2009年8月,双方又签署了CAFTA《投资协议》,于2010年正式生效,至此,CAFTA全面建成。数据显示,中国与东盟之间的双边贸易额由2002年的548亿美元增至2014年的4 804亿美元,双向投资额由2003年的33.7亿美元增至2014年的122亿美元。①

在2014年8月举行的中国与东盟10国经贸部长会议上,双方宣布启动中国—东盟自由贸易区(CAFTA)的升级谈判,目的是进一步提升区域内的贸易和投资自由化以及便利化水平。经过一系列的磋商,中国与东盟在2015年11月正式签署了《中华人民共和国与东南亚国家联盟关于修订〈中国—东盟全面经济合作框架协议〉及项下部分协议的议定书》。这份议定书标志着中国在现有自由贸易区基础上完成的首个升级协议,它包括了货物贸易、服务贸易、投资以及经济技术合作等多个领域,并于2016年7月1日正式生效。据中方统计,至2020年,中国—东盟货物贸易额从30年前的79.6亿美元增长至6 846亿美元,中国与东盟之间的双向投资总额已超过2 600亿美元,中国连续12年都是东盟最大的贸易伙伴国,东盟也在2020年首次成为中国最大的贸易伙伴。依据东盟公布的统计数字,中国对东盟的直接投资在2010—2019年间实现了显著增长,从36亿美元上升至91亿美元,占东盟接受的外国直接投资总额的5.7%,从而使中国位列东盟外资来源国的第四位。②

### (三)《区域全面经济伙伴关系协定》

《区域全面经济伙伴关系协定》(RCEP)是在2012年11月第21届东盟峰会期间正式启动的,该协定以东盟为中心,包括了东盟10国以及中国印度、日本、韩国、澳大利亚和新西兰。RCEP的目标是将现有的5个"10+1"自由贸易区合并成一个更大的自由贸易区。该协定通过减少区域内的关税和非关税壁垒,有效降低贸易成本,扩展服务贸易,营造和优化自由的投资环境。RCEP旨在建立一个覆盖所有成员国的统一市场,其贸易自由化的水平将超过现有的5个"10+1"自贸区。③ 此外,RCEP还将包括知识产权保护、竞争政策等多个领域的合作。

历经8年谈判,除印度外的其他15个成员国于2020年11月15日正式签署了RCEP,其人口总数、GDP总量、贸易总额均约占全球总量的三分之一。2022年1月1日,RCEP正式生效,6个东盟成员国,以及中、日、新、澳4个非东盟成员国开始正式执行该协定。RCEP的启动实施,意味着全球人口最多、经济规模最大、发展潜力最显著的自由贸易区的正式成立,这不仅彰显了各参与方对多边主义和自由贸易的坚定支持,也展现了推动区域经济一体

---

① 黄玲,方敏. 东盟经济共同体的建设对CAFTA升级的影响和挑战[J]. 经济论坛,2020(7): 126–134.
② 中华人民共和国中央人民政府. 中国—东盟自由贸易区全面建成十周年实施报告[EB/OL]. (2020-11-12) [2020-11-13]. http://www.gov.cn/xinwen/2020/11/13/5561364/files/2f4b31e37f4f4550bf83205c8313f1d4.pdf.
③ 这5个"10+1"自由贸易区是指中国—东盟自贸区、东盟—韩国自贸区、东盟—日本自贸区、东盟—印度自贸区以及由东盟与澳大利亚—新西兰紧密经济联盟(Australia/New Zealand Closer Economic Relations Trade Agreement, ANZCERTA)组成的自贸区。

化的共同意愿。RCEP的生效预计将对区域乃至全球的贸易和投资增长、经济复苏及繁荣发展产生积极影响,为参与国家带来更广阔的市场机遇,加强经济合作,促进共同繁荣。

## 四、跨区域经济一体化

### (一)亚太经济合作组织

亚太经济合作组织(APEC)是一个覆盖环太平洋地区的跨区域经济合作机构。该组织是在澳大利亚前总理鲍勃·霍克的提议下成立的。来自美国、加拿大、日本、韩国、澳大利亚、新西兰和原东盟6国的经济部长、外交部长出席了1989年11月在堪培拉举办的首届亚太经济合作部长级会议,这次会议的召开标志着APEC的正式成立。随后,在1991年11月,中国大陆(内地)、中国台湾和中国香港同时成为APEC的成员。

1991年举办的第三届APEC部长会议明确阐述APEC的宗旨:促进成员间的经济合作、推动全球贸易自由化。1992年,亚太经合组织(APEC)秘书处在第四届部长级会议中成立。随后,在1993年于美国西雅图举行的第五届部长级会议上,为协调和推动亚太地区的投资和贸易,在会议通过的《贸易和投资框架宣言》中,APEC决定成立一个常设的贸易和投资委员会。具有历史意义的《茂物宣言》在1994年第2次非正式首脑会议上通过,该文件设立了在2010年或2020年达成区域内自由贸易的目标。1995年的第3次非正式首脑会议上,通过了《大阪宣言》和《行动议程》,这些文件为APEC成员经济体之间的合作指明了方向,并提供了指导原则。1996年,APEC批准了《APEC马尼拉行动计划》,该计划包括了各成员体的自由化方案,这标志着APEC从目标设定阶段转向了执行阶段。同年,第八届部长级会议和第四届非正式首脑会议的召开,标志着该组织开始执行关于贸易和投资自由化的协定。1997年的第九届部长级会议和第五届非正式首脑会议聚焦于亚洲金融危机的应对,但也进一步促进了成员国之间的贸易与投资自由化。

1998年举行第十届APEC部长级会议和第六届非正式首脑会议时,该组织成员国数目已增至21个。这些成员经济体的加入,增强了其在推动区域经济一体化和贸易自由化方面的影响力。到了2001年,APEC第9次领导人非正式会议在中国上海举行,会议达成了"上海共识",既确定了面向新世纪的APEC政策框架,还明确了实现茂物目标的具体战略,并强化了APEC的执行机制。

2014年11月,APEC第22次领导人非正式会议在北京召开,此次会议达成了"北京共识",通过了《亚太经合组织推动实现亚太自贸区北京路线图》,这标志着亚太自由贸易区(Free Trade Area of the Asia-Pacific, FTAAP)的建设进程正式启动。此外,会议还形成了与亚太地区经贸合作密切相关的一系列重要文件。[①]

自1993年起,亚太经合组织每年定期举办1次部长级会议和1次领导人非正式会议,致力于促进成员国间贸易和投资的自由化、便利化。APEC始终将促进贸易和投资的自

---

① 外交部. 北京纲领:构建融合、创新、互联的亚太——亚太经合组织第二十二次领导人非正式会议宣言[EB/OL]. (2014-11-11)[2014-11-12]. https://www.mfa.gov.cn/web/gjhdq_676201/gjhdqzz_681964/lhg_682278/zywj_682290/201411/t20141112_9384079.shtml.

由化与便利化作为核心合作目标,并持续将新兴议题纳入讨论范围。近年来,APEC 强调 CPTPP、RCEP 等自由贸易安排是实现地区经济一体化的有效路径。

### (二) 从 TPP 到 CPTPP

《跨太平洋伙伴关系协定》(TPP)源于 2005 年 7 月由新加坡、新西兰、智利和文莱四国签署的《跨太平洋战略经济伙伴关系协议》(TPSEPA,亦称 P4)。2008 年,美国在奥巴马政府时期宣布加入谈判,随后参与国家数量逐渐增加。2016 年 2 月 4 日,12 个国家——新加坡、新西兰、智利、文莱、美国、加拿大、墨西哥、秘鲁、日本、澳大利亚、越南、马来西亚——正式签署了 TPP 协定,这些国家的 GDP 总和大约占全球的 40%,人口约占全球的 13%。但随后在 2017 年 1 月,美国宣布退出 TPP。之后,在日本的领导下,剩余的 11 个国家对 TPP 协定进行了修改,并将其改名为《全面与进步跨太平洋伙伴关系协定》(CPTPP)。CPTPP 于 2018 年 3 月 8 日在智利签署,并于同年 12 月 30 日生效。这一协定的实施标志着一个覆盖广泛经济体的区域贸易协定的诞生,旨在推动成员国之间的贸易自由化和经济一体化。CPTPP 是一个高标准、宽领域的跨区域自由贸易协定,11 个成员国总人口近 5 亿人,占全球的 6.6%,对外贸易约占全球的 15%,GDP 占全球的 13%(仅次于 RCEP、USMCA 和欧盟)。虽然 CPTPP 暂停了 TPP 协定中的一些条款,但它没有改变 TPP 协定的原有的市场准入承诺,也将 TPP 的整体规则框架保留了下来。CPTPP 推动形成了覆盖亚太 11 国的庞大的区域一体化市场,促进了成员国之间的贸易投资与产业链、供应链合作。①

2021 年 6 月,CPTPP 委员会批准英国启动加入程序,开启了扩容的大门。同年 9 月,中国向 CPTPP 递交了正式申请加入书。韩国、泰国、印尼、菲律宾等 RCEP 成员也表示有意加入 CPTPP。国际社会对 CPTPP 及其潜在的扩容效应表现出极大的兴趣。根据彼得森国际经济研究所(Peter G. Peterson Institute for International Economics,PIIE)的分析预测,到 2030 年,CPTPP 现有成员国在全球经济中的年收入有望在现有水平上增加 1 470 亿美元。此外,如果中国成为 CPTPP 的一部分,这一数字预计将增长至 6 320 亿美元,是基线预测的四倍。②CPTPP 与 RCEP 两个贸易协定随着成员国数量的增加及共同成员的扩充,有潜力发展出一种融合性的合作新模式。这种模式预计将促成亚太地区自由贸易结构的重塑,并为当前面临挑战的多边贸易体系提供额外的合作信任和创新活力。

### (三) TTIP

《跨大西洋贸易与投资伙伴协定》(TTIP)是欧盟与美国之间正在谈判的全方位的自由贸易协定,于 2013 年 6 月启动。它主要包括市场准入、监管合作、市场规则、机构四大部分,涉及关税减让、数字经济、服务贸易、监管、公共采购、知识产权(含地理标志)、中小型及国有企业等议题。TTIP 主要聚焦于消除非关税壁垒,目的是实现美国与欧盟之间市场的整合和监管资源的协调。如果 TTIP 能够达成,它将成为全球最发达、规模最大的自由贸易区,预

---

① 袁波.CPTPP 及其扩员影响前瞻[J].中国远洋海运,2021(11):32-35.
② PETRI P A, PLUMMER M G. Should China join the New Trans-Pacific Partnership[J]. China & World Economy, 2020, 28(2):18-36.

计将对欧美经济乃至全球贸易模式和规则的发展产生深远的影响。到奥巴马卸任美国总统前,TTIP进行了15个回合的谈判,在市场准入、监管等领域取得了实质性的进展,但在贸易关税减让条目、服务贸易、劳工问题、政府采购、投资争端解决机制等问题上始终存在分歧。[①] 特朗普执政期间,由于其众所周知的逆全球化倾向,TTIP谈判陷入停顿。拜登政府在2020年1月上任后,在一段较长的时间内也没有恢复TTIP谈判。

### 五、全球FTA发展现状及特点

截至2021年9月底,WTO收到通报的区域贸易协定(RTA)累计达611个,其中574个为已生效协定,对应545个实际RTA,包括479个自由贸易区(FTA)、35个关税同盟(Customs Union, CU)、28个局部自由贸易协定(FTA)和3个仅涉及服务的经济一体化协定(Economic Integration Agreement, EIA)。可见,FTA是区域贸易合作的主导形式。近20年来,FTA的发展呈现出了数量不断增长、规模越来越大、领域加宽加深、成员参与程度不均等特点。

#### (一)FTA数量不断增长

世界上第一个FTA——欧洲自由贸易联盟(EFTA)于1960年生效。到1992年,全球FTA累计数量仅为11个。之后FTA数量明显上升,且总体呈加速增长态势。在2006年和2008年,每年新生效FTA数量达17个。在近20年中,FTA的数量有两次明显的增速放缓,分别是1997—2000年和2010—2016年,原因在于东南亚金融危机和美国次贷危机对全球经济的冲击,助长了贸易保护主义。虽然全球范围内出现对全球化和区域化的唱衰,但据WTO网站上列示的提前公告,目前至少还有31个RTA正在谈判中。

#### (二)FTA格局和规模日趋复杂和扩大

除传统的双边FTA、诸边FTA外,还出现了以区域组织为缔约方的FTA。据WTO的RTA数据库,由两国组成的双边FTA为224个,占总数的54.77%;由数国组成的诸边FTA为81个,占19.80%;RTA+1个国家组成的双边FTA为82个,占20.05%;RTA+两个以上国家组成的诸边FTA为19个,占4.65%;RTA+RTA组成的FTA为3个,占0.73%。

FTA网络格局更为混杂。在常见的"轮轴—辐条"结构(例如美国与其他国家签订的多个FTA,美国居于轮轴地位)[②]、FTA"星型"结构[③]以及"交叉重叠式"结构(例如NAFTA的三个成员国与相同的伙伴国分别签订了多个FTA)[④]之外,FTA的全球实践又出现了"嵌套"结构,即多个RTA又组成了新的FTA,例如,欧洲自由贸易联盟与南部非洲关税同盟之间的自由贸易协定,以及欧洲自由贸易联盟与海湾阿拉伯国家合作委员会自由贸易区

---

① 宋锡祥.美欧TTIP谈判的重要议题及其对中国的启示[J].上海对外经贸大学学报,2019(1):37-48,84.
② 轮轴—辐条结构(Hub and Spoke Structure, HS),是指在FTA网络中,出现了一个国家与两个或两个以上的国家或地区签订双边FTA,而与之签订FTA的国家间并无FTA的状况。
③ 贾秀秀.累积规则对FTA感染效应的影响[D].上海:同济大学,2016:18-20.
④ 同③。

（European Free Trade Association-Gulf Cooperation Council, EFTA-GCC）。① 此外，传统的轮轴—辐条结构也出现了诸边替代的趋向，如独联体八个成员国在2011年签订了独联体成员国自贸区条约，规定新条约生效的同时终止成员国之间的多个双边FTA；② 东盟在多个"10+1"合作的基础上积极推动建立区域全面经济伙伴关系（RCEP）的"10+6"合作。FTA的嵌套结构和诸边替代多个轮轴—辐条的发展趋势，可视为区域经济的"高阶整合"，具有使混合复杂的FTA格局清晰统一的倾向。

同时，FTA的成员也越来越多，规模也越来越大，如欧盟—加勒比论坛国际经济伙伴关系协定有42个成员国，欧盟—海外联系国家或区域协定有47个成员国。CAFTA覆盖19亿人口；TTIP将涵盖全球近一半的GDP和8亿富裕人口；RCEP覆盖了三分之一的人口。

### （三）FTA涵盖领域拓宽，议题深化

20余年来FTA的涵盖领域明显拓宽：2000年及之前生效的57个FTA中，有50个只涉及货物贸易自由化，仅有7个涵盖货物贸易和服务贸易（占12.28%）；2001年及以后生效的268个FTA中，有58.30%覆盖货物贸易，37.02%覆盖服务贸易。③ 同时，FTA的谈判议题也越来越广泛，除传统的市场准入、海关程序、贸易救济议题外，还涉及政府采购、知识产权、数字产品、竞争政策、透明度、劳工标准以及环境保护等广泛内容。例如，日本—印尼经济伙伴关系协定（Economy Partnership Agreement, EPA）谈判关注了网络版权保护、专利审查的程序等事项；中韩自贸协定中含有电子商务的内容，为跨境电商进出口提供便利和规范引导。④

### （四）FTA发展不均衡

各FTA在经济规模、实施标准等方面极不均衡。如发达国家之间签署或发达国家主导的FTA标准较高，涉及内容综合度强，如美国—智利自贸协定涉及服务贸易、知识产权、劳工标准和环保等内容；而发展中国家签署的FTA内容单一、要求低，如2006年生效的印度—不丹自贸协定仅涵盖初级的货物贸易关税和非关税壁垒内容。大型FTA横跨几大洲，覆盖很多国家，经济规模大；小型FTA可能仅包含两个单一国家或地区。⑤

### （五）FTA成员国参与度不均

各成员国参与FTA进程差异较大，表现为参与FTA数量多寡不均，谈判地位不完全对等。如蒙古国仅参加了1项自贸协定，而智利参加了23项，欧盟对外签署了33项自贸协定。在FTA规则的制定上，发达国家拥有丰富的谈判经验和强硬的话语权，通常会制定更

---

① 嵌套的例子还有：东南非共同市场、东非共同体和南部非洲发展共同体于2015年签署的三方自由贸易协定（中国商务部网站，http://www.mofcom.gov.cn/article/i/jyjl/k/201506/20150601011711.shtml，2017年2月20日访问），但WTO的RTA数据库中尚未列出该FTA的通报。
② 参见WTO文件WT/REG343/N/1。
③ 此处数据系通过对2001至2021年间声明生效的RTA协议中涉及货物和服务的占比估计得到。
④ 钟鸣. FTA对中韩跨境电子商务的影响研究[J]. 市场研究，2016（11）34-35.
⑤ 贾秀秀. 累积规则对FTA感染效应的影响[D]. 上海：同济大学，2016：18-20.

有利于自身利益的标准和条款,而发展中国家和新兴经济体缺少谈判砝码和决定能力,常处于被动接受地位。如新加坡与美国签署的 FTA 基本采纳了美国的自贸区谈判文本。[1] 再如以欧盟为轴心的多个 FTA,其原产地规则的结构和内容大致相同。

## 本 章 小 结

协调国际经济关系的核心在于平衡各国的经济利益。这种协调建立在国家间经济的互相依存和全球经济互动的机制之上。国际经济关系协调有助于各国在参与全球价值链中获益。国际经济关系协调的常见形式主要有互访、国际会议和国际机制三大类,其协调的类型和层次多种多样。二战后国际经济关系协调的发展大体可以划分为四个阶段。区域经济一体化协调在 20 世纪 80 年代开始掀起浪潮,尤其是在 20 世纪 90 年代以来风起云涌。在近 20 年中,FTA 在所有区域贸易合作形式中居于主导地位,其发展呈现出数量不断增长、规模越来越大、领域加宽加深、成员参与程度不均等特点。

## 复习思考题

1. 国际经济关系协调的定义、本质及作用是什么?
2. 按照其参与主体属性和范围来划分,国际经济关系协调包括哪些类型?
3. 未来国际经济关系协调主要涉及哪些领域?
4. 二战后区域经济一体化兴起的原因是什么?
5. 区域经济一体化未来有着什么样的发展趋势?
6. 目前全球 FTA 发展具有哪些特点?

### 案例分析与思考

#### 中国申请加入 CPTPP 引发美国政客强烈反应[2]

2021 年 9 月 20 日,美国参议院金融委员会的两党议员就中国于 4 天前申请加入《全面与进步跨太平洋伙伴关系协定》(CPTPP)发声。他们除了批评美国"错误地"撤出协定之外,还声称中国申请加入协定的举动"令人不安",可能影响美国"国家安全",因此建议美国不能继续等着,要重新在贸易问题上与亚太地区国家接触。

然而不少外媒和分析人士认为,拜登政府似乎无意重回任何重大国际贸易协定。而中国虽然在加入 CPTPP 上仍有不少障碍,但其表现出的对外开放姿态仍与美国形成了鲜明对

---

[1] 厉力. 自由贸易区的原产地规则问题研究[M]. 上海:复旦大学出版社,2013.
[2] 观察者. 中国申请加入 CPTPP,美两党议员坐不住了[EB/OL].(2021-09-22)[2022-04-30]. https://www.jfdaily.com/news/detail?id=407615.

比。彭博社认为"中国把拜登扔在了一个尴尬的位置之上"。2021年9月17日,中国提出加入CPTPP的第二天,英国广播公司报道说,尽管拜登上台后在外交政策上没有沿用特朗普的保护主义做法,重新加入巴黎气候变化协定,重返世界卫生组织,但在一些主要贸易政策上并未有明显改变。《日经亚洲》20日的评论文章也指出,尽管拜登声称"美国回来了",但在他执政的前8个月里,并未能在缔结或启动重大国际贸易协定中获得成功。此外,出于国内政治考虑,短期内美国可能不会重返CPTPP。这为中国加入这项贸易协定创造了一个"完美的机会窗口",而具有讽刺意味的是,这项协定原本是美国为了遏制中国而提议的。

**思考问题:** 中国加入CPTPP存在什么障碍?中国加入CPTPP将对其自身以及有关国家的经济有何影响?

# 第七章　全球经济治理：历史、现状与未来

在历史上，资本国际化的持续扩展推动了各国各地区经济生活的国际化水平日益提升和世界市场的最终形成，并引发经济全球化的浪潮。世界市场同国内市场一样，也需要必要的国际乃至全球公共产品（如有序的汇率安排、共同的贸易和投资规则等）来维护市场秩序和降低交易成本。尤其是二战后，由于新科技革命的催化及与之相联系的生产资本国际化的迅猛扩张，经济全球化的发展进入了一个不断加速和扩展的阶段。然而，经济全球化是一柄"双刃剑"，它一方面促进了有关各国和地区的经济发展，增强了它们之间的经济相互依赖；但是另一方面也造成了经济风险的全球化和一系列全球性问题的出现。仅靠单个国家的力量是难以应对或控制此类全球性问题或风险的，需要各国政府、国际经济组织、跨国公司、跨国金融机构以及非政府组织等国际经济行为主体通力合作，实施全球经济治理。

## 第一节　二战后全球经济治理的演化发展

第二次世界大战结束后，美国主导建立了辐射整个资本主义国际经济体系的所谓全球经济治理体制与机制，为有关各国战后的经济恢复和发展奠定了国际性制度基础，从而推动了彼此间国际经济关系的全面和快速扩展。随着国际经济、政治条件的变化和有关各国经济的成长，上述全球经济治理体制机制开始渐渐显露其弊端和缺陷，逐渐发生局部质变。尤其是20世纪90年代以来冷战的终结、苏联东欧国家的转轨、一些社会主义国家的市场经济改革以及新兴经济体的群体性快速崛起，推动着全球经济治理加速朝着真正意义上的全球治理的方向演进。

### 一、二战后全球经济治理体制机制的建立

美、苏、英三国主导建立了史称"雅尔塔体系"的二战后国际政治经济格局。特别是在经济领域，在政治、军事、经济等各方面占据绝对优势的美国主导下，西方发达国家联合部分发展中国家签订了"国际货币基金组织协定"和"国际复兴开发银行协定"（总称"布雷顿森林协定"）以及"关税及贸易总协定"（GATT），建立了以布雷顿森林体系为核心的全球经济治理架构。国际货币基金组织（IMF）、世界银行（WB）和关税及贸易总协定（即后来的世界贸易组织，WTO）成为二战后国际经济治理的核心机构、制度形式以及所在领域的主要治理机制。

二战后全球经济治理体制特别是布雷顿森林体系的建立，确立了美元与黄金挂钩、各国货币与美元挂钩的"双挂钩"可调整固定汇率制度，一方面，在很大程度上消除了二战前各

个经济集团之间相互对立的现象,避免了各国之间相互进行外汇倾销,通过维持一个相对稳定的汇率为全球贸易和国际资本流动的安全与稳定提供了保障,从而结束了国际货币金融关系动荡不安的局面;另一方面,在一定程度上弥补了当时普遍存在的国际清偿能力和国际支付手段的不足,同时还推动了贸易自由化和国际投资的增长,减少了阻碍国际商品流通的障碍,从而促进了国际贸易的发展,进而带动了各国经济的增长。这给西欧、日本等国家和地区的战后恢复重建和经济复兴创造了较好的国际金融、国际贸易和国际投资等方面条件,资本主义世界经济体系经历了 20 多年的比较顺利而快速的发展。因此,西方有人甚至将二战结束至 20 世纪 70 年代初这一段时间称为世界经济发展的"黄金时代"。

值得指出的是,尽管二战后美国牵头建立的所谓全球经济治理体制意欲进行全球性的经济治理,也确立了旨在进行全球性经济治理的框架结构,但其很难称得上是"全球"经济治理,最多只能算是"国际"经济治理。究其原因,首先,从治理区域范围看,由于"两个平行的世界市场"的存在以及东西方经济的分割与隔离,这一治理体制所涵盖的区域只能算是全球经济的"半壁江山"。其次,从治理主体和治理机制看,由于战后一段时间内美国在政治、军事、经济等领域的一家独大和霸权地位,起初其他国家在国际经济治理体制中的发言权很少,发展中国家几乎没有发言权,可以说这是一种美国独家治理的国际经济治理模式。以国际货币基金组织(IMF)为例,各成员国的表决权多少是由其在 IMF 的份额决定的,而各成员国在 IMF 的份额又是按照其经济规模和贸易规模等在世界经济中所占的比重进行分配的。这样就造成表决权主要掌握在发达国家手里,而广大发展中国家处于无权地位。尤其不合理的是,由于美国的份额占比过高,使得它在 IMF 所有重要事务的表决中拥有独立否决权(可以称之为"一票否决权"),这意味着如果没有美国的同意,IMF 的任何一项重要事务都无法获得通过或实施,美国实际上在 IMF 有着"独家治理"的特权,直到现在仍然如此。而与之相对照,在联合国安理会,中、俄、美、英、法 5 个常任理事国都享有否决权。上述情形突出体现了 IMF 的"民主赤字"(Democratic Deficit)。[①] 到 20 世纪六七十年代,随着西欧国家和日本等的经济恢复和快速增长,它们与美国的经济差距逐渐缩小,经济实力逐渐增强,在 IMF 中的发言权也逐渐增加,渐渐形成了与美国一起进行大国集团治理的模式。再次,从治理内容看,无论是在 IMF 还是在关税及贸易总协定(GATT)中,发达国家主宰了全球经济治理的议题设定,广大发展中国家所关注的问题很难进入 IMF 和 GATT 等的议程,从而在全球经济治理中处于边缘和无权地位。这都反映了美国主导的战后全球经济治理体制在其代表性方面存在着不足,由此也引起了国际社会对其合法性的质疑和批评。最后,从治理结果和收益看,与前面几点相关联,"全球"经济治理的获益者主要是发达国家,尤其是美国,而广大发展中国家从中获益很少。

## 二、全球经济治理格局与模式的变迁

在二战后的现实国际经济生活中,由于作为全球经济治理体制核心的布雷顿森林体系存在着内在的根本缺陷,国际货币金融领域最终出现了混乱并且日趋恶化。作为一种国际

---

① 李刚.论戴维·赫尔德的全球治理思想[J].东北大学学报:社会科学版,2008(3):233-238.

货币制度，布雷顿森林体系是一种"双挂钩"、实行可调整固定汇率的金汇兑本位制（也称"虚金本位制"）——"黄金—美元本位制"，也就是说，一方面，美元与黄金保持固定比价，各国政府可随时用美元按固定比价向美国政府兑换黄金；另一方面，各国货币与美元保持可调整的固定比价。在这一制度下，作为国家货币的美元同时又充当着国际货币的角色。这就产生了"特里芬两难"（Triffin Dilemma）：为了适应全球经济和贸易的增长需求，美元的供应量需要持续增长，这就不可避免地要求美国的国际收支逆差持续扩大以源源不断地"出口"美元；然而，美国国际收支逆差的不断扩大将影响国际社会对美元的信心，这将导致美元与黄金之间无法维持固定比价，同时也会对美元产生贬值的压力，使得美元与其他货币之间的固定汇率难以保持长期稳定，从而使这一国际货币制度的基础发生动摇。

自20世纪50年代后期开始，随着美国国际收支状况持续恶化，流往美国境外的美元不断增加，导致其黄金储备大量流失，美元与黄金的可兑换性开始受到怀疑。到1960年，美国的对外短期债务首次超过其黄金储备额，美元信用发生动摇。同年10月，国际金融市场上爆发了大规模抛售美元、抢购黄金的第一次美元危机。面对这种状况，美国联合其他发达国家采取了一系列措施以稳定美元的地位，如建立"黄金总库"（Gold Pool，1961年），签订"互惠借款协定"（Swap Agreement，又称"货币互换协定"，1962年）和"借款总安排"（General Agreement to Borrow，1962年10月生效）。20世纪60年代中期之后，美国的国际收支状况由于侵越战争升级而进一步恶化，黄金储备持续减少，而对外短期债务迅速攀升。1968年3月，爆发了规模空前的抛售美元、抢购黄金的第二次美元危机，仅半个月美国就减少了价值14亿美元的黄金储备。为此，美国被迫实行"黄金双价制"（Two-tier Gold Price System），即在官方和私人黄金市场上分别实行两种不同的金价。黄金双价制意味着以美元—黄金为基础的布雷顿森林体系实际上已经难以为继。到1971年，美国遭遇了自1893年以来的首次巨额对外贸易逆差，导致其国际收支逆差规模进一步扩大。面对巨大的国际收支逆差以及各国中央银行黄金兑换的要求，尼克松政府被迫于该年8月15日宣布实行"新经济政策"，对外停止履行美元兑换黄金的义务和对内冻结工资与物价。它宣告了美元与黄金的官价兑换的终止和历时25年之久（1947—1971年）的布雷顿森林体系趋于解体。同年12月18日，西方10国达成"史密森协议"（Smithsonian Agreement），试图通过提高美元对黄金的比价，扩大各国货币对美元的汇率平价及其波动幅度来维持固定汇率制。然而，国际外汇市场对美元的信心已经彻底丧失，各国中央银行的美元资产继续累积，市场汇率的波动日益剧烈。这一局面愈演愈烈，迫使美国于1973年2月12日宣布美元对黄金和其他主要货币的再次贬值。到同年3月中旬，几乎所有国家都放弃了维持固定汇率制的努力，布雷顿森林体系最终彻底瓦解。①

1976年1月，IMF"国际货币制度临时委员会"在牙买加首都金斯敦举行会议，即"牙买加会议"，就若干重大的国际金融问题达成协议，史称"牙买加协议"（Jamaica Agreement）。该协议确定，汇率安排多样化，黄金非货币化，储备货币多元化，扩大基金份额，增加对发展中国家的资金融通。"牙买加协议"从1978年4月1日起生效，在此基础

---

① 池元吉.世界经济概论[M].2版.北京：高等教育出版社，2006：211-212.

上形成的国际货币制度被称为"牙买加体系"。在这一体系中,美元依旧占据着国际支付工具、储备资产和外汇市场干预手段的首要地位(被人们称为"美元纸币本位制")。然而,美国已不再承担保持美元对其他货币价值稳定的义务;主要国家的货币之间实行了浮动汇率制度,国际货币基金组织(IMF)也不再提供全球性的汇率稳定机制和明确的国际金融规则等国际公共产品;全球范围内,制度化的汇率协调机制已不复存在,汇率波动性增加,国际货币日益多元化;新的金融技术和金融工具大量出现,国际金融市场中以发达国家为资金来源的投机活动日益增多。因此,许多人认为,"牙买加协议"只是对当时国际货币金融领域的混乱无序状态的一种追认,根本谈不上治理,有人甚至将"牙买加体系"称为"无体系"。此外,1973—1974年间爆发了第一次石油危机,国际油价翻番上涨,发达国家经济普遍因遭受史无前例的沉重打击而发生"滞胀"(即经济停滞和通货膨胀并存)。在上述情形下,主要发达国家更加需要强化彼此间的经济政策协调与合作,以扭转由布雷顿森林体系瓦解所造成的国际汇兑混乱和国际贸易骤减,一起努力克服"滞涨",促使全球经济止跌回升。

在与美国共同应对美元危机、维护国际货币金融稳定和治理经济"滞胀"的过程中,经济实力不断上升的其他发达国家在全球经济治理中获得了越来越多的发言权,全球经济治理逐渐由实质上的美国独家治理模式向大国集团治理模式演变。1973年3月,美国、英国、联邦德国、法国四国财长在美国总统官邸白宫的图书馆举行了关于国际货币金融治理协商与宏观政策协调的第一次会议,形成了"图书馆集团"(Library Group)。同年9月,日本财长受邀"入群",组成"五国集团"(G5)。由于这种新型治理合作方式取得了不错的成效,时任法国总统德斯坦于1975年以东道主身份主持召开了G5的第一次首脑会议,意大利总理也应邀作为非正式成员参会。翌年,意大利总理和加拿大总理作为正式成员参加了领导人峰会,由此形成了"七国集团"(G7)。之后的很长一段时间里,在资本主义世界经济体系中人们普遍将G7峰会看成全球经济的"指导委员会"。G7领导人通过一年一度的峰会交流关于世界经济形势的观点与看法,进而就财政、金融、货币、贸易等领域的全球经济治理形成共识并推动有关政策的实施,对世界经济发展有重要影响并在其中发挥非常大的作用。

自20世纪90年代开始,由于苏联的解体和冷战的终结,俄罗斯受邀参与G7各年度峰会期间的部分活动,并且最终于1997年正式加入领导人峰会,形成了"八国集团"(G8)。不过,因为新"入群"的俄罗斯在经济领域与美国等7个发达国家的共性相当少,G8在经济政策协调方面存在着相当大的难度。其外在表现就是,在G8年度峰会举行的同时,美、英、法、德、日、意、加7国仍然单独召开G7财长和央行行长会议,协调彼此在经济、金融、货币等领域的政策。

### 三、全球治理的真正起步

20世纪90年代至21世纪初,拉美和亚欧的一些国家先后爆发了金融危机,这使"七国集团"/"八国集团"(G7/G8)逐渐认识到新兴市场国家参与全球经济治理的重要性和必要性。1999年,在G7财长和央行行长会议倡议下,建立了由20个世界主要经济体参加的财长和央行行长会议机制(称为"二十国集团",简称G20),就国际金融货币政策、国际金融体系改革、世界经济发展等重要问题进行沟通与协调。2005年,在八国集团(G8)的提议下,又建立了 G8 同中国、印度、巴西、墨西哥、南非 5 个发展中国家领导人的对话机制(即 G8+5),主要发达国家意在以之作为其主导下的所谓全球经济治理体系的补充。但是,上述两方面举措却造成了截然不同的结果:邀请新兴市场国家参加部长级层面的宏观经济政策协调,取得了远超预期的积极效果;而 G8+5 机制下的新兴市场国家领导人只能在 G8 峰会期间参加"边会",无法实质性参与关于全球经济治理的讨论,这不仅意味着对上述 5 个发展中国家及其领导人是一种侮辱,而且也注定了其不可能取得成功。而且,如果 G8 不进行制度性变革,不让新兴市场国家真正加入全球经济治理体系中,那么新兴市场国家可能就会另辟蹊径,自行创建它们自己的全球经济治理机制。[①] 特别是到 2008 年,国际金融危机爆发并向全球蔓延,由于作为金融危机"震源""震中"和重灾区的美国等主要发达国家力不从心、治理乏术,美国不得已提议将 G20 升级为领导人峰会。当年 11 月,首次 G20 峰会在美国首都华盛顿举行。2009 年 9 月,二十国集团领导人在美国匹兹堡举行第二次 G20 峰会,并达成一致共识,即 G20 应成为"国际经济合作的主要论坛"。由此,G20 正式升级为领导人峰会机制,并成为主要发达国家和发展中国家开展全球经济政策协调及进行国际经济合作的最重要平台,也成为全球经济治理的主要平台,这意味着全球经济治理体系改革向前迈进了一大步,全球经济治理开始从"西方治理"向"西方和非西方共同治理"转变,[②] 这也意味着向真正意义上的全球治理迈出了第一步。

"二十国集团"(G20)的 GDP 总量约占全世界的 90%,人口约为 40 亿,囊括了世界主要经济体(包括主要发达国家或地区、主要发展中国家或新兴市场经济体),具有相当广泛的代表性,并拥有很强的行动能力。目前,G20 治理已经形成了一个完整的架构,其中领导人峰会发挥了引领作用,协调人和财政金融渠道所构成的"双轨机制"作为主要支撑,而部长级会议和工作组则提供辅助支持。[③] 截至 2021 年年底,G20 共举行了 16 次领导人峰会,协调南北双方的经济利益,发布了许多积极而务实的措施,在促进各国宏观经济政策协调、改革国际金融体系以及强化国际金融监管等方面取得了许多富有价值的成果。就其所起的作用而言,G20 位于全球经济治理的制高点和最前沿,担当着全球经济发展方向带路人的角色,引领并指导国际经济金融机构,逐步确立了自身在全球经济治理中的地位。这一点早已在 2008 年爆发的国际金融危机期间展示得相当充分,也得到了国际社会的普遍承认。

## 第二节　G20 与全球经济治理改革进展

全球经济治理属于全球治理的一部分,它是指在无世界政府的背景下,主权国家和非国家行为主体一道对全球经济合作中的共同问题(全球性经济问题)进行协调、处理或解决的

---

[①] 金中夏. 中国与 G20:全球经济治理的高端博弈[M]. 北京:中国经济出版社,2014:5.
[②] 梁启东. G20 峰会展现人类命运共同体美好前景[EB/OL].(2020-03-30)[2021-10-06]. http://www.rmlt.com.cn/2020/0330/574618.shtml.
[③] 朱丹丹. 全球经济治理的界定[M]// 张宇燕. 全球经济治理结构变化与我国应对战略研究. 北京:中国社会科学出版社,2017:376.

过程,也是对全球经济秩序进行塑造和维护的过程。① 而 G20 治理机制的诞生,开启了向真正意义上的全球治理迈进的新时代,推动着全球经济治理改革不断前行。现阶段,G20 治理平台在促进全球经济治理的主要领域如宏观经济调控合作领域、国际金融货币领域、国际贸易领域、国际投资领域等的治理改革方面发挥着主导作用。

## 一、全球宏观经济调控合作

由于国际经济的相互连通、相互影响和相互依赖,各国的宏观经济政策存在着很强的溢出效应,因此,各国尤其是大国之间的宏观经济政策协调与合作对于维护全球经济金融稳定、推动全球经济平衡发展具有非常关键的意义。G20 作为全球经济治理的主要平台和重要机制,通过领导人峰会达成共识并发表声明作出承诺与指导、财长和央行行长会议具体组织实施与落实的比较务实的方式,对于促进各国财政、货币、汇率等宏观经济政策的协调和推动各国在财政、货币、外汇、贸易及经济结构等领域的改革,以及增强主要经济体宏观经济政策的积极溢出效应并尽可能降低其消极溢出效应等,都发挥了极其重要的作用。例如,2016 年,G20 杭州领导人峰会公报针对当时一些货币(如欧元、日元)竞争性贬值的情况,指出汇率的过度波动和无序调整会对经济金融稳定产生不利影响,并要求 G20 各成员方有关部门就外汇市场密切讨论沟通,重申避免竞争性贬值和不以竞争性目的钉住汇率的承诺,提出 G20 各成员方将就宏观经济和结构性改革方面的政策措施进行清晰沟通与仔细制定,以降低政策的不确定性并增加透明度,减轻和减少因各国货币政策差异性而导致的汇率过度波动和无序调整,将负面溢出效应降至最低。

## 二、国际金融货币领域治理改革

国际金融货币领域的全球治理主要集中于国际金融货币体系改革和全球金融监管体系改革等方面,其最终目标在于建立国际金融新秩序。

### (一)国际金融货币体系改革

2008 年爆发的国际金融危机再一次凸显了现行国际金融货币体系所存在的内在缺陷,主要体现在国际储备货币严重依赖于个别主权货币(如美元)、主要储备货币发行国的货币发行行为不受监督、国际货币基金组织的份额分配和治理结构未与时俱进、国际金融监管很不完善、跨境资本流动极端无序等方面。其中,以主权货币作为国际储备货币使得"特里芬两难"这一制度性缺陷依然存在,国际储备货币发行国的货币超发必然导致通货膨胀的全球性泛滥。2009 年,时任中国人民银行行长的周小川撰写了一篇题为《对国际货币体系改革的思考》的文章,指出了国际货币体系存在的严重缺陷,提议创造一种新型的超主权的国际储备货币,这种货币将独立于任何单一国家的主权,同时能够维持其价值的长期稳定。考虑到创立新的超主权储备货币将需要很长时间,周小川提议在短期内应特别考虑充分发挥

---

① 陈伟光.全球经济治理的基本问题[M]//隋广军.全球经济治理新范式:中国的逻辑.北京:科学出版社,2020:2.

特别提款权（Special Drawing Right，SDR）的作用。① 周小川的文章引发了国际舆论的广泛关注和巨大反响，国际货币体系改革由此成为G20治理机制中经久不衰的一个主要议题。

近十几年来，在G20主持下，国际金融货币领域改革取得了一系列成果。

首先，可供国际货币基金组织和世界银行动用的资金资源有所扩充，其危机救助能力得到提升。2009年G20英国伦敦峰会达成共识，决定将国际货币基金组织（IMF）的可用资金增加两倍，总额达到7 500亿美元。此外，峰会还批准了2 500亿美元的新一轮特别提款权（Special Drawing Right，SDR）分配，以确保危机国家能够获得充足的救助资金供应并维护全球金融市场的稳定，并且同意向各多边开发银行（Multilateral Development Banks，MDB）提供总计至少1 000亿美元的支持。当欧洲主权债务危机趋于恶化时，2012年G20墨西哥洛斯卡沃斯峰会宣布为国际货币基金组织追加筹措至少4 500亿美元资金，以应对因此可能产生的巨额资金需求。

其次，国际货币基金组织和世界银行等国际金融货币机构的治理结构改革取得了一定进展。2009年9月的G20美国匹兹堡峰会承诺提高新兴市场国家和发展中国家在国际货币基金组织的份额以改善新兴市场国家和发展中国家在国际经济机构中发言权和代表性不足的状况。2010年6月的G20加拿大多伦多峰会确定，增加新兴市场国家官员和学者担任世界银行、国际货币基金组织及其他国际金融机构高管的比例。同年11月的韩国首尔峰会落实匹兹堡峰会承诺，宣布新兴经济体和发展中国家在国际货币基金组织的份额将至少增加5%，发展中国家和转轨经济体在世界银行的投票权至少增加3%。IMF执行董事会很快于当月通过了份额改革方案，发达国家向新兴经济体和发展中国家整体转移份额2.8个百分点，发展中国家份额升至42.3%，发达国家份额整体降至57.7%。根据该方案，中国的份额占比提升至6.394%，投票权占比提升至6.08%，份额和投票权均列第三位（仅次于美国和日本），印度、俄罗斯和巴西的份额也都进入前十位，同时欧洲国家让出两个IMF执行董事会席位给新兴市场国家，新兴市场国家在IMF的代表性和发言权大为提升。该方案已于2016年1月26日正式生效。同年7月G20财长和央行行长会议发布的公报进一步指出，应提高有活力经济体的份额占比，以反映其在世界经济中的相对地位，新兴经济体和发展中国家的份额占比有可能进一步提高。此外，中国在世界银行的投票权也由2.77%上升至4.42%，并成为该行的第三大股东国，仅居美国和日本之后。

再次，国际货币基金组织（IMF）的经济金融监督职能改革取得了一定成效。2011年11月的G20法国戛纳峰会向IMF发出呼吁，要求后者强化监督，提升监督的全面性、公平性和有效性，并将监督范围扩大到金融、货币和财政等宏观经济政策，强化对政策溢出效应、资本流动和全球流动性的监测与研究，改变其过度偏重汇率监督、无法有效监督主要储备货币发行国的国内政策、不能有效预警国际金融危机的窘况。IMF很快予以回应：从2011年开始多次发表《溢出效应报告》，对主要经济体的溢出效应进行测评；于2012年7月通过新的《双边和多边监督决定》，修正了2007年监督决定中过于偏重汇率监督的问题，扩大了监

---

① 周小川.关于改革国际货币体系的思考［EB/OL］.（2009-03-23）［2021-10-03］. http://www.gov.cn/gzdt/2009-03/23/content_1266412.htm.

督范围;还发表了一系列关于资本流动的报告,且对特定条件下资本管制的合理性表示了认同;与国际清算银行(Bank for International Settlements, BIS)等合作强化对全球流动性的跟踪分析,并积极探究将全球流动性纳入其监督的可能性与方式。

最后,国际货币体系改革也有所建树。2010年法国成为G20主席国后即把国际货币体系改革列为主要议题之一,甚至将其作为其主席国工作的首要任务,在新兴市场国家中产生积极反响。法国推动于2011年3月召开的"G20国际货币体系高级别研讨会",就国际货币体系的现状及其缺陷、资本流动管理、全球流动性管理和强化国际货币基金组织监督等问题进行深入探讨。加强国际货币基金组织特别提款权(SDR)的作用是改革以美元为主导的国际储备货币体系的一项重要内容。2011年G20戛纳峰会决定,为了更准确地反映各种货币在全球交易和金融系统中的作用,在2015年或2015年之前按照既有标准对SDR货币篮子进行评估并逐步加以调整。2015年12月1日,IMF正式宣布,自2016年10月1日起,SDR货币篮子由美元、欧元、人民币、日元和英镑五种货币构成,人民币在其中的占比为10.92%,位列第三,排在美元和欧元之后、日元和英镑之前。人民币加入SDR,给国际储备货币和国际货币体系增加了稳定的力量。一方面,SDR将因人民币的加入而呈现更加稳定的价值,更具吸引力;另一方面,人民币加入SDR货币篮子给IMF成员国提供了获取储备货币的新渠道,也给它们的储备货币资产投资创造了更多的币种和投资工具的选择机会;再一方面,人民币加入SDR有助于人民币国际化的进一步发展,进而有利于当前国际货币体系向国际储备货币更为多元化的格局转变,从而有助于缓解其根本缺陷。

## (二)全球金融监管体系改革

2008年,肇始于美国的次贷危机不断蔓延和升级,最终演变为全球性金融海啸,全球范围金融监管体系所存在的弊病暴露无遗。从那时起,历次G20领导人峰会都对其成员国发出倡议,要求它们成为全球金融监管改革的引领者和改革自身金融部门的先行者。

2008年11月,G20领导人在美国首都华盛顿举行的首次峰会达成《行动方案》(Action Plan),内容涉及提高金融市场的透明度、完善问责制度、加强金融监管、提升金融市场完整性、加强国际协作以及推动国际金融机构改革5个领域,都或多或少与金融监管问题相关。《行动方案》明确要求在短期内强化IMF、金融稳定论坛(Financial Stability Forum, FSF)和其他监管部门对金融市场运行的审查建议功能,并要求在中期内要制定风险监管的国际标准,还要求吸收新兴经济体加入金融稳定论坛。[①] 这与以往大不相同。在过去,FSF和IMF在国际金融监管方面各有侧重,FSF注重金融监管标准的制定,而IMF注重国际金融监管行动的具体实施。这一变化也预示了FSF在其职能方面的转型和扩展。

2009年4月举行的英国伦敦G20领导人峰会,发布了题为《加强金融系统》(Strengthening the Financial System)的声明,决定将金融稳定论坛(FSF)进一步升级为金融稳定理事会(Financial Stability Board, FSB),由G20所有成员国、FSF成员国、西班牙和欧盟委员会组成,

---

① 吴志强,陈刚.G20峰会达成金融改革行动计划[EB/OL].(2018-11-17)[2021-10-12]. http://news.sina.com.cn/o/2008-11-17/033914738906s.shtml.

同时赋予 FSB 与 IMF 合作以对宏观经济和金融危机风险进行早期预警和危机治理的职能。FSB 成为推动全球金融监管体系改革和维护国际金融稳定的核心协调机构。此外,该声明还要求 FSB 推动构建识别宏观审慎风险的监管体系,使监管措施覆盖所有具有系统性意义的金融机构(包括信用评级机构)、金融工具(包括对冲基金)和金融市场,认可并实施 FSF 制定的薪酬原则,防止过度杠杆化,确保银行体系的资本充足率,打击"避税港"等不合作行为,确立高质量全球会计准则等。可以看出,《加强金融体系》声明是对华盛顿峰会《行动方案》的扩展和细化,通过明确 FSF 的任务全面提出国际金融危机后金融监管改革的整体框架。遵照 G20 要求,FSF 和国际标准制定机构积极制定系列金融部门改革动议,以重塑全球金融体系。

### 三、国际贸易领域治理改革

第二次世界大战结束以来,经济全球化进程风起云涌,作为经济全球化重要组成部分和外在表现形式之一的贸易全球化也持续加速,全球贸易体系不停扩张并日趋复杂,与之相关联,全球贸易环境也日益复杂化,全球贸易治理领域所面临的挑战和问题也不断增加。

战后贸易全球化的加速发展是与以关税及贸易总协定(GATT)为代表的国际贸易治理机制的建立以及其所推动的贸易自由化的发展分不开的。在 GATT 框架下,缔约方的数量逐渐增加,有关缔约方发起并进行了八轮贸易谈判(即八个"回合"),贸易自由化所涵盖的范围和领域不断扩大(由制成品贸易拓展至农产品贸易),贸易自由化的水平也持续提升(体现在关税水平普遍大幅下降和越来越多的非关税措施纳入 GATT 的管辖),带动了许多发展中国家和地区的经济发展,其中一些经济发展表现优异的发展中国家和地区在 20 世纪 60 年代至 80 年代先后成长为新兴工业化经济体,如"亚洲四小龙"(韩国、新加坡、中国香港地区和中国台湾地区)、"亚洲四小虎"(泰国、马来西亚、印尼和菲律宾)、智利、墨西哥等。然而,由于 GATT 本质上只是一个临时适用的议定书,不具有国际法人地位,对各缔约方的约束力不强,尤其是其争端解决机制存在缺陷,对缔约方之间的贸易纠纷无法及时和有效解决,导致其贸易摩擦不断且往往久拖不决,国际贸易的发展在很大程度上受到阻碍或干扰。因此,在 GATT 第八轮谈判(即乌拉圭回合)中,各缔约方同意建立具有国际法人地位、在调解成员争端方面具有更高的权威性的世界贸易组织(WTO)以取代 GATT。

1995 年 1 月 1 日,世界贸易组织(WTO)正式启动运行,其职责是管理全球贸易秩序,总部位于瑞士的日内瓦。在 WTO 框架下,各成员方的贸易政策和贸易行为必须符合世界贸易组织的规则,与 WTO 规则相悖的贸易政策必须修改或者取消,而违反 WTO 规则的贸易行为将会招致"交叉报复"。同时,WTO 使多边贸易体制的管辖范围从传统的商品贸易扩展到了服务贸易、与贸易有关的知识产权以及与贸易相关的投资措施等领域。WTO 的建立和运作,在规范各成员方的贸易政策和贸易行为、解决成员方之间的贸易纠纷和摩擦、推动公平贸易与自由贸易、促进世界贸易的发展、保障充分就业、促进经济增长和提高生活水平等方面发挥了不可替代的作用。自从 WTO 成立以来,其成员国不断增加,贸易量持续增长,目前已覆盖全球贸易量的 98%,这充分证明了多边贸易体制的广泛代表性及其对各成员的吸引力。全球商品出口总额自 1994 年的 4.3 万亿美元增长至 2021 年的 22.3 万亿美元,帮助全球数亿人摆脱贫困,显著提高了相关国家和地区居民的生活水平。

然而,作为全球经济治理体制主要支柱之一的WTO,近年来面临着严峻挑战甚至生存危机:权威性不断下降,单边主义、保护主义蔓延;贸易谈判和争端解决功能受挫;各成员纷纷转向双边和诸边贸易协定谈判,多边谈判有被边缘化的风险。在此情形下,无论是世界贸易组织本身还是全球主要经济体,都已经深刻认识到对WTO进行深入改革的必要性和紧迫性。许多国家都认识到,在现阶段,国际贸易领域全球治理的主要目标应当是维护全球贸易体系的统一性和完整性,推进共赢、可持续的新全球化进程。为此,2018年12月G20领导人第13次峰会通过的《二十国集团领导人布宜诺斯艾利斯峰会宣言》要求维护多边贸易体制并对WTO进行必要改革。无论是发达成员还是发展中成员都积极参与WTO改革,纷纷提出WTO改革的建议方案,各方将主要焦点和关注点集中在WTO的上诉机构、特殊差别待遇以及透明度等问题上,并进行了广泛和深入的交流与磋商。

## 四、国际投资领域治理改革

国际投资领域的全球治理旨在促进资本在全球范围内的合理流动和有效配置,同时加强风险防范。投资是经济增长和可持续发展的核心,它能够提升各经济体的生产能力、创造就业、推动收入增长。毋庸置疑,扩大国际投资对于促进各国经济发展与社会进步、全球减贫乃至应对气候变迁等挑战都有着极其重要的意义。然而,据联合国贸易和发展会议(UNCTAD)统计,自2008年国际金融危机爆发以来,全球范围跨国投资一波三折,中间历经几次升降,尤其是2016年的转升为降之后一直呈萎缩态势,全球绿地投资持续低迷与跨境并购减缓。而从2019年年底开始新冠疫情在全球范围的肆虐使得国际直接投资"缩水"的状况进一步恶化,2020年全球外国直接投资(FDI)流入量减少至1万亿美元,比2019年骤降了三分之一。因此,促进投资的跨国流动以增强经济增长的动力,成为近年来国际投资治理的重要而艰巨的任务。

显然,要促进投资的跨国流动,离不开稳定的国际投资环境,而要维持稳定的国际投资环境,就必须反对投资保护主义。也就是说,反对投资保护主义成为国际投资治理的重要任务之一。在这一方面,G20发挥了非常关键的作用。从2008年11月的G20领导人华盛顿首次峰会开始,每一届G20领导人峰会宣言都强调反对投资保护主义。华盛顿峰会宣言指出,"我们的工作遵循一个共同信念,即市场原则、开放的贸易和投资体制、受到有效监管的市场""反对提高投资、货物及服务贸易新壁垒"。次年4月的伦敦峰会宣言重申了华盛顿峰会宣言关于反对保护主义的承诺,并进一步承诺"将采取一切力所能及的行动来促进和推动贸易及投资"。2010年6月多伦多峰会宣言则将反对保护主义、促进贸易和投资的承诺延长3年至2013年年底。此后的历届峰会也都一再重申反对投资保护主义,承诺将尽可能降低各自国内政策举措对贸易和投资造成的负面影响。与此同时,自2008年首次峰会开始,G20就要求世界贸易组织(WTO)、经合组织(OECD)和联合国贸发会议(UNCTAD)根据各自职责监督G20成员采取的贸易与投资措施,并公开报告G20成员上述承诺的落实情况。[①]

---

① 韩冰.二十国集团在国际投资领域的合作与前景展望[J].国际经济评论,2016(7):54.

截至2021年10月,OECD和UNCTAD一共联合发布了26份《G20投资措施报告》(*Report on G20 Investment Measures*)。

不仅如此,在二十国集团时任主席国中国的推动下,2016年G20杭州峰会通过了《G20全球投资政策指导原则》(*G20 Guiding Principles for Global Investment Policymaking*),"旨在培育一个开放、透明、有益的全球投资政策环境,促进国别和国际投资政策制定的连贯性,推动包容性经济增长和可持续发展",提出了反对投资保护主义、非歧视、投资保护、透明度、可持续发展、政府对投资的监管权、投资促进及便利化、企业社会责任及公司治理、国际合作九项关于全球投资治理的核心原则。①

## 第三节  面向未来的全球经济治理议题

进入21世纪以来,一些新的、关系到世界未来发展的全球性问题先后浮出水面,进入全球经济治理的视野。这些问题主要有全球流动性管理问题、全球投资规则体系问题、大宗商品市场全球治理问题、多边发展机构增资问题、全球基础设施投资问题、全球气候变化融资问题、"竞争中性原则"议题等。

### 一、全球流动性管理问题

近20年来,全球流动性过多始终是一个非常严重的问题。一方面,主要储备货币发行国(美国)货币发行过多,刺激了其对进口的需求,是造成全球失衡的重要原因,这是国际上对全球失衡及其成因进行广泛讨论时多数人所持的观点;另一方面,美国货币供应量过多和过度宽松的货币政策最终导致了次贷危机的爆发及其在全球的传染和发酵,酿成了2008年国际金融危机。而在危机爆发后,主要发达经济体的中央银行为了挽救急剧恶化的经济与金融形势,不约而同地出台了形式各异却实质相同的量化宽松货币政策,并且持续相当长的一段时间,尤其是美国,一共实施了四期量化宽松货币政策,前后历时六年之久。值得注意的是,自从2019年年底新冠疫情暴发以后,主要发达经济体再一次采取了大规模的量化宽松政策,显著扩大了其中央银行的资产负债表规模。从2020年3月到2021年7月底,美联储资产负债表规模从4万亿美元膨胀至8.2万亿美元,扩容达一倍有余。不可否认,主要发达经济体央行的量化宽松货币政策的实施客观上给金融市场和实体经济的稳定与恢复带来了比较积极的作用,然而,接连几轮的量化宽松政策所产生的潜在风险及其溢出效应不断加大,主要发达经济体央行资产的急速扩张和流动性泛滥引起巨额资本的国际无序流动,造成汇率波动加剧、资产泡沫骤增和物价水平上升,使许多国家面临通货膨胀输入的压力,也对各国的货币政策造成冲击。

鉴于以上情况,应在G20框架下加强全球流动性管理,包括三方面内容。其一,在全球层面对流动性进行统一计量、监测和分析,预防流动性漫溢以及其对全球经济带来负面冲

---

① 詹晓宁. 全球投资治理新路径——解读《G20全球投资政策指导原则》[J]. 世界经济与政治,2016(10):4-18,155.

击。其二,建立国际协调一致的危机防范机制,加强对主要国际储备货币发行国的货币及宏观经济政策的监测与约束,要求主要发达经济体在实施经济与货币政策时除考虑自身情况外,还要充分考虑因此造成的全球流动性过剩可能加剧全球资本市场波动的风险,保护发展中经济体和发达经济体的共同利益。其三,建立全球危机应对机制,通过改革全球流动性管理机制、加强IMF的反应能力、促进货币当局的合作以及改进全球金融监管等途径促进国际货币与金融的稳定,监测与评估国际资金流动状况,构建国际金融安全网。[①] 当然,这不可能一蹴而就,全球流动性管理任重而道远。

## 二、全球投资规则体系问题

从全球治理的角度看,全球经济治理主要集中在三个方面,即国际贸易领域、国际货币金融领域和国际投资领域。前两个领域已经有了比较成熟的全球治理体系和规则,在国际贸易领域有WTO,在国际货币金融领域有IMF,这两个领域的政策协调的经验也相对丰富。但是,在国际投资领域,至今尚没有一个统一的全球治理机制和一套各国普遍接受的投资规则,堪称一片亟待开垦的处女地。

二战结束以来,发达经济体和发展中经济体围绕外资待遇这一核心问题在双边、区域和多边层面上就国际投资规则的目标、框架和具体条款进行了反复谈判与斗争,构建了一个纷繁复杂的国际投资规则体系,其中双边投资协议、区域投资协议和多边投资协议共存,它们既具有各自的特色,同时又存在相互重叠的部分,内容涵盖投资自由化、投资保护、投资争端解决程序等各方面。随着国际投资规则体系的日益分散化、多层化以及协定的数量、广度和复杂性不断提升,国际投资领域的保护主义猖獗,发展中经济体在引进外资方面遭遇更为艰难的局面。[②]

从经济全球化的最新趋势看,随着科技的发展,越来越多的服务成为可贸易品,服务贸易成为发展最快与最具发展潜力的领域,日益成为全球贸易的重要组成部分,其在整体贸易中所占的比重日益上升。据WTO统计,1990—1995年服务贸易年均增速为8%,1996—2000年年均增速为5%,2000—2005年年均增速达11%,2006—2010年年均增速为9%。2013年全球服务贸易总额达到89 650亿美元,占全球贸易总额的比重为20%。在服务贸易的四种提供方式中,占主导地位的是商业存在(Business Presence)方式(即服务提供商在其所提供服务的外国当地设立分支机构的方式),这意味着服务的提供大都以投资为前提。从这个意义上看,服务贸易蓬勃发展的一个前提条件是要解决好准入前问题,即必须解决好投资相关问题。近年来,投资自由化在经济全球化中的地位日趋提高,特别是2008年国际金融危机以后,大部分国家经济恢复缓慢,增长乏力,各国都把扩大投资视为重启全球需求的新引擎,对国际投资合作尤其重视。2014年的G20布里斯班峰会通过的"全球增长战略",专门强调了投资(特别是基础设施投资)对于促进全球经济增长的重要意义。毫无疑问,就投资周期长、规模大、风险高、各国政府干预程度高的基础设施项目而言,更需要一套

---

① 金中夏. 中国与G20:全球经济治理的高端博弈[M]. 北京:中国经济出版社,2014:115.
② 金中夏. 中国与G20:全球经济治理的高端博弈[M]. 北京:中国经济出版社,2014:118.

各国普遍遵守的投资规则来营造稳定预期,解决可能出现的冲突,从而达到投资保护和投资促进的目的。①

然而,尽管各国推行了一些旨在促进投资自由化的政策措施,但许多投资者仍然面临着投资壁垒、歧视性待遇以及政策法规的不确定性问题。这些限制性因素不仅构成了市场准入的障碍,还有可能引发国际的摩擦。而且,双边和区域性投资协议虽然对国际直接投资有一定的促进作用,但也可能引发国家利己主义和以自我为中心的问题解决方式,不同规则之间的冲突也在所难免,然而乌拉圭回合多边协议所涉及的投资领域和规则却非常有限。因此,不仅发达国家,新兴经济体和发展中国家也对多边投资协定谈判的兴趣日益上升。

在近期,国际投资领域的全球治理应该促进双向投资,遏制投资保护主义,增强国际投资体系的开放性,重点关注三个方面的问题。其一,寻求建立更加统一、平衡、一致、有效的国际投资促进与保护制度,促进和保护投资在国际的双向流动。可以在各种双边投资协定的基础上,构建全球统一的投资促进与保护架构,逐步消除不同法律文件之间的冲突;各国对本国的国际投资政策进行重新评估,使之与新的国际投资趋势更相符合;努力建立一个具有足够的透明度、稳定性和弹性的国际投资准则,反对国别歧视,帮助各国在投资自由化和规范投资管理之间找到平衡点。其二,提高投资保护标准,稳步推进投资自由化。各国都应肯定投资活动在引导资源流向实体经济和激励企业家创新精神方面所发挥的积极作用,促进国际金融投资和直接投资协调发展,尤其要改进国际投资中介机构(投资银行、咨询机构、会计、审计、信用评级机构等)的服务功能,要求这些中介机构为企业对外投资的成立、发展、重组和终结等全过程提供服务,并对其进行规范和加强监管,强调它们的社会责任。发展中经济体逐步有序地开放资本市场,促进资本市场的有效竞争和健康发展。其三,在国际投资规则中逐步引入企业社会责任条款,引导投资向可持续发展领域转移。在国内层面,应当将投资政策或外资政策与本国的经济发展战略紧密结合,并在其中加入可持续发展目标;在国际层面,应当在国际投资协定中增加促进发展方面的内容,同时应当在东道国与投资者双方的权利与义务方面保持平衡,并与可持续发展目标相吻合。②

此外,国际社会在跨国投资领域的争端和分歧往往围绕对"投资"和"投资者"的定义、投资透明度、投资中的知识产权保护和技术支持以及在国际投资框架下的发展条款争议等关键性问题展开,G20成员之间关于上述问题的协商和讨论无疑有助于在一定程度上消除彼此的分歧和争端,从而有利于推动跨国投资的增长。③

### 三、大宗商品市场全球治理

大宗商品涉及范围主要包括能源、资源及农产品。总体上而言,大宗商品(尤其是能源与粮食)的供应稳定和价格稳定既有利于世界经济发展,也有利于各国经济平稳发展。二十国集团(G20)的经济总量约占世界的88%,人口约占64%,既包括主要的发达经济体

---

① 周宇.探寻全球经济治理新格局[M].北京:社会科学文献出版社,2018:185.
② 金中夏.中国与G20:全球经济治理的高端博弈[M].北京:中国经济出版社,2014:119.
③ 程永林.全球经济治理:问题提出与研究进展[M]//李青.全球经济治理:制度变迁与演进.北京:经济科学出版社,2017:30.

和新兴市场经济体,也包括大宗商品的主要供应国和消费国,一方面具备进行大宗商品市场全球治理的基本条件,另一方面其成员也对建立国际大宗商品市场治理机制有着较强的愿望。因此,在G20框架下开展大宗商品(包括能源与粮食)市场全球治理符合各国的普遍利益。在这一体系框架下,主要大宗商品供应国、消费国、中转国就国际大宗商品有关政策、市场发展、定价体系、运输安全等重大问题进行深入讨论,形成有约束力的机制和共同行动计划,从而建立起一种集体安全机制。

大宗商品市场全球治理方面的行动与合作主要围绕抑制大宗商品价格波动、能源合作与能源安全以及粮食安全三大问题展开。

### (一)抑制大宗商品价格波动

在当前世界经济中,大宗商品供给与价格的稳定性对各国经济实现稳健复苏或增长具有重要意义。然而近年来,一些关键性大宗商品如石油与粮食等却出现价格大幅波动。总体来看,大宗商品价格波动主要体现三方面因素影响:第一,由于世界经济增长前景存在不确定性,导致大宗商品价格随着对未来经济形势预期的变化而大幅波动;第二,大宗商品衍生金融产品市场存在过度投机情形,导致价格脱离实际供需状况制约;第三,一些重要大宗商品主要供应地区的地缘政治格局和形势缺乏稳定性,导致大宗商品价格走向日趋政治化。

2010年11月,时任意大利总理贝卢斯科尼(Silvio Berlusconi)致信G20领导人,指出包括原油在内的商品价格的剧烈波动对穷国造成了令人担忧的影响,并可能给全球需求及价格水平带来负面影响,呼吁采取措施抑制投机导致的原材料价格大幅波动。2011年2月,时任世界银行行长佐利克(Robert Zoellick)也指出,大宗商品价格呈现全面上扬趋势,G20必须应对大宗商品价格不断攀升的问题。从那时起,G20对大宗商品价格波动的关注力度开始逐步加大。2011年的G20轮值主席国法国将控制原材料价格波动作为其主席国任期的首要目标之一。同年4月,在华盛顿召开的G20财长和央行行长会议指出,应该维护石油、粮食等大宗商品价格的稳定。同年在法国戛纳举行G20领导人峰会就致力于从两方面促进大宗商品市场透明度:一是大宗商品实物交易透明度,包括其供给、需求、储藏状况的数据透明度;一是大宗商品金融市场透明度。在实物交易方面,G20倡议成立了农业市场信息系统,以汇总全球农产品交易信息,同时积极主张增强现存石油市场信息数据库,并将天然气数据也纳入该数据库。

2012年的G20轮值主席国墨西哥也将应对大宗商品价格波动列为其优先事项之一,同时强调要保证粮食安全和避免粮食价格出现波动。同年,G20领导人发布《二十国集团洛斯卡沃斯峰会领导人宣言》指出,G20已经意识到商品价格波动过大对所有国家产生重大影响,减少商品价格波动是减贫和促进经济增长的重要组成部分。因此,G20将采取以下几个方面行动:对商品价格上涨影响经济的负面因素进行评估;增强透明度和避免滥用金融商品市场;继续致力于建设运转良好且透明的能源市场和改善石油数据的及时性、完整性和可靠性;加强同国际组织在大宗商品价格波动方面加强同国际组织的交流与合作。

大宗商品的价格稳定有利于世界经济的平稳增长,抑制大宗商品价格波动应当从供给端、需求端和金融货币因素三个方面着手。就供给方而言,应采取措施(如增加对大宗商品生产设施的基础性投资)以扩大产能,建立缓冲机制和安全网,约束某些大宗商品生产国对其大宗商品出口设限的贸易保护行为,保持大宗商品供给平稳。就需求面而言,应从可持续发展的角度出发,抑制不合理的大宗商品需求,稳定供求关系,同时积极寻找替代品及开发再利用技术,发展绿色经济。针对金融货币因素,则应加强对大宗商品"金融化"的监督,增强市场交易的透明度,规范市场秩序,打击国际资本对大宗商品的投机炒作行为,防止大宗商品价格脱离实体经济的需要而过度波动。在这一方面,G20可同有关国际组织进行合作,如在大宗商品衍生品的监管方面与国际证券事务监察委员会组织(International Organization of Securities Commissions,IOSCO)合作,在限制国际资本投机大宗商品方面与国际清算银行(BIS)及金融稳定理事会(FSB)等合作,在对美元汇率进行监督以免其波动对大宗商品价格造成不利影响方面与国际货币基金组织(IMF)合作,等等。

## (二)能源合作与能源安全问题

在G20会议上已形成了若干关于能源合作的共识,如2005年第七届G20财长和央行行长会议上提出"维护全球能源稳定是共同责任"。2011年戛纳峰会上提出"改进能源市场,抗击气候变化:提高能源市场的效能和透明性"等倡议。2013年,能源生产与输出大国俄罗斯担任G20轮值主席国,全球能源市场的稳定发展成为G20关注议题之一。2013年7月,G20在俄罗斯圣彼得堡召开大宗商品和能源市场会议,呼吁将发展绿色经济作为世界经济发展的新动力,建议从提高能源利用效率和开发智能能源等方面减少能源消耗,发展无污染能源的开发利用。此次会议还对大宗商品和能源市场前景、增加大宗商品市场透明度和功能性、支持对可持续能源投资等议题进行深入探讨。

目前,虽然尚未在能源领域形成明确的合作机制,但G20的共识有利于将地区合作共识和本组织的共识推向全球共识,并与联合国能源机制、联合国开发计划署(UNDP)、环境规划署(United Nations Environment Programme,UNEP)和工业发展组织(United Nations Industrial Development Organization,UNIDO)等联合国机构关于能源合作的规划、构想和标准相衔接。作为世界各国广泛参与、最具代表性和权威性,并且以促进社会经济可持续发展为宗旨的国际组织,联合国在维护世界能源安全与发展问题上肩负重要使命,建立了一系列重要的机制,其中包括2002年可持续发展世界首脑会议提出的在可持续发展领域进行全系统机构间合作的联合国能源治理机制倡议,倡导所有联合国成员国为实现可持续发展作出协调一致的努力,促使各成员国有效参与联合国能源问题决议的实施。显而易见,应当寻求推动和落实联合国的能源合作机制,构建新的全球性的能源治理体系。

总的来说,应当建立涵盖能源生产方、消费方、中转方的全球能源市场治理机制,确立公正、合理并且具有约束力的国际规范,创建能源市场的多边协调机制,包括市场预测与预警、价格调控、金融监管以及安全应急响应,以提升全球能源市场的安全性、稳定性和可持续性。[①]

---

① 温家宝.在世界未来能源峰会上的讲话[EB/OL].(2012–01–16)[2021–10–12].http://finance.jrj.com.cn/2012/01/17063912068891-2.shtml.

### （三）粮食安全问题

粮食安全一向是关系到各个国家政治稳定与经济发展的重要因素。粮食危机的爆发可能会造成社会分裂，粮食短缺或高价往往会成为暴乱、动荡或者革命的诱因。近年来，由于极端天气频发、粮食期货与金融衍生品投机，快速增长的新兴经济体对食品需求的上升，加之对生物燃料的需求增长，使得粮食供应严重不足，全球粮食危机频发。例如，2008年由于极端天气的影响和大量对冲基金及其他投机者涌入大宗商品市场，粮食价格急剧上升，在全球造成10亿人受饥挨饿，其中至少1亿人陷入赤贫。这场粮食危机在30多个国家引起暴乱，有人认为它是"阿拉伯之春"运动的导火索之一。

粮价波动成为影响粮食安全的重要因素，应将粮食价格形成机制同保障全球粮食安全结合起来。在实体经济、贸易、金融等方面共同采取行动，构建先进的农业技术研发推广和农业生产的储备体系，形成公平、合理、非歧视的国际粮食贸易体系，促进国际粮食市场健康稳定有序发展。同时，粮食价格也与国际发展合作密切相关。应该促进对发展中国家粮食种植的技术转让和资金支持，积极帮助发展中国家实现粮食安全。[①]

粮食安全已经成为G20平台上一个重要的话题，但是至今还未形成具体的合作倡议。可以从以下三个方面着手进行合作：一是改进现有粮食储备与救援机制，防范因粮食危机的爆发而给有关国家带来严重的社会政治危机；二是构建跨境农产品生产合作社，吸收亚洲农村合作化生产经验，组建粮食合作化生产平台，构建全球农产品合作生产网络；三是建立全球余粮储备信息共享机制和余粮储备交互机制，各国提供必要的基本储备以外的余粮储备数据，既可以缓解缺粮国家的粮食需求，粮食丰裕国家也可以充分发挥其粮食储备的作用。[②]

### 四、多边发展机构增资问题

发展不平衡是导致全球经济不平衡的根本性和长期性因素。过去几十年中，全球贫困人口减少了7亿多，全球减贫事业取得了前所未有的进展，但据世界银行2013年4月发布的一份题为《贫困现状：穷人都在哪里？哪里的人最穷？》（The State of the Poor: Where are the Poor and Where are the Poorest？）的报告，截至2012年，全球仍然有约12亿人口生活在1.25美元/日的极端贫困线以下。据联合国贸发会议（UNCTAD）发布的《2018年世界最不发达国家报告》，目前联合国认定的最不发达国家（Least developed countries, LDC）有47个，其中非洲34个，亚洲9个，大洋洲3个，北美洲1个。这些国家拥有超过10亿的人口，约占全球比重的13%，但其GDP总量的全球占比仅为1.3%，对外贸易总额全球占比仅为1.1%。这些国家的人口无法享受全球化和信息化的成果，仍然处于被边缘化的境地。由于南北发展差距过大，大多数发展中国家无法释放其经济增长潜力，导致全球需求过度集中在少数发达国家，最终引发全球经济不平衡问题。缩小南北发展差距任务繁重，国际发展需求很大。虽然发展不平衡问题的解决归根结底要靠这些发展中经济体自己的力量，但来自外

---

[①] 胡锦涛. 在二十国集团领导人第六次峰会上的讲话[EB/OL].（2011-11-03）[2021-10-13]. http://finance.sina.com.cn/j/20111104/052210753287.shtml.

[②] 金中夏. 中国与G20：全球经济治理的高端博弈[M]. 北京：中国经济出版社，2014：125-127.

部的发展援助(特别是来自作为多边发展援助最重要提供平台的多边发展机构的资金和知识支持)发挥着不可替代的重要作用。

联合国大会于2015年9月25日通过了《变革我们的世界:2030年可持续发展议程》(以下简称《2030议程》),包括17个可持续发展目标和169个具体目标,各国承诺努力使新议程到2030年得到全面执行。其核心内容包括:攘除贫穷和饥馑,推动经济增长;全面推进社会进步,维护公平正义;加大生态文明建设力度,推动可持续发展。新议程的关键在于如何在发展水平不一的全球各地实现这些可持续发展目标。根据《2030议程》,实现上述169个目标需要数以万亿美元的资金,发达国家及时、足额提供官方发展援助非常必要,为此,该议程要求发达国家充分履行官方发展援助(ODA)承诺。在贸易方面,该议程提出应大幅提升发展中国家的出口量,在2020年之前使最不发达国家在全球出口中所占的比重增加一倍。[1]

当前的国际发展资源本来就远远不敷发展中经济体的发展所需,且根据《2030议程》,未来对发展资金的需求将会进一步大幅度增长。然而,由于受到2008年国际金融危机以及2020年以来新冠疫情持续肆虐的影响,发达经济体提供官方发展援助的意愿和能力都有所下降。多边发展机构不可避免地受到直接影响,其资金拮据的问题变得雪上加霜,国际发展资金的供求矛盾更加激化。

改善多边发展机构资金充足性问题的一个可行办法是增资。很多发展中国家如印度、南非等都多次提出多边发展机构应增补资金以更好地满足发展中国家的发展需求。然而,发达国家对多边发展机构的普遍增资持非常消极的态度,非但不肯出资,而且还从维护其自身在这些机构主导地位的狭隘利益出发,始终反对多边发展机构的特别增资,这与推动世界经济复苏、促进共同发展的天下大势背道而驰。与之相对照,由于新兴市场国家的资金较为充足,其推动多边发展机构增资的意愿相对较高。同时,《2030议程》明确提出了可持续性和包容性发展,新的发展目标包括减贫、健康、教育、能源、性别平等、气候变化、水与环境卫生等,更加均衡全面,所需的发展资源将会更多。这些都构成了多边发展机构增资的重要推动力。此外,金砖国家新开发银行(NDB)、亚洲基础设施投资银行(AIIB)等的建立和成功运作将对发达国家主导的多边发展机构形成既互补又竞争的关系,从而也将对多边发展机构增资产生催化作用。

鉴于此,国际社会应当进一步就多边发展机构增资问题进行深入探讨,具体包括三个方面的内容:其一,对全球发展需求与多边发展机构的资金充足性进行全面评估,对多边发展机构增资的必要性进行系统论证;其二,商讨各多边发展机构的增资方案,包括增资规模、方式、时机等;其三,明确多边发展机构新增贷款能力的重点领域和区域投向,要求相关多边发展机构制定相关贷款政策及财务条件等。[2]

---

[1] 倪红梅,孔晓涵. 联合国如何实现2015年后发展议程目标[EB/OL].(2015-09-26)[2022-02-26]. http://world.huanqiu.com/artide/9CaKmJ@6is.
[2] 金中夏. 中国与G20:全球经济治理的高端博弈[M].北京:中国经济出版社,2014:110.

### 五、全球基础设施投资问题

显而易见,基础设施投资在推动经济发展方面有着非常重要和积极的影响。据世界银行专家 Ingram 和 Kessides 在 1994 年的一项研究,基础设施存量每增长 1%,GDP 就会同步增长 1%。[①] 世界银行发布的 2002 年《世界发展报告》也指出,基础设施对于经济增长和减轻贫困具有积极的影响。从当今来看,无论是发展中经济体还是发达经济体都有着进行大规模基础设施建设的迫切需求。就发展中国家而言,绝大多数的基础设施建设都非常薄弱,从资金与技术两个方面都对基础设施投资提出了强烈的要求。例如,东盟于 2010 年出台了基础设施投资计划,拟兴建路桥、港口、机场、综合工业区和电厂等,共计有 717 个工程项目,总投资高达 2 955 亿美元。又如,非洲的基础设施融资缺口每年都有高达 300 多亿美元,无法得到满足。美、欧等发达经济体也有着大量的基础设施需要更新或者升级换代。例如,美国就曾于 2010 年宣布启动基础设施升级计划,投资总额为 500 亿美元。[②] 上述情况反映出,不论是成熟的发达经济体还是发展中的经济体都存在着对基础设施投融资的强劲需求。由此不难想见,近年来全球基础设施建设进入了一个比较快速和稳定的发展时期,而且这种趋势还会在未来一段较长的时期内得以保持。因此,将全球基础设施投资纳入全球经济治理的视野就有着非常现实和十分积极的意义。

2014 年 2 月在澳大利亚悉尼举行的 G20 财政部长和央行行长会议讨论了相互联系的三个主要问题,即促进投资、基础设施建设和促进增长。各国一致同意营造有利于增加投资(尤其是对基础设施和中小企业的投资)的环境,力求在短中期促进全球经济强劲增长。在这里,增加基础设施投资被当作是提高世界潜在增长率的一项重要政策建议提出来,同时会议还要求对阻碍私营部门投资的障碍进行改革。也就是说,这次会议将促进投资特别是基础设施投资与经济增长直接挂起钩来。同年的 G20 布里斯班峰会则通过了"全球增长战略",专门强调了投资特别是基础设施投资对于促进全球经济增长的重要作用。

在现实国际经济生活中,并不缺乏愿意投资的私人资本,就全球基础设施投资而言,关键在于制定合理的政策和形成鼓励投资的环境以充分调动私人部门的投资意愿。重点在于确保政策尤其是监管、法律及税收政策的连续性,营造稳定预期。同时鼓励采取以政府与私人部门风险共担为特点的公私合营模式(PPP)以撬动更多私人资本参与基础设施投资。IMF、世界银行和 OECD 等国际机构在帮助各国发现基础设施投资领域所存在的问题和障碍、协助各国出台促进基础设施投资相关的政策措施以及监管有关措施的执行落实情况方面可以发挥积极作用,为各国提供一个能够分享知识和专门技能、加强能力建设的平台,此外还可以保持同行压力。

特别值得指出的是,中国牵头建立的亚洲基础设施投资银行(AIIB)和金砖国家新开发银行(NDB)等,顺应了全球范围内对基础设施投资存在巨大需求这一客观趋势,从而将为弥补现有全球经济治理体系在基础设施投资方面的不足作出重要贡献。

---

① INGRAM G, KESSIDES C. Infrastructure for development[J]. Finance and Development, 1994, 13(1): 18-21.
② 金中夏. 中国与 G20: 全球经济治理的高端博弈[M]. 北京: 中国经济出版社, 2014: 101.

## 六、全球气候变化治理融资问题

全球气候变化治理与全球经济治理同属于全球治理的重要领域。全球气候变化治理的一个非常关键的问题就是治理资源问题,尤其是治理资金的供应和使用问题。从这个角度而言,全球经济治理与全球气候治理之间有着天然的联系和交叉点,这意味着全球经济治理在推动全球气候变化治理融资问题上可以也应当发挥极其重要的作用。

为应对全球变暖,联合国环境与发展大会于1992年5月通过了《联合国气候变化框架公约》(1994年3月生效,下文简称《公约》),确立了"共同但有区别的责任"原则,要求作为温室气体主要排放者的发达国家采取具体措施减少温室气体的排放,并向发展中国家转移款项,以分担后者履行公约义务所承担的费用。1997年12月,上述《公约》缔约方又通过了《联合国气候变化框架公约京都议定书》(2005年2月生效),提出了温室气体减排目标。2007年12月,《公约》缔约方大会及《京都议定书》缔约方会议在印度尼西亚巴厘岛举行,通过了《巴厘岛路线图》,增加了针对最不发达国家、小岛屿国家等适应气候变化问题的内容,从而将气候谈判的内容扩展为"减缓、适应、技术、资金"四个方面,规定发达国家有着向发展中国家提供资金和转移技术的义务。2009年12月,联合国气候变化大会在丹麦哥本哈根举行,达成了哥本哈根协议,内容包括承认发展中国家优先发展经济的权利、发达国家承诺为减排提供资金支持、有关各国确定2020年排放目标、建立哥本哈根绿色气候资金等。2012年,在多哈举行的气候大会议通过了对《京都议定书》的修正案,这从法律层面保证了《京都议定书》的第二个承诺期自2013年起得以执行。[①] 在资金方面,该修正案强调,发达国家有义务有责任向发展中国家提供应对气候变化所需的资金支持,并应当确保"绿色气候基金"在2020年前每年都能融资入款1 000亿美元。

中美两国在第26届《联合国气候变化框架公约》缔约方大会(Conference of the Parties 26, COP26)期间发布《中美关于在21世纪20年代强化气候行动的格拉斯哥联合宣言》,双方计划"通过各自在21世纪20年代关键十年采取加速行动,并在包括《联合国气候变化框架公约》在内的多边进程中开展合作来应对气候危机,以避免灾难性影响"。在中美两国的引领以及与会各国的共同努力下,格拉斯哥大会终于达成协议,决定把全球气温控制在比工业化前水平高1.5摄氏度以内,并要求各国逐步减少煤电和化石燃料补贴。联合国秘书长古特雷斯强调,必须加快气候行动以实现上述目标,为此应当结束化石燃料补贴,逐步淘汰煤炭,为碳定价,保护弱势社区,并兑现1 000亿美元的气候融资承诺。

资金支持是全球应对气候变化问题的关键要素之一。在2009年哥本哈根气候变化大会上,发达国家集体承诺,在2020年之前每年提供至少1 000亿美元资金,帮助发展中国家应对气候变化挑战。联合国任命的一个独立气候资金专家小组曾在2020年年底发布的一份报告中指出,这一承诺是"整个国际气候金融体系的基石"。联合国下属的一个委员会将于2022年报告发达国家在2020年之前承诺的每年1 000亿美元气候资金落实进展情况。[①] 另外,各国政府将在2022年、2024年和2026年分别召开会议,以讨论气候融

---

① 金中夏. 中国与G20:全球经济治理的高端博弈[M]. 北京:中国经济出版社,2014:114.

资问题。然而,需要指出的是,即使是每年1 000亿美元能够到位,也远远低于贫穷国家的预算。

因此,在气候变化治理融资问题上,应敦促发达国家依据历史排放责任承担相应的出资义务,不能借口短期的财政问题而推脱逃避。同时,应当坚持尊重发展中国家的基本发展权,允许其在自愿减排基础上,承担与国情相适应的减排责任。发达国家在向发展中国家提供减排资金时,应倡导受赠国独立、自主减排,在尊重主权、非侵入性、非惩罚性的前提下使用减排资金,不受发达国家约束。可以考虑在G20框架下,通过谈判提高参与度,提升发展中国家的话语权与代表性。①

### 七、"竞争中性原则"议题

竞争中性(Competitive Neutrality)原则也称"竞争中立"原则,由澳大利亚在20世纪90年代首先提出,其含义是国有企业不得因其国有性质而享有高于私营部门竞争者(或潜在竞争者)的竞争优势,确保国有企业与私营企业之间能够进行公平的竞争,它包括税收中立、债务中立、规则中立。经济合作与发展组织(OECD)在其发布的《经合组织国有企业治理指引》报告中也指出,国有企业有责任确保其在市场竞争中与私营企业处于公平竞争的地位,以避免市场扭曲。2012年,OECD竞争委员会与工作组秘书处联合发布了一份题为《竞争中性:维持国有与私人企业公平竞争的环境》的报告,将竞争中性政策细化为八个关键要素,包括国有企业组织合理化、成本确认、商业回报率、公共服务义务、税收中性、监管中性、债务中性与补贴约束以及政府采购,并将这些要素与前述《经合组织国有企业治理指引》相互衔接,推荐给其成员国以付诸实施。美国、欧盟、澳大利亚等加紧推动OECD成员国及非OECD成员国家建立"竞争中性"政策框架,并将"竞争中性"议题带入各类双边及多边谈判中。2012年墨西哥洛斯卡沃斯G20财长会上,时任美国国务卿希拉里在演讲中提出G20国家应该遵守"竞争中性原则"。美国除了同其他发达经济体一起致力于建立"竞争中性框架"外,还在努力争取非经合组织成员国的支持,并且在其主导的TPP中写入了"竞争中性"条款。欧盟则明文规定,欧盟的国有企业均受到竞争法的管辖,成员国不能以任何借口或形式违反。目前,发达经济体大都已经认同竞争中性原则并付诸行动。

中国尽管以往没有明确提出竞争中性原则,但无论是中央政府还是地方政府,实际上一直都是按照这一原则在不断优化政府与企业的关系,改善自身的竞争环境。2019年3月召开的中国国务院常务会议则首次明确强调了竞争中性原则,要求按照竞争中性原则加快清理修改相关法规制度,废除或修改所有妨碍公平竞争、束缚民营企业发展、有违内外资一视同仁原则的政策措施,2019年年底前在县级及以上政府全部建立公平竞争审查制度,往后涉企规章、规范性文件和其他政策措施都必须通过公平竞争审查,建立投诉举报、第三方评

---

① 郭爽,许凤.格拉斯哥气候大会将聚焦哪些议题丨格拉斯哥[EB/OL].(2021-10-31)[2022-03-20].https://finance.sina.com.cn/jjxw/2021-10-31/doc-iktzqtyu4569114.shtml.

估等机制,坚决防止和纠正排除或限制竞争行为,等等。①

不可否认,竞争中性原则会给各国(不论是发展中国家、社会主义国家还是发达国家)的国有企业带来压力,但其一方面有利于培养、维护公平竞争的市场环境;另一方面也有利于推动和倒逼各国国有企业在生产、技术、经营和管理等各个侧面的改革和优化升级,摆脱对本国政府的依赖,从而提升国有资产的生产效率和保值增值。

为维护公平竞争,在全球经济治理的具体实践中,不应当仅仅将竞争中性原则的适用范围局限于国有企业,而应将国有企业和一切具有垄断性的私人企业、跨国公司都纳入竞争中性原则的管辖范围。同时,还应当允许各国特别是发展中国家根据自身经济状况,逐步有序地采用竞争中性原则。也就是说,应当允许发展中国家及新兴市场经济体按照其市场发育程度、社会保障的完善程度等实际情况,逐步动态地调整对国有企业支持的程度与形式。②

## 第四节　新时代全球经济治理的发展

第二次世界大战结束后,美、英、苏三国主导建立了史称"雅尔塔体系"的国际政治经济格局,为全球经济治理奠定了框架基础。在此基础上,逐渐发展出一个由西方大国主导、主要符合西方国家特别是美国利益的、具有四个层次的全球经济治理体系,其四个层次同时也代表了全球经济治理的四种模式。随着各国经济的发展和国际经济格局的变化,各种全球经济治理模式的利弊得以显露,也推动着治理机制逐渐发生变化,最终催生了面向未来的G20治理机制。在新时代,中国为全球经济治理的不断完善贡献出中国智慧和中国力量。

### 一、全球经济治理的四种模式及其利弊

全球经济治理的第一种治理模式是以联合国系统为代表的普遍参与模式。在这种治理模式下,所有成员都有平等参与跨国发展与安全事务的资格和机会,成员间存在相互帮助的义务。第二种治理模式是以国际货币基金组织(IMF)、世界银行集团(WBG)和关税及贸易总协定(GATT)及其继承者世界贸易组织(WTO)为代表的"专业合作社"模式。在这种治理模式下,成员方(或缔约方)通过参加上述国际经济组织的机制化运作从而参与国际经济的治理,其发言权的多少是与其国力及其在财政、人员等方面的贡献大小相挂钩的。第三种治理模式是从20世纪70年代中期逐渐凸显的大国集团治理模式,即由G5发展到G8的"精英俱乐部"模式。不论是G5、G7还是G8,其成员都是经济大国,其所达成的共识("定题目"和"定调子")通过联合国以及IMF、WBG和GATT以及后来的WTO等国际经济机构的运作得到贯彻执行。第四种治理模式是以世界经济论坛为代表的"论坛"模式。这样的论坛具有灵活性,参与者不一定都是主权国家,但其议题形成对那些具有主权属性的机制的运作,在"定题"和"定调"方面可以起到参考、引导和敦促的作用,同时对其所形成

---

① 郭丽琴. 竞争中性原则确立,破除行政垄断获得强势推进[EB/OL]. 第一财经(2019-03-27)[2021-10-16]. https://www.yicai.com/news/100148472.html.

② 金中夏. 基于G20视角的我国国际经济金融战略问题研究[J]. 新金融评论,2013(5):171-186.

的共识也可以起到扩散与推广的作用。①

上述四种治理模式中,第一种模式的优点与缺点都源于其同一个特征,即成员众多,一方面,普遍参与意味着其代表性和合法性能够得到保证;另一方面,数量众多的成员在经济方面的特点和需求千差万别,往往很难就全球经济治理问题达成一致,其可操作性和可行性不高。第二种治理模式是一种机制化的"专业治理"模式,有利于相关领域的常规性、日常性全球经济治理,其缺点是以经济实力"论资排辈",其代表性和合法性比较欠缺,后发国家在全球经济治理中基本上处于无权地位,同时其本身也比较刚性和僵化,不能及时跟上国际经济发展的变化。第三种治理模式的诞生,是同二战后美国经济渐渐走向相对衰落、其他发达国家经济逐渐崛起相关联的,同时在一定程度上也可以说是为了弥补第二种治理模式偏于专业治理而在整体性、综合性、需要多领域协调的全球经济治理方面显得不足的缺憾。然而,由于这种模式是西方大国的集团治理,广大发展中国家和其他发达国家都被排除在全球经济治理之外,缺乏代表性和合法性,因而饱受国际社会的质疑与批评。第四种模式尽管只是一个论坛,但是其在全球经济治理方面无疑有着集思广益、出谋划策、舆论引导等作用,因此,它虽然属于间接参与治理,但有利于发挥非政府组织在治理中的作用,从而有助于推动全球经济治理向真正的"全球治理"的方向演进。

在二战后全球经济治理现实中,上述四个治理层次及四种治理模式是并存的,它们在整体上是一种相辅相成的关系,但在实际操作中,往往更偏重采取在第三种模式(即西方大国集团治理模式)指导下的第二种模式(即"专业合作社"模式)的机制化专业治理。然而,随着国际经济政治形势的变化(特别是20世纪70年代起发展中国家要求建立国际经济新秩序的呼声持续高涨)和经济全球化进程的不断深化,第一种模式和第四种模式的影响和作用日益扩大。

1997年爆发的亚洲金融危机和2008年爆发的国际金融危机一再突显了上述全球经济治理体系偏重第二种和第三种治理模式的缺陷:一方面,多数发展中国家处在"被全球化"的地位,只能被动接受和被迫服从发达国家确立的价值观和经济交往规则,危机来临时它们所遭受的打击通常也更为沉重;另一方面,一些发展中国家尤其是新兴市场经济体成功地把握住了全球化浪潮所带来的发展机会,近年来发展较快,其在全球经济中所占的份额上升,也与发达国家建立了日趋紧密的经济与金融联系,然而它们在国际经济治理中的地位和作用却没有得到相应提升和发挥,而发达国家则治理乏力。尤其是2008年的国际金融危机,发源于作为国际货币金融中心的美国,通过各种渠道蔓延至全球各地,造成几乎所有的发达国家和地区都自顾不暇,除了拼命"灌水"(即大量增加货币供应量)以外,在危机治理方面可以说是一筹莫展。这种情形最终促成了二十国集团(G20)治理的登场,G20成为全球经济治理的主要平台,也意味着全球经济治理开始向真正意义上的全球治理转化。

## 二、G20机制与全球经济治理的未来

G20治理是一种综合性的治理机制,它在一定程度上吸取和融合了前述四种全球经济

---

① 金中夏.中国与G20:全球经济治理的高端博弈[M].北京:中国经济出版社,2014:5.

## 第七章 全球经济治理：历史、现状与未来

治理模式的优点并力图避免或减少其缺陷，具体体现在如下几个方面。首先，从代表性来看，G20 成员的经济总量约占全球经济总量的 90%，贸易额占全球的 80%，主要发达经济体和主要新兴经济体都在其内，在经济方面很大程度上可以代表全球；同时，G20 拥有约 40 亿人口，占全球人口总量的一半以上，且居全球前五位的人口大国——中国、印度、美国、印尼和巴西以及居第九位的俄罗斯均在其中，在人口方面的代表性与 G7 相比也大为提高；而且，在 G20 中有包括"金砖五国"在内的 11 个发展中国家（合称"新兴十一国"），在很大程度上可以代表发展中国家。其次，从治理能力看，随着"新兴十一国"尤其是"金砖五国"经济总量和经济实力的快速增长，其治理资源和治理能力以及参与治理的意愿都不断上升，G20 治理全球性经济问题的能力与 G7 相比显著提升。再次，从治理领域看，G20 成立以后，越来越多的全球性经济问题或领域进入全球治理视野，越来越多的议题进入 G20 发起的全球经济治理的议程，G20 治理范围的全球性日益凸显。最后，G20 的成立，促进了既有国际经济治理机构（如 IMF）的改革与转型，增强了其合法性和有效性，使现行全球经济治理结构得以完善：一方面，G20 遵循协商一致的原则进行运作，新兴市场国家可以同发达国家在相对平等的基础上就国际经济和金融事务交流观点和意见，① 推动了国际机构内部治理结构民主化的进程和发展中国家发言权的扩大，全球治理的色彩日趋浓厚；另一方面，也增加了国际机构的治理资源，提高了其治理能力。可以说，在 G20 机制的推动下，全球经济治理领域的"治理赤字"（包括民主赤字、制度赤字、责任赤字等）② 在近年来有了明显减少，全球经济治理和国际经济关系的民主化程度明显提高。

总体而言，G20 是一个非正式国际机制，它通过其参与者达成的共识而创立与维持，基于共同利益或彼此之间的信任、承诺或默契来执行，并依靠互相之间的监督来确保其协议或承诺的实施。③ 非正式国际机制有着议题灵活性、开放性等许多独特优势，能够适应全球化背景下全球治理多元化趋势的要求，但其同时往往也存在着由于缺乏相应的机构设置和法律约束力而面临执行困难和有效性不足的问题。

G20 具有以下的一些特点。其一，就其性质而言，G20 是"国际经济合作的主要论坛"，重在各成员间的交流、合作与政策协调，属于非正式的、比较松散的论坛性质，而非国家联盟。它是一个机制化的国际组织，具有固定性和永久性，但它不是一个机构化的国际组织，或者说不是在缔结条约情况下成立的国际组织。其二，从其决策机制看，G20 采取协商一致原则，各成员经过充分讨论达成共识，从而形成成果，而非采取投票表决等强制通过的决策程序。若是某个工作层无法就某一问题取得一致，就会将其提交到更高层甚至领导人层面进行协商。其三，就决策的执行层面而言，G20 主要通过软约束机制而非强制性的方式发挥其影响。但是，G20 在政策的执行上采取了一些有利于提升治理有效性的措施：一是 G20

---

① 张雪滢.全球经济治理的议题及其对中国的挑战[M]//黄河，张芳，黄昊，等.治理、发展与安全：新时代背景下中国与全球经济治理.上海：上海交通大学出版社，2019：60.
② 中国共产党新闻网.习近平倡导破解 4 大"赤字"：为全球治理提供中国方案[EB/OL].(2019-03-27)[2021-10-18]. https://baijiahao.baidu.com/s?id=1629249615392275885&wfr=spider&for=pc.html.
③ DONALD J P, RAYMOND F H. International Regimes: Lessons from Inductive Analysis[J]. International Organizations，1982，2(36)：249.

峰会一旦达成共识并加以公布，就意味着各成员作出了有关承诺，各成员一般都会设法兑现其承诺，以维护自身的国际信誉；二是在一些领域采取同行审议（peer review）或相互评估（mutual assessment）机制进行相互监督，推动各成员自觉执行有关政策；三是通过 G20 成员的经济实力以及其在推动制定和修改国际经济、金融、贸易领域规则方面的巨大影响力对非成员国的政策制定和执行产生影响。① 就 G20 的未来发展方向而言，尽管许多研究者和有关人士提出了很多不同的看法或建议，但维持 G20 的非正式国际组织地位（同时强化其部分功能）的观点已越来越成为人们的共识。②

从 G20 治理的形式来看，它仍然属于一种大国集团治理模式。尽管随着经济全球化的持续深化，非国家行为体在全球经济治理中扮演着日益重要的角色，其影响力不可低估，但随着各国经济相互依赖性的增强，全球逐渐形成了一个相互依存的命运共同体，这就确立了国家在全球经济治理中的无法动摇的主体地位，因此国家中心治理仍然是全球经济治理的主要模式。显然，与 G7 或 G8 相比，G20 的代表性大为加强，"民主赤字"显著减少，进行全球治理的合法性也有很大提高，治理能力和治理效果也有了显著的提升。但不可否认，G20 治理在上述几方面依然存在着较大的改进空间。例如，G20 的个别成员代表性不强，非洲等地区在 G20 的代表性不足，而欧洲的代表性则过高；一些中小国家担心 G20 变成类似于 G7 的世界经济"新统治阶层"，对其认同感还不高。针对此类问题，G20 通过加强与相关国际组织或国际机构的合作，付出了大量积极努力以使之更加符合全球治理的要求，进一步增强全球经济治理的有效性、公平性、包容性和可持续性。一方面，G20 加强与联合国（UN）的合作以减少"民主赤字"，提升合法性与代表性：一是 G20 历届峰会都邀请联合国秘书长出席，秘书长的代表则全程参与 G20 各层次的筹备会议；二是同联合国大会建立相对固定的对话机制，授权 G20 轮值主席国向联大通报 G20 当年峰会的筹备设想，并听取广大联合国会员国的意见；三是多次邀请作为联合国中 30 多个中小国家所组成的"全球治理集团"之代表的新加坡领导人参与 G20 峰会。另一方面，加强与国际货币基金组织（IMF）、世界银行集团（WBG）、世界贸易组织（WTO）、金融稳定理事会（FSB）、国际劳工组织（ILO）和经合组织（OECD）等国际组织的合作以进一步提升治理能力和治理效果。这些国际组织既为全球经济治理提供技术支持和智力支持，也是 G20 决策成果的落实者和执行者。其中，IMF（和 WBG）负责开展 G20 成员间宏观经济政策协调的年度互评工作，并落实 G20 推动的 IMF 份额和治理改革方案；FSB 负责推动 G20 峰会所确定的金融监管改革领域各项重要举措的实施；WTO（和 OECD）负责研究贸易问题和推动贸易议题取得进展；ILO 负责分析全球就业形势并提供相关政策建议，并为 G20 历届峰会都有的共同主题——"增长和就业"提供技术支持。③

现阶段，G20 已经成为全球经济治理的主要平台，但是，它并非全球经济治理的唯一机制，更不是单打独斗，而是引领着其他全球经济治理机制和模式一道发挥作用，并通过加强与

---

① 金中夏. 中国与 G20：全球经济治理的高端博弈[M]. 北京：中国经济出版社，2014：18—19.
② 刘宏松. 二十国集团、中国倡议与全球治理[M]. 上海：上海人民出版社，2018：8.
③ 金中夏. 中国与 G20：全球经济治理的高端博弈[M]. 北京：中国经济出版社，2014：136.

后者的互动与协调,共同推动着全球经济治理的不断创新、完善和向前发展。首先,G20治理机制同其他治理机制和模式并行不悖并相互补充。一方面,G20的登台并不意味着G7/G8治理等的退场;另一方面,G20与联合国等国际机构以及一些国际论坛进行治理合作;再一方面,如前所述,G20的许多决策都通过IMF、WTO等国际机构加以执行。其次,包括中国在内的一些新兴市场经济体在弥补全球经济治理的不足和进一步完善全球经济治理体系方面进行了许多尝试和创新,例如,中国牵头创建的亚洲基础设施投资银行(AIIB)和金砖国家新开发银行(NDB)等是对世界银行在主要职能(即促进发展)方面的有效补充,中国倡导的"一带一路"建设也是针对全球经济不均衡、从完善全球经济治理角度所提出的一种创新思路与现实方案。这为推动全球经济治理的不断前行增添了新动力,并探索着新方式新路径。

### 三、全球经济治理的中国担当与中国引领

中国自1980年恢复在货币基金组织(IMF)和世界银行(WBG)的席位后就开始逐渐参与金融领域的全球经济治理。然而,由于当时中国在IMF和WBG的份额和投票权占比分别只有2.34%和2.28%,均比较少,因此尽管中国可以单独组成一个选区并指派一名执行董事,但是在全球金融治理中的发言权很少。在贸易领域,中国从1986年开始进行"复关"(即恢复在关税及贸易总协定的缔约国地位)谈判,但未获成功。世界贸易组织(WTO)成立后,又经过7年的"入世"谈判,中国最终于2001年加入WTO,得以参与贸易领域的全球经济治理。随着中国经济的快速发展、经济实力的持续增长以及对外经济关系的不断扩展,中国在全球经济治理中的作用和地位开始凸显,但是仍然受到以美国为首的发达国家的阻挠、排挤和打压,中国在IMF和WBG等国际经济组织的份额、投票权和发言权都遭到有意压制,其在全球经济治理中的作用在一段比较长的时间内并未得到应有的发挥。

2008年国际金融危机爆发后,西方发达国家治理乏术、回天无力,不得不提议举行二十国集团(G20)峰会来应对全球性危机。此时,中国首次以塑造者、创始国和核心参与者的角色参与到全球经济治理中,这标志着中国开始走向全球经济治理的舞台中心。中国通过G20平台参与全球经济治理的同时也有力地展现了中国担当与中国贡献,凸显了中国引领。

其一,中国积极参与宏观经济政策协调并提供资金支持。2008年国际金融危机爆发后,中国政府很快推出一连串重大举措和经济刺激计划加以应对,并与G20成员一道在2009年4月伦敦峰会上共同发布了一项规模达1.1万亿美元的全球经济刺激方案。中国还分别在G20伦敦峰会和2012年6月洛斯卡沃斯峰会上先后向IMF增加500亿美元和430亿美元的资金投入,以实际行动推动世界经济复苏和国际金融稳定,极大增强了国际市场的信心,为全球经济的复苏提供了强大的推动力。

其二,中国在推动国际金融体系的改革方面发挥了积极作用,并取得了显著成效。2009年G20伦敦峰会前夕,时任中国央行行长周小川发起关于国际货币体系改革的讨论,成功地引领了峰会的议题;中国积极推动国际金融机构治理改革,使发展中国家的份额和投票权大幅提高;中国还积极参与国际金融监管改革的讨论,并为制定宏观审慎政策的新规则作出了重要贡献。

其三,中国始终致力于推动G20关注发展议题。中国始终积极在G20中倡导反对贸易

保护主义,一直将工作中心放在解决发展不平衡问题上。中国在2011年11月的G20戛纳峰会上宣布给予同中国建交的最不发达国家97%税目的出口产品零关税待遇,广受国际社会好评。在2012年6月的G20洛斯卡沃斯峰会期间,中国联合印尼和印度,共同推动G20增加对发展中国家基础设施的投资,旨在为全球经济复苏注入新的活力。在2016年9月举行的G20杭州峰会上,作为主席国的中国首次将发展议题置于全球宏观政策框架的突出位置,首次提出支持非洲国家与最不发达国家工业化的倡议,国外媒体认为这是中国参与和完善全球经济治理所作出的独特贡献。如前所述,中国还牵头建立亚投行(AIIB)和金砖国家新开发银行(NDB),为推动广大发展中国家的经济发展提供更多的资金来源与资金供应。

其四,中国始终呼吁和推动提升新兴经济体与发展中国家在全球经济治理中的代表性和发言权,确保各国享有平等的发展权利与机遇。综上可知,中国已经成为全球经济治理的主要引领者和推动者。

中国在全球经济治理中的引领作用还尤其突出地体现在理念引领上。习近平总书记于2019年3月26日在巴黎中法全球治理论坛闭幕式上发表题为《为建设更加美好的地球家园贡献智慧和力量》的重要讲话,提倡"坚持公正合理,破解治理赤字""坚持互商互谅,破解信任赤字""坚持同舟共济,破解和平赤字""坚持互利共赢,破解发展赤字",为全球治理贡献中国智慧、提供中国方案。在全球经济治理方面,中国提出了"四大理念":第一,"构建人类命运共同体"理念,这一理念于2017年2月首次被写入联合国决议,它明确了全球经济治理的最终目的在于造福全人类;第二,平等、包容、开放的理念,平等是指每个全球经济治理参与者的地位平等与身份平等,包容是指对于不同经济形式和经济成分采取理解和接纳的态度,开放是指全球经济边界的开放;第三,共商共建共享的全球治理观,已在第71届联合国大会上被正式纳入联合国决议;第四,多元共治的理念,即不断将有能力、有意愿参与全球经济治理的国家纳入其中。①

借助G20这个平台,中国提升了在全球经济治理中的话语权,增加了在国际货币基金组织和世界银行中的份额和投票权,加入了此前长期不得其门而入的金融稳定理事会和全球税收论坛等全球金融治理机构,在巴塞尔委员会、国际证监会合作组织等机构中的发言权也大幅上升,中国在全球经济治理中的制度性权力实质性增加。这无疑有利于中国加强同主要大国的协调与合作,更好地利用两种资源、两个市场,维护和拓展发展利益,将日益增长的综合国力转化为对新型国际经济关系和国际经济新秩序的塑造力和影响力,在全球经济治理中的引领作用不断增强,从而为全球经济治理作出更大的中国贡献。

# 本 章 小 结

经济全球化的发展凸显了进行全球经济治理的必要性。二战后在美国的主导下,西方发达国家联合一部分发展中国家建立了以国际货币基金组织、世界银行和关税及贸易总协定(后

---

① 隋广军.全球经济治理新范式:中国的逻辑[M].北京:科学出版社,2020:109–112.

来发展为世界贸易组织)为核心的全球经济治理体制机制,有力地促进了战后资本主义世界经济体系的发展。随着时间的推移,上述全球经济治理体制机制的弊端渐渐显露,而在此期间,西欧、日本等发达国家和地区的经济实力相对上升,推动了全球经济治理模式由实质上的美国独家治理向西方大国集团治理转变,先后经历了"五国集团"(G5)、"七国集团"(G7)乃至"八国集团"(G8)治理。2008年国际金融危机的爆发促成了"二十国集团"(G20)治理的登场,G20机制成为全球经济治理的主要平台,向真正意义上的全球治理迈出了关键的第一步。在G20机制的推动下,国际金融货币、国际贸易、国际投资等全球经济治理主要领域的改革取得了诸多进展,一些新的议题也已经或正在进入全球经济治理的视野。中国在全球经济治理中的角色经历了由参与者和跟随者到负责任的担当者和贡献者的转变,并逐渐蜕变为重要的引领者。

## 复习思考题

1. 为什么要进行全球经济治理?
2. G5及后续的G7等登上全球经济治理舞台的原因是什么?
3. G20治理取得了哪些成绩?存在哪些不足?
4. 全球经济治理的未来发展趋势是什么?
5. 中国在全球经济治理中的作用和地位是怎样的?

## 案例分析与思考

### TISA谈判[①]

服务贸易协定(Trade in Services Agreement, TISA)谈判是美国、欧盟、澳大利亚等组成的"服务业挚友"(Really Good Friends of Services)集团于2011年倡议并于翌年正式启动的诸边性服务贸易协定谈判。TISA更注重服务贸易和投资自由化,意在避开WTO多哈回合在服务贸易谈判上的僵局,制定新一代的服务贸易规则,提高缔约方之间的服务业自由化程度。其重点谈判的领域包括金融服务、通信服务、电子商务、国内管制、"模式四"(即自然人跨境流动)相关问题、海陆空运输服务等。

TISA谈判内容有一些新的特点。第一,TISA对服务业提出了比服务贸易总协定(GATS)更高规格、高标准的开放要求。如TISA要求全部给予外资国民待遇,取消设立合资公司的各种要求,谈判中还特别强调所有企业在市场准入能力方面都不得受到限制和歧视。第二,TISA谈判下服务贸易提供模式更加广泛。由于新技术的不断发展和应用导致GATS框架下的四种服务贸易提供方式中占主体的商业存在提供模式已经逐步被跨境提供模式取代,TISA在GATS的基础上增加了新规则和市场准入承诺,而且特别强调,不应预先

---

[①] 参见中国经济网《服务贸易协定(TISA)谈判核心文本评述(上)》, http://intl.ce.cn/specials/zxgjzh/201508/20/t20150820_6278714.shtml;《服务贸易协定(TISA)谈判核心文本评述(上)》, http://intl.ce.cn/specials/zxgjzh/201508/20/t20150820_6278714.shtml,有所改写。

排除任何部门和服务提供模式，特别突出服务贸易提供模式四的自然人移动，要求在签证、办理流程以及国外居留时间等方面应给予商务访客、专家、相关技术人员及公司内部调任人员更大的便利性。第三，TISA设立了更高标准的一般义务。TISA谈判在市场准入和国民待遇的承诺方式上采取了正面清单和负面清单的混合形式，即市场准入采取"正面清单"的模式，国民待遇采取"负面清单"的模式。这使得国民待遇原则在TISA规则体系中转变成为近乎"一般义务"原则，意味着任何成员除非在其国民待遇承诺中明确排除相关部门或作出保留，否则就有义务在所有服务部门给予外国服务和服务提供者以普通国民待遇。而且，TISA还采用了"棘轮条款"，使得现有自由化水平被锁定，未来自由化水平只能更高。①

**思考问题：** TISA谈判对于WTO的多边治理机制有何影响？TISA谈判一旦达成协议，将对世界经济以及发展中国家经济产生什么样的影响？未参与TISA谈判的国家尤其是发展中国家应该如何应对？

---

① 杨玉英. 全球服务业市场开放国际规则演变历程与趋势[J]. 全球化，2019(5): 44–56, 135.

# 第八章　新型国际经济关系的中国方案：人类命运共同体

自改革开放以来,中国的经济发展成就斐然,并逐渐成为国际经济关系变革的核心推动者之一。中国已经由开放促进经济(生产力)发展的阶段进入开放促进新型国际经济关系(生产关系)构建的新阶段,将致力于建设高水平开放型经济新体制,推进大规模、广覆盖、深领域的全方面开放,并将致力于促进相互尊重、公平正义、合作共赢的新型国际关系和人类命运共同体的共同建设。推动新型国际经济关系的构建是中国新一轮高水平对外开放的核心要素。

## 第一节　人类命运共同体的内涵

新型国际关系的经济学维度强调合作共赢,其核心在于建设人类命运共同体。这一理念不仅反映了中国等发展中国家和新兴经济体的期望,也超越了冷战后的旧式国际经济关系。在全球化进程中,传统的经济关系往往以强国为主导,弱国处于被动地位。然而,新型国际关系的提出,改变了这种不平衡的状态,强调各国平等参与,互利共赢。合作共赢的经济关系意味着各国通过共同努力,实现经济利益的最大化,不仅促进了中国自身的发展,也带动了沿线国家的经济增长,体现了共赢的实质。更为重要的是,这种新型经济关系摒弃了以往殖民主义和霸权主义的经济模式,而是强调平等互利,尊重各国的自主权和发展权。

### 一、"人类命运共同体"思想的产生与发展

#### (一)"人类命运共同体"概念的提出

2013年3月,习近平总书记在莫斯科国际学院发表演讲时首次提出"命运共同体"一词。他指出,"这个世界,各国相互联系、相互依存的程度空前加深,人类生活在同一个地球村里,生活在历史和现实交汇的同一个时空里,越来越成为你中有我、我中有你的命运共同体"。在同年10月的中国—东盟合作峰会上,习近平总书记再次提到"命运共同体",进一步强调了中国与东盟国家的命运共同体关系,这不仅是对地区合作的深化,也是对全球合作模式的创新。在2014年7月,习近平总书记在巴西国会的演讲中正式提出"人类命运共同体"这一概念,"我们应该倡导人类命运共同体意识,在追求本国利益时兼顾他国合理关切,在谋求本国发展中促进各国共同发展,建立更加平等均衡的新型全球发展伙伴关系"。此后,习近平总书记在国内外各种活动中多次提到"未来共同体""人类命运共同体"等理念。

### (二)"人类命运共同体"内涵的日益丰富

2015年3月,习近平总书记在亚洲博鳌论坛年会上发表题为《迈向命运共同体,开创亚洲新未来》的主旨演讲中,首次对"人类命运共同体"理念作了专题阐述。同年9月,习近平总书记在第七十届联合国大会一般性辩论时的讲话中明确指出,"构建以合作共赢为核心的新型国际关系,打造人类命运共同体";"建立平等相待、互商互谅的伙伴关系,营造公道正义、共建共享的安全格局,谋求开放创新、包容互惠的发展前景,促进和而不同、兼收并蓄的文明交流,构建尊崇自然、绿色发展的生态体系"。这是中国国家最高领导人第一次在重大国际平台上对构建人类命运共同体的总布局和总路径进行深入阐述。随后,习近平总书记又在第二届世界互联网大会、华盛顿核安全峰会、上海合作组织(中文简称"上合组织")成员国元首理事会第十六次会议、"金砖国家"领导人第八次会晤等多个国际平台上,提出建设"网络空间命运共同体""核安全命运共同体"等详细主张,使得"人类命运共同体"理念的内涵日益丰富。

### (三)"人类命运共同体"愿景与路径的明确

2017年1月,习近平总书记在联合国日内瓦总部演讲《共同构建人类命运共同体》时详细阐述了中国为什么要推动构建人类命运共同体、要构建一个什么样的人类命运共同体,以及怎样构建人类命运共同体这三个基本问题。他指出,构建人类命运共同体,是为了应对全球性挑战,实现世界的持久和平与共同繁荣。此次演讲不仅明确了"人类命运共同体"理念的动因、愿景与实施路径,还对"世界怎么了、我们怎么办""我们从哪里来、现在在哪里、将到哪里去"等问题作了科学回答,显著提升了这一理念的影响力和感召力。之后,习近平总书记又在随后的第一届"一带一路"国际合作高峰论坛、党的十九大、中央外事委员会第一次会议、中非合作论坛北京峰会等多个重要场合,进一步解读了"人类命运共同体"的内涵、愿景与路径。

## 二、"人类命运共同体"的基本内涵

"人类命运共同体"是"中国智慧"和"中国方案"的集中体现,内涵多元而深厚,不仅与中华优秀传统文化独特的价值信念和哲理思想有机结合,还体现了以习近平同志为核心的党中央领导集体对国家发展前景的深刻认知和对全球发展态势的精准掌控。

### (一)它是一种内含"共同性"的价值理念

"人类命运共同体"理念,核心在于"和而不同",主张求同存异,通过共筑"人类命运共同体"实现共同利益,促进共赢发展。这一理念不仅强调各国在文化、政治、经济等方面的多样性,还致力于让各国在此基础上寻找共同点,共同追求全人类的福祉与发展,具体体现在三个方面。

第一,"人类命运共同体"强调各国应维护共同利益。马克思指出,"人们奋斗所争取的一切都同他们的利益有关"。[①] 利益是人类社会实践活动的逻辑起点与根本基础,而经济全

---

① 马克思,恩格斯.马克思恩格斯全集:第1卷[M].中共中央马克思恩格斯列宁斯大林著作编译局,译北京:人民出版社,1956:82.

化的深入发展使得各国利益日益交织、紧密相连。在这一背景下,各国对和平环境和交流合作的需求愈发强烈。只有在一个和平稳定的国际环境中,各国才能实现可持续发展。通过构建"人类命运共同体",各国能够在共同利益的基础上加强联系,构造一个和谐发展的国际环境。各国之间的互信和合作,不仅有助于解决国际争端,还能促进经济发展,提升全球福祉。

第二,"人类命运共同体"理念强调各国应共同应对挑战。罗伯特·萨缪尔森指出,经济全球化是一把"双刃剑"。经济全球化在带来繁荣的同时,也引发了一系列全球性难题,如全球和平失控、发展失衡和治理不得法等,这些都是制约全球可持续发展的主要因素。面对这些复杂的全球性挑战,任何一个国家都无法独自解决,需要全人类共同努力。"人类命运共同体"理念倡导各国在平等协商的基础上,共同应对这些挑战,分享经验和资源,通过合作寻求解决之道。这种共同应对全球性挑战的精神,不仅增强了国际社会的凝聚力,也为解决全球性问题提供了新的路径与方法。

第三,"人类命运共同体"理念还强调各国应共同履行责任。解决全球性发展难题需要各国齐心协力,共同承担责任和义务。"人类命运共同体"的理念,还体现在国际治理和合作机制的建设中。通过平等协商与合作,各国能够制定出更加公平和有效的国际规则,推动全球治理体系的改革和完善。

### (二) 它是一种融通中国梦与世界梦的方略

自党的十八大以来,以习近平同志为核心的党中央致力于推动国家治理体系和治理能力现代化,并以此为基础进一步不断深化国家治理、执政党治理、全球治理。多年来,习近平总书记提出并全面阐释了实现中华民族伟大复兴的中国梦:中国梦要实现国家富强、民族复兴、人民幸福,是和平、发展、合作、共赢的梦,与世界各国人民的美好梦想相通。为推进全球治理,习近平总书记在中国梦的基础上提出构建"人类命运共同体",旨在促进全球治理,并倡导为人类作出新的更大的贡献,同时为全球生态和谐、国际和平事业、变革全球治理体系、构建公平正义的国际新秩序贡献中国方案和中国智慧。从此,中国梦与世界各国人民的梦想紧密相连。党的十九大报告指出,"坚持和平发展道路,推动构建人类命运共同体",并且着重强调"中国人民愿同各国人民一道推动人类命运共同体建设,共同创造人类的美好未来"。人类命运共同体的理念提出与实践构建,体现了中国在追求自身利益的同时,也兼顾他国的合理关切;在谋求自身发展的过程中,促进世界各国共同进步与繁荣;在迈向中国梦的新征途上,坚守同舟共济的理念,提升全人类的共同福祉。简而言之,中国梦与人类命运共同体和谐统一、紧密融合。

当今世界面临着相互交织且复杂多样的挑战,全球治理体系亟待优化,必须加速打造平等、合作、共赢的新型国际关系,构建与完善全球命运共同体;需要新的理念、新的思维、新的共识来引导,建设新型国际关系架构。习近平总书记曾数十次提及"命运共同体"这一理念,从国家间的命运共同体、区域命运共同体,再到人类命运共同体,提供了中国方案,表达了中国态度,强调了人类共同利益和价值的内在联系,表明了中国致力于世界和平发展与各国合作共赢的美好愿望,有力提高了中国在国际事务中的话语权与规则制定参与水平。

中国的发展与世界息息相关,世界的繁荣同样需要中国。通过构建人类命运共同体,实现中国梦与"世界梦"的融通,意味着中国人民与世界各国人民共享福祉,实现共同发展。

中国方案意在表明,中国从来不将本国成功实践的发展道路与发展模式强加于他国,而是愿意提供一个供他国作为参考并自由选择的方案。正如十九大报告所强调的,中国特色社会主义已迈入新时代,这意味着中国特色社会主义道路、理论、制度和文化正在持续发展,拓宽了发展中国家迈向现代化的路径,为那些既希望发展又希望保持独立的国家和民族提供了新的选择,并为解决全球问题贡献了中国智慧和方案。

### (三) 它是一种倡导"非结盟"的外交思维

"人类命运共同体"理念基于"共同体"价值观,进一步拓展了共同体的内涵。这一理念强调在复杂多变的全球化时代与动荡纷乱的国际秩序中增强应对危机的能力,寻求国际社会的稳定和各国的共同发展。在人类命运共同体理念中,传统的军事同盟并不能完全确保国际秩序的稳定。尽管结盟可以带来一定的归属感,但它无法实现国际社会的稳定发展。因此,倡导"结伴不结盟"的理念,摒弃"零和思维",注重互利互惠、合作共赢是当下国际关系中一种更为理性和有效的选择。

在这一理念的影响下,中国不寻求与任何国家结盟,而是希望各国能够一同认识到,人类作为一个整体,只有以世界和平为根本出发点,才能实现长久的稳定与发展。非结盟的外交思维旨在通过合作而非对抗,为世界和平提供保护伞。这一策略不仅能够避免因为结盟而导致的国际冲突,还为各国间建立多样的合作伙伴关系提供了无限可能。目前,中国已经与许多国家建立了广泛而深入的合作伙伴关系,并将在未来继续深化与各国的联系与合作,以在互利共赢的基础上保障各国的利益和共同发展。

### (四) 它是一种主张"携手走"的协作方式

在经济全球化持续深化且日益发展的大背景下,各国之间的关系变得更加紧密,为构建"人类命运共同体"创造了前所未有的机会。尽管国际社会中仍存在摩擦和冲突,少数西方国家坚持对抗观念,主张通过霸权和实力来推动国际关系。然而,这种一国独大的霸权主义行径遭到了越来越多国家的反对。各国应相互支持、共同并进,反对单边主义和霸权主义,构建平等相待、互商互谅、合作共赢的新型国际关系。

携手同行的合作模式不仅符合全球化发展的历史潮流,更是实现共同进步和合作共赢的必要途径。各国应平等对待彼此,在相互理解和尊重的基础上,进行广泛而深入的合作。只有这样,才能在国际社会中实现真正的共同利益与长久的和平稳定。携手走的协作方式不仅有助于化解国际社会中的矛盾和冲突,还能为各国提供更加广泛的发展机会和合作空间,推动世界朝着更加和谐、稳定和繁荣的方向发展。

## 第二节 构建新型国际经济关系的理论逻辑

新型国际经济关系的理论逻辑核心在于合作共赢。合作是基础,共赢是目的,通过合作实现共赢,推动世界走向更加美好的未来。在全球化的进程中,各国的经济、政治、文化联系日益紧密,相互依存不断增加。传统的以零和博弈为特征的国际经济关系已无法适应现代社会的需求。因此,新型国际经济关系强调通过合作实现共赢,既谋求自身的发展,也兼顾他国的利益,推动全球经济的共同繁荣。

## 一、"合作"是新型国际经济关系的基础

在经济全球化的背景下,各国的联系日益紧密,彼此相互依存不断增加。习近平总书记指出,"零和思维已经过时,我们必须走出一条和衷共济、合作共赢的新路子",经济全球化使得各国在追求自身经济利益的同时,必须兼顾他国利益,打造平等共享的合作关系。国际贸易和投资是新型国际经济关系的重要组成部分,这些活动基于各国优势互补和资源互换的需求。通过合作,各国能够实现资源的最优配置,推动经济的共同繁荣。区域经济一体化进程中的自由贸易协定、经济合作框架协议等,都是各国通过合作实现共赢的重要手段。各国在经济合作中,应坚持互信互利的原则,共同制定和遵守国际经济规则,确保合作的公平和透明。通过加强合作,各国可以共同应对全球经济的不确定性和风险,实现经济的快速发展与稳定增长,推动国际关系的和平与稳定。

## 二、"共赢"是新型国际经济关系的目的

共赢是新型国际经济关系的核心目的与根本要义,即通过协调合作,实现国家间的共同发展和包容性增长。共赢不仅意味着经济上的互利互惠,更强调各国在经济交往中的利益相连性、价值互通性和命运共存性,构建世界利益交织交融格局。2012年12月,习近平总书记会见第六十七届联合国大会主席耶雷米奇时强调,中国致力于与世界各国实现"共赢"而非"零和"的目标,表示中国"推动实现世界和平发展、合作共赢、公平正义"。通过共赢,各国可以共享全球公共利益,减少全球财富分配中的不平等,促进全球经济的可持续发展。实现共赢需要各国在经济政策、贸易规则和投资环境等方面进行协调与合作,共同推动全球经济的发展;同时,各国还需要在环境保护、技术创新和社会发展等领域加强合作,共同应对全球性问题,促进包容性增长。

## 三、"平等"是新型国际经济关系的原则

平等是合作共赢的基础,也是规范国际经济关系的首要原则。习近平总书记在2015年4月22日亚非领导人会议上明确表示,"合作共赢的基础是平等,离开了平等难以实现合作共赢"。这一观点为新型国际经济关系的发展指明了方向。在历史上,国际经济关系经历了三次主要的全球化浪潮。第一次全球化始于18世纪50年代,延续至1945年,这一时期以殖民经济为主。西方列强通过殖民扩张和掠夺,建立了不平等的国际经济秩序,发展中国家沦为发达国家的原材料供应地和市场,经济利益严重失衡。第二次全球化始于1945年后,以国际贸易为主要特征,并伴随着国际货币基金组织(IMF)、世界银行(WB)以及世界贸易组织(WTO)的成立。虽然中国通过改革开放从这一波全球化中受益,但总体上,这一时期的国际经济关系依然是掩盖在贸易关系下的霸权主义,发达国家利用自身经济和技术优势,在国际经济事务中占据主导地位,发展中国家的利益和声音被边缘化。进入21世纪,全球经济迎来了第三次全球化浪潮,这一浪潮由5G和信息技术驱动的第四次工业革命所引领,重构了全

球地缘经济和社会治理格局。面对这一新的全球化趋势，旧有的不平等国际经济关系已经无法适应时代发展的要求。第一次全球化中的殖民关系和第二次全球化中的霸权关系，都在一定程度上加剧了全球的不平等，阻碍了世界经济的共同发展。

全球化的进一步深化并未如预期那样减少国际的不平等，反而在某些方面进一步加剧。发达国家在经济、技术和资源方面的优势，使得他们能够在全球化进程中获得更多的利益，而发展中国家则在全球经济分工中处于不利地位。这样的不平等不仅体现在经济利益的分配上，也反映在国际规则的制定和实施过程中。国际经济关系中的不平等对全球经济的可持续发展和稳定带来了负面影响，使得一些国家和地区在全球化进程中被边缘化。为了适应第三次全球化的进程，必须塑造基于平等的新型国际经济关系。这不仅是时代的要求，也是历史发展的必然。只有在平等的基础上进行合作，才能真正实现各方的共同利益，推动世界经济的健康发展。新型国际经济关系应当尊重各国的主权和发展权，重视发展中国家的合理诉求，确保各国在全球经济治理中有平等的发言权和参与权。

### 四、"构建人类命运共同体"是其最终目标

推动新型国际经济关系建设的最终目标是构建人类命运共同体。这一目标回答了人类希望建设一个怎样的世界的关键问题，明确了全球共同发展的方向。习近平总书记2015年在《华尔街日报》采访中表示，应"推动建设以合作共赢为核心的新型国际关系，完善全球治理结构，共同构建人类命运共同体"。这一核心理念体现了中国希望建设美好世界的崇高理想，是新型国际关系和人类命运共同体理念的延续与发展。

新型国际经济关系的建设，以合作共赢为核心，以平等为基本原则，旨在构建人类命运共同体。这一过程推动了同呼吸、共命运的新型经济全球化的发展，加快了建设公平美好世界的步伐。通过这样的合作方式，各国能够在经济、社会、文化等各个领域实现共同发展，促进全球资源的合理配置，推动人类文明的共同进步。

新型国际经济关系的建设，回应了"人类社会向何处去"的重大问题，是中国对建设美好世界的追求和愿景。通过倡导合作共赢和平等互利，中国致力于建立一个更加包容、公正、可持续的全球经济体系。在这个体系中，各国能够在互信互助的基础上，携手应对全球性挑战，共同实现人类命运共同体的伟大目标。

总之，构建人类命运共同体不仅是推动新型国际经济关系建设的最终目标，也是中国对世界未来构想的宏伟蓝图。这一目标不仅回答了人类希望建设一个怎样的世界的关键问题，也为实现全球共同繁荣与和平发展指明了方向。在合作共赢、平等互利的基础上，人类社会将朝着更加美好的未来迈进。

## 第三节　中国构建人类命运共同体的实践

近年来，中国积极采取行动构建人类命运共同体，具体的举措包括打造周边命运共同体、深化与全球各大洲国家的联系、积极参与全球经济治理等。

## 第八章 新型国际经济关系的中国方案：人类命运共同体

### 一、打造周边命运共同体

周边地区是中国和平发展的关键支撑，周边外交在中国整体外交布局中占据首要位置。中国一直以来将周边外交作为外交工作的优先方向，强调了其在总体外交中的重要地位。党的十八大以来，中国对周边外交不断推出一系列新举措，包括提出"一带一路"倡议、建立"亚投行"、加强中国—东盟命运共同体建设，以及促进亚太经合组织（APEC）的务实合作。

#### （一）"一带一路"倡议

当前世界正面临复杂多变的局势，国际金融危机的影响依然持续存在，全球经济复苏的步伐缓慢且不均衡。与此同时，国际投资和贸易格局以及相关规则正在酝酿改良，各国在发展过程中面临严峻的挑战和问题。在此背景下，"一带一路"倡议应运而生，顺应了世界多极化和经济全球化的发展趋势，秉持开放的区域合作理念，旨在维护开放型世界经济和自由贸易体系。"一带一路"倡议不仅是经济发展的蓝图，更是一个促进全球经济要素自由流动、资源高效配置和市场深度融合的平台。通过这一倡议，共建国家可以在更广泛的范围内、更深层次上和更高水平上实现经济政策的协调与合作。倡议的目标是构建一个开放、包容、均衡和普惠的区域经济合作框架，为各国带来实实在在的发展机遇和利益。"一带一路"倡议通过促进基础设施互联互通，增强贸易和投资联系，推动科技、文化和教育交流，为世界经济的稳定和繁荣注入新的活力。

除此之外，亚洲地区对于中国的地缘政治、经济发展、安全关系等方面均具有重要意义，同时是中国实现大国崛起的关键地缘支撑。对于周边命运共同体而言，"一带一路"倡议对亚洲各国的重要性具体体现在促进经济增长、基础设施改善、贸易投资增加、能源合作深化和文化交流加强等方面。有利于推动亚洲地区的经济繁荣与社会发展，促进区域内各国的和平稳定和互信合作，增强亚洲在全球事务中的地位和影响力。亚洲各国在"一带一路"倡议的框架下实现了更为紧密的合作和共赢，形成一个互联互通、共同繁荣的区域经济共同体。

"一带一路"倡议是现阶段中国一项重要的外交策略，涵盖政策沟通、设施联通、贸易畅通、资金融通和民心相通五大方面。以"五通"推动"一带一路"建设，不仅可以有力驳斥西方国家所谓的"债务陷阱论"，实现中国规则的"出口"。随着"一带一路"建设的推进，国际经贸合作取得了丰富的成就，这对中国战略能力的提升以及推动人类命运共同体的实现具有重要作用。

在推动命运共同体建设的过程中，"一带一路"倡议是重要抓手，能够有力推进命运共同体由梦想走向现实。这一倡议通过一系列跨国合作项目和多边机制，加强了共建国家间的经济联系、基础设施互联互通、人文交流及安全合作，从而构建一个更加紧密的区域命运共同体。经济合作是其核心内容之一，倡议通过推动自由贸易区建设、简化贸易壁垒和促进跨国投资，为共建国家提供了新的经济增长点和发展机遇。在产能合作方面，"一带一路"取得了显著突破，重点国家及地区在产能、投资、"数字丝绸之路"等方面的往来合作不断加深,战略对接也愈发紧密。通过多方面合作,"一带一路"倡议推动了共建国家构建命运共同体的积极性,为达成双边命运共同体的利益共识提供十分坚实的基础,实现了资源共享、优势互补,共同走向繁荣发展的未来。

### (二)亚洲基础设施投资银行

亚洲经济体量占全球经济的三分之一,人口占全球人口的六成。但由于建设资金有限,亚洲一些国家和地区在基础设施方面,例如铁路、公路、桥梁、港口、机场和通信,存在严重不足,这一定程度上对该区域的经济发展形成阻碍。亚投行(AIIB)是一个为亚洲国家和地区提供资金支持基础设施建设的区域性多边开发机构,致力于推动亚洲地区内的多方面互联互通与经济一体化,同时强化中国与亚洲其他国家和地区的联系与合作。作为一家多边开发银行,亚投行致力于为亚洲国家提供必要的资金支持,重点关注亚洲国家的基础设施投资与建设,借助中国强大的资本和产能使亚洲国家受益,提升亚洲区域内互联互通水平,促进亚洲经济长期健康发展。显而易见,亚投行在服务亚洲国家的过程中,特别注重弥补基础设施投资的缺口,加速互联互通工程的实施,这对于亚洲的共同发展与繁荣具有重要推动作用,同时进一步增强了中国在亚洲地区的影响力。亚投行的成立和运作,使亚洲国家在基础设施建设方面受益匪浅。它不仅为这些国家提供了亟需的资金支持,还通过实际项目的实施,获得亚洲国家对中国的认同感。通过促进区域内的互联互通和经济一体化,亚投行在推动"命运共同体"理念宣传与深入人心方面发挥了重要作用。

总而言之,互联互通蓝图对突破亚太发展瓶颈与深化亚太发展水平有着不可替代的作用,应不断推进落实,而亚投行是亚太地区互联互通的重要支撑平台。经过多方努力,亚投行已经正式运营,成为中国主导的地区公共产品供给的典型代表,也为周边命运共同体构建、发展中国家命运共同体构建提供了重要支持。亚投行的成功经验,也为其他地区的多边合作提供了有益的借鉴,展示了区域经济合作的巨大潜力和美好前景。

### (三)中国—东盟命运共同体

中国—东盟命运共同体的理念源于中国政府从"命运共同体"视角审视中国—东盟关系的核心成果。这一理念的关键课题是通过各种合作使"命运共同体"理念在周边国家深入发展,这成为中国周边外交和面向东盟交往的主要方向。作为中国与东盟双边关系发展的最新指导方针,这一理念旨在建立精神上的"共同体"和实践中的"合作共同体"。通过这一理念,中国希望为中国—东盟关系的发展提供新动力,构建更紧密的合作框架,推动双方早日实现共同繁荣与发展。

1. "中国—东盟命运共同体"的发展基础

从起源来看,"中国—东盟命运共同体"概念始自2013年10月3日习近平总书记在印度尼西亚国会发表的题为《携手建设中国—东盟命运共同体》的主旨演讲,详细阐明了中国新时期发展与东盟关系的主要框架。在演讲中,他强调,中国"愿同印尼和其他东盟国家共同努力,使双方成为兴衰相伴、安危与共、同舟共济的好邻居、好朋友、好伙伴,携手建设更为紧密的中国—东盟命运共同体,为双方和本地区人民带来更多福祉"。

从实践来看,"中国—东盟命运共同体"建设有着坚实的历史与现实基础。首先,中国与东盟之间的双向投资合作迅速增长,东盟是中国最大的对外投资目的地和外商直接投资来源地,高新技术、数字经济、绿色经济等新兴领域成为双方合作的新亮点。其次,中国—东盟互联互通正加速推进。随着"一带一路"倡议持续往更深层次发展,中老铁路、印尼雅万高铁以及西部陆海新通道等一批重大基础设施项目已顺利落地。最后,中国—东盟区域经济融合日益加深,澜湄合作、中国—东盟东部增长区等次区域合作不断推进,为区域经济融合注入鲜活能量。

2."中国—东盟命运共同体"的构建路径

"中国—东盟命运共同体"是一个基于"合作共同体"理念的宏大框架。它要求双方以"互利共赢""同舟共济"的原则来务实推进彼此间的合作,协商应对、解决面临的共同困难,且在此过程中深化双方的合作关系。

第一,中国—东盟互利共赢在经济和贸易领域不断加强。在经济和贸易领域,中国与东盟国家致力于构建中国—东盟自由贸易区(CAFTA)的"升级版"。自CAFTA成立以来,双边贸易额不断攀升,经济联系日益紧密。为了进一步深化经贸关系,中国与东盟国家达成共识,共同推进"21世纪海上丝绸之路建设"。这一倡议不仅包括促进产能合作和互联互通建设,还涵盖了基础设施建设、贸易便利化、金融合作等多个领域,旨在通过全面合作提升区域内的经济发展水平。同时,通过构建区域电力网络和能源合作框架,确保能源供应的稳定与安全,促进区域能源市场的一体化。

第二,中国与东盟国家在发展上存在高度的互利性。以澜湄合作为代表,中国同东盟国家间的双边、多边合作机制逐渐趋向务实和互惠,展现了中国与东盟国家在整体发展上的紧密联系。当前,中国同柬埔寨、老挝、缅甸、泰国和越南湄公河五国均已深入建立全面战略合作伙伴关系,利益紧密联系、合作基础坚实。建设澜湄合作机制有助于激发国家发展的内生动力,同时为周边地区的长期发展起到一定的引领作用。澜湄合作机制是对中国—东盟合作框架的重要补充,有助于促进中国—东盟全面合作升级。

## (四)亚太经济合作组织

亚太经济合作组织(APEC,中文简称"亚太经合组织")是一个旨在促进亚太地区经济增长、合作、贸易和投资的论坛,同时也是该地区最高级别的政府间经济合作机制。亚太经合组织成立于1989年,目前有21个成员经济体。其运作方式独特,通过非约束性承诺和自愿参与,强调开放对话和平等尊重,力求在多元文化和多样经济体中找到共同利益与合作基础。APEC的宗旨不仅在于推动经济增长,还在于通过协同合作,实现区域内的可持续发展和繁荣。

1. APEC发展历程

亚太经合组织成立于1989年,其成立背景源自澳大利亚总理波比·霍克的倡议,他提议召开"亚洲及太平洋国家部长级会议",以应对当时全球经济环境的变化和挑战。这一倡议得到了美国和多个亚洲国家的积极响应,首届部长级会议于当年11月在澳大利亚堪培拉举行,标志着亚太经合组织正式成立。这次会议不仅是亚太经合组织的开端,也奠定了亚太地区国家共同合作的基础。

1991年,第三届部长级会议在韩国汉城(现称"首尔")举行,通过了《汉城宣言》,明确了亚太经合组织的宗旨、目标、工作范围、运作方式、参与形式、组织架构及未来前景,同时中国在这一年正式加入亚太经合组织。次年,在泰国曼谷召开的第四届部长级会议决定将亚太经合组织秘书处设在新加坡,并于1993年正式成立了秘书处,进一步完善了亚太经合组织的组织架构和运作机制。同年,首届经济领袖会议在美国西雅图召开,确立了亚太经合组织的宗旨和基本原则,自此之后,每年轮流举行的经济领袖会议成为亚太经合组织的重要活动之一,推动了成员国之间的高层对话和合作。

亚太经合组织的目标十分明确,旨在提升区域内人民的福祉,推进区域增长与发展。为实现这一目标,亚太经合组织鼓励成员国之间的经济互补,促进货物、服务、资本和技术的自由流通,力求优化开放多边贸易体系,并致力于消除贸易与投资壁垒,创造更加公平和透明的贸易环境。这些目标的实现,不仅能促进区域经济的整合和协同发展,还能提升亚太地区在全球经济中的竞争力和影响力。

截至2021年,亚太经济合作组织现有的21个成员经济体的GDP总量约占世界的60%、贸易量约占世界的47%。

2. APEC助力周边命运共同体的构建

APEC在推进区域合作、建设新型国际关系和构建人类命运共同体方面扮演着至关重要的角色。APEC通过推动区域内各国的经济一体化和政策协调,为亚太地区的和平与繁荣奠定了坚实基础,特别是其通过的互联互通蓝图,旨在实现亚太地区的无缝连接和全面融合,从而提升区域内的综合竞争力和发展潜力。

在这一背景下,中国正处于经济发展新常态,强调通过创新驱动产业发展,推动产业从低端向高端转型升级。随着传统生产要素优势逐渐减弱,中国面临着科技人才匮乏和关键技术研发能力不足等挑战。在这一过程中,创新成为推动经济发展的核心动力。为了实现高质量发展,中国必须加强在科技创新领域的投入,提高自主研发能力,并培育更多高素质的科技人才。

互联互通在亚太经合组织框架下具有特别重要的意义。硬件方面,通过基础设施建设改善交通运输网络和通信技术,促进亚太地区的物理连接。软件方面,通过政策对接和制度协调,提升贸易投资便利化水平。人员交往方面,通过教育、文化和人力资源的交流,增强地区内的人文纽带。这种全方位的互联互通不仅是亚太国家的共同诉求,更是推动区域内生产要素自由流动和优化配置的关键。对中国而言,互联互通是产业转型升级的重要一环。通过参与区域内的互联互通建设,中国可以更好地融入全球产业链、供应链和价值链,提升国际竞争力。

描绘互联互通蓝图,构建周边命运共同体。在对外政策方面,中国始终坚持对外开放的基本国策,积极推进亚太地区的互联互通,强调"引进来"和"走出去"并重。在"引进来"方面,中国欢迎外国企业和投资者进入中国市场,分享中国发展的机遇。在"走出去"方面,中国企业也积极开拓海外市场,参与国际竞争,带动中国的技术、资本和管理经验走向世界。此外,中国还大力推动亚太区域经济一体化,支持建立亚太自由贸易区(FTAAP),通过区域贸易协定的谈判和签署,消除贸易壁垒,促进区域内自由贸易的发展。中国加强与亚太经合组织成员的合作,积极参与亚太经合组织各项活动和倡议,努力建立广泛的区域认同与合作基础。这不仅有助于增强中国与亚太地区其他国家的经济联系和政治互信,也为进一步的区域经济与政治合作铺平了道路。通过与APEC成员的紧密合作,中国在推进亚太地区的共同发展、维护区域和平稳定方面发挥了重要作用。中国的积极参与,不仅提升了自身在区域和全球经济中的地位,也为构建开放、包容、均衡、普惠的世界经济体系作出了重要贡献。

## 二、深化与全球各大洲国家的联系

经济全球化的迅速发展、金融危机以及重大疫情等频繁出现的全球性问题将各国的命运紧密联系在一起。因此,全球各大洲的国家对于"人类命运共同体"的构建起着至关重要的作用,中国能否实现和平发展也与能否同各大洲国家之间维持良好的关系相关联。基于此,中国不断推进与各大洲的经济关系,通过经贸务实合作不断强化彼此的联系。目前中欧、中非、中拉之间皆保持良好的关系。

### (一)中欧关系

中华人民共和国和欧洲联盟的外交关系(简称中欧关系)始建于1975年,现如今欧盟是中国的最大贸易伙伴,2020年中国首次超越美国成为欧盟最大的贸易伙伴。两国间的经贸关系可以追溯到1985年的《中华人民共和国和欧洲经济共同体贸易和经济合作协定》,该协议涵盖了环保、教育、贸易、知识产权和竞争政策等多个方面。通过这一合作框架,中欧双方开始谈判,将关系提升到新的合作伙伴层次,在经济和社会发展方面取得了显著成果。作为维护世界和平与推动共同发展的两大重要力量,中欧共同努力,顺应全球化潮流,遵循多边主义。双方在多个国际事务中协调立场,建设开放型世界经济,倡导相互尊重、公平正义、合作共赢的国际关系。这种合作关系不仅促进了中欧之间的互利共赢,也为全球经济和政治秩序的稳定作出了贡献。中欧合作的深入发展为国际秩序带来了全新的交往模式,有助于促进新型国际秩序的建立与完善。

### (二)中非关系

中国与非洲国家的关系历史悠久,中国一直以来高度重视与非洲国家的交往,并大力支持非洲国家的民族独立斗争。自20世纪中期以来,中国一直是非洲国家争取独立和解放的重要伙伴。在冷战结束后,尽管西方国家普遍对非洲前景持悲观态度,"非洲悲观论"一度盛行,但中国始终坚持与非洲各国人民站在一起。中国的立场明确:无论国际风云如何变幻,中国都愿意做非洲的"全天候朋友",致力于推动建立公正合理的国际政治经济新秩序,帮助非洲国家实现脱贫和可持续发展。自党的十八大以来,以习近平同志为核心的党中央领导集体将"命运共同体"作为外交工作的核心指导思想,在这一背景下,"中非命运共同体"的构想应运而生,标志着中非关系进入了一个新的发展阶段。中非命运共同体的构想不仅标志着双方政治、经济合作的深化,更是双方在文化交流和社会发展层面上的全面提升。

中国援助非洲基础设施建设成效显著。非洲国家普遍面临基础设施落后的困境,这成为制约其经济发展的重要阻碍。道路、铁路、电力、通信等基础设施的匮乏,使得非洲国家难以有效融入全球经济体系,阻碍了其经济增长和社会进步。中国在这一方面扮演了关键角色,通过政府支持和企业参与,显著改善了部分非洲国家的基础设施状况。近年来,中国企业在非洲建设了大量的道路、桥梁、港口和电力设施,不仅提升了当地的基础设施水平,也为非洲国家的经济发展提供了强有力的支撑,对于中非关系的发展和中非命运共同体的建设具有划时代的意义。

### (三) 中拉关系

在全球化进程加深的背景下,中国与拉美国家相互依存关系的扩大,为构建命运共同体奠定了坚实基础。进入 21 世纪以来,中拉经贸关系实现了进一步发展与深化,双方利益日趋融合、交织,初步形成了互动发展的命运共同体框架,并朝向构建政治和安全的命运共同体迈进。推动务实合作,有利于增强中拉命运共同体的内生动力。在经济全球化的推动下,中拉关系得到了全面深化。中国和拉美国家在贸易、投资、金融等方面的合作不断扩大,双方的经济联系变得更加紧密。特别是自 2014 年实施 "1+3+6" 务实合作新框架以来,中拉合作迎来了新的发展机遇。其中,"1" 指 "一个规划",即《中国与拉美和加勒比国家合作规划(2015—2019)》,旨在通过合作实现双方包容性增长和可持续发展;"3" 指 "三大引擎",即贸易、投资和金融,属于推动中拉关系发展的主要动力;"6" 指 "六大领域",即能源资源、基础设施建设、农业、制造业、科技创新、信息技术这些重点合作领域,加强中拉相关产业紧密联系。中拉关系的日益深化和命运共同体的构建,是全球化进程中双方共同努力的结果。在新的历史时期,中拉双方将继续携手前行,推动中拉合作不断迈上新台阶,实现共同繁荣与发展。

## 三、积极参与全球经济治理

全球金融危机后,全球经济治理体系进入深刻变革期。习近平总书记在 2017 年世界经济论坛年会开幕式上强调 "坚持与时俱进,打造公正合理的治理模式",提出了完善全球经济治理体系的中国方案,致力于推动全球经济治理及转型。中国的目标是打造一个为全人类谋福祉的命运共同体,通过这一理念,推动世界经济实现更加公正、合理和可持续的发展。

### (一) 当前全球经济治理面临的主要问题

后危机时代,世界经济复苏乏力,债务水平居高不下,全球价值链逐渐萎缩,可持续发展任务艰巨,全球经济治理面临诸多挑战。

一是在现有全球经济治理体系中发展中国家的话语权依然较低。长期以来,西方大国在很大程度上主导着全球经济治理,一定程度上丧失了 "全球" 意义,发展中国家的话语权严重不足。金融危机虽然提供了改革全球经济治理的历史性机遇,但是在要求发展中国家在国际社会中承担责任的同时,却并未分给其相应分量的利益与权力。这导致现有全球经济治理体系难以全面反映新兴市场国家的需求。由于缺乏相应的权力和话语权,发展中国家在全球经济治理中往往处于被动地位,其经济发展目标和需求得不到充分的重视和回应。

二是现有的全球经济治理规则和体系已显落后,无法正确反映新兴国家的崛起。随着中国、印度等新兴经济群体的快速发展,全球经济力量对比发生了深刻变化,新兴国家的文化和理念日益对国际规则的创新与优化产生影响。然而,以西方发达国家为核心、基于经济实力的国际治理规则难以从根源上呈现出权力分布的变化趋势。这种规则的滞后性和不公平性,成为全球经济治理改革的一个主要障碍。现有的国际经济治理规则更多地反映了发达国家的利益,忽视了新兴市场国家和发展中国家的实际需求和发展潜力。

三是全球经济治理目前面临缺乏国际领导的困境。西方国家尤其是美国,曾在二战后长期扮演全球经济领导者的角色,但随着自身经济问题的加剧和国内政治的动荡,这些国家在全球经济事务中的领导力和影响力明显减弱。当前,全球经济治理亟需新的领导力量,以应对日益复杂的全球经济挑战。新兴市场国家和发展中国家需要在全球经济治理中发挥更大的作用,提供新的领导力量和治理方案。

### (二)中国参与全球经济治理的政策路径

作为世界第二大经济体,中国积极参与全球经济治理,坚持"人类命运共同体"的格局构建与理念推广,展现了其对全球发展的责任与担当。人类命运共同体的构建,旨在应对全球化时代的各种挑战,促进国际社会的和谐与共同发展,在推动全球和平发展、共同应对全球挑战、促进全球共同繁荣等方面具有重要意义。中国应通过各种政策路径全面完善全球经济治理,充分发挥自身在国际经济社会中的主要领导者与积极参与者角色。

一是从被动接受治理转向主动参与治理。中国意识到,作为世界第二大经济体和最大的发展中国家,必须在全球经济治理中扮演更加积极和具有建设性的引领者角色。中国提出要成为全球治理体系的重要参与者和贡献者,积极参与全球治理改革和建设,推动国际经济秩序朝着更加公正合理的方向发展。

二是在全球经济治理中发挥负责任大国的引领作用。中国提出了"新型国际关系"和"人类命运共同体"等理念,强调各国应在相互尊重、公平正义、合作共赢的基础上,共同应对全球性挑战。这些理念不仅反映了中国对全球治理的思考,也为国际社会提供了新的合作框架和治理思路。

三是积极倡导多边主义,坚持践行多边外交,推动大国关系的良性互动。妥善处理大国关系是全球经济治理的核心与关键,在现今与未来面对新兴国家与西方发达国家间可能爆发的"经济冷战"时,多边主义将发挥重要作用。促进在国际事务和全球决策中理念与观点的多元化,是有效进行全球经济治理的重要一环,也是多元化治理区别于霸权治理的一个主要特点。

整体而言,全球经济治理是构建人类命运共同体的进程中不可缺少的重要一环,二者相辅相成,互促互进,可以促进全球形成发展共赢的格局,推进形成良性的互动循环。

### （三）中国参与全球经济治理的新实践

全球经济治理正处于一个重要的转折阶段，中国作为世界第二大经济体，正逐步致力于构建人类命运共同体，顺应时势，制定策略，适时而动，利用有利形势进行决策和行动。通过推动全球经济治理体系的改革，中国展示了其作为全球经济治理重要参与者的角色，为全球经济治理注入了新的活力和动力。

一是积极投身国际经济事务。中国坚定维护联合国在国际事务中的核心地位和作用，并推动构建人类命运共同体。中国与世界银行、国际货币基金组织、世界贸易组织、国际劳工组织、经合组织和金融稳定理事会六大国际经济组织多次举办了"1+6"圆桌对话会，分别就世界经济形势、全球化、中国经济转型升级和深化改革开放等国际经济发展重要议题展开讨论。彰显了中国在国际舞台上不断上升的领导力和影响力，也展示了中国对构建人类命运共同体的积极姿态，得到了各参会国际组织负责人的一致认同，给全球经济注入了强大的正能量。

二是创新实践国际金融领域。通过"一带一路"倡议，设立丝路基金、亚投行和金砖国家新开发银行等机构，中国为全球经济发展提供了新的金融支持和合作平台。这些新金融机构不仅为"一带一路"共建国家的基础设施建设和经济发展提供了资金支持，也为全球经济治理的创新和发展提供了新的思路与方案。通过这些努力，中国不仅在国际金融领域提升了自身的影响力，也为全球经济治理的创新和发展提供了新的动能。

三是以制度型开放打通国内外"双循环"。中国在国内经济政策方面坚持制度型开放，推动国内外"双循环"，实现国内国际规则的整合。通过深化改革、优化营商环境，推进人类命运共同体建设，中国为国内经济发展注入了新的活力。同时，中国积极参与国际规则制定，推动全球经济治理体系改革和进一步完善，努力实现国内发展与国际合作的良性互动。这种制度型开放不仅有助于提升中国自身的经济竞争力，也为全球经济治理的创新和发展提供了新的模式和经验。

# 本 章 小 结

"人类命运共同体"打破并超越了传统的西方国家主导的国际关系体系。这一理念不仅挑战了现有的国际秩序，还为全球治理提供了一个全新的视角，即倡导和平共处与合作共赢。它强调以全人类作为基本单位，超越每个国家间或不同文明、文化、宗教之间的纷争与对立，跨越狭隘的意识形态，让人类社会迎来更广阔的空间、更明确的方向，成为推动新型国际经济关系的中国方案。为建立新型国际经济关系，中国坚持以"平等"为基本原则，以"合作"为基本路径，以"共赢"为目的，以"人类命运共同体"为最终目标，推动携手同行、紧密相连的新型经济全球化的进程。展望未来，中国将继续高举和平、发展、合作、共赢的旗帜，致力于维护世界和平，推动全球经济发展，支持国际秩序的稳定和公平。各国当从人类共同利益出发，以负责任的态度作出明智选择，与中国一道齐心协力，打造周边命运共同体，深化与全球各大洲国家之间的联系，积极参与全球经济治理，共同践行"人类命运共同体"理念。

# 复习思考题

1. 人类命运共同体提出的时代背景有哪些？
2. 习近平在国内外多次发表关于构建人类命运共同体的重要阐述，请谈谈其主要内涵。
3. 推动构建新型国际关系的基本理论逻辑是什么？
4. 中国推出了哪些新举措来打造周边命运共同体？请举例说明。
5. 建立中非命运共同体对于中国和非洲双方都有哪些好处？

## 案例分析与思考

### 后疫情时代的人类命运共同体

在经济全球化的大背景下，传统安全和非传统安全问题持续面临新的挑战。在面对不断涌现、相互影响的全球风险挑战时，重大传染性疾病有着对人类不可低估、无法忽视的威胁。2020年新冠疫情在全球范围内迅速蔓延，就像联合国秘书长古特雷斯所言，我们正经历一场前所未有的全球性健康危机，这是对人类社会的一次重大冲击。在疫情的猛烈冲击下，人类社会更应注重以一种科学与理性的姿态来正确认识与处理，而不是以疫情之名进行诋毁中伤乃至种族歧视，扰乱国际携手共同抗疫的局势与决心。

面对疫情，没有任何人或国家可以独善其身。病毒不受国界限制，疫情无关种族之分，它们是全人类的共同敌人。新加坡总理李显龙指出，虽然各国国情、社会规范和资源都有所不同，但当面对疫情这一共同的敌人时，各国必须加强紧密合作，相互借鉴经验，"这是人类能够控制这次疫情大流行的唯一途径"。澳大利亚前总理陆克文发文指出，疫情警告我们，没有任何人或任何国家是一座孤岛，不能采取种族主义的偏见态度。于法国斯特拉斯堡召开的欧洲议会全会表示，新冠疫情是欧盟目前面临的重大挑战，"任何一个国家都无法独善其身"。南非总统、非盟轮值主席拉马福萨发表声明称，全球各国都全力控制疫情蔓延，此时更加需要团结一致，而非指责任何个人、机构或国家，"我们应该共同合作，以应对新冠病毒这一共同敌人。我们不能被任何其他事情转移注意力，只有通过相互合作，特别是依靠全球团结一致，才能战胜疫情""新冠疫情这一公共卫生问题不应被政治化"。在这场全球性的疫情中，所有国家都是受害者。美国前国务卿亨利·基辛格指出，没有哪个国家，能够靠自己的力量战胜病毒，"应对当前问题的方法，最终必须与全球合作的愿景和计划相结合。如果不能同时做到这两点，我们将面临最坏的结果""各国要么战胜病毒，共同胜利；要么互相攻讦，一起失败"。

**思考问题：** 请结合以上案例谈一谈，上述各个国家在后疫情时代达成了哪些共识？在构建人类命运共同体道路上存在着哪些挑战？该如何应对？中国应该在构建人类命运共同体的过程中发挥什么样的作用？

# 第九章 "一带一路"建设下的新型国际经济关系

"一带一路"（One Belt and One Road）是"丝绸之路经济带"和"21世纪海上丝绸之路"二者的合称。"丝绸之路经济带"构想起源于古代陆上丝绸之路，目的在于将该区域发展成为一个全新的经济增长区。这一概念强调沿线城市之间的紧密合作与协调发展，以实现共同的经济繁荣。"21世纪海上丝绸之路"是一项以历史为依托，旨在促进亚、欧、非三大洲经济一体化的倡议，致力于推动南海、太平洋以及印度洋沿岸地区的经济合作与发展。共建"一带一路"构想既是中国促进经济发展，扩大对外开放格局的重大战略，也是中国倡导的国际合作方案。作为全球公共产品，"一带一路"建设对构建新型国际经济关系将产生积极而又深远的影响。

## 第一节 "一带一路"倡议的背景和理论基础

"一带一路"以建设现代丝绸之路为切入点，目的是打破亚欧大陆的地缘隔阂，促进城市经济发展由港口导向转为高铁导向、内陆城市和港口城市联动发展，从而改变世界经济地理版图。"一带一路"倡议的实施，将对中国的国际化发展和亚非欧地区新兴经济体及发展中国家的经济增长具有显著的推动作用。此外，这一倡议也将加速推进区域经济一体化的步伐。

### 一、"一带一路"倡议的提出及其意旨

#### （一）"一带一路"倡议提出的过程

2013年9月7日，习近平总书记在哈萨克斯坦首都阿斯塔纳的纳扎尔巴耶夫大学首次提出建设"丝绸之路经济带"的倡议，希望借此促进欧亚各国之间的经济联系和相互合作。同年10月，习近平总书记在印度尼西亚国会发表演讲时宣布，中国期望与东盟成员国携手推进"21世纪海上丝绸之路"的建设。党的十八届三中全会通过的《中共中央关于全面深化改革若干重大问题的决定》强调，应加速与邻近国家和地区的基础设施互联互通，推动"丝绸之路经济带"和"海上丝绸之路"的建设，形成全面开放的新态势。这标志着"一带一路"正式上升为中国国家战略。在2014年APEC会议期间，习近平总书记对建设"一带一路"进行了系统的阐述，希望这一构想成为构筑区域合作、互联互通的新模式。

#### （二）"一带一路"倡议与"马歇尔计划"的区别

"马歇尔计划"这个名称源自美国国务卿乔治·马歇尔将军，他是该计划的始作俑者。

"马歇尔计划"的官方名称是"欧洲复兴计划"。该计划于1947年7月正式启动,在1948年4月至1951年年底执行期间,美国为战后的西欧国家提供了包括金融、食品、技术、设备、原材料等多种形式、合计130多亿美元的经济援助。这对帮助西欧国家迅速重建并恢复经济,对美国转移过剩的产能、开辟新的市场、刺激出口增长、确立美元的全球性货币霸主地位都发挥了重要的作用。①

"一带一路"倡议虽然在一些具体措施上与"马歇尔计划"相似,但在实施背景和目的等方面存在很大的差异。如果仅仅因"同途"而罔顾"殊归",将"一带一路"称为"中国版马歇尔计划"或"新马歇尔计划",不仅有违客观实际,也将危害该倡议的实施及其效果。

"一带一路"倡议与马歇尔计划从表面上看,的确存在相似性:首先,两者都以推动本国企业"走出去"为关键目标;其次,它们都把交通基础设施的建设作为投资的焦点;最后,二者都强调金融货币领域的合作,通过提供信贷和建立灵活的基金来支持项目实施。"马歇尔计划"通过建立"欧洲复兴基金"(亦称为"对应基金"),帮助将援助资金转换成当地货币。而中国则发起并投资500亿美元成立了亚洲基础设施投资银行(AIIB),同时承诺提供400亿美元以设立丝路基金,并向亚洲及其他地区的投资者开放参与机会。

"一带一路"倡议和马歇尔计划在经济领域确实有共通之处,例如,中国和美国都寻求通过对外投资来消化其充裕的资金和激活闲置的生产能力,促进本国货币的国际化。但是,这些并不能掩盖两者的差异性。

第一,实施的背景和对象国不同。二战结束后,大发战争横财的美国急需从战时经济向和平时期经济转型,欧洲则经济凋敝、百废待兴,迫切需要外界的援助。"马歇尔计划"应运而生,旨在助力西欧的发达国家恢复工业生产和家园重建,同时解决美国的产能过剩问题,促进美国经济的持续繁荣和对外经济的扩展。而"一带一路"倡议的提出背景是,中国经过40多年的改革开放历程,已成长为一个制造业强国,并积累了庞大的外汇储备,具备了通过海外投资来推进国际经济合作的能力。"一带一路"倡议的投资重点主要是新兴市场和发展中国家,涵盖了亚洲、非洲和中东欧等多个地区,其覆盖的范围比"马歇尔计划"更为广泛。

第二,参与方的角色和地位不同。"马歇尔计划"以美国为主导,由美国单独出资或输出产能,对欧洲的援助建立在不对等的关系上,受援国处于接受与附属地位,苏联、东欧社会主义国家则被排除在外。这保障了"马歇尔计划"的执行效果和主导国美国的利益。而中国的"一带一路"倡议立足于平等互利原则的基础上,旨在开展互惠互利的合作项目,并对所有国家开放,包括与中国存在岛屿争议的国家,例如菲律宾。由于涉及的国家和地区非常多,增加了合作与协调的难度,也将带来一定的风险。

第三,最终目的不同。美国实施"马歇尔计划"不仅具有经济目的,更具有政治目的。美国为了获得世界霸主的地位,在冷战中与苏联、东欧社会主义阵营相抗衡,迫切需要西欧这一盟友。因此,"马歇尔计划"虽然表面上旨在扶助欧洲经济的复苏,但其战略意图显而易见,即通过将西欧纳入美国的全球经济框架,确立其在欧洲的主要影响力,以此加强其全

---

① 朱毛斋."一带一路":中国外交战略的神来之笔[N].深圳商报,2015-03-23(A06).

球领导地位。正如马歇尔所说,该计划的核心目标是创造一个有利于所谓"自由制度"生存的政治和社会环境。只不过随着时间的推移,欧洲逐步实现了一体化,并成长为一支能够在经济、贸易和技术等多个领域同美国进行竞争的重要力量,甚至在许多行业都拥有与美国相抗衡的竞争优势。这是美国当初没有想到的。而古代丝绸之路是中国与欧、亚、非各国友谊的见证,对东西方文明的交流作出了巨大贡献。中国推出"一带一路"倡议,目的在于续写古代丝绸之路的新篇章,在平等、包容、合作、共赢的基础上,继承当年丝绸之路的美好愿景,加强与各国经贸往来,共同构建一个互惠互利的"利益共同体"以及促进共同繁荣的"命运共同体"。[①]

当前,欧洲、亚洲、非洲新兴市场及发展中国家普遍处于经济增长的上升阶段,与之开展互利合作的前景十分广阔。中国利用积累的外汇储备作为资本金,通过"一带一路"建设带动产能和资金输出,在承担很大风险的前提下,希望借此缓解这些国家的财政压力,完善这些国家的基础设施建设,提高当地人民的生活水平。因此,绝不能把"一带一路"建设与"马歇尔计划"相等同。

## 二、"一带一路"倡议提出的国际国内背景

### (一) 全球经济再平衡要求开创新合作模式

肇始于美国的2008年国际金融危机将全球经济拖入极端不平衡的泥潭。为了应对金融危机并尽快恢复经济,主要经济体纷纷从自身利益出发,制定了各自的经济复苏计划和策略。其自利行为引发了保护主义的浪潮,削弱了合作与协调的动机。虽然发达经济体开始摆脱经济危机的影响,但上述自利做法与全球经济一体化的趋势背道而驰,给新兴市场和发展中国家带来了新的挑战,使得全球经济的再平衡变得更加困难。由此可见,在全球范围内加强区域合作、探索共赢合作新模式既十分必要,也尤其显得紧迫。为此,欧盟早在2003—2004年就推出了"欧洲邻国政策"和联合行动计划;2009年3月又出台了旨在加强与六个前苏联加盟共和国合作的"东方伙伴"计划。美国在2009年11月和2013年6月分别发起了"跨太平洋伙伴关系协议"(TPP)和"跨大西洋贸易与投资伙伴协议"(TTIP)谈判,前者旨在促进亚太地区经济一体化,后者意在建立欧美统一市场。俄罗斯自2007年起加速推进独立国家联合体(独联体)的经济一体化进程。2014年5月,俄罗斯与白俄罗斯及哈萨克斯坦签署了《欧亚经济联盟条约》,目标是在从2015年起的10年内实现商品、服务、资本和劳动力的自由流通。

中国在抵御国际金融危机的过程中发挥了关键作用,为全球经济的复苏作出了贡献,并持续探索新的国际合作与共赢模式。2013年9月,中国首次提出了以创新方式共建"丝绸之路经济带"的构想,目的在于加强欧亚各国的经济联系与合作。同年10月,中国进一步提出了"21世纪海上丝绸之路"的倡议,旨在深化与东盟国家在多个领域的务实合作,实现资源共享、优势互补,共同追求发展与繁荣。在2014年APEC会议期间,习近平总书记对建设"一带一路"的进一步系统阐述得到了许多国家的欢迎和公开支持,说明这一倡议顺应了

---

① 朱毛斋."一带一路":中国外交战略的神来之笔[N].深圳商报,2015-03-23(A06).

全球经济一体化和国际社会对区域合作与谋求互利共赢的强烈要求。

当前,尽管和平与发展仍然是时代主题和大趋势,但是世界所面临的许多大问题依然尚未完全解决。西方社会出现了反对全球化的思潮,美国在特朗普总统任期内多次退出国际组织和协议,而拜登政府上台后,情况也未见明显改善。全球目前正面临和平、发展和治理方面的严重"赤字"挑战。习近平总书记敏锐洞察世界发展潮流与规律,指出"各国之间的联系从来没有像今天这样紧密,世界人民对美好生活的向往从来没有像今天这样强烈,人类战胜困难的手段从来没有像今天这样丰富"。习近平总书记对于"世界怎么了、我们怎么办"这个富有哲学深度的问题进行了深入的探讨和阐释,强调了世界经济增长迫切需要注入新的活力,发展应当更加全面和均衡,同时需要缩小贫富之间的巨大差距,同时再次强调了应当以合作共赢为核心推动"一带一路"倡议下的国际合作,以应对当前世界面临的和平、发展和治理上的"赤字"问题,并进而提出了中国的解决方案。①

### (二)中国经济新常态要求构建新开放格局

从国内视角来看,"一带一路"倡议标志着中国在新时代全面开放的宏大战略。自1978年党的十一届三中全会以来,中国实施了改革开放政策,并在各方面取得了显著成就。在对外开放进程中,中国采取了从南到北、从东部沿海向内陆及边境城市和地区逐步拓展的策略,这使得东部地区能够率先实现快速发展。1999年,中国进一步提出了西部大开发战略,有效推动了西部地区的经济社会进步。因为面临特定条件和自身发展能力有限的挑战,西部地区的经济仍然相对滞后,交通状况尚未实现根本性改善,与东部地区之间的发展差距依旧显著。2013年,西部地区人均GDP不到全国平均水平的四分之三,仅为各省、自治区、直辖市中最高值的三分之一多一点。为了实现这一目标,我们必须从宏观和战略性的角度出发,加速西部地区的开放进程,推动其繁荣、发展和稳定。

中国经济在经历改革开放后的多年快速增长后,已经进入一个新的战略机遇期。一方面,中国在装备制造、基础设施、电力设备等领域已经积累了丰富的资本和技术力量,这与"一带一路"共建国家当前的需求相契合,展现出巨大的"走出去"潜力;另一方面,中国经济正经历从高速增长向中高速增长的转变,经济结构正在进行调整和转型升级,经济增长的驱动力也在从要素和投资驱动转向创新驱动。这些趋势性变化需要通过深化改革开放来适应。在这一背景下,党的十八届三中全会审议通过的《中共中央关于全面深化改革若干重大问题的决定》,将"一带一路"建设提升为国家战略,并强调要"加快与周边国家和区域基础设施互联互通建设,推进丝绸之路经济带、海上丝绸之路建设,形成全方位开放新格局"。这表明中国已经开始构建"新常态"下对外开放的新模式。

随着中国特色社会主义迈入新时代,中国的改革开放也走进更为深入的阶段。目前,一些对生产力进一步发展以及满足人民日益增长的美好生活需要施加限制和约束的矛盾与问题,需要通过更深层次的改革开放来解决。同时,国际社会期望中国能够为全球经济的平衡发展提供新的动力。"一带一路"倡议的提出,与中国社会主义新时代的主要社会矛盾变化

---

① 柴尚金."一带一路"的思想基础与时代意义[J].前线,2018(12):4-8.

相契合,具有鲜明的时代特色和明确的目标导向。这标志着中国改革开放迈上了新起点,对中国在新时代形成对外开放的新局面将带来深远的影响。

### (三)全球经济治理需要中国积极主动参与

从中国与世界的关系发展来看,"一带一路"倡议继承了中华民族数千年的理想,并将其推向新的高度,促进了中国与世界在创新驱动下的持续交流与发展。古丝绸之路,跨越万里,历经千年,孕育了以和平合作、开放包容、互学互鉴、互利共赢为核心的丝路精神,被习近平总书记誉为"人类文明的宝贵遗产"。"理念引领行动,方向决定命运",以丝路精神为引领的先进理念和具体实践,既与近代西方的殖民主义经济掠夺和帝国主义的"零和竞争"思维有别,也与二战后西方所倡导的对外援助等国际合作模式有异。①

"一带一路"倡议积极推动与共建国家建立经济合作伙伴关系,旨在实现互利共赢,不仅为中国带来利益,也造福于共建国家的人民,是一条共同繁荣的光明之路。从全球角度来看,"一带一路"倡议被视为一项普惠的公共产品,它引领着全球治理的新方向,其成果惠及全世界。该倡议之所以受到众多国家的积极响应,一个关键因素在于中国与世界的互动日益紧密,中国的国际地位和影响力不断增强,正逐步从区域大国迈向全球强国,对全球治理体系的变革发挥着越来越重要的作用。在中国与世界的关系经历重要转折的时期,世界上最大的发展中国家抓住机遇,承担起历史责任,适时提出了"一带一路"倡议,向世界展示了自己的责任担当和积极作为。

## 三、"一带一路"建设的理论基础

### (一)新新贸易理论

"一带一路"中重点突出了"丝绸之路"。众所周知,古代的丝绸之路在我国古代的经济上取得了不可估量的成果,不仅接通了东西经济贸易往来,还接通了东西的文化交流。因此,对与"一带一路"有关的经济理论,可以首先从国际贸易入手。

大卫·李嘉图提出的比较优势理论以及赫克歇尔和俄林共同发展的要素禀赋理论,是经典国际贸易理论的基石。上述传统理论通常基于以下的假设:市场上的企业被视为相同类型,生产的产品被认为是同质的,市场处于完全竞争状态,并且不存在规模经济效应。然而,传统国际贸易理论的严苛条件在现实生活中并不适用,因此随着国际贸易理论的发展,产生了适用性更广的新贸易理论。新贸易理论在继承传统贸易理论的基础上,增加了规模经济的存在这一假设;进一步地,新新贸易理论则又在新贸易理论的基础上引入了企业异质性的假设。

现如今,国际化乃大势所趋。"一带一路"所涉及的企业在运作时需要在全球范围考虑,是在国内进行生产还是在国外生产,抑或选择FDI。企业在选择进入全球市场后,是要在企业内进行一体化生产,还是选择企业间外包。这些问题超出了传统贸易理论以及新贸易理

---

① 柴尚金."一带一路"的思想基础与时代意义[J].前线,2018(12):4-8.

论的解释范畴。然而,新新贸易理论为"一带一路"倡议的实施提供了理论支持。

与传统贸易理论以及新贸易理论以产业为整体研究对象不同,新新贸易理论的研究更为微观,它所研究的是企业的贸易决策过程。同时新新贸易理论在新贸易理论的基础上进一步引入了企业异质性的假设,使其更符合经济事实。新新贸易理论所研究的主要是中间产品贸易。中间产品贸易是一种新的经济现象,其既包括企业间的外包贸易,也包括在企业内进行中间产品的流转。

企业是利益导向型的,因此"一带一路"想要在国家间顺利实施,跨国贸易必定是有利可图的。一个国家在考虑是否加入"一带一路"的时候,应当站在整个国家的角度上来考虑一个国家的福利水平。"一带一路"的实施将会对共建国家的进出口贸易产生巨大的影响。一个国家通过国际贸易,可能会增加其进口,对国内生产及贸易造成打击;但同样地,通过国际贸易,将会增加其优势产业的出口。

作为前沿性的贸易理论,目前新新贸易理论及其实证研究主要集中于欧美等发达国家,"一带一路"的建设与发展为新新贸易理论的进一步发展提供了契机,通过收集"一带一路"周边国家的贸易政策选择实例以及贸易数据,将为新新贸易理论提供更多的实证依据。

### (二)新经济地理理论

传统经济学在研究经济增长问题时,没有加入空间因素。"一带一路"沿线所涉及的每个国家都有自己独特的地理条件,在不同国家会产生不同的产业集群。比如我国内陆地区可以依靠人口优势集中发展制造业,新疆可以依靠资源优势大力发展能源石油产业等。因此为了研究"一带一路"的产业集群,空间因素不可或缺。新经济地理理论可以很好地解释"一带一路"。

美国的经济学家保罗·克鲁格曼是首位将空间因素融入主流经济理论的学者,并在此基础上开创了新经济地理学这一新的研究领域。其理论主要是探究产业聚集的规模报酬递增规律。规模报酬递增规律会影响产业在不同地区的分布。这可以用一个很简单的例子来说明,中国沿海因为便捷的交通,吸引了大量的制造业企业,形成规模效应,进而吸引更多的企业进驻,形成产业集群。克鲁格曼在研究经济地理理论时用到了一个只有农业和制造业的模型(核心—外围模型),以此来说明不同地区产业集群产生的原因以及规模效应对产业集群的影响。在规模效应以及可以自由流动的生产要素和人口的影响下,经济活动将趋于集中。

中国国家发展和改革委员会、外交部、商务部联合发布的《推动共建丝绸之路经济带和21世纪海上丝绸之路的愿景与行动》强调,应当促进沿线国家加强在新一代信息技术、生物技术、新能源、新材料等新兴领域的合作。该文件还提倡建立创业投资合作机制,探索新的投资合作新模式,并鼓励合作建设境外经贸合作区、跨境经济合作区以及其他类型的产业园区,以促进产业集群的繁荣与发展。

"一带一路"建设采取"点轴带动"发展模式,通过核心城市,加上交通运输干线作为轴线,可以将不同小城市的小集群串联成一个大的集群,形成规模效应。这种发展模式有些类似放大版的生产线,利用不同国家的优势,根据自身发展优势和功能定位,建立农业、工业、旅游等产业园区,并通过高铁这个传送带以拉动生产。

"一带一路"倡议的实施预计将深化区域整合,尤其是沿线各国的区域经济一体化进程。这将会为新经济地理理论提供新的案例和数据支持。同时通过研究新经济地理理论也将帮助探究如何才能使得"一带一路"所带来的集群效应利益最大化。

新新贸易理论和新经济地理理论是互为补充的,在探讨"一带一路"倡议时可以将这两个理论综合分析。新新贸易理论探究的是微观层面的企业在生产时的决策问题,企业需要通过决策的过程选择是在国内生产还是在国外生产,是选择一体化生产还是选择外包生产。这一决策过程需要新经济地理理论的帮助。新经济地理理论在传统经济学的基础之上加入了空间因素,探究的是产业集群的形成。

### (三)可持续发展理论

在研究如何建设"一带一路"的时候,应当考虑的不是短期的收益,而应该将眼光放长远,着眼于未来,因此需要将环境这个变量作为重点纳入讨论的范围。

可持续发展理论融合了自然资源经济学与环境经济学,其对"一带一路"的适用价值主要体现在以下几方面。

首先是对可耗竭资源使用的研究。可耗竭资源(如石油和煤炭)一直以来都牵制着经济的发展,因为其不可再生的特性,一直以来都是各国重点保护和研究的对象。在20世纪60年代后,对可耗竭自然资源的研究达到高潮,最优的耗竭速度问题一直以来都是经济学家讨论的重点。

其次是对环境污染的治理成本研究。经济发展或多或少都会带有一定的环境污染,污染排放随着生产规模的增大而增大。中国曾饱受环境污染的影响,国家也出台了一系列治理环境的法律和措施,比如要求污水排放达到一定的水质等级、废气排放需要进行过滤处理等。但是污染处理需要投入大量的成本,如果投入过多的成本降低污染,又会造成利益损失。这里引入了一个概念——最优污染水平。最优污染水平是指在污染程度上达到某一个点,在该点上社会净收益达到最大。在这一概念中,社会净收益被定义为个人收入与社会为环境损害所承担的外部成本之间的差额。

在谋求增长发展过程中,需要考虑的是长期的利益最大化,因此需要引入可持续发展理论。可持续发展理论将资源和环境作为变量加入讨论。在建设"一带一路"时,不仅要符合经济规律,还需要符合自然规律。自然资源是有限的,而人的欲望是无限的,因此为了使得经济能够可持续发展,同样要重视资源环境在经济发展中充当的重要角色。

## 第二节 "一带一路"倡议的主要内容与意义

### 一、"一带一路"倡议的主要内容

"一带一路"是"和平之路、繁荣之路、开放之路、创新之路、文明之路"。"一带一路"不是一场"零和游戏",也不是所谓的"修昔底德陷阱",而是一个开放的大平台,所有国家都能参与进来，共同商讨，共同建设，实现共赢。习近平总书记对"一带一路"倡议的深入阐释，向全球尤其是众多发展中国家展示了中国的智慧和解决方案。

### （一）共同发展是方向

发展是基础，是解决所有问题的关键与核心。全球治理体系中存在的一个主要缺陷是"发展缺失"，这主要表现在占世界人口80%以上的发展中国家长期以来的发展需求未能得到充分的满足与回应。习近平总书记说："推进'一带一路'建设，要聚焦发展这个根本性问题，释放各国发展潜力，实现经济大融合、发展大联动、成果大共享""我提出'一带一路'倡议，就是要实现共赢共享发展""'一带一路'建设不应仅仅着眼于我国自身发展，而是要以我国发展为契机，让更多国家搭上我国发展的'快车'，帮助他们实现发展目标"。"一带一路"倡议之所以得到广泛认同，是因为它符合各国，特别是发展中国家对和平与发展的迫切需求，是因为它强烈地回应了这些国家对发展的渴望。这一倡议的发展动力源自合作共赢的理念，而对各国共同发展的追求也正是其核心宗旨。

### （二）和平发展是底色

发展的实现依赖和平与安全的环境，唯有在和平与安宁的环境里，繁荣发展才可能实现。正如习近平总书记所说："偏见和歧视、仇恨和战争，只会带来灾难和痛苦。相互尊重、平等相处、和平发展、共同繁荣，才是人间正道。"作为世界上最大的发展中国家，中国通过"一带一路"框架下的国际合作，致力于共同商谈、共同建设、共同分享，汇聚了广大发展中国家的力量，共同维护全球的和平、安全与发展。许多非洲国家认为"一带一路"合作确实带来了实惠，其"授人以渔"和"筑巢引凤"的举措非常符合非洲发展的现实。中国坚持走和平发展的道路，离不开中国特色社会主义制度、历史文化传统、国家条件、时代趋势以及国家根本利益等决定性因素的综合作用。选择这一发展路径也是中华人民共和国成立特别是改革开放40多年以来，中国共产党领导下的中国人民艰苦探索和不懈努力的奋斗目标。中国不会采取损人利己的行为，中国的发展从不以牺牲他国利益为代价，这一点历史已经证明，并且将继续证明。[①]

### （三）合作共赢是基础

"一带一路"是中国与世界互利共赢和共享发展成果之路。"合作"与"共赢"构成了"一带一路"倡议的两个核心理念，而"互利共赢"则是其始终贯穿的核心价值观。在2017年5月举行的"一带一路"国际合作高峰论坛圆桌峰会的开幕致辞中，习近平总书记对"合作共赢"的理念进行了深入的阐释："在国际合作框架内，各方秉持共商、共建、共享原则，携手应对世界经济面临的挑战，开创发展新机遇，谋求发展新动力，拓展发展新空间，实现优势互补、互利共赢……。"故"一带一路"倡议一提出，就迅速获得了许多国家乃至远及太平洋彼岸的国家的广泛支持。不仅发展中国家积极把握"一带一路"带来的机遇，发达国家同样

---

① 柴尚金."一带一路"的思想基础与时代意义[J].前线，2018(12)：4-8.

积极参与,寻求分享这一发展机遇带来的益处。具有这种广泛吸引力的根本原因在于"一带一路"倡议所倡导的"和平合作、开放包容、互学互鉴、互利共赢"的丝路精神,它不是建立在排他性基础上的固定机制,而是致力于成为各国共同参与、共同获益的平台。

### (四)"共商、共建、共享"是原则

习近平总书记强调"一带一路"倡议秉持的是共商、共建、共享原则,不是封闭的,而是开放包容的;不是中国一家的独奏,而是共建国家的合唱;要"坚持各国共商、共建、共享,遵循平等、追求互利,牢牢把握重点方向,聚焦重点地区、重点国家、重点项目,抓住发展这个最大公约数,不仅造福中国人民,更造福沿线各国人民"。"共商"意味着沿线各国,不论大小、强弱、贫富,都是平等的参与者,在尊重国家主权的基础上,可以积极提出建议和共享智慧,平衡各方的利益和关切。通过双边或多边的沟通和协商,实现战略对接并深化务实合作。"共建"强调的是共建国家的共同参与,包括地方政府、金融机构、跨国公司、国际组织和非政府组织等,都可以参与进来。通过这种方式,各方的优势可以得到充分发挥,潜力得到充分挖掘,从而形成新的合作优势,实现协同效应。"共享"则是指中国与所有共建国家都是"一带一路"的利益相关者,在寻找共同利益与合作的最大公约数的基础上,寻求共识,保留差异,努力使合作成果惠及所有共建国家和广大民众。

### (五)民心相通是人文基础

习近平总书记强调指出,"民心相通是'一带一路'建设的重要内容,也是'一带一路'建设的人文基础。要坚持经济合作和人文交流共同推进,注重在人文领域精耕细作,尊重各国人民文化历史、风俗习惯,加强同共建国家人民的友好往来,为'一带一路'建设打下广泛社会基础"。近年来,在推进"一带一路"建设的过程中,中国始终坚持正确的义利观和开放包容的思想,致力于与共建国家进行文化交流与互鉴。通过艺术节、影视交流、学术研讨会、智库对话等多样化的人文合作项目,促进各国人民心灵上的沟通,拉近彼此的距离,共同营造和平与安宁的环境,形成了共同发展的氛围,维护并扩大了各国的共同利益。尽管西方部分媒体忽视事实,错误地将"一带一路"倡议视为中国发展模式和意识形态的输出,甚至贴上"新殖民主义"的标签,但许多国家的政要和国际知名人士已经对此进行了反驳。英国剑桥大学政治与国际关系学院的资深研究员马丁·雅克指出,中国领导人真诚地呼吁不同意识形态、不同种族的人们共同发展,这种对团结、合作、包容的重视,与西方国家中某些反全球化的思潮形成鲜明对比。在"一带一路"的国际合作中,不同文明、宗教和种族展现出求同存异、开放包容的态度,共同谱写了相互尊重的辉煌篇章,携手绘制了共同发展的美好图景。①

### (六)构建人类命运共同体是目标

自从党的十八大以来,中国领导人将构建人类命运共同体的理念与"一带一路"倡议紧密结合,倡导以"一带一路"建设为纽带,促进建立全球伙伴关系,共同推动人类命运共同

---

① 柴尚金."一带一路"的思想基础与时代意义[J].前线,2018(12):4-8.

体的构建。习近平总书记指出:"在'一带一路'国际合作框架内……实现优势互补、互利共赢,不断朝着人类命运共同体方向迈进。这是我提出这一倡议的初衷,也是希望通过这一倡议实现的最高目标。"事实上,"一带一路"倡议体现了同舟共济、共同承担命运的意识,彰显了中国与全球伙伴共同构建人类命运共同体的真诚愿望。这一倡议勾勒出了一个共同繁荣的全球愿景,旨在推动共建国家朝着这一目标不断前进,共同走上一条基于相互尊重、公平正义、合作共赢的发展道路。随着时间的推移,越来越多的人开始相信,通过"一带一路"这一平台,推动构建人类命运共同体,将使人类走进更加幸福和美好的生活。

当前,中国已经确立了"一带一路"倡议的总体规划,勾勒出了一幅宏伟的蓝图,正在逐步向专注关键领域、打造精细入微的详细规划阶段过渡。作为全球规模最大的国际合作平台之一和广受好评的国际公共"产品","一带一路"倡议及其"共商、共建、共享"的核心理念已被纳入联合国等重要国际组织的官方文件中,目前已有103个国家和国际组织与中国签订了共计118项涉及"一带一路"倡议的合作协议。

## 二、"一带一路"倡议的重大意义

### (一)对中国经济发展的重要意义

#### 1. 促进加深同各国的经济往来

经济基础决定上层建筑。"一带一路"倡议的核心目标是促进经济发展和提升民生水平。该倡议旨在加强与共建国家的贸易和经济联系,在当前全球经济复苏缓慢的背景下探索新的经济增长路径。只有确保共建国家能够切实感受到"一带一路"所带来的经济上的好处,并吸引更多的国家和地区参与其中,通过经济利益促进国家间的交流与合作,才能构建起"利益共同体"。只有在这样的基础之上,中国才能向沿线各国展现其能力与实力,才能提升其经济政治话语权,进而让更多的国家在"利益共同体"的基础之上参与到"人类命运共同体"的建设中来。通过推进"一带一路"倡议的建设与发展,中国将不断加强与各国的联系,并利用这一平台推动大国外交战略的进一步实施。

#### 2. 推动构建全方位对外开放新格局

改革开放政策为中国打开了国门,为中国经济的快速发展创造了机遇和条件。在经济全球化不断深化的今天,国家间的交流与联系变得越来越紧密,没有国家或团体能够独立于全球化浪潮之外自行发展。中国作为改革开放和经济全球化的受益者,将持续扩大开放,不会关上开放的大门。不仅如此,作为一个拥有众多邻国的世界大国,中国在追求自身发展的同时,也致力于帮助其他国家实现发展。"一带一路"建设不仅涉及中国沿海与内陆城市,也涉及中国与他国;不仅仅涉及经济,还包括能源、外交、文化、国家安全等多方面多层次。这顺应了全球经济发展的趋势,扩大了中国改革开放的规模,使中国能够借助"一带一路"建设开展"大国外交",加强与"一带一路"共建国家和周边各国的经济联系,以此打开全方位对外开放的新格局。

在对外开放与国际合作的理念方面,我们倡导基于平等互利、合作共赢的原则,打造一个包容性的发展环境。目标是超越领土争端、政治制度差异以及宗教文化上的分歧等合作障碍,鼓励"一带一路"共建国家在自愿和平等的基础上参与到共商、共建、共享的经济发展中。通过这种方式,我们旨在建立一个互利共赢的"利益共同体"和一个促进共同繁荣的"命运共同体"。这既与历史上完全由美国主导的以拯救欧洲经济为名行对外经济扩张、巩固自身全球霸主地位、遏制苏联和共产主义势力之实的"马歇尔计划"存在本质区别,也不同于当代具有明显遏俄色彩的欧洲"东方伙伴关系"计划。

在对外开放与国际合作的策略方面,中国采取以东部沿海地区的先行开放与发展带动内陆地区的开放与发展,并由依赖沿江出海和陆路出境的传统方式转向主动建设国内外的交通、港口等基础设施。通过这一转变,中国致力于打造一条起始于中国各省市,穿越中亚、东南亚、南亚、西亚直至欧洲部分地区的、世界上跨度最长、覆盖约44亿人口的经济大走廊。在加强互联互通的基础上,中国旨在构建一个全方位对外开放的新格局,并与"一带一路"共建国家一道共同开创繁荣发展的新局面。

在对外开放与国际合作的内容方面,中国赋予了古丝绸之路以新的历史角色,将其从单一的贸易和友谊交流模式扩展为包含基础设施建设、制度规则制定、人员往来的综合发展模式。这种发展模式汇聚了政策沟通、设施联通、贸易畅通、资金融通、民心相通五大领域,并合力推动一个全方位、立体化、网络状的大联通格局的形成。

3. 助力构建新发展格局

在经济发展的内外部环境经历显著变化的背景下,中国提出了加速构建以国内大循环为主体、国内国际双循环相互促进的新发展格局。这种"双循环"模式不仅包括商品生产、分配、消费和流通的畅通循环,还涉及要素资源的市场化优化配置。为了实现良性互动的"双循环",还需要进一步深化结构性改革,并推动更高水平的开放。而推动"一带一路"高质量发展则是构建"双循环"新发展格局的重要内容和落实"双循环"相互促进的重要抓手。"一带一路"建设是在更大范围内配置人力、技术、资金等要素,实现更大范围的能源资源配置,利用全球市场实现国际循环与国内循环互动。因此,推动共建"一带一路"高质量发展,意味着进一步走深走实,其不仅关系到"一带一路"能否持续推进和行稳致远,也关系到"一带一路"能否真正成为全球公共产品,发挥在全球治理体系中的作用。只有通过推动"一带一路"建设的高质量发展,才能更充分地发挥其在中国开放合作中的引领作用;才能有效地促进中国从以商品和要素流动为主的开放向以规则和制度为基础的开放转型;才能为中国营造一个持续稳定地参与国际大循环的良好环境,保障中国经济在资源和要素融汇、融通中持续稳定健康发展;才能使"一带一路"成为中国向国际社会提供的公共产品,切实助力解决全球治理赤字问题。正是由于这一点,使得促进"一带一路"建设的高质量发展成为构建新发展格局的关键支撑。[①]

### (二)对世界经济发展的重要意义

国际社会高度认可"一带一路"建设所取得的初步成果及其深远的意义,视其为中国深化国际合作、优化全球治理体系的实际举措。"一带一路"倡议一方面是中国进一步开放市

---

① 曲凤杰."一带一路"建设是落实"双循环"重要抓手[J].当代金融家,2021(7):65-67.

场、提升开放程度的具体行动,另一方面也是习近平总书记倡导的人类命运共同体理念的切实体现。"一带一路"建设对全球经济发展的重要性主要表现在以下几个方面。

1. 它是实现互利共赢的重要平台

在过去的40多年里,中国经济的快速发展得益于开放的环境,未来中国经济的高质量发展同样需要在更加开放的环境中实现。中国的继续扩大开放不仅是为了自身的发展,也是积极应对反全球化逆流、引导世界潮流的主动作为。面对持续经年的中美贸易摩擦以及国际社会对中国开放政策的疑虑,习近平总书记明确表示,中国将坚持对外开放的基本国策,继续推进开放型建设,中国的开放之门不会关闭,而将进一步敞开。在世界经济增长乏力、贸易保护主义上升的背景下,中国坚定地走开放融通、合作共赢的道路,维护开放型世界经济和多边贸易体系,反对保护主义和单边主义,积极推动"一带一路"国际合作。这无疑将为全球经济的复苏注入新的活力,为全球化的深入发展作出新的贡献。"一带一路"倡议既是中国基于自身发展需求所作出的战略决策,同时也是通过推进经济全球化、为世界各国人民带来福祉的实际行动。英国四十八家集团俱乐部的主席斯蒂芬·佩里指出,中国持续深化改革开放,支持贸易自由化和经济全球化,致力于构建开放型世界经济,这不仅将积极促进中国自身的发展,也将为全球经济注入信心。总而言之,"一带一路"倡议是在新的历史条件下中国与有关各方实现全面互利共赢的关键平台。[①]

2. 它是国际合作方案兼全球公共产品

习近平总书记关于"一带一路"建设的英明远见反映了全球各国人民的整体利益,代表了世界各国对和平发展的共同期望,符合当今世界发展的总趋势。它不仅提出了解决当今世界问题的中国方案,而且展现了对人类未来和命运的深切关怀,体现了为人类进步作出更大贡献的历史责任感。"一带一路"倡议与时代同步,推动经济全球化进入新阶段;"一带一路"建设与世界人民共命运,为解决时代问题和世界难题提供了解决之道。"一带一路"倡议提出以来,有关实践已经并将继续证明,共建"一带一路"不仅仅是促进经济合作的必由之路,而且是完善全球发展模式和全球治理、促进经济全球化健康有序发展的重要途径。它不仅是一个开放包容的合作平台,而且是各方共同创造的全球公共产品,有效促进了共建国家之间的政治互信、经济融合和文化交流。目前,"一带一路"合作的领域不断扩展,其重要性不仅在于促进世界各国之间的产能合作与互联互通,更在于构建一个全球化、开放、包容的全球发展体系。作为世界上最大发展中国家的中国,通过与沿线各国共建"一带一路"的国际合作,有效实现了"共商、共建、共享",使有关国家受益,造福各国人民。这一举措富有时代意义,极大地增强了广大发展中国家共同维护世界和平与安全、推动全球发展的信心和力量。[②]

3. 它对构建人类命运共同体意义深远

习近平总书记以构建人类命运共同体的核心理念为引领,提出了"一带一路"倡议、积极发展全球伙伴关系、推动全球治理体系的改革与建设等一系列关键任务,明确表达了中国与世界携手并进的基本价值观。"一带一路"倡议遵循"大家的事由大家商量着办"的原则,

---

[①] 柴尚金."一带一路"的思想基础与时代意义[J].前线,2018(12):4-8.

[②] 同[①]。

倡导"共商、共建、共享"的全球治理观,致力于缩小非西方国家与西方国家之间的贫富差距,积极参与国际秩序的调整,推动世界朝着更加和谐、美好的方向前进。国际社会越来越多的人士深刻感受到,只有追求互利共赢的合作,才能汇聚起共同发展的力量。"一带一路"倡议及其具体实施为全球治理体系的完善和变革作出了重要贡献,这将有效推动构建人类命运共同体的事业不断向前发展。也就是说,"一带一路"倡议是新时代中国特色社会主义理念下和平、发展、合作、共赢精神的体现,必将为促进世界经济发展和构建人类命运共同体作出新的更大贡献。①

## 第三节 "一带一路"推进新型国际经济关系

"一带一路"建设是中国在全球经济一体化和国内经济发展进入"新常态"现实下,构建全方位对外开放格局和国际合作共赢模式的新举措,将对推动国际经济体系和国际经济秩序的调整与变革产生重大的影响。

### 一、新型国际经济关系的主要内涵

#### (一)合作的新型国际经济关系

中国政府在推动共建"一带一路"过程中,一直都坚持在共建国家积极倡导合作,在政策、资金、设施、贸易、民心五方面加强合作。在"一带一路"建设中,中国积极促进资源共享,通过合作机制吸引更多的国家更广泛地参与进来。用互利共赢的经济发展模式取代过去的对抗与摩擦,建立新的合作型的经济发展新模式。在中国政府的倡导下,"一带一路"周边国家更加认可这种新型的国家关系,改变了过去的对抗与摩擦,更加愿意加入合作共赢的发展模式中来。②

#### (二)共赢的新型国际经济关系

在"一带一路"发展过程中,中国将更多的国家纳入这个范围内,构建更加包容与开放的国际关系。在"一带一路"沿线的众多国家中,不少国家的基础设施比较落后,经济发展水平比较低,中国没有歧视和拒绝与这些国家的经济往来,而是采取更加包容的心态与模式,吸引更多的爱好和平与发展的国家加入发展浪潮中并为其提供基础设施建设和经济发展的支持,有助于推动周围国家的经济增长与繁荣,也为实现中华民族伟大历史复兴提供了广阔的空间。③

#### (三)共商、共建的新型国际经济关系

中国在"一带一路"发展过程中,深化与沿线各国的经济、政治、文化、社会、生态等各个

---

① 柴尚金."一带一路"的思想基础与时代意义[J].前线,2018(12):4-8.
② 卢向红,毕方荣."一带一路"下推进新型国际关系建设[J].国际公关,2020(1):2-3.
③ 同②。

方面的深入交流,博采众长,同时在发展中增进与各个国家之间的相互了解与相互谅解。各个国家在发展中,遇到相关矛盾的时候主张共商共议,积极沟通交流,增进政治互信,经济共助;不断深入合作,以开放包容的姿态共同促进区域的经济发展;帮扶落后的国家完善基础设施建设,促进其经济的恢复与发展。在当今经济全球化过程中,没有一个国家能够置身事外,"一带一路"所构建的新型国际关系,正源于有关各国在经济发展过程中能够共商、共建。

### (四)伙伴式的新型国际经济关系

"一带一路"是一条友谊之路、一条伙伴之路、一条信任之路。共建国家只有携手合作,才能共享发展带来的益处,没有任何一个国家能够独自享用经济发展的全部成果。通过"一带一路"的发展,能够促进各国的文化交流,增加互相之间的文化互通,实现文化互信。在"一带一路"中尊重多元与平衡的发展。用合作取代过去的对抗,用经济的发展塑造和平发展的大旗,共建国家通过和平的方式平等协商、和谐共处、共同发展。

## 二、"一带一路"的重要作用

### (一)有利于建立平等的国际分工秩序

不平等的国际分工秩序主要表现为发达国家对发展中国家的支配关系以及后者对前者的依附性。西方左翼经济学家将工业国家与原材料供应国之间的分工模式定义为"中心—外围"结构。在这一结构中,位于资本主义国际分工体系核心的发达国家通过掠夺性开发外围发展中国家的资源并进行不公平的交易,导致这些发展中国家只能依赖核心国家发展。随后,他们又进一步细分出"半外围"国家,认为这些国家虽然通过接受跨国公司的制造业转移获得了一定的工业化潜力,但实际上并未改变(甚至加深了)对中心国家的依赖性。

按照以上理论,中国和"一带一路"沿线的某些发展中国家应当被归入半外围国家,而"一带一路"沿线的大多数发展中国家则应当被归入外围国家。这些国家普遍处于寻求摆脱依赖的状态,增强自身的发展能力。为了实现这一目标,中国建议"一带一路"共建国家根据各自优势互补、互利共赢的原则,加强在战略性新兴产业等关键领域的合作。这些战略性新兴产业和其他高新技术产业以其知识技术密集、资源消耗少、增长潜力大和综合效益高的特点,对经济和社会发展具有重要的推动作用。也就是说,它们将推动沿线发展中国家的产业结构向更高端转型,并培养出一批具有关键技术能力、自主品牌影响力、参与高端分工的国际企业。这将有助于提升这些国家的技术、产品及服务在国际市场上的份额,进而在特定领域培育出具有全球重要性的研发和制造中心,摆脱其在国际分工中的依赖性地位。

发展中国家要改变依附型的国际分工地位,还需要有比较完整的基础设施和基础产业。基于此,中国将基础设施合作作为"一带一路"建设的先导领域,并将基础产业的互惠互利作为重点方向,这已经获得了共建国家的广泛支持。中国提出,在尊重各国的主权和安全关切的基础上,"一带一路"共建国家应加强基础设施建设规划和技术标准的对接,共同推进国际骨干通道的建设,逐步形成连接亚洲各区域以及亚欧非地区的基础设施网络。在陆上,依托主要国际通道,共同建设多个国际经济合作走廊;在海上,依托重点港口城市,共同打造畅通、安全、高效的运输大通道。其中对能源资源丰富的国家,中国建议它们延长产业链,由粗加工向深加工发展,这不仅为其带来更多的就业机会,创造出更高的技术含量和效益,而且把更多的技术、利润和税收留在当地,逐步改变其原料出口国的地位。

"一带一路"沿线发展中国家的人口约占全球人口的63%,这些国家正在减少对发达国家的经济和技术依赖,这对资本主义国际分工体系构成了显著的挑战。不合理的国际分工秩序是国际经济旧秩序的基础,一旦这个基础出现松动,国际经济旧秩序在全球经济的支配地位就可能出现动摇。

### (二)有利于建立公正的国际贸易秩序

不公正的国际贸易秩序主要体现在发展中国家与发达国家在市场开放和贸易活动方面的不平等。发达国家一方面推动发展中国家开放工业和服务业市场,另一方面却通过反倾销、反补贴、技术性贸易壁垒、环境标准壁垒等手段限制来自发展中国家的进口,并利用国家安全审查等措施限制发展中国家的投资。例如,世界贸易组织于2008年7月29日发起的多哈回合谈判因美国等少数发达国家在农产品特殊保障机制方面的苛刻要求而陷入僵局。又如,美国从2010年3月发起并主导的"跨太平洋伙伴关系协议"(TPP)谈判,不仅排除了中国,还试图削弱东盟等亚洲区域合作组织的影响力。因此,中国在"一带一路"建设中,将贸易畅通作为重要内容,强调投资贸易互利共赢。中国推动共建国家实现贸易投资政策的协调,寻找利益契合点和合作的最大公约数,构建开放、包容、平衡、普惠的经济合作模式。在贸易领域,中国致力于优化贸易结构,挖掘新的增长点,促进贸易平衡,并结合投资与贸易,以投资促进贸易发展,同时降低非关税壁垒,提高技术性贸易措施的透明度,提升贸易自由化和便利化水平。在投资领域,中国欢迎"一带一路"共建国家企业来华投资,鼓励本国企业参与共建国家的基础设施建设和产业投资,促进企业按照属地化原则经营,并积极帮助当地经济发展、增加就业、改善民生,主动承担社会责任,严格保护生物多样性和生态环境。同时,中国还与共建国家加强双边投资保护协定、避免双重征税协定的磋商,消除投资壁垒,加快投资便利化进程。

与TPP不同,"一带一路"倡议并不寻求建立一个正式的机制化组织。习近平总书记明确表示,"一带一路"的目标不是取代现有的地区合作机制和倡议,而是在上述既有机制和倡议的基础上,促进共建国家发展战略的相互对接和优势互补。这一倡议不会削弱东盟、南亚次区域联盟、海湾阿拉伯国家合作委员会(中文简称"海合会")、欧亚经济联盟等区域合作组织的作用,相反,它将以这些组织为平台,共同探讨建立双边和多边自由贸易区的可能性。

中国建议充分利用上海合作组织、中国—东盟"10+1"、亚太经合组织、亚欧会议、亚洲合作对话、亚信会议、中阿合作论坛、中国—海合会战略对话、大湄公河次区域经济合作、中亚区域经济合作等现有的多边合作机制,以吸引更多国家和地区参与"一带一路"建设。"一带一路"本质上是一种新型的"南南合作"模式,它不仅延续了"南南合作"对不公正国际贸易秩序的挑战,也是对世界贸易组织职能的积极补充。例如,中国提出共建国家应加强海关合作,包括信息互换、监管互认、执法互助,以及在检验检疫、认证认可、标准计量、统计信息等方面的双边或多边合作,以推动WTO《贸易便利化协定》的生效和实施。

"一带一路"区域涵盖了超过20%的全球贸易额,在这一区域建立起一个公正的贸易新秩序,无疑将对世界其他地区和广大发展中国家产生显著的示范效应,从而鼓励它们团结起来改革整个国际贸易旧秩序。

### (三)有利于建立合理的国际金融秩序

不合理的国际金融体系主要体现为发展中国家与发达国家在国际金融组织中地位的不平等和在国际货币体系中收益与风险的不均衡分配。美国利用美元的主导地位,执行国际通胀政策,导致贸易顺差国获得的美元无法有效投资于与黄金脱钩后的美元资产,通常只能再次投资于美国资本市场。同时,美国通过《外国投资与国家安全法》限制像中国这样的贸易顺差国企业投资其基础产业等实体经济部门,而对虚拟资本市场的投资限制较少。这导致一旦美国发生金融危机,许多发展中国家也会受到严重影响。

为了改变这种不平等的国际金融秩序,中国提出共同推动IMF和世界银行改革方案,提高发展中国家的代表性并获得更多的发言权;推动完善国际金融监管体制,确保发展中国家有效参与金融稳定理事会等国际金融监管机构;推动完善国际货币体系,健全储备货币发行调控机制,推进国际货币体系多元化,保持主要储备货币汇率相对稳定,以建立公平、公正、包容、有序的国际金融新秩序。

尽管世界银行与IMF通过了相应的股权和投票权比重的改革决定,但因美国国会的反对而一度受阻。特别是2010年IMF董事会通过份额和治理改革方案,将IMF的份额增加一倍,中国成为第三大成员国,印度、俄罗斯、巴西的份额也跻身前十位。尽管美国依然保有重大决策的否决权,美国参议院在2013年3月11日仍然将其否决。同月,"金砖国家"领导人决定建立金砖国家新开发银行(NDB),以减少对美元和欧元的依赖,建设发展中国家的金融安全网。

"一带一路"建设需要金融支撑。早在2020年之前,亚洲基础设施建设的资金缺口已经达到7 000多亿美元,而"一带一路"共建国家中有9个最不发达国家。为此,中国倡议筹建资本金为1 000亿美元的亚投行(AIIB),扩大共建国家双边本币互换和结算以及资金融通的范围和规模,建设亚洲货币稳定体系、投融资体系和信用体系。中国还出资400亿美元成立丝路基金,为共建国家基础设施建设、资源开发、产业合作等有关项目提供投融资支持。丝路基金作为中国的主权基金,对商业性股权投资基金和社会资金具有较大的引导作用,能够引导它们参与"一带一路"重点项目投资。

中国还提议加强中国—东盟银行联合体、上合组织银行联合体之间的合作,通过银团贷款、银行授信等手段进行多边金融合作。而且,中国还支持"一带一路"共建国家政府、信用等级较高的企业及金融机构在中国境内发行人民币债券。同时,符合条件的中国境内金融机构和企业也被鼓励在境外发行人民币债券和外币债券,并在"一带一路"共建国家使用所筹资金。而"一带一路"共建国家应通过加强征信管理部门、征信机构和评级机构之间的跨境交流与合作,签署双边监管合作谅解备忘录,逐步在区域内构建高效的监管协调机制。此外,还需完善风险应对和危机处置制度,创建区域性金融风险预警系统,建立跨境风险应对和危机处置的交流合作机制。

亚投行和丝路基金的创立并不是要取代其他全球性和区域性多边开发银行及其功能,而是继续在现有的国际金融体系和秩序内运作。然而,亚投行和丝路基金等并非仅仅遵循既有秩序,而是积极参与改进其不足之处,并有效减轻了既有秩序对参与国家的负面影响。特别是人民币国际化、区域化迅速发展,对美元的主导地位形成了显著的挑战。显然,亚投行和丝路基金等代表了一种创新机制,标志着现行国际金融秩序的部分质变,并蕴含着构建国际金融新秩序的种子(也许是雏形,即"一带一路"区域的金融新秩序)的潜力。考虑到"一带一路"共建国家的经济总量约占全球的30%,一旦"一带一路"区域金融新秩序得以确立,它将不可避免地对全球金融旧秩序的变革起到关键的引领和推动作用。

### (四)有利于建立区域经济新秩序

"一带一路"倡议是对现有国际经济旧秩序的一种有力挑战,但这并不意味着区域经济新秩序就能自发形成。"一带一路"建设的推进有助于消除国际经济旧秩序所带来的阻碍,并为建立一个更加公正合理的区域经济新秩序奠定基础。

1. 贯彻正确的义利观,是实现"一带一路"区域经济新秩序的灵魂

正确的义利观是习近平总书记在2013年访问非洲时提出的重要原则[①],它对于加强中国与发展中国家的关系具有重要意义,并且完全适用于"一带一路"共建国家。中国领导人强调,在推进"一带一路"建设过程中,中国将真诚地对待共建国家,坚持诚信和行动的一致性;本着互利共赢的原则与共建国家开展合作,使共建国家能够从中国的发展中获益;实行包容性发展,坚持共享机遇、共迎挑战、共创繁荣。对于沿线的发展中国家,尤其是较为贫困和规模较小的国家,中国将以平等和兄弟般的方式相待。面对这些国家在国际经济旧秩序中受到的不公正和不合理对待,中国将勇于发声,维护正义,并为它们争取权益。对于它们遇到的困难,中国将尽最大努力提供帮助,不是出于施舍,而是为了增强它们的自我发展能力,帮助它们走上自主发展的道路。在贸易方面,中国不会单纯追求获利或贸易顺差,而是积极向共建国家转移制造业,帮助它们在"一带一路"建设中获得更多利益。在投资方面,中国不仅关注纺织、食品、原材料等加工业,还鼓励技术水平较高的电力、交通、装备等行业企业到共建国家投资,同时坚决反对将高污染企业转移到共建国家。中国深知"先污染后治理"的教训,坚决避免在共建国家重复这样的错误,绝不会因小利而损大义。对于从发达国家和地区转移到中国的高污染企业,中国将在国内进行淘汰,防止它们再次转移到"一带一路"共建国家。[②]

2. 坚持"共商、共建、共享"原则,是实现"一带一路"区域经济新秩序的前提

习近平总书记强调,"一带一路"建设不是中国一家的独奏,而是共建国家的大合唱,秉

---

① 人民日报. 义利相兼 以义为先——加强同发展中国家团结合作[EB/OL]. (2023-03-30) [2023-04-02]. https://baijiahao.baidu.com/s?id=1761762377345590873&wfr=spider&for=pc.
② 中华人民共和国中央人民政府. 习近平主持召开中央财经领导小组第八次会议 李克强等出席[EB/OL]. (2014-11-06) [2022-01-28]. https://www.gov.cn/guowuyuan/2014-11/06/content_2776021.htm.

持的是"共商、共建、共享"原则。① 因此,中国将共建国家之间的政策沟通放在五大合作重点的首位,积极提出倡议,鼓励共建国家建立多层次的政府间宏观政策沟通与交流机制,以深化利益融合,增进政治互信,并达成新的合作共识。在此基础上,共建国家就经济发展战略和对策进行深入的交流和对接,共同制订推进区域合作的计划和措施,通过协商解决合作过程中的问题,为务实合作及大型项目的实施提供坚实的政策支持。这种做法不仅为"一带一路"建设提供了重要的保障,而且与国际经济旧秩序中那些以富压贫、以强凌弱、通过施加压力和干涉内政来达成贸易投资协议的行为划清了界限。

3. 凸显民心相通,是实现"一带一路"区域经济新秩序的重要基础

共建各国人民对"一带一路"合作的认可和支持是这一宏伟工程成功实施的关键。当前,一些维护国际经济旧秩序的力量对"一带一路"建设故意进行曲解,其目的在于挑拨共建国家人民与中国人民的关系。考虑到有关国家国情的多样性和经济政治状况的复杂性,对"一带一路"建设存在各种担忧乃至误解是难免的。要消除这些担忧和误解,根本途径在于加强与民众的沟通和交流。对于仍处于初期阶段、不断探索前行的"一带一路"建设而言,文化交流和民心相通的工作相较于其他方面的联通,如政策沟通、设施联通、贸易畅通和资金融通,具有更高的可操作性和实效性。

4. 循序渐进、由易到难、分别施策,是实现"一带一路"区域经济新秩序的重要保障

中国—东盟自由贸易区经过多年的发展,目前正在进行升级,基础设施的互联互通对于充分发挥自由贸易区的潜力至关重要。中国将与东盟在设施联通方面的合作作为优先事项。对于刚刚成立的欧亚经济联盟,中国与它的合作重点应放在政策沟通和民心相通上。中国与俄罗斯的关系已进入全面战略协作伙伴关系的新阶段,加之二战以来形成的深厚民间联系,中国与俄罗斯在基础设施和贸易领域的合作可以走在欧亚经济联盟成员的前列。同样,中国与巴基斯坦的战略合作伙伴关系已经达到"全天候"级别,在政策沟通和民心相通方面取得了丰硕成果,双方可以在其他三个领域全面展开合作,"中巴经济走廊"就是这一全面合作的第一步。在产业方面,目前应将帮助共建国家发展交通、电力、通信等基础设施建设作为重点。虽然这些基础设施项目的投资周期较长,但它们对共建国家的民生改善和可持续发展具有重要意义,大多数项目能够兼顾双边乃至多边利益。即使少数项目在经济上没有直接回报,但它们促进了民心相通,从长远来看,其收益远远大于投入。

"一带一路"区域经济新秩序还将为其他区域作出榜样,激发全面变革国际经济旧秩序的热情和斗志,推动整个世界经济走向新秩序。

## 三、"一带一路"建设面临的挑战与对策

### (一)"一带一路"建设面临的主要挑战

在当今世界多极化的大背景下,"一带一路"倡议在推进过程中既面临机遇也存在挑

---

① 中华人民共和国中央人民政府."一带一路"贯通亚洲梦、世界梦[EB/OL].(2015-03-31)[2022-02-24]. https://www.gov.cn/xinwen/2015-03/31/content_2840771.htm.

战,其实施并非没有困难,而是需要应对各种复杂情况。"一带一路"是一条沿线各国人民的福祉之路,但要想让所有有关国家和地区参与到"一带一路"建设中还有诸多难题需要解决。如何在挑战中战胜困难,不断完善和优化"一带一路"建设,是新时代背景下"一带一路"建设亟须面对和解决的主要问题。

1. 中国国内社会主要矛盾的转化对"一带一路"建设提出新要求

在新的时代背景下,中国社会的主要矛盾已经转变为人民日益增长的美好生活需要和不平衡不充分的发展之间的矛盾。"一带一路"建设是中国推动经济发展、扩大对外开放的重大战略。就中国国内而言,在社会主要矛盾发生转化的情况下,人民对美好生活的需求日益扩大,不仅仅满足于物质生活的丰裕,在民主、法治、公平、正义、安全、环境等各方面的要求也在不断提高。这给新时代背景下"一带一路"建设提出了新要求。"一带一路"建设不仅为了中国的经济发展,更应满足人们在非物质方面的需求,在为各地提供发展机遇的同时,注重社会建设中其他层面的交流与合作。在"一带一路"建设过程中同样要着眼于东南沿海地区与内陆地区的不平衡和不充分发展之间的矛盾,缩小内陆地区与东南沿海地区在各方面的差距,否则内陆地区与东南沿海城市之间的差距将持续存在,甚至会加剧各地区不平衡、不充分发展之间的矛盾。国内主要矛盾的变化对"一带一路"在国内的建设和发展提出新的要求和挑战。[1]

2. 有关国家自身条件不足,周边地区冲突加剧

"一带一路"共建国家在经济发展水平和经济实力方面存在着较大的差异,许多参与共建"一带一路"的国家经济实力比较薄弱,基础设施尚不够完善。尽管中国为参与"一带一路"建设的国家提供了基础设施建设方面的支持,对这些国家的投入巨大,但由于对方国家自身经济条件、政府执行力等因素的制约,其收益率高低具有不确定性。再加上中国周边地区国家间的冲突加剧等不利局面,加大了"一带一路"战略实施的风险和难度。同时,在"一带一路"共建国家中,部分区域确实面临着极端主义和恐怖主义的威胁,一些国家内部还存在着政治不稳定的因素,导致"一带一路"倡议在实施过程中的安全性得不到充分保障,这也增加了"一带一路"倡议在这些地区实施的难度和达到预期效果的不确定性。

3. 地缘政治环境复杂,战略信任不足

据 2013 年的统计,"一带一路"倡议所覆盖的国家多达 65 个,所涉及的人口超过 44 亿(约占全世界人口总量的 63%),当年上述各国的经济总量约为 21 万亿美元(约占全球经济总量的 30%)。[2] 这样一条跨区域广泛、涵盖人口多的经济之路,必然会存在地缘政治环境的差异。也正是由于各国在人口、政治环境和文化背景等方面存在着差异,某些国家对中国提出的"一带一路"倡议持有不同的看法。以往中国虽然重视自身经济的发展,着眼于追求经济实力的快速提升,但忽视同世界各国的文化交流与合作。中国成为世界第二大经济体之后,一些国家看到中国的迅速崛起,担心中国的崛起对其自身的国家利益产生危害,将中国所提出的"一带一路"倡议视作中国版的"马歇尔计划"。因为不了解中国,这些国家对中国的

---

[1] 谢一中. 马克思世界历史理论及其中国化进程——从"一带一路"说起[D]. 厦门:集美大学,2019:23.
[2] 杨枝煌,杨南龙.1949—2019 年中美经贸关系基本图景及未来展望[J]. 河北经贸大学学报,2020(2):45-53.

"一带一路"倡议缺乏信任,而另外一些国家对于"一带一路"还处于观望状态。"一带一路"不仅仅是中国的"经济之路",更是世界人民的"福祉之路",只有将中国"一带一路"倡议的真正目的告诉世界各国,让世界各国了解中国,才能赢得战略上的信任和行动上的支持。

4. 大国之间的战略博弈阻碍"一带一路"建设

当中国提出"一带一路"建设时,就引起了一些大国的注意。这些国家也纷纷提出自己的战略。例如,美国提出了"新丝绸之路"并企图重返亚太地区,提升自身在亚太地区的影响力;日本在1997年就提出了"丝绸之路外交"战略,之后,又制造"钓鱼岛"等岛屿争端,企图制约"一带一路"建设的实施,削弱"一带一路"倡议的影响力。因为"一带一路"建设触动了一些大国的利益,在这些大国纷纷提出自己的战略时,一些实力弱小的有关国家就会陷入两难的境地,这就加大了"一带一路"建设的难度。然而,这些大国的战略都是将自己作为利益的核心,这与中国"一带一路"倡议让沿线各国共享发展成果的初衷不同,但"一带一路"建设过程却因为大国间的博弈而产生阻碍力量。

## (二)应对"一带一路"所面临挑战的策略

1. 因地制宜,选择合适的共建策略

"一带一路"建设对中国国内而言是为了缩小国内东南沿海地区与内陆地区的发展差距,解决中国地区之间发展不平衡不充分之间的矛盾;从国际上来看,"一带一路"倡议旨在促进与有关国家及邻近地区的紧密联系和互通有无,以实现共同发展和繁荣。无论是国内各地区之间,还是"一带一路"共建各个国家之间,各自的地域情况和国情都有不同,因此在进行"一带一路"基础设施建设和战略选择时要考虑各地区和各个国家发展情况。只有这样,中国内陆地区的发展才能更符合当地人民的需求,才能更好更快地让内陆地区发展起来,缩小地区之间的差距,让地区之间发展不平衡不充分的矛盾得到缓解。也只有这样,才能在建设过程中让共建国家和人民更好地接受"一带一路"建设。同时,由于"一带一路"建设充分考虑了各地区的具体情况和有关国家的条件,它有助于这些国家在较短的时间内快速发展其基础设施建设,增强共建国家参与"一带一路"建设的能力和的积极性。[①]

2. 打造"一带一路"样板工程,形成"品牌效应"

"一带一路"建设涉及的区域广阔,涉及的人口众多,时间周期长。这样一个长期性工程要想顺利发展,首要的就是要加强"一带一路"国家的合作稳定性和持续性。这些国家之所以会参与到"一带一路"建设中来,最重要的一点是因为"一带一路"建设能够给自身国家带来经济利益。要想推动这些国家更积极地参与到"一带一路"建设中来,关键要让这些国家事先体会到"一带一路"建设带给它们的实惠与益处。因此,不仅仅要对这些国家的基础设施建设进行援助,更重要的是打造"一带一路"的样板工程,形成"品牌效应",让参与的国家切切实实享受到"一带一路"建设带来的益处,促使合作积极性的提高和稳定性的持续,让还在观望的国家看到"一带一路"的样板工程,扩大"一带一路"的"品牌效应",增强"一带一路"的国际影响力,进一步提升各国的参与度与积极性。

---

① 付秋安. 新时代"一带一路"建设面临新挑战[J]. 中国集体经济, 2019(3): 9–10.

**3. 讲好中国的地缘政治故事,赢取国际上战略信任**

"一带一路"建设之所以会出现被误读的现象,很大程度上是因为一些国家对中国的理解不够。中国"一带一路"一直坚持"共商、共识、共建、共担、共享"的原则,秉持"开放包容、和平发展、互利共赢"的理念。然而,由于各个国家的地缘政治不同,经济背景不同,文化理念不同,对"一带一路"倡议产生怀疑和误解是正常的。但中国有责任也有义务让"一带一路"共建国家了解"一带一路"倡议,坚定文化自信,加大文化输出,讲好本国的地缘政治故事,使他们了解"一带一路"倡议是要打破传统的地缘政治理念,为世界人民谋福祉。通过讲好中国的地缘政治故事,向共建国家展现中国"亲诚惠容"的国家形象,告知世界中国是爱好和平的国家,"一带一路"倡导的是互利共赢、互通互融,以此来赢取共建国家在思想观念上对"一带一路"倡议的认同。

**4. 积极推动国际协商协作体系的建立,积极化解矛盾**

"一带一路"倡议的提出,引起了相关国家和周边大国的注意,各国也纷纷提出了自身的战略,以此削弱和阻碍"一带一路"影响力,再加上部分有关国家政局动荡,社会不稳定,中国周边地区冲突加剧。在这种复杂情况下,中国作为一个爱好和平的大国,应当积极推动国际协商体系的建立,利用外交在谈判桌上化解战争和矛盾。在面对与其他大国的战略冲突时积极协商,在不伤害自身国家利益的基础之上求同存异,扩大共同利益。面对有损"一带一路"建设实施的阻碍行为和损害国家利益的行为,中国也应利用外交手段,坚决维护自身的利益,并且积极参与国际反恐行动和国际维和任务,在国际上展现中国军队的维和和反恐能力,为"一带一路"建设提供有力的安全保障,为"一带一路"建设保驾护航。

# 本 章 小 结

"一带一路"建设是中国在新时代着力推动的伟大倡议,是实现中华民族伟大复兴和中国梦的必由之路。中国是爱好和平的大国,"一带一路"是一条和平之路、繁荣之路、福祉之路。"一带一路"建设是一项长期性工程,不仅需要一代又一代中国人民的共同努力,同样需要世界各国人民的理解、支持和参与,在"一带一路"建设过程中会面临许多新挑战,但只要中国坚持和平发展的道路,坚持为世界人民谋福祉,坚持大国的担当,"一带一路"就一定能成为联结世界各国人民的友谊之路。

# 复习思考题

1. "一带一路"倡议和"马歇尔计划"有什么区别?
2. "一带一路"在构建中国全方位开放新格局的创新在哪里?
3. "一带一路"建设有哪些风险和机遇?
4. "一带一路"对构建新型国际经济关系有什么积极作用?

## 案例分析与思考

### "一带一路"产业园区探索共建共赢新模式①

以产业园区的方式推进国际制造业合作，是"一带一路"倡议的重要内容之一。产业园区模式不仅为制造业提供必要的基础设施，还助力创建贸易与商业网络，能较快地带动中国的产能、资本、技术乃至标准出口，并给所在国带来很好的经济和社会效益，体现出多方面的优势。据商务部统计，截至2019年4月，中国企业已在24个"一带一路"共建国家建设了82个境外经贸合作产业园区，入区企业近5 400家，累计投资340亿美元，上缴东道国税收超过20亿美元，为当地创造就业岗位近30万个。

在"一带一路"共建国家建设的产业园区，是完全按照市场化模式建立与运作的。这可以根据企业自身发展的需要，并结合所在国家的资源禀赋、市场需求和发展战略等因素开展经贸合作，实现技术、产业和人才的集聚，整合当地及周边土地、劳动力和市场等生产要素，在推动中国输出富余和优质产能的同时加强与当地的产能合作，促进有关国家经贸合作、经济发展、产业升级，推动所在国家工业化和城市化的进程。由于减少了政府行为，也更能得到东道国的认同和参与。因为国外政府在对投资来源的规定中，通常对中资民营企业投资开放程度比较高，对国有企业投资审查则比较严格，或明确要求国有企业投资占比不能太大。

在"一带一路"共建国家建设产业园区，具有建设主体、投资规模、建设模式和园区功能等方面的灵活多样性，有利于打造经贸合作平台，引导中国企业尤其是民营企业"抱团式""集群式"走出去。中国民营企业集中在纺织服装、箱包皮具、五金机械、建筑、商业批发零售等传统产业，切合"一带一路"共建国家工业化进程初期的经济发展特点和居民消费需求。上述产业园区建设不是简单的项目建设，还包括设计、规划、融资、建设和运营、技术和人才培养等综合服务要求。多年来的探索实践表明，通过产业园区参与"一带一路"建设，中国不但给发展中国家带去了大量自有知识产权、技术创新和独特标准的产品、先进甚至独创的技术和标准，还培养了大量人才，并致力推动技术、管理和经验人才的本地化，对推动中国企业尤其是民营企业经营的国际化、产业结构优化升级、创立品牌发挥了重要作用。

**思考问题**："一带一路"产业园区建设有什么优势？为什么它是一种国际制造业合作共建共赢新模式？

---

① 引自张鑫."一带一路"产业园区探索共建共赢新模式[EB/OL].（2017-05-15）[2022-01-18]. https：//news.cnstock.com/paper,2017-05-15,826156.htm,有改动。

# 第十章 中国与主要发达经济体的经济关系

由于历史原因,自中华人民共和国成立至20世纪60年代,中国与绝大部分发达国家的经贸关系处于"冰冻期",20世纪70年代逐渐全面回暖。改革开放特别是中国"入世"后,中国与发达国家尤其是主要发达经济体的经贸关系不断向广度和深度扩展,但中间也有一些波折。

## 第一节 中国与美国的经济贸易关系

自从1949年以来,中美经贸关系经历了大起大落,中美之间既有过早期长达二十多年的相互隔绝关系,也有过进入21世纪以后极其紧密的相互依赖关系。

### 一、中美经贸关系发展概况

中华人民共和国成立后,中美贸易即趋于萎缩。朝鲜战争爆发后,美国对华长期实行封锁禁运,两国经贸往来断绝。1972年是中美关系正常化的起点,两国的经济和贸易关系开始逐步解冻。到了1979年,随着中美正式建立外交关系,两国在同年7月1日签署了《中美贸易关系协定》,这标志着双方的贸易关系正式恢复。改革开放使中美经贸关系加速发展,特别是2001年中国加入WTO后,中美经贸关系在较长时间内保持着快速、良好的发展势头,但近年来由于美方的原因而遭遇了一些阻碍。中美经贸关系的发展可分为六个阶段:1949—1971年的隔绝期,两国几无经贸往来;1972—1978年的破冰期,经贸关系开始缓和;1979—1988年的成长期,随着建交双边贸易迅速增长;1989—2000年的波动上升期,贸易关系虽有波动但整体呈上升趋势;2001—2016年的黄金期,中国加入WTO后经贸合作达到高峰;以及2017年至今的摩擦期,面临贸易争端和政策分歧。[①]

#### (一)中美经贸关系隔绝期

在冷战时期,美国对中国实施了政治孤立、经济封锁和军事包围的策略。1949年,美国通过《出口管制法》,限制向社会主义国家出口具有政治和军事战略价值的物品。随着朝鲜战争的爆发,美国进一步加强了对中国的出口管制,宣布中国为"敌对国家",全面禁止了对华贸易。1951年2月,美国确定了对华进行经济遏制的总体战略,对华实行全面禁运,后又操纵第五届联合国大会通过对华禁运的决议,美国国会还出台《巴特尔法》,强迫那些接受

---

① 杨枝煌,杨南龙.1949—2019年中美经贸关系基本图景及未来展望[J].河北经贸大学学报,2020(2):45-53.

美国援助的国家中断对华贸易。1952年,美国牵头成立"输出管制统筹委员会"(即"巴黎统筹委员会")下属的"中国委员会",专门对新中国进行禁运,对华禁运项目比苏联还多了500余种,翻了1倍有余。

### (二)中美经贸关系破冰期

1972年2月中美发表《中华人民共和国和美利坚合众国联合公报》(简称《上海公报》),双边关系开始走向正常化,从此两国经济往来逐渐增多。1972年4月,美国客商参加了中国"中国进出口商品交易会"(简称"广交会")。1973年5月,中美贸易全国理事会在美国华盛顿举行。同年6月,美国大通曼哈顿银行与中国银行建立了正式的业务联系,这标志着中美金融合作的开始。1975年12月,美国批准了向中国出售英国制造的斯佩喷气发动机,这成为西方国家向中国出口军民两用产品的开端。在1971—1978年间,中美之间的贸易额实现了显著增长,从490万美元激增至11.477亿美元,增长了约233倍。其中,中方出口额从490万美元增至3.241亿美元,增长了约65倍;进口额从零增至8.236亿美元。[①]美国在进口和出口方面都成为中国的第三大贸易伙伴。

### (三)中美经贸关系成长期

1979年,随着中美两国正式建立外交关系,双方开启了包括商业、教育、科技等多个领域合作的新篇章。两国领导人签署了一系列协议,旨在推动和加强中美之间的经贸联系。但由于时逢中国开放伊始,中美双边贸易基础薄弱,美方又出台了一些限制性措施,再加上台湾问题的干扰,中美贸易额一度有所回落。在1984年,中美两国领导人在1月和4月的互访中,成功缓和了早先的分歧,并签署了多项合作协议。这些互访和协议的签署,使得经贸合作开始占据中美关系中的突出位置,双边经贸关系得到了显著发展和加强。这一时期,中美贸易额从1979年的24.50亿美元增至1988年的100.11亿美元,增长了约3倍。其中,中方进口额从18.60亿美元增至66.31亿美元,增长了约2.6倍;出口额由5.95亿美元增至33.80亿美元,增长了4.7倍。[②]美国仍为中国第三大贸易伙伴,而在美国的贸易伙伴排名中,中国位列出口市场的第十三位和进口市场的第九位。

### (四)中美经贸关系波动上升期

20世纪80年代末,东欧剧变苏联解体,美国以人权问题为借口制裁中国,中美关系跌至1972年以来的最低点,双方经贸关系迅速降温,直到1992年邓小平发表南方谈话后才又逐渐升温。在1994年,当时的美国总统比尔·克林顿宣布将中国的最惠国待遇与其人权问题分离,标志着经济关系成为中美两国关系中的一个主要支柱,经济利益也因而被提升至两国战略层面。到了1999年11月,中美两国成功签署了关于中国加入世界贸易组织(WTO)的双边协议。2000年10月,克林顿签署对华永久正常贸易法案。20世纪90年代中美经

---

① 杨枝煌,杨南龙.1949—2019年中美经贸关系基本图景及未来展望[J].河北经贸大学学报,2020(2):45-53.
② 同①。

贸关系持续升温，尽管双方矛盾争端不断，但合作大于分歧，合作领域不断拓宽。在1989—2000年期间，中美之间的贸易总额实现了显著增长，从122.5亿美元跃升至744.7亿美元，增长了约5倍。具体来看，中国对美国的进口额从78.6亿美元增加到223.6亿美元，增长了约1.8倍；而出口额则从43.9亿美元大幅增加到521.0亿美元，增长了近11倍。自1993年起，中国对美国的贸易逆差转变为顺差，并且这一顺差还在持续扩大。[①] 在这一时期，美国成为中国的第二大贸易伙伴，而中国也跃升为美国的第四大贸易伙伴。

### （五）中美经贸关系发展黄金期

自2001年中国加入WTO以来，中美双边贸易额便以两位数的速度增长。在2001—2016年间，双边贸易额从804.8亿美元激增至5 196.1亿美元，增长了约5.5倍。中国对美国的出口额从524.8亿美元增长到3 852.0亿美元，增长了约6.3倍；而进口额则从262亿美元增长到1 344.1亿美元，增长了约4.1倍。2003年，中美贸易总额首次超过1 000亿美元，此后几年连续突破了2 000亿、3 000亿、4 000亿和5 000亿美元的大关。[②] 2015年，中国取代加拿大，成为美国最大的贸易伙伴。

在这一时期，中国也成为了美国最大的进口来源国和第三大出口市场，而美国则成为中国最大的贸易伙伴、最大的出口目的地和第五大进口来源国。然而，美国对中国的贸易逆差也在逐年增加，从2001年的280.8亿美元增长到2016年的2 507.9亿美元，这一变化也引发了中美之间的贸易摩擦。

### （六）中美经贸关系摩擦期

2017年1月，特朗普成为美国总统后，采取了"美国优先"政策，倾向于单边主义和保护主义。同年8月，特朗普命令美国贸易代表办公室（Office of the United States Trade Representative，USTR）对中国进行"301调查"，这引发了中美之间的贸易摩擦，使双边经贸关系面临严峻挑战。2018年2月，中美双方开始了高级别经贸磋商并达成了一些初步共识。但3月22日，USTR公布了"301调查"结果，特朗普随即指示对中国进口商品加征关税，贸易争端正式爆发。7月6日，贸易战正式开始。

在2018—2019年间，美国对中国发起了多次贸易摩擦，对中国价值数千亿美元的商品加征了关税，中国也进行了相应的反击。在此期间，尽管中美进行了多轮经贸磋商，但成效有限，美国还多次推翻已签署的协议。中国因此向WTO提起了诉讼。2020年，特朗普政府对中国科技公司华为和TikTok发起了制裁。

在这段时间里，中美经贸关系主要以贸易战为主，从合作走向了对抗，打破了之前长期的平衡状态。2021年，拜登上任后，继续执行了特朗普政府的一些对华政策，包括对抗、围堵和打压。尽管如此，美国商界、企业和地方政府仍在积极发展对华经贸关系，中美经贸规模依然庞大并持续增长。

---

① 杨枝煌，杨南龙. 1949—2019年中美经贸关系基本图景及未来展望[J]. 河北经贸大学学报，2020（2）：45-53.
② 同①。

根据中国海关的数据,2021年前七个月,中美双边贸易额达到了4 045.73亿美元,同比增长了40.0%。其中,中国对美国的出口为3 024.47亿美元,增长了36.9%;从美国的进口为1 021.26亿美元,增长了50.4%。中美在全球供应链中的大规模复杂分工关系决定了双边贸易和美商对华投资将遵循客观经济规律,经贸关系仍然是中美关系的压舱石。

## 二、中美贸易关系

1972年以来,中美贸易往来从无到有、由小到大,总体呈快速增长态势。中国"入世"后,中美贸易关系加速发展,接连跃升至新台阶,双边贸易额迅速达到千亿美元级别。然而,近年来美方不断挑起贸易摩擦甚至贸易战,中美贸易关系发展遭遇不小的阻力。

### (一)中美货物贸易

1. 中美货物贸易总量与结构

20世纪70年代的中美经贸关系发展是曲折的。1972—1974年,中美货物贸易发展非常迅猛,而1975年中美贸易规模急剧萎缩,直到1978年才又实现飞跃式增长,1979年中美建交后中美贸易额比上年翻了一番多(表10-1)。

表10-1 20世纪70年代中美贸易总额

| 年份 | 1972 | 1973 | 1974 | 1975 | 1976 | 1977 | 1978 | 1979 |
|---|---|---|---|---|---|---|---|---|
| 金额(百万美元) | 95 | 805 | 934 | 400 | 336 | 375 | 1 148 | 2 315 |

资料来源:美国商务部官网。

20世纪80年代是中美贸易迅速发展的时期。1979—1989年,中美贸易额总计为882亿美元,年平均增长率达20%。但其发展并非一帆风顺,由于中美纺织品贸易纠纷等原因,1982—1983年中美贸易额曾连年下降。

20世纪90年代初至2008年,中美货物贸易规模持续增长,绝大多数年份中美双边货物贸易同比增长达到两位数。然而国际金融危机爆发后的2009年,中美双边货物贸易首次出现负增长,自此中美双边货物贸易增速远不如前,且波动较大,其中数个年份的增长率接近于零或者为负(图10-1)。直至2018年特朗普挑起贸易战之前,对华货物进出口占美国货物贸易进出口总额的比重基本维持不断提高的态势。

中美双边货物贸易显示出明显的互补性:美国主要向中国出口资本货物和中间产品,而中国则主要向美国出口消费品和成品,各自利用自身的比较优势。2017年,中国对美国的出口中,电机电气设备及其零附件、机械器具及零件、家具寝具灯具等三大类商品位居前列,占总出口的53.5%。反过来,中国从美国进口的商品中,电机电气设备及其零附件、机械器具及零件、车辆及其零部件等三大类商品占主导地位,占总进口的31.8%。机电产品在中美贸易中占据了重要比重,且产业内贸易特征明显。中国对美国出口的"高技术产品"往往在中国完成劳动密集型加工环节,这些产品实际上包含了大量关键零部件和中间产品的进口以及国际价值链的转移。

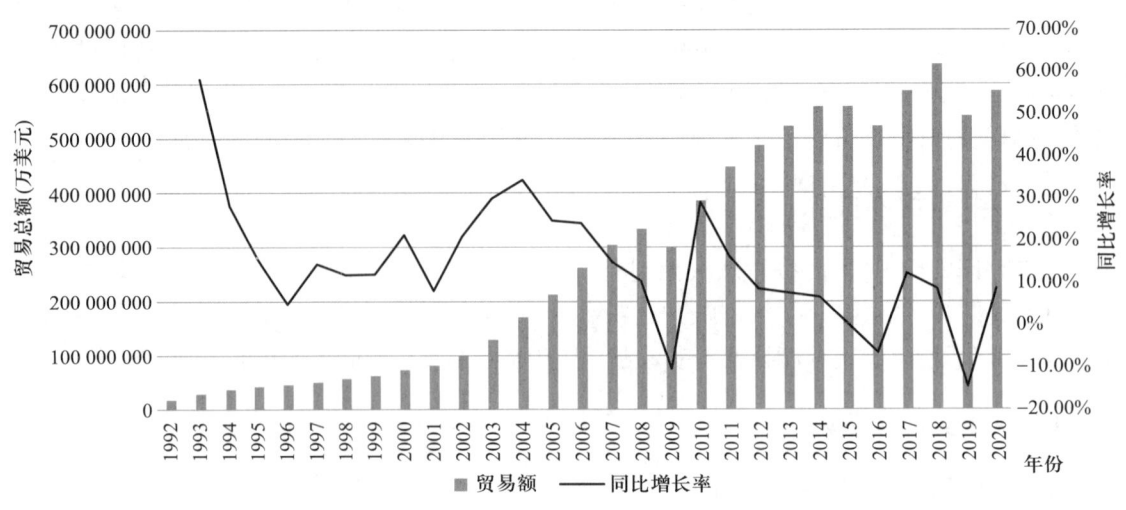

图 10-1　1992—2020 年中美货物贸易总额及其增速

资料来源：中国海关总署官网。

2. 中美货物贸易依存度

中国每年出口的产品约五分之一流向美国，而在美国的总进口量中，约有 22% 的产品来源于中国。此外，美国对中国的某些商品存在高度依赖现象，在某种情况下，中国是美国某些进口商品的主要甚至唯一来源，这表明中美两国经济之间存在高度的相互依存关系，彼此之间有着紧密的联系，难以实现所谓的"脱钩"。美国对华贸易依存度在不断上升。根据联合国 Comtrade 数据库的数据，2017 年美国对华贸易依存度达到 16.6%，进口依存度更高，达到 21.8%。中国对美贸易依存度经历了先上升后下降再平稳的过程，2017 年中方对美贸易依存度为 14.2%。其中，中方对美出口依存度趋势基本与总的贸易依存度趋势相似，2017 年达到 19%；而中方对美进口依存度在不断下降，2017 年仅为 8.4%，说明中方对美进口依赖度相对较低。此外，美方对华出口依存度与中方对美进口依存度基本趋同，但美方对华进口依存度显著高于中方对美出口依存度，出现了明显的"剪刀差"，说明美方对华进口依赖性相对更大。

3. 中美货物贸易差额

1972—1985 年，中方都有大量对美贸易逆差，中方统计的逆差累计达 162.2 亿美元，美方统计的逆差累计为 75.9 亿美元。根据美国海关的统计数据，从 20 世纪 80 年代中期开始，美国对中国的贸易逆差呈现快速增长的趋势。1986 年，美国的对华贸易逆差为 21.35 亿美元，而到了 1992 年，这一数字增长到了 182.59 亿美元。按照中国海关统计，直至 20 世纪 90 年代初，中国始终处于对美贸易逆差地位。

从 20 世纪 90 年代中期起，中国对美一直维持着稳定的贸易顺差，且呈上升的态势。2018 年，中方统计对美贸易顺差为 3 233 亿美元，而美国商务部统计美方贸易逆差为 4 191.6 亿美元，二者有着约 959 亿美元的差距。

中美货物贸易差额长期存在并不断扩大，是多重客观因素共同作用的结果，必须实事求是地对这些因素加以厘清并综合起来分析，才可能得到一个全面、客观、公正、真实的图景。

第一,美国对中国的货物贸易逆差根本上源于国内储蓄的短缺。美国经济长期以来以高消费、低储蓄为特点,国内储蓄常常无法满足其投资需求。因此,美国依赖于大规模的贸易逆差,利用外国储蓄来弥补国内储蓄的不足,以满足其投资需求。这一经济结构特点是美国持续存在贸易赤字并难以消除的根本性原因。

第二,中美双边贸易差额是由两国发挥各自比较优势形成的互补性经济结构所决定的,是由市场自主选择的结果。中国在劳动密集型产业及制造业领域具有显著的竞争优势,对美国的贸易盈余主要来自这些劳动密集型商品和加工产品;而美国则在资本和技术密集型产业中占据优势地位,这使得美国在飞机制造、集成电路生产、汽车制造等资本与技术密集型产品以及农产品方面,对中国保持了贸易顺差。

第三,随着全球价值链的不断深化,跨国企业逐渐认识到中国在生产成本、配套生产能力、基础设施以及劳动力成本等方面的多重优势,因此,他们将价值链中的加工和组装环节从东亚其他地区转移到中国,这也导致了这些地区原本对美国的贸易顺差大量转至中国。

第四,美国对中国的贸易逆差还受到其严格的高科技产品出口限制政策的影响。作为全球科技领先的国家,美国在贸易中的主要优势在于其高科技产品。然而,美国政府长期受到冷战思维的影响,对华实施了严格的出口控制措施,限制了其高科技产品向中国的出口,从而进一步扩大了对华的贸易逆差。

第五,美国对华贸易逆差还是美元充当主要国际货币的必然结果。在二战结束后,布雷顿森林体系的建立确立了美元作为全球主导货币的地位。在此体系下,美国通过持续的对外贸易逆差,向全球输出美元。布雷顿森林体系崩溃后,美元在保住了其主要国际货币地位的同时却与黄金脱钩,美国只需"出口"不能兑现的美元纸钞就能从其他国家换回实打实的商品和服务。这才是美国外贸逆差背后深刻的利益基础和国际货币制度根源。

第六,美国对中国的货物贸易出口部分被计入了服务贸易出口中。在国际收支统计中,中国居民在美国旅游期间购买的商品被纳入服务贸易的旅游支出中。而旅游支出在服务贸易中产生的逆差,正是中国对美国服务贸易逆差的主要部分。

第七,美国的统计方法往往高估了中美之间的货物贸易差额。如果采用贸易增加值的方法来计算,中国对美国的货物贸易顺差将会显著减少。此外,美国将通过中国香港的转口贸易额全部计入从中国进口的贸易额中,但实际上,这些转口贸易中有相当一部分是其他国家或地区通过香港进行的,并非直接来自中国内地。尤其值得指出的是,在全球价值链广泛分布、国际化生产普遍盛行的背景下,中美之间的经济和贸易关系应全面考虑货物贸易、服务贸易以及各自企业在对方国家分支机构的本地销售。当这三个领域被综合评估时,可以发现中美两国在双边经济和贸易往来中的利益分配大致均衡,而且从净收益来看,美国方面往往占据优势。

### (二)中美服务贸易

美国在服务业领域拥有高度的发展水平,其服务行业种类繁多,竞争力在全球范围内处于领先地位。随着中国经济的持续增长和居民生活水平的提高,对各类服务的需求日益增加,这促进了中美之间服务贸易的迅猛发展。中美双边服务贸易发展可以划分为两个阶段。第一阶段是 1999—2006 年，美国经济分析局数据显示，该阶段美国对华服务贸易进、出口均有一定程度的增长且趋势基本一致，二者差距不大。第二个阶段始于 2007 年，是中美服务贸易的快速增长期。根据中国商务部的数据，中美之间的服务贸易额在这段时间内从 2006 年的 274 亿美元增长至 2018 年的 1 253 亿美元。美国方面的统计也显示，在 2007—2017 年间，中美服务贸易总额从 249.4 亿美元增长至 750.5 亿美元，实现了两倍的增长。特别值得注意的是，美国对中国的服务贸易出口额在同一时期从 131.4 亿美元增长至 576.3 亿美元，增长了约 3.4 倍，这一增长率远高于美国对其他国家和地区的服务出口增长率，后者仅为 1.8 倍。[1] 然而，在同一时期，美国从中国的服务贸易进口增长并不显著，增速并未超过第一阶段的水平。根据中国商务部的资料，2017 年美国成为中国的第二大服务贸易伙伴；而根据美国商务部的数据，同年中国成为美国第三大服务出口市场。

近十几年来，美国对华服务贸易顺差增长很快。据中方统计，2006 年美国对华服务贸易顺差为 1 336 万美元，2017 年达 388 亿美元。2018 年，美国对华服务贸易顺差达 485 亿美元。[2] 根据美国方面的数据，在 2007—2017 年间，美中服务贸易中美国实现的顺差增长了近 30 倍。在此时期，美国成为导致中国服务贸易逆差最主要的国家，中国对美国的服务贸易逆差规模与美国在全球范围内获得的服务贸易顺差总额大致相当。目前，中国对美国的服务贸易逆差主要体现在旅游、运输服务和专利使用费三个方面，这些领域的逆差大约占到中国服务贸易总逆差的五分之一。

中美两国在旅游、文化和知识产权等多个领域建立了广泛而富有成效的合作关系，推动了双方服务贸易的快速增长和互补性增强。美国商务部的数据显示，截至 2016 年，来自中国内地（大陆）的访美游客人数连续 13 年实现增长，特别是后 12 年的增长率一直保持在两位数。中国对美国的旅游服务贸易逆差也从 2006 年的 4.3 亿美元激增至 2016 年的 262 亿美元，年增长率达到 50.8%。中国商务部的统计进一步指出，2017 年中国公民赴美旅游、留学和就医的总支出高达 510 亿美元，其中约 300 万中国游客在美国的旅游支出为 330 亿美元。同时，中国已成为美国在亚太地区最主要的旅游市场。美国则是中国学生海外求学的首选目的地。2017 年，约 42 万中国学生在美国留学，为美国经济贡献了约 180 亿美元。此外，中国向美国支付的知识产权使用费也在稳步增长。据中国方面统计，美国是中国最大的版权来源国。在 2012—2016 年间，中国从美国引进了近 2.8 万项版权。中国对美国支付的知识产权使用费从 2011 年的 34.6 亿美元上升至 2017 年的 72 亿美元，2017 年的支付额占中国对外知识产权使用费总额的四分之一。

### （三）中美贸易战

2017 年 8 月，当时的美国总统特朗普要求美国贸易代表办公室启动对中国的"301 调查"，这标志着中美之间贸易争端的开始。随后在 2018 年 3 月 22 日，美国贸易代表办公室

---

[1] 本章未注明来源的数据均根据中华人民共和国商务部网站（https://www.mofcom.gov.cn/）数据整理所得，因篇幅所限，不再一一标注数据来源。
[2] 国务院新闻办公室. 关于中美经贸磋商的中方立场白皮书[EB/OL].（2019-06-02）[2022-03-10].http://www.gov.cn/zhengce/2019-06/02/content_5396858.htm.

发布了"301调查"的结论。同一天，特朗普宣布将对价值600亿美元的中国商品加征25%的关税，并透露了限制中国公司在美国的投资和并购活动的意图。同日，中方明确表示反对美方的单边主义做法，宣布美方若一意孤行，将施以同等反制。在2018年4月4日，美国贸易代表办公室公布了一份针对约1 300种商品、总额达500亿美元的进口产品拟加征25%的惩罚性关税的清单。这是美国自20世纪30年代《斯穆特－霍利关税法案》(*The Smoot-Hawley Tariff Act*)实施以来涉及范围最广的进口保护措施。[1] 4月5日，美国总统特朗普表示，他正在考虑对来自中国的额外1 000亿美元商品加征关税。在同一天，中国向世界贸易组织(WTO)提交了磋商请求，针对美国的贸易措施启动了WTO争端解决程序。2018年5月至6月，中美高级别经贸团队先后进行了三轮磋商，中间也曾达成"不打贸易战"的共识，然而美方态度却一再反复，并于6月15日公布分两批的500亿美元商品关税清单。

2018年7月6日，美国对首份清单中价值约340亿美元的中国商品实施了25%的额外进口关税，这标志着中美贸易冲突的正式爆发。作为回应，中国在同一天对等值的美国商品也加征了25%的进口关税。紧接着在8月23日，美国对第二份清单中价值约160亿美元的中国产品继续加征25%的关税，中国随即采取了同等规模的反制措施。到了9月24日，美国宣布对第三批价值2 000亿美元的中国商品征收10%的关税，并计划在2019年1月1日将税率提升至25%。作为反击，中国对价值600亿美元的美国商品加征了5%～10%的关税。2018年11月，中美两国元首会晤，双方同意停止相互加征新的关税，并于2019年1月至5月间先后开展了7轮高级别磋商。然而，到了2019年5月，美国政府违背了先前的承诺，宣布将对中国进口的2 000亿美元商品的关税税率从10%提升至25%。此外，美国还将包括华为在内的多家中国企业纳入了出口管制的"实体清单"。面对这一行动，中国方面采取了相应的反制措施，宣布从2019年6月1日起，对之前已加征10%关税的600亿美元商品中的一部分，将税率提高至20%或25%。

2019年8月，美国政府宣布计划对大约5 500亿美元的中国出口到美国的商品进一步提高加征关税的税率。随后在2019年9月1日，美国开始对3 000亿美元中国商品清单中的3 229项产品加征15%的关税。作为对美方行动的回应，中国对750亿美元美国商品清单中的1 717项产品加征了5%或10%的关税。经过历时23个月、13轮、20余次的谈判，中美于2019年12月13日达成第一阶段经贸协议，内容主要有双方取消原定的加征关税计划、2020年2月14日起双方均将加征关税产品的税率降低一半、中方承诺两年增购2 000亿美元美方商品等。[2] 在2020年1月15日，中美两国代表在华盛顿就第一阶段贸易协议达成一致并签署了该协议。但随后，由于特朗普总统多次将新型冠状病毒错误地称为"中国病毒"，这一污名化行为导致两国之间的外交关系急剧恶化。结果，不仅关税争端未能得到解决，而且冲突和摩擦开始扩散到包括人文交流、投资等多个领域。2021年1月拜登政府上台以来，中美贸易摩擦并未出现好转的迹象，而是呈现进一步发展的趋势，特别是美国对

---

[1] 杜大伟.中美贸易摩擦的未来[J].中国经济报告,2018(2):6.
[2] 国际锐评评论员.互利共赢的协议为全球注入确定性[EB/OL].(2020-01-16)[2022-05-22].http://world.people.com.cn/n1/2020/0116/c1002-31551493.html.

中国的技术打压还在强化。

多数观点认为，美国对中国的巨额贸易逆差是中美贸易摩擦乃至贸易战的直接原因。但无疑，美方之所以挑起贸易摩擦，有着多方面的深层原因。

其一，美国方面指责中国存在所谓的"不公平竞争"。美方忽视了实际情况，坚持认为即使在加入世界贸易组织（WTO）之后，中国政府在经济中仍然扮演着核心角色，使得私营企业难以与国有企业在同等条件下竞争。此外，美国还声称外国企业在中国的投资受到了限制。更进一步，美方错误地将两国企业之间基于自愿原则的交易行为描述为强制性的技术转让。

其二，美国国内政治和选举等因素的影响。美"铁锈带"（Rust-Belt）地区制造业的蓝领工人是特朗普竞选的主要支持者，其就业机会和收入由于中国商品进口的增加而减少，受"中期选举诅咒"的影响，特朗普政府站在选民利益的立场对中国挑起贸易摩擦。① 同时，利益集团在推动中美贸易摩擦的作用方面产生了很大的影响，其作用甚至还要大大高于一般选民。②

其三，美国本身经济因素的影响。一些实证研究发现，美国对日本、中国发动贸易战均发生在其经济增速相对放缓的时候，当美国与日本、中国的经济增速差距变大时，就会出现外贸摩擦升级。③

其四，美国实力的相对衰落。美国作为霸权国家，其在实力上升时期会较大程度促进国际政治经济的开放，贸易摩擦频率显著下降，而在其实力衰落时期，贸易保护主义抬头，贸易摩擦频率显著上升且不断向更深层次发展。④

其五，中美政治外交关系的变化。中国作为世界第二大经济体，与美国的总量差距正在不断缩小甚至有在不久的将来反超的趋势，加之近年来中国国内技术创新高潮迭起，高新技术产业正向中高端发展，越来越成为美国经济、产业和技术的主要竞争对手，令美方感到其霸权地位受到了较大的威胁。特朗普政府上台后，调整了美国对华关系的基本定位，在2017年12月公布的《国家安全战略报告》中将中国定义为"战略竞争者"，不同于其前任克林顿、小布什和奥巴马政府时期的定位。继任的拜登政府则继承了特朗普将中国视为主要战略竞争者的认知。拜登曾在竞选中表示，美国"最大的竞争对手是中国"，就任后又宣称要同其盟友一起"与中国进行长期战略竞争"。⑤

从中美此轮贸易冲突的走势看，双方经贸关系合作的成分仍然要大于竞争的成分，但是随着近年中国的国力不断发展壮大，双方经贸冲突在一些竞争性较强的领域表现得尤为突出。中美之间的竞争不仅出现在经济领域，还扩展到了高科技等多个领域。在这场贸易争端中，美国主要针对的中国进口商品包括航空航天产品、高速铁路设备、工业机器人、高端医疗设备、生物医药、新材料、农业机械、新能源汽车等，这些产品基本上涵盖了"中国制造2025"战略中重点发展的高科技制造业领域。尽管如此，中美之间应该寻求双赢的合作性

---

① 郭克莎,李琍. 中美贸易摩擦的动因、趋势和影响分析［J］. 天津社会科学, 2021（5）: 149-160.
② 杨飞,孙文远,程瑶. 技术赶超是否引发中美贸易摩擦［J］. 中国工业经济, 2018（10）: 99-117.
③ 姚洋,邹静娴. 从长期经济增长角度看中美贸易摩擦［J］. 国际经济评论, 2019（1）: 146-159.
④ KATZENSTEIN P J. Between power and plenty: foreign economic policies of advanced industrial states［M］. Madison: The University of Wisconsin Press, 1978.
⑤ 同①。

竞争，而不是导致双方都受损的对抗性竞争。因此，中美应将双边经贸关系视为两国最重要的共同利益关系，并致力于维护和加强这一关系。在坚守各自核心战略利益的同时，双方应努力构建新的战略稳定框架，推动两国关系朝着"建设性战略合作伙伴"的方向发展。通过这样的合作与竞争，中美可以共同促进全球经济的繁荣与稳定。

### 三、中美投资关系

自中美建交以来，中美双边投资取得了巨大发展。据统计，1990—2018 年，美国对华直接投资总计 2 694.3 亿美元，中国对美直接投资总计 1 451.4 亿美元。美国对华投资为中国带来了丰厚资金、先进技术、成熟经验和优秀人才，加快了中国的现代化进程。中国对美投资则为美国民众提供了廉价优质的产品，也为美国创造了成千上万的就业岗位。中美双边直接投资有利于两国经济发展，是互利共赢的。

#### （一）美国对华投资

中华人民共和国成立后，美国在华曾有少量投资。朝鲜战争爆发后，中美双边经贸中断，美国对华投资也骤跌至零。1980 年起，美国恢复对华直接投资，但直到 20 世纪 90 年代初期，美国对华直接投资增长速度相对较慢，其后美国成为对华直接投资增长最快的国家之一，不过近年来有所放缓。据中国商务部统计，2017—2020 年，美国企业对华实际投入金额（不含金融类投资，下同）分别为 26.5 亿美元、26.9 亿美元、26.9 亿美元和 23.0 亿美元，分别占当年中国实际使用外资金额的 1.9%、1.9%、1.9% 和 1.5%；在华新设企业分别为 1 356 家、1 750 家、1 733 家和 1 642 家，分别占当年在华新设外商投资企业数的 3.8%、2.9%、4.2% 和 4.3%。到 2020 年为止，美国在中国设立的外商投资企业数量已超过 7.3 万家，占中国所有外商投资企业总数的 7.1%。这些企业在中国的累计实际投资额达到了 901.9 亿美元，占中国累计实际利用外资总额的 3.7%。

据美国经济分析局数据，1989—2017 年，美国对华直接投资呈现持续上升态势，大致可划分为三个阶段：1989—2008 年，美国对华直接投资虽有涨幅但势头不强；2009—2013 年，美国对华直接投资波动强烈，上升、停滞和下降都曾发生过；2014—2017 年，美国对华直接投资快速增长，对华直接投资存量从 600 亿美元增至 1 080 亿美元。①

据美国经济分析局数据，美国对华投资的相对占比并不高。2008 年之前，对华投资在美国对亚太投资中的占比始终低于 7%，2008 年升至 11.12%，此后 10 年内一直维持在 11% 左右。对华投资在美国对全球投资中的占比更低，2008 年之后基本维持在 1.8% 左右。在 21 世纪的第二个 10 年里，美国对外直接投资只有 1% 至 2% 流向中国，而同期日本和韩国都有约 20% 的对外直接投资流入中国。2017—2020 年，美国对华实际投入外资金额在所有对华投资国家和地区中分别名列第六、第八、第五和第八。综合起来看，美国对华投资仍有很大的增长潜力。②

---

① 根据美国经济分析局 U.S. Bureau of Economic Analysis（BEA）数据整理。
② 同①。

## （二）中国对美投资

中国对美直接投资起步较晚。进入新千年后，随着"走出去"战略的全面实施，中国对美投资逐年递增，但2008年前投资规模始终很小，之后呈快速增长态势。据中国商务部统计，中国对美直接投资（不含金融类投资，下同）从2003年的0.65亿美元增长至2016年的169.8亿美元，美国成为中国重要的投资目的地。但是，自从特朗普执政美国以来，中国对美国的直接投资经历了剧烈的起伏。具体来看，2017年中国对美国的直接投资额降至64.3亿美元，较前一年减少了62.1%；2018年为74.8亿美元，同比增长16.3%；2019年为38.1亿美元，同比下降49.1%；2020年为60.2亿美元，同比增长58%。到2020年年底，中国在美国的直接投资累计达到了800.5亿美元，这一数额占据了中国对所有发达经济体直接投资总额的31.5%。在直接投资之外，中国也向美国进行了大规模的金融投资。根据美国财政部的数据，截至2018年5月底，中国持有的美国国债规模为1.18万亿美元。

据美国商务部统计，2008—2015年，中国对美直接投资（含金融类投资，下同）缓慢增加，由2008年的11.05亿美元增加到2015年的147.14亿美元；2016年，中国对美直接投资激增到318.71亿美元，2017年达到364.47亿美元，2018年略微下降至354.37亿美元，2019年又增长至384.43亿美元，但2020年又轻微下降至379.95亿美元。

中国对美投资占美国吸引总投资的比重始终相对较低，其峰值出现在2016年，也仅为1.07%，其余年份则一直低于1%。

## （三）中美双边投资关系的结构性变化

### 1. 中美双边投资总量对比变化

早期的中美投资关系以美国对华单向投资为主，美国对华直接投资呈现前期快速增长、后期趋于稳定的态势。据中国商务部统计，1999—2008年，美国对华直接投资由45.6亿美元上升至209.2亿美元；而同期中国对美直接投资仅由0.1亿美元上升至7.66亿美元。2008年金融危机之后，中美投资关系出现结构性变化，体现为美国对华直接投资出现下降后保持相对稳定，中国对美直接投资则在快速增长后于2017年开始大幅下滑。2009年，美国对华直接投资骤降至99.1亿美元，而后小幅回升至120亿～150亿美元的水平。

2018年，美国对中国的直接投资额为128.7亿美元，这是自2012年以来的最低记录。在2009—2016年间，中国对美国的直接投资以平均每年24.7%的速度增长。2015年，中国对美直接投资额首次超越了美国对中国的直接投资额，使得中国成为两国间投资的净出口国。2016年，中国对美直接投资额达到历史最高点，为464.9亿美元，是同期美国对中国直接投资额的3.3倍。然而，受到中美贸易摩擦的影响，2017年中国对美直接投资额锐减至297.2亿美元，比上一年下降了36%。到了2018年，这一数字进一步骤降至53.9亿美元，同比减少了89%。2019年1—5月，中国对美投资再次大幅度下降，仅为18亿美元，投资项目数也减少至39个，为7年来的最低水平。

### 2. 中美双边投资行业领域变化

美国对华直接投资初期以能源等资源型行业为主，后期逐渐向信息和通信技术、金融等服务业领域转变。2003—2010年,能源、汽车和运输设备及化学品和基础材料在美国对华直接投资中占相当大比重。2012—2016年,美国对华信息和通信技术投资快速增加。尤其是2016年,美国对华信息和通信设备投资是其对华化学品、能源、汽车和运输设备投资总和的2倍。2017—2018年,美国对华信息和通信技术投资有所下降,但仍保持在较高水平。此外,美国对华教育、娱乐、金融等服务业的直接投资也不断增加。

中国对美直接投资初期也以能源等资源型投资为主,后期逐渐转向信息和通信技术、医药与生物技术、教育、金融服务业等领域。2010年,能源投资占中国对美直接投资的61%,之后有所下降,但2011—2013年间能源投资的占比仍然约为37%。2014—2018年,中国对美能源等资源型投资剧减,对生物科技、信息和通信技术、金融和商业服务业投资快速增加。信息和通信技术是继房地产之后中国对美投资的第二大行业,仅2014—2018年中国对美国信息和通信技术投资就达到134.2亿美元。此外,值得关注的是中国对美在健康、医药与生物科技行业的投资。受贸易战影响,2018年中国对美其他行业投资大幅缩减,但对上述行业投资仍达14.4亿美元,占当年中国对美直接投资的26.7%。

观察投资存量的分布,可以发现美国对中国的投资重点领域包括信息与通信技术、化学制品、金属制品、能源及基础材料、汽车和运输设备等产业。与之相对,中国对美国的投资则主要集中于房地产和酒店旅游业、信息与通信技术,以及交通运输和基础设施等领域。此外,美国对华绿地投资占29%,而中国对美绿地投资仅占8%,绝大部分对美直接投资是通过并购方式进行的。

3. 中美双边投资政策环境变化

(1) 中国投资环境不断改善,鼓励外资企业对华投资

改革开放以来,外资政策一直是中国对外开放战略中的重要组成部分。尤其是改革开放初期,面临储蓄和外汇的双缺口,为吸引更多外资以弥补资金的不足和扩大出口创汇,中国给予外资企业超国民待遇的税收、土地等一系列政策,着力承接出口型和先进技术类外商直接投资,有力地促进了中国制造业国际竞争力的提升。

近年来,中国进一步加大了优化营商环境的力度。2017年1月中国国务院发布《国务院关于扩大对外开放积极利用外资若干措施的通知》,提出了20个方向性措施清单,简化政府行政程序,改善在华外资企业的监管环境。在同年的8月份,国务院发布了《关于促进外资增长若干措施的通知》,旨在进一步优化外商投资环境。紧接着,在次年的6月份,国务院又颁布了《关于积极有效利用外资推动经济高质量发展若干措施的通知》,这表明了中国政府对于吸引和利用外资的积极态度和战略部署。随后,中国政府对外发布了新的外商投资负面清单,将限制外商投资的领域从63项缩减至48项,这显著拓宽了外商在华投资的准入范围。2019年6月中国出台了最新的外资准入负面清单,限制领域进一步缩减到40项,同时还出台了鼓励外商投资产业目录。新的外商投资法也已于2020年元旦开始实施。

(2) 美国加严对华投资安全审查,加大中国企业对美投资不确定性

在单边主义和保护主义日益盛行的国际环境中,美国加强了对中国企业在美投资的限制措施。美国政府经常以国家安全为由,对中国企业在美国的投资活动进行审查。根据美国外资投资委员会(CFIUS)向国会递交的报告,2015年有29起中国企业在美并购交易被审

查;2016年中国投资者在美并购被审查案件数达到69件,占美国当年投资审查案件总数的39%。

在2017年11月,美国国会提出了《外国投资风险审查现代化法案》(*Foreign Investment Risk Review Modernization Act*, FIRRMA),该法案在2018年8月经特朗普政府批准,并被纳入《2019财年国防授权法案》中正式实施。FIRRMA显著增强了外国投资委员会的审查权限,具体措施包括扩展其监管的交易类型、增加委员会的人力资源、首次提出"特别关注国"这一概念,并扩大了审查时需要考虑的因素。该法案特别针对那些被认为是"非市场经济国家"的企业在美国的投资活动进行了更为严格的限制。此外,法案还规定美国商务部需定期,即在2026年之前每两年,向国会提交有关中国企业在美投资状况的详细分析报告。该法案特别关注的核心领域主要包括邻近美国政府的敏感性设施、敏感性个人信息、关键基础设施、关键技术及对中国进行技术转让等,与中国政府有直接关联或由中国政府资助的投资会被"特别关照"。截至2018年9月,美国政府根据其外资投资委员会的建议共计阻止了5项交易,其中4项来自中国投资者,另一项则与中国有关。2018年,中国在美投资被审查案件达36起,其中12起为绿地投资,24起为跨国并购,总金额达20亿美元。[①]

## 第二节 中国与欧盟的经济关系

中国与欧洲经济共同体于1975年5月6日建立正式外交关系,中欧经贸合作从此开启新纪元。自此,尽管存在不少波折,中欧经贸关系发展大都比较顺利、成果丰硕。[②]

### 一、中欧经贸关系发展历史与现状

中华人民共和国刚成立时,一些西欧国家采取了较为务实的态度,如英国早在1950年1月即宣布承认中华人民共和国,而1964年1月中法建交标志着中国与西方国家关系的一个突破。但总体来讲,冷战格局极大地制约了中国与西欧的关系。随着中西方关系的缓和,大批西欧国家相继与中国建交。如前所述,中国与欧洲经济共同体于1975年5月正式建立外交关系。[③] 之后,中国于1983年10月分别与欧洲煤钢共同体(ECSC)和欧洲原子能共同体(European Atomic Energy Communnuity, EURATOM)建立外交关系,并于同年11月1日与欧洲共同体(EC)建立正式全面外交关系。1998年,中欧提出建立面向21世纪的长期稳定的建设性伙伴关系,并确立双方最高级别的政治对话机制——中欧领导人年度会晤机制。2001年,中欧建立全面伙伴关系,两年后升级为全面战略伙伴关系。2008年,中欧建立经贸领域最高级别对话机制——中欧经贸高层对话,两年后又建立就宏观战略问题进行深入沟通的重要平台——中欧高级别战略对话。2013年,中欧联合发表《中欧合作2020战略规

---

① 国务院新闻办公室.关于中美经贸摩擦的事实与中方立场白皮书[EB/OL].(2018-09-24)[2022-03-14]. http://www.gov.cn/zhengce/2018-09/24/content_5324957.htm#1.
② 曾培炎.加强中欧合作应对世界经济不确定性风险[J].全球化,2020(1):5-6.
③ 冯仲平.改革开放40年的中欧关系[J].国际论坛,2019(2):10-13.

划》,翌年,双方进一步提出共同打造和平、增长、改革、文明四大伙伴关系。中欧合作领域不断拓宽,双方已建立经贸混委会、贸易政策、知识产权、竞争政策等数十个磋商和对话机制,涵盖政治、经贸、人文、科技、能源、环境等各个领域。

1975年以来,中欧经济贸易关系的发展大体上经历了三个阶段,即中欧经贸关系迅速发展时期(1975—1989年)、中欧经贸关系"蜜月期"(1992—2005年)、中欧经贸关系摩擦上升时期(2006年至今)。

### (一)中欧经贸关系迅速发展时期

这一时期,中欧政治关系良好,双边经济往来发展迅速。1978年4月,中欧签订政府间《贸易协定》。1980年,欧洲经济共同体给予中国普遍优惠制待遇。1985年,中国与欧洲经济共同体签署《贸易与经济合作协定》,内容包含贸易、投资、发展援助、经济合作等多个领域。根据该协定,双方建立了部长级经贸混委会机制,其下设立了经贸、环保、能源3个工作组和科技指导委员会及中欧信息社会对话。中国与欧共体成员国双边贸易额从1975年的18.69亿ECU(European Gurrency Unit,即欧洲货币单位)上升到1989年的155.18亿ECU。[①]同时,双方的信贷和投资合作也加速展开,一批欧洲企业落户中国,促进了中国就业和技术更新,也获得了巨大的市场回报。

但是,这一时期中国在欧共体对外经贸关系中的分量很低,欧共体还未认识到中国的市场潜力;同期中国的对外开放也更多地倾向美国和日本等国家,没有对欧洲共同体给予足够的重视。因而中欧之间的经济关系实际发展状况与其各自的实力和潜力并不相吻合,且呈明显的不平衡,投资与科技合作等的发展落后于贸易关系,欧共体各成员国对华经济关系的发展程度相差悬殊。

在这一时期,尽管中欧关系的总体态势是比较好的,但这种关系更多是基于冷战时期的特殊外部需求,彼此之间尚未建立起牢固的政治和经济基础。1989年,在美国的影响下,欧洲共同体对中国实施了制裁,导致中欧关系(包括经贸领域)一度陷入了低谷。

### (二)中欧经贸关系"蜜月期"

1992年邓小平南方谈话以后,中国社会主义市场经济迅速发展,改革开放向全面纵深扩展。中欧关系也开始回升,双方克服了意识形态的干扰,恢复政治对话和高层互访,开启了双边关系发展最为顺利和平稳的阶段。1994年和翌年欧盟委员会先后发布《走向新亚洲战略》和《中欧关系长期政策》两个文件,标志着其对华外交政策调整的顺利完成。到了1998年,欧盟进一步发布了《与中国建立全面伙伴关系》文件,将与中国的关系提升至与美国、日本及俄罗斯等国同等重要的战略伙伴关系水平。到1997年年底,欧盟已成为仅次于日本与美国的中国第三大贸易伙伴,同时中国也由1990年的欧盟第十余位贸易伙伴(其中出口方面为第六位、进口方面为第十五位)上升为第五位贸易伙伴(其中出口方面为第四位、进口方面为第九位)。到了1998年年底,中欧双方都已经成为对方的第三大贸易伙伴。

---

[①] 戴炳然.中国—欧盟关系:历史、现状与前景[J].江西财经大学学报,2000(4)51-54.

这一阶段也是欧盟一体化进展最快的时期；而中国则于 2001 年"入世"，全面融入全球经济体系。中欧互将对方视为世界经济舞台上的重要伙伴，经贸合作不断深化。2004 年，扩容后的欧盟成为中国最大贸易伙伴，双边贸易额达 1 773 亿美元，74 倍于中欧建交时；欧盟还是当时中国最大技术供应方和重要的外资来源地；中国则成为仅次于美国的欧盟第二大贸易伙伴。[1] 到该年底，中国从欧盟累计引进技术 19 008 项，合同金额 809 亿美元；欧盟在华投资累计设立企业 19 738 家，合同外资金额 754 亿美元，实际投入 425 亿美元。[2] 日益开放的中国和一体化日益加深的欧盟相互依赖不断强化，"成为不稳定世界中的稳定性源泉"。[3]

其间，中欧经贸合作还涉及许多其他领域，形成全方位、宽领域和多层次合作格局。双方除将政治磋商机制升级为领导人年度会晤机制外，还在能源、科技、气候变化、文化交流等领域建立了相应的合作和对话机制，涉及各个层面，涵盖知识产权、卫生标准、竞争政策、产业政策和人力资源开发等具体功能领域，并由此形成了连接中欧的跨行业、跨部门、多层次联络机制与交往规则。同时中国与欧盟成员国之间的全方位合作也不断扩大和成熟，法、德、英三大国均在 2004 年与中国明确了全面战略伙伴关系定位。[4]

### （三）中欧经贸关系摩擦上升时期

2006 年欧盟发布第六份对华政策文件，明显更多地从"竞争对手"的角度理解中欧关系。自此，欧盟不仅试图重估中国在欧盟对外战略中的定位，而且对华战略信任屡次出现反复，并在意识形态问题上不断摇摆。[5] 尤其是 2019 年欧盟发布《欧盟—中国战略展望》文件，将对华的定位由单一性转变为多面性，即中欧之间兼具合作伙伴、经济技术竞争者和制度性对手三重关系，并强调其竞争性，使双边关系发展受到严重干扰和冲击。

在经贸领域，欧盟一方面在 2006 年启动对华"伙伴关系与合作协定"（Partnership and Cooperation Agreement, PCA）谈判，但另一方面则一直抱怨对华贸易逆差大，认为欧企在华与中企在欧所享受的市场开放程度"不对等"，指责中国对国企进行补贴和强制欧洲企业技术转让，长期对中国输欧产品实施不合理的双反措施，在中国"入世"15 年过渡期结束后拒不承认其全面市场经济地位，设立或酝酿主要针对中国的外国投资审查制度和反补贴法，要求其成员国在与中国打交道时采取步调一致的"全欧盟"方式，对"一带一路"建设持矛盾态度，等等。[6] 2018 年，至少有 7 件中国投资交易因欧盟的监管与政治阻力而取消。[7] 2020 年 6 月，欧盟又发布了主要针对中国的《针对外国政府补贴的促进公平竞争白皮书》。

不同于欧盟，中国一直坚持中欧战略伙伴关系定位不动摇，始终致力于丰富中欧战略伙伴关系的内涵，并根据形势变化不断调整对欧政策，引领中欧关系走向广泛和深入。中方始

---

[1] 夏立平. 当前亚欧大陆跨区域合作趋势及其影响[J]. 俄罗斯中亚东欧研究，2005（6）60-65.
[2] 孙永福. 中欧经贸合作的现状与前景[J]. 开放导报，2005（4）：53-55.
[3] 戴维·香博，朱雅文. 中国与欧洲：新兴的轴心[J]. 国外社会科学文摘，2004（12）：9-13.
[4] 周弘，金玲. 中欧关系 70 年：多领域伙伴关系的发展[J]. 欧洲研究，2019（5）：1-15.
[5] 同④.
[6] 冯仲平. 改革开放 40 年的中欧关系[J]. 国际论坛，2019（2）：10-13.
[7] 谢慧. 全球价值链演化下的中欧服务贸易合作特征与路径[J]. 价格月刊，2020（10）40-45.

终强调和坚持经贸合作是中欧关系的"顶梁柱"和"压舱石"。2013年,习近平总书记提出"一带一路"倡议,为中欧合作提供了新的平台。近年来,中国持续深化改革开放,显著放宽市场准入条件,营造更具吸引力的投资氛围,并加强了知识产权的保护,同时主动拓展了进口规模,以上这些举措都有利于推动中欧合作关系的持续深化和向前发展。

在中方的积极推动下,2013年中欧共同制定《中欧合作2020战略规划》,中国与欧盟及其成员国通过发展战略对接等手段,实施了多样化的经贸合作。2015年,中国与欧盟共同设立了中欧互联互通协商合作平台,致力于达成"一带一路"倡议与"容克投资计划"的有效衔接。亚投行吸纳了大部分欧盟成员国加入,在与欧洲复兴开发银行加强合作推进中欧对接的同时,还为多项亚欧连接基础设施项目提供了融资;中国投资有限责任公司(China Investment Corporation,简称"中投公司")与欧洲复兴开发银行合资设立了亚欧长期投资基金;中国的丝路基金与欧洲投资基金联袂设立中欧基金,致力于推动中国和欧洲的企业之间的合作。近年来,中欧又相继建立并启动了知识产权、贸易政策、工业政策、竞争政策、纺织品贸易等对话机制。2020年《中欧地理标志协定》签署,并于次年3月生效。2021年年底,历时8年的《中欧全面投资协定》谈判如期完成。在"一带一路"框架下,中国与欧盟成员国中的中东欧和南欧国家合作较多。

即便在经贸摩擦加剧的情况下,中欧双边贸易仍然从2006年的2 727亿美元增至2019年的7 052亿美元。[1] 2004—2019年,欧盟一直是中国最大货物贸易伙伴,中国则一直是欧盟第二大货物贸易伙伴,中欧双边贸易结构持续优化,高技术贸易和服务贸易领域的贸易比重持续上升。[2] 2020年,中欧贸易在新冠疫情下逆势增长,欧盟27国对华出口商品达2 025亿欧元,同比增长2.2%;欧盟从华进口商品达3 835亿欧元,同比增长5.6%;中欧货物贸易总额达到5 860亿欧元,中国首次超越美国成为欧盟最大货物贸易伙伴(尽管同年东盟首次超过欧盟成为中国最大货物贸易伙伴);中国是欧盟前十大货物贸易伙伴中唯一一个实现进口贸易和出口贸易同时增长的国家。[3]

这一时期,中欧双向投资呈现快速扩张。据中国商务部统计,截至2018年年末,欧盟在华投资企业数超过1.6万家,设立项目47 224个,累计投资1 306.5亿美元。[4] 欧盟企业对华投资存量从2010年年末的732.6亿美元升至2017年年末的1 190亿美元。[5] 在欧盟抬高中国对欧投资门槛的条件下,中国对欧盟28国的直接投资存量仍然从2010年年末的

---

[1] 周弘,金玲.中欧关系70年:多领域伙伴关系的发展[J].欧洲研究,2019(5):1-15.
[2] 北京大学经济学院.北大经院2021欧洲论坛主旨演讲:国际新格局中的中欧经济合作[EB/OL].(2021-11-14)[2022-03-30].https://new.qq.com/omn/20211114/20211114A02CE600.html.
[3] 驻德意志联邦共和国大使馆经济商务处.2020年中欧贸易逆势增长 中国超越美国成为欧盟第一大货物贸易伙伴[EB/OL].(2021-02-16)[2022-03-30].http://de.mofcom.gov.cn/article/jmxw/202102/20210203040466.shtml.
[4] 中国青年报.美对华贸易战当前 欧盟来华投资热情不减[EB/OL].(2019-06-12)[2022-03-30].https://baijiahao.baidu.com/s?id=1636085662431029052&wfr=spider&for=pc.
[5] 姚铃.中欧关系迈向合作共赢新阶段[EB/OL].(2019-04-12)[2022-03-23].http://www.cssn.cn/gjgxx/gj_bwsf/201904/t20190412_4863779.shtml?tdsourcetag=s_pcqq_aiomsg.

124.97亿美元①增至2019年年末的939.12亿美元。②

特别值得指出的是,欧盟在很长时间内一直是中国累计最大的技术来源地。2018年,中国自欧盟技术引进合同金额78.6亿美元。截至2018年年底,中国自欧技术引进合同金额累计达2 152.9亿美元,技术总量56 229项。③

2021年,中欧关系遭遇了较大波折。这年3月,欧盟基于谎言和虚假信息对中国实施单边制裁,给双边关系造成冲击,遭到中方反制。但欧盟方面并未就此住手,反而变本加厉,对华敌意上升,接连出台针对中国的文件和限制措施,并冻结了《中欧全面投资协定》的审议,导致中欧关系趋冷。但是,据中国商务部数据,2021年,中欧货物贸易额仍达8 281亿美元,创历史新高④,在摩擦加剧和新冠疫情的双重冲击下,中国仍保持欧盟最大货物贸易伙伴地位,欧盟则维持中国第二大货物贸易伙伴地位。⑤

显而易见,中欧之间不存在根本性战略冲突和地缘利益争夺的关系,而且双方在反对单边主义和保护主义、维护多边主义和自由贸易、支持经济全球化和建设开放型世界经济等诸多重大问题上有着共同立场,因此增进中欧双方之间的对话和沟通,妥善处理分歧与各自关切,不仅切实可行性而且符合双方的共同利益。同时,中欧在经济发展战略上彼此互补,可以通过对接取得共赢,因此中欧合作属于典型的优势互补,不是此长彼消的零和博弈。尽管中欧社会制度不同,但对于和平与发展的目标追求一致,中欧是伙伴而不是对手,彼此是机遇而不是挑战;中欧合作才是正道,彼此对抗则没有赢家;中欧双方应当相互尊重、求同存异,通过做大蛋糕,实现利益共享。

目前中国已是全球最大市场,其经济规模将在2030年前后成为世界第一,⑥同时中国营商环境在不断改善。这些都将为中欧合作提供新的发展机遇,只要双方共同努力,中欧互利合作的潜力巨大、前景光明。

欧盟一些领导人对中欧关系有着清醒的认识。时任德国总理默克尔在2020年年初指出,中西方之间既有竞争也有合作,二者并非对立,应注重平衡而非"脱钩"。⑦欧盟共同外交与安全政策高级代表博雷利在2020年6月指出,中国的迅速发展并不意味着会威胁到世界和平,更不会给欧洲带来军事上或安全上的威胁,中欧双方是利益共同体。⑧法国总统马

---

① "走出去"公共服务平台. 2010年度中国对外直接投资统计公报[EB/OL]. (2011-09-06) [2022-03-30]. http://fec.mofcom.gov.cn/article/tjsj/tjgb/201511/20151101190423.shtml.
② 中华人民共和国商务部,国家统计局,国家外汇管理局. 2019年度中国对外直接投资统计公报[M]. 北京:中国商务出版社, 2020: 9.
③ 中华人民共和国商务部. 不忘初心砥砺前行 推动中欧经贸合作行稳致远[EB/OL]. (2017-10-13) [2022-04-01]. http://www.mofcom.gov.cn/article/zt_dlfj19/fbdt/201710/20171002656388.shtml.
④ 赵晋杰. 中欧贸易额达8281亿!如今又有好消息:中欧投资协定或有新进展[EB/OL]. (2022-02-18) [2022-04-29]. https://new.qq.com/rain/a/20220218A08IQJ00.
⑤ 中华人民共和国商务部. 中欧贸易继续保持良好发展势头 货物贸易额达8281亿美元[EB/OL]. (2022-03-17) [2022-03-30]. https://news.cctv.com/2022/03/17/ARTI3jPMfy09sFqmV1cbDvPD220317.shtml.
⑥ 曾培炎. 加强中欧合作应对世界经济不确定性风险[J]. 全球化, 2020 (1): 5-6.
⑦ 徐蕾. 默克尔:别因为中国在经济上取得了成功,就将其视为威胁[EB/OL]. (2020-01-16) [2022-03-27]. https://www.guancha.cn/internation/2020_01_16_531902.shtml.
⑧ 海峡资讯. 3小时的会议结束后,博雷利对媒体表示:中国不是欧洲的安全威胁[EB/OL]. (2020-06-15) [2022-03-27]. https://baijiahao.baidu.com/s?id=1669556375864538245&wfr=spider&for=pc.

克龙于2021年2月表示,中国既是"伙伴"也是"竞争者"和"系统性对手",欧盟不应当和美国联合起来对付中国。①

相向而行是中欧关系成功的基础。展望未来,中欧之间应该继续致力于增强政治互信,优化战略,升级理念,适应新变化,谋求新发展,公平竞争,加强合作,科学发展,平衡互惠,推动双方贸易投资关系不断向广度和深度扩展。

### 二、中国与欧盟的贸易关系

1978年中国与欧共体签订了第一个贸易协定,后又在1985年签订了涉及面更广的长期经贸合作协定。自此以后,尽管中欧之间经贸关系起点较低,但是发展极为迅速。中国加入WTO后,中欧贸易更是日新月异,双边贸易总量大约每3年就增长一倍。2004年欧盟扩员至25国,一跃登上中国最大贸易伙伴的宝座,成功将日本和美国甩在身后。②

#### (一)中欧货物贸易

自改革开放以来,中国与欧洲国家的贸易往来快速发展。据中国海关统计,1978年中欧双边贸易不足64亿美元,到中欧确立全面战略伙伴关系的2003年时中欧贸易额已达到1 252.2亿美元,到2004年为1 773亿美元,到2007年达4 276亿美元。③ 2008年以后,受到欧债危机和欧洲经济复苏缓慢、中国经济进入"新常态"以及欧盟方面保护主义思潮等多重因素的影响,中欧双边贸易增速放缓,甚至几次出现下滑,但呈波动上升状态,2011年贸易额为5 672亿美元,2014年为6 151亿美元,2017年达6 169亿美元,屡创新高。④ 据中国商务部数据,2018年,中欧双边贸易额达6 821.6亿美元,同比增长10.6%。其中中国分对欧出口4 086.3亿美元和进口2 735.3亿美元,同比分别增长9.8%和11.7%。德、荷、英、法、意是中国在欧盟的主要贸易伙伴,分别占中欧贸易的27%、12.5%、11.8%、9.2%和8%。2019年,中欧双边贸易额达7 051.1亿美元,比上年增长3.4%;中国对欧出口4 285.1亿美元和进口2 766.0亿美元,同比分别增长4.9%和1.1%。⑤ 至2020年英国脱欧之前,欧盟连续16年保持中国最大货物贸易伙伴和进口来源地的地位,中国连续15年保持欧盟第二大货物贸易伙伴和最大进口来源地的地位。据联合国数据,2020年中国对欧盟27国出口4 425.4亿美元,进口2 305.0亿美元,贸易总额6 730.5亿美元,占中国当年外贸额的14.86%。⑥ 据中国

---

① 非凡观点.还算"清醒"!马克龙称不该和美国联手针对中国,否则将适得其反[EB/OL].(2021-02-05)[2022-03-27]. https://new.qq.com/rain/a/20210205A0A7ZD00.
② 中华人民共和国商务部.欧盟成为中国第一大贸易伙伴[EB/OL].(2005-01-06)[2022-03-14]. http://www.mofcom.gov.cn/article/xwfb/xwrcxw/200501/20050100329272.shtml.
③ 中华人民共和国商务部.综述:全面发展的中国–欧洲经贸关系[EB/OL].(2008-12-22)[2022-03-24]. http://jjckb.xinhuanet.com/wzpd/2008-12/22/content_134754.htm.
④ 孙艳.新形势下中欧经贸关系发展及其制约因素分析[J].当代世界,2018(12):59-63.
⑤ 数据来源:中国商务部官方网站(http://ozs.mofcom.gov.cn/article/zojmgx/).
⑥ 数据来源:联合国Comtrade国际贸易统计数据库(UN Comtrade International Trade Statistics Database,https://comtradeplus.un.org/).

商务部统计,2021年中欧货物贸易额创8 281亿美元新高。①截至2021年年底,欧盟是仅次于东盟的中国第二大货物贸易伙伴,中国则为欧盟最大货物贸易伙伴。②

据欧盟统计数据,从2009—2019年,中欧贸易额呈现稳定增长态势。在2019年,中欧之间的商品贸易总额达到5 603亿欧元,同比增长3.78%,其中欧盟分别对华出口3 620亿欧元和从华进口1 983亿欧元。③2020年,中国与欧盟之间的货物贸易总额达5 860亿欧元,中国取代美国成为欧盟的最大货物贸易伙伴,其中欧盟对华出口2 025亿欧元和从华进口3 835亿欧元,同比分别增长2.2%和5.9%。④

中国对欧盟的货物贸易依存度在2008年国际金融危机后曾经历下滑期,2013年起恢复增长趋势,2019年增至15.4%。欧盟对华货物贸易依存度也从2013年开始逐步上升,2019年升至15.8%。2015年以来,欧盟对华货物贸易依存度均高于中国对欧盟的依存度,中欧双边贸易在欧盟贸易中的重要性持续上升。据欧盟数据,2020年中欧贸易额占欧盟外贸总额的16.1%;欧盟从华进口额占其进口总额的22.4%,中国再次成为欧盟最大进口来源地;欧盟对华出口额占其出口总额的10.5%,中国是欧盟第三大出口目的地。⑤

从贸易商品的品种类型来看,中欧之间的贸易主要集中在非农产品上。以2019年为例,当年"机械和运输设备"以3 057.57亿欧元的贸易额稳居中欧双边贸易榜首,占据着中欧贸易额的半壁江山(54.57%);欧盟主要向中国出口"化学物质"与"食物和原材料",金额分别为275.92亿欧元和194.74亿欧元;欧盟主要从中国进口"机械设备"与"纺织品和衣物",金额分别为1 973.52亿欧元和343.14亿欧元。⑥

新欧亚大陆桥的贯通尤其是中欧班列的迅猛发展成为中欧贸易快速增长的助推器和有力证明。即使在疫情肆虐的情况下,中欧班列仍接连创下新的开行纪录,2020年开行1.24万列,2021年开行1.5万列。⑦截至2022年1月底,中欧班列累计开行超5万列,运送货物超455万标箱,货值达2 400亿美元,通达欧洲23个国家的180个城市,为保障国际产业链供应链稳定、推动共建"一带一路"高质量发展作出了积极贡献。⑧

---

① 中华人民共和国商务部.欧盟重回中国最大贸易伙伴!专家:应推动中欧投资协定重启[EB/OL].(2022-03-22)[2022-04-02]. http://chinawto.mofcom.gov.cn/article/e/r/202203/20220303287433.shtml.
② 刘颖,张道峰,徐宁宁,等.中欧投资协定谈判:中欧贸易"含金量"不断提升[EB/OL].(2020-12-31)[2022-04-27]. http://chinawto.mofcom.gov.cn/article/e/r/202012/20201203027921.shtml.
③ 最铁国运Railfreight.中欧贸易数据全览2021年中欧班列如何借东风[EB/OL].(2021-04-25)[2022-03-26]. https://www.sohu.com/a/462916055_121082133.
④ 滕飞.中欧关系逆势前行,2020年中欧进出口商品实现双向增长[EB/OL].(2021-02-23)[2022-03-26]. https://baijiahao.baidu.com/s?id=1692453142575336809&wfr=spider&for=p.
⑤ 刘栩畅,杨长湧.中欧经贸关系发展趋势与深化中欧合作的建议[J].全球化,2021(6):54-65.
⑥ 同③。
⑦ 同③。
⑧ 新华社.中欧班列累计开行突破5万列[EB/OL].(2022-01-29)[2022-03-30]. https://jingji.cctv.com/2022/01/29/ARTILHgR3nQGrPgDAzHzxQ2J220129.shtml.

## （二）中欧服务贸易

### 1. 中欧服务贸易总额快速增长

进入21世纪以来，中欧服务贸易合作日益密切，双边服务贸易进出口总额呈现总体稳步增长、局部小幅波动的发展态势。据统计，2003年中欧双边服务贸易总额为132.56亿美元，[①] 2010年为490.24亿美元，[②] 2015年增至634.37亿美元，[③] 2018年达987.87亿美元。2003—2018年，中欧服务贸易总额年均增长14.3%，增速较快。[④]

据欧盟统计局数据，2011—2019年，欧盟27国对华服务贸易出口额逐年稳步增长，从189.5亿欧元增至532.5亿欧元，年均增长13.8%；对华服务贸易进口额除2017年外各年都为正增长，从163.3亿欧元增至334.7亿欧元，年均增长9.4%；中欧服务贸易总额也呈逐年稳步增长态势，从352.8亿欧元增至867.2亿欧元，年均增长11.9%。[⑤]

近年来，中欧间服务贸易额占欧盟服务贸易额的比重也有所变化，其中欧盟对华出口占比呈上升趋势。根据欧盟统计局数据，2011—2019年，欧盟27国对华服务贸易各年出口额占其当年服务贸易出口总额的比重总体上呈上升态势，从3.11%提升至4.97%；同期欧盟27国对华服务贸易进口额占其当年服务贸易进口总额的比重基本上保持稳定，最低为3.19%（2011年），最高为3.80%（2016年）；同期欧盟27国对华服务贸易总额占其当年服务贸易总额的比重也呈上升态势，前5年比重均低于4%，后4年则高于4%。2020年前10个月，欧盟27国对华服务贸易出口额、进口额和贸易总额分别占其服务贸易出口总额、进口总额和贸易总额的5.16%、3.54%和4.36%，与前述发展态势基本上相吻合。[⑥]

从国别角度看，近年来中国已成为欧盟第三大的服务贸易伙伴国、出口市场和进口来源国。据欧盟统计局数据，2017年欧盟服务贸易前三大出口目的国和前三大进口来源国都是美国、瑞士和中国，它们在欧盟服务贸易总出口中的占比为25.9%和31.0%、13.0%，在总进口中的占比为9.9%、4.2%和5.1%，中国远低于美、瑞两国。[⑦] OECD数据库的有关统计也显示了类似的格局。[⑧] 而据汇丰银行预测，中国将在2030年成为全球最大服务进口国，服务进口总额将占全球服务进口总额的13.4%。可见中欧服务贸易有着巨大的发展潜力，扩大服务贸易合作是中欧双方的共同需求。

---

① 张军,佴杰.中国—欧盟服务贸易潜力研究[J].价格月刊,2018(7):39-45.
② 张文雅,刘玮.中国与欧盟的服务贸易竞争力研究[J].企业科技与发展,2019(3):30-31.
③ 同①。
④ 宋甜,张军."一带一路"倡议如何影响中欧服务贸易——基于双重差分方法的实证分析[J].价格月刊,2021(2):43-51.
⑤ 数据来源：欧盟统计局（https://appsso.eurostat.ec.europa.eu/nui/submitViewTableAction.do）。
⑥ 同⑤。
⑦ Eurostat Statistics Explained. International trade in services by partner – Statistics Explained[EB/OL].（2022-04-08）[2022-04-30］. https://ec.europa.eu/eurostat/statistics-explained/index.php?title=International_trade_in_services_by_partner.
⑧ 姚铃."一带一路"推动中欧贸易更加平衡发展[EB/OL].（2018-06-15）[2022-04-27］. http://fec.mofcom.gov.cn/article/fwydyl/zgzx/201806/20180602755506.shtml.

## 2. 中欧服务贸易差额变化

进入21世纪以来，中国对欧盟服务贸易进出口增速较快，但进口增长的速度显著快于出口增长的速度，中国对欧盟服务贸易逆差不断扩大。[1] 据统计，2004年中国对欧盟服务贸易逆差为15.2亿欧元（约合20.67亿美元），[2] 2009年升至67.83亿美元，2013年增至155.89亿美元，[3] 2018年更达235.89亿美元。[4] 据欧盟统计局数据，2003—2005年，欧盟对华服务贸易顺差分别为1.8亿欧元、1.8亿欧元和2.2亿欧元，此后顺差持续增加。2011—2019年，欧盟28国对华服务贸易顺差额由40.7亿欧元增至232.2亿欧元，年均增长24.3%。2020年前10个月，欧盟27国对华服务贸易顺差158.8亿欧元。[5] 可见欧盟对华服务贸易顺差呈不断扩大趋势，这在一定程度上缓解了中欧双边贸易的不平衡。欧盟对华服务贸易顺差主要源于计算机服务、金融服务、知识产权费收入、旅游服务以及教育服务等领域。[6]

欧盟对华服务贸易顺差持续增加的同时，其在欧盟服务贸易顺差总额中的占比也不断提高。据欧盟统计局数据，2011—2019年，欧盟27国对华服务贸易顺差额由26.2亿欧元增至197.9亿欧元，其占当年欧盟服务贸易顺差总额的比重由2.65%上升至39.60%。2020年前10个月，欧盟27国对华服务贸易顺差额占欧盟服务贸易顺差总额的比重达48.70%。[7]

## 3. 中欧服务贸易结构

从服务贸易结构看，中欧双边服务贸易具有明显的互补性。在欧盟对华服务贸易中，位列前三名的领域分别是其他商业服务、运输服务及旅游服务。2016年这三个行业的贸易额分别为113.86亿美元、87.65亿美元和75.57亿美元。[8] 据中方统计，2014—2018年中国对欧盟服务贸易出口额名列前三的行业是其他商业服务、运输服务和旅游服务等劳动密集型传统服务业。2018年这三个行业的出口额共占中国对欧服务出口总额的88.1%。同期中国从欧盟服务贸易进口也以上述三大行业为主。[9] 截至2016年，欧盟对中国的运输服务、旅游服务及其他商业服务的出口额占据了其对中国服务贸易出口总额的66.73%。[10] 2018年这三个行业进口额占到中国从欧盟服务进口总额的97.6%，服务贸易进口结构比出口结构更为集中。同时，从欧盟统计局数据也可以看出类似的格局：2010—2015年，中国对欧盟服务贸易出口额位居前三的分别是运输服务、其他商业服务和旅游服务，三者出口额共计占据中国对欧服务贸易出口90%的份额；而同期居中国从欧盟服务贸易进口前三位的同样也是其

---

[1] 谢世清, 胡翠. 欧债危机下中欧服务贸易的趋势、问题与对策[J]. 国际贸易, 2014(10): 57–61.
[2] 李小牧, 王一小. 中欧服务贸易关系的回顾与展望[J]. 对外经贸实务, 2008(8): 86–89.
[3] 同①.
[4] 宋甜, 张军. "一带一路"倡议如何影响中欧服务贸易——基于双重差分方法的实证分析[J]. 价格月刊, 2021(2): 43–51.
[5] 数据来源：欧盟统计局（https://appsso.eurostat.ec.europa.eu/nui/submitViewTableAction.do）.
[6] 刘曙光. 中欧经贸合作：成效、挑战与机遇[J]. 当代世界, 2020(6): 39–47.
[7] 同⑤.
[8] 张文雅, 刘玮. 中国与欧盟的服务贸易竞争力研究[J]. 企业科技与发展, 2019(3): 30–31.
[9] 同④.
[10] 张文雅, 刘玮. 中国与欧盟的服务贸易竞争力研究[J]. 企业科技与发展, 2019(3): 30–31.

他商业服务、运输服务和旅游服务。① 中欧在保险、金融、计算机和信息、娱乐等资本、技术和知识密集型现代服务贸易领域还有很大的合作潜力。②

### 三、中国与欧盟的投资关系

改革开放特别是进入21世纪以来,中欧双向投资增长迅速。据统计,欧盟累计对华直接投资由2004年的421亿美元增至2018年1月的1 208亿美元,增长了近800亿美元;中国累计对欧盟直接投资也由2004年的5.37亿美元增至2018年1月的796亿美元,增长了147倍。③2021年,中欧双向投资规模累计已超过2 700亿美元,在金融、疫苗研发、新能源、电动汽车、物流等领域投资合作非常活跃;中国对欧投资保持逆势增长。④

#### (一)欧盟对华直接投资

中欧建交初期相互投资几乎为零。1979年,中国颁布实施了首部关于引进外国直接投资的法规,开始吸纳外国直接投资,便有来自欧洲的企业着手探索在中国进行投资。随着中国政府改革开放政策的不断深化,中国的宏观经济环境和投资环境进一步优化。在这样的背景下,欧盟在中国投资的规模快速增长,投资的步伐也显著加速。40多年来,以空中客车、大众汽车、壳牌石油、联合利华、西门子、诺基亚等为代表的大批来自欧洲的优质企业纷纷在中国进行直接投资,并在其各自的优势领域中取得了巨大成功。

据中国商务部统计,欧盟对华投资自1986年以来总体呈现增长的趋势,尤其进入20世纪90年代后,大量欧洲企业赴华投资,欧盟对华投资迅速增长,但近年有减缓态势。1993年,欧盟在华新设企业首次突破1 000家,达到1 726家;欧盟企业对华投资实际投入金额6.7亿美元。1994年,欧盟企业对华投资实际投入金额首次达到两位数,为15.4亿美元;2005年,欧盟企业对华投资实际投入金额首次超过50亿美元,为51.9亿美元;2013年,欧盟企业对华投资实际投入金额首次突破60亿美元关口,达到65.2亿美元。2018年,欧盟在华新设外商投资企业首次突破2 000家,达2 425家;实际投入外资金额首次突破100亿美元,达104.2亿美元,占当年全部在华实际投入外资总额的7.5%,绝对数和占比均创新高。2019年,欧盟在华新设外商投资企业增至2 804家,占当年外商在华全部新设企业数的6.9%,绝对数和占比均创新高;但其实际投入外资金额下降至73.1亿美元。2020年,欧盟在华新设外商投资企业数和实际投入外资金额分别下降为1 695家和56.9亿美元。截至2020年年底,欧盟对华实际投资累计为1 436.5亿美元,投资项目为49 123个。

在单个项目的投资规模上,欧洲国家在中国的投资往往超过了其他国家和地区的平均

---

① 赵进东.中欧服务贸易竞争性与互补性研究[J].山东社会科学,2018(8):166-170.
② 宋甜,张军."一带一路"倡议如何影响中欧服务贸易——基于双重差分方法的实证分析[J].价格月刊,2021(2):43-51.
③ 孙艳.新形势下中欧经贸关系发展及其制约因素分析[J].当代世界,2018(12):59-63.
④ 王文涛.我国对欧投资保持逆势增长 2021年中欧贸易额创历史新高[EB/OL].(2022-03-02)[2022-03-30]. https://news.cctv.com/2022/03/02/ARTIURIQIyvV6JQXQpcZU2Rf220302.shtml.

水平(如2018年,平均每个欧盟在华投资项目的投资额超过400万美元),[①]而且这些项目通常具有较高的质量,其技术含量往往比较高,且多投资于生产领域。

从欧盟对华投资行业结构来看,制造业、租赁和商务服务业、房地产业、批发和零售业、金融业依次占据2017年欧盟对华投资行业的前五位,其实际投入外资金额共计占当年欧盟全部实际投入外资金额的88.2%(其中仅制造业的占比就超过一半,为当年欧盟全部实际投入外资金额的51.2%),其新设企业数共计占当年欧盟在华全部新设企业数的72.0%。从2018年起,房地产业退出欧盟对华投资行业前五名行列,科学研究和技术服务进入前五名,且每年上升一个位次,2020年已升至第三位;制造业、租赁和商务服务业、批发和零售业以及金融业这4个行业则始终处在前五位之列。其中,制造业与租赁和商务服务业一直保持在第一位和第二位;批发和零售业在2020年由第三位退居第四位;金融业则从2019年起退居第五位。2018—2020年,欧盟前五位对华投资行业在华新设企业数分别占当年欧盟在华全部新设企业数的78.8%、80.4%和82.1%,在华实际投入外资金额分别占当年欧盟在华全部实际投入外资金额的93.6%、91.4%和96.3%。

### (二)中国对欧盟直接投资

进入21世纪以来,随着中国经济发展和企业经济实力的增强,中国企业对欧盟的投资不断加速增长。特别是2008年国际金融危机以后,在中国兴起了一波对外投资的高潮,其中对欧盟投资一直保持较快增速,投资方式不断创新,投资行业和领域不断拓宽,欧盟地区已成为中国对外直接投资增长最为迅猛的地区之一。

据中国商务部统计,2004—2008年,中国平均每年对欧投资约10亿美元,2009—2010年平均每年约30亿美元,2011年中国对欧盟非金融类投资超过75亿美元,2014年中国对欧盟非金融类直接投资达到了98.5亿美元,首次超过了欧盟对中国的投资。中国从此开始成为对欧盟的净投资国,这意味着中欧双向投资关系已经发生了根本转变。2015年,中国对欧盟直接投资大幅下降至54.8亿美元,但仍高于欧盟对华投资额。2016年,中国对欧盟28国的直接投资为99.94亿美元,同比猛增77%。2017年,中国对欧盟投资102.7亿美元,仅比上一年增长2.7%。2018年,中国对欧盟直接投资88.66亿美元,比2017年下降13.6%。2019年,中国对欧盟28国的投资达106.99亿美元,比上年增长20.7%,占当年中国对外直接投资流量总额的7.8%。2020年,中国对欧盟27国的投资达100.99亿美元,比上年增长5.2%,占当年中国对外直接投资流量总额的6.6%。英国(脱欧前)、荷兰、卢森堡、德国、瑞典和法国是中国在欧盟投资的主要国家。

截至2016年、2017年、2018年和2019年各年末,中国对欧盟28国直接投资存量分别为698.4亿美元、860.2亿美元、907.4亿美元和939.1亿美元,分别占当年中国对外直接投资存量的5.2%、4.8%、4.5%和4.3%,分别占当年中国在发达经济体直接投资存量的36.5%、37.5%、37.3%和37.6%,均高于美国(31.7%、29.4%、31.1%和31.2%),暂居首位。

---

[①] 中国青年报.美对华贸易战当前 欧盟来华投资热情不减[N/OL].(2019-06-12)[2022-03-30]. https://baijiahao.baidu.com/s?id=1636085662431029052&wfr=spider&for=pc.

截至2019年年底，中国在欧盟国家设立的直接投资企业数量已超过3 200家，这些企业遍布欧盟所有28个成员国，为超过26万的当地员工创造了就业机会。截至2020年年末，中国对欧盟27国直接投资存量为830.2亿美元，占中国对外直接投资存量总额的3.2%，占中国在发达经济体投资存量总额的32.7%，高于美国（占比为31.5%），仍居首位；同时中国在欧盟设立的直接投资企业数将近2 800家，在欧盟全部成员国都有分布，为近25万的外方员工提供了工作职位。从国别来看，截至2020年年末，中国直接投资存量过百亿美元的欧盟国家有荷兰、卢森堡、德国和瑞典。中国对欧盟直接投资存量的行业和国别（截至2020年年末）分布见表10-2。

表10-2 中国对欧盟直接投资存量的行业和国别分布

| 行业 | 投资额 | 占比 | 主要分布国 |
| --- | --- | --- | --- |
| 制造业 | 287.61亿美元 | 34.7% | 瑞典、德国、荷兰、卢森堡、法国、意大利等 |
| 采矿业 | 154.31亿美元 | 18.6% | 荷兰、卢森堡、塞浦路斯等 |
| 金融业 | 118.68亿美元 | 14.3% | 卢森堡、德国、法国、意大利等 |
| 租赁和商务服务业 | 76.07亿美元 | 9.2% | 卢森堡、德国、捷克、法国、荷兰等 |
| 批发和零售业 | 50.27亿美元 | 6.1% | 法国、卢森堡、德国、荷兰、意大利、比利时等 |
| 信息传输/软件和信息技术服务业 | 48.95亿美元 | 5.9% | 荷兰、德国 |
| 科学研究和技术服务业 | 24.37亿美元 | 2.9% | 卢森堡、德国、瑞典、西班牙、意大利等 |
| 电力/热力/燃气及水的生产和供应业 | 22.12亿美元 | 2.7% | 卢森堡、西班牙、德国、意大利等 |
| 交通运输/仓储和邮政业 | 12.74亿美元 | 1.5% | 德国、希腊等 |
| 住宿和餐饮业 | 9.25亿美元 | 1.1% | 瑞典、比利时等 |

资料来源：2020年度中国对外直接投资统计公报。

随着中国外资来源地的多元化，中国对欧盟的直接投资依存度呈逐步下降的趋势，但2018年的占比仍达到13.8%。2013年以来，中国对欧盟的直接投资经历了快速增长期，使得欧盟对华直接投资的依存度上升，2018年为0.9%。近几年中，欧盟27国对华直接投资存量规模仍明显高于欧盟使用中国直接投资存量规模，2019年前者约为后者的2.9倍。欧盟对华直接投资存量占其对外直接投资存量的比重上升，2019年达到2.2%；欧盟使用中国直接投资存量占其使用外资存量的比重也呈上升趋势，2019年为1%。制造业是中欧双向投资中的最大领域，但中欧间投资结构不对称，欧盟对华制造业的直接投资规模大于服务业，中国对欧服务业直接投资规模则大于制造业。[①]

---

① 刘栩畅，杨长湧.中欧经贸关系发展趋势与深化中欧合作的建议[J].全球化，2021（6）：54-65.

## 第三节　中国与日本的经济关系

新中国与日本的经贸合作是从 20 世纪 50 年代初期起步的,其发展可以分为两个大的时期:一是 1972 年中日邦交正常化之前的时期,这一时期的中日经贸往来以"民间贸易为主、半官半民"为特征;二是 1972 年中日邦交正常化以后的时期,这一时期的中日双边经贸合作以"政府主导、官民并举"为特征。①

### 一、中日经贸关系发展历程

#### (一)邦交正常化之前的中日经贸关系

中华人民共和国成立初期,中日之间主要通过商品贸易的形式经济往来,且贸易规模非常小。如 1950 年,中日贸易额仅有 0.59 亿美元,只占当年日本对外贸易总额的 3.29%。之后由于朝鲜战争爆发和西方国家对中国实行禁运,中日贸易额连年萎缩,到 1952 年仅为 0.15 亿美元。②

至 1972 年中日邦交正常化之前,中日间经贸关系仅限于民间层面的贸易往来。在这一段时期里,中日贸易关系的发展可以分为 4 次民间贸易协议、友好贸易和备忘录贸易等阶段。

1952 年 6 月,有效期仅为 7 个月的第一次中日民间贸易协定签订,规定彼此进出口金额均为 3 000 万英镑,并将双方出口货物清单划分为甲、乙、丙三类,采取同类物资相互交换的以货易货方式。中国对日出口煤、大豆、棉花等农业、矿业产品为主;日本对华出口则以紫铜、钢材、纺织机器、农业机械等工业制成品为主。该协定内容比较简单,但它是中日经济交流的发轫,并成为随后历次民间贸易协定的雏形,对双方早期贸易的顺利发展起着重要作用。1953—1958 年,中日之间共签订了 4 次民间贸易协定,民间贸易得到了较大发展。其中 1953—1956 年,中日贸易额逐年上升,1956 年达到 1.51 亿美元,成为 20 世纪 50 年代最高点。但 1957 年日本新任内阁采取了对中国不友好的政策,中日间贸易大幅萎缩。尤其是 1958 年"长崎国旗事件"后,中日关系一度全面中断,当年中方对日出口额仅约为 0.44 亿美元,中方自日进口额约为 0.53 亿美元,合计 0.97 亿美元。③ 贸易中断给两国经济都造成了严重影响。

1960 年中方提出了"由两国政府签署贸易协定,由民间贸易团体签订合同,对有特殊困难的中日中小企业给予特殊照顾"的"中日贸易三原则"。以之为基础,1962 年 11 月,中方代表廖承志与日方代表高碕达之助于 1962 年 11 月签署《日中长期综合贸易备忘录》,即"LT 备忘录协定"。自此,中日贸易进入 LT 贸易("廖高贸易")和 MT 贸易(备忘录贸易)阶段。在这一时期,中方实施了非常灵活的对日贸易合作策略:一方面,中国坚持了"政经

---

① 张季风. 中日经贸关系 70 年回顾与思考[J]. 现代日本经济,2015(6):1-12.
② 程永明,石其宝. 中日经贸关系 60 年[M]. 天津:天津社会科学院出版社,2006:31-32.
③ 同①。

不分离"的原则;另一方面,对于那些与中方保持友好关系的日本商业机构和企业,中国给予了政策上的支持和优惠(即友好贸易)。因此,除个别年份外,中日双边贸易额持续增长,从1960年的0.23亿美元增至1971年的9亿美元,增长了38倍,约为1950年的15倍。[①] 中日贸易的快速发展推动了中日邦交正常化的进程,起到了"以经促政"的效果。

### (二) 邦交正常化之后的中日经贸关系

1972年中日复交以来,两国关系虽然时好时坏、反反复复、屡经波折,但在双方的共同努力下,双边经贸合作已经形成"全方位、宽领域、多层次"的良好格局,成为中日关系的"压舱石"和"推进器",彼此经济相互依存度不断提高,"你中有我,我中有你",实现了合作共赢。邦交正常化以后的中日经贸合作可分为四个阶段,即中日双边贸易扩大时期(1972—1978年)、中日经贸全面合作期(1979—2000年)、中日经贸合作深化期(2001—2009年)和中日经贸关系转型期(2010年至今)。[②]

1. 中日双边贸易扩大时期

1972年以后,由于双边政治环境的改善,中日经济交往进入"政府主导、官民并举"的新时期,双方签订了《中日贸易协议》,中日贸易规模大幅度扩大,且始终呈稳步增长态势。中日双边贸易额由1972年的10.38亿美元升至1978年的48.2亿美元。更为关键的是,在这一时期,中日贸易的质量有了显著提升,技术贸易得到了前所未有的发展。日本向中国出口了37套先进的成套设备,其中35套设备的价值总计达10.29亿美元,而其余两套设备的价值合计为700亿日元。[③] 引进的这些先进成套设备为推动当时中国的"四化"建设进程发挥了重大作用。中日双方进而于1978年8月签订了《中日和平友好条约》,从法律上确保了双边关系由正常化阶段转入和平友好阶段,从而为双边经济贸易关系的进一步深入发展奠定了坚实的制度和法律基础。

2. 中日经贸全面合作期

肇始于1978年的中国改革开放政策为中日两国的经贸合作提供了广阔的发展空间。1979年,日本政府开始对中国施以官方开发援助(Official Development Assistance, ODA),日本企业的对中国的直接投资也于此时开始启动,中日经济关系从此进入了一个彼此在贸易、投资和政府资金等领域全面合作的黄金时代。这一时期,中日贸易持续扩大,到1984年双边贸易额突破100亿美元,至1989年中日双边贸易额已达146.63亿美元。[④]

进入20世纪90年代以后,中日双边贸易额增长强劲,其间只有两年的数值因外部原因导致比上年有所下降,其余年份的数值都呈现逐年上升的趋势,特别是在1991—1995年期间,每年的增长都跨上一个新的台阶,逐年增长幅度均高于20%。[⑤]1993年,中日贸易额达到390亿美元,中国对日出口额占其当年出口总额的比重达到19.9%,超过中国香港(占比

---

① 张季风. 中日经贸关系70年回顾与思考[J]. 现代日本经济, 2015(6): 1–12.
② 张季风. 迈向新时代的中日经济关系:机遇与挑战[J]. 国际论坛, 2020(3): 19–34, 155.
③ 同①。
④ 同①。
⑤ 张季风. 20世纪90年代中日经贸关系的发展与特点[J]. 日本学刊, 2001(3): 28–45.

16.6%），日本超越中国香港成为中国最大贸易伙伴。据日方统计，1992年，中日贸易额为289.02亿美元，占日本对外贸易总额的5%，中国是日本第五大贸易伙伴；1993年，中日贸易额增至378.44亿美元，占日本外贸总额的6.3%，中国超越德国、韩国等而成为日本第二大贸易伙伴，并保持到2000年。① 据中方统计，2000年中日贸易额达831.7亿美元，是1989年的5.6倍；其中中国对日出口416.5亿美元，自日进口415.1亿美元。据日方统计，2000年中日贸易额达857.3亿美元，其中日本对中国出口304.4亿美元，自中国进口552.9亿美元。② 无论是中方统计数据还是日方统计数据，中日贸易额都于2000年创造了新纪录。

这一时期，中日双边贸易额在中日两国各自对外贸易总额中所占的份额持续提高。1990年，对中国出口和自中国进口在日本出口总额和进口总额中的份额分别为2.1%和5.1%，1999年已分别上升到5.6%和13.8%。2000年对中国贸易占日本外贸总额的份额首次突破10%。对日贸易额在中国外贸总额中的比重更是逐年升高，1990年出口和进口占比分别为14.3%和6.9%，2000年分别攀升至16.7%和18.4%。③ 从1993年起，日本始终保持中国最大贸易伙伴地位，一直到2003年。

这一时期的中日贸易差额有所变化。从20世纪70年代到80年代末期，除了少数几个年份外，中日贸易的特点均是日本方面呈现贸易顺差，而中国方面则是贸易逆差。自20世纪90年代初期起，中国开始有了对日贸易顺差。根据中国方面的统计数据，20世纪90年代的1992—1995年以及1999年这5年中，中国处于贸易逆差状态，而其他年份则为对日贸易顺差。而根据日本方面的统计，整个20世纪90年代中国一直保持着贸易顺差。

这一时期，中国对日出口产品结构不断优化。1985年，以矿物性燃料为主的初级产品约占中国对日出口额的74%；到1997年，中国对日初级产品和工业制品出口的比例关系已经颠倒过来，初级产品出口占比降为22.5%，而工业制品出口占比上升为77.5%，2000年又进一步升至81.8%。这表明中日双边国际分工和双边贸易正在向水平型分工和水平型贸易乃至产业内贸易方向发展。④

这一时期，日本开始对华进行直接投资。其首笔对华直接投资发生在1979年，金额为1 400万美元。20世纪80年代，日本对华直接投资缓慢上升，20世纪90年代前期则迅猛增加。据中方统计，1992年日本对华直接投资实际金额为5.0亿美元，1993年增至8.3亿美元，1994年升至17.9亿美元，1995年更是增至31.8亿美元。⑤ 日本对华直接投资从1996年起有所下滑，但随着中国经济形势好转和日本经济复苏，1999年其降速放缓，2000年又恢复了增长，合同件数和合同金额分别比上年增长38.3%和42.0%。值得指出的是，其间日本对中国投资的大、中型项目的金额都比较大，就前述每个项目的平均金额而言，1990—1993年间约为200万美元，1994年增至404万美元，1996年已达688万美元，1998年更是

---

① 李玉潭，庞德良. 中日经贸关系的发展与思考［J］. 现代日本经济，1995（Z1）：17–21.
② 张季风. 20世纪90年代中日经贸关系的发展与特点［J］. 日本学刊，2001（3）：28–45.
③ 同②。
④ 同②。
⑤ 张季风. 中日经贸关系50年：变迁与前瞻［J］. 日本学刊，2022（4）：68–95.

达到 946 万美元。①

### 3. 中日经贸合作深化期

2001 年,中国加入 WTO,全面融入全球化,对外开放进入崭新的发展阶段。中日经济关系也进一步深化,不仅双边贸易额、日本对华投资额迅速扩大,而且双方在财政、金融、区域经济一体化等领域也展开了高层次合作,同时中国企业开始对日直接投资,结束了两国之间单向投资的局面。这一时期,中日关系由"政经双热"转为"政冷经热"。

从双边贸易看,据中国海关统计,2001 年中日贸易额为 877.6 亿美元,其中中方对日出口 449.6 亿美元,进口 428.0 亿美元。中日贸易额在 2002 年突破 1 000 亿美元大关,为 1 019.0 亿美元;到 2006 年又突破 2 000 亿美元的关口,为 2 073.6 亿美元;②2008 年达到 2 667.3 亿美元。2002—2008 年,中日贸易额的各年增速均达到或接近两位数。由于国际金融危机的影响,2009 年中国对日贸易缩水至 2 287.8 亿美元,下降 14.2%,其中对日出口与自日进口分别减少到 978.7 亿美元和 1 309.2 亿美元,分别下降 15.7% 和 13.1%。

到 2003 年,日本已连续 11 年保持中国最大贸易伙伴地位,中国则已经多年保持日本第二大贸易伙伴地位。从 2004 年起,欧盟和美国分别跃居中国的最大和第二大贸易伙伴,日本则退居第三位。而中国(含中国香港)分别于 2007 年和 2009 年取代美国先后占据了日本最大贸易伙伴和最大出口市场的宝座。

由于中国"入世"后贸易伙伴不断增多,外贸规模不断扩大,中日贸易额在中国外贸总额中的占比呈逐年下降趋势。据中国海关数据,2001—2009 年中日贸易额在中国外贸总额中的占比从 17.2% 逐年递减至 10.36%。③尽管如此,日本仍然是中国很重要的经济合作伙伴。同时,贸易对日本经济的影响也越来越大,日中贸易占日本外贸总额的比重持续上升,从 1990 年的 3.5% 上升至 2000 年的 10%,到 2009 年进一步升至 20%。④

中日贸易的迅速增长也带动了日本对中国的直接投资。据中国国家统计局数据,2001—2005 年,日本对华实际外商直接投资分别为 43.48 亿美元、41.90 亿美元、50.54 亿美元、50.52 亿美元和 65.30 亿美元,大体呈波动上升;2006 年转为下降,为 45.98 亿美元,2007 年继续下降至 35.89 亿美元,2008 年略微回升至 36.52 亿美元,2009 年继续回升到 41.05 亿美元。⑤

这一时期,中日两国持续扩大经贸合作的领域,双方在环保、金融、旅游等行业的合作变得日益紧密:中日两国政府和企业联袂推进并实施了多个重要的节能环保合作项目,例如日本住友商事与中国大唐集团达成了共同投资约 600 亿日元开发风电等能源项目的合作协议;日本的大型金融企业如三菱东京日联银行、瑞穗实业银行等在中国的北京、上海等城市增设了分支机构,扩大对中国消费者的金融服务;中日之间的旅游业合作也迅速发展,日本放宽了对中国公民的旅游签证要求,使中国公民赴日旅游的人数达到了历史最高水平。

---

① 张季风.20 世纪 90 年代中日经贸关系的发展与特点[J].日本学刊,2001(3):28-45.
② 张季风.互补、互惠、互动的中日经贸合作[J].日本研究,2007(4):9-17.
③ 傅钧文.中日国际分工走向深化[EB/OL].(2011-10-27)[2022-03-26].https://finance.sina.com.cn/roll/20111027/101510702703.shtml.
④ 张季风.中日经贸关系 50 年:变迁与前瞻[J].日本学刊,2022(4):68-95.
⑤ 根据中华人民共和国国家统计局网站(https://www.stats.gov.cn/)《中国统计年鉴》有关各年数据整理。

#### 4. 中日经贸关系转型期

2010年，随着日本经济的逐步复苏，中日之间的经贸关系再次步入了稳定发展的轨道，双边贸易额回升至2008年金融危机之前的水平。据中方统计，该年中日贸易总额为2 977.7亿美元，比上年增长30.1%；其中中国对日出口1 210.6亿美元，比上年增长23.7%，进口1 767.1亿美元，比上年增长35%。据日方统计，该年日中贸易总额为3 018.6亿美元，已跨越3 000亿美元关口，比上年增长30%；其中日本对中国出口1 491亿美元，比上年增长36%，自中国进口1 527.6亿美元，比上年增长24.7%。[1] 也正是在这一年，中国的国内生产总值（GDP）超过了日本，成为全球第二大经济体。这一变化加剧了日本的失落感，并使得日本的战略焦虑变得更加明显。同年9月的"撞船事件"成为中日关系变冷的转折点。尽管如此，2011年中日贸易额仍达3 459.2亿美元的高点，中国依然是日本的最大贸易伙伴和最大出口市场，而日本则成为中国第四大贸易伙伴，仅居欧盟、美国、东盟之后（若按国家排序，则日本继续保持中国第二大贸易伙伴国地位，仅次于美国）。[2]

2012年，日本政府悍然宣布钓鱼岛"国有化"，导致中日两国关系陷入前所未有的低谷，其中经济关系也急剧萎缩，贸易、投资、财政金融合作和区域经济一体化等中日经贸合作的四大关键领域几近全部停摆：2012—2016年，中日贸易额连续5年负增长；日本对中国的直接投资在2012年达到了73.5亿美元的峰值，但在随后的2013—2016年间遭遇了连续四年的下滑，投资额减少到了峰值的一半不到；中日之间的财政和金融合作几乎陷入了停滞状态；中日韩自由贸易区谈判以及《区域全面经济伙伴关系协定》（RCEP）谈判也大受影响。[3]

2017年，随着中日关系的改善，中日经贸关系也回归正常轨道。2017—2018年间，中日贸易额以及日本对中国的直接投资均实现了连续两年的增长。2018年中日贸易额和日本对中国直接投资分别回升至3 276.6亿美元和38.1亿美元。然而，受到中美贸易摩擦等外部因素的冲击，2019年中日贸易额和日本对中国的直接投资都再次遭遇了下降。即便如此，此时日本仍是中国第四大贸易伙伴（若按国家排名，日本在中国的贸易伙伴国、出口对象国和进口来源国中均居第二位）；中日贸易额占到日本外贸总额的20%。[4]

在投资方面，据统计，2010年日本对中国的实际直接投资额为42.4亿美元；2012年达到73.5亿美元的历史高点；2013—2016年连续4年出现负增长，在2016年已降至31.0亿美元；2017年转负为正，同比增长5.3%，为32.6亿美元；2018年达38.0亿美元；2019年又略有减少，为37.2亿美元；2020年继续下降，至2021年方止跌回升，为39.1亿美元。[5] 截至2019年年末，日本对中国的直接投资实际使用额累计达到了1 157.0亿美元，这一数额占到了中国所吸引外资总额的6.1%，使得日本成为中国的最大外资来源国；[6] 进驻中国的日本企业已经超过5万家，投资行业也由制造业扩展至服务业，中国的定位由生产基地变为巨大的

---

[1] 王洙. 日本经济发展动向及中日经贸关系展望[J]. 对外经贸实务, 2011(4): 4-7.
[2] 张季风. 中日经贸关系50年：变迁与前瞻[J]. 日本学刊, 2022(4): 68-95.
[3] 张季风. 迈向新时代的中日经济关系：机遇与挑战[J]. 国际论坛, 2020(3): 19-34, 155.
[4] 同②.
[5] 同②.
[6] 张季风. 日本经济蓝皮书：日本经济与中日经贸关系研究报告（2020）[M]. 北京：社会科学文献出版社, 2020: 30.

消费市场。[①]

近年来,中日在其他领域的合作也进一步加强。2018年10月,中日两国还共同举办了首届"中日第三方市场合作论坛",同时达成了52项合作协议,其总价值高达180亿美元。在"一带一路"倡议的框架下,第三方市场合作为中日经贸关系提供了更广阔的发展空间,同时也表明两国经贸合作达到了一个新的高度。同年同月,中国人民银行与日本央行日本银行签订了《中日双边本币互换协议》,该协议的规模达到2 000亿元人民币,同时两国中央银行还签署了合作备忘录,在日本建立人民币清算机制,以上意味着中日两国在金融合作领域又取得了新的进展。2019年4月,中国银行东京分行在日本正式开展人民币清算业务。[②]此外,中日牵头的《区域全面经济伙伴关系协定》(RCEP)谈判于2019年年末取得了实质性突破,包括中日在内的15国达成了框架性协议。

## 二、改革开放以来的中日贸易关系

改革开放以来,中日双边贸易发展呈现三大特点。第一,中日贸易结构逐渐趋于合理,彼此之间逐渐由垂直型贸易向水平型贸易转变。中国对日本的出口结构持续改善,制成品出口占比稳步提升,而初级产品如农产品和原材料等的出口占比持续降低。第二,日本对中国的技术出口在中国的技术引进过程中占据了显著的位置。在一段很长的时期里,中日之间的技术贸易额在中国的技术贸易总额中始终排名前三。就日本对中国进行技术转移的领域而言,直到20世纪90年代中期都主要集中在家电、石油化工和钢铁等行业,20世纪90年代后期起开始向汽车和信息技术(IT)等行业扩展。第三,公司内部贸易及转口贸易在中日贸易中占据了相当大的比例。在中国的日资企业所生产的产品中,大约有46%销往日本或者出口到欧美等其他国际市场。中日贸易关系是互利共赢的,但毫无疑问,拥有技术和资本双重优势的日本在其中获得了更大的利益。[③]

### (一)中日货物贸易

得益于1978年《中日和平友好条约》的签署以及中国改革开放政策的持续推进,中日贸易快速增长,1981年中日双方的贸易额首次超过100亿美元,在1990年这一数字又超越了200亿美元关口。进入21世纪以后,中日贸易发展进一步加速。据中国海关统计,2000年中日双边货物贸易额为831.6亿美元,并在2002年、2006年和2011年分别突破1 000亿美元、2 000亿美元和3 000亿美元关口。[④]中国于2007年成为日本的最大贸易伙伴,2年后又成为日本的最大出口市场。2012—2016年,由于日方"购岛"行为等政治因素的干扰,中日货物贸易额连续5年负增长,从3 294.6亿美元降至2 750.8亿美元。[⑤]

---

① 庞德良,卜睿,张季风,等.后疫情·后安倍时代的中日经济关系笔谈[J].现代日本经济,2021(1):1-26.
② 中国人民银行.中国人民银行公告〔2018〕第21号[EB/OL].(2018-10-26)[2022-04-04].http://www.pbc.gov.cn/goutongjiaoliu/113456/113469/3651280/index.html.
③ 张季风.中日经贸关系70年回顾与思考[J].现代日本经济,2015(6):1-12.
④ 数据来源:根据中国《海关统计》1978—2011年有关各年数据整理得出。
⑤ 张季风.中日经济关系的新动向与今后展望[J].日本研究,2017(3):25-30.

据中国海关统计,中日货物贸易在2017年转为10.1%的正增长,2018年同比增长8.1%;2019年又转为3.9%的负增长,中日货物贸易总额为3 150.1亿美元,其中中方出口1 432.5美元,比上年下降2.6%,进口1 717.7亿美元,比上年下降4.9%。①2020年,中日货物进出口贸易额为3 172.8亿美元,同比增长0.8%,其中中方出口1 426.2亿美元,下降0.4%,进口1 746.6亿美元,增长1.8%。②日本仍为中国第四大贸易伙伴,仅次于东盟、欧盟和美国。若按国家排名,2020年日本是中国货物贸易的第二大贸易伙伴国、第二大出口目的国和最大进口来源国,而中国则连续13年为日本的最大货物贸易伙伴国。日本财务省的贸易统计速报显示,2020年,尽管日本的总出口量下降了11.1%,对美国的出口更是下降了17.3%,但对中国的出口额却逆势增长了2.7%,其在日本总出口额中的占比达到了22%,首次超过了20%,并且超过了对美国的出口占比(18.4%),排名首位。③据中国商务部统计,2021年,中日双边贸易总额达到3 714.0亿美元,创造了历史新高,比2020年增长17.1%,其中中方出口1 658.5亿美元,比上年增长16.3%,进口2 055.5亿美元,比上年增长17.7%。④

中日货物贸易具有显著的全球价值链(GVC)特征。该特征曾经更为显著地体现在日本对华出口方面,呈现单向度特征。但近年来开始朝着双向度发展,中国对日出口也开始呈现GVC特征。⑤2019年,日本对华出口总额14.7万亿日元(约合1 410亿美元)中,"一般机械"和"电子设备"占比依然最高,分别为23%和21%,依然维持以中间产品贸易为主的格局。"一般机械"出口额3.4万亿日元中,半导体制造装备为9 005亿日元,占比最高;"电子设备"出口额3.04万亿日元中,半导体电子部件和IC集成电路为1.7万亿日元,占比过半。同年日本自华进口总额18.5万亿日元(约合1 772亿美元)中,"电子设备"占比最高,为29%。其中智能手机等通信设备超过2万亿日元,继续维持终端产品进口为主的格局,但半导体电子部件和IC集成电路进口额也达6 891亿日元,相当于其对华出口规模的40%。此外,日本自华进口的汽车零部件金额也达3 287亿日元。⑥

### (二)中日服务贸易

伴随着中国对外开放不断扩大和深入以及中国快速向服务经济时代迈进,中日服务贸易额稳步增长,在中日双边贸易总额中的比重持续提升,逐渐成为中日双边经贸互惠合作的新引擎,在两国经贸互惠合作中的地位越来越突出。

中日服务贸易规模持续增长。据日本央行数据,2014—2019年中日双边服务贸易额由283.5亿美元增至408.9亿美元,在日本服务贸易总额中的占比由8.0%升至10.0%,在中日双边贸易额中的占比由10.7%升至12.7%。其中,日本对华出口由165.1亿美元增至289.2

---

① 中国海关总署. 2019年12月进出口商品主要国别(地区)总值表(美元值)[EB/OL]. (2020-01-14)[2022-044-04]. http://www.customs.gov.cn/customs/302249/302274/302275/2833764/index.html.
② 数据来源:中国国家统计局网站(https://www.stats.gov.cn/)和《中国统计年鉴2021》.
③ 张季风. RCEP生效后的中日经贸关系:机遇、挑战与趋势[J]. 东北亚论坛, 2021(4): 69-81, 127-128.
④ 中华人民共和国商务部. 2021年中国—日本经贸合作简况[EB/OL]. (2022-03-22)[2022-04-05]. http://file.mofcom.gov.cn/article/bnjg/202203/20220303287306.shtml.
⑤ 张玉来. 全球价值链重塑与东亚:中日合作的空间与潜力[J]. 东北亚论坛, 2019(3): 47-48.
⑥ 庞德良,卜睿,张季风,等. 后疫情、后安倍时代的中日经济关系笔谈[J]. 现代日本经济, 2021(1): 1-26.

亿美元,增长了 75.2%,进口由 118.4 亿美元增至 119.7 亿美元,增长了 1.1%。2019 年,中日服务贸易比去年增长 9.6%,①年增长率比货物贸易高出 13.5 个百分点。

长期以来,中日间服务贸易一直以传统服务贸易为主。据日央行数据,2014—2019 年中日传统服务贸易额在中日贸易总额中的占比基本保持在 50% 以上,2018 年中日双边传统服务贸易总额为 221.3 亿美元,占日本对华服务贸易总额的 59.3%,为近几年的最高值。近年来,中日双边服务贸易的内部结构有所变化。从出口结构来看,伴随日方对华传统服务出口的快速增长,其对华知识密集型服务出口占比趋于下降。日本对华传统服务贸易出口额由 2014 年的 100.1 亿美元增至 2019 年的 200.6 亿美元,在日本服务贸易总额中的占比由 60.6% 上升至 69.4%,而知识密集型服务出口占比从 38.5% 下降至 29.5%。从进口结构来看,日本对华知识密集型服务进口占比趋于上升。2019 年日本自华进口知识密集型服务总额为 68.2 亿美元,在其对华服务进口总额中的占比从 2014 年的 51.5% 上升至 57.0%。②可见,随着中国产业结构升级,中方对日服务贸易出口结构持续优化,对日知识密集型服务出口占比稳定上升。

随着全球价值链分工的深化,中日在传统服务贸易领域、知识密集型服务贸易领域都表现出互补性,双边服务贸易潜力巨大。据计算,在中国对日服务出口、日本进口中国服务方面,2014—2019 年中日在知识密集型服务贸易领域的贸易互补性指数(Trade Complementarity Index,TCI)由 0.99 逐步提升至 1.19,两国互补性逐年提高;在日本对中国服务出口、中国进口日本服务方面,同期两国在以运输、旅行、建筑为代表的传统服务贸易领域的互补性指数历年均为 1.5 左右,双方互补性一直都较高。③

中国对日服务出口和进口的增长呈现不均衡态势,结果对日服务贸易逆差逐年增大。2014—2019 年,中国对日本服务贸易出口额增长了 1.1%,年均增长 0.5%;同期对日服务贸易进口额增长了 75.2%,年均增长约 12%;同期中方对日服务贸易逆差额由 46.7 亿美元持续增加至 169.5 亿美元,扩大了 2.6 倍。④其主要原因是中国在双边服务贸易往来中的核心竞争力相对较弱和过于依赖来自日方的服务进口。

### 三、中日投资关系

1. 日本对华直接投资

日本对中国的直接投资自 1979 年开始,尽管期间经历了一些起伏,但总体上呈现持续增长的态势。日本对华直接投资经历了 4 次高潮。第一次高潮出现在 20 世纪 80 年代中后期,主要是对中国经济特区的投资,属试探性投资,规模一般不大,每年仅有数千万美元。第二次高潮出现在 20 世纪 90 年代中期,邓小平南方谈话后中国着手大力发展社会主义市场经济,改革开放持续深入,众多日本企业纷纷来中国进行直接投资,不但其投资规模迅速扩大,年平均投资额近 30 亿美元,而且其投资范围也很快遍及整个东部沿海。第三次高潮出现在中国"入世"以后,全方位对外开放和西部大开发两大战略的实施,拉动了日本企业对

---

① 张琼,赵若锦,李俊.中日服务贸易:现状、问题、机遇和对策[J].国际经贸探索,2021(3):4-15.
② 同①。
③ 同①。
④ 同①。

中国东、中、西部地区的全方位投资,投资领域也从制造业扩大到服务业,年平均投资额超过40亿美元。与此同时,日本在华企业的投资策略和经营模式也发生了显著的转变。独资企业的数量有所增加,并且具有区域整合功能的投资管理公司也大量涌现。除制造业之外,流通、零售和餐饮等行业中以获取市场为目的的投资也呈现出明显的增长趋势。第四次高潮发生在21世纪10年代的头几年,正值中国经济开始由数量型增长向高质量发展的新时代迈进,内需不断扩大,汽车等耐用消费品需求旺盛,拉动了日本企业对汽车产业、建筑机械行业以及服务业的巨额投资,这期间年平均投资额超过50亿美元,2012年达到73.5亿美元的峰值。①

然而,2012年日本"购岛"闹剧导致中日关系降至冰点,2013年日本对华直接投资同比减少了4.3%。2014年,中日关系有所改善,然而由于投资惯性的影响,该年日本对中国直接投资出现38.8%的急剧下滑,2015年继续大幅度减少25.8%,投资总额"缩水"至32.0亿美元,2016年投资额进一步减少至31.1亿美元,甚至低于20年前(1995年)的水平(31.5亿美元)。② 日本对华新增直接投资连续4年出现负增长,这在日本对新中国直接投资史上属于绝无仅有。在这次投资低迷期,尽管日资企业从中国撤出投资的现象比较少见,但新增投资下降异常明显,尤其是2014年,降幅创1985年以来之最。③ 在减少对中国投资的同时,日本却显著加大了对东盟国家的投资力度。根据日本的统计数据,2013年日本对中国的投资额为91.04亿美元,而同期对新加坡、马来西亚、泰国、印度尼西亚、菲律宾、越南等东盟国家的投资总额达到了233.98亿美元。到了2014年,日本对中国的投资额减少到67.41亿美元,比上年降低了26%,与此同时,对东盟的投资额却仍然达到199.59亿美元。④ 2017年,日本对中国直接投资由降转升,正增长5.2%;2018年又同比增长16.5%,投资额达38.1亿美元。但是,2019年由于受中美贸易摩擦等的冲击,日本对中国直接投资额又降至37.2亿美元,同比跌2.0%;⑤ 2020年,再下降9.3%,仅为33.7亿美元。2021年,日本对中国实际投资39.1亿美元,比上年增长16%。⑥

据中国商务部统计,截至2020年年末,日本在中国设立的企业数量累计达到了53 633家,实际使用的对华投资金额累计达到1 190.8亿美元,从国别来看,日本成为中国的最大外资来源国。⑦ 而根据日本财务省的数据,2020年的前三个季度,日本对中国的投资额为1.286 6万亿日元,与上年同期相比下降了4.9%,然而该下降幅度是低于日本在全球范围内直接投资总额的下降幅度的。截至2020年9月末,日本在中国的直接投资存量达到了1 395亿美元,占其全球直接投资存量总额的7.0%。⑧

---

① 张季风. 中日经贸关系50年:变迁与前瞻[J]. 日本学刊,2022(4):68-95.
② 张季风. 中日经济关系的新动向与今后展望[J]. 日本研究,2017(3):25-30.
③ 同①。
④ 日本贸易振兴机构(JETRO). 日本贸易振兴机构统计滚动发布数据[EB/OL]. http://www.jetro.go.jp/world/japan/stats/fdi/data/country1_14Q3_p.xls.
⑤ 张季风. 日本经济蓝皮书:日本经济与中日经贸关系研究报告(2020)[M]. 北京:社会科学文献出版社,2020:9.
⑥ 中华人民共和国商务部. 2021年中国—日本经贸合作简况[EB/OL]. (2022-03-22)[2022-04-05]. http://file.mofcom.gov.cn/article/bnjg/202203/20220303287306.shtml.
⑦ 张季风. RCEP生效后的中日经贸关系:机遇、挑战与趋势[J]. 东北亚论坛,2021(4):69-81,127-128.
⑧ 同⑦。

日本对华直接投资不仅规模在总体上趋于上升,而且投资正逐渐从制造业为主转向制造业和服务业并重,近年来零售业、饮食业、旅游业、养老医疗、教育培训、休闲旅游、电子商务、研发设计等服务业逐渐成为日本对华直接投资的主要产业。日本对华直接投资领域由低附加值产业转向高附加值产业,从产业链的上游环节扩展到中游环节,其发展呈现多元化、多样化的新态势。[1]2019年,日本在华投资金额居前5位的行业分别为制造业、租赁和商务服务业、批发和零售业、房地产业、科学研究和技术服务业;此5个行业新设企业数在当年所有日本在华新设企业中的占比为80.3%,其实际投入外资金额占当年日本在中国实际投入金额的比重为90.2%。[2]

据日本帝国数据银行(Teikoku Data Bank)调查数据,2010年在华日企数为10 778家,到2020年则为13 646家。另据日本经济产业省《第49次海外事业活动基本调查》数据,日本制造业产能海外转移已经超过三分之一(2018年为33.5%),在414万亿日元的总销售额中,海外销售额为139万亿日元;而在中国的日本制造业销售额达到33万亿日元,约占其海外销售额的四分之一。[3]

通过在中国的大规模投资,日本企业不仅缓解了国内生产能力过剩的问题,还延长了其产品和技术的生命周期,并推动了产业结构的优化升级。同时,大多数在中国的日本企业都取得了可观的投资收益。根据日本方面的统计数据,这些企业长期以来在中国获得的利润超过了日本在全球其他地区投资的平均利润。日本政府2018年发布的数据显示,在华日企所获得的纯利润占比最高,为22%,超过了在东盟四国(泰国、菲律宾、马来西亚和印度尼西亚)、美国和欧盟进行投资的日企(纯利润占比分别为17%、16%和16%)。而中国仅占日本对外直接投资余额的7%,相对而言,美国却占29%。[4]日本企业在中国所获得的巨额经济利益对日本国内经济的复苏和增长起到了显著的促进作用。而且,这些企业在中国生产的产品在中国当地市场的销售量大幅增加,迅速提升了它们在中国市场的份额,这对日本企业乃至整个日本经济而言都具有极其重要的战略价值。

2. 中国对日直接投资

中国对日直接投资始于1979年,投资规模很小,基本局限于在日设立办事处、贸易窗口等附属性投资。1999年中国开始实施了"走出去"战略,中方对日直接投资规模逐渐增长。但总体来看,2009年之前,中国对日直接投资规模仍然不大,每年投资额最多数千万美元,2010年首次突破1亿美元大关,达到3.4亿美元。其后几年投资规模出现较大的波动。2011年,中国对日直接投资又降为1.5亿美元。2012—2020年,中国各年对日直接投资额最高为6.7亿美元(2019年),最低为2.1亿美元(2012年),数额都较小。截至2020年年末,中国对日直接投资存量仅为42.0亿美元,只占中国对发达国家投资总存量的1.6%,仅占日本所吸收的海外投资总量的0.9%,与高达1 200亿美元的日本对华直接投资累计总额

---

[1] 张季风. 中日经贸关系70年回顾与思考[J]. 现代日本经济, 2015(6): 1–12.
[2] 张琼, 赵若锦, 李俊. 中日服务贸易:现状、问题、机遇和对策[J]. 国际经贸探索, 2021(3): 4–15.
[3] 庞德良, 卜睿, 张季风, 等. 后疫情·后安倍时代的中日经济关系笔谈[J]. 现代日本经济, 2021(1): 1–26.
[4] 同[3].

相比,差距极大,可见中日双向投资不平衡的问题极其严重,并且还在继续加剧。① 分析其原因,主要应当归因于日本市场特有的封闭性以及企业间相互持股等所构成的一系列"经营惯行"或非正式规则。

从投资领域看,在 21 世纪的头 15 年,中国企业的对日投资涵盖了机械、电子、软件以及流通、零售等多个行业,而所采取的主要投资方式是收购当地企业。中国企业在日本投资的主要驱动力是为了获取日本的先进技术、知名品牌以及销售网络。② 近年来,中国对日直接投资不仅规模有所扩大,而且质量也明显提升。具体而言,中国企业在日本的投资主要聚焦于制造业、信息技术与互联网、金融服务以及电气通信等新兴领域,并且投资策略正朝着多样化发展。此外,中国企业也非常重视日本的市场潜力和研发环境。③

通过对日直接投资,中国企业不仅可以获得日本企业的先进技术和知名品牌,而且可以在现场学习日本方面的先进管理经验,同时还可借助被并购企业的国际销售渠道来拓展和完善自己的产品销售网络,既提升了自身的知名度与竞争力,又扩大了产品的销售量,获得了比较满意的投资回报。而从日方的角度来看,中国企业在日并购濒临破产的当地企业,保住了被并购企业的职工就业及其收入,因而对振兴当地经济有所裨益。

### 四、日本对华官方发展援助

日本政府对华官方发展援助(ODA)是中日经贸关系的重要组成部分,它与双边贸易、双边投资并驾齐驱,共同构成了中日两国经贸关系的"三驾马车"。日本对华 ODA 始于 1979 年年底,主要由有偿资金援助(日元贷款)、无偿援助和技术合作三大部分组成,其中日元贷款约占 91.6%,无偿资金援助和技术合作金额各占约 4.2%。截至 2007 年年底,日本政府共向中国政府提供了 3.3 万亿日元的贷款,支持了 255 个建设项目;此外,还提供了总计 1 398 亿日元的无偿援助,惠及 141 个建设项目。④

从日方的角度看,对中国提供 ODA 作为一种特殊的资金安排,有着多方面的意义。

第一,向中国提供 ODA 有助于维持日中之间的良好关系和促进中国的稳定发展,这是与日本的长期利益相吻合的。20 世纪 70 年代初,为了抗衡苏联,美国开始采取与中国接近的政策,认为一个强大、繁荣且现代化的中国更符合美国和西方国家的利益。作为美国盟友的日本也追随其政策,时任日本首相大平正芳也认为中国的稳定发展对日本是有益的。基于这一认识,日本支持中国的改革开放政策,致力于将中国塑造成为日本的重要市场。

第二,就现实经济因素来看,当时日本迫切希望从中国大量进口资源(特别是煤炭,以减少对中东石油的过度依赖)。因此,首批日元贷款所资助的项目主要集中在铁路建设和煤炭装运港口,这些项目旨在加强中国煤炭产区与港口的联系,确保煤炭出口基础设施的完善。在五年的时间里,这些项目的贷款总规模达到了 3 000 亿日元。根据日本方面的估算,日元贷款帮助中国提升了煤炭生产和运输能力,使得中国出口到日本的煤炭量从 1979 年的

---

① 张季风. RCEP 生效后的中日经贸关系:机遇、挑战与趋势[J]. 东北亚论坛,2021(4):69-81,127-128.
② 张季风. 中日经贸关系 70 年回顾与思考[J]. 现代日本经济,2015(6):1-12.
③ 庞德良,卜睿,张季风,等. 后疫情·后安倍时代的中日经济关系笔谈[J]. 现代日本经济,2021(1):1-26.
④ 张季风. 中日友好交流三十年:经济卷[M]. 北京:社会科学文献出版社,2008:24.

约 300 万吨增加到 1985 年的 750 万吨,约占日本当年煤炭进口总量的 8%。①

第三,日方向中国提供 ODA 还在于推动其对中国出口和投资。在日元贷款的促动下,大量日本企业涌入中国市场,日本对中国的出口和直接投资显著增长。到了 2009 年,中国已经成为日本的最大贸易伙伴和最主要的出口目的地,对华贸易和出口在日本总贸易额和出口额中所占的份额均超过了 20%。"中国特需"成为帮助日本经济摆脱长期低迷并实现复苏的关键驱动力。

日本 ODA 也为中国经济社会发展作出了很大贡献。改革开放初期,日本 ODA 给中国带来了进行大规模基础设施和基础工业建设所急需的资金(尤其是外汇)和先进技术。在相当长的一段时间里,日元贷款占据了中国所接受的外国官方资金援助的"半壁江山",并且在中国的国民经济五年计划中,日元贷款作为重要的外部配套资金,发挥了关键性作用。在 20 世纪 90 年代,日元贷款在中国国家预算内的基本建设投资中占据了较高比重。1994 年,这一比重达到了顶峰,约为 27%,到 1997 年仍然占到约四分之一。② 日本对中国的技术援助和无偿援助,尤其是那些专注于民生改善的"利民工程"项目等,都取得了积极的成果。

应当说,日本对中国的官方发展援助(ODA)有效促进了中日双方的互利共赢,取得了相当大的成功。③ 不过,由于受到日本部分右翼势力和一些媒体的负面渲染,原本对中日双方都有益的日本 ODA 在某些时期反而变成了中日关系中的一个争议点。2008 年,经过中日双方相关部门的协商,持续了将近 30 年的日元贷款项目宣告结束。

## 本 章 小 结

从中华人民共和国成立至 20 世纪 60 年代,中国与西方发达经济体的贸易关系基本上处于停顿状态,仅有少量民间贸易往来。20 世纪 70 年代中西方政治关系逐渐缓和,中国与美国、欧盟、日本等主要发达经济体之间的经贸关系有了快速的发展。改革开放以后,中国与主要发达经济体的经济关系迅速向广度和深度扩展,中国"入世"则进一步促进了彼此的经济联系、相互依赖与经济发展,但其间也出现了一些矛盾和阻力,近年来经济摩擦有所升级。

## 复习思考题

1. 试述中美经济关系发展的历史、现状与前景。
2. 中国与欧盟之间经济贸易关系的发展有着什么样的特点?
3. 你对中欧经济贸易关系的未来发展怎么看?

---

① 张季风.中日经贸关系 70 年回顾与思考[J].现代日本经济,2015(6):1–12.
② 同①。
③ 庞德良,卜睿,张季风,等.后疫情·后安倍时代的中日经济关系笔谈[J].现代日本经济,2021(1):1–26.

4. 支撑中日经贸关系的三大支柱是什么？请分别阐述其内容。
5. 中国与日本之间的相互投资关系具有哪些特点？

## 案例分析与思考

中美贸易摩擦的本质①

自2018年以来，中美之间的紧张关系已经从贸易领域扩展到了科技、金融、外交、地缘政治、国际舆论以及国际规则等多个方面。在贸易领域，美国试图通过提高关税来获得好处，并促使制造业回归其国内；在科技领域，美国试图限制中国的创新能力；在金融领域，美国运用多种金融手段来打压中国经济；在地缘政治领域，美国试图扰乱中国及其周边地区的和平与稳定；在国际舆论领域，美国企图混淆视听，误导全球公众。美国所有行为的核心目的，是阻止中国的崛起并维护美国的全球霸权地位，这就是美国的真实意图。

具体而言，在经贸方面，美国对中国商品加征的关税范围不断扩大，税率也持续上升，同时在《美国－墨西哥－加拿大协定》中设置针对中国的特定条款。在金融方面，美国对中资银行进行调查，并单方面将"汇率操纵国"的帽子强加给中国，限制中资企业在美国上市，并禁止美国养老基金到中国市场进行投资。在科技方面，美国对华为、海康威视、大华等中国高科技企业实施禁售和打压等措施，限制中国科技发展的意图昭然若揭。在地缘政治方面，美国介入中国香港和中国台湾的地区事务，干涉中国内政，挑战中国的主权和领土完整，同时对一些与中国保持友好关系的国家实施制裁，间接影响中国的海外经济和政治利益，并试图削弱中国的国际地位和影响力。在国际组织和规则方面，美国不承认中国的市场经济和发展中国家地位，向世界贸易组织施加压力，要求修改国际规则。在国际舆论方面，美国通过控制各种媒体舆论，与盟友联合起来损害中国的国际形象，污蔑中国的"一带一路"倡议。

随着中国经济的快速发展和中美两国在产业分工上由互补转向竞争，加之中美在价值观、意识形态和国家治理上的差异日益显著，美国对中国的态度产生了巨大变化。在美国政界，对中国的批评声音甚嚣尘上，一些美国人士给中国贴上了政治上的威权主义、经济上的国家资本主义、贸易上的重商主义和国际关系上的新兴扩张主义等标签。他们认为中国对美国所领导的西方世界构成了全面挑战：中国的经济增长挑战了美国的经济主导地位，中国在高科技领域的进步挑战了美国的科技垄断，中国的贸易政策挑战了美国制定的贸易规则，中国的"一带一路"倡议挑战了美国的地缘政治利益，中国的国家发展模式挑战了美国的意识形态和西方文明价值观。

**思考问题**：中美贸易摩擦产生的原因是什么？中美贸易摩擦对中国、美国及世界经济产生了什么样的影响？你对中美经贸关系的未来发展怎么看？

---

① 参见任泽平、华炎雪、罗志恒，等.中美贸易摩擦：本质、影响、进展与展望[EB/OL].(2020-12-28)[2022-02-28]. https://www.thepaper.cn/newsDetail_forward_10559971，有所改动。

# 第十一章 中国与新兴经济体的经济关系

新兴经济体是促进全球经济持续增长的新生力量,同时也是全球经济的重要构成要素。中国致力于推进开放型经济新体系和全面对外开放新格局的建设,全面落实开放发展理念,充分发挥在新兴经济体中的领导作用,寻求和新兴经济体群体发展的契合点。一则以"一带一路"沿线新兴经济体为突破口,探索落实"一带一路"建设的路径,再则为新时代新兴经济体的经贸合作发展提供新方向,带动提升新兴经济体在全球经济体系中的整体性发展,并在全球治理新体系的大舞台上发出更多的新兴经济体声音。①

## 第一节 新兴经济体与开放型经济新体系

### 一、新兴经济体概述

#### (一)新兴经济体的界定

新兴经济体这一概念近年来受到各界的高度关注,其定义和划分标准引发了广泛的讨论和争议。新兴经济体通常指那些经济快速增长且在国际经济体系中发挥重要作用的国家或地区,但对其具体定义和标准,学界和业界存在较大分歧。最早在1979年,经济合作与发展组织(OECD)将"亚洲四小龙"(韩国、新加坡、中国香港地区、中国台湾地区)定义为新兴工业国家或地区,首次提出了新兴工业化经济体的概念。随后在20世纪80年代,世界银行将收入较高的发展中国家定义为新兴市场,进一步丰富了这一概念的内涵。

然而,随着全球经济的快速发展和变化,单一的标准已不足以全面涵盖新兴经济体的多样性和复杂性。世界银行依据人均国民收入水平来划分新兴经济体,这一标准被批评为过于单一和宽泛。不同的研究者和机构提出了各自的划分标准,这导致了对新兴经济体界定上的差异和争议。比如,有研究者依据经济增长速度,将那些处于快速增长阶段的国家或地区划为新兴经济体。也有人依据经济政策的市场导向性,将那些快速增长且政策市场导向的经济体归为新兴经济体。此外,出口增长速度也是一个常用的划分标准。一些研究者认为,在特定时期内出口增长率高于工业化国家平均水平的低收入国家或地区,可以被视为新兴经济体。国际货币基金组织(IMF)则认为,对外国投资者开放的金融市场也是衡量标准之一。信息化发展的快速推进同样是衡量新兴经济体的重要标准之一,特别是那些在信息技术领域取得快速发展的国家或地区。国际政治影响力也是不可忽视的标准。一些对全

---

① 李国鹏. 中国与"一带一路"沿线主要新兴经济体的经贸合作研究[D]. 大连:东北财经大学,2017.

球市场发展有重要政治影响的发展中国家或地区,往往被视为新兴经济体的重要组成部分。这些国家或地区不仅在经济上崭露头角,还在国际政治舞台上发挥着越来越重要的作用。

尽管上述标准各自从特定角度出发,试图全面反映新兴经济体的特征,但都存在标准单一的问题。新兴经济体的多样性和复杂性使得单一标准难以全面涵盖其在全球经济中的重要性。未来,随着全球经济的不断发展和变化,对新兴经济体的研究和讨论也将继续深化,为全球经济治理提供新的视角和思路。

### (二)新兴经济体集群及其作用

新兴经济体的发展经历了不同阶段,每个阶段都对全球经济产生了深远的影响。这些阶段包括初始阶段(1980—2002年)、发展阶段(2002—2008年)和崛起阶段(2008年至今),每个阶段都有其独特的经济特征和贡献。在初始阶段,东南亚国家如新加坡、马来西亚、泰国和菲律宾通过引进外资、发展制造业和出口导向型经济实现了快速增长,而拉美经济体却陷入严重的债务危机,经济停滞。中国在此期间通过改革开放政策从计划经济向市场经济转型,取得显著成就;俄罗斯则在苏联解体后经历剧烈动荡,开始市场化改革。在发展阶段,金砖国家——巴西、俄罗斯、印度、中国和南非成为新兴经济体的中坚力量,吸引全球关注。通过经济改革和国际合作,这些国家在全球经济中占据重要地位,特别是中国,以其巨大的市场和制造能力成为全球经济的驱动力。新兴经济体的整体经济增长速度在此期间显著高于全球平均水平,促进了全球整体经济的增长。进入崛起阶段后,越来越多的新兴经济体登上全球经济发展的舞台,包括金砖国家、"新兴十一国"(E11,指"二十国集团"中的阿根廷、巴西、中国、印度、印度尼西亚、韩国、墨西哥、俄罗斯、沙特阿拉伯、南非和土耳其)、"新钻十一国"(Next-11,指巴基斯坦、埃及、印度尼西亚、伊朗、韩国、菲律宾、墨西哥、孟加拉国、尼日利亚、土耳其、越南)、"灵猫六国"(CIVETS,指哥伦比亚、印尼、越南、埃及、土耳其和南非)等,呈现出更多差异化发展特征。①

在当今全球经济体系中,新兴经济体的角色和影响力日益显著。随着时间的推移,这些国家的贡献逐步增加,并且在国际舞台上受到更多的关注。新兴经济体中的主要代表是金砖国家和"新兴十一国"。它们不仅推动了全球经济重心向南倾斜,还在多层次的国际合作中扮演着关键角色。作为新兴经济体的典型代表,金砖国家在全球价值链中的系统性最强。它们逐渐被纳入全球价值链体系,与其他国家的互动性显著增加,经济和政治影响力不断攀升。通过年度峰会,金砖国家领导人定期讨论全球经济、政治和安全问题,促进成员国之间的紧密合作。与此同时,金砖国家还通过建立新开发银行(NDB)和外汇储备库等金融机构,增强了其在国际金融体系中的话语权。这些合作机制不仅增强了金砖国家的凝聚力,也为其在挑战西方主导的国际秩序方面提供了有力的工具。

此外,"新兴十一国"也在全球经济中扮演着重要角色。"新兴十一国"致力于推动发达国家与新兴经济体之间的对话,促进全球经济治理的平衡和包容性,在G20中发挥了举足

---

① 田春生,郝宇彪.新兴经济体的崛起及其差异比较与评述[J].经济社会体制比较,2011(5):119-120.

轻重的作用。尽管这些国家的经济增长率通常高于全球平均水平,但它们在发展过程中面临着诸多挑战。首先,这些国家的经济发展在很大程度上依赖于发达经济体的需求,使其经济容易受到外部市场波动的影响。其次,"新兴十一国"的经济稳定性和全球影响力还有待进一步提升,需要通过结构性改革和多元化发展来增强抗风险能力和国际竞争力。

总的来说,新兴经济体在不同历史阶段的角色有所不同,但其总体贡献和影响力逐渐增强。金砖国家和"新兴十一国"作为新兴经济体的典型代表,通过加强内部合作和积极参与国际事务,不断提升自身在全球经济中的地位和影响力。这不仅改变了全球经济重心,也为世界经济的多极化发展注入了新的活力。通过深化合作和共同应对全球性问题,新兴经济体有望在未来的国际格局中占据更加重要的位置。这不仅有助于其自身的发展,也将为全球经济的平衡和可持续发展作出更大的贡献。

## 二、构建开放型经济新体系

### (一)新兴经济体的发展机遇与挑战

自美国次贷危机至欧洲债务问题、自发达国家经济低迷至新冠疫情的全球性冲击,在世界经济环境波动变化的过程中,新兴经济体也经历了从经济高速增长到发展受阻的不同情形,发展机遇与挑战同时存在。

一方面,新兴经济体拥有着巨大的发展机遇。在中国等国家的带动下,新兴经济体正在推动世界经济秩序和全球治理体系的改革。以金砖国家为代表的合作机制,推动了新兴经济体的群体化发展,提高了这些国家在与发达国家博弈中的能力。通过年度峰会和多边合作机制,金砖国家加强了在金融、贸易和技术等领域的合作,提升了集体在全球经济中的话语权。国际贸易体系的调整也是新兴经济体发展的一个重要机遇。高标准、广覆盖的新区域经济合作模式兴起,为新兴经济体提供了更多参与全球贸易的机会。南南合作模式的推广,使得新兴经济体在国际贸易和投资新准则的制定中扮演越来越重要的角色。通过与其他发展中国家的合作,新兴经济体不仅能够拓展市场,还能够共同应对发达国家在国际贸易规则制定中的主导地位。在国际组织层面,传统国际组织如世界贸易组织、世界银行和国际货币基金组织也开始向新兴经济体让渡更多的投票权和话语权。这种调整不仅反映了新兴经济体在全球经济中的重要性不断提升,也缩小了发达国家与新兴经济体在国际组织中的话语权差异。通过在这些国际组织中获得更多的发言权,新兴经济体能够更有效地影响全球经济治理和政策制定。[①]

另一方面,新兴经济体的发展也面临着严峻的挑战。首先,西方国家对新兴经济体的牵绊和阻挠,使得这些国家在参与世界经济发展时遇到诸多困难。在后金融危机时代,发达国家抱团取暖,试图通过各种手段排挤新兴经济体,维护自身在全球经济中的主导地位。这种排挤不仅限制了新兴经济体的发展空间,还加剧了全球经济的不平衡。此外,新兴经济体还需要从参与者向主导者转变,以增强其在全球经济新秩序中的话语权。这一转变不仅需要

---

① 李国鹏.中国与"一带一路"沿线主要新兴经济体的经贸合作研究[D].大连:东北财经大学,2017:48-49.

经济实力的提升,还需要在国际事务中获得主动性和领导力。内部协调和南南合作的创新,对于新兴经济体实现群体化发展尤为重要。只有通过内部团结和合作创新,新兴经济体才能在全球经济中发挥更大的影响力。应对外部压力和内部环境的不确定性,是新兴经济体面临的另一个重大挑战。新兴经济体需要降低经济发展的不可控性,增强经济韧性和抗风险能力。通过加强经贸合作和区域经济合作机制,新兴经济体可以共同应对外部冲击,维护经济稳定和持续增长。① 此外,这些国家还需要不断优化内部经济结构,提高生产效率,推动技术创新,以增强经济发展的内生动力。

### (二) 开放型经济新体系的构建

世界经济发展进入调整期,多变、多元、无序将作为世界经济的主要发展趋势。新兴经济体作为全球经济增长的重要力量逐渐崭露头角,面临着巨大的机遇和挑战。尽管新兴经济体在推动世界经济发展中扮演着关键角色,但大多数仍缺乏足够的话语权,无法有效参与全球经济治理。中国作为新兴经济体中的领军者,明确提出了打造开放型经济新体系的目标,以提升开放经济的质量,连接内外经济,进一步巩固和提升其在全球经济中的地位。②

构建开放型经济新体系是当前经济发展的双重任务,其核心在于同时推动国内经济发展和参与国际经济体系的构建。在国内,关键任务是加快经济结构转型升级,以提升经济发展的质量、稳定性和持续性。具体而言,需要推动产业升级,增加高附加值产业比重,提升技术创新能力,促进绿色低碳经济发展,确保经济在高质量轨道上持续前行。这不仅是适应国内市场需求变化的必然选择,也是增强经济韧性,抵御外部风险的重要保障。

在国际经济体系构建方面,任务同样艰巨且复杂。中国需要倾注巨大的努力构建开放型经济新体系,妥善处理国际公共产品供给、制度性话语权提升、全球经济治理、发展中国家群体发展等多方面的内容。

首先,中国致力于提供更多的国际公共产品,积极履行作为大国的责任和义务。这不仅有助于改善国际社会对中国的认知,消除"中国威胁论"的负面影响,还能够为全球经济的稳定和可持续发展创造良好的外部环境。例如,中国通过提供疫苗、参与气候变化应对和推动全球基建项目,展现了其在国际事务中的积极作用和贡献。

其次,提升制度性话语权是中国的重要战略目标之一。通过加强对国际规则、标准及制度的研究和设计,中国希望在全球经济治理中发挥更大的作用。只有在国际规则制定中占据主导地位,中国才能更好地维护自身利益,并推动全球经济体系向更加公平合理的方向发展。为此,中国积极参与和主导多边谈判,努力在国际组织中发出更多的中国声音,推动国际经济秩序朝着更加公平、公正的方向发展。

此外,在全球经济治理领域,中国积极提升其地位和作用,全面融入世界经济体系。通过参与和主导多边经济组织及机制,如金砖国家合作机制、亚洲基础设施投资银行以及"一

---

① 李国鹏. 中国与"一带一路"沿线主要新兴经济体的经贸合作研究[D]. 大连:东北财经大学,2017:49.
② 李国鹏. 中国与"一带一路"沿线主要新兴经济体的经贸合作研究[D]. 大连:东北财经大学,2017:54-56.

带一路"倡议,中国推动全球经济治理体系的改革和完善。这不仅扩大了中国在全球经济事务中的影响力,也为其他发展中国家提供了合作和发展的平台,促进了全球经济的包容性增长。此外,中国还积极参与世界贸易组织的改革,推动自由贸易和多边主义,以实现全球经济的开放、包容和普惠发展。

最后,促进发展中国家群体的发展是中国对外经济战略的重要组成部分。中国通过权衡多层次对外经贸合作,构建广泛的利益共同体,减少对发达经济体的依赖。通过南南合作,中国不仅促进了自身经济的发展,也为其他发展中国家的经济腾飞提供了助力。这种合作模式不仅提升了新兴经济体在国际经济中的地位,也促进了全球经济的包容性增长。例如,通过技术转让、投资和援助项目,中国帮助许多发展中国家提升了基础设施水平和工业化能力,为全球经济的可持续发展注入了新的动力。

## 第二节 中国与新兴经济体的经贸关系

### 一、中国与新兴经济体合作的背景

#### (一)经济全球化

随着世界经济全球化趋势逐渐加强,各国之间的经贸往来已密不可分,已经形成分工合作、协同发展的新格局。中国近年来在经济领域方面取得的成就有目共睹,成为带动其他国家发展的全新引擎,特别是发挥了对其他新兴经济体的带动作用,在很大程度上拉动了新兴经济体的经济发展。

#### (二)发展中国家崛起

进入21世纪以来,世界经济结构发生重大转变,展现出发展中国家群体性崛起现象,发展中国家已经在世界经济、全球贸易增长等各方面扮演了主要推动者的角色。新兴经济体作为发展中国家中具有较高的经济发展水平和综合国力的典型代表,无论在整体经济发展规模,还是在国际贸易、国际资本流动和重点产品的生产等方面,都展现出国际性的影响力。新兴经济体间的合作,也为推动各国经济全面发展、建立全新的生产供应体系以及实现经济全球化等方面都作出了重要贡献。

#### (三)世界经济格局变化

自2008年全球金融危机爆发以来,发达国家的经济遭受了重大打击。而与之形成鲜明对比的是,新兴经济体国家凭借经济发展的后发优势,已经成长为世界经济增长的不可忽视的力量。中国作为典型的新兴经济体国家之一,积极参与建立双边合作机制并推动拓展新兴经济体群体化发展的途径,诸如与以"金砖国家"和"一带一路"共建国家为代表的合作机制孕育而生,合作机制不断取得实质性进展,合作成效不断显现。

## 二、中国与新兴经济体合作的主要体现

### （一）经贸合作的内容与趋势

自20世纪90年代以来，中国已经与印度、韩国、菲律宾、土耳其等众多新兴经济体国家签署双边特惠贸易协定等加强和保障双方的经贸往来，推动了经贸合作的历史进程。在这一过程中，中国不断拓展外贸合作空间，降低对发达经济体的依赖，促进外贸可持续增长。这些努力不仅推动了中国外贸发展方式的转变，还有效分散了外部市场风险，保障了资源供给和贸易平衡发展。

未来的经贸合作方向将不仅局限于双边合作，还要朝着区域贸易自由化、区域一体化和多边合作方向努力。中国在 WTO 框架下，积极探索多边贸易合作，通过利用国家间的差异性和互补性来拓展合作空间。这种多边合作模式不仅能更好地应对国际政治经济环境的压力，还能推动南南合作模式的升级，从而释放新兴经济体的发展潜力。

从战略意义上看，开放经济发展是中国经贸合作的必然要求。面对复杂多变的国际形势和经济环境，中国需要通过加强与新兴经济体的合作来提升自身的竞争力和抗风险能力。与此同时，新兴经济体的发展潜力巨大，与这些国家的合作不仅能促进贸易平衡发展，还能保障资源的长期稳定供给。

展望未来，经贸合作的趋势将向区域合作和多边合作迈进。通过建设多边贸易自由化的经贸合作机制，中国将以双边和区域手段为突破口，不断提升贸易自由化程度，从而更好地融入经济全球化。这不仅符合中国的经济利益，也为全球贸易秩序的稳定和发展作出了积极贡献。在这一过程中，中国将继续发挥自身优势，与更多国家和地区建立起互利共赢的经贸合作关系，推动全球经济的繁荣与发展。

### （二）经贸合作的重点国家和区域

中国在新兴经济体经贸合作中发挥着重要作用，不仅推动了这些国家和地区的群体化发展，还显著提高了它们在全球经济中的地位。作为引领新一轮区域经济合作的积极参与者和主动协调者，中国不断扩大经贸合作的范围和深度，涵盖了从双边到区域，再到多边合作的广泛领域。

在双边合作方面，中国与俄罗斯的经贸关系尤为重要。作为俄罗斯的第一大贸易伙伴，中国与俄罗斯在机器设备、矿物燃料等商品贸易上保持多样化和稳步增长。双边贸易商品的多样性不仅满足了两国经济发展的需要，也增强了双方在国际市场中的竞争力。此外，中国与南非的经贸合作也在不断深化。作为南非最大的贸易伙伴，中国在疫情期间仍保持了双边贸易的增长；南非成为中国企业在非洲投资的首选地。这种密切的经贸关系有助于提升南非在非洲乃至全球经济中的地位。韩国是中国在东亚地区的重要合作伙伴之一，中韩双边合作紧密且稳固。中国不仅是韩国最大的贸易合作伙伴，也是韩国第二大投资目的地。两国在经济、技术和文化等多方面的合作，进一步巩固了两国在全球经济体系中的重要地位。

在区域经济合作方面,中国—东盟自贸区的建立显现了积极的贸易效应。未来,通过部分产品内部贸易比重加深、区域价值分工体系细化、服务贸易带来的新增长点、加工贸易效应转移等方式,中国—东盟自贸区有望进一步升级,推动区域内经济一体化进程。这不仅有助于增强东盟国家的经济发展潜力,也为中国在东南亚地区的经贸合作提供了更广阔的空间和机遇。未来可以通过进一步调整对外相关贸易政策、协调进出口贸易均衡、改进外贸增长路径来完善优化中国—东盟自贸区。

自由贸易协定的签署是中国扩大经贸合作的重要手段之一。迄今为止,中国已与多个新兴经济体签署了自由贸易协定,包括智利、巴基斯坦、新加坡、秘鲁、新西兰和韩国等。这些自由贸易协定不仅降低了贸易壁垒,促进了商品、服务和资本的自由流动,还为双边和多边经济合作奠定了坚实的基础。通过这些协定,中国与这些国家和地区在贸易和投资方面的联系更加紧密,进一步推动了全球贸易的自由化和便利化。

### (三) 金砖国家经贸合作机制

中国与金砖国家的经济和贸易结构具有较强的互补性,在机械运输设备、材料制成品等方面具有比较优势,为深入合作奠定了坚实基础。中国积极推动金砖国家领导人峰会,实现经贸合作机制的长期化与制度化,并通过建立政府和企业间不同层级的联动机制,促进各国之间的互联互通。在金融合作方面,中国引导金砖国家从传统贸易层面扩展到金融层面,设立了多边开发性金融机构,如金砖国家新开发银行、应急储备安排和亚洲基础设施投资银行,以提供金融支持。这些机构不仅为新兴经济体提供了宝贵的金融资源,还加强了这些国家在全球金融体系中的话语权和影响力。金砖国家新开发银行的设立,重点支持新兴经济体及亚洲国家的基础设施建设,推动区域内的可持续发展。通过这些合作机制,中国与金砖国家共同建立了有效的互联互通体系,为高质量的贸易和投资创造了良好的条件。金砖国家经贸合作机制已成为新兴经济体群体化发展的典型代表。未来,金砖国家将继续深化合作,推动全球经济的包容性增长,为实现共同繁荣贡献更多力量。

### (四) 共建"一带一路"

"一带一路"倡议涵盖东南亚、中亚、南亚、中东欧、独联体和西亚六大板块。自构想实施以来,中国与共建国家在合作内容、机制、方式和进展方面取得了务实成果,推动了区域经济一体化和全球化进程的深化发展。

首先,在合作内容上,"一带一路"倡议不仅涵盖了贸易、政策、民生和基础设施等领域,而且在基础设施项目建设上取得了显著成效。通过打破发达国家对全球生产体系的垄断,中国和共建国家共同建设了大量公路、铁路、港口和电力设施,极大地改善了这些国家的基础设施状况,促进了区域内外的互联互通。这些基础设施项目不仅提升了当地经济发展的潜力,还为跨境贸易和投资提供了坚实的支撑。

其次,在合作方式上,"一带一路"倡议坚持和平共处五项原则,与共建国家平等协商,达成自愿合作协议,追求多赢的局面。中国尊重共建国家的主权和发展意愿,通过友好协商和共建共享,实现了各方利益的最大化。这种合作方式不仅增强了各国对"一带一路"倡议的认同感,也为全球治理提供了新的模式和理念。

再次,在合作机制上,"一带一路"倡议通过签署经济走廊协议和推动双边重点合作项目,如亚洲基础设施投资银行(亚投行)和金砖国家新开发银行,促进了金融合作和利益诉求的整合。亚投行自2014年成立以来,已成为为"一带一路"倡议提供资本支持的重要平台。通过亚投行的融资支持,共建国家得以加快基础设施建设,提升了区域内的经济合作水平和发展潜力。

最后,在合作进展上,"一带一路"共建国家的贸易快速发展,互补性不断增强。这主要体现在各国的自然资源禀赋和产业结构差异上。重点合作区域集中在东南亚和西亚、中东,这些新兴经济体的贸易增速较快,出口商品主要包括机械设备和服装制品。机械设备主要流向中东,服装制品则多出口到中亚地区。然而,文化差异、世界贸易组织规则以及区域贸易协定等因素对双边贸易的影响仍需各国共同应对和解决。

除了传统的贸易和基础设施合作,"一带一路"倡议还涵盖了能源、科技和金融等其他合作领域。在能源方面,中国与共建国家在一次能源和可再生能源领域展开了广泛合作,推动了清洁能源的发展和能源结构的优化。在科技领域,中国积极转向高附加值产品,与共建国家共同研发新技术,提升了产业链的竞争力和附加值。在金融方面,通过亚投行的支持,共建国家的基础设施建设和贸易便利化得到了有力保障。

总体来看,"一带一路"倡议自实施以来,不仅在经济上取得了显著成果,也在文化交流和民心相通方面实现了长足发展。未来,"一带一路"将继续秉持开放、包容、共赢的理念,深化与共建国家的合作,不断探索新的合作领域和方式,推动区域经济一体化进程,促进全球经济的可持续发展。

## 第三节 新兴经济体的调整及对华关系展望

自2008年金融危机以来,新兴经济体经济发展迎来诸多挑战,这些挑战主要源于发达国家政策的调整和新兴经济体内部发展困境,它们给当代中国与新兴经济体之间的经济合作带来相应的不利影响。

### 一、发达国家的政策调整

#### (一)再工业化政策

近年来,发达国家面对金融危机,纷纷实施再工业化政策,旨在促使制造业回流,以振兴国内经济,减少对服务业和金融业的过度依赖。再工业化政策不仅是经济调整的必要手段,更是经济战略的重要组成部分。其主要目标是通过增强本土制造能力来提升就业率,稳定社会经济结构,同时减少对外部经济的依赖。

再工业化政策的实施,带来了多方面的影响。首先,通过促进制造业回流,发达国家希望提升就业率,特别是在制造业密集的地区,通过创造新的工作岗位来减少失业率。这一举措不仅有助于稳定社会经济结构,还能够增强国内市场的消费能力,形成良性经济循环。此外,再工业化政策还旨在提高本土制造业的竞争力,通过技术升级和创新,发达国家试图重塑其在全球制造业中的领先地位。

然而,再工业化政策的实施,直接影响了新兴经济体在全球价值链中的地位,削弱了其制造业优势。随着制造业的回流,新兴经济体在全球市场的竞争力和合作规模面临缩减的风险,进而导致其经济发展动力减弱。这一政策的实施,使得新兴经济体不得不面对产业空心化、就业机会减少等问题,迫使其加速产业升级和结构调整。为了应对这些挑战,新兴经济体需要采取更加积极的政策措施,推动本土产业的技术创新和升级,增强其在全球市场中的竞争力。

### (二)新区域经济合作政策

在国际贸易和投资领域,发达国家正积极推动高标准和多元化的新区域经济合作政策,这些政策旨在促进自身经济发展,并强化其在全球经济中的主导地位。通过设定严格的市场准入标准,发达国家在许多方面排除了新兴经济体的参与,使后者难以达到这些高门槛,从而限制了它们在全球贸易中的竞争力。例如,《全面与进步跨太平洋伙伴关系协定》(CPTPP)和《跨大西洋贸易与投资伙伴关系》(TTIP)等大型区域贸易协定,便是这种战略的体现。这些协议不仅涵盖了传统的关税和贸易壁垒问题,还涉及知识产权保护、环境标准和劳工权益等更广泛和严格的领域。通过设定这些高标准,发达国家确保了在这些领域的优势地位,同时抬高了新兴经济体的参与门槛,进一步巩固了其在全球经济中的主导权。

此外,发达国家通过严格的投资审查机制,能够有效保护关键技术和敏感信息,防止技术外流带来的潜在风险。这种投资审查制度不仅是为了国家安全,更是为了维护本国在高科技领域的竞争优势。例如,美国的《外国投资风险审查现代化法案》(FIRRMA)扩大了外国投资委员会(CFIUS)的权限,使其能够更有效地审查和阻止可能对国家安全构成威胁的外国投资。

这些新政策和措施实际上构建了一种新的国际投资规则体系,强化了发达国家在技术和经济领域的主导地位,并对全球的投资流向产生深远影响。通过构建严格的投资规则,发达国家能够控制技术流动和投资方向,确保自身在全球价值链中的优势地位。这种控制不仅体现在技术领域,还扩展到金融、能源、医药等多个关键行业。

总之,发达国家通过推动高标准和多元化的新区域经济合作政策,巩固了自身在全球经济中的主导地位,并通过严格的投资审查和新国际投资规则体系,保护了技术和经济优势。这些政策的实施对全球经济格局产生了深远影响,也为新兴经济体带来了新的挑战和机遇。

### (三)新合作模式

在新的国际经济合作模式中,发达国家推行自给自足和北北强强联合的模式,逐渐摆脱传统的南北合作模式。这一转变不仅展示了发达国家对全球经济格局变化的应对策略,也反映了它们通过紧密内部合作和自我强化来应对全球竞争的决心。通过制定规则一致、竞争中立、知识产权保护、劳工和环境标准,以及中小企业支持等新标准,发达国家企图重塑国际经济合作的方向,确保其在未来经济竞争中的主导地位。这些新标准的设立,大大提高了市场准入的门槛,只有符合这些高标准的企业才能进入发达国家的市场。规则一致和竞争中立的要求,保证了发达国家企业在国际市场中的公平竞争环境,同时也排除了许多新兴经济体企业的参与机会。通过这种方式,发达国家力图保持在全球价值链中的主导地位,进一步巩固其在国际经济格局中的领先地位。这种新的合作模式,使新兴经济体在国际经济合作中面临更加严峻的挑战,迫使其加速产业升级和结构调整,在更高的竞争压力下寻求突破,以应对新的国际经济格局。

发达国家对全球贸易投资规则的调整与改动,旨在掌控全球经济合作的主要渠道与方法。在发达国家联合发展和世界经济新环境双重压力下,新兴经济体群体化发展变得更加关键,需要依托自身人口、资源、科技等方面的优势,在合作领域积极参与制定国际贸易标准的工作,以实现更深度的经济联系。

## 二、新兴经济体内部发展困境

### (一)有效需求下降

传统发展中国家的居民往往存在有效需求不足的问题。尽管这些国家的居民具有较高的储蓄率,但这种高储蓄并未转化为高消费,容易引发内部经济循环不畅,大大阻碍经济发展。例如全球金融危机爆发以后,印度储蓄率在30%~35%之间波动,沙特阿拉伯储蓄率更是高达40%,远高于发达国家20%左右的储蓄率。较高的储蓄率限制了有关新兴经济体的居民消费,造成有效需求下降,对经济发展产生了不利的影响。

另外,近些年来,相比相同或者类似的本土产品,一些新兴经济体的居民偏好购买来自发达国家的产品或服务。可能的原因是发达国家的产品具有较高的品质,但也可能是现阶段本土的产品难以跟上新时代居民日益增长的需求。这两方面的因素综合起来,许多新兴经济体内部有效需求下降的情况难以避免,缺乏足够的消费动力,使得实体经济增长乏力,形成了一个难以打破的恶性循环。

### (二)产业结构不合理

产业结构不合理是新兴经济体面临的另一大困境。这些国家的经济主要集中在劳动密集型和低技术行业,长期被锁定在全球价值链的底端。这种情况的产生,部分原因在于政府宏观政策的过度引导,导致投资过度集中在特定领域,形成产能过剩。由于缺乏高技术产业的支持,这种增长模式难以持续,宏观经济循环受阻,可能导致经济增速的下降,甚至潜藏衰退的风险。产业结构不合理不仅影响单个国家的经济发展,也成为新兴经济体之间合作的障碍。由于大多数新兴经济体都集中在相似的低端产业,缺乏技术含量高、附加值高的产业,彼此之间的经济合作效率低下,难以形成有效的协同效应。这种情况下,尽管有合作的意愿和需求,但由于产业重叠和缺乏多样性,合作的实际效果有限。无疑,产业结构的不合理将有可能成为影响中国与新兴经济体之间合作的障碍,会降低经济合作的效率。

以印度为例。自20世纪90年代经济改革开始以来,印度第三产业的比重持续增加,目前已经超过50%,特别是在软件和软件服务外包领域经过政府多年的扶持发展,取得了全球瞩目的成就,也成为印度国际竞争力的典型代表与标志性成果。如果按照传统产业结构理论的观点看,可以认为现代印度经济已经实现了产业结构的优化革新,其产业结构水平逐步向中等发达国家的层次靠拢。印度的经济结构模式看起来更能得到世人的关注,并且这种经济结构似乎也能一定程度上克服能源和原材料短缺的限制以及基础设施落后的问题,同时充分利用了其"高质低价劳动力"的优势。事实上,印度经济结构模式呈现了一种相比之下更依托服务业而不是工业、依靠高技术而非低技能制造业的独特发展方式。与第三产业迅速扩张形成鲜明对比的是,印度第一产业停滞不前,第二产业也发展缓慢,这样就造成基础设施落后、营商环境差等劣势,使得其经济发展较为缓慢,产业的不合理结构也影响了印度的长期可持续发展。产业结构的不合理会进而影响中国与新兴经济体之间的合作,由于原材料缺乏等方面的原因,新兴经济体生产过程中所需物资需通过更多方合作才能完成,因而会降低经济发展效率。

### (三)基础设施不完善

新兴经济体的基础设施不完善,主要原因在于资金不足和发展规划导向不明确。尽管这些国家在追求经济增长过程中取得了一定成效,但在基础设施建设方面却显得力不从心。一方面,资金短缺导致许多基础设施项目无法顺利推进;另一方面,国家缺乏明确的长期发展战略,重视外围发展而忽视了内部基础设施的完善。这种短视行为使得基础设施建设滞后,未能形成与经济发展相匹配的支持体系。基础设施建设是国民经济的基础性、先导性和战略性领域,它不仅是国家经济运转的关键,而且具有巨大的乘数效应。完善的基础设施能够促进国民收入增长,带动相关产业链的发展。此外,基础设施建设还具有带动投资和扩大内需的作用。在基础设施建设过程中,能直接创造大量就业机会,刺激消费,形成良性经济循环。

基础设施的不完善给新兴经济体带来了诸多负面影响。从经济体内部来看,基础设施的不完善限制产业的有效运转,制约生产效率与经济增长,同时严重影响公众福祉,难以保证居民稳定良好的生活质量。更为重要的是,基础设施的不完善还影响了新兴经济体在国内外的互联互通,限制了其参与区域经济合作和全球化进程的能力。没有发达的基础设施网络,这些国家很难融入区域和全球供应链,无法充分利用国际市场和资源,进而丧失了许多经济发展的机会。这种局面使新兴经济体在全球经济中的竞争力大打折扣,难以实现可持续发展。综合内外两方面情况来看,基础设施的不完善是限制许多新兴经济体经济发展的主要瓶颈。例如,印度作为一个人口大国,基础设施建设较为落后。在能源领域,尽管印度的发电装机总容快速上升,但仍远远不能满足需求。在交通运输领域,也同样存在着供需在数量和质量方面的失衡,如在公路设施方面,印度不但交通拥堵现象严重,而且道路的等级也偏低,在铁路方面的维护和扩张投资也一直不足。在教育和保健等领域,教育水平较为落后,识字率依然较低,并且婴儿死亡率远高于发达国家,人均期望寿命也远低于世界平均水平,从侧面反映出印度在教育和公共卫生方面面临艰巨挑战。基础设施建设落后现已变成限制印度经济增长的重要原因之一。

### (四)供给结构性问题

新兴经济体经济增速放慢的内因之一是供给结构性问题,以其他4个金砖国家为例。

#### 1. 印度

印度面临的供给结构性问题主要集中在劳动力市场和企业发展方面。印度的劳动力市场监管严格,企业规模普遍较小,这导致缺乏员工保障和培训机会,进一步制约了劳动生产率的提高。此外,企业在获取信贷方面面临诸多困难,中小企业难以扩展规模或进行技术升级。土地征用法令的限制更是严重阻碍了新公司建立和基础设施的发展,导致企业难以在新的区域进行投资和建设。印度的金融市场不发达,人力资本水平低,贸易和投资壁垒高,这些因素共同导致了经济发展瓶颈的产生。

#### 2. 俄罗斯

俄罗斯的供给结构性问题则更多体现在市场准入、竞争环境和产业结构上。国有企业在俄罗斯经济中占据主导地位,阻碍了市场准入和公平竞争,导致整体经济效率低下。俄罗斯的运输体系薄弱,影响了物流和商品流通效率。劳动力供给下降,工资低且工作环境差,使得劳动力市场缺乏活力。企业创新能力不足,大部分研发活动由公共科研机构进行,导致民间企业的创新动能不足。俄罗斯过度依赖资源产业,加之腐败问题、法律保护不足及行政程序烦琐,进一步限制了经济的多样化发展和企业创新能力的产生。

#### 3. 巴西

巴西的供给结构性问题集中在金融市场和基础设施方面。巴西的储蓄率低,信贷市场不成熟,导致资本积累速度慢,企业融资困难。营商环境差,企业在运营过程中面临诸多挑战,进一步影响了经济增长。基础设施投资不足,城市建设落后,存在严重的基础设施不足问题,影响了生产和流通的效率。巴西的劳动力成本上升速度快于劳动生产率的提高速度,加上对资源型产业的过度依赖,使得经济结构单一,抗风险能力差。烦琐的税收体系和高税负,进一步加重了企业的运营负担,同时,国际贸易和投资壁垒高,限制了外资流入和国际贸易的发展。

#### 4. 南非

南非的供给结构性问题主要体现在产业集中度、劳动力市场和教育系统上。南非的产业高度集中,国有企业占据主导地位,限制了市场的竞争和多样化发展。劳动力参与率低,失业率高,技能不匹配,导致劳动力市场的供需矛盾突出。南非的教育系统输出的技能不符合市场需求,导致企业难以找到合适的劳动力,进一步制约了经济发展和企业创新。

## 三、中国与新兴经济体关系发展趋势

中国与新兴经济体的经贸合作日益深化,群体化发展为中国融入世界经济体系提供了强有力的助推力。多年来,中国通过建立中国—东盟自由贸易区、参与金砖国家合作机制、推进"一带一路"倡议以及签署《区域全面经济伙伴关系协定》(RCEP)等多项合作项目,与新兴经济体形成了紧密的合作网络。这些合作项目不仅增强了中国与这些国家的经济联系,还为全球经济的稳定和发展作出了积极贡献。显而易见,中国与其他新兴经济体在经贸领域更紧密的合作将有助于形成合力,从而有助于它们与发达国家就某些重大问题开展公平的磋商与沟通,提高协商效率,降低协议成本,能够更及时地应对全球性问题。

中国与新兴经济体的经贸合作具有重要的战略意义。首先,通过与新兴经济体的合作,中国能够在与发达国家的谈判中获得更多的话语权,有助于提升协商效率,降低协议成本,及时应对全球性问题。此外,新兴经济体作为中国重要的出口市场和制造业转型的外需基础,逐渐成为中国经济发展的重要支撑点。通过扩大对新兴经济体的出口,中国不仅能够实现经济增长,还能促进自身制造业的升级和转型。

随着新兴经济体对资本品需求的增加,基础设施建设投资机会也在不断涌现。这些国家亟须大量的资本和技术投入,以改善其基础设施状况,推动经济发展。中国作为全球最大的工程承包国之一,在基础设施建设方面拥有丰富的经验和技术优势。新兴经济体对外资的欢迎态度,为中国工程承包企业提供了广阔的发展机遇。通过参与新兴经济体的基础设施建设,中国企业不仅能够获得丰厚的经济回报,还能进一步深化与这些国家的经济联系,推动双边和多边合作的深入开展。

在中长期发展过程中,新兴经济体对中国的依赖度将不断增加。这种依赖不仅体现在贸易方面,还体现在投资和技术合作等多个领域。中国企业在开拓国际市场的过程中,也将获得更多的发展空间。通过资源进口、产品和资本输出以及产业转移,中国能够帮助新兴经济体改善贸易条件,带动其工业化和经济发展。这种相互依赖关系的加强,将有助于实现双方经济的共同繁荣。

未来,中国与新兴经济体的合作将呈现进一步深化的发展趋势。首先,中国将推动新型南南合作模式,实现共同发展。通过加强与新兴经济体的合作,中国将不断拓展国际市场,利用国际和国内两个市场,推动制造业向资本、技术、知识密集型产业升级。这样的转型不仅有助于提升中国制造业的全球竞争力,还能满足新兴经济体对高技术、高附加值产品的需求。其次,中国将增加对新兴经济体的直接投资,特别是在高能耗与低效能的资源加工产业领域。通过推动这些产业的转移,中国能够实现节能减排,降低运输成本,同时帮助新兴经济体提升工业化水平,实现可持续发展。最后,中国将完善国家产业链、价值链、生产链的结构安排,有效实现产业梯度转移战略,保持"三链"的稳定性与安全性,支撑"双循环"战略目标。通过加强与新兴经济体的合作,中国将确保供应链的安全和稳定,推动产业链的优化和升级,实现价值链的延伸和提升。这种合作模式不仅能够实现互利共赢,还能为全球经济的稳定和发展注入新的动力。

总之,中国与新兴经济体的关系发展将进入一个新的阶段。在国际环境日益复杂的背景下,通过深化合作,中国与新兴经济体能够共同应对挑战,实现经济的可持续发展。未来,中国将继续发挥其经济和技术优势,加强与新兴经济体的合作,推动全球经济的繁荣与稳定。

## 四、中国与新兴经济体合作的未来方向

自新世纪以来,新兴经济体在全球经济中的地位不断上升,同时中国与新兴经济体间的贸易和投资联系也日益紧密。但毋庸置疑,新兴经济体在发展的道路上依然存在着诸多挑战,亟须共同面对、共同解决。在此背景下,中国应当积极与其他新兴经济体加深战略合作,减少对发达国家的依赖度,并坚定不移地推动经济的长期稳定与可持续发展。

首先,加强国际组织话语权。新兴经济体应当联合起来,提升在国际经济组织中的影响力。通过在国际平台上争取更多的话语权,新兴经济体能够更有效地表达自身利益和诉求。此外,推动改革这些组织的治理结构,确保新兴经济体在决策过程中有更大的参与度和影响力,是构建新的国际经济秩序的关键步骤。这不仅有助于平衡全球经济治理结构,也能使国际经济政策更加公平和包容,反映出全球经济力量的多极化趋势。

其次,坚决反对贸易保护主义,维护多边贸易体制。一方面,为了推动全球经济的健康发展,新兴经济体应共同倡导贸易自由化,借助国际监督和协商机制,坚决抵制贸易保护主义;另一方面,通过建立多边合作机制,促进更多发展中国家加入世界贸易组织(WTO),增强集体谈判能力,确保各国能够平等参与全球贸易。贸易自由化不仅可以促进资源的高效配置和经济增长,还能带来更多就业机会和技术进步。与此同时,加强对贸易保护主义行为的监督和反制,确保国际贸易环境的开放、公平和透明。

再次,大力推进战略性新兴产业。新兴经济体应发挥各自在资源与技术等领域的比较优势,通过产业结构调整和优化,合作发展新能源、信息技术、生物科技等战略性新兴产业。通过技术创新和资源整合,提升国际竞争力,实现经济的高质量增长。新兴经济体可以共同投资科研项目、建立跨国企业联盟、共享技术和市场信息,从而在全球价值链中占据更有利的位置。此外,推动这些新兴产业的发展,还能创造更多就业机会,提升劳动生产率,促进经济的可持续发展,从而增强全球贸易地位与整体国际竞争力。

最后,推进低碳经济生态合作。在应对全球气候变化的背景下,新兴经济体应加强在低碳经济和环保领域的合作,统一在应对全球性气候环境挑战时的立场,形成解决环境问题的合力,找到经济发展与环境保护的平衡点。通过共同研发和推广新能源技术,降低能耗和碳排放,推动绿色经济的转型升级。具体措施包括建立绿色技术合作平台、制定统一的环保标准、开展联合环保项目等。通过协调政策和行动,新兴经济体不仅能有效应对气候变化的挑战,还能在全球绿色经济竞争中取得先机,保障自身的长期发展利益。

中国在新兴经济体经贸合作和群体化发展中担当着重要角色,有意愿也有能力将振兴新兴经济体群体化发展的重任扛在自身肩上,新的大国形象必将为中国推动新兴经济体群体化发展带来积极影响。随着国际市场影响力和国际话语权的提升,无论是硬实力方面还是软实力方面,中国都将发展的巨大潜力展现在世界舞台上。中国的引领作用不仅有助于加强新兴经济体的合作,也为全球经济的平衡和繁荣作出积极贡献,作为全球经济增长的新动力,新兴经济体将成为世界经济平稳健康发展的重要基础。①

# 本 章 小 结

新兴经济体的概念与划分尚未形成统一标准,可以分别根据经济增长速度、经济增长与市场化水平、特定时期出口增长速度、金融市场开放与发展程度等角度进行划分。一个不容

---

① 李国鹏. 中国与"一带一路"沿线主要新兴经济体的经贸合作研究[D]. 大连:东北财经大学,2017:80.

忽视的现实是,新兴经济体作为世界经济增长引擎的作用已经显现,在全球经济发展中的贡献逐步增大,受到国际社会的更多关注。尽管在不同的历史阶段,新兴经济体在世界经济发展过程中所起的作用不同,扮演的角色也不尽相同,但是在经济全球化环境巨变的过程中,新兴经济体也经历了从经济高速增长到发展受阻的过程。在此期间,中国与新兴经济体之间开展了多方面深入的经贸合作,利用和发挥国家之间的差异性和互补性,通过签订双边贸易协议、建立"金砖国家"经贸合作机制以及提出"一带一路"倡议等加强经贸往来,取得了显著的合作成效。不过,新兴经济体仍然需要正视后金融危机时代的一系列严峻挑战并解决由此带来的难题,比如发达国家政策的调整以及新兴经济体内部发展困境等问题。因此,中国应当继续积极深化与新兴经济体之间的战略合作,共同促进经济的持续发展,争取在国际组织中获得更多的话语权,共同抑制贸易保护主义,利用各自比较优势,转型发展模式,积极推动战略性新兴产业的合作,成为支撑世界经济发展的重要基石。

# 复习思考题

1. 对新兴经济体有哪些不同的划分标准?
2. 当前新兴经济体有哪些发展机遇与挑战?
3. 构建开放型经济新体系的主要内涵有哪些?
4. 中国与"一带一路"共建国家的经济合作成效表现在哪些方面?
5. 新兴经济体发展中遇到了哪些问题?
6. 请谈一谈未来中国与新兴经济体关系发展的看法。

## 案例分析与思考

**新兴经济体推动全球治理深刻变革**[①]

长期以来,新兴经济体努力探索符合自身国情的发展道路,经济社会发展取得了令人瞩目的成果。在全球治理体系中,新兴经济体的地位与作用持续上升,成为推动全球治理体系往更加公正合理的方向发展的主要力量。

在经济增长方面,新兴经济体同发达经济体长期保持"双速增长"格局。自2000年以来,新兴市场与发展中国家的经济增速一直高于发达经济体。2022年4月国际货币基金组织(IMF)世界经济展望数据库统计显示,受新冠疫情和地缘政治因素的影响,新兴经济体的经济增长动力有所疲软,但表现仍好于发达经济体。IMF预计,2022—2027年间,新兴市场与发展中国家的年平均经济增速为4.3%,比同期发达经济体的年平均经济增速高2.7个百分点。全球经济维持双速增长态势,意味着新兴经济体在全球经济中的地位将进一步提升,全球治理格局因此将继续处于深刻调整变化期。IMF数据显示,早在2007年,新兴市场

---

① 徐秀军.新兴经济体推动全球治理深刻变革[N].中国社会科学报,2022-08-26(06).

与发展中国家按购买力平价计算的经济总量就已高于发达经济体,并在2021年占全球的份额达到57.9%,预计到2026年这一份额将突破60%,达到发达经济体的1.5倍;依照市场汇率,2021年新兴市场与发展中国家的经济总量也已达到发达经济体的71.7%。

新兴经济体不仅在经济上实力增强,在军事、科技和金融领域的实力也在持续提升。新兴经济体总体实力日益强大,赋予其在全球治理体系中更大的创造力和影响力。在IMF和世界银行治理结构改革方面,以二十国集团发展中成员为代表的新兴经济体推动两个机构的份额和投票权向新兴市场和发展中国家转移,从而提升了新兴经济体在全球治理机制方面的代表性和话语权。在世界贸易组织改革方面,以"金砖国家"为代表的新兴经济体不断协调彼此立场,为维护发展中国家利益发挥了重要作用。在气候变化方面,以基础四国为代表的新兴经济体不断推动实施有力度的气候行动且成效显著,为应对全球气候变化作出重大贡献。总之,在全球经济、贸易投资、货币金融、能源、发展、气候变化、网络安全等全球治理的各个领域,新兴经济体在更加积极地参与和推动治理进程与改革议程中,发挥了不可替代的推动作用乃至引领作用。

长期以来,以中国为代表的新兴经济体,积极倡导和践行共商、共建、共享的全球治理观,推动构建合作开放互利共赢的人类命运共同体。所谓共商、共建、共享,就是国际事务由各国共同商量着办,实现各国优势互补,共同分享发展成果。在全球治理领域,就是要弘扬和平、发展、公平、正义、民主、自由的全人类共同价值,推行国际关系民主化,践行真正的多边主义。新兴经济体是开放包容、合作共赢等全球治理新理念的倡导者,是反对霸权主义和强权政治的进步力量。

**思考问题**:请结合以上案例谈一谈,什么是全球经济的"双速增长"?新兴经济体实现经济快速增长的原因有哪些?新兴经济体总体实力提升有哪些表现?中国如何开展与新兴经济体的"共商、共建、共享"?

# 第十二章　中国与东盟的经济关系

东盟作为亚洲第三大经济体和世界第六大经济体,是中国重要的经济合作伙伴。在国际格局不断演变、区域经济一体化不断深化以及新冠疫情等冲击的背景下,加强与相邻区域经济体的经济合作具有重要的现实意义。中国与东盟建立对话关系以来,双方相互尊重、合作共赢、包容互鉴,形成了多方面的经济合作关系,有力促进了彼此的经济建设。

## 第一节　中国与东盟国家经济关系发展历程

1967年8月8日,马来西亚、菲律宾、泰国、印尼和新加坡共同发表《东南亚国家联盟成立宣言》,宣告了东盟的成立,后来其他5个东南亚国家:文莱、越南、缅甸、老挝、柬埔寨先后加入,各成员国积极朝着区域一体化方向努力。至2015年12月31日,东盟共同体(ASEAN Community)正式成立,这是东盟十国在共同利益和地区认同的基础上维护其国家权利和利益的地区性组织,由东盟经济共同体(ASEAN Economic Community)、东盟政治安全共同体(ASEAN Political Security Community)和东盟社会文化共同体(ASEAN Socio-Cultural Community)三部分组成。东盟共同体的法律性纲领《东盟宪章》为其确立了法律和制度框架,并赋予东盟独立法人资格和法律实体地位。东盟共同体的建设使东盟的决策机制更加规范,组织机构更加完善,地区整合更加深入,在政治安全、经济、社会文化领域的凝聚力更强。[①] 截至2018年,东盟已成为覆盖整个东南亚、GDP总量超过3万亿美元的经济体,被视为除欧盟外最成功的区域一体化组织。

中国与东盟的关系源远流长。在地理方面,中国与东盟成员国同为南海周边国家;在文化方面,以儒家文化为代表的中华文化在东南亚国家也有一席之地,文化认同黏合了具有同质属性的国家,推动了区域合作的发展进程。东盟与中国文化交流密切,大量华人华侨生活在东南亚国家,他们是多种文化的见证者,是双方交流的润滑剂。华人主办的《联合早报》《亚洲日报》《华文邮报》等报刊,不断推广中华文化,加深了东南亚各国人民对中华文化的了解。

自古以来,中国与东盟国家经济文化交流可以划分为三个大的阶段,即中华人民共和国成立以前的中国与东南亚国家早期交往时期、中华人民共和国成立后至2010年之前的中国与东盟全面合作时期以及2010年以来的中国与东盟深化合作时期。

---

① 方长平,郑凌. 东盟共同体成立背景下的中国东盟关系[J]. 国际论坛,2017(6):13-18,77.

## 一、中国与东南亚国家早期交往时期

几个世纪以来，东南亚一直是中国对外关系最重要的地区之一，也是华人移民最多的地区。历史上，中国与东南亚诸国曾长期保持着由朝贡体系维持的宗藩关系。古老的中国凭借其文化优越性和物质资源的丰富性，在自身权力系统之上建立起了地区秩序；而朝贡体系代表着以中国为中心的国际关系，是一种确定的机制和长时段的历史传统。朝贡体系肇始于秦汉，发展于唐，繁荣于宋元，在明代达到巅峰之后，于清代衰落[1]。

东南亚国家向中国朝贡的历史可追溯到汉朝，如东汉元和元年（公元84年）"日南徼外蛮夷究不事人邑豪献生犀、白雉"，[2] 一般认为此处的"究不事"即今日的柬埔寨。在唐代，朝贡贸易得到进一步发展，包括林邑国（在今越南中部）、真腊（今柬埔寨与老挝等地）、骠国（今缅甸）、堕和罗国（缅甸与泰国交界地区）等国都曾至长安朝贡，入贡总计近百次。到了北宋，海外诸国朝贡不绝，据《宋会要辑稿·蕃夷》有关资料统计，与宋朝建立朝贡关系的国家共有26个，入贡次数为302次，[3] 入贡比较频繁的东南亚国家是交趾、占城、三佛齐、真腊等，反映了这些国家与宋朝保持着比较密切的关系。南宋后期，朝贡贸易因受冷落而转入萧条。

明太祖朱元璋在推翻元朝统治之后，为重塑新王朝华夏正统地位和"天子"光辉形象，一方面派出使者晓谕外洋诸国，使其改奉明朝"正朔"，遣使向明朝称臣纳贡；另一方面定下和平外交与厉行海禁两大政策，为朝贡贸易的发展打下了坚实的基础。[4] 明成祖时期起，为了招徕海外贡使，郑和于永乐三年（1405年）到宣德八年（1433年）28年间连续7次统率百艘巨舰出访西洋。东南亚是郑和前3次航海的主要目的地和后4次航行的必经之地。这期间，郑和船队到过的东南亚国家和地区有占城、安南、尼多郎、爪哇、真腊、苏门答腊、东冲古剌、旧港、吉兰丹等，足迹遍及今东盟十国。郑和船队每到一地，就向该国君主、酋长"宣天子诏"，将"锦绮、纱罗、绫绢等赐诸国王"，[5] 表示通好的诚意，邀请他们入明朝贡。明初统治者奉行的以朝贡贸易为核心的开放政策得到了东南亚诸国的积极响应。据《明实录》统计，从洪武元年到永乐末年，真腊使者共来华朝贡13次，满剌加26次，暹罗35次。东南亚使臣入明朝贡的次数很多，规模亦很大。仅从永乐到宣德的30年间，东南亚国家使臣来华达万余人之多。在郑和下西洋的影响下，不少东南亚国家国王出于对中华文明的尊崇，亲自率团入明朝贡。除上述满剌加王外，其他国家的国王亦有亲自来华者，据《明实录》记载，明初共有4个国家的9位国王到过中国。这一时期从东南亚输入中国的商品，据《明会典》《明史》及《瀛涯胜览》所载，计有144种，大致可分为香料、海外奇珍、手工业品、药材、珍禽异兽5类。与此同时，中国的商品也源源不断地输往东南亚国家。这些商品包括各种丝绸、棉布、瓷器、铁器、铜钱等，其中以丝绸、瓷器的数量最大。[6]

---

[1] 喻常森. 试论朝贡制度的演变[J]. 南洋问题研究, 2000(1): 55-65.
[2] 范晔. 南蛮西南夷列传[M]//后汉书. 上海: 中州古籍出版社, 2018.
[3] 李金明, 廖大珂. 中国古代海外贸易史[M]. 南宁: 广西人民出版社, 1995: 104.
[4] 马大正. 中国古代边疆政策研究[M]. 北京: 中国社会科学出版社, 1990.
[5] 杨士奇. 明太宗实录[M]//黄彰健, 明实录. 北京: 中华书局, 2016..
[6] 和洪勇. 明前期中国与东南亚国家的朝贡贸易[J]. 云南社会科学, 2003(1): 86-90.

到了清代,朝贡制度出现了严重的衰落,并最终退出历史舞台。随着西方国家的兴起,清朝统治者不仅面临着国内的民族矛盾,也面临着西方殖民者对于东南沿海的威胁。与此同时,过去的东南亚朝贡国相继沦为西方殖民地,不可能再以主权国家名义前来中国朝贡。晚清时期,西方殖民者以炮舰为后盾,强迫中国开放市场,损害中国主权,将中国转变成半殖民地半封建国家,并纳入以近代西方国际关系和强权政治为主导的国际体系之中。于是,过去以中国为中心的朝贡体系难以继续维持下去。

## 二、中国与东盟全面合作时期

20世纪五六十年代,由于政治意识形态差异以及中国实行计划经济和封闭型保护贸易政策的原因,中国与越南、老挝、柬埔寨之外的东南亚国家之间的政治经济关系发展缓慢。1978年11月,中国领导人邓小平访问新加坡、马来西亚、泰国等东盟国家,从此开启了中国与东盟成员国建立新一代友好关系的大门。20世纪80年代,随着中国改革开放的不断推进,中国经济呈现两位数的迅速增长。与此同时,中国与东盟的经济与政治形势发生变化,双方之间在政治、经济等领域的关系都得到实质性的发展,双方贸易总额快速增长,从1980年的6亿多美元大幅度增加到1990年的60亿美元。[①]1991年7月,中国外长出席第24届东盟外长会议开幕式,开启了中国东盟对话。1996年7月,中国升级为东盟的全面对话伙伴国。从此,中国与东盟迈入了全面合作的时代。

在中国积极"入世"的背景下,中国时任总理朱镕基在2000年11月25日举行的第四届中国—东盟领导人(10+1)会议上提出了建立中国—东盟自贸区(CAFTA)的设想。经过各方多次研究讨论,在2001年11月6日于斯里巴加湾举行的第五次中国—东盟领导人会议上,中国与东盟10国达成关于自贸区的重要共识,决定在未来10年内建成中国—东盟自由贸易区,而且还明确了在自由贸易区成立之前合作的优先领域。随后,中国与东盟加速筹划自贸区工作,并于2003年达成《中国—东盟全面经济合作框架协议》。在此基础上,中国与东盟各国在货物贸易、服务贸易、投资等方面都签署了相应的文件,在诸如关税、非贸易壁垒、承诺开放部门等方面达成了重要的共识。2009年8月15日,在泰国曼谷举行的第八次中国—东盟经贸部长会议上,双方共同签署了具有里程碑意义的《中国—东盟全面经济合作框架协议投资协议》,该协议的签署标志着各方已全面完成了中国—东盟自由贸易区协议主要内容的谈判工作。最终中国—东盟自贸区于2010年1月1日顺利建成,这是迄今发展中国家间最大的自贸区。

从20世纪90年代起,再到2010年中国—东盟自贸区建成,中国与东盟国家之间的贸易往来越来越紧密。在这一合作进程中中国与东盟的双边贸易额持续增长,且占中国进出口总额的比重也呈现出稳步上升的趋势。具体而言,中国与东盟的贸易总额从1993年的116.3亿美元增长到2010年的4 721.6亿美元,占中国进出口总额的比例从5.94%提升到9.85%。中国—东盟自贸区建成之后,双方贸易额实现了显著且强劲的增长,为双方在21世纪第二个十年的深入合作奠定了坚实的基础。2011年,中国与东盟的双边贸易额达到3 628亿

---

① 黄伟荣.中国—东盟自由贸易区升级版研究——贸易效应与发展前景[D].北京:对外经济贸易大学,2019:28.

美元,比自贸区建成前的 2009 年增长 70%,当年东盟超过日本成为中国第三大贸易伙伴。

### 三、中国与东盟深化合作时期

自 2010 年中国—东盟自贸区建成后,中国进一步深化与东盟国家的合作关系。2013 年,中国领导人提出了未来中国与东盟合作的战略思维和政策框架,如提出携手建设中国—东盟命运共同体、共建 21 世纪新时期的"海上丝绸之路"、中国与东盟"2+7"合作框架、促进中国—东盟自贸区升级、实现中国与东盟国家发展从"黄金十年"向"钻石十年"跨越发展等。迄今,中国东盟双方已建立了 12 个部长级会议机制,在 20 多个领域开展互利合作。中国与东盟关系深化的速度之快在中国现代外交史上也是绝无仅有的。

在中国—东盟自贸区协议生效的同时,对于 CAFTA 的升级也在同步进行中。为了进一步提高 CAFTA 贸易投资自由化和便利化水平,经过 4 轮谈判,在 2015 年 11 月召开的第十八次中国—东盟领导人会议上,双方通过了《落实中国—东盟面向和平与繁荣的战略伙伴关系联合宣言行动计划(2016—2020)》,清晰规划了双方未来五年的合作蓝图,同时,双方还签署了《中华人民共和国与东南亚国家联盟关于修订〈中国—东盟全面经济合作框架协议〉及项下部分协议的议定书》(下文简称《议定书》)。该《议定书》是我国在现有自贸区基础上完成的第一个升级协议,涵盖货物贸易、服务贸易、投资、经济技术合作等领域,是对原有协定的丰富、完善、补充和提升,体现了双方深化和拓展经贸合作关系的共同愿望和现实需求。《议定书》的达成和签署,为中国东盟双方经济发展提供新的助力,加快建设更为紧密的中国—东盟命运共同体,促进了《区域全面经济伙伴关系协定》(RCEP)谈判,并将加快亚太自由贸易区的建设进程。[①] 到 2020 年,东盟超过欧盟,跃升为中国的最大货物贸易伙伴。在投资方面,自 2002 年中国与东盟签署《中国—东盟全面经济合作框架协议》后,双方不断加强投资合作。2018 年和 2019 年,东盟连续两年成为中国第二大对外投资目的地,并且东盟是中国第三大投资来源地。在金融方面,双方秉持"清迈协议"多边化的宗旨开展金融合作。截至 2017 年,中国与东盟签署了 10 份货币互换协议,与除文莱外的其余东盟 9 国中央银行签署监管合作备忘录,双方在金融机构互设方面的合作也在稳步推进,银行业之间有关商业贷款、电子结算等合作也在逐渐加深。

2013 年,中国与东盟开启"钻石 10 年"。双方在区域合作方面也有新的进展,如在中越"两廊一圈"区域合作下,2017 年,中越双边贸易额达 938 亿美元。其中,越南对中国出口 353 亿美元,同比增长 60.6%,仅居美国和欧盟之后;越南从中国进口 585 亿美元,同比增长 16.9%。中国是越南第一大进口市场和第三大出口市场,中国继续成为越南最大的贸易合作伙伴。在贸易与投资领域,在大湄公河次区域(Great Mekong Subregion,GMS)体系下,GMS 成员国之间贸易与投资持续增长。2013 年,中国与 GMS 五国间的贸易总额达到 1 318 亿美元,2014 年达到 1 721 亿美元,2015 年达到 1 889 亿美元。中国对 GMS 各国投资也持续增长,2013 年以来中国是越南第三大外资来源国,2015 年中国是柬埔寨、老挝、泰国的第

---

① 中华人民共和国商务部. 中国与东盟结束自贸区升级谈判并签署升级《议定书》[EB/OL].(2015-11-22)[2022-08-22]. http://m.mofcom.gov.cn/article/ae/ai/201511/20151110119508.shtml.

一大外资来源国。2016年中国对GMS各国的投资额也呈现继续增长态势。①

与此同时,中国与东盟之间的文化交流也不断加强。截至2016年,东盟国家总共设立了29所孔子学院。随着中国与东盟国家各方面交流的不断加深,双方互派留学生人数不断增加。2010年,中国政府为了加强与东盟各国在人才方面的交流,制定了"双十万计划",即把10万人的双向留学生作为2020年的奋斗目标,该目标已于2019年实现。留学生们通过学习,感受其他国家不一样的文化,拉近了彼此的距离,为中国与东盟各国的合作打下坚实的基础。从古代海上丝绸之路的繁荣,再到如今"一带一路"倡议下中国东盟的紧密合作,双方的经贸与文化往来极大地增进了各国人民的福祉。

东盟在中国的外交战略中也起到非常重要的作用。中国始终把东盟作为周边外交的优先方向以及高质量共建"一带一路"的重点地区。纵观所有"一带一路"共建国家和地区,东盟有着最大的对外贸易总额、经济规模;在基础设施方面,东盟在共建国家具有举足轻重的地位,在互联互通中扮演着非常重要的角色;在东盟辖区范围内聚集着大量的产能和装备制造业以及中国企业,是国际经济、人文交流的重要区域。②近年来,随着全球经济下行压力增大,贸易保护主义盛行,中国与东盟的关系愈发重要,也愈发呈现出活力。

除中国—东盟自贸区以外,中国与东盟各方也在其他自贸协定中增进合作。2012年11月,东盟十国与中国、日本、韩国、印度、澳大利亚、新西兰的领导人共同发布《启动〈区域全面经济伙伴关系协定〉(RCEP)谈判的联合声明》,正式启动这一覆盖16个国家的自贸区建设进程。经过8年、多达27轮的谈判之后,《区域全面经济伙伴关系协定》得以签署(印度未签署)。RCEP包括20个章节,涵盖货物、服务、投资等全面的市场准入承诺,是一份全面、现代、高质量、互惠的自贸协定。货物贸易整体自由化水平达到90%以上;服务贸易承诺显著高于原有的"10+1"自贸协定水平,投资采用负面清单模式并作出市场开放承诺,规则领域纳入了较高水平的贸易便利化、知识产权、电子商务、竞争政策、政府采购等内容。RCEP协定还充分考虑了成员间经济规模和发展水平差异,专门设置了中小企业和经济技术合作等章节,以帮助发展中成员特别是最不发达成员充分共享RCEP成果。RCEP的签署标志着全球最大的自由贸易区正式启航,成为亚洲区域经济一体化新的里程碑。③

## 第二节　中国与东盟的贸易关系

### 一、中国与东盟贸易规模

中国和绝大多数东盟国家均是发展中国家,拓展对外贸易,加强与其他国家的贸易往来是推动本国本地区经济发展的重要举措。从2003年到2013年,中国—东盟经过了十年的

---

① 中国日报. 2017年中越双边贸易额预计938亿美元[N/OL].(2018-01-18)[2022-08-23]. https://world.chinadaily.com.cn/2018-01/18/content_35530738.htm.
② 许焱."一带一路"视域下中国与东盟经济外交研究[D].延安:延安大学,2020.
③ 佚名. 商务部解读《区域全面经济伙伴关系协定》[J]. 中国外资,2020(23):14–17.

"黄金时期"。自 2013 年习近平总书记提出愿同东盟国家共建 21 世纪海上丝绸之路,携手共建更为紧密的中国—东盟命运共同体之后,双方互联互通不断加速,经济融合持续加深,经贸合作日益加快,人文交往更加密切,中国—东盟关系成为亚太区域合作中最为成功和最具活力的典范,成为推动构建人类命运共同体的生动例证。①

在新冠疫情全球肆虐的背景下,中国—东盟贸易实现了新的突破。中国海关总署 2021 年初发布的数据显示,2020 年东盟超过欧盟,跃升为中国最大贸易伙伴。中国则连续 12 年保持东盟第一大贸易伙伴地位。中国与东盟首次互为最大贸易伙伴。中国与东盟贸易逆势上扬,规模和质量都提升到更高水平,充分体现出中国—东盟经贸关系的强大韧性,也为区域经济复苏提供了有力支撑。②

自 2002 年《中国—东盟全面经济合作框架协议投资协议》签订以来,中国与东盟的贸易总额呈现快速增长的趋势。其中在 2010 年中国—东盟自贸区成立后,双边的贸易总额更是得到了飞速发展。2011 年,双边贸易总额达到 3 630.8 亿美元,东盟国家成为中国的第四大贸易伙伴,仅次于美、欧、日三大经济体;而中国也成为东盟总体的第三大贸易伙伴国。2018 年,中国与东盟双边贸易额为 5 878.7 亿美元,进一步印证了中国—东盟经贸合作是促进地区和平与繁荣的重要支柱。2018 年 11 月,中国与东盟各国最终完成了自由贸易协定"升级版"的所有国内程序,"升级版"正式全面生效,这是中国和东盟关系中的又一件大事,进一步提升了中国和东盟的经贸关系。

如图 12-1 所示,中国对东盟的贸易多年来一直处于贸易逆差的地位。2007 年中国对东盟国家的贸易逆差为 142.4 亿美元,此后逆差逐渐呈缩小趋势;2010 年,双边贸易总额达到 2 928.7 亿美元,2012 年中国对东盟国家首次实现贸易顺差,差额 83.5 亿美元。分

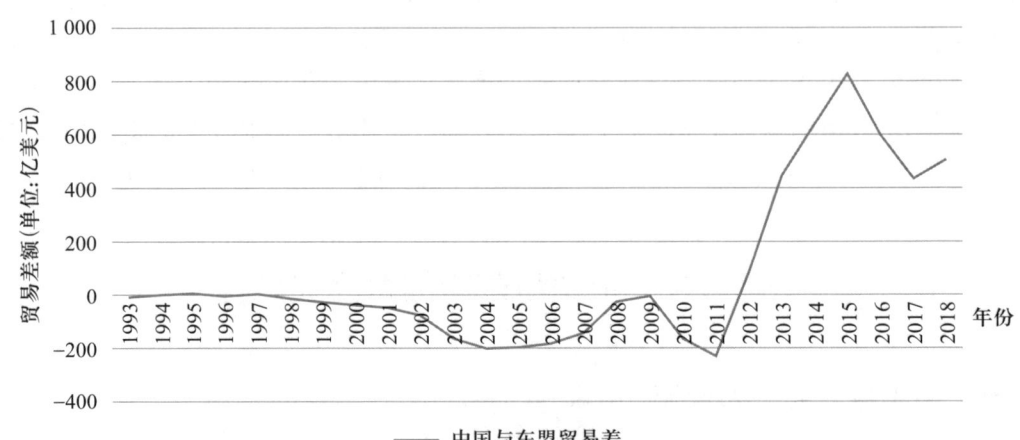

图 12-1　中国对东盟贸易差额

数据来源:东盟国家数据库门户网站(ASEAN Stat Data Portal, https://asean.org/)。

---

① 习近平.在第十七届中国—东盟博览会和中国—东盟商务与投资峰会开幕式上的致辞[J].中华人民共和国国务院公报,2020(34):13-15.
② 人民日报评论员.建设更为紧密的中国—东盟命运共同体[N].人民日报,2020-11-28(01).

析可知,在21世纪初期,中国在对东盟贸易中属于需求方,对东盟的商品供给有极大的发展空间。中国通过提高出口商品的附加值,已经逐步缩小了对东盟国家的贸易逆差,并在对东盟贸易中扭转了需求方的地位,逐步成为供给方,贸易逆差的情况得到了较大的改善。[①]

## 二、中国与东盟贸易结构

东盟内部各国发展情况各异,成员国里有新加坡这样的发达国家,也存在泰国、菲律宾、马来西亚、越南等发展中国家,还有老挝、缅甸、柬埔寨等最不发达国家,再加上要素禀赋也各不相同,所以中国与东盟不同成员国的贸易规模及贸易商品结构也存在明显的差别。

从国别角度来看,中国与东盟各国的贸易往来均保持增长态势,但市场的多元化趋势显著。2020年,越南继续保持为中国在东盟国家中最大的贸易伙伴,中越贸易额占中国与东盟总贸易额的28.1%。此外与中国贸易总额位居前列的国家还有马来西亚、新加坡、泰国等。

在贸易增速方面,近年来除印度尼西亚、新加坡、老挝外,其余东盟国家与中国的贸易额都增长较快,其中增速最快的是文莱,达到72.9%。在中国向东盟出口方面,除文莱、印度尼西亚和老挝外,中国对东盟其他国家的出口都实现了增长,其中增速最快的是越南,达到16.6%。在中国从东盟进口方面,各国情况不一,其中增幅最大的是文莱,达到216.5%。

从进出口产品种类来看,按照HS(Harmonized System,《商品名称及编码协调制度的国际公约》,简称《协调制度》)编码分类的第十六类商品的2020年贸易额占中国与东盟总贸易额的比例高达45.3%,其中第八十五章(电机、电气设备及其零件,录音机及放声机、电视图像、声音的录制和重放设备及其零件、附件)占32.6%,第八十四章(核反应堆、锅炉、机器、机械器具及其零件)占12.7%。除此之外,第五类矿产品中的矿物燃料、矿物油及其蒸馏产品,第七类塑料及其制品,第十五类钢铁等商品均占据了较高的贸易份额。这些商品门类在中国与东盟的贸易往来中扮演着举足轻重的角色。

分别从进、出口商品门类来看,2020年东盟向中国出口最多的是第十六类商品,同时进口最多的也是该类商品。中国东盟双边进、出口量排名前5的产品种类中,有4项是进口和出口都共有的。由此可见,中国与东盟之间的贸易既存在竞争性,也存在互补性,具有典型的加工贸易、产业内贸易的特征。2008年金融危机之后,东盟各国提出了"再工业化"的发展战略,在复兴传统工业部门的基础上推动了新兴部门发展。同时,在人力资源方面,与东盟各国相比,中国人力成本的提高使得中国劳动力"红利"逐渐消失,东盟国家以其低廉的人力成本正成为世界劳动密集型产业转移的目的地。所以,中国与东盟进一步的产业合作,必须优化调整产业结构,在竞争与合作中找到新的平衡。

随着中国—东盟自贸区建设的顺利启动,关税减免,非关税壁垒降低,贸易手续简化,不仅促使贸易过程更为简洁方便,而且大大降低了中国与东盟间的贸易成本。中国与东盟不

---

① 阮锟.促进中国东盟贸易便利化的金融对策研究[D].南宁:广西大学,2013:26.

断升级的合作关系在一定程度上能够减少逆全球化思潮以及贸易保护主义抬头所带来的贸易风险。

### 三、中国与东盟货物贸易合作机制

货物贸易是中国与东盟经济合作的主要领域。中国与东盟的货物贸易合作的自由化安排由"早期收获"计划和《中国—东盟全面经济合作框架协议货物贸易协议》（以下简称《货物贸易协议》）中的相关条款及有关附件组成，其主要内容包括税收减免、原产地规则以及其他方面。

#### （一）税收减免

"早期收获"计划是中国与东盟为双方能尽早在自由贸易区建设期间享受利益，而积极推进的自由贸易区建设计划，根据时间安排双方相互提前减让关税，将产品分为3种类型。中国与东盟成员在"早期收获"计划中，同意给东盟新成员特别待遇，延长关税削减时间，各成员国根据不同的时间框架安排进行自己的关税减让。[①]

中国与东盟老成员在"早期收获"计划产品的降税安排自2004年1月1日开始启动，直到2006年1月1日全部实现零关税，而中国与东盟新成员在2010年1月1日全部结束降税安排。2004年，中国—东盟自由贸易区"早期收获"计划正式实施。当年，中国与东盟成员之间的贸易总额高达1 058.8亿美元，同比增长35.3%，其中，中国从东盟进口贸易额为629.8亿美元，同比增长33.1%，出口贸易额为429亿美元，同比增长了38.71%。"早期收获"计划的贸易自由化方式有利于加速中国—东盟自由贸易区的整体发展。尽管各成员国不同的经济发展水平在一定程度上阻碍了贸易自由化，但在"早期收获"计划中采用的差别对待方式可以在较短的时间内实现相当程度的关税减让，且避免了各国统一实施降税可能带来的经济损失。

未包含在"早期收获"计划降税安排中的产品则被分为正常产品和敏感产品两大类。对正常产品而言，中国东盟双方最终要把所有产品的关税降为零，不同国家根据现实需要，关税削减的时间表有所不同。此外对于列入正常类实施最惠国税率为0%的所有税目，其税率应保持在0%，对于关税削减为0%的项目，其税率也应保持在0%。任一缔约方不应被允许提高任何税目的税率，除非该协议另有规定。敏感产品则被进一步分为一般敏感产品和高度敏感产品，此二者间的不同之处在于中国与东盟要在一定的时间内把一般敏感产品的税率降至相对低的水平，而高度敏感产品仍可保持相对较高的税率。

#### （二）原产地规则

为了防止可能产生的贸易偏转，原产地规则是中国—东盟自由贸易区必不可少的内容。中国与东盟签署的原产地规则以"增值标准"为基础，该规则的核心主要是对产品原产地标准的确定。《货物贸易协议》规定，如果一个产品的区域价格成分（Regional Value

---

① 黄伟荣.中国—东盟自贸区升级版研究——贸易效应与发展前景[D],北京：对外经济贸易大学，2019.

Content，RVC）不低于该产品总价值的40%，该产品将被视为原产于中国—东盟自由贸易区内的产品，其在中国与东盟成员国将会享受自由贸易区的优惠税率。中国与东盟实施"早期收获"计划时，绝大多数的进出口产品是农产品，均采用"完全获得"标准，小部分特殊产品如羊毛、纺织品等，分别采用税目改变标准和选择性标准等判定方式。中国与东盟成员国需要提交由政府机构签发的原产地证书，凭该证书通关才可以享受自由贸易区的优惠税率。总体而言，中国与东盟自由贸易区的原产地规则可操作性比较强，相关条款也比较宽松且便利，其中的"增值标准"有利于推动与扩大双边自由贸易，提高了中国与东盟产品贸易的灵活性。①

表12-1 RCEP、CPTPP和CAFTA中的原产地累积规则对比

| RCEP第四条累积规则 | CPTPP第3.10条累积规则 | CAFTA规则五累计原产地规则 |
| --- | --- | --- |
| 1. 除本协定另有规定外，符合第三章第二条（原产货物）规定的原产地要求且在另一缔约方用作生产另一货物或材料的材料，应当视为原产于对制成品或材料进行加工或处理的缔约方。<br>2. 缔约方应当自本协定对所有签署国生效之日起审议本条。本项审议将考虑将第一款中累积的适用范围扩大到各缔约方内的所有生产和货物增值。除缔约方另有共识外，缔约方应当自开始之日起五年内结束审议 | 1. 每一缔约方应规定，如一货物在一个或多个缔约方内由一个或多个生产商生产，则该货物为原产货物，条件是该货物满足第3.2条（原产货物）中的要求及本章中的所有其他适用要求。<br>2. 每一缔约方应规定，如一个或多个缔约方的原产货物或材料在另一缔约方领土内用于生产另一个货物，则该货物或材料应被视为原产于该另一缔约方。<br>3. 每一缔约方应规定，为确定一货物的原产地，在一个或多个缔约方领土内由一个或多个生产商使用一非原产材料所从事的生产活动可计入该货物的原产成分，无论该生产活动是否足以赋予该材料本身原产资格 | 除另有规定的以外，符合规则二原产地要求的产品在成员方境内用作享受《协议》优惠待遇的制成品的材料，如最终产品的中国—东盟自由贸易区累计成分（即所有成员方成分的完全累计）不低于40%，则该产品应视为原产于制造或加工该制成品的成员方境内 |

数据来源：根据RCEP、CPTPP和CAFTA各协议文本内容整理。

在《区域全面经济伙伴关系协定》（RECP）中，对于累计原则作出了新的规定。RCEP协定第三章第四条分为两款。第一款表示被累积的材料需要符合原产材料定义，是取得原产资格的材料。第一款没有允许生产累积，只允许货物（材料）累积，因此，并不是完全累积。从累积的地域范围来说，第一款中的累积是15国整个区域范围内的累积，可被理解为区域累计。其第二款提出在5年内进行审议，"考虑将第一款中累积的适用范围扩大到各缔约方内的所有生产和货物增值"，表达的意思就是要考虑实现完全累积。这里说的"适用范

---

① 黄伟荣. 中国—东盟自贸区升级版研究——贸易效应与发展前景［D］，北京：对外经济贸易大学，2019.

围扩大"并非地域范围的扩大,而是累积客体的扩大。这一目标就是要向 CPTPP 第 3.10 条的第三款看齐,这一款实际上就是指的生产累积,"无论该生产活动是否足以赋予该材料本身原产地位",因此 CPTPP 实现的是完全累积。这是 RCEP 生效后不能马上实现的,但是其今后进一步升级的目标。①

### (三) 其他

《货物贸易协议》除了上述内容外,还对贸易进出口限制与非关税壁垒作出规定,指出中国与东盟成员国不应该保留任何产品数量限制的措施,如本国不是世界贸易组织成员也应逐步取消其产品数量限制,还要求各国要尽快确定以及取消其仍保留的非关税壁垒。此外,该协议的第 14 条规定,东盟十国承认中国的完全市场经济地位,这对中国具有特别重要的意义。在 RECP 中则进一步明确规定,除非根据其在 WTO 或者本协定项下的权利和义务,包括中国和东盟各国在内的任一缔约方不得对任何其他缔约方的任何货物的进口或者任何货物向任何其他缔约方领土的出口,采取或维持任何非关税措施;每一缔约方应当保证第一款所允许的非关税措施的透明度,并且应当保证任何此类措施的制定、采取或实施不以对缔约方之间的贸易造成不必要的障碍为目的,或产生此种效果。②

综上,中国—东盟自由贸易区的《货物贸易协议》为推进双边实现自由贸易区建设奠定了基础,对中国与东盟贸易的自由化程度具有重要意义。而在 RCEP 协议中,中国与东盟双方在货物贸易领域的合作会更加深入。

## 四、中国与东盟服务贸易合作机制

中国与东盟在 2007 年 1 月 14 日签署了《服务贸易协议》,并于 2007 年 7 月 1 日起正式实施。近年来,随着中国—东盟自贸区建设进程不断加快,中国与东盟服务贸易也迅猛发展,双边服务贸易总额从 2007 年的 179 亿美元增长到 2010 年的 268 亿美元,再增长至 2014 年的 626.6 亿美元。《服务贸易协议》的实施,有效推动了区域内国家间进一步开放服务贸易市场,有利于加强和拓展双方服务业的投资与合作,对促进中国与东盟的服务贸易发展、推进中国与东盟深度合作具有积极的作用。同时,该协议作为中国在自贸区框架下对外签署的首个服务贸易协议,其成功实施为中国参与国际服务贸易合作,开展双边、多边和区域谈判提供了参考,积累了经验。

### (一) 有关服务贸易协议/协定的主要内容

中国东盟间签订的《服务贸易协议》对双边服务贸易各个方面都作出了详尽规定,明确了双边服务贸易过程中的权利与义务,其市场开放程度明显高于 WTO 的规定,体现出了"GATS+"的特征。《服务贸易协议》包括 4 个部分,共有 33 条。第一部分为"定义与范围",明确了服务贸易过程中相关概念和本协议的管控范围。第二部分为"义务与纪律",主要涉

---

① 崔凡.《区域全面经济伙伴关系协定》原产地累积规则辨析[J].上海:上海对外经贸大学学报,2021(4):69—75.
② 黄伟荣.中国—东盟自由贸易区升级版研究——贸易效应与发展前景[D].北京:对外经济贸易大学,2019:37.

及信息披露、保障措施、商业惯例、支付转移等方面,明确了各方的权利与义务,特别是明确提出了加强柬埔寨、老挝、越南和缅甸的参与,设置了特别条款,体现出了中国—东盟自贸区普惠协同发展的特点。第三部分为"具体承诺",作为《服务贸易协议》的核心部分,该部分主要涉及服务贸易过程中的实操环节,在具体承诺减让表、国民待遇、市场准入、特殊条款等方面,中国与东盟的《服务贸易协议》明显高于WTO的相关条款,同时,中国在公司设立和股比分配环节,向东盟作出了市场开放的承诺。第四部分为补充条款。《服务贸易协议》作为文本式的法律文件,规范了双边服务贸易,也在一定程度上为东亚各国服务贸易协议的签署提供了一个范本与标杆。[①]

在《区域贸易协定》(RECP)中,对服务贸易进行了进一步的规定。在第八章服务贸易中增加最惠国待遇以及本地存在两项。最惠国待遇条款规定,每一缔约方作出承诺时应当给予另一缔约方服务和服务提供者的待遇,不得低于其给予任何其他缔约方或任何非缔约方服务和服务提供者的待遇,但每一缔约方保留依照任何已生效的或于本协定生效之日前签署的双边或多边国际协定采取或维持任何措施的权利,以给予任何其他缔约方或非缔约方服务和服务提供者不同的待遇。[②] 在本地存在条款中,有明确规定:不得将另一缔约方的服务提供者在其领土内设立或维持代表处、分支机构或任何其他形式的法人实体,或成为其领土内的居民作为提供服务的先决条件。

### (二)承诺开放部门

中国在《服务贸易协议》第一批承诺中,对东盟10国开放商务、建筑、环境、运输、娱乐5大类,共43个部门和分部门。2011年中国东盟双方又签署了《关于实施中国—东盟自贸协定〈服务贸易协议〉第二批具体承诺的议定书》,并于2012年1月1日正式生效。在第二批承诺中,中国对东盟10国增加开放通信、分销、教育、金融和旅游5个大类(累计10个大类,共130个部门和分部门)。中国的第二批具体承诺根据加入世界贸易组织(WTO)的承诺,对商业服务、电信、建筑、分销、金融、旅游、交通等部门的承诺内容进行了更新和调整,进一步开放了公路客运、职业培训、娱乐文化和体育服务等服务部门。而东盟各国的第二批具体承诺涵盖的部门也明显增加,不仅在其WTO承诺基础上作出更高水平的开放,许多国家的承诺还超出了WTO新一轮谈判水平。该《议定书》的签署是中国—东盟在自贸区建成后取得的又一重要成果,此举将有效提升中国—东盟自贸区的服务贸易自由化水平,进一步促进中国与东盟各国经济的融合,推动双方服务贸易的互利共赢发展。[③]

根据2007年签署的中国—东盟自贸区《服务贸易协议》渐进自由化条款,2015年中国在自贸区升级谈判中与东盟成员启动并完成了第三批服务贸易具体减让承诺谈判。与前两批具体承诺相比,各国均作出了更高水平的承诺,进一步提升了中国—东盟自贸区服务贸易自由化水平。中国在集中工程、建筑工程、证券、旅行社和旅游经营者等部门作出改进承诺。

---

① 刘一鸣. 机制整合与战略选择:中国—东盟服务贸易合作机制研究[D]. 上海:华东师范大学,2018.
② 中国自由贸易区服务网. 区域全面经济伙伴关系协定[EB/OL].(2020-11-16)[2022-08-24]. http://fta.mofcom.gov.cn/rcep/rcep_new.shtml.
③ 祖月,杜梅. 中国东盟经贸发展走向"深度"[N]. 国际商报,2012-08-01(03).

东盟各国在商业、通信、建筑、教育、环境、金融、旅游、运输 8 个部门约 70 个分部门向中国作出更高水平的开放承诺，主要包括：文莱在电信、旅游、航空等部门作出更高开放承诺，并新增教育、银行、航天运输、铁路运输等部门承诺；柬埔寨在广告、电信、金融等部门承诺中取消过渡期限制；印度尼西亚新增旅馆、餐饮、资产管理和证券管理服务等部门承诺；老挝新增计算机、建筑、教育、环境等领域 19 个分部门承诺；马来西亚在建筑和工程领域放宽外资股比例限制，新增兽医服务承诺；缅甸新增教育、建筑、集中工程、城市规划、计算机等部门承诺，并在广告、印刷出版、视听、海运等分部门提升承诺水平；新加坡新增会议服务承诺，取消市场准入和国民待遇限制；泰国在教育、数据处理和数据库、税收、研究和开发、房地产等部门作出进一步开放承诺；越南在计算机、市场调研、管理咨询、教育、环境、旅游等部门取消过渡期限制。双方的具体改进措施包括扩大服务开放领域，允许对方设立独资或合资企业，放宽设立公司的股比限制，扩大经营范围，减少地域限制等。①

服务贸易自由化是中国对外缔结 FTA 的重要内容之一。在 RCEP 中，中国列入开放的部门涉及服务贸易全部 12 个部门大类，共 45 个分部门，136 个子部门和服务活动。与 GATS 承诺相比，增加了市场调研、管理咨询、制造业相关服务、人员安置和提供服务、建筑物清洁、包装材料印刷、养老、客运、专业设计等部门，提高了法律、环境、建筑、金融、海运等部门的承诺水平。中国与东盟、韩国、新加坡、新西兰、澳大利亚都有已经生效的自由贸易协定。与这些双边 FTA 相比，中国在 RCEP 中作出了更高水平的服务开放承诺。此外，中国还对专业服务、速递、视听、建筑、特许经营、环境、旅馆和餐馆、铁路公路运输等 37 个分部门承诺给予最惠国待遇。②

### （三）开放方式

在中国—东盟自贸协定中，对于服务部门开放形式采取了"正面清单"（或称"肯定清单"）的承诺方式。正面清单是指对于其他成员国实行开放的部门以文本的形式列出，未提及则不予开放。基于正面清单的相关承诺仅适用于已作出承诺的特定服务部门或特定服务提供模式，更高水平的服务贸易自由化须通过多轮服务贸易谈判逐渐实现。③ 绝大多数新兴市场国家在决定对外开放后，考虑到本国经济基础薄弱以及保护特殊产业的需求，一般都选择正面清单准入，即列明禁止、限制和允许投资的领域，并设事先审批程序。正面清单方式对东道国政府来说是清晰的和风险可控的。在双边、区域或多边谈判中，发展中国家往往更愿意选择"正面清单"来控制承诺开放的风险。如世界贸易组织（WTO）的《服务贸易总协定》（GATS）下，各国的服务业开放承诺即是采用正面清单方式。④

在 RCEP 中，中国、新西兰、泰国、菲律宾、越南、老挝、柬埔寨、缅甸等 8 个成员都以正面

---

① 观察者. 中国东盟自贸区：5 年后贸易额冲刺 $1 万亿[EB/OL]. (2015-11-23) [2022-08-24]. https://www.guancha.cn/Neighbors/ 2015_11_23_342270.shtml.
② 孟夏, 孙禄. RCEP 服务贸易自由化规则与承诺分析[J]. 南开学报：哲学社会科学版, 2021(4): 135-145.
③ 周念利, 王颖然. 区域服务贸易自由化机制的十大"GATS+"特征分析[M]// 中华人民共和国商务部. 中国服务贸易发展报告 2012. 北京：中国商务出版社, 2013: 51-55.
④ 王中美. "负面清单"转型经验的国际比较及对中国的借鉴意义[J]. 国际经贸探索, 2014, 30(9): 72-84.

清单方式作出承诺,对于各部门的不同服务提供模式,列明承诺的市场准入条款、限制和条件,国民待遇条件和资格,以及其他承诺。其余7个成员之中的新加坡、马来西亚、文莱、印尼以负面清单方式作出承诺,列明现行不符措施和保留不符措施。除此之外,现以正面清单进行承诺的国家将在未来规定时间内转化为负面清单。①

虽然正面清单与负面清单都能达到同样的开放水平,但负面清单的开放力度更强。一方面,正面清单存在"不透明性",对于未作承诺的部门或已作出部门承诺但未包括在内的服务提供方式不存在效力;而负面清单具有普遍适用性,能覆盖所有部门与提供方式,未作出承诺的部门一目了然。另一方面,负面清单具有"棘轮效应",即不能降低现有开放水平,而正面清单所承诺的服务开放水平可能会遭到逆转。

## 第三节　中国与东盟的投资关系

### 一、中国与东盟投资合作概况

中国与东盟不仅在贸易领域保持着密切的联系,双方在投资领域也开展了广泛的合作。近年来,随着中国"引进来"和"走出去"战略的实施,中国已经成为世界上主要的外商直接投资流入国和流出国。联合国贸易和发展组织(UNCTAD)的《2021世界投资报告》显示,2020年流入中国的外商直接投资增长了6%,达到1 490亿美元,这主要是由于经济增长的韧性、投资便利化的努力和持续的投资自由化。同时,中国也是全球关键的对外投资国。《2020世界投资报告》明确指出,2019年中国对外直接投资分别占全球当年流量与存量的10.4%和6.4%,流量位列全球各国(地区)第2位,存量为第3位。

中国与东盟各国之间的相互投资始于20世纪80年代中期。2009年8月15日,在泰国曼谷举行的第八次中国—东盟经贸部长会议上,双方共同签署了《中国—东盟全面经济合作框架协议投资协议》(以下简称《投资协议》),随后中国与东盟开始开放各自的投资市场。该《投资协议》的签订,一方面标志着中国与东盟各国之间已全面完成了中国—东盟自由贸易区协议主要内容的谈判工作,另一方面促进了中国与东盟之间的投资发展,不仅可以带动中国西部大开发战略的顺利实施,促进中国西南省区的进出口,而且大大推动了湄公河流域的开发,有利于缩小东盟成员国内部经济差距。同时,该《投资协议》也是中国政府在区域投资法律制度上的尝试,为之后签订区域性投资协定起到了重要参考作用。②

《中国—东盟关系(2020年版)》显示,根据中国商务部统计,截至2019年12月,中国与东盟双向投资额累计2 369.1亿美元,其中,中国对东盟累计投资额1 123.0亿美元,东盟对中国累计投资额1 246.1亿美元。双向投资存量保持大幅度增长。2019年,中国对东盟非金融类直接投资93.9亿美元,同比下降7.0%,东盟对华投资78.8亿美元,同比增长

---

① 孟夏.RCEP服务贸易自由化规则与承诺分析[J].南开学报:哲学社会科学版,2021(4):135-145.
② 黄伟荣.中国—东盟自由贸易区升级版研究——贸易效应与发展前景[D].北京:对外经济贸易大学,2019:31,38-39.

37.7%,大大高于上一年 12.5% 的增速。2018 年和 2019 年,东盟连续两年成为中国第二大对外投资目的地。同时,东盟也是中国第三大投资来源地,仅次于中国香港特别行政区和英属维尔京群岛。①

## 二、中国与东盟投资合作特征

### (一)中国对东盟投资的主要特征

中国对东盟的对外直接投资具有增速快但规模偏小、投资地域范围大但不同国家差异显著、投资行业范围广但层次偏低等特征。②

#### 1. 中国对东盟的投资规模及增速

中国对东盟的历年直接投资总额呈现持续上升的趋势但绝对规模依然较小。从流量占比来看,2007—2019 年间,中国对东盟的直接投资流量在中国对亚洲直接投资总量中的占比有所上升,2007 年时为 6%,2011 年已上升为两位数,但最高只达到 13%,在中国对外直接投资总量中的占比则均未超过 10%(表 12-2)。

表 12-2 2007—2019 年中国对外直接投资流量情况表(单位:亿美元)

| 地区 | 2007 年 | 2009 年 | 2011 年 | 2013 年 | 2015 年 | 2017 年 | 2019 年 |
| --- | --- | --- | --- | --- | --- | --- | --- |
| 世界 | 265.1 | 565.3 | 746.5 | 1 078.4 | 1 456.7 | 1 582.9 | 1 369.1 |
| 亚洲 | 165.9 | 404.1 | 454.9 | 756.0 | 1 083.7 | 1 100.4 | 1 108.4 |
| 东盟 | 9.7 | 27.0 | 59.1 | 72.7 | 146.0 | 141.2 | 130.2 |
| 占世界比重 | 4% | 5% | 8% | 7% | 10% | 9% | 10% |
| 占亚洲比重 | 6% | 7% | 13% | 10% | 13% | 13% | 12% |

数据来源:历年中国对外直接投资统计公报。

中国对东盟的直接投资增长速度较快。2007 年,中国对东盟地区的直接投资流量为 9.7 亿美元,2019 年增长到 130.2 亿美元,约为 2007 年的 13 倍,年均增幅高达 24.2%,远远高于中国对全世界直接投资流量年均 14.7% 的增幅。

#### 2. 中国对东盟投资的国别分布

中国对东盟地区的投资覆盖所有成员国,但不同国家之间存在显著的差别。从投资存量上来看,新加坡是中国对东盟地区的主要投资目的国,2019 年年末投资存量高达 526.4 亿美元,占中国对东盟投资存量的 47.9%,位居东盟十国首位;其次为印度尼西亚,投资存量额为 151.3 亿美元,占比 13.8%;对老挝和马来西亚的投资存量相近,均为 80 亿美元左右,占比约 7.5%;中国对菲律宾和文莱的投资额远远少于其他东盟国家,投资存量分别为 6.6 亿

---

① 崔日明,李丹. 后疫情时代中国—东盟区域价值链的构建研究[J]. 广西大学学报:哲学社会科学版,2020(5):118-124.
② 张友谊. 中国对东盟国家直接投资现状分析[J]. 生产力研究,2020(12):121-126.

美元和 4.3 亿美元。

3. 中国对东盟投资的行业分布

中国对东盟地区的投资行业覆盖全面，包括制造业、租赁和商务服务业、批发和零售业、电力/热力/燃气及水的生产和供应业、建筑业、采矿业、金融业、农/林/牧/渔业、交通运输/仓储和邮政业、房地产业、科学研究和技术服务业、信息传输/软件和信息技术服务业、居民服务/修理和其他服务业、教育、卫生和社会工作等。据《2019 年度中国对外直接投资统计公报》，2019 年末中国对东盟的三大投资行业为制造业、租赁和商务服务业、批发和零售业，投资存量分别为 265.99 亿美元、188.52 美元和 178.11 亿美元，存量占比分别为 24.2%、17.2% 和 16.2%。其中，制造业投资主要分布在印度尼西亚、越南、马来西亚、泰国、新加坡、柬埔寨、老挝等；租赁和商务服务业主要分布在新加坡、印度尼西亚、老挝等；批发和零售业主要分布在新加坡、马来西亚、泰国、印度尼西亚等。但对知识和技术密集型的服务业投资远低于对传统行业的投资。其中，金融业投资存量为 68.85 亿美元，占 6.3%，主要分布在新加坡、泰国、印度尼西亚、马来西亚等；科学研究和技术服务业投资存量为 12.22 亿美元，占比仅为 1.1%，与信息传输/软件和信息技术服务业占比相同，主要集中在新加坡。

### （二）东盟对中国投资的结构特征

从投资规模看，东盟对华投资额变化呈现出比较明显的阶段性。1987—1991 年为第一阶段，东盟对华投资额不大，各年在华实际投资总金额大都只有几千万美元，最多的是 1989 年，为 1 亿美元。1992—1998 年为第二阶段，东盟对华投资额迅速增长，1992 年东盟对华投资额猛增至 2.8 亿美元；1993 年突破 10 亿美元关口，达到 10.2 亿美元；1995 年突破 20 亿美元关口，达到 26.5 亿美元；1996 年突破 30 亿美元关口，达到 31.9 亿美元；1998 年突破 40 亿美元关口，达到 42.2 亿美元。1999—2007 年为第三阶段，东盟对华投资额在 30 亿～40 亿美元左右的范围内波动。2008—2020 年为第四阶段，东盟对华投资额除 2009 年（为 46.8 亿美元）外都维持在 50 亿美元以上的较高水平，且其中 6 年超过 70 亿美元，此外东盟对华投资额分别在 2008 年、2010 年、2011 年和 2013 年首次突破 50 亿美元、60 亿美元、70 亿美元和 80 亿美元的关口，其具体金额分别为 54.6 亿美元、63.2 亿美元、70.0 亿美元和 83.5 亿美元（该数字为迄今为止东盟对华投资额最高值）。

1987—2016 年，东盟各年在华新设企业数在当年全部外商在华新设企业总数中的占比与东盟在华实际投入金额在当年全部外商在华实际投入总金额中的占比变化也都呈现出比较明显的阶段性。首先，从东盟在华新设企业数在当年全部外商在华新设企业总数中的占比看，1987—1990 年，东盟在华新设企业数在当年全部外商在华新设企业总数中的占比由 3.38% 逐年下降至 1.8%；1991—1997 年，这一占比逐年稳步回升，至 1997 年达到峰值 6.0%；1998—2007 年，这一占比大都保持在 5.1%～5.6% 之间（其中 2000 年和 2001 年分别为 4.9% 和 4.7%）；2008—2020 年，这一占比有所下降，但基本维持在 4.1%～4.8% 之间；2017 年和 2018 年，这一占比进一步下滑至 3.5% 和 2.8%；但 2019 年和 2020 年又分别回升至 5.3% 和 4.9%。其次，从东盟在华实际投入金额在当年全部外商在华实际投入总金额中的占比看，1987—1998 年，东盟在华实际投入金额在当年全部外商在华实际投入总金额中的占比大体呈稳步增长态势,至 1998 年达到峰值 9.3%;1999—2005 年,这一占比逐年下降至 4.3%;2006—2016 年,这一占比大体稳定在 4.9%～5.8% 之间(其中 2013 年为 6.7%);2017 年这一占比下滑至 3.7% 的近 20 年来最低点,但 2018 年、2019 年和 2020 年又分别回升至 4.1%、5.6% 和 5.3%。

从国别分布上来看,新加坡、马来西亚、印度尼西亚、菲律宾和泰国是东盟对华投资的主要国家。2019 年,新加坡在华新设外商投资企业 1 242 家,占当年在华新设外商投资企业数的 3.0%;实际投入金额 75.9 亿美元,占当年中国实际使用外资金额的 5.4%。同年,马来西亚在华新设企业 508 家,实际投资额 0.7 亿美元;印度尼西亚在华新设企业 98 家,实际投资额 0.1 亿美元;菲律宾在华新设企业 80 家,实际投资额 0.1 亿美元;泰国在华新设企业 128 家,实际投资额 1.1 亿美元。

从行业分布上来看,2018 年和 2020 年,东盟在华投资金额前 5 位行业按实际投入外资金额排序依次是制造业、房地产业、租赁和商务服务业、交通运输、仓储和邮政业、批发和零售业,2017 年和 2019 年东盟在华投资金额的前 5 位行业也是上述 5 个行业,但除制造业在投资金额排序上稳居第一位外,其他行业的投资金额排位略有变动;而新设企业数最多的行业则始终是批发和零售业。2017—2020 年,上述 5 个行业在华实际投入外资金额之和在东盟当年在华投资实际投入总金额中的占比分别为 78.9%、80.0%、81.8% 和 83%,其在华新设企业数在东盟当年在华新设企业总数中的占比分别为 70.5%、67.6%、68.1% 和 61.8%;同期各年制造业实际投入金额分别为 13.7 亿美元、17.4 亿美元、22.5 亿美元和 21.8 亿美元,分别占东盟当年在华投资实际投入总金额的 27.0%、30.4%、28.5% 和 27.4%;同期各年批发和零售业在华新设企业数分别为 419 家、547 家、735 家和 540 家,分别占东盟当年在华新设企业总数的 33.2%、32.0%、34.2% 和 28.9%。

### 三、中国与新加坡、印度尼西亚的投资合作

新加坡和印度尼西亚是中国对东盟地区的主要投资目的国,覆盖了制造业、租赁和商务服务业、批发和零售业三大主要行业领域。

#### (一)中国与新加坡的投资合作

新加坡是全球重要的商业城市和转口贸易中心,也是重要的国际金融和航运中心。历史上,新加坡经济曾一度高速增长,与韩国、中国台湾地区、中国香港地区并称为"亚洲四小龙"。据新加坡贸易与工业部统计,2018 年新加坡国内生产总值为 4 911.7 亿美元,比 2017 年增长 4.9%。其中,制造业增长 7.0%,服务业增长 2.9%。

新加坡作为东盟唯一的发达国家,是中国在东盟乃至"一带一路"共建国家中最重要的投资伙伴,更是被经济学人智库评为中国最佳海外投资目的地。[①]1990 年 10 月中新建交以来,两国经贸关系取得了长足发展,合作领域日益广泛,合作机制逐步健全,合作层次也不断提高。

---

① 中国国际贸易促进委员会.企业对外投资国别(地区)营商环境指南—新加坡(2019)[EB/OL].(2019-12-27)[2022-01-24]. https://www.ccpitcq.org/html/content/22/01/18026.shtml.

经贸关系被誉为中新两国"与时俱进的全方位合作伙伴关系"中的"压舱石"和"推进器"。①

据《企业对外投资国别(地区)营商环境指南—新加坡(2019)》,2018年中国对新加坡非金融类直接投资35.5亿美元,增长11.0%,新加坡成为中国第二大新增对外投资目的国。截至2017年年底,中国对新加坡累计投资额为366亿美元,在新加坡注册的中资企业超过7 500家。2017年,中国对新加坡投资流量和存量都位居"一带一路"共建国家第一名,分别为63.2亿美元和445.7亿美元,分别占中国对"一带一路"相关国家投资总额的31.3%和28.9%。如前所述,截至2019年年末,中国对新加坡的投资存量达526.4亿美元,占中国对东盟投资存量的47.9%,居东盟十国之首。

从新加坡对中国的投资来看,2017—2020年新加坡对华直接投资各年实际投入外资金额均居全球各国(地区)第二位,仅次于中国香港地区。2017年新加坡在华新设企业706家,实际投资金额47.6亿美元,超过其余东盟九国之和(555家、3.2亿美元),占"一带一路"共建国家在华新设企业总数(3 827家)的18.5%和实际投资金额(54.3亿美元)的87.7%。2018年,新加坡继续为中国第一大新增外资来源国,对华投资项目998个,增长41.4%,实际投资额52.1亿美元,增长9.4%。2019年,新加坡在华新设外商投资企业1 242家,同比增长24.4%,实际投入外资金额75.9亿美元,同比增长45.7%。2020年,新加坡在华新设外商投资企业1 146家,占当年在华新设外商投资企业数的3.0%;实际投入外资金额76.8亿美元,占中国当年实际使用外资金额的5.1%。截至2020年,新加坡累计在华设立企业数为27 257家,占全球各国(地区)在华设立企业累计总数的2.6%;新加坡对华实际投资累计金额为1 105.1亿美元,占全球各国(地区)在华外商实际投资累计金额的4.5%,居全球各国(地区)第三位,仅次于中国香港地区和英属维尔京群岛;若从国家角度看,则新加坡的累计对华实际投资金额在各国中居首位。

从行业分布来看,中国对新加坡的投资主要投向服务业和制造业。其中,在服务业领域如批发零售业、金融保险业等的投资增长明显。据新加坡国家统计局数据,2013—2019年,中国内地(大陆)对新加坡的批发零售业和金融保险业的投资大幅增长,对批发零售业的投资由44.9亿新元增加至193.7亿新元,对金融保险业的投资由112.3亿新元增加至179.7亿新元(其间2017年达到峰值200.1亿新元)。而新加坡对中国的投资则主要集中在制造业、批发零售业、金融保险业以及房地产业等。其中,对制造业的投资占据较大比重。据中国商务部统计,2017—2019年新加坡对中国制造业直接投资实际投入金额分别为12.3亿美元、15.1亿美元和20.8亿美元,分别占其在新加坡当年对华直接投资实际投入总金额的25.7%、29.0%和27.4%,历年均在所有行业中排名第一位。据新加坡国家统计局数据,新加坡对中国内地(大陆)制造业的累计投资额从2013年的484.1亿新元增长至2019年的646.9亿新元,远远高于对其他行业的投资。

### (二)中国与印度尼西亚的投资合作

印度尼西亚是全球最大的群岛国家,也是东盟最大的经济体。据《企业对外投资国别

---

① 数据源自中华人民共和国商务部网站。

（地区）营商环境指南—印尼（2019）》，2018年印尼国内生产总值为10 421亿美元，比2017年增长5.17%，其中加工业、汽车摩托车贸易零售与维修业、农林渔业、建筑施工业分别拉动GDP增长0.91%、0.66%、0.61%、0.49%；服务业增长最快，其中企业服务增长8.64%，其他服务业增长8.99%，对印尼GDP增长的贡献率均为0.15%。①

中国在印尼对外经贸关系中占有比较重要的地位。1994年11月18日，中国与印尼签署了《中华人民共和国政府和印度尼西亚共和国政府关于促进和保护投资的协定》。2011年4月29日，两国签署了《中华人民共和国政府和印度尼西亚共和国政府关于扩大和深化双边经济贸易合作的协定》。2010年1月1日中国—东盟自贸区全面启动，且在2016年7月中国—东盟自贸区升级版议定书正式生效，双边贸易投资自由化和便利化程度进一步提高，中国和印尼经贸关系发展面临着历史性机遇。越来越多的中资企业到印尼投资合作，涉及领域日益广泛，大型投资项目不断涌现。据中国商务部备案数据，截至2019年7月，赴印尼直接投资的中资企业共有616家，印尼成为中国在亚洲第三大投资目的地。② 据《2020年度中国对外直接投资统计公报》，③2011—2020年中国对印尼直接投资流量分别为5.9亿美元、13.6亿美元、15.6亿美元、12.7亿美元、14.5亿美元、14.6亿美元、16.8亿美元、18.6亿美元、22.2亿美元和22.0亿美元，总体呈增长趋势，其中2020年对印尼投资流量在中国对所有投资目的国的投资流量中名列第七位，在东盟国家中名列第二，仅次于新加坡。截至2020年年末，中国对印尼直接投资存量达179.4亿美元，占中国全部对外投资存量的0.7%，在中国对所有投资目的国的投资存量中名列第八位，同样在东盟国家中名列第二，仅次于新加坡。

据中国国际贸易促进委员会编撰的《企业对外投资国别（地区）营商环境指南—印尼（2019）》，2019年前三季度，中国对印尼直接投资为33.13亿美元，超过2018年全年投资额，并超越日本成为印尼第一大投资来源国。中资企业在印尼投资领域广泛，包括基础设施、农业、矿业、电力、地产、家电与电子和数字经济等。其中，实体项目以制造业为主，涉及细分行业二十余个，可归纳为四大集群，即有色金属产业集群、汽车产业集群、建材电气产业集群、食品加工产业集群。由于印尼镍、铝矿丰富，近十年吸引中国央企、国企在印尼投资设立了大量矿场。印尼较为廉价的矿产资源还使得大量中国企业选择在印尼设厂开展金属冶炼。青山钢铁、宁德时代等中国企业已形成规模经营，在镍铁合金、铝合金、锂电池等领域表现突出。④

印尼对华直接投资规模一直较小，在东盟成员国里属于低对华投资国家。据计算，1986—2009年间，印尼各年对华直接投资额占整个东盟对华直接投资额的比重一直不高，最低占比为1.43%（2005年），最高占比只有5.17%（2000年）。⑤ 据《企业对外投资国别（地区）营商环境指南—印尼（2019）》，印尼对中国的实际投资额在2013年达到1.26亿美元的峰值，2016年后逐年下降，2018年仅为3 246万美元。据《中国外资统计公报2021》，截至2020年

---

① 中国国际贸易促进委员会.企业对外投资国别（地区）营商环境指南—印尼（2019）[EB/OL].（2022-01-24）[2022-08-24]. https://www.ccpitcq.org/upfiles/202201/20220124101839364.pdf.

② 同①.

③ 中华人民共和国商务部,国家统计局和国家外汇管理局.2020年度中国对外直接投资统计公报[EB/OL].（2021-09-29）. http://www.mofcom.gov.cn/article/news/202109/20210903203247.shtml.

④ 同①.

⑤ 刘志雄,蒙菊花.东盟对华投资地区差异的影响因素研究[J].中国物价,2011（7）:48-51.

年末，印尼对华直接投资累计实际投资金额为26.4亿美元，仅占全部在华外商实际投资总金额的0.1%，印尼在华累计设立企业数21 733家，仅占全部在华外商累计设立企业总数的0.2%。①

## 第四节　中国与东盟的其他经济关系

除了双边贸易与投资外，中国与东盟各国在基础设施、金融市场和数字经济等领域也开展了广泛的合作。

### 一、基础设施合作

基础设施是实现国家间互联互通的重要基石，在促进区域经贸合作和提升区域经济一体化方面起到重要作用。作为一种先行社会资本，设施联通能够有效降低国际贸易、投资、信息、技术等的交易成本，进而推动区域内要素流动，提高资源配置效率。由于东盟既是亚洲的重要区域经济体，又在"一带一路"建设上有着重要地位，中国和东盟间基础设施合作自然而然成为二者经济合作的重要组成部分，双方已在铁路、公路、航运、航空、能源、通信等各个领域展开合作。

（一）中国与东盟基础设施合作概况

据中国国家统计局统计数据显示，2019年中国对东盟地区的对外承包工程完成营业额为399.3亿美元，占中国对亚洲对外承包工程完成营业额的40.68%；完成营业额居前三位的东盟国家分别为印度尼西亚、马来西亚和老挝。工程承包一直以来是中国和印度尼西亚经济合作的重要领域之一。据《中国统计年鉴》，2019年中国在印度尼西亚的承包工程完成营业额约为87.1亿美元，同比增长43%。另据《中国对外承包工程国别（地区）市场报告2019—2020》，2019年中国在印尼的工程承包完成营业额位列全球第一，在马来西亚和老挝的承包工程完成营业额分别为73亿美元和52.1亿美元，分别位居全球第三和第八。

（二）中国与东盟基础设施合作的主要领域

中国与东盟的基础设施合作覆盖交通、能源、通信等多个领域。

在交通建设方面，中国与老挝的中老昆万铁路是第一个以中方为主投资建设、共同运营并与中国铁路网直接连通的跨国铁路，中老铁路已于2021年12月3日全线通车运营。中国在印尼承建的雅万高铁则是中国首个海外高铁项目，也是中国高铁首次全系统、全要素、全产业链在海外落地的项目，线路全长142.3千米，途经9个市县，全线共设4座车站。建成通车后，雅加达至万隆的铁路运行时间将从原来的3个多小时缩短至40分钟，有助于便

---

① 中华人民共和国商务部. 中国外资统计公报2021［EB/OL］.（2021-11-25）［2022-8-25］. http://images.mofcom.gov.cn/wzs/202111/20211125164038921.pdf.

利民众出行、带动沿线产业发展、提升区域经济社会发展水平。2022年8月,采用中国标准、为雅万高铁量身定制的高速动车组和综合检测列车成功下线,意味着雅万高铁这一"一带一路"标志性项目建设取得重要进展,从而为其如期高质量建成奠定坚实基础。此外,中国东盟在交通基础设施建设方面的合作还包括中缅铁路、中泰铁路、中国港湾在马来西亚承建的东海岸铁路连接线项目、中国路桥在柬埔寨承建的金港高速公路BOT项目等。

在能源建设方面,自2004年南方电网投建的中越跨境电网开始,经过十几年的发展,截至2018年,中国已与东盟(主要是澜湄区域)国家累计电量交换达567亿千瓦时。[1] 国家能源集团国华电力在印尼建设和运营3个煤电项目,装机容量310万千瓦,累计投资金额超30亿美元,是印尼当地控股容量最大的外国企业。[2] 中国东盟在能源基础设施建设方面的合作还包括中国在老挝承包建设的南雷克水电站、洪沙火电站、南俄水电站、东萨宏水电站、南屯水电站、500千伏骨干电网等项目。

在通信建设方面,据《中国对外承包工程国别(地区)市场报告2019—2020》,2019年中国在通信工程建设领域新签合同额排名第一的国家为缅甸,达35.6亿美元;通信工程建设完成营业额排名第一的国家为菲律宾,达12.3亿美元。2019年新签的通信工程合同包括2018—2019年缅甸MPTJO运维服务产品竞标项目、泰国、菲律宾和印度尼西亚电信项目等。参与通信工程建设的企业较为集中,包括中兴通讯、华为技术等。[3]

## 二、金融领域合作

为促进双边资金融通,便利双方企业与居民的经济活动,中国与东盟及其成员国在银行、证券、保险等金融领域不断深入开展合作。在《中国—东盟全面经济合作框架协议服务贸易协议》中,中国与东盟十国均在服务贸易具体承诺表中对金融服务领域的市场准入和国民待遇作出了一定程度的开放承诺。

### (一)金融基础设施合作

在金融基础设施方面,目前中资金融机构在东盟国家设立的分支机构已经有44家,包括中国在柬埔寨的中国银行和中国工商银行金边分行,在老挝成立的中国第一家境外合资证券公司,以及首次走出国门在新加坡创办的国际化交易所——新加坡亚太交易所(业务范围涵盖大宗商品和金融衍生品,包括农产品、能源、金属、汇率、利率、股票指数、债券等的期货与期权交易)。上述境外金融机构的设立适应了中国企业的融资需求,加快了中资企业对东盟国家投资的步伐。东盟国家在中国的金融分支机构也有30多家,双方金融机构的合作领域不断拓展。[4]

---

[1] 中国电力网.中国—东盟电力互联下的老挝电力市场[EB/OL].(2020-05-08)[2022-04-22]. http://www.chinapower.com.cn/zx/jzqb/20200508/18074.html.

[2] 国务院国有资产监督管理委员会.国家能源集团国华电力联办中国与东盟经贸合作论坛[EB/OL].(2020-04-09)[2022-04-22]. http://www.sasac.gov.cn/n2588025/n2588124/c14281453/content.html.

[3] 中华人民共和国商务部,中国对外承包工程商会.中国对外承包工程国别(地区)市场报告2019—2020[EB/OL].(2020-11-25). http://images.mofcom.gov.cn/fec/202012/20201201174252820.pdf.

[4] 陈悄悄,郑天歌.后疫情时代中国—东盟金融合作[J].商业经济,2021(2):83-85.

### （二）多双边合作基金

为推进"一带一路"建设、企业"走出去"和国际产能合作，中国发起设立了多支多双边合作基金，如丝路基金、中国—东盟投资合作基金、澜湄合作专项基金等。丝路基金由中国外汇储备、中国投资有限责任公司、国家开发银行和中国进出口银行共同出资（出资比例分别依次为65%、15%、15%和5%）于2014年12月29日在北京成立，资金规模为400亿美元和1 000亿元人民币。该基金秉承"开放包容、互利共赢"的理念，重点致力于为"一带一路"框架内的经贸合作和双边多边互联互通提供投融资支持，与境内外企业、金融机构一起，促进中国与"一带一路"共建国家和地区实现共同发展、共同繁荣。

中国—东盟投资合作基金是经中国国务院批准成立、并已通过国家发改委核准的离岸股权投资基金，由中国进出口银行作为主发行人，联同国内外多家投资机构共同出资成立。基金主要投资于东盟地区的基础设施、能源和自然资源等领域，具体包括交通运输、电力、可再生资源、公共事业、电信基础设施、管道储运、公益设施、矿产、石油天然气、林木等。

澜湄合作专项基金是中国于2016年3月在澜湄合作首次领导人会议上提出设立的，原定在5年内提供3亿美元支持中国、柬埔寨、老挝、缅甸、泰国、越南六国提出的中小型合作项目。但实际上直至2022年年中，澜湄合作专项基金仍然在资助新的合作项目。例如，2022年6月13日，中国和柬埔寨签署了2022年度澜湄合作专项基金柬方项目协议，资助了13个柬方项目。① 截至2022年6月，澜湄合作专项基金已支持开展太阳能光伏、油茶良种选育、咖啡增产等600多个惠民项目。②

### （三）货币与外汇合作

在货币合作方面，中资金融机构承担起东盟国家人民币业务清算服务，成为中国与东盟跨境人民币结算的重要渠道，为中国东盟经贸合作搭建桥梁。中国也与东盟各国一起，充分发挥亚洲基础设施投资银行、丝路基金等的作用，为地区基础设施互联互通、国际产能合作提供融资支持，并加大货币互换合作力度，推动人民币与东盟各国货币之间多种形式的货币交易。③ 自2009年东盟被列为人民币跨境贸易结算首批境外试点区域以来，中国已与东盟多国签署双边货币互换协议，互设金融机构。截至2019年，马来西亚、新加坡、泰国、印度尼西亚、柬埔寨和菲律宾6个东盟国家已将人民币纳入外汇储备。④

---

① 光明网.中柬签署2022年度澜湄合作专项基金柬方项目协议[EB/OL].（2022-06-14）[2022-08-15]. https://m.gmw.cn/baijia/2022/06/14/1302995536.html.
② 人民网.澜湄合作开启下一个"金色五年"[EB/OL].（2022-07-12）[2022-08-15]. https://baijiahao.baidu.com/s?id=1738105276327031535&wfr=spider&for=pc.
③ 张志文,丁子.中资金融机构对东盟实现全覆盖[EB/OL].（2016-12-23）[2022-01-22]. http://world.people.com.cn/n1/2016/1223/c1002-28970651.html.
④ 新华社.中国—东盟金融合作持续深化[EB/OL].（2020-11-30）[2022-01-22]. https://baijiahao.baidu.com/s?id=1684753689378577870&wfr=spider&for=pc.

### 三、数字经济合作

长期以来,东盟国家对数字经济领域兴趣浓厚,希望搭上新技术革命的列车。当前,东盟正处在工业化、现代化转型的关键阶段,"工业 4.0"计划是应对这一阶段的重要路径和解决方案。东盟多国先后制定了自身的"工业 4.0"计划,旨在通过大力发展数字经济,以实现"再工业化"。[①] 另一方面,2019 年新冠疫情暴发,尽管给中国东盟双边合作带来了不少挑战,但也孕育了一系列新产业、新商业模式以及数字经济领域的新机遇。物联网、5G 通信、人工智能和大数据等新兴技术在健康保健、医疗用品、教育和物流等领域发挥着重要作用。在当前环境下,数字经济在恢复经济和社会发展、创造更多就业机会以及改善民生方面的作用,比以往任何时候都更为重要。而且,全球经济受新冠肺炎影响连年下滑严重,数字经济被视为各国经济转型的重要领域。近年来,由于中国已在数字经济领域取得了显著成果,东盟各国对双方在此领域的合作抱有巨大希望。[②]

#### (一)中国与东盟数字经济合作进展

2018 年,第 21 次中国—东盟领导人会议通过《中国—东盟战略伙伴关系 2030 年愿景》,对数字经济发展与合作给予高度关注。2019 年第 22 次中国—东盟领导人会议将 2020 年确定为中国—东盟数字经济合作年。2020 年,中国与东盟的数字经济合作步入快速发展期,开展了中国—东盟数字经济合作年系列活动。

2020 年 6 月 12 日,中国—东盟数字经济合作年开幕式通过网络视频形式举行。时任中国国务院总理李克强在开幕式致贺信中表示,希望中国和东盟以数字经济合作年为契机,抓住新一轮科技革命和产业变革机遇,发挥互补优势,聚焦合作共赢,在智慧城市、人工智能、大数据等产业领域培育更多新的合作增长点,为双方经济社会发展打造更加强大的新动能,为本地区实现持久稳定与繁荣注入新活力。东盟轮值主席国越南表示,中国和东盟相关行业部门应携起手来,在支持企业追求创新、适应数字化经营环境、促进数字经济在各经济部门中的应用等方面开展有效合作,积极响应中国—东盟数字经济合作年倡议。[③]

2020 年 11 月 9 日,中国—东盟中心携手成都市人民政府,在四川省成都市举办以"共商共建数字经济,共推共享发展新动能"为主题的 2020 中国—东盟数字经济合作论坛。[④] 2020 年 11 月 12 日,第 23 次中国—东盟(10+1)领导人会议以视频方式成功举行,会议发表了《中国—东盟关于建立数字经济合作伙伴关系的倡议》[⑤],双方一致同意共同把握数字

---

① 吴崇伯,姚云贵. 东盟的"再工业化":政策、优势及挑战[J]. 东南亚研究,2019(4):50-71,154-155.
② 蔡琦. 数字经济背景下中国—东盟金融科技合作机遇、挑战及对策[J]. 市场论坛,2021(5):53-59.
③ 中国—东盟中心. 中国—东盟中心参加 2020 年中国—东盟数字经济合作年开幕式[EB/OL].(2020-06-12)[2022-02-22]. http://www.asean-china-center.org/trade/tzcj/2020-06/4960.html.
④ 中国—东盟中心. 2020 中国—东盟数字经济合作论坛成功举办[EB/OL].(2020-11-09)[2022-02-22]. http://www.asean-china-center.org/trade/tzcj/2020-11/5435.html.
⑤ 中华人民共和国外交部. 中国—东盟关于建立数字经济合作伙伴关系的倡议[EB/OL].[2022-02-22]. http://russiaembassy.fmprc.gov.cn/web/gjhdq_676201/gjhdqzz_681964/lhg_682518/zywj_682530/202011/t20201112_9386091.shtml.

时代的机遇,构建基于互信、互利、包容、创新和共赢的数字经济合作伙伴关系。该《倡议》提出要深化数字技术在疫情防控中的应用,积极运用人工智能、3D打印等前沿数字技术和数字解决方案,有效抗击新冠病毒及其他传染病;加强数字基础设施建设的合作,包括对《东盟互联互通总体规划2025》框架下东盟数字枢纽的支持,发展数字经济,弥合数字鸿沟;支持数字素养、创业创新和产业数字化转型;推动智慧城市创新发展;深化网络空间合作,鼓励共建和平、安全、开放、合作有序的网络空间;推进网络安全务实合作。

2020年11月25日,由广西壮族自治区发展和改革委员会、广西壮族自治区互联网信息办公室、中国—东盟中心、中国—东盟信息港股份有限公司、数字广西集团有限公司共同主办的中国—东盟信息港数字丝路产业合作论坛在广西南宁成功举办。① 该论坛主题为"数聚丝路、智联未来",旨在搭建互利共赢合作平台,推动中国—东盟数字经济产业合作和数字丝路建设,打造中国与东盟经济发展新引擎。2020年12月2日,由中国国际贸易促进委员会、中国—东盟中心共同主办的2020年中国—东南亚(缅甸)国际贸易数字展览会开幕式通过网络直播形式举行。② 展览会为期10天,旨在充分运用互联网、云技术创新展会服务模式和外贸洽谈方式,为中国和东南亚地区企业打造零距离、低成本、高效率的在线交流洽谈平台,助力企业寻找合作商机,开拓国际市场。

### (二)中国与东盟数字经济合作未来发展

中国与东盟未来的数字经济合作应当关注以下六个方面。③ 一是深化数字技术在防疫抗疫和复工复产中的应用,共享数字化防疫抗疫政策、措施、实践、解决方案。二是加强数字基础设施建设,强化双方在5G、物联网、人工智能、工业互联网等各领域的合作。用中国的技术优势为东盟信息化水平相对低的国家提供更高质量的信息产品和技术服务,为电子商务和数字金融沿着"一带一路"延伸和发展创造条件。分享中国数字经济发展的成功经验,共同探索远程合作医疗、合作开发移动支付等新应用,帮助东盟各国提升数字经济发展能力。此外,还需降低数字基础设施行业的市场准入门槛。鼓励企业在东盟国家信息基础设施建设中发挥引领作用,聚焦重点国家和重点领域,可重点加大对老挝、缅甸、柬埔寨等周边国家数字经济发展的援助力度,加大在移动互联网络的速率和稳定性方面的投入,不断提升东盟国家信息化水平的硬件基础,筑牢数字经济合作根基,为缩小"数字鸿沟"提供强有力的技术支撑。三是支持创业创新和产业数字化转型,推动制造业数字化、网络化、智能化发展,共同维护产业链供应链稳定。四是推动智慧城市发展,运用大数据、云计算、区块链、人工智能等前沿技术推动城市管理手段、管理模式、管理理念创新。2019年11月,中国与东盟领导人发表了《中国—东盟智慧城市合作倡议领导人声明》,强调"致力于在共同关心的

---

① 中国—东盟中心.中国—东盟信息港数字丝路产业合作论坛成功举办[EB/OL].(2020-11-25)[2022-02-22]. http://www.asean-china-center.org/news/xwdt/2020-11/5516.html.
② 中国—东盟中心.陈德海秘书长出席2020年中国—东南亚(缅甸)国际贸易数字展览会开幕式[EB/OL].(2020-12-02)[2022-02-22]. http://www.asean-china-center.org/news/xwdt/2020-12/5603.html.
③ 中国—东盟中心.中国—东盟中心参加2020年中国—东盟数字经济合作年开幕式[EB/OL].(2020-06-12)[2022-02-22]. http://www.asean-china-center.org/trade/tzcj/2020-06/4960.html.

领域拓展科技创新工作,包括在智慧城市等领域实现创新驱动发展,支持东盟智慧城市网络建设"。五是深化网络空间治理,鼓励共建和平、安全、开放、合作有序的网络空间。六是推进网络安全务实合作,加强网络安全能力建设。加强数据安全保护和政策沟通协调将成为中国与东盟数字经济合作的优先方向。数据安全保护涉及各国安全,需要各国政策沟通协调,政策沟通协调将有效推动数据安全保护,二者互动将决定中国与东盟数字经济合作的方向。[①]

东盟官方认为,东盟数字化转型近在眼前。预计到 2025 年,东盟的数字经济将从 2015 年占 GDP 的 1.3% 提高到 8.5%。为进一步促进数字化转型,东盟正在制定"第四次工业革命综合战略",旨在解决第四次工业革命在产业治理、经济和社会发展等方面面临的问题。中国在发展数字基础设施和实现数字经济监管框架方面具有很高的专业水平,是东盟推动本地区数字经济发展的关键伙伴。[②]

## 本 章 小 结

中国与东盟的合作关系源远流长,互为重要的经济合作伙伴。从古至今,中国与东盟的合作发展大致可分为三个阶段:1949 年之前的朝贡时期,1978—2010 年的全面合作时期以及 2010 年至今的深化合作时期。双方合作领域广,涉及贸易、投资及其他方面经济合作。从贸易合作上看,随着中国与东盟货物贸易协议的签订,贸易规模不断扩大且呈现快速增长的趋势,贸易结构上呈现出明显的区域特征。此外,双方也在不断推进区域内国家间服务贸易市场的进一步开放。从投资合作上看,中国与东盟各国的投资主要始于 20 世纪 80 年代中期,90 年代中国与东盟逐步建立对话并开展合作。中国对东盟的对外直接投资呈现出增速快但规模偏小、投资地域范围大但不同国家差异显著、投资行业范围广但层次偏低等特征。其中,新加坡和印度尼西亚是中国对东盟地区的主要投资目的国,覆盖了制造业、租赁和商务服务业、批发和零售业三大主要行业领域。除了双边贸易与投资外,中国与东盟各国在基础设施、金融市场和数字经济等领域也开展了广泛的合作。在未来,数字经济将是中国与东盟的重要合作领域,双方将共同朝着现代化经济快速发展。

## 复习思考题

1. 试述中国与东盟的经济合作发展历程。
2. 中国与东盟的贸易合作呈现出怎样的基本特征?
3. 中国与东盟的投资合作具有哪些特征?
4. 中国与东盟应该如何进一步促进双方数字经济的合作与发展?

---

① 许利平,吴汪世琦. 中国与东盟数字经济合作的动力与前景[J]. 现代国际关系,2020(9):16-24.
② 中国—东盟中心. 中国—东盟中心参加 2020 年中国—东盟数字经济合作年开幕式[EB/OL].(2020-06-12)[2022-02-22]. http://www.asean-china-center.org/trade/tzcj/2020-06/4960.html.

## 案例分析与思考

### 中国—印尼综合产业园青山园区[①]

青山园区位于印尼中苏拉威西省摩罗瓦里县，占地超过2 000公顷，紧靠省际公路，距摩罗瓦里县约60千米，距肯达里市约260千米。园区开发商为中方控股的印尼经贸合作区青山园区开发有限公司。

青山园区以"镍铁+不锈钢"一体化为核心，专注于镍、铬、铁矿资源的综合开发利用。经过不断发展，园区已经建立起从不锈钢上游原料镍矿开采、镍铁冶炼、不锈钢冶炼，到下游棒线板材加工、钢管制造、精线加工的完整产业链。园区的目标不仅要成为境外镍铁资源供应基地、不锈钢及不锈钢制品生产基地和不锈钢产品国际营销基地，更旨在成为中印尼矿产资源开发合作的标志性项目，引领当地乃至印尼的经济发展。此外，青山园区还致力于成为双边国际产能和装备制造合作的示范区与产业合作平台，推动中国"镍铁+不锈钢"企业实现全球产业布局和产业聚集，成为行业内的重要基地。

青山园区现已完成土地购置逾2 000公顷，建成10万吨码头泊位两个，5万吨泊位一个，3万吨泊位一个及一批中小泊位，另有18万吨码头在建，还建有1 800米跑道自备机场一座，进出园区的海、陆、空通道和设施已全部齐备。园区已建成发电厂、引水工程、办公生活用房、清真寺、通信交通及道路设施等基础设施。

印尼青山园区为入驻企业提供了全方位、一体化的配套服务，涵盖了投资、生产、生活及行政等各个领域。具体而言，园区不仅协助企业完成注册、项目审批以及项目用地的出让等关键流程，还为外籍员工办理签证，协助企业招聘当地员工，并为企业处理进出口货物的流程提供便捷服务。目前，青山园区已吸引了20家企业入驻，总投资额超过80亿美元，成为国际产能合作的典范。其成功的运营模式不仅带动了园区的繁荣，还促进了中国机电设备出口近41.71亿美元，为中国与印尼的经济合作注入了新的活力。2018年，青山园区实现销售收入近60亿美元，为当地贡献税收2.6亿美元，创造直接就业岗位逾3万个，并通过捐资等方式积极践行企业社会责任。

**思考问题：** 中国选择在印尼开展矿产资源开发合作项目的原因有哪些？中国—印尼综合产业园青山园区给中印两国带来了哪些好处？

---

[①] 中国国际贸易促进委员会.企业对外投资国别(地区)营商环境指南—印尼(2019)[EB/OL].(2022-01-24)[2022-08-24]. https://www.ccpitcq.org/upfiles/202201/20220124101839364.pdf.

# 第十三章　中国与其他发展中国家的经济关系

大力发展同发展中国家的经贸往来是中国全球战略中的重要一环。在国际形势日趋复杂多变、新冠疫情持续肆虐的背景下,中国对外贸易展现出了惊人的韧性与活力。尽管面临着前所未有的挑战与压力,中国外贸规模依然屡创新高,实现了货物贸易的稳健增长。这一成绩的取得,不仅彰显了中国经济的强大实力与潜力,也为全球经济的稳定与发展作出了积极贡献。中国在世界经济舞台上扮演着越来越重要的角色,与西方发达国家合作中的话语权不断强化,与发展中国家经济贸易往来不断加深,并对许多发展中国家进行多方面的经济援助。中国始终践行和平发展理念,构建人类命运共同体,实现共赢共享,正在逐步成为全球发展的推进者、协调者与整合者。本章将对中国与非洲、拉美、南太平洋地区国家的经济合作关系进行介绍,并对未来合作前景进行展望。

## 第一节　中国与非洲国家的经济关系

中国作为世界上最大的发展中国家,承载着推动经济持续增长和社会全面进步的重任。而非洲,作为发展中国家最为集中的大陆,同样面临着发展经济和改善社会民生的迫切需求。这两大地区的人口总和占据了世界人口的三分之一以上,其发展与进步对于全球的稳定与繁荣具有举足轻重的作用。多年来,中国与非洲在发展过程中充分展现了双方在资源条件和经济结构等方面的互补性,并且基于平等、实效、互惠和共同发展的原则,双方不断深化经贸合作,致力于实现互利共赢的目标。这种合作模式不仅加强了中国与非洲之间的经济联系,也为全球经济的繁荣稳定作出了积极贡献。实践证明,中非经贸合作紧密而富有成效,这一合作模式深刻契合了双方的共同利益,为中非双方的共同繁荣与进步注入了强大动力。

### 一、非洲国家经济发展及中非交往概况

非洲这片广袤的大陆,坐落于东半球的西部,其地理位置独特,纵跨赤道南北,展现了丰富多样的自然风貌和生态环境。非洲大陆的土地面积辽阔,大约为3 020万平方千米,占全球陆地面积的20.4%,仅次于亚洲,是世界第二大洲。不仅如此,非洲还是人口第二大洲,据统计,2021年非洲大陆的总人口已约达12.86亿,这一数字不仅彰显了非洲的生机与活力,也反映出其在全球人口格局中的重要地位。非洲共有阿尔及利亚、埃及、埃塞俄比亚、南非、中非等共60个国家和地区。非洲大陆拥有种类繁多、储量巨大的矿物资源,从石油、天然气到各种金属矿产。同时,农业在多数非洲国家的国民经济中确实占有重要地位。

由于历史原因,非洲大陆在过去很长一段时间里现代化进程缓慢,经济发展水平总体较

为落后。截至 2019 年,联合国在全球范围内认定的最不发达国家确实总共有 47 个,其中非洲占据了 33 个席位。但是,在过去十多年里,非洲是世界上经济增长速度最快的地区之一。卢旺达、埃塞俄比亚、摩洛哥等国家经济表现相对稳定,在全球经济舞台上展示出了强劲的韧性;很多非洲国家也都变得越来越有竞争力,在世界经济论坛 2019 年全球竞争力指数 4.0 排名中,毛里求斯、南非、摩洛哥、塞舌尔、突尼斯、阿尔及利亚、埃及、肯尼亚等国都进入了前 100 名。[①]

中国同非洲的交往源远流长,最早可以追溯到汉朝,以北非和东非地区为最先。据《史记》记载,在汉朝时期,中国丝绸以其精美的工艺和优良的品质闻名于世。通过陆上和海上丝绸之路,丝绸等物品被源源不断地运往西方,其中包括了埃及这一重要的目的地。唐代以后,瓷器逐渐兴起,在东非、北非各地出土的文物中,都发现了中国古代的陶瓷制品,瓷器成为中非人民友好的信物和见证。两宋时期,中国对外贸易达到了空前的繁荣,宋代中国与埃及已有航线相通,原产自非洲的象牙、犀角、明矾等物资大批涌入中国,非洲的原产作物高粱、芝麻、西瓜等也成了普通中国百姓餐桌上的美食。在元代时期,随着陆上丝绸之路以及海上丝绸之路的空前繁荣,中非之间的贸易活动不仅频繁,而且规模逐渐扩大,这种贸易往来不仅促进了双方的经济繁荣,也加深了中非之间的文化交流与理解。明朝郑和下西洋,有四次到达了非洲,船队带去许多中国瓷器、漆器、绸缎、茶叶和其他工艺品,也载着非洲的物产归来,同时把非洲的文化带回中华。在经历闭关锁国的清朝、硝烟四起的近代之后,1956 年中华人民共和国与埃及成功建交,这是中国外交史上的一个重要里程碑,开启了中国与非洲国家友好合作的新篇章。

非洲国家是中国发展过程中的重要战略合作伙伴,中华人民共和国成立至今,已与 53 个非洲国家建立正式外交关系。从 1967 年起,中国政府开始向非洲国家提供无息贷款,运送各种设备材料,并派遣大量的工程技术人员。其中一项重要的合作就是帮助修筑了坦赞铁路。这条铁路东起坦桑尼亚首都达累斯萨拉姆,西至赞比亚的新卡比里姆博希,全长 1 860 千米,是贯通东非和中南非的交通大干线,被誉为"友谊之路"。该铁路的修建不仅促进了坦桑尼亚和赞比亚的社会经济发展,也见证了中非之间的深厚友谊。改革开放以后,中国努力探索中非双边互利合作的新途径。1982 年,中国总理访非期间提出了与发展中国家深化经贸合作的四项原则,强调双方应"平等互利,讲求实效,形式多样,共同发展"。为深化中国与非洲国家的友好合作关系,共同应对经济全球化带来的挑战,双方在 2000 年共同倡议设立了中非合作论坛,旨在提供一个重要平台,用以探讨和强化中非之间的合作。2000 年 10 月,中非合作论坛第一届部长级会议在北京举行,中国和 44 个非洲国家与会。会议审议并通过了《中非合作论坛北京宣言》以及《中非经济和社会发展合作纲领》两份重要文件,为构建中国与非洲国家之间长期稳定、平等互利的新型伙伴关系指明了方向。会议期间,中国政府宣布了多项重要举措,包括减免非洲国家 100 亿元人民币债务以及设立"非洲人力资源开发基金",以进一步推动中非合作与发展。

中国与非洲的经贸合作不断深化,已经与非洲 50 多个国家和地区建立了贸易关系,与 40 多个国家签署了双边贸易协定。此外,中国还与 35 个国家建立了双边经贸混(联)委会

---

① 赵琪.非洲经济发展前景广阔[N].中国社会科学报,2020-07-01(002).

机制，与28个国家签署了双边鼓励和保障投资协定，并与8个国家达成了避免双重征税协定，以进一步推动双方经贸合作的深入发展。截至2020年12月，中国已与49个非洲国家以及非盟委员会签署了"一带一路"合作文件。中国在非洲地区设立了超过800家各类企业，投资项目覆盖49个非洲国家，涵盖贸易、生产加工、资源开发、交通运输、通信和农业等多个领域，对当地经济发展起到了积极的推动作用。

中国还在非洲地区积极开展对外承接工程建设。中国企业以推动非洲工业化进程为切入点，大力参与当地高速公路、铁路、港口、机场、物流枢纽中心等基础设施建设。2008—2017年，非洲地区成为中国对外承包工程的第二大市场，平均占比达到34%，与亚洲（占比48%）共同成为对外承包工程业务最集中的地区。2020年，中国企业对外承包工程业务在非洲地区的新签合同额为679亿美元，占当年中国全部对外承包工程新签合同总额的26.6%；从完成对外承包工程营业额的情况看，非洲地区为383.3亿美元，占当年中国对外承包工程所完成全部营业额的24.6%。

## 二、中国与非洲的贸易关系

当前，国际形势正在经历深刻而复杂的变化，新兴经济体和发展中国家已成为推动世界经济发展的重要力量。中国与非洲国家顺应时代潮流，在中非合作论坛的框架下，持续深化中非新型战略伙伴关系，并积极推动经贸领域的合作与发展。目前，中国已成为非洲最大的贸易伙伴，而非洲也成为中国关键的进口渠道、重要的海外工程承包市场之一，以及颇具吸引力的投资目的地之一。中非经贸合作的深入发展，有力推动了非洲国家民生改善和经济多元化进程，同时为中国经济社会发展提供了重要支撑。这种合作也为促进南南合作和世界经济平衡发展作出了积极贡献。在中非双方共同努力下，经贸合作基础日益坚实，机制日趋完善，新的合作契机与增长点不断涌现，为双方合作注入了新的活力。

中非贸易在2008年金融危机后，特别是"一带一路"倡议实施以来，展现出了稳健的增长势头。中国已连续十年稳居非洲第一大贸易伙伴国的地位。2019年中国与非洲国家进出口总额约为2 090.2亿美元，其中，中国对非出口约1 132.1亿美元，自非进口约958.0亿美元（图13-1，图13-2）。

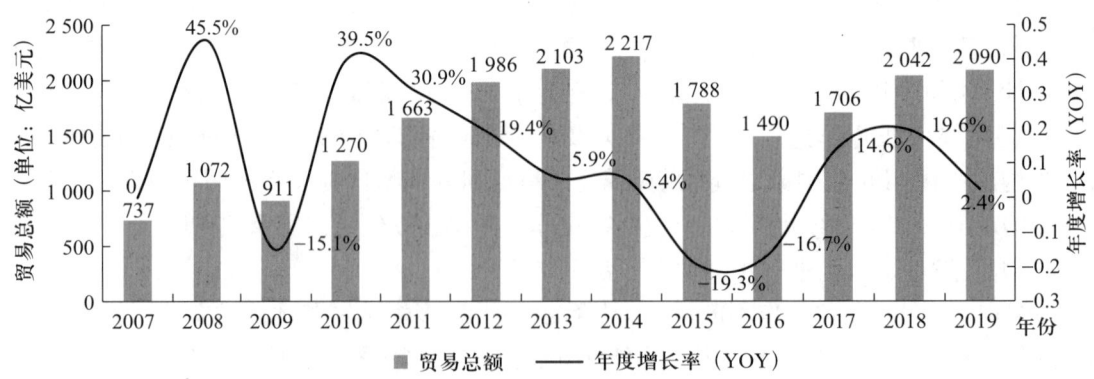

图13-1　2007—2019年中国与非洲的贸易总额及其年度增长率（YOY）

数据来源：中国国家统计局官网（https://www.stats.gov.cn/）。

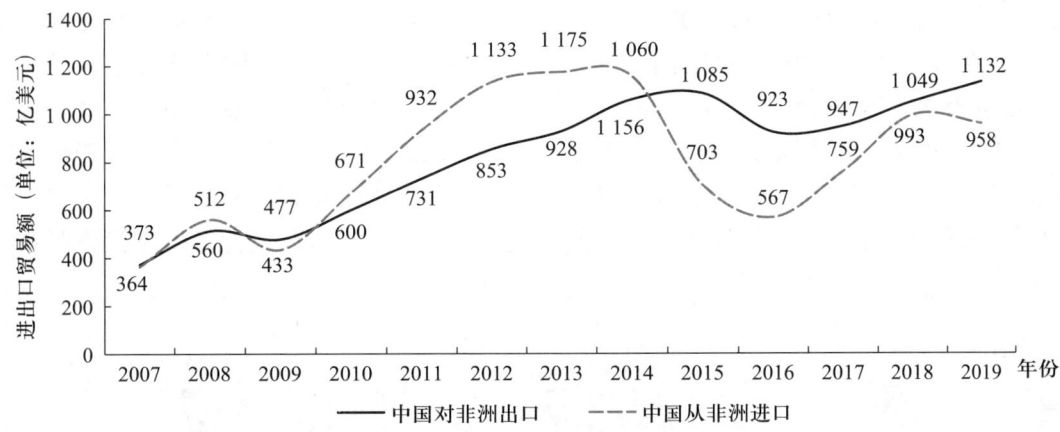

图 13-2　2007—2019 年中国对非洲进出口贸易额

数据来源：中国国家统计局官网（https://www.stats.gov.cn/）。

从 2019 年中国与非洲各国进出口贸易数据来看，中国出口额排名前十位的非洲目的国分别是尼日利亚、南非、埃及、阿尔及利亚、肯尼亚、加纳、摩洛哥、利比里亚、坦桑尼亚和利比亚，中国对上述十个国家的出口贸易总额达到 764.2 亿美元，这一数额占中国对非洲国家出口总额的 67.5%。尼日利亚与南非作为非洲的经济巨头，一直是中国在非洲出口的主要目的地。特别是在 2019 年，尼日利亚超越南非，成为中国对非出口的最大目标国。

以南非为例，金属类是中国从该国进口的主要商品，2019 年金属类产品占到中国自南非进口总额的 49.1%；其次是矿产品，占比 36.5%。南非自中国进口的主要商品为机电产品和机器机械类产品，2019 年分别进口 33.0 亿美元和 23.3 亿美元，两类产品分别占南非自中国进口总额的 19.9% 和 14.1%。显然，产业间贸易在中国与南非的贸易关系中占据主导地位。南非凭借其丰富的金属和矿产资源，主要向中国出口资源型产品。而中国，作为制造业和工业强国，在机电产品、运输设备等工业制成品的出口上具备显著优势。因此，两国之间的贸易展现出了鲜明的产业间互补性特点。

### 三、中国对非洲的直接投资

在国际经济增长疲软、中非各自经济发展面临挑战的环境下，中非双方紧密把握发展战略对接的历史性契机，积极推动产能与投融资领域的深入合作。中国已成为非洲的主要投资国之一，而中国企业则为非洲国家的生产扩张与就业增长作出了重要贡献。近年来，中非政治互信和合作机制不断深化，为中非经贸合作创造良好基础。

进入 21 世纪以来，中国对非洲直接投资增长迅速，但呈波动型上升态势，且波动幅度较大。据统计，2003 年中国对非投资 0.75 亿美元；2004 年猛增至 9.0 亿美元；2005 年回落至 4.0 亿美元；2006 年回升至 5.2 亿美元；2007 年达 15.7 亿美元，同比增长 202.6%；2008 年骤增至 54.9 亿美元，创下历史峰值，同比增长 248.8%；2009 年回落至 14.4 亿美元，比上年下降 73.8%；2010 年为 21.1 亿美元，同比增长 46.8%；2011 年为 31.7 亿美元，继续增长 50.4%；2012 年为 25.2 亿美元，同比下降 20.6%；2013 年为 33.7 亿美元，同比增长 33.9%；2014 年为 32.0 亿美元，同比下降 5.0%；2015 年为 29.8 亿美元，继续下降 7.0%；2016 年为

24.0亿美元,再度下降19.4%;2017年41.0亿美元,同比增长70.8%;2018年为53.9亿美元,继续增长31.5%;2019年在中国对外投资整体减少的情况下,中国在非洲地区的对外直接投资为27.1亿美元,同比下降49.8%,占当年中国对外直接投资总流量的2.0%(参见图13-3)。2020年对非洲投资42.3亿美元,同比增长56.1%,占当年对外直接投资流量的2.8%,主要流向肯尼亚、刚果(金)、南非、埃塞俄比亚、尼日利亚、刚果(布)、尼日尔、赞比亚、塞内加尔等国家,其中涉及工程建设、制造业、服务业、矿业、农业及基础设施等众多领域。①

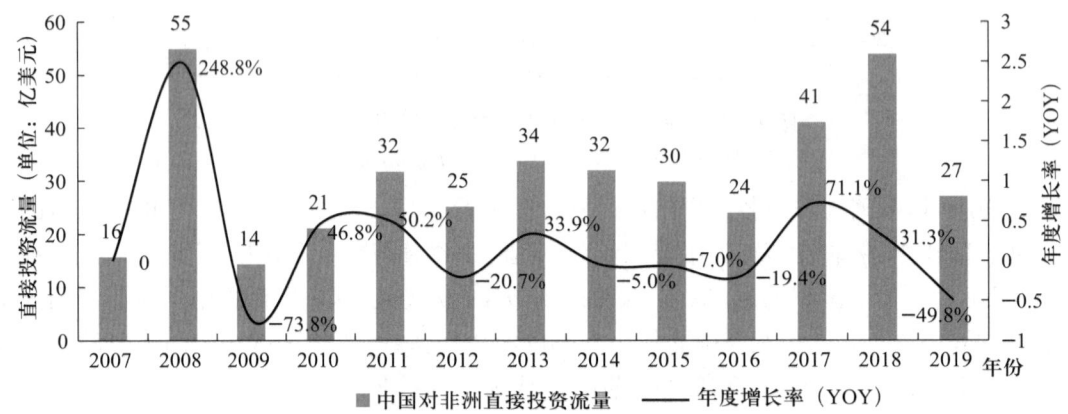

图13-3 2007—2019年中国对非洲直接投资流量及其年度增长率(YOY)

数据来源:中国国家统计局官网(https://www.stats.gov.cn/)。

2008—2018年,中国在非洲地区的投资存量逐年稳步增加,但其在中国当年对外投资总存量中的占比基本呈下降趋势,尤其是从2014年开始逐年递减(参见图13-4)。至2019年年末和2020年年末,中国在非洲地区的投资存量略有下滑,分别为443.9亿美元(占比2%)和434.0亿美元(占比1.7%)。

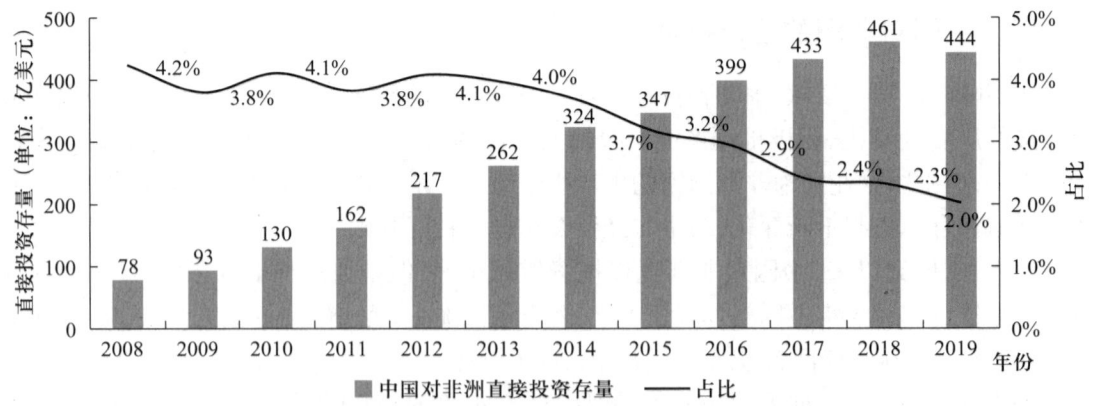

图13-4 2008—2019年中国对非洲直接投资存量及其占比

数据来源:中国国家统计局官网(https://www.stats.gov.cn/)。

---

① 数据来源:中国国家统计局官网(https://www.stats.gov.cn/)。

从国别上看,中国对非洲投资国别分布相对集中。截至2019年年末,中国企业在非洲地区的52个国家积极开展投资活动,实现了高达86.7%的投资覆盖率,设立的境外企业超过3 800家。从流量上看,2019年中国对非洲投资主要流向刚果(金)、安哥拉、埃塞俄比亚、南非、毛里求斯、尼日尔、赞比亚、乌干达、尼日利亚、坦桑尼亚等国家。其中,对刚果(金)直接投资流量为9.3亿美元,同比增长44.8%;对安哥拉直接投资流量为3.8亿美元,同比增长41.8%。①

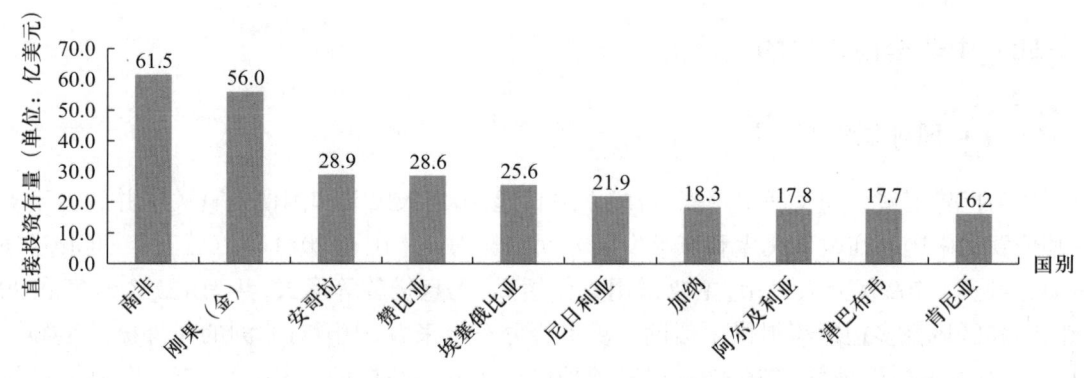

**图 13–5　2019 年末中国对非洲直接投资存量排名前十国家**
数据来源:中国商务部、国家统计局、国家外汇管理局《2019 年度中国对外直接投资统计公报》。

中国对非洲直接投资行业领域继续拓宽,行业保持相对集中。2019年,中国对非洲地区投资存量最集中的5个行业领域依次为建筑业(占比30.6%)、采矿业(24.8%)、制造业(12.6%)、金融业(11.8%)、租赁与商务服务业(5.6%)。建筑业与采矿业继续保持在前两名位置。其中,采矿业增速较快,其占比与上年相较提高2.1个百分点。上述5个行业投资存量合计为379.4亿美元,共计占比85.4%。

随着2019年中非经贸博览会的举办和中非"八大行动"的逐步落实,中国对非洲投资合作将更加多元化,投资方式将更加丰富,对非投资合作广度和深度将继续扩展。除了建筑、矿业等传统领域投资以外,中国与非洲在其他产业中的合作也在稳步推进:中国主要银行获得批准在南非开设分行,多家埃及主要商业银行开通人民币业务;中国航空公司与加纳方合资设立的航空公司连续三年实现盈利,已发展成加纳最大的本土航空公司,占据当地市场份额近九成;中国与埃塞俄比亚共同设计制造的首颗卫星成功发射,用于监测气候和天气变化,服务埃塞俄比亚的农业、林业和环境保护;同时,中非在艰难的新冠疫情期间开始数字经济合作,并因此迎来了快速发展契机。

非洲大陆自由贸易区(AfCFTA)的建设将为未来20年中非合作带来前所未有、难能可贵的机遇。2019年7月,非洲大陆自贸区宣布成立。非盟55个成员中,有54个成员(除厄立特里亚外)已签署《非洲大陆自由贸易区协议》。非洲大陆自贸区已于2021年1月

---

① 王子博.中国对非洲国家直接投资影响因素研究——基于空间效应视角[D].北京:北京林业大学,2021:25.

1日正式启动,此时已有34个签署《非洲大陆自由贸易区协议》的国家批准了该协议（另有5个国家确认批准）,有41个国家/关税联盟提交了关税提议。非洲大陆自贸区的建设有望打造一个覆盖12亿人口、国内生产总值合计2.5万亿美元的大市场,为非洲的持续发展和中非关系的深化提供崭新的契机。中非合作论坛框架下的务实合作举措将为非洲大陆自贸区建设注入强大动力。中国坚定支持非洲地区经济一体化,坚信非洲大陆自贸区将为中非经贸合作提供更广阔的空间,对非洲的经济发展和投资合作持积极态度。

## 四、中非全面合作的经济关系

### （一）中国对非经济援助

作为世界上最大的发展中国家,自成立之日起,中华人民共和国便一直关注并致力于支持其他发展中国家在改善民生和谋求发展方面的努力。中国在2013年以后五年期间,对外援助金额达2 702亿元人民币,主要采用无偿援助、无息贷款等形式,共为122个国家和20个国际和区域性多边组织提供了援助。从资金分布上来看,中国对非洲的对外援助金额占44.65%,对亚洲援助金额占36.82%,对其他地区或国际组织援助金额占比均低于10%,可见非洲是中国对外援助的主要区域。[①]

2000—2019年,中国对非洲的贷款承诺总计达1 530亿美元。这些贷款中至少80%用于经济和社会基础设施项目,主要涵盖交通、电力、电信和水利等领域。在2014—2018年间,平均每年贷款额为95亿美元,2016年中国承诺贷款额达到了280亿美元的峰值。最大借款国主要包括加纳、南非、埃及、科特迪瓦和尼日利亚等。

中国对非援助"不附加任何政治条件",尊重受援国政府的独立自主权,尊重受援国百姓的生存发展权,在南南合作框架下向许多非洲国家提供了力所能及的经济和技术援助,不干涉受援国内政,注重发展和民生的实效,取得了包括援建大批基础设施项目、帮助人力资源能力建设、提供非洲发展急需的金融扶持和减轻债务负担、改善非洲医疗卫生条件、开展各种形式的农业合作、开展减灾救灾和人道主义援助等在内的多方面救助,受到了受援国人民的欢迎和肯定,提升了中国的国际形象,对中国在国际上广交朋友、扩大影响、提高国际地位、创造和平安定的国际环境、促进改革开放和对外贸易与经济合作事业的发展,起到了重要作用,体现了中非人民的深厚情谊。

### （二）中国对非基础设施建设援助和投资

迄今为止,中国在非洲的基础设施建设领域扮演着至关重要的角色,作为最大的投资国和建设主体,已助力非洲实现众多关键基础设施项目的建设与升级。这些项目极大地促进了非洲的互联互通和经济一体化进程,为区域的发展注入了强劲动力。举例而言,中国在非

---

[①] 中华人民共和国国务院新闻办公室.新时代的中国国际发展合作白皮书（全文）[EB/OL].(2021-01-10)[2022-08-18].http://www.scio.gov.cn/zfbps/32832/Document/1696685/1696685.htm.

洲的基础设施建设方面取得了显著成果。我们协助非洲构建了覆盖地面到天空的铁路网、公路网，以及区域航空网络这"三大网"，为非洲大陆的交通发展提供了有力支撑。此外，我们还助力非洲实现了将所有国家首都用铁路连接起来的"世纪梦想"，推动了非洲工业化和经济一体化的进程，为非洲的繁荣发展贡献了重要力量。这些合作互助行为不仅是中国的大国责任以及作为非洲真诚发展伙伴的必然担当，同时也是中非经贸合作转型升级的必然要求。

新冠疫情的突发给中非合作带来了较大的困难，但也蕴含机遇。中国充分发挥援非医疗队的作用，在当地开展救助活动的同时培训当地的医护人员，卫生健康领域则逐渐成为中非经贸合作的新亮点。中国企业抓住机遇，加大对非投资（特别是增加医疗卫生基础设施项目投资），巩固双方合作成果，扩大医疗健康产业，同时在疫情防控的基础上，做好在建项目实施。疫情期间，中非签署了一大批共建"一带一路"合同，中国在非洲的1 100多个合作项目持续运行。

### （三）数字经济与人文交流

新冠疫情促使非洲国家深刻认识到数字化转型的紧迫性，尤其是高成本互联网和带宽不足等问题亟待解决。面对这一挑战，中国企业积极行动，通过多边和双边渠道，与非洲企业和机构分享数字技术支持抗疫和发展云经济的经验。疫情期间，数字合作平台、线上推介会、直播带货等新业态蓬勃兴起，不仅促进了中非企业间的交流合作，还带动了非洲特色产品对华出口的增长。在非洲大陆自由贸易区建设的背景下，改善数字连接对于推动非洲内部贸易具有举足轻重的意义。数字工具如云服务和在线平台能够赋能电子商务，促进服务贸易的发展。同时，这些工具还有助于提升非洲贸易的便利化程度，降低交易成本，减少跨境贸易壁垒。随着非洲大陆自由贸易区的逐步推进，中非双方将进一步加强数字领域的合作，充分发挥中国在技术方面的优势，助力非洲抓住信息革命的机遇，共同打造"数字非洲"，推动非洲的数字化进程，实现共赢发展。

在人文交流领域，20年来中非人民之间的交往日益密切：一方面，在非洲投资兴业的中国人和去非洲旅游的中国游客以及来华学习与做生意的非洲人越来越多；另一方面，中非人文交流的内容已呈现多元化趋势，不再局限于传统的文化团体互访、演出和博物馆馆藏巡展等形式。双方交流正逐步拓展至思想领域及共同研究层面，以更深入、更全面的方式加强双方的合作与理解。中国非洲研究院的成立，就是2018年中非合作论坛北京峰会推出的人文交流行动计划之一。该院自成立以来已经举办了多次"非洲大使论坛"和"非洲讲坛"，启动了几十项中非合作研究项目，成为汇聚中非学者智库资源、打造中非联合研究交流计划的增强版。迄今，中国累计向非洲国家提供了约12万个政府奖学金名额，在非洲46国合建61所孔子学院和44家孔子课堂，向非洲48国派遣医疗队队员2.1万人次，诊治非洲患者约2.2亿人次，双方建立了150对友好关系城市。中非友谊的民意基础越来越巩固。[1]

---

[1] 中华人民共和国外交部.驻安哥拉大使龚韬在安《国家报》发表署名文章《青年是中安友好的未来》[EB/OL].[2021-11-26]. https://www.fmprc.gov.cn/web/dszlsjt_673036/ds_673038/202111/t20211126_10454041.shtml.

## 第二节　中国与拉美国家的经济关系

拉美国家作为最大的发展中地区之一,是中国拓展南南合作的重要伙伴。近年来,中拉合作不断深入发展,取得重要成果,中拉关系已发展为平等、互利、创新、开放、惠民的新型合作关系。2017年以来,拉美地区逐渐成为"一带一路"倡议的重要参与者和受益方,中国与拉美国家在政策沟通、贸易畅通、设施联通、资金融通和民心相通领域的合作日益加强。①

### 一、拉美国家经济发展及中拉交往概况

拉丁美洲是指美国以南的美洲地区,涵盖墨西哥、中美洲、西印度群岛和南美洲四个区域,包括巴西、墨西哥、阿根廷、巴哈马等33个国家和若干未独立地区。拉丁美洲幅员辽阔,东临大西洋,西靠太平洋,共2 070万平方千米,占全世界陆地面积的13.8%;有四分之三的区域处于热带范围,林业、水力和矿业资源均比较丰富;2018年总人口6.51亿,约占全世界总人口的十分之一。②

1950—1980年,拉美经济保持了连续30年的较快增长,阿根廷较早达到中等收入国家水平,巴西和墨西哥等国家也相继创造了经济增长奇迹。至2018年,33个拉美国家中有20个是人均GDP接近1万美元的中等收入国家,有12个国家的人均GDP超过1万美元,海地是唯一的低收入国家。1994年墨西哥成为首个加入经合组织(OECD)的拉美国家,2010年,智利成为首个加入经合组织的南美国家,2020年哥伦比亚和哥斯达黎加也先后加入经合组织。

拉美国家的现代化发展取得了显著成效,但也面临许多问题。例如,经济结构脆弱性难以消除;许多国家未能解决社会"不平等"难题,存在规模庞大的贫困群体;经济发展速度不稳定,难以跨越"中等收入陷阱"等,20世纪80年代曾是拉美经济"失去的10年"。③ 2004—2013年,拉美经济发展经历了"黄金10年",年均GDP增长率超过5%,国际社会对拉美国家摆脱"中等收入陷阱"充满乐观。然而,受到内外部多重因素的交织影响,自2014年起,拉美经济开始呈现下行趋势。在2014—2019年的这段时间内,年均GDP增长率仅为0.4%,这成为自1950年以来增长最为缓慢的时期。许多拉美国家在这一关键时期未能成功抓住机遇,实现向高收入水平的跨越。无论是在现代化和工业化的发展道路上,还是在对外开放的过程中,拉美国家都未能有效消除经济结构的固有弊端。这些国家长期受到产业结构单一的困扰,出口主要集中在初级产品上,这一状况并未得到根本性改善,甚至在某些情况下还呈现出加剧的趋势。

巴西作为拉丁美洲的巨头,坐落于南美洲东部,其疆域辽阔,自然资源丰饶,工业基础坚实。在经济实力方面,巴西稳坐拉美地区的头把交椅,并在全球范围内位列第十二(2020

---

① 中国现代国际关系研究院拉美研究所课题组.中拉"一带一路"合作:挑战与深化路径[J].国际问题研究,2020(3):79.
② 科普中国.拉丁美洲[OL].https://www.kepuchina.cn/article/articleinfo?business_type=100&ar_id=350404.
③ 袁振东.拉美国家经济社会发展分析与展望[N].中国社会科学报,2020-09-29(01).

年)。此外,巴西的农牧业也极为发达,是众多农产品的主产国和出口国,对全球农产品市场具有重要影响。作为拉美第一经济体,巴西 2020 年 GDP 达到了 1.32 万亿美元,人均 GDP 为 6 270 美元。而巴哈马由于只有 38.5 万人口,2020 年人均 GDP 达到了 3 万美元,约为巴西人均 GDP 的 5 倍。海地是世界上第一个黑人共和国,也是拉美唯一的最不发达国家,2020 年海地人均 GDP 只有 854 美元。①

改革开放至今,中国与拉美关系的发展历程大致可分为 3 个阶段。1978—2001 年为第一阶段,主要是中国扩大和巩固在拉外交阵地,1989 年中国与古巴两国外长互访,1993 年中国国家主席访问古巴,实现了中国最高领导人对古巴的首访,与部分拉美国家深化和升级双边关系。

2002—2012 年为第二阶段,"贸易驱动"是主线,包括中拉贸易实现"三级跳",贸易、投资、金融合作全面展开,中拉之间贸易存在互补性,中国与智利、秘鲁、哥斯达黎加三国签订了自贸协定,拉美地区成为中国对外直接投资的第二大目的地,中拉双边关系形成三层次、多元化大格局。到 2012 年年底,中国与 7 个拉美国家签订了避免双重征税协定,与 14 个拉美国家签订了投资保护协定。

2013 年至今为第三阶段,对接"一带一路",中拉建立全面合作伙伴关系,中拉经贸合作跨入"金融驱动"阶段。2014 年 7 月习近平总书记二访拉美,与拉美和加勒比国家领导人会晤并共同发表了《中国—拉美和加勒比国家领导人巴西利亚会晤联合声明》,宣布中拉建立平等互利、共同发展的全面合作伙伴关系,正式成立中拉论坛。2015 年 1 月,中国成功在北京举办了中拉论坛首届部长级会议,会议期间,与会各方共同审议并通过了《中国与拉美和加勒比国家合作规划(2015—2019)》,为双方未来的合作发展奠定了坚实的基础。此外,还发表了《北京宣言》,宣言强调,中拉论坛是进一步深化中拉全面合作伙伴关系的新平台、新起点、新机遇。2016 年 11 月中国政府发布第二份对拉政策文件《中国对拉美和加勒比政策文件》;2017 年 11 月,中国与巴拿马签署"一带一路"建设备忘录,巴拿马成为首个对接"一带一路"倡议的拉美国家。2018 年 1 月,中国—拉共体第二届部长级会议在智利首都圣地亚哥举行,会上通过的《"一带一路"特别声明》提到,中国认为拉美和加勒比国家是"一带一路"国际合作不可或缺的参与方,并正式邀请拉美和加勒比国家自愿加入该倡议。至 2019 年 4 月,参与"一带一路"的拉美国家达到了 19 个,共建"一带一路"伟大构想全面延伸到拉美大陆。近年来,中国与拉美国家共建"一带一路"合作持续深入,拉美地区是中国对外投资的第二大目的地,在拉美的中资企业超过 2 700 家。近 20 年间,中国在拉美地区已投入使用或在建的基础设施项目共 138 个,项目资金总额超过 940 亿美元,为当地创造逾 60 万个就业岗位。②

## 二、中国与拉美国家的贸易关系

中国同拉美国家之间贸易互补性强,拉丁美洲是近年来中国对外贸易增长最快的地区

---

① 数据来源:中国外交部网站(https://www.mfa.gov.cn/web/gjhdq_676201/)。
② 张日. 拉美共建"一带一路"热度走升[EB/OL].(2022-04-28)[2022-08-20]. https://baijiahao.baidu.com/s?id=1731318333948279033&wfr=spider&for=pc.

之一。从贸易总额来看,进入新世纪后中拉双方贸易额增长非常迅速,在较短的时间内就相继突破了 200 亿美元、1 000 亿美元、2 000 亿美元和 3 000 亿美元关口。具体而言,中拉贸易总额在 2003 年达到 268 亿美元,2007 年达到 1 027 亿美元,2011 年达到 2 414 亿美元,2018 年中拉贸易总额首次突破 3 000 亿美元大关(图 13-6)。2021 年,中国同拉美地区贸易总额创新高,突破 4 500 亿美元。中国已成为拉美地区第二大贸易伙伴,仅次于美国。同时,中拉贸易结构不断优化,拉美对华出口产品种类日益多样化,高附加值产品出口不断增加,从原油、矿石、粮食等初级原材料为主向包含冷冻肉类、水果、花卉、烟酒及其他精加工食品等高附加值产品在内的多样化产品方向转变。①

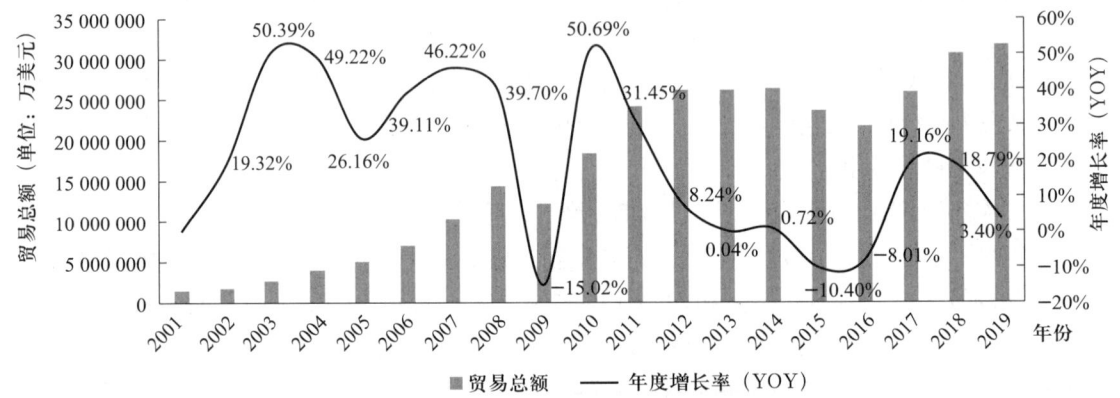

图 13-6  2001—2019 年中国与拉美国家贸易总额及其年度增长率(YOY)

数据来源:中国国家统计局官网(https://www.stats.gov.cn/)。

从进口、出口贸易额来看,中国对拉美国家进口额与出口额基本都呈上升趋势(图 13-7)。从中拉贸易差额来看,2003—2005 年,中国对拉美进出口表现为小额贸易逆差;2010—2017 年,中国对拉美地区贸易保持顺差;2018 年至今,中国对拉美地区贸易逆差比较明显,2019 年逆差额达到了 137 亿美元。2020 年中国对外贸易进口总额达到 14.223 万亿元,其中从拉美进口占比 8.08%,是除亚洲和欧洲之外的中国第三大进口来源地,对拉美国家的出口占中国对外出口总额的 5.82%。②

分国别来看,近年来墨西哥和巴西一直是中国对拉美地区的主要出口目的国,2019 年中国对墨西哥和巴西的出口额占中国对拉美出口总额的比重分别为 30.52% 和 23.38%,中国对拉美出口额排名第三的为智利。巴西和智利是中国在拉美地区的主要进口来源国,2019 年,中国从巴西和智利的进口额占中国从拉美进口总额的比重分别为 48.27% 和 15.84%,中国从拉美进口的第三大来源国为秘鲁,2019 年中国从秘鲁的进口额达到了 152 亿美元。③

---

① 中国现代国际关系研究院拉美研究所课题组.中拉"一带一路"合作:挑战与深化路径[J].国际问题研究,2020(3):81.
② 数据来源:中华人民共和国海关总署官网(http://www.customs.gov.cn/)。
③ 数据来源:中国外交部网站(https://www.mfa.gov.cn/web/gjhdq_676201/)。

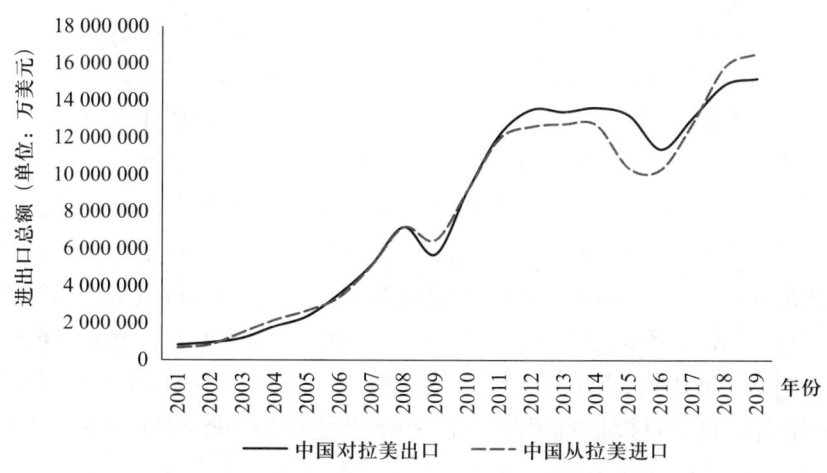

图 13-7　2001—2019 年中国对拉美国家进出口总额

数据来源：中国国家统计局官网（https://www.stats.gov.cn/）。

在全球经济增长放缓和中美贸易战的影响之下，中拉经贸关系向贸易、投资、金融三轮驱动模式演进，中拉经贸关系"超越互补"，实现升级，经贸领域的合作向平衡型方向发展，中国加大了从拉美进口力度。与此同时，拉美对华出口多样性增加，智利的车厘子、墨西哥的鳄梨、阿根廷的牛肉、厄瓜多尔的大虾、秘鲁的藜麦、巴拿马的凤梨等陆续登陆中国。

以巴西为例，矿石等原材料是中国从巴西进口的主要商品，2020 年从巴西进口额为 267 亿美元，占中国从巴西进口总额的 31.71%；其次是杂粮种子、水果一类植物，占比 29.62%。除上述产品外，矿物燃料、石油及石油产品等工业生产原材料、燃料也是中国从巴西进口的主要大类商品（HS 类），在中国从巴西进口总额中所占比重为 16.55%；进口可食用肉类等达 74 亿美元，占比 8.83%。巴西自中国进口的主要商品为机电设备产品、核反应堆锅炉器械，2020 年分别从中国进口额 100 亿美元、52 亿美元，两类产品分别占巴西自中国进口总额的 28.76%、14.99%。除上述产品外，有机化学物质等工业产成品也是巴西自中国进口的大类商品（HS 类），进口总额达到 27 亿美元，在其进口中所占比重为 7.70%。① 巴西以其丰富的矿产资源和发达的农业著称，是中国自然资源型产品和农产品的主要进口来源国之一。相对而言，中国在制造业和工业领域具有显著优势，尤其在出口机电产品、核反应堆锅炉器械等工业制成品方面表现出强大的竞争力。中巴两国贸易具有明显的产业间互补性，产业间贸易仍将是中巴贸易主体。

## 三、中国对拉美国家的直接投资

拉美地区是发展中国家和新兴市场国家集中地区，是推动世界多极化的重要力量和构建人类命运共同体的重要伙伴。根据中国商务部的统计数据，目前拉美已成为中国海外投资的第二大目的地（仅次于亚洲），中国也成为拉美稳定的投资来源国。除了能源、矿业和基础设施领域外，越来越多的中国企业还对拉美的高科技、高附加值产业和领域显示出浓厚

---

① 数据来源：中国外交部网站（https://www.mfa.gov.cn/web/gjhdq_676201/）。

的投资兴趣,中国资本更多地进入了拉美地区的金融、农业和食品、制造业、通信业、服务业、电子商务、航空运输等领域,有力地推动了拉美当地的经济发展。①

进入21世纪以来,拉美地区一直是中国对外直接投资的重要目的地。从流量上看,中国对拉美地区直接投资总体上增长较快,但各年流量的波动幅度较大。2012年中国对拉美地区直接投资为61.7亿美元,同比下降48.3%,居亚洲和欧洲之后;2013年猛增至143.6亿美元,同比增长132.7%;2014年为105.4亿美元,同比下降26.6%,居亚、欧之后;2015年为126.1亿美元,同比增长19.6%;2016年猛增为272.3亿美元,同比增长115.9%;2017年为140.8亿美元,同比下降48.3%,居亚、欧之后;2018年为146.1亿美元,同比增长3.8%;2019年为63.9亿美元,同比下降56.2%,居亚、欧之后;2020年为166.6亿美元,同比增长160.7%,占中国当年对外直接投资流量的10.8%(上述年份中除有特别说明的外,拉美地区都居亚洲之后的第二位)。②

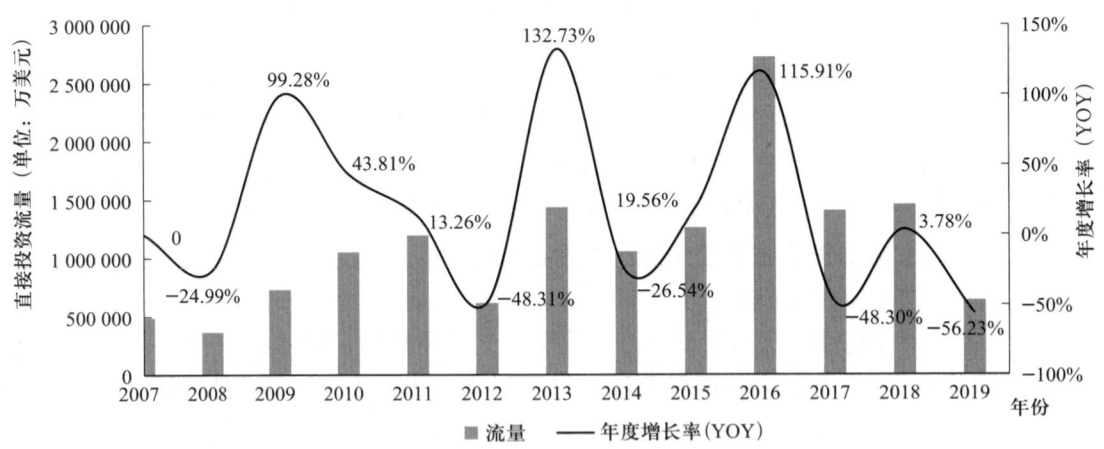

图13-8 中国对拉丁美洲直接投资流量及其年度增长率(YOY)

数据来源:中国国家统计局官网(https://www.stats.gov.cn/)。

截至2019年年末,中国在拉美地区的投资存量为4 360亿美元,占中国对外投资总存量的19.83%,其中对开曼群岛和英属维尔京群岛两大避税天堂的投资存量合计4 180.2亿美元,占对拉美地区投资存量的95.9%。与此同时,拉美在中国的累计实际投资超过2 200亿美元,累计设立外商投资企业33 188家。

近年来,中国对拉美的投资由倚重能源资源转向促进多元化生产的国际产能合作。截至2019年年末,中国企业对拉丁美洲国家投资最为集中的5个行业领域,依次为信息传输、软件和信息技术服务业(占比35.8%),租赁和商务服务业(22.7%),批发和零售业(13.9%),金融业(6.1%),科学研究和技术服务业(5.9%)。上述5个行业投资存量合计为3 682.4亿美元,所占比重达84.4%。其中信息传输、软件和信息技术服务业位居第一,但增长放缓,占比下降2.5个百分点。相比之下,科学研究和技术服务业增幅显著。

---

① 谌园庭.中拉关系70年回顾与前瞻:从无足轻重到不可或缺[J].拉丁美洲研究,2019(6):22-34,154-155.
② 数据来源:中国国家统计局官网(https://www.stats.gov.cn/)。

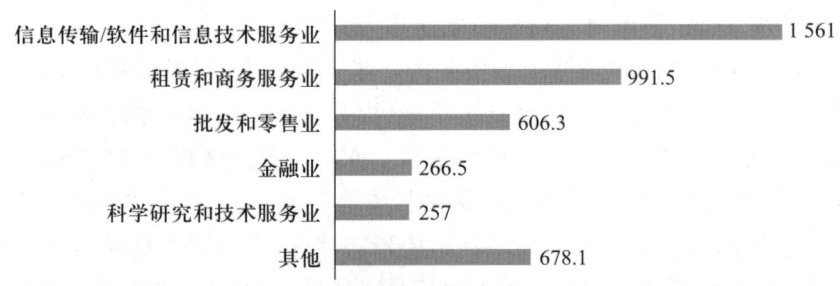

图 13-9　2019 年年末中国对拉美国家直接投资存量行业分布（单位：亿美元）
数据来源：《中国对外投资合作发展报告 2020》。

中国企业在巴西电力领域的投资成效显著，2017 年，国家电网巴西控股公司成为巴西主要的电力输送企业之一，三峡集团在巴西合资或控股的装机容量达到 827 万千瓦，成为巴西第二大电力生产企业。2016 年 3 月，中国港湾工程有限责任公司投资、建设和运营的牙买加南北高速公路全线竣工通车，这不仅是中国港湾的首个境外公路"建设－经营－转让"（Build-Operate-Transfer，BOT）项目，也是中国企业在拉美地区的首个交通基础设施 BOT 项目。中国长江电力公司投资 35.9 亿美元收购秘鲁 LuzDelSur 配电公司 83.6% 股权，是 2019 年中资企业最大的海外并购项目。① 此外，非国有投资者的日益参与，为中国在拉美的直接投资引入新动力和多样化。2019 年 10 月，智利首都圣地亚哥开通拉美地区首条绿色公交线路，所有运营车辆均采用中国自主品牌汽车企业比亚迪生产的纯电动大巴。2018 年 7 月，首钢秘铁 1 000 万吨精矿扩建项目成为"一带一路"落地拉美的第一个竣工项目，这也象征着"一带一路"建设在拉美地区也结出了硕果。

近年来，巴西等主要拉美国家正在经历数字化转型，对于 5G 技术、人工智能技术等数字技术与服务的需求越来越大。拉美民众认可中国企业带来的先进技术，期待与中国企业在 5G 技术、人工智能、生物技术领域开展合作。

### 四、中拉经济合作的未来发展

当前，拉美外交是中国整体外交的重要组成部分，也是中国推进全球性大国外交的"试金石"。随着中国国家实力的增强和"一带一路"倡议的推进，拉美已成为中国大国外交的优先方向。近年来，中国不断加强与拉美国家的基础设施建设合作，在交通、能源、信息化建设等领域取得较大进展。在交通基础设施方面，中资企业加大对拉美国家的港口、桥梁、铁路、公路建设投资，包括巴拿马玛格丽特岛港口、巴拿马运河第四大桥、阿根廷贝尔格拉诺铁路改造等重要项目。在能源基础设施方面，中资企业投资力度进一步加大，在厄瓜多尔参与了多个水电站建设，为厄瓜多尔解决能源短缺问题发挥了重要作用；在巴西参与了圣保罗朱比亚和伊利亚水电站升级改造、美丽山水电站特高压输电二期项目、圣诺伦索供水项目等建设。在信息畅通方面，华为在 5G 领域的技术领先优势为中国与拉美电信运营商之间的

---

① 谢文泽. 改革开放 40 年中拉关系回顾与思考[J]. 拉丁美洲研究，2018（1）：11-35.

合作创造了新机遇,巴西、墨西哥等国纷纷欢迎华为共建 5G 网络。[①]

进入 21 世纪,中拉合作步伐持续加快并进一步提升效率,双方关系已奠定了坚实的基础。当前,中拉合作正处于关键的转型升级阶段,提升合作层次和水平已成为中国对拉美政策的核心目标,旨在推动双方关系迈向更高水平。面对拉美地区政治、经济和外交形势的深刻变革,以及中美贸易摩擦和全球新冠疫情防控常态化的背景,中拉"一带一路"合作倡议的落实需要更加精准的政策规划,并应灵活适应形势变化,采取因势利导的政策思路。无论是中国,还是拉美国家,都视对方为至关重要的合作伙伴,而互为合作伙伴的战略共识,是在百年大变局中确保中拉关系行稳致远的支撑。

通过"一带一路"的助力和中拉共同体论坛平台,中拉双方在战略层面汇聚了更多共识,在政治、经济、人文交流和多边合作等领域取得了显著的成效,经贸合作在支撑中拉关系发展中的地位更加重要。从拉美对"一带一路"倡议的认知来看,贸易、投资、金融合作是拉美国家最聚焦的领域,而"互联互通"是"一带一路"倡议与拉美发展议程的"公约数"。已有 19 个拉美国家与中国签署了"一带一路"合作协议,从目前拉美的基础设施现状来看,在公路、铁路、港口、机场、能源基础设施等领域,中国的资金和技术具备绝对优势,可以助推拉美国家提高基础设施国际竞争力。

中国坚持开放合作的立场与全球化的发展决心,获得了拉美多数国家的认可与肯定,拉美国家普遍希望能够利用好中国提供的"一带一路"这个全球公共产品,实现本国、本地区的互联互通,弥补制约经济增长的基础设施短板和投资缺口。中国进一步探索在拉美地区与域外国家开展三方合作的新模式,以中国与西班牙、葡萄牙在拉美地区的合作开发为例,这种合作模式已经取得了积极的成效。"一带一路"倡议对接拉美发展战略的一个重要领域就是资金融通和金融合作。中国与拉美国家已建立中拉产能合作投资基金、拉美基础设施合作基金等多个层次的融资机制。除了传统的优惠贷款、出口信贷、境外投资融资之外,中拉合作基金、中拉基础设施专项贷款等各项基金逐步落地。同时,在基础设施领域,拉美地区传统的融资渠道主要有美洲开发银行(Inter-American Development Bank, IDB)、拉美开发银行(Banco de Desarrollo de América Latina, CAF)、巴西国家开发银行(Brazilian National Development Bank, BNDES),它们在拉美市场环境研判、风险管控等方面具有丰富的经验。中国可以探索与这些多边金融机构开展联合融资,尽可能地规避投资风险。[②]2019 年 4 月,中拉开发性金融合作机制在北京成立,是中国与拉美国家间首个多边金融合作机制,目的就是以更加紧密的金融合作促进更高水平的中拉合作。中国与阿根廷的货币互换协议也有力帮助了阿根廷政府缓解汇率危机。[③] 中国还可以探索在拉美地区与域外国家开展三方合作。例如,中国与西班牙、葡萄牙在拉美合作开发取得了不错效果。中国企业还积极寻求与更多国家在拉美地区开展合作,这不仅包括美国和欧洲国家,也包括日本、韩国等亚洲国家,以更

---

① 中国现代国际关系研究院拉美研究所课题组.中拉"一带一路"合作:挑战与深化路径[J].国际问题研究,2020(3):81.
② 周志伟.拉美地区变局下的中拉"一带一路"合作[J].当代世界,2020(10):24–29.
③ 谌园庭.中拉关系 70 年回顾与前瞻:从无足轻重到不可或缺[J].拉丁美洲研究,2019(6):22–34.

有效地应对中国在拉美面临的内外部压力,实现多方的互利与共赢。①

值得关注的是,人文交流成为中拉合作的新支柱。随着中拉关系进入发展新阶段,对文化、价值观、制度等要素的理解需求更为迫切。一方面,在中拉关系的发展过程中,文化、制度等因素所形成的制约日益显性化;另一方面,在国际秩序转型的过程中,需要更多"中国思路""中国方案"与"拉美思路""拉美方案"为之助力。而"中国思路"和"拉美思路"之间能否顺利对接,从根本上取决于文化、价值观等软力量的相互影响。基于此,中国政府发布的第二份《中国对拉美和加勒比政策文件》中,将人文合作单独列为一个中拉需要加强的合作领域,提升了对加强中拉人文领域合作的重视程度。双方人文交流的主体也更加多元化,包括智库、高校、行业协会、文化演出机构、企业以及华人华侨在内的交流越来越丰富。②

近年来,中国与拉美国家在媒体、智库、教育、旅游等各领域、各层级的交流全面铺开。迄今,中国已在拉美地区开设了44所孔子学院和12家孔子学堂,拉美的"汉语热"持续上升;拉美来华留学、交流和考察人员数量逐年增加;大量中文作品被翻译成西班牙语或葡萄牙语在拉美发行;《中国日报》《今日中国》等报纸杂志及中国国际电视台卫星节目在拉美"落地";旅游不仅是中拉人文交流的重要组成部分,也是中拉经贸合作的新抓手。目前,已有24个拉美国家成为中国公民出境旅游目的地国,拉美多国对华有条件免签,甚至实行五年多次入境签证;中拉之间开辟了多条直航航线,极大地便利了民众往来。近年来,中国赴拉美国家旅游的人数持续增加,拉美各国则推出了各种旅游项目来吸引来自中国的游客。中国已成为亚洲向墨西哥输送游客最多的国家。2017年圣基茨和尼维斯联邦宣布对中国游客免签,2019年巴西给予中国游客免签待遇,哥斯达黎加则寻求将特色医疗旅游推向中国。③

## 第三节 中国与南太平洋岛国的经济关系

南太平洋岛国坐落于太平洋东西与南北交通要冲的交会点,其地理位置具有重要的地缘战略意义。自1975年中国与斐济建立外交关系以来,两国合作持续深化,从最初的双边关系逐渐拓展至多边关系,合作领域也从单一的经贸合作扩展至多个领域,并将一般伙伴关系提升至战略伙伴关系的高度。这一发展历程充分展示了双方关系的不断加深与拓展。④

### 一、南太平洋岛国及其与中国交往概况

南太平洋是指位于赤道以南的太平洋海域,大约在南纬0~60度之间,大致分为波利尼西亚、美拉尼西亚和密克罗尼西亚三大区域。南太平洋地区涵盖了多个岛国和领地,其

---

① 周志伟. 拉美地区变局下的中拉"一带一路"合作[J]. 当代世界,2020(10):24-29.
② 谌园庭. 中拉关系70年回顾与前瞻:从无足轻重到不可或缺[J]. 拉丁美洲研究,2019(6):22-34,154-155.
③ 中国现代国际关系研究院拉美研究所课题组. 中拉"一带一路"合作:挑战与深化路径[J]. 国际问题研究,2020(3):82-83.
④ 史春林. 中国与太平洋岛国合作回顾与展望[J]. 当代世界,2019(2):35-39.

中包括独立的马绍尔群岛、巴布亚新几内亚、斐济、所罗门群岛、瓦努阿图、萨摩亚、汤加、密克罗尼西亚联邦、图瓦卢、帕劳、基里巴斯、库克群岛、瑙鲁和纽埃,共 14 个独立国家。此外,该地区还包含一些隶属于英国、法国、美国和新西兰等国的领地,由 1 万多个岛屿组成,人口总量约为 1 122.6 万人,各国国土总面积约 52.3 万平方千米,海域面积 3 000 多万平方千米[①]。这些国家和地区拥有优越的旅游资源、水产资源和矿产资源。

二战后随着世界范围内的民族独立与去殖民化浪潮汹涌澎湃,南太地区诸岛国逐渐取得了政治上的独立。不过,由于地理上的碎片化、经济上和政治上的边缘化、人口少、自然资源有限、远离世界市场等多方面原因,南太平洋诸岛国的经济远比其他地区脆弱,发展进程相对缓慢、滞后。巴布亚新几内亚是南太平洋岛国中人口最多、面积最大、GDP 排名第一的国家,但人均 GDP 只有 2 650 美元。斐济位于西南太平洋,是南太平洋最热门的度假胜地,是全球十大蜜月旅游目的地之一,2020 年该国 GDP 为 39.3 亿美元,人均 GDP 为 4 370 美元。密克罗尼西亚联邦位于波涛浩瀚的中部太平洋地区,经济模式相对单一,渔业资源丰富,金枪鱼生产享誉世界,更有南玛都尔古城、石币银行等世界知名文化名片。按照联合国的国家发展水平评定标准,图瓦卢、基里巴斯和所罗门群岛至今仍处在最不发达国家之列。

1989 年,中国成为南太平洋论坛(South Pacific Forum, SPF,今太平洋岛国论坛)对话伙伴国,此后,双、多边交流与合作不断深化。2002 年,太平洋岛国论坛(Pacific Islands Forum, PIF)在北京设立了驻华贸易代表处。2006 年,中国—太平洋岛国经济发展合作论坛成立,促进了中国与太平洋岛国间贸易与投资的持续增长,双边经贸合作日益频繁。同年,在斐济举行的中国与太平洋岛国首届部长级会议上,各方成功签署了《中国—太平洋岛国经济发展合作行动纲领》。2014 年,习近平总书记对斐济进行国事访问并同建交岛国领导人集体会谈。这是中国国家元首首次正式访问太平洋岛国,习近平总书记宣布中国为太平洋岛国最不发达国家 97% 税目的输华商品提供零关税待遇,并承诺中国对太平洋岛国的投入只会增加不会减少。2015 年 4 月在深圳举办的太平洋岛国(深圳)投资贸易推介会成为"一带一路"倡议下双方贸易合作不断加深的具体实践。2018 年 11 月,习近平总书记访问巴布亚新几内亚,并与建交的 8 个南太平洋国家(巴布亚新几内亚、斐济、密克罗尼西亚联邦、萨摩亚、瓦努阿图、库克群岛、汤加、纽埃)领导人举行了集体会晤,将彼此关系提升至相互尊重、共同发展的全面战略伙伴关系,开创了全新的合作局面。2019 年 9 月,基里巴斯、所罗门群岛与中国复交和建交,至此中国已与 10 个太平洋岛国建立了正式外交关系。2020 年 1 月,基里巴斯总统访华,双方签署了共建"一带一路"谅解备忘录等文件。2020 年 1 月,受汤加议会邀请,中国全国人大代表团访问汤加。

## 二、中国与南太平洋诸国的贸易往来

中国与南太平洋岛国之间的经济互补性显著,这一地区已成为近年来中国对外贸易增速最为迅猛的区域之一。目前,中国在该地区已稳居第二大贸易伙伴的重要地位。从贸易总额的角度来看,2007—2011 年中国与南太平洋岛国贸易增长迅速,2012 年和 2013 年有

---

① 数据来源:中国海关总署《中国与太平洋岛国论坛成员国贸易数据手册 2017—2019》。

小幅下降，2014 年恢复增长，2015 年猛增 64.6%，2016 年贸易总额突破 80 亿美元大关，此后一直平稳增长（图 13-10）。

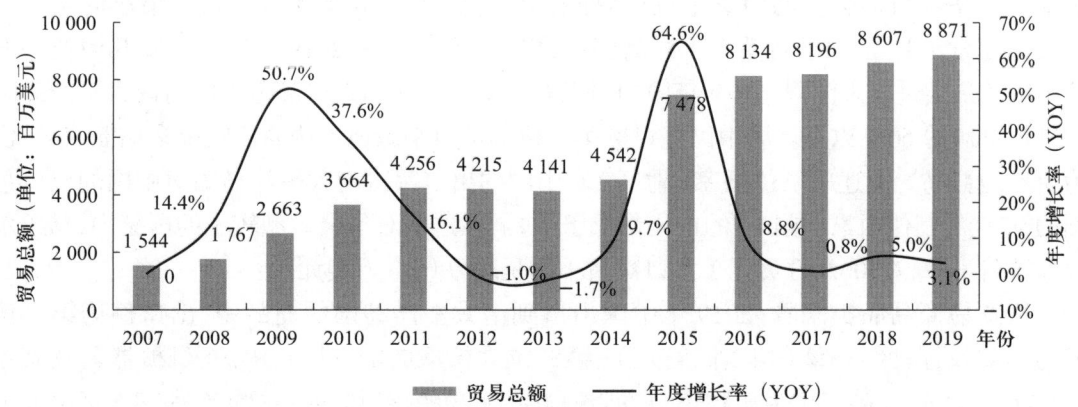

图 13-10　2007—2019 年中国和南太平洋岛国贸易总额及其年度增长率（YOY）

数据来源：中国海关总署《中国与太平洋岛国论坛成员国贸易数据手册 2017—2019》。

从进、出口贸易额来看，中国对南太平洋岛国的进口额保持了比较稳定的增长，2007—2019 年间年均增长率达 17.6%，出口额有一定的波动；从贸易差额来看，2017 年及以前中国对南太平洋岛国一直为贸易顺差，2018 年转为逆差，2019 年贸易逆差有所减小（图 13-11）。中国对南太岛国进口占中国对全球进口额的比重从 2007 年的 0.07% 提升至 2019 年的 0.23%，中国对南太岛国出口占中国对全球出口额的比重从 2007 年的 0.07% 提升至 2019 年的 0.17%。2019 年中国对 12 个南太国家为贸易顺差，对 3 个国家为贸易逆差。顺差额最大的是马绍尔群岛（23.4 亿美元），而逆差最大的是巴布亚新几内亚（22.63 亿美元）。中国从马绍尔群岛的总进口额为 0.5 亿美元，主要进口鱼类产品；总出口额为 23.9 亿美元，主要出口船舶及浮动结构体等。中国从巴布亚新几内亚总进口额为 30.6 亿美元，主要进口矿物燃料等；总出口额为 8.0 亿美元，主要出口钢铁制品等。

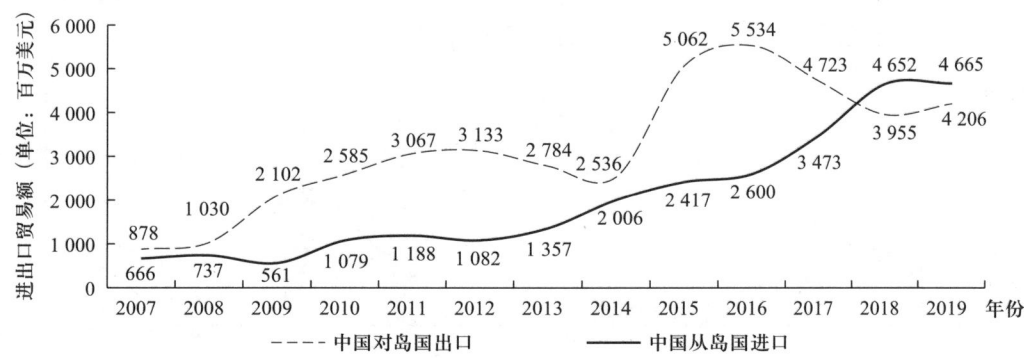

图 13-11　2007—2019 年中国对南太平洋岛国进出口贸易额

数据来源：中国海关总署《中国与太平洋岛国论坛成员国贸易数据手册 2017—2019》。

分国别来看，2017—2019 年马绍尔群岛一直是中国的最大出口目的国，2019 年中国对马绍尔群岛的出口额占中国对南太平洋岛国的出口总额的 50% 以上。居中国出口额第二位的出口目的国为巴布亚新几内亚,第三位为斐济。2019年汤加、密克罗尼西亚联邦、图瓦卢、帕劳、基里巴斯、瑙鲁对中国的进口额占南太平洋岛国整体进口额的比例不到1%。在这些对华进口额较小的国家中,汤加排名第一(2 947.5万美元),进口额最小的是瑙鲁(122.0万美元)。从中国对南太平洋岛国的进口来看,2017—2019年巴布亚新几内亚一直是中国的最大进口来源国,2019年中国对巴布亚新几内亚的进口额占中国对南太平洋岛国的进口总额的60%以上。居中国进口额第二位的进口来源地为法属新喀里多尼亚、第三位为所罗门群岛。上述前三位国家(地区)对中国的出口额占南太平洋岛国对中国的出口总额的97.9%,其他国家(地区)的占比都低于1%。在这些对华出口额较小的国家中,马绍尔群岛排名第一(4 506.9万美元),出口额最小的是瑙鲁(2.3万美元)。

从贸易商品品类来看,2019年中国出口到南太平洋岛国的商品中,出口额居第一位者为船舶及浮动结构体(14.2亿美元);第二位为核反应堆、机器、锅炉、机械器具及其零件(6.6亿美元);第三位为矿物燃料、沥青物质、矿物蜡、矿物油的蒸馏产品(4.5亿美元)。出口额居前十位的商品中大多为资本密集型产品,技术含量相对较高。据2019年的贸易统计数据,中国从南太平洋岛国进口的商品中,矿物燃料、矿物油及其蒸馏产品、沥青物质、矿物蜡占据了进口额的首位(16.3亿美元);第二位为木材及木制品、木炭(10.3亿美元);第三位为镍及其制品(8.3亿美元)。进口额居前十的商品多为劳动密集型、低技术产品。

## 三、中国对南太平洋岛国的直接投资

中国同南太平洋岛国之间经济往来与合作交流的历史并不长,但是发展迅速,合作领域也比较广泛。在该地区进行直接投资是中国与南太平洋岛国经济合作的重要形式,但中国对南太平洋岛国投资规模一般都不大,且历年直接投资流量的波动幅度很大(图13-12)。2019年,中国对南太平洋岛国的直接投资流向是斐济(1 746万美元)、马绍尔群岛(1 684万美元)、基里巴斯(1 542万美元)、瓦努阿图(212万美元)、密克罗尼西亚(63万美元)、汤加(21万美元)、帕劳(21万美元)、所罗门群岛(10万美元)。对巴布亚新几内亚和萨摩亚的投资流量为负值,分别为-6 486万美元和-530万美元。

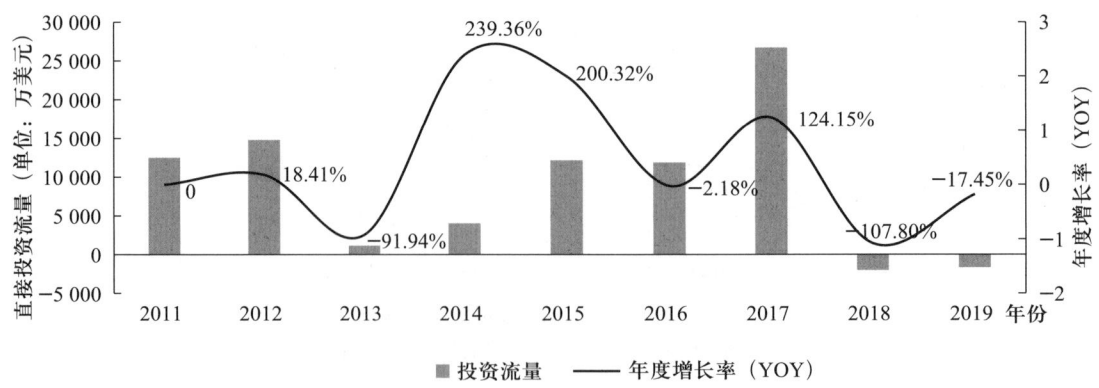

图13-12 中国对南太平洋岛国直接投资流量及其年度增长率(YOY)

数据来源:《2019年度中国对外直接投资统计公报》。

至2019年年末,中国在南太平洋岛国的投资存量超过30.8亿美元,占中国对大洋洲总投资存量的6.99%。这些投资基本集中在巴布亚新几内亚(192 336万美元)、萨摩亚(68 381万美元)、斐济(19 547万美元)、瓦努阿图(12 247万美元)和马绍尔群岛(9 682万美元),其中对巴布亚新几内亚的投资存量占中国对南太平洋岛国总投资存量的62.36%,占中国对大洋洲总投资存量的4.36%。

中国在南太平洋岛国的投资项目主要涉及基础设施建设、资源开发等领域。中国铁路工程总公司、中国水利水电建设集团公司、中国港湾工程公司等企业在南太平洋岛国地区承建了一系列道路、码头、机场、水电站等重大项目。中国对南太平洋岛国进行基建援助,不仅有益于改善和提升当地民众的生活条件和生活水平,还有助于加强中国与南太平洋岛国之间的关系。[①]

在矿产资源开发方面,中冶集团在巴布亚新几内亚的瑞木镍钴矿项目是目前中国在南太平洋地区规模最大的投资项目,投资额高达6.5亿美元。渔业资源开发方面,中水集团远洋股份有限公司、上海远洋渔业公司等在该地区开展捕捞作业,舟山震洋发展有限公司还在巴布亚新几内亚建立了金枪鱼加工厂。林业资源开发方面,浙江富得利木业有限公司巴布亚新几内亚分公司、吉鑫有限公司等在巴布亚新几内亚从事木材加工与家具生产等投资业务。[②]

## 四、中国与南太平洋岛国的未来合作

### (一)全面合作

中国与南太平洋岛国之间除了密切的贸易与投资合作之外,在科技、教育、旅游、文化等领域已展开全面合作。科技合作方面,多年来中国连续派专家在农业集约化生产、水资源利用等方面加强与南太平洋岛国的技术合作,如21世纪初福建省就曾向巴布亚新几内亚东高地省提供菌草与旱稻种植技术项目并一直运作至今。

在教育合作方面,自1984年起,中国便启动了对南太平洋国家学生的奖学金资助计划,为他们提供来华留学的机会;2014年11月习近平总书记在访问斐济时宣布未来5年中国将为南太地区提供2 000个奖学金名额和5 000个各类研修名额;中国前往南太地区留学人数也在增长,截至2019年约有近千名中国学生在南太地区留学。校际交流方面,早在2006年,中国海洋大学和中山大学就与斐济太平洋大学签署校际交流合作协议。

卫生合作方面,近年来中国向南太地区派遣了大批医疗队,提供药品,协助防治疟疾等疾病。此外,中国还开设了各种培训班,为南太地区培训管理与技术人员。

南太平洋的自然资源十分适合发展特色旅游,依托热带海岛和海岸打造特色旅游产业是南太平洋地区的经济亮点,在斐济、图瓦卢、帕劳、库克群岛等国,旅游业已成为主导产业。2003年,中国就倡议深化与太平洋岛国论坛成员国的旅游合作,并于2004年成功成为南太平洋旅游组织首个区域外大国成员。此后双方旅游合作发展迅速,2016年12月瓦努阿图

---

① 史春林.中国与太平洋岛国合作回顾与展望[J].当代世界,2019(2):35-39.
② 同①。

首次接待中国大型邮轮"大西洋号"。

在文化合作方面,2012年中国在斐济太平洋大学设立了首家孔子学院,双方文化交流向新的深度扩展。2013年8月,中国文化部(2018年改为中国文化和旅游部)部长率团访问斐济并签署了《中斐文化合作谅解备忘录》,双方就在斐济设立中国文化中心等问题达成共识。近年来,中国多次组织湖北艺术代表团、天津杂技团等文化艺术团体赴南太地区演出。

在海军合作方面,2010年8月中国海军舰艇编队先后访问巴布亚新几内亚与瓦努阿图,2014年和2018年中国海军"和平方舟"号医院船访问巴新和汤加并进行人道主义服务。

### (二)蓝色创新型发展之路

南太平洋地区是目前世界上唯一完全由岛屿和海洋构成的地区。中国与南太平洋岛国共建"蓝色创新发展之路",帮助各岛国依托其独具海洋特色的经济条件发展"蓝色经济",是合乎逻辑的选择。正是由于广阔海洋的存在,各岛屿之间及其与外界的交流受到阻隔,"孤立"成为这个地区的自然地理特征,也是"基本区情"。正因为如此,互联互通是太平洋岛国最亟须加强的领域。在"设施联通"方面,积极落实"亚太互联互通蓝图",推进海运便利化与跨海信息联通,不仅重视传统道路与港口,更以空中交通为先导,辅以网络、减灾等新型基础设施互联互通建设,从而打破太平洋岛国发展面临的基础设施瓶颈,以促进岛国间的沟通合作,形成规模经济。与此同时,基础设施建设还有利于太平洋岛国形成自我"造血"机制,实现自主发展。例如,由中国公司承建的萨摩亚首都阿皮亚的法雷奥勒国际机场新航站楼,将萨摩亚传统建筑样式与现代化设施有机结合,不仅发挥了吸引游客、留住回头客的作用,还成为萨摩亚的"国门"与国家形象。互联互通不只包括硬件设施,也包括移动互联网等着眼未来的领域。这将不但在物理上,而且(更重要的是)在心理上打破太平洋岛国的"孤岛"状态,让"没有人是一座孤岛"的梦想真正变为现实。

高质量推动中太共建"蓝色经济",还可以拓宽思路,积极开拓高附加值产品、服务与投资项目。例如,通过运用高科技手段调研与开发海洋生物资源,开辟海洋生物医药等合作新领域。在此基础上,将中国的资金和技术优势与南太当地的资源和区位优势能动有机结合,向海底与地球物理、海洋微生物与生命科学、网络与数字经济等21世纪"新疆域"进军,共建"未来丝绸之路"。

此外,在全球化时代,要更多地把整个南太平洋乃至太平洋视为一个整体。南太平洋东岸的拉美国家资源丰富,亟须调整经济结构,寻找新的经济增长点,渴望与环太平洋区域的国际伙伴加强发展合作。太平洋岛国论坛秘书处(Pacific Islands Forum Secretariat, PIFS)发布的《太平洋地区主义状况报告(2017)》特别指出,"一带一路"给南太平洋作为一个地区整体的发展带来机会,南太平洋的"大洋中央"区位有助于中国将"一带一路"延伸到拉美地区。

### (三)绿色可持续发展之路

气候变化以及海平面上升、海水侵蚀、海洋环境恶化、资源退化与枯竭、人类健康状况恶化等是太平洋岛国普遍面临的现实问题,甚至是不少低海拔岛国最大的国家安全威胁。以综合手段帮助太平洋岛国应对气候变化、实现绿色发展,应当成为中国与太平洋岛国共建

"一带一路"的重点合作领域。要高度重视气候变化议题的优先性,落实好有关援助资金,将气候变化与保护环境纳入"一带一路"南太平洋方向建设的整体考量之中。

与南太平洋岛国共走"绿色可持续发展之路",有助于破解资源开发与生态环境危机之间的悖论。应进一步推动有资质的中资企业赴南太平洋地区进行绿色产业投资。以海洋微生物资源开发为例,南太平洋地区拥有多样化的海洋药用物质、生物信息物质、海洋生物毒素产生物、海洋微生物功能材料等资源,具备开发利用海洋生物原蛋白多肽的优质条件,可开展海洋活性物质资源研究与利用。在此过程中,中资企业不仅要"资金到位",更要"意识到位",注意避免"先开发、后治理"问题,严格控制"走出去"企业的环保标准,督促企业在"走出去"过程中履行社会责任,提高可再生的清洁能源项目在海洋经济合作中的地位。

## 本章小结

非洲国家、拉美国家和南太平洋岛国都属于发展中国家,其中大多数国家在政治、经济、社会现代化进程中较为落后,但资源较为丰富。非洲地区矿物资源种类多、储量大,农业是大多数非洲国家的经济支柱;拉美地区地域辽阔,林业资源、水力资源和矿业资源均比较丰富;南太平洋岛国拥有优越的旅游资源、水产资源和矿产资源。中国与上述国家经贸互动频繁,经济合作关系持续深化。中非贸易呈现出显著的产业互补优势,非洲主要出口丰富的资源型产品,而中国则在制造业、工业领域具备显著优势,特别是在机电产品、运输设备等工业制成品的出口上表现出色。这种互补性使得中非贸易在双方经济中均扮演着不可或缺的角色。中国已成为非洲的主要投资来源国,众多中国企业为非洲国家扩大生产规模、拉动就业增长作出了重要贡献,成为非洲经济发展的重要推动力。同时,非洲是中国对外援助的主要区域,中国对非洲的援助范围广泛,涵盖了农业、工业、经济基础设施、公共设施、教育以及医疗卫生等多个关键领域。拉美地区成为中国对外贸易增长最为迅猛的地区之一,中拉贸易结构不断优化。拉美已成为中国海外投资的第二大目的地。未来在"一带一路"的助力下,中国的资金和技术优势将为拉美国家弥补其制约经济增长的基础设施短板和投资缺口,中国将不断加强与多边金融机构的合作,尝试在拉美开展三方合作。中国与南太平洋岛国经贸合作的规模不断扩大、领域拓展、方式多样,利益融合不断加深。中太在经济方面的互补主要体现在:中国提供市场、资金、技术和人力资源,太平洋岛国提供丰富的海洋、森林、矿产资源以及政策支持,实现优势互补与资源整合,在双赢原则下共同发展。中国将自身定位为构建人类命运共同体的世界性大国,与发展中国家的经济合作不仅是国家利益所在,更是国际责任所在。

## 复习思考题

1. 试述非洲国家、拉美国家、南太平洋岛国的经济特征。
2. 中国与非洲的经济合作主要有哪些方面?

3. 中国与拉美的经济合作的未来发展趋势？
4. 中国与南太平洋岛国的贸易合作呈现出怎样的基本特征？
5. 中国与发展中国家的经济合作具有什么样的意义？

## 案例分析与思考 1

### 安琪酵母公司跨国经营

安琪酵母股份有限公司（以下简称"安琪"）主要生产酵母及深加工产品，它在烘焙、食品调味、酿造、动物营养、人类健康等多个领域都有出色的表现，为各行业提供高质量的产品。目前安琪在国内多地及埃及、俄罗斯等国建有 11 个工厂，酵母类产品总产能 27.8 万吨，在国内市场占比超过 55%，在全球占比 15%，居亚洲第一、全球第三。

在 2001 年，安琪明确设定了其战略目标，即致力于成为一家具备国际化和专业化水准的酵母行业领军企业。2005 年安琪对国际化战略的内涵进一步进行了阐释，指出国际化不仅要实现市场、技术、管理、人才的国际化，而且要逐步实现制造的国际化。此后安琪成立了专门的国际政策研究小组，开展了对海外酵母生产布局规划和国际投资政策环境的专项研究。2007 年 11 月，安琪就海外酵母投资布局进行讨论，决定进一步深入调研包括埃及在内的多个备选国家。从 2008 年起，安琪先后完成了对哈萨克斯坦、泰国、越南、埃及、土耳其、俄罗斯等国的实地投资考察。

中东、北非是全球重要的酵母消费市场，每年需从外部进口的酵母总量近 6 万吨，并有巨大的增长潜力。安琪在中东、北非市场一直保持着较快的增长，拥有较强的市场优势，2009 年出口至该区域的酵母总量达 1.5 万吨。因此若能选址埃及设立酵母工厂，不仅方便辐射整个北非、中东市场，快速响应客户需求，抢抓市场机会和挖掘市场潜力，也因有现成的市场与用户基础的支撑，大幅降低境外投资风险。埃及在地理位置、贸易优惠、能源供应、原料采购、政治环境等方面优势明显，更符合安琪国际化战略并具有较强的实施可行性，因此，埃及被确定为安琪海外投资的首选地。

埃及酵母项目是安琪第一个境外投资项目。2010 年 6 月，安琪选址埃及贝尼斯韦夫省新城工业园区，投资设立了安琪酵母（埃及）有限公司（以下简称"埃及安琪"），注册资本 2 000 万美元。2010 年 10 月埃及安琪年产 1.5 万吨干酵母项目正式动工，2013 年 2 月建成投产，投资总额 7 500 万美元。埃及安琪还在开罗设立北非区域总部，建有现代化烘焙技术中心和服务支持设施，为埃及本土和非洲、中东国家用户提供技术支持。

2019 年，埃及安琪生产销售干酵母 2.6 万吨，实现收入 4.1 亿元，净利润 7 920 万元，连续六年保持盈利。埃及安琪是安琪制造国际化的一座里程碑。埃及安琪的投产运行，加快了对埃及和周边地区的供货速度，实现了对埃及本土市场深度开发，发挥区位优势，突破关税壁垒，降低贸易成本，充分享受埃及丰富的糖蜜资源和相关出口导向的税收优惠政策，有力地提升了安琪在中东、非洲市场的竞争力，实现了投资预期。

**思考问题**：埃及安琪投资项目成功的原因是什么？在作对外直接投资项目决策时，企业需要考虑哪些因素？

## 案例分析与思考 2

### 从智利车厘子看贸易合作

智利种植并出口车厘子,并非传统优势产业项目,而是近几十年新发展起来的农业产业。智利是近几十年内全球范围内车厘子采收面积和产量增长最快的国家之一。2006年,智利车厘子采收面积为7 600公顷,产量为4.1万吨。至2011年,采收面积增长到1.3万公顷,年产量为6万吨。同欧洲、北美等车厘子产量大国不一样,智利国内的车厘子需求总量很小。因此,智利生产的车厘子从一开始就被定位为出口产品。2006年,智利车厘子出口约占全部产量的一半;到2010年,智利车厘子出口占总产量的比例已达到72%。2017年,智利车厘子的出口额超过5亿美元,位居全球第二,仅次于美国。智利出口的车厘子中有84%销往中国,而中国进口的车厘子90%来自智利。据中国海关数据,2020年中国车厘子进口金额为165 113.2万美元,从智利进口额为149 792万美元,占中国进口总额的90.72%。

20世纪70年代,智利政府为使国家摆脱经济困境,决定智利经济以出口为导向,实施经济自由化改革。截至2013年,智利已经与60个经济体达成了22项自贸协议。出口导向的经济政策鼓励农民从原来的粮食种植供应国内,转为水果种植,面向国际市场进行出口。为发展外向型的水果产业,20世纪八九十年代,智利投资几十亿美元发展水果生产。果树种植面积从20世纪70年代的5万公顷到2000年的16万公顷。出口农业也成为智利经济中最具活力、增长势头最猛烈的部门。智利水果业之所以能成为出口的重要部门,得益于智利多样性的地理环境。智利有许多其他农业国不具备的多样性气候条件:智利北方地区干旱,植被稀疏;中部地区温暖,为地中海气候;南部则多雨、寒冷。如此多样性的地理条件,加之南半球的季节反转,使得智利能够生产、出口的水果也具备多样性特点。除了车厘子以外,智利还出口蓝莓、猕猴桃等引进物种,它们都在智利顺利找到了适宜的种植环境,为这个南美国家成功创造价值。另外,智利的渠道灌溉系统十分完善,能将灌溉水输送到主要产区。除此之外,智利水果产业的成功还来自果业的全产业链布局和规模效益。在智利,水果的生产、分选、包装、运输、销售乃至出口贸易都统筹在一起考虑,一家水果公司往往拥有几千甚至上万公顷果园。大规模的种植基地旁边就建有分选包装厂、冷库设施等,并且严格做到技术标准一致、果品质量一致。智利克服了地形崎岖、总体国土狭长等严重的先天不足,成为全球最大的生鲜水果出口国之一。

中国与智利长期保持良好贸易关系,两国贸易关系互补性很强。智利铜矿、林业资源丰富,中国的数码设备和机电产品具有显著优势,双方的合作带来双赢局面。2005年,智利成为拉美地区首个与中国签订自由贸易协定的国家。就车厘子而言,2008年双方签署的专门针对智利车厘子进入中国的检疫协定书,标志着智利车厘子被正式批准进入中国市场。从2009年起,中国已经超越美国,稳坐智利第一大贸易伙伴的宝座,并保持至今。2015年,中智双方97%的商品实现零关税,包括车厘子。2016年,智利对中国水果出口超过泰国,成为当年对中国出口水果国家之首。2017年,中国和智利就自贸区升级谈判达成协议。

**思考问题**:智利车厘子迅速打开国际市场的主要原因是什么?根据案例材料,哪些因素促进了中国与智利的贸易合作?

# 参考文献

[1] CHAD P B. The 2018 US-China trade conflict after forty years of special protection[J]. China Economic Journal, 2019(2):109-136.

[2] DONALD J P, RAYMOND F H. International regimes: lessons from inductive analysis[J]. International Organizations, 1982, 36(2):249.

[3] EDWIN L-C L. The US-China trade war, the American public opinions and its effects on China[J]. Economic and Political Studies, 2019(2):169-184.

[4] INGRAM G, KESSIDES C. Infrastructure for development[J]. Finance and Development, 1994, l31: 18-21.

[5] KATZENSTEIN P J. Between power and plenty: foreign economic policies of advanced industrial states[M]. Madison, WI: The University of Wiscomsin Press, 1978.

[6] ROBERT O K, JOSEPH S N, JR. Two cheers of multilateralism[J]. Foreign Policy, 1985(60):148-167.

[7] STEPHEN D K. Structural causes and regime consequences: regimes as intervening variables[M]//International Regimes, London: Cornell University Press, 1983:1-21.

[8] 安礼伟,张二震. 新时代我国开放型经济发展的几个重大理论问题[J]. 经济学家, 2020(9): 23-31.

[9] 白洁,苏庆义.《美墨加协定》: 特征、影响及中国应对[J]. 国际经济评论, 2020(6): 123-138.

[10] 蔡琦. 数字经济背景下中国—东盟金融科技合作机遇、挑战及对策[J]. 市场论坛, 2021(5): 53-59.

[11] 蔡伟年,邓依雯. 避税天堂修法: 英属维尔京群岛和开曼群岛的经济实质探析[J]. 国际税收, 2019(6): 45-49.

[12] 蔡中兴,漆光英. 世界经济发展历史纲要[M]. 上海: 复旦大学出版社, 1999.

[13] 曹芳芳,孙致陆,李先德. 中国进口拉丁美洲农产品的影响因素分析及贸易效率测算——基于时变随机前沿引力模型的实证分析[J]. 世界农业, 2021(4): 13-22, 52, 111.

[14] 曹永福. 北美自由贸易协定的前世今生[J]. 经济, 2020(Z1): 152-154.

[15] 曹勇. 论当代国际储备的广义性和非对称性[J]. 金融理论与教学, 2002(4): 8-10.

[16] 曾培炎. 加强中欧合作 应对世界经济不确定性风险[J]. 全球化, 2020(1): 5-6.

[17] 柴尚金. "一带一路"的思想基础与时代意义[J]. 前线, 2018(12): 4-8.

[18] 陈浩武,唐元虎. 浅析期权定价理论[J]. 技术经济与管理研究, 2003(4): 23-24.

［19］陈悄悄,郑天歌.后疫情时代中国—东盟金融合作［J］.商业经济,2021（2）:83-85.

［20］陈霜华.国际贸易［M］.上海:复旦大学出版社,2006.

［21］陈伟光.全球经济治理的基本问题［M］//隋广军.全球经济治理新范式:中国的逻辑.北京:科学出版社,2020.

［22］谌园庭.中拉关系70年回顾与前瞻:从无足轻重到不可或缺［J］.拉丁美洲研究,2019（12）:22-34,154-155.

［23］程碧波,刘彪.新兴经济体面临的金融风险及中国应对方略［J］.现代国际关系,2018（9）:9-17,26,62.

［24］程欣然.中国对日出口现状及应对措施［J］.现代妇女:下旬,2013（12）:243.

［25］程永林.全球经济治理:问题提出与研究进展［M］//李青.全球经济治理:制度变迁与演进.北京:经济科学出版社,2017.

［26］程永明,石其宝.中日经贸关系60年［M］.天津:天津社会科学院出版社,2006.

［27］池元吉,李晓.世界经济概论［M］.3版.北京:高等教育出版社,2013.

［28］池元吉.世界经济概论［M］.2版.北京:高等教育出版社,2006.

［29］崔凡.《区域全面经济伙伴关系协定》原产地累积规则辨析［J］.上海:上海对外经贸大学学报,2021（4）:69-75.

［30］崔日明,李丹.后疫情时代中国—东盟区域价值链的构建研究［J］.广西大学学报:哲学社会科学版,2020（9）:118-124.

［31］崔守军.中国和拉美关系转型的特征、动因与挑战［J］.中国人民大学学报,2019,33（3）:95-103.

［32］崔雯.期权定价理论在公司并购中的应用［D］.大连:东北财经大学,2007.

［33］戴炳然.中国—欧盟关系:历史、现状与前景［J］.江西财经大学学报,2000（4）:51-54.

［34］邓宏兵.投资环境评价原理与方法［M］.武汉:中国地质大学出版社,2000.

［35］杜大伟.中美贸易摩擦的未来［J］.中国经济报告,2018（2）:6.

［36］杜奇华.国际投资［M］.北京:高等教育出版社,2006.

［37］恩格斯.家庭、私有制和国家的起源［M］//马克思恩格斯选集:第4卷.中共中央马克思恩格斯列宁斯大林著作编译局,译.北京:人民出版社,1972.

［38］恩格斯.在马克思墓前的讲话［M］//马克思恩格斯选集:第3卷.中共中央马克思恩格斯列宁斯大林著作编译局,译.北京:人民出版社,1995.

［39］樊亢.主要资本主义国家经济简史［M］.北京:人民出版社,1973.

［40］范和生,陶德强.论中拉命运共同体的构建［J］.国际观察,2020（2）:1-26.

［41］范晔.南蛮西南夷列传［M］//后汉书.上海:中州古籍出版社,2018.

［42］方长平,郑凌.东盟共同体成立背景下的中国东盟关系［J］.国际论坛,2017,19（6）:13-18,77.

［43］冯仲平.改革开放40年的中欧关系［J］.国际论坛,2019（2）:10-13.

［44］付秋安.新时代"一带一路"建设面临新挑战［J］.中国集体经济,2019（3）:8-10.

[45] 高德步.世界经济通史(上、中、下)[M].北京:高等教育出版社,2005.
[46] 高宏利,路向峰.试论文化与意识形态的当代关系[J].党政干部学刊,2013(4):11-14.
[47] 高薇.国际直接投资理论的演变及其对中国的启示[D].长春:吉林大学,2011.
[48] 宫占奎.亚太经合组织的发展与我国的市场开放[J].南开经济研究,1995(2):45-51.
[49] 谷源洋,林水源.世界经济概论(上、下)[M].北京:经济科学出版社,2002.
[50] 关军,唐莉.开曼群岛还是避税天堂吗——开曼群岛的《经济实质法》以及对开曼公司的影响[J].中国律师,2019(6):54-56.
[51] 郭丁.国际经济关系学[M].北京:中国人民大学出版社,1992.
[52] 郭克莎,李琍.中美贸易摩擦的动因、趋势和影响分析[J].天津社会科学,2021(5):149-160.
[53] 国家发展改革委,外交部,商务部.推动共建丝绸之路经济带和21世纪海上丝绸之路的愿景与行动[J].交通财会,2015(4):82-87.
[54] 海闻,林德特,王新奎.国际贸易[M].上海:上海人民出版社,2003.
[55] 韩冰.二十国集团在国际投资领域的合作与前景展望[J].国际经济评论,2016(7):53-66,5.
[56] 何道隆.试论南北经济差距、原因及其前景[J].世界经济文汇,1992(6):2-8.
[57] 何炼成.西部地区投资软环境与体制创新[J].西北大学学报:哲学社会科学版,2001(1):5-8.
[58] 和洪勇.明前期中国与东南亚国家的朝贡贸易[J].云南社会科学,2003(1):86-90.
[59] 贺文萍.中非合作论坛20年:回顾与展望[J].浙江师范大学学报:社会科学版,2020,45(6):1-9.
[60] 赫国胜,杨哲英,张日新.新编国际经济学[M].北京:清华大学出版社,2003.
[61] 黄安年.当代世界五十年历史发展的主潮流[J].北京师范大学学报,1995(3):56-62.
[62] 黄栋,吴琳.中国—东盟基础设施合作状况及可持续路径选择——基于区域公共产品供给的视角[J].印度洋经济体研究,2021(3):131-150,156.
[63] 黄玲,方敏.东盟经济共同体的建设对CAFTA升级的影响和挑战[J].经济论坛,2020(7):126-134.
[64] 黄祺雨.中国对拉美地区直接投资效率及影响因素分析[D].南昌:江西财经大学,2020.
[65] 黄伟荣.中国—东盟自贸区升级版研究[D].北京:对外经济贸易大学,2019.
[66] 吉尔平.国际关系政治经济学[M].杨宇光,译.北京:经济科学出版社,1989.
[67] 计飞.中非自由贸易区建设:机遇、挑战与路径分析[J].上海对外经贸大学学报,2020,27(4):44-55.
[68] 贾秀秀.累积规则对FTA感染效应的影响[D].上海:同济大学,2016.

［69］江时学，刘建华．中国拉丁美洲研究的现状与未来发展——江时学教授访谈［J］．国际政治研究，2019，40（6）：138-155.

［70］江时学．"发展中国家"还是"新兴经济体"？［J］．世界知识，2022（4）：64-66.

［71］姜春明，佟家栋．世界经济概论［M］．6版．天津：天津人民出版社，2009.

［72］金中夏．基于G20视角的我国国际经济金融战略问题研究［J］．新金融评论，2013（5）：171-186.

［73］金中夏．中国与G20：全球经济治理的高端博弈［M］．北京：中国经济出版社，2014.

［74］井泉．浅析中国对美投资的现状及对策研究［J］．理论界，2013（7）：38-39.

［75］卡梅伦，尼尔．世界经济简史：从旧石器时代到20世纪末［M］．潘宁，译．上海：上海译文出版社，2009.

［76］克鲁格曼．国际经济学：理论与政策［M］．8版．北京：中国人民大学出版社，2011.

［77］克鲁格曼．国际经济学：理论与政策［M］．英文7版．北京：清华大学出版社，2008.

［78］克鲁格曼．新贸易理论呼唤着新贸易政策吗（上）［J］．邹薇，庄子银，译．现代外国哲学社会科学文摘，1993（12）：5-8.

［79］克鲁格曼．新贸易理论呼唤着新贸易政策吗（下）［J］．邹薇，庄子银，译．现代外国哲学社会科学文摘，1994（1）：12-16.

［80］库珀．从NAFTA到TPP（上）——纪念北美自由贸易协定签订20周年［J］．王宇，译．金融发展研究，2014（9）：3-7，55-61.

［81］李安山．中国对非援助与国际合作：理念、历史与挑战［C］//北京大学国际战略研究院．中国国际战略评论2017．北京：北京大学国际战略研究院，2017：18.

［82］李琮．世界经济学新编［M］．北京：经济科学出版社，2000.

［83］李刚．论戴维·赫尔德的全球治理思想［J］．东北大学学报：社会科学版，2008（3）：233-238.

［84］李国鹏．中国与"一带一路"沿线主要新兴经济体的经贸合作研究［D］．大连：东北财经大学，2017.

［85］李红梅．国际经济组织［M］．北京：机械工业出版社，2007.

［86］李金明，廖大珂．中国古代海外贸易史［M］．南宁：广西人民出版社，1995.

［87］李克强．推进更高水平对外开放，实现更大互利共赢［N］．人民日报海外版，2020-11-25（03）.

［88］李若晶．中美"经济关系政治化"分析［J］．现代国际关系，2011（3）：50-55.

［89］李小牧，王一小．中欧服务贸易关系的回顾与展望［J］．对外经贸实务，2008（8）：86-89.

［90］李扬．亚洲基础设施投资银行与丝路基金设立，区域金融合作深化（2014年国际金融十大新闻）［J］．国际金融研究，2015（1）：7.

［91］李玉潭，庞德良．中日经贸关系的发展与思考［J］．现代日本经济，1995（Z1）：17-21.

［92］厉力．自由贸易区的原产地规则问题研究［M］．上海：复旦大学出版社，2013.

［93］梁达．加快构建消费主导型经济发展新模式［N］．上海证券报，2010-10-21.

[94] 列宁.列宁全集:第27卷[M].中共中央马克思恩格斯列宁斯大林著作编译局,译.北京:人民出版社,1961.

[95] 列宁.列宁选集:第2卷[M].中共中央马克思恩格斯列宁斯大林著作编译局,译.北京:人民出版社,1995.

[96] 林杉杉.深化中国与拉美国家经贸合作的对策研究[J].国际贸易,2021(1):32-38.

[97] 林世昌.生产全球化的发展变革与我国经济发展能力的构建[J].上海行政学院学报,2008(1):64-79.

[98] 凌云.新疆区域投资创新环境研究[D].乌鲁木齐:新疆大学,2006.

[99] 刘安学.跨国银行经营管理[M].西安:西安交通大学出版社,2007.

[100] 刘东明,何帆.中美金融合作:进展、特征、挑战与策略[J].国际经济评论,2014(2):81,83-84.

[101] 刘宏松.二十国集团、中国倡议与全球治理[M].上海:上海人民出版社,2018.

[102] 刘洪钟,杨攻研.新兴经济体的崛起与世界经济格局的变革[J].经济学家,2012(1):81-88.

[103] 刘慧琴,梁珊珊.论全球化背景下国际政治与国际经济的关系[J].唐山师范学院学报,2002,24(6):30-32.

[104] 刘洁,王莉娟.中国企业国际营销环境的思考——从"反倾销"看WTO市场经济条件下中国企业的法律环境[J].贵阳金筑大学学报,2004(3):10-12.

[105] 刘立群,李倩瑷,王海涛.新理论视角下的世界新格局[J].当代世界,2016(2):26-29.

[106] 刘娜.加入WTO应谨防国际虚拟资本倾销[J].理论导刊,2011(11):19-20.

[107] 刘赛力.中国对外经济关系[M].北京:中国人民大学出版社,2009.

[108] 刘曙光.中欧经贸合作:成效、挑战与机遇[J].当代世界,2020(6):39-47.

[109] 刘栩畅,杨长湧.中欧经贸关系发展趋势与深化中欧合作的建议[J].全球化,2021(6):54-65.

[110] 刘旭华,盛小红.国际经济关系政治化:国际政治经济学研究的新问题[J].当代经济,2005(12):76-77.

[111] 刘一鸣.机制整合与战略选择:中国—东盟服务贸易合作机制研究[D].上海:华东师范大学,2018.

[112] 刘英.美国对华贸易战:背景、影响与应对[J].国际经济合作,2018(5):4-11.

[113] 刘园.国际金融[M].北京:北京大学出版社,2012.

[114] 柳剑平.当代国际经济关系政治化问题研究[M].北京:人民出版社,2002.

[115] 柳剑平.论国际经济关系学的性质及其与邻近学科的关系[J].世界经济与政治,2003(7):21-26.

[116] 卢晨阳.对近期中欧关系困境的思考[J].世界经济与政治论坛,2009(2):64-70.

[117] 卢进勇,杜奇华,闫实强.国际投资与跨国公司案例库[M].北京:对外经济贸易大学出版社,2005.

[118] 卢进勇,杜奇华.国际经济合作[M].2版.北京:对外经济贸易大学出版社,2006.

[119] 卢进勇,杜奇华.国际经济合作[M].北京:对外经济贸易大学出版社,2000.

[120] 卢向红,毕方荣."一带一路"下推进新型国际关系建设[J].国际公关,2020(1):2-3.

[121] 路妍,刘璐.跨国银行国际竞争力及提升中国商业银行的途径[M].北京:人民出版社,2008.

[122] 吕宏芬,俞涔.中国对拉美直接投资的现状与问题研究[J].江苏商论,2016(12):55-57+61.

[123] 马大正.中国古代边疆政策研究[M].中国社会科学出版社,1990.

[124] 马汉智.2021年非洲经济前景与中非经贸合作[J].进出口经理人,2021(3):58-60.

[125] 马克思,恩格斯.马克思恩格斯全集:第1卷[M].中共中央马克思恩格斯列宁斯大林著作编译局,译.北京:人民出版社,1956.

[126] 马克思,恩格斯.马克思恩格斯全集:第1卷[M].中共中央马克思恩格斯列宁斯大林著作编译局,译.北京:人民出版社,2016.

[127] 马克思,恩格斯.马克思恩格斯全集:第9卷[M].中共中央马克思恩格斯列宁斯大林著作编译局,译.北京:人民出版社,1995.

[128] 马克思,恩格斯.马克思恩格斯选集:第1卷[M].中共中央马克思恩格斯列宁斯大林著作编译局,译.北京:人民出版社,1995.

[129] 马克思,恩格斯.马克思恩格斯选集:第4卷[M].中共中央马克思恩格斯列宁斯大林著作编译局,译.北京:人民出版社,1995.

[130] 马克思.资本论:第1卷[M].中共中央马克思恩格斯列宁斯大林著作编译局,译.北京:人民出版社,1975.

[131] 麦迪森.世界经济千年史[M].伍晓鹰,译.北京:北京大学出版社,2003.

[132] 麦克米伦.国际经济学中的博弈论[M].北京:北京大学出版社,2004.

[133] 梅尼希科夫.当代国际经济关系[M].张础,译.北京:社会科学出版社,1987.

[134] 孟夏,孙禄.RCEP服务贸易自由化规则与承诺分析[J].南开学报:哲学社会科学版,2021(4):135-145.

[135] 潘敬国.中非"命运共同体"的历史传承与现实意蕴[C]//中央党史和文献研究院机构改革工作小组科研管理组.2016年度文献研究个人课题成果集(下).北京:中央文献出版社,2018:11.

[136] 潘素坤.跨国公司经营与管理[M].北京:中国发展出版社,2009.

[137] 庞德良,卜睿,张季风,等.后疫情·后安倍时代的中日经济关系笔谈[J].现代日本经济,2021(1):1-26.

[138] 庞中英.全球治理的转型——从世界治理中国到中国治理世界?[J].国外理论动态,2012,(10):13-16.

[139] 彭文平.从"国际经济政治化"角度看日本对东盟的经济援助[J].东北亚论坛,2004(1):24-27.

[140] 齐观义. 国际直接投资理论的新发展——几种支持发展中国家对外直接投资的理论[J]. 国际经贸探索, 1998(6): 17-20.

[141] 齐越. 中美金融关系的不对称相互依存研究——基于2008年金融危机[D]. 石家庄: 河北师范大学, 2015.

[142] 邱宜劢. 试析投资环境评价指标演进趋势[J]. 当代财经, 1997(3): 20-23.

[143] 裘元伦. 欧盟对华长期政策与中欧经贸关系[J]. 世界经济, 1999(8): 7.

[144] 曲凤杰. "一带一路"建设是落实"双循环"重要抓手[J]. 当代金融家, 2021(7): 65-67.

[145] 曲艺. 论超主权国际货币的构建对世界经济的影响[J]. 改革与战略, 2012(1): 39-41.

[146] 全国金融联考命题研究中心,金程教育金融联考教研组. 金融学基础辅导[M]. 上海: 复旦大学出版社, 2006.

[147] 人民日报评论员. 建设更为紧密的中国—东盟命运共同体[N]. 人民日报, 2020-11-28(01).

[148] 任保显. "一带一路"框架下中国自拉美国家进口战略研究[J]. 中国软科学, 2019(11): 9-16.

[149] 任淮秀,汪昌云. 国际投资学[M]. 2版. 北京: 中国人民大学出版社, 2005.

[150] 阮建平. 当代世界经济与政治[M]. 武汉: 武汉大学出版社, 2012.

[151] 阮锟. 促进中国东盟贸易便利化的金融对策研究[D]. 南宁: 广西大学, 2013.

[152] 沈建光,张晓晨,徐天辰. 全球经济放缓环境下的新兴经济体展望[J]. 清华金融评论, 2019(8): 39-42.

[153] 沈志群. 中国企业对外直接投资研究[D]. 上海: 上海社会科学院, 2006.

[154] 盛文林. 最经典的经济学常识[M]. 北京: 台海出版社, 2011.

[155] 师玉兴,温晓芳. 国际金融概论[M]. 北京: 中国财政经济出版社, 2006.

[156] 石建勋,李海英. 国际经济关系与经济组织[M]. 北京: 清华大学出版社, 2009.

[157] 史春林. 中国与太平洋岛国合作回顾与展望[J]. 当代世界, 2019(2) 35-39.

[158] 史沛然. 中美贸易摩擦下的拉丁美洲: 基于贸易数据的发现和思考[J]. 国际经贸探索, 2019, 35(10): 71-90.

[159] 世界知识出版社. 世界知识年鉴 2009/2010[M]. 北京: 世界知识出版社, 2010.

[160] 斯大林. 斯大林文选: 上卷[M]. 中共中央马克思恩格斯列宁斯大林著作编译局, 译. 北京: 人民出版社, 1962.

[161] 斯佩罗. 国际经济关系[M]. 北京: 中国人民大学出版社, 2009.

[162] 斯塔夫里阿诺斯. 全球通史: 1500年以后的世界[M]. 吴象婴,梁赤明, 译. 上海: 上海社会科学院出版社, 1999.

[163] 宋景峰. 基于行为金融的证券投资策略分析[D]. 上海: 复旦大学, 2008.

[164] 宋瑞敏. 货币金融学[M]. 长沙: 中南大学出版社, 2011.

[165] 宋甜,张军. "一带一路"倡议如何影响中欧服务贸易——基于双重差分方法的实证

分析[J].价格月刊,2021(2):43-51.

[166] 宋锡祥.美欧 TTIP 谈判的重要议题及其对中国的启示[J].上海对外经贸大学学报,2019(1):37-48,84.

[167] 宋新宁,陈岳.国际政治经济学概论[M].北京:中国人民大学出版社,1999.

[168] 斯特兰奇.国际政治经济学导论:国际与市场[M].杨宇光,译.北京:经济科学出版社,1990.

[169] 苏长河.全球公共问题与国际合作:一种制度的分析[M].上海:上海人民出版社,2000.

[170] 隋广军.全球经济治理新范式:中国的逻辑[M].北京:科学出版社,2020.

[171] 孙艳.新形势下中欧经贸关系发展及其制约因素分析[J].当代世界,2018(12):59-63.

[172] 孙永福.中欧经贸合作的现状与前景[J].开放导报,2005(4):53-55.

[173] 唐珏岚.亚洲新兴经济体防范金融风险的新进展与新挑战——亚洲金融危机 20 年后的审视[J].广西社会科学,2017(12):75-79.

[174] 田春生,郝宇彪.新兴经济体的崛起及其差异比较与评述[J].经济社会体制比较,2011(5):118-125.

[175] 王丹.国际金融理论与实务[M].北京:清华大学出版社,2008.

[176] 王飞,周英,胡科.中国对非洲官方发展援助的动机:基于面板数据的经验分析[C]//中国新兴经济体研究会,中国国际文化交流中心,广东工业大学.2030 可持续发展目标与"一带一路"建设——中国新兴经济体研究会 2017 年会暨 2017 新兴经济体论坛(国际学术会议)论文集(上).[出版地不详]:[出版者不详],2017:13.

[177] 王和兴.21 世纪初的国际经济关系[J].国际问题研究,2001(4):52-57.

[178] 王洪波.从国际舆论看中国发展面临的困境[J].潍坊工程职业学院学报,2013,26(5):57-59.

[179] 王灵华.国际金融学[M].北京:清华大学出版社,北京交通大学出版社,2007.

[180] 王泺.日本经济发展动向及中日经贸关系展望[J].对外经贸实务,2011(4):4-7.

[181] 王世浚.国际经济合作理论与实务[M].北京:中国对外经济贸易出版社,1997.

[182] 王守伦,丁子信,王广起,等.投资软环境建设与评价研究[M].北京:中国社会科学出版社,2009.

[183] 王淑娟.欧盟与经互会的兴亡对区域性经济组织发展的启示[J].东南亚纵横,2006(8):63-67.

[184] 王水林.中国投资环境的国际比较[J].经济社会体制比较,2003(3):24-34.

[185] 王素芹.NAFTA 与 CAFTA 的对比分析[J].经济经纬,2005(3):46-48.

[186] 王小艳.中国—东盟共兴"一带一路"数字经济的路径探索[J].中国经贸导刊(中),2021(4):11-1

[187] 王晓光.国际金融[M].北京:清华大学出版社,2011.

[188] 王晓红.中国经济高质量发展面临的国际国内环境分析[J].全球化,2019(10):

45-59,134.

[189] 王孝松,刘元春.出口管制与贸易逆差——以美国高新技术产品对华出口管制为例[J].国际经贸探索,2017(1):91-104.

[190] 王元龙,田野.推进中日金融合作的战略思考[J].金融与经济,2012(7):27-28.

[191] 王中美."负面清单"转型经验的国际比较及对中国的借鉴意义[J].国际经贸探索,2014,30(9):72-84.

[192] 王子博.中国对非洲国家直接投资影响因素研究——基于空间效应视角[D].北京:北京林业大学,2021.

[193] 魏成龙,等.转型新时期的金融投融资管理[M].北京:企业管理出版社,2015.

[194] 温严基.广州利用外资的业绩与潜力分析[J].南方农村,2005(12):50-52.

[195] 吴崇伯,姚云贵.东盟的"再工业化":政策、优势及挑战[J].东南亚研究,2019(4):50-71,154-155.

[196] 吴国平.论拉美经济发展中的地区差异[J].拉丁美洲研究,2000(5):1-9,63.

[197] 吴奇志.金融危机治理研究——基于各治理者行为的经济分析[M].上海:上海财经大学出版社,2014.

[198] 吴心伯.拜登执政与中美战略竞争走向[J].国际问题研究,2021(2):34-48,130-131.

[199] 武文超,汪洋,范志清.产业空心化和美国金融危机的探讨[J].未来与发展,2010(10):110-113.

[200] 习近平.各国携手实现世界和平发展、合作共赢、公平正义——习近平会见联合国大会主席时主张[N].人民日报,2012-12-28(01).

[201] 习近平.弘扬传统友好 共谱合作新篇——在巴西国会的演讲[N].人民日报,2014-07-18(03).

[202] 习近平.决胜全面建成小康社会 夺取新时代中国特色社会主义伟大胜利——在中国共产党第十九次全国代表大会上的报告[N].人民日报,2017-10-28(01).

[203] 习近平.顺应时代前进潮流 促进世界和平发展——在莫斯科国际关系学院的演讲[N].人民日报,2013-03-24(02).

[204] 习近平.为我国发展争取良好周边环境 推动我国发展更多惠及周边国家[J].中国监察,2013(21):4.

[205] 习近平.习近平谈治国理政:第一卷[M].北京:外文出版社,2018.

[206] 习近平.携手构建合作共赢新伙伴 同心打造人类命运共同体——在第七十届联合国大会一般性辩论时的讲话[N].人民日报,2015-09-29(02).

[207] 习近平.携手建设中国—东盟命运共同体——在印度尼西亚国会的演讲[N].人民日报,2013-10-03(02).

[208] 习近平.在第十七届中国—东盟博览会和中国—东盟商务与投资峰会开幕式上的致辞[J].中华人民共和国国务院公报,2020(34):13-15.

[209] 夏立平.当前亚欧大陆跨区域合作趋势及其影响[J].俄罗斯中亚东欧研究,2005

（6）：60-65.

[210] 夏先良. 美国总统特朗普对华贸易指控不实[J]. 国际贸易，2018（5）：8-13.

[211] 香博，朱雅文. 中国与欧洲：新兴的轴心[J]. 国外社会科学文摘，2004（12）：9-13.

[212] 肖虹. 中美经贸关系史论（1950—2000年）[M]. 北京：世界知识出版社，2001.

[213] 谢慧. 全球价值链演化下的中欧服务贸易合作特征与路径[J]. 价格月刊，2020（10）：40-45.

[214] 谢世清，胡翠. 欧债危机下中欧服务贸易的趋势、问题与对策[J]. 国际贸易，2014（10）：57-61.

[215] 谢文泽. 改革开放40年中拉关系回顾与思考[J]. 拉丁美洲研究，2018，40（1）：11-35，154-155.

[216] 谢一中. 马克思世界历史理论及其中国化进程——从"一带一路"说起[D]. 厦门：集美大学，2019.

[217] 熊洁. USMCA的前世今生[J]. 中国投资，2018（21）：80-81.

[218] 熊志勇. 中美关系60年[M]. 北京：人民出版社，2009.

[219] 徐静霞. 我国企业跨国并购绩效影响因素分析[J]. 商场现代化，2014（11）：191-192.

[220] 徐秀军. 新兴经济体推动全球治理深刻变革[N]. 中国社会科学报，2022-08-26（06）.

[221] 许利平，吴汪世琦. 中国与东盟数字经济合作的动力与前景[J]. 现代国际关系，2020（9）：16-24.

[222] 许焱. "一带一路"视域下中国与东盟经济外交研究[D]. 延安：延安大学，2020.

[223] 阎虹戎，黄梅波. 中非投资合作及其影响——上海对外经贸大学"2019中非经贸论坛"综述[J]. 国际经济合作，2020（1）：152-159.

[224] 阎志军. 中国对外贸易概论[M]. 北京：科学出版社，2009.

[225] 阳晓霞. 引领亚太合作 翱翔辽阔蓝天——2014年亚太经合组织会议达成丰硕成果[J]. 中国金融家，2014（11）：44-47.

[226] 杨大楷，刘庆生，刘伟. 中级国际投资学[M]. 上海：上海财经大学出版社，2002.

[227] 杨大楷. 国际投资学[M]. 3版. 上海：上海财经大学出版社，2003.

[228] 杨大楷. 国际投资学[M]. 4版. 上海：上海财经大学出版社，2010.

[229] 杨丹辉. 全球化时代国际经济关系的特征与发展趋势[J]. 社会科学，2005（1）：22-29.

[230] 杨德新. 跨国经营与跨国公司[M]. 北京：中国统计出版社，2000.

[231] 杨飞，孙文远，程瑶. 技术赶超是否引发中美贸易摩擦[J]. 中国工业经济，2018（10）：99-117.

[232] 杨家荣. 经互会四十年：成就、问题与前景[J]. 苏联东欧问题，1988（6）：1-8.

[233] 杨士奇. 明太宗实录[M]// 黄彰健. 明实录. 北京：中华书局，2016.

[234] 杨玉英. 全球服务业市场开放国际规则演变历程与趋势[J]. 全球化，2019（5）：44-

56，135.

［235］杨枝煌，杨南龙.1949—2019年中美经贸关系基本图景及未来展望［J］.河北经贸大学学报，2020（2）：45-53.

［236］姚洋，邹静娴.从长期经济增长角度看中美贸易摩擦［J］.国际经济评论，2019（1）：146-159，8.

［237］叶卫平."一带一路"与建设国际经济新秩序［J］.贵州社会科学，2015（11）：113-116.

［238］叶耀明.新编国际金融理论与实务［M］.上海：华东理工大学出版社，1996.

［239］佚名.商务部解读《区域全面经济伙伴关系协定》［J］.中国外资，2020（23）：14-17.

［240］佚名.中国-东盟自贸区升级版签署，贸易便利等内容均有升级［J］.信息技术与信息化，2015（11）：16.

［241］喻常森.试论朝贡制度的演变［J］.南洋问题研究，2000（1）：55-65.

［242］袁波.CPTPP及其扩员影响前瞻［J］.中国远洋海运，2021（11）：32-35.

［243］袁东振.拉美国家经济社会发展分析与展望［N］.中国社会科学报，2020-09-29（01）.

［244］原飞，崔显文.国际金融理论与实务［M］.沈阳：东北大学出版社，1997.

［245］詹晓宁.全球投资治理新路径——解读《G20全球投资政策指导原则》［J］.世界经济与政治，2016（10）：4-18，155.

［246］张春.中国在非洲的负责任行为研究［J］.西亚非洲，2014（10）：46-61.

［247］张敦富.投资环境评价与投资决策［M］.北京：中国人民大学出版社，1999.

［248］张帆，徐超.官方出口信贷机构国际比较及启示［J］.中国物价，2020（6）：45-47.

［249］张宏明.非洲政治民主化历程和实践反思——兼论非洲民主政治实践与西方民主化理论的反差［J］.西亚非洲，2020（6）：3-52.

［250］张季风.20世纪90年代中日经贸关系的发展与特点［J］.日本学刊，2001（3）：28-45.

［251］张季风.RCEP生效后的中日经贸关系：机遇、挑战与趋势［J］.东北亚论坛，2021（4）：69-81，127-128.

［252］张季风.互补、互惠、互动的中日经贸合作［J］.日本研究，2007（4）：9-17.

［253］张季风.迈向新时代的中日经济关系：机遇与挑战［J］.国际论坛，2020（3）：19-34，155.

［254］张季风.日本经济蓝皮书：日本经济与中日经贸关系研究报告（2020）［M］.北京：社会科学文献出版社，2020.

［255］张季风.中日经济关系的新动向与今后展望［J］.日本研究，2017（3）：25-30.

［256］张季风.中日经贸关系70年回顾与思考［J］.现代日本经济，2015（6）：1-12.

［257］张季风.中日友好交流三十年：经济卷［M］.北京：社会科学文献出版社，2008.

［258］张军，佴杰.中国—欧盟服务贸易潜力研究［J］.价格月刊，2018（7）：39-45.

［259］张立，王学人.印度基础设施发展的问题、措施与成效［J］.南亚研究季刊，2010（4）：

33-38,4-5.

[260] 张明.新兴经济体:仍将面临严峻挑战[J].中国外汇,2017(1):20-21.

[261] 张琼,赵若锦,李俊.中日服务贸易:现状、问题、机遇和对策[J].国际经贸探索,2021(3):4-15.

[262] 张述存,刘晓宁.中国对"一带一路"新兴经济体投资布局优化研究[J].中共中央党校(国家行政学院)学报,2019,23(5):128-135.

[263] 张述存."一带一路"战略下优化中国对外直接投资布局的思路与对策[J].管理世界,2017(4):1-9.

[264] 张文雅,刘玮.中国与欧盟的服务贸易竞争力研究[J].企业科技与发展,2019(3):30-31.

[265] 张小波,李成.论《美国-墨西哥-加拿大协定》背景、新变化及对中国的影响[J].社会科学,2019(5):27-39.

[266] 张谐韵.浅析跨国公司在国际关系中的作用[J].人民论坛,2011(10):128-129.

[267] 张鑫,吴奇志,聂文星.国际经济关系学[M].北京:清华大学出版社,2015.

[268] 张鑫."一带一路"产业园区探索共建共赢新模式[N].上海证券报,2017-05-15(08).

[269] 张鑫."一带一路"根本不同于马歇尔计划[N].人民日报,2015-03-18(07).

[270] 张鑫."一带一路"构建国际合作新模式[N].中国社会科学报,2015-08-27(01).

[271] 张雪滢.全球经济治理的议题及其对中国的挑战[M]//黄河,张芳,黄昊,等.治理、发展与安全:新时代背景下中国与全球经济治理.上海:上海交通大学出版社,2019:60.

[272] 张友谊.中国对东盟国家直接投资现状分析[J].生产力研究,2020(12):121-126.

[273] 张幼文.世界经济学[M].上海:立信会计出版社,1999.

[274] 张玉来.全球价值链重塑与东亚——中日合作的空间与潜力[J].东北亚论坛,2019(3):47-48.

[275] 张蕴岭.对百年之大变局的分析与思考[J].山东大学学报:哲社版,2019(5):1-15.

[276] 赵进东.中欧服务贸易竞争性与互补性研究[J].山东社会科学,2018(8):166-170.

[277] 赵琪.非洲经济发展前景广阔[N].中国社会科学报,2020-07-01(002).

[278] 赵雪梅.中国企业在拉美投资的产业分布及动因分析[J].拉丁美洲研究,2009,31(S2):38-42,79-80.

[279] 赵永宁,王红云.跨国公司对发展中国家经济影响的思考[J].云南财贸学院学报:经济管理版,2002(3):102-103.

[280] 中共中央宣传部.习近平总书记系列重要讲话读本[M].北京:学习出版社,人民出版社,2014.

[281]《中国梦知识竞赛500题》编写组.中国梦知识竞赛500题[M].北京:中国社会科学出版社,2013.

[282] 中国社会科学院欧洲研究所课题组.反思2008年的中欧关系[J].欧洲研究,2009

(3): 1-21.
[283] 中国现代国际关系研究院拉美研究所课题组. 中拉"一带一路"合作: 挑战与深化路径[J]. 国际问题研究, 2020(3): 79-92.
[284] 中华人民共和国商务部, 国家统计局, 国家外汇管理局. 2019年度中国对外直接投资统计公报[M]. 北京: 中国商务出版社, 2020.
[285] 中华人民共和国商务部, 国家统计局, 国家外汇管理局. 2020年度中国对外直接投资统计公报[M]. 北京: 中国商务出版社, 2021.
[286] 中美商贸联委会双边贸易统计小组. 中美商贸联委会贸易和投资工作组贸易统计小组工作报告[R]. 杭州: 中美商贸联委会双边贸易统计小组, 1995.
[287] 钟鸣. FTA对中韩跨境电子商务的影响研究[J]. 市场研究, 2016(11): 34-35.
[288] 周冲, 周东阳. "一带一路"背景下中国与拉美国家贸易潜力研究——基于引力模型的实证分析[J]. 工业技术经济, 2020, 39(4): 63-71.
[289] 周弘, 金玲. 中欧关系70年: 多领域伙伴关系的发展[J]. 欧洲研究, 2019(5): 1-15.
[290] 周弘. 中国与欧洲关系60年[M]//张蕴岭. 中国对外关系: 回顾与思考(1949—2009), 北京: 社会科学文献出版社, 2009: 58.
[291] 周弘. 中欧关系中的认知错位[J]. 国际问题研究, 2011(5): 34.
[292] 周建生, 陶爱萍. 东道国政府对跨国公司的规制问题探讨[J]. 江淮论坛, 2004(2): 61-64.
[293] 周林. 国际经济关系学概论[M]. 北京: 机械工业出版社, 2009.
[294] 周念利, 王颖然. 区域服务贸易自由化机制的十大"GATS+"特征分析[M]//中华人民共和国商务部. 中国服务贸易发展报告2012. 北京: 中国商务出版社, 2013: 51-55.
[295] 周启元, 姜圣夏. 当代国际经济关系学[M]. 北京: 中央财经大学出版社, 1990.
[296] 周启元. 关于国际经济援助若干理论问题的研究[J]. 世界经济, 1991(12): 9-14.
[297] 周启元. 论国际经济组织的形成、性质和作用[J]. 吉林大学社会科学学报, 1991(1): 41-47.
[298] 周世俭. 我对美投资增速超美对华增速[N]. 国际商报, 2015-02-24.
[299] 周宇. 探寻全球经济治理新格局[M]. 北京: 社会科学文献出版社, 2018.
[300] 周玉渊. 从东盟自由贸易区到东盟经济共同体: 东盟经济一体化再认识[J]. 当代亚太, 2015(3): 92-112.
[301] 周志伟. 拉美地区变局下的中拉"一带一路"合作[J]. 当代世界, 2020(10): 24-29.
[302] 朱丹丹. 全球经济治理的界定[M]//张宇燕. 全球经济治理结构变化与我国应对战略研究. 北京: 中国社会科学出版社, 2017: 376.
[303] 朱毛斋. "一带一路": 中国外交战略的神来之笔[N]. 深圳商报, 2015-03-23(A06).
[304] 朱孟楠. 国际金融学[M]. 厦门: 厦门大学出版社, 1999.
[305] 朱晓中. 从欧洲邻国政策到东方伙伴关系——欧盟东方政策的新视线[J]. 俄罗斯中亚东欧市场, 2009(5): 63-69.

［306］朱颖,佳睿.北美自由贸易区运行 20 年的经济效应:国外文献综述［J］.上海师范大学学报,2016（1）:43-50.

［307］祝波善.联想奥运驱动国际化路径［J］.现代企业教育,2006（21）:40-43.

［308］庄起善.世界经济新论［M］.2 版.上海:复旦大学出版社,2008.

［309］邹瑜,顾明.法学大辞典［M］.北京:中国政法大学出版社,1991.

［310］祖月,杜梅.中国东盟经贸发展走向"深度"［N］.国际商报,2012-08-01（03）.